海上交通安全保障与海洋环境保护

Maritime Transportation Safety Assurance and
Marine Environment Protection

李颖 史光平 / 著

大连海事大学出版社
DALIAN MARITIME UNIVERSITY PRESS

Ⓒ 李　颖　史光平 **2023**

图书在版编目(CIP)数据

海上交通安全保障与海洋环境保护／李颖，史光平
著. — 大连：大连海事大学出版社，2023.8
ISBN 978-7-5632-4429-4

Ⅰ. ①海… Ⅱ. ①李… ②史… Ⅲ. ①海上交通—交
通运输安全—安全管理②海洋环境—环境保护　Ⅳ.
①U698②X55

中国国家版本馆 CIP 数据核字(2023)第 109400 号

大连海事大学出版社出版

地址：大连市黄浦路523号　邮编：116026　电话：0411-84729665(营销部)　84729480(总编室)
http://press.dlmu.edu.cn　E-mail:dmupress@dlmu.edu.cn

大连天骄彩色印刷有限公司印装　　　　　　　　**大连海事大学出版社发行**

2023 年 8 月第 1 版　　　　　　　　　　　　**2023 年 8 月第 1 次印刷**
幅面尺寸:184 mm×260 mm　　　　　　　　　　印张:31.25
字数:778 千　　　　　　　　　　　　　　　　　印数:1～500 册

出版人:刘明凯

责任编辑:杨　洋　　　　　　　　　　　　　　责任校对:刘长影
封面设计:解瑶瑶　　　　　　　　　　　　　　版式设计:解瑶瑶

ISBN 978-7-5632-4429-4　　　定价:96.00 元

序　言

2021年12月10日，国际海事组织（IMO）第三十二届大会在英国伦敦举行了新一届理事会选举。中国再次顺利当选 A 类理事国，这是我国自 1989 年起连续第十七次连任，充分彰显了我国在国际海运界的地位和影响力。与此同时，为了更好地履行国际义务，促进海上航行安全和防止海洋污染及加强海事技术合作，作为多次当选的 A 类理事国，我国应尽的责任压力也在不断加大。

当前，国家"一带一路"倡议得到越来越多国家的支持和实质性推进；"21 世纪海上丝绸之路"发展的重要环节就是沿线国家港口间的互联互通。由此可见，国际海事业务蓬勃发展的形势对我国海事管理技术提升以及人才培养的渴求愈加迫切。

为了助力培养能够立足于我国海事发展实际水平、具有一定国际视野，并且适应世界海事发展潮流的专业人士，本书作者将多年工作实践经验、研发成果和心得体会提炼编写成册，时空前后跨越 30 余年，历史的印痕与时代特色一览无余。该书围绕我国海上交通安全与海洋环境领域，剖析国际发展前沿理论和实践经验，提出适合我国国情的科学方法论、战略发展规划和技术装备型谱。

本书共收集了两位作者自 20 世纪 80 年代以来所撰写或相互合作（包括与他人合作）完成的以海事法规建设、海事监管业务和海事科技发展为主要内容的论文、研究报告、培训教材、海内外论坛交流和按日常工作计划安排所撰写的各类文稿、素材等共 72 篇，全书约 79 万字。通过书中的各类文献和稿件的记载表述，从一个侧面反映了我国海事发展事业从初始状态到改革开放继而走向世界并逐渐与国际标准接轨的演变过程。

本书的编纂分别以五种不同类别且具有一定代表性的专篇排布，其内容丰富、结构合理、思路清晰。从中可以看出，两位作者在多年深耕的这片沃土上，既具有一定的理论功底和广泛的涉猎面，又具备较深的专业造诣和创新能力。本书既可以作为学习和研究海事业务的参考读本，又可以作为大学专业教学、研究生培养的辅助教材。

党的二十大会议提出："高举中国特色社会主义伟大旗帜，全面贯彻习近平新时代中国特色社会主义思想，弘扬伟大建党精神，自信自强、守正创新、踔厉奋发、勇毅前行，为全面建设社会主义现代化国家、全面推进中华民族伟大复兴而团结奋斗。"在我们努力奋斗的征程上，在迈向中国式现代化建设的过程中，在高质量培养海事人才的时代呼唤下，本书的面世将为我国实现第二个百年奋斗目标添砖加瓦。

中国科学院院士　薛永祺

2023 年 3 月 15 日

目　录

海事监管综述篇

通航安全管理篇

智慧海事建设篇

海事监管综述篇

第一章

中国海事与国际海事

中华人民共和国海上交通安全管理工作概述①

一、主管机关情况介绍

1.法律依据

1983年9月2日,由全国人大常委会通过的《中华人民共和国海上交通安全法》规定:"中华人民共和国港务监督机构是对我国沿海水域的交通安全实施统一监督管理的主管机关。"

2.机关性质

港务监督机构是代表国家统一行使航务行政管理职权的机关。它负有维护国家主权、保护国家利益、维护水上交通秩序、保障船舶航行安全及防止船舶造成水域污染等责任。

3.组织机构

港务监督机构主要由中华人民共和国港务监督局及其领导下的各沿海港口的港务监督所组成,在漫长的中国海域内分划成11个管辖区并指定辖区内主要港口的港务监督部门行使航政管辖权。

4.职责范围

(1)贯彻执行国家有关水上交通安全的法规,制定具体管理规定并监督有关各方遵照执行。

(2)对船舶进行注册登记,确认其所有权和批准其悬挂中华人民共和国国旗的航行权。

(3)监督船员的配备,签发国际航行船舶的船员身份证件(暨海员证)。

(4)对进行考试的技术船员(包括引航员)签发船员和引航员适任证书。

(5)审批外国籍船舶进口申请,对国际航行船舶实施联合检查。

---

① 本节内容时间节点为1992年。

(6)监督有关方面贯彻执行国家对外国籍船舶强制引航制度。

(7)监督检查船舶的技术状况、航行情况和装载情况。

(8)维护水上交通秩序,对重要航区实施交通管制。

(9)管理沉船、沉物的打捞,强制清除碍航物体。

(10)审批水上、水下工程施工和大型设施水上拖带。

(11)组织指挥防台、破冰和海上搜救。

(12)核定各港口航道、港池、泊位的安全水深并监督其使用情况。

(13)审批划定水上禁航区域、港内外锚地、作业点及各港区水域界线,统一发布航行警告。

(14)调查处理水上交通事故和船舶污染水域事故。

(15)担负海上干线公用航标和主要商港航标的测量、管理及规划、建设。

(16)负责管理海岸电台、无线电台并承担船舶遇险与安全无线电通信业务。

(17)承担主要商港及其附近水域、沿海重点航道、港湾、锚地及其他指定水域的测量工作。

5.职权授予

(1)主管机关在下述情况下有权禁止船舶、设施离港或令其停航、改航、停止作业:

①违反中国有关法律、行政法规或规章;

②处于不适航或不适拖状态;

③发生交通、污染事故,手续未清;

④未向主管机关或有关部门交付应承担的费用,也未提供适当的担保;

⑤主管机关认为其他妨害或可能妨害海上交通安全的情况。

(2)对违法的船舶或人员,主管机关可视情节给予下列一种或几种处罚:

①警告;

②扣留或吊销船员适任证书;

③罚款。

6.业务实施

中华人民共和国港务监督局共设置了7个职能处室,分别负责上述业务的贯彻实施。它们是:监督处、海务处、船舶防污处、安全管理处、航标测量处、综合处和值班室(即搜救中心值班室)。

7.人员装备

目前,中华人民共和国沿海港务监督机构共拥有各类专业人员14 000余名。拥有海上巡逻船34艘,港内巡逻船50余艘,航标测量船30余艘,专业救助船64艘,海岸电台26座。

8.立法情况

中华人民共和国立法机关业已公布了海上交通法律及其相关法令7部,行政法规、条例6部。正在制定、计划制定和待批准的行政法规、条例15部。港务监督局和其他有关主管部门颁发有全国规范性文件302份。

9.公约加入

截至目前,中华人民共和国已经加入国际海事组织制定的有关7个公约,此7个公约还全部纳入了《国际海上人命安全公约》自1981—1990年各项修正案。

二、通航环境情况介绍

1.分道通航

根据1977年国际海事组织通过的采用分道通航制及定线制的意见,中国于1978年6月1日在北方沿海试行了定线分道通航办法,首次划分了自上海到大连、秦皇岛、天津、青岛港及大连至烟台港的分道通航区域。这个制度的试行对促进北方沿海船舶航行安全起到了重要作用。

但近年来,由于南北航线船舶流量、密度明显加大,在山东成山头附近海域发生的海上交通事故也在不断增加,损失以数千万计。为防止这种事态的扩大,经中华人民共和国港务监督局批准,《成山头水域船舶定线规定》于1978年6月1日零时正式实施。原烟台港务监督局在成山头设置了无线电话台,凡在一定范围内通过该地区的船舶均应向话台报告船舶动态并接受话台值守人员的管理和指挥。

2.交管服务

随着中国社会经济的不断发展,国际贸易量大幅度增长,沿海各港口的船舶流量急剧增加。因此,为增进交通环境的安全程度,提高交通运输效率,防止和减少船舶交通事故,尽快建立港口船舶交通服务系统是十分必要的。目前,中国规划和建设沿海港口船舶交通管理服务系统的工作正在快速进行。自1986年在宁波北仑港建成第一个具有交管性质的雷达站以来,又相继在秦皇岛、青岛、大连、连云港建立了雷达监控站和交管中心,正在建设的还有天津、上海、黄埔等港口。

3.航行警告

1982年,中国按照国际海事组织通过的建立世界性航行警告系统决议,在中华人民共和国港务监督局设立了全国无线电航行警告台,下属3个分台和11个港台,从此正式参与了这项全球性合作系统的业务工作。通过设在沿海各港的海岸电台对航行在中国沿海水域的船舶传递着各种航海信息,特别是及时传递了一些可能对船舶安全构成威胁的情报以及遇险救助等信息。

为了响应国际海事组织提出的"发展海上遇险和安全系统"的建议并积极参与全球船舶遇险救助体系工作,港务监督局业已在天津和上海港务监督开始筹建中华人民共和国的海上遇险和安全通信网,以尽快适应搜救工作和与国际合作的需要。当前,作为全球海上遇险和安全系统中的一个组成部分——NAVTEX航行警告业务已准备就绪,将在今年适当时机正式开通播发。

4.助航标志

为了保证船舶的航行安全,避免船舶对各种不同的航标产生误解而造成交通事故,中国政府业已自1985年起到1986年10月,按照国际灯塔协会的标准,将全国沿海各主要港口的航标陆续更换为IALA海上浮标A系统(即侧面系统和方位系统相结合,以浮标的颜色和形状或顶标以及灯光来识别,遵循红色在左侧的原则)。自此再无发生混淆和误解的现象。

5.海上工程

港务监督机构除了需要对在港区内涉及交通安全的各种水上水下工程进行审核之外,对于海上工程特别是海洋石油勘探开发工程也行使着航政管辖权。其主要内容包括：各类平台、导管架的平面布置审查，海底水、油、电路管线的布局审查，单点系泊装置的审查以及提出开辟港外锚地的技术要求等。实施上述管理措施的目的主要是从维护船舶和设施双方的安全出发，保持海路的通畅，避免造成航行障碍，尽量做到既要促进海洋石油勘探开发事业发展，又要维护船舶的正常运行。目前在中国渤海和南海海域分布着几十个类似的设施，基本上都是按照上述原则建设的。

三、海上搜救情况

1. 机构建立

为了履行中国对《1979 年国际海上搜救公约》所承担的义务，进一步做好海上的搜救工作，1989 年中国政府决定在原海上安全指挥部的基础上成立"中国搜救中心"及沿海各省、市、自治区的搜救中心。中华人民共和国港务监督局值班室承担了中国搜救中心的昼夜值班的指挥中心的职责，其下属的各沿海港务监督的值班室均成为当地搜救中心的兼设值班机构，负责传递紧急信息及搜救行动的前期准备工作。

2. 救援体制

中国目前实行的救援体制和日本、英国、加拿大等国差不多，都属于国家救助系统体制。实施海上搜救工作主要依靠两方面的力量，一是国家建立的专业救助力量（如天津、上海、广州救捞局），二是借助军事组织的海、空力量以及各类商船、企业组织力量。总之，一旦发生海难事故，动用社会力量是不可避免的，也是行之有效的。在发生海难事故后，搜救中心有权调动任何具备救助能力的船舶、舰艇和飞机，特别是可以指挥在出事海域附近航行的船舶参与搜寻救助行动。

3. 机构功能

中国搜救中心除了负有搜寻救助海上遇难人员及参加国际间联合搜救活动责任之外，它还具有组织防冻破冰、防台抗台、消防救护及防止船舶造成水域污染等功能。因此该机构在应对恶劣气象及各类突发事件中起到了指挥中心的作用。

4. 施救能力

随着中国综合国力的不断增长，几年来中国的救助能力也有了较大提高。比如 1991 年 8 月 14 日，在中国南海东部油田作业的 DB29 大型铺管船因遭台风袭击造成倾覆，有关各方获悉后立即组织力量进行援救，广东省海上搜救中心，海军、南部石油公司及中国香港地区海事处等单位分别派出多艘船只和数架飞机，共营救了 186 人，其中，中国海洋直升机专业公司的 B-7951 号机组在风浪中一次救出了 17 人，创造了单架直升机一次救人的最高纪录并荣获了国际直升机协会颁发的 1990—1991 年度"最佳机组"奖。

又如在 3 月 2 日，由上海开往青岛的"长柏 1"号客轮在航行途中突然起火，火势蔓延，严重危及了船上千余名旅客和船员的生命安全。当青岛海上搜救中心获悉后，即刻发出救援命令，有关单位迅速派出 6 艘具有消防能力的船艇和两架飞机赶赴现场。同时，青岛港务局监督又通过海岸电台发出了无线电航行警告，通知在附近海面航行的船舶立即赶赴出事地点协助救援。经过几个小时的紧急抢救，在过路船"长顺"号的大力协助下，千余名旅客和船员全部获救，无一人伤亡，并且安全抵达目的港。其他救援船舶协助失火船扑灭了大火，失火船也未造成更大的损失。

5.国际往来

为了能够及时抢救海上遇险人员,加强国际合作,采取联合行动是十分必要的。早在1983年11月,日本海上保安厅海难防止中心就派出过两艘救助船"筑前"和"室户"前来中国上海、天津港访问,开辟了两国搜救船舶的首次交流,而后中国港务监督局也派出了"沪监巡54"对日本几大港口进行了回访。两国主管机关在不久后也实现了互访。

1985年9—11月,中国港务监督局还派出了专业人员参加了由日本国际协力事业团主办的"防灾救难"研修班。通过学习,我国专业人员对日本国防灾救难的体制、业务范围、设备的配置及救灾能力有了进一步的了解。

1987年1月20日,经过与美国海岸警卫队的领导磋商,签署了两国海上搜寻救助合作协议。在协议中,双方确定了合作范围、方法及执行协议的程序。

另外还定期参加在中国香港地区举行的海上搜救联合行动演习。通过这些国际交流,中国海上安全保障能力与国际合作能力有了很大提高。

四、海事处理情况介绍

1.海事定性

中华人民共和国港务监督局对船舶交通事故的分类有如下几种:

(1)碰撞;

(2)搁浅;

(3)触礁;

(4)触损;

(5)浪损;

(6)火灾;

(7)风灾;

(8)其他(系指除上述1~7项分类以外的因素造成的船舶交通事故)。

2.事故等级

(1)重大事故

重大事故系指造成死亡3人及以上、船舶沉没,全损或无修复价值、直接经济损失2万元至150万元及以上的事故。

(2)大事故

大事故系指死亡1~2人、直接经济损失7 500元以上至150万元以下的事故。

(3)一般事故

一般事故系指人员有重伤、直接经济损失450元以上至70万元以下的事故。

(注:不同吨位的船舶事故等级还需对应不同标准,拖船按主机功率计算,既无吨位又无功率的船舶按载重吨比照总吨划分。)

3.事故报告

根据中国交通相关法律规定,船舶、设施在中国沿海发生海上交通事故,必须立即用无线电报、电话或其他有效手段向就近港口的港务监督报告。报告内容主要有船名、国籍、呼号、事故发生时间、地点与损害程度,有否救助要求等。如在港区内水域发生的事故,要在24小时之内提交书面报告,在港区水域外发生的事故,船舶须在到达中国第一港口以后48小时内向港务监督局提交书面报告。如发生了船体、设施等受损情况,还应申请当地或第一到达港的船检部门进行检验鉴定,其检验结果需提交港务监督备查。

4.调查处理

船舶发生海上交通事故后,港务监督有权对当事人和有关人员进行调查,被调查人员必须如实提供现场情况、原始资料和与事故有关的情节,以便能够查明原因,判明责任。如果事故涉及的双方自愿申请港务监督进行调解并能够达成一致意见,港务监督可以出具调解证明书,为双方结案。如调解不成,任何一方都可在有管辖权的海事法庭提起诉讼,如海事法庭受理后需要调阅经过港务监督调查后获得的第一手资料和调查报告书,港务监督须无条件予以提供,以协助法庭作出正确的判决。

如因违章而造成了交通事故,港务监督有权对责任方处以罚款,对责任人处以吊扣或吊销其适任证书的处分。

5.索赔原则

一般来说,各保险公司对船舶的保险条款中通常都有这样的内容:"被保险人索赔时,必须向保险人提供保险单、海损事故报告、事故责任裁定书、损失清单和各种赔偿费用的有关单证。一经查核确定,保险人应在×天内赔付全部款项。"条款内所涉及的海损事故报告书和事故责任裁定书均需由港务监督确认或签发,这两份文件是进行索赔的重要依据。虽然港务监督不直接处理经济赔偿纠纷,但在确认或签发上述两项文件时负有监督检查之责任,因此要求受损方在提出索赔要求时应遵循的一项原则,即:"索赔估价必须具备事实根据,其索赔额以略高于实际损失为宜。"

结束语

以上所述的内容是我国海上交通安全管理工作的几个重点。另外,我国内陆还拥有四大江河水系及若干湖泊,在内河运输管理工作中也设有专门从事交通安全管理的机构,其职责与港务监督基本相同。

第二节

香港地区政府海事处考察纪行①

交通运输部安监局赴香港地区政府海事处第二考察团于1996年7月8日—7月20日对我国香港地区政府海事处进行了业务考察和技术交流。在此期间,考察团调查了香港特别行政区政府海事处的体制结构、行政框架、业务内容、管理模式、运作程序、科技发展、财政收支以及内外业务协作关系等方面的情况,不仅收集到了一批颇有参考价值的文件资料,了解到海事处的基本概貌,而且还亲自观摩和体验了有关部门的现场操作,取得了一些新的认识。

① 本节内容时间节点为1996年。

一、香港地区政府海事处概况

1.行政隶属关系

香港地区政府海事处隶属于政府经济司,主要负责机构是经济科,但政府保安司(类似于安委会性质)对其在保障船舶海上安全和救助人命业务上有宏观指导职能。

2.行政组织结构(如图1-1所示)

3.人员与船艇配备

截至1995年年底,海事处共有人员1 593名,拥有船艇158艘,其中巡逻船56艘,其他为垃圾回收船、污油回收船、供应船、交通船、航标船、拖船等。

(注:香港地区水警移民局和海关两个部门的船艇合计约为561艘,全港境内公务船艇共计约为719艘。)

4.财政支出

1995年财政支出约为8亿港币,主要支出项目有:人工、修造船、设备购置、行政办公、航道疏浚、航标维护及公共设施的建设与维修等费用。此费用来源于政府税收拨款。

二、香港地区政府海事处的基本业务

1.港口运作及吞吐能力

海事处负责香港地区政府所有的公共设施装卸,包括码头和浮筒的指泊,码头货位及装卸机械的安排并收取相应的费用。私人码头与浮筒由各自业主负责。

我国香港地区1995年货物吞吐量为18 568.1万t,集装箱进出口为1 252.9万个标准箱(为世界第一)。船舶交通流量为430 180艘次,其中远洋船舶为82 976艘次、内河运输船舶为347 204艘次。运送旅客共计为20 454 833人次。

2.船舶管理

香港地区海事处的港口国管理(PSC)和船旗国(FSC)管理的内容与程序同内地基本一致。在危险货物管理方面,海事处仅负责了解装载危险品性质与数量信息,不负责监装监卸和颁发准运证,其他有关防范措施由政府消防处负责。

船舶所有权登记亦分为两部分:一是远洋船舶,颁发登记证书;二是300总吨以下的当地小船,颁发船舶执照。船舶进出口手续的办理主要依靠"船舶进口快速跟踪处理系统"进行,该系统可将首次来港船舶证书数据输入电脑,一次输入后可反复查询、核准,面对香港地区多达四五百家的代理公司,可以做到快速、准确和高效。

3.船员考证

远洋船员职务证书的考核、发证办法与程序按照海员培训、发证和值班标准国际公约要求进行,要求相对比较严格。

当地小船船员职务证书的考试发证工作由设在不同地区的共计9个海事分处(类似于内地海监局监督站的机构)负责办理。

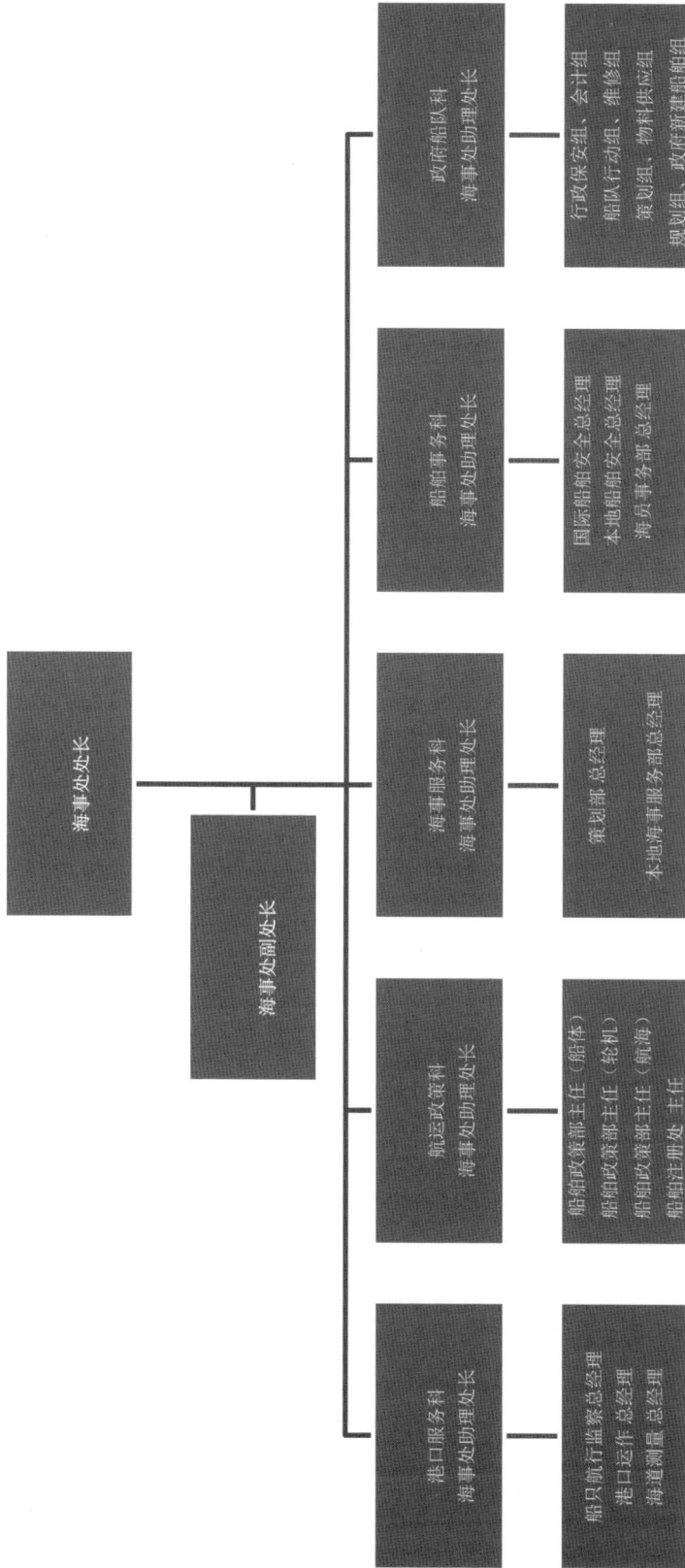

图1-1 中国香港海事处行政组织架构

4.通航环境管理

香港地区海事处负责香港地区水域内的航标布设和维护保养、航道疏浚及水深监督(私人码头前沿 50 m 以内水深由业主自行维持,50 m 以外由海道测量部负责按海图水深标准进行维护)。在航道中发生沉船沉物事件,执行强制打捞措施,必要时可动用专项资金予以清除,而后再向事主追偿。

香港地区水域内设有 12 个避风锚地和 14 个避风塘,用于躲避台风的袭击。

5.海上交通事故调查与处理

船舶在香港地区管辖水域发生交通事故,在 24 h 之内要书面报告当地海事处分处官员,经海事分处做初步调查后写出报告上报上级主管部门。如果事故严重,海事处处长将委托一名官员全面负责调查事故情况,该官员通常由一名验船师出任(根据事故种类及性质分别委派具有船长、轮机长资历人员或船体专家出任),如有必要,还需召开当地海事咨询会议,商讨事故原因及今后的预防措施。

事故等级根据人员伤亡和碍航程度以及财产损失情况分为大、小两种。海事处还设有专门机构负责处理船舶作业过程中造成的船、岸人员伤亡事故。

交通事故引起的经济赔偿与民事纠纷由当事双方自行(或仲裁或经法院)解决,海事处不予以干涉,亦不予以调解(除非有船舶不适航或持证人员失职的情况发生)。由于香港地区水域交通密度大,船舶流量逐年以 10% 的幅度增长,因此近年来,大小交通事故仍多有发生,1995 年共发生约 54 起,其中大事故约 12 起。

6.防污染

海事处的职能之一就是防止船舶造成油污事故,要保持水域清洁和防止环境污染。海事处具有较强的防止油污染的手段,除了污油回收船、污油吸附材料、围油栏以及消油剂喷洒装置外,还有清除水面垃圾杂物的专用回收船。在考察期间,正巧遇到一起船舶在船坞修船时造成的跑油事故,海事处应急处理的能力得到了充分验证,主管部门有效地控制了油污扩散,并及时通过新闻媒介说明了油污事故的发生缘由和处理情况。

7.法制建设与违章处理

海事处在 1995 年内共颁布和修订法规 61 条,处理各类违章事件(经法庭判决有效的) 1 574 起,共罚款 2 790 731 港币。

在香港地区,政府部门做出的行政处罚决定均须经法庭宣判是否有效,一旦法庭宣判违章处理决定不成立,海事处政策研究主管部门将立即讨论修改或新立有关法规递交海事处处长批准而后转呈律政处进行法律程序的审查和法规用语的审校,最后呈报立法局经"三读"通过后,由政府发出公告实施。

三、重点考察项目介绍

1.船舶交通管理

海事处首项重要职责就是要保障船舶交通安全,在此前提之下,还要保障货物运输和旅客运输的安全。为达到这一目的,海事处投入了巨大的财力和物力,建立了船舶交管系统(称为 VTC,即船舶交控中心)。该系统由八个远程雷达站、两个微波反射器、一个微波传递中心和一个监控中心组成,其中八个雷达站只有马湾站有人全天候值守,其余皆为无人遥控站。工程总投资超过 3 亿元港币。

该系统于 1986 年设计,1989 年投入运转。中心监控室配备了雷达数据处理终端监视器共 18 台,可以监控 95% 的港区水域。监控室共设置 5 个岗位,其中有两个岗位分别负责各监控海域接受和批准船舶进出港申请,组织指挥船舶交通流,为船舶提供信息与助航咨询,如广播台风警报、疏散船舶进入避风锚地等;另有一个岗位专门接收船舶预计到达时间信息,编制船舶系浮筒计划并将此类信息传递给各有关部门;还有一个岗位是值班长,一般由高级督察以上级别官员担任,他可以代表海事处处长行使船舶交通指挥权,有权对交通流进行控制和调整,拒绝具有危险因素存在的船舶进出港,指挥本部门督察官在现场纠正船舶违章,向船方发出违章通知(港区工作人员通称"告票"),要求当事方在一定期限内出庭接受法院审判。若违章船舶驶离港区,可要求当地水警巡逻艇出动拦截(一般水警巡逻艇均布置在港外,平均一海里有一艘)。

中心监控室每班 7 人,共分 5 班轮换。当班人员每小时轮换一个岗位(除值班长外),除有口头交接程序外,还有船舶动态完成情况卡片的交接程序。

VTC 本身拥有两艘巡逻艇,承担着昼夜巡逻任务,特别是 2100 时后,全港的巡逻任务就由其承担。在法定休息日还可承办出口许可证的批准发放工作。VTC 有权处理港内发生的紧急交通事故,一般性质自行处理,重大事故在做出初步记载、分析和处置后转交海事救援协调中心(MRCC)处理。VTC 与 MRCC 同属一个部门,称之为"港口监控中心"(PCC),后因船舶交管系统建成以及搜救体制的确立,便逐渐发展成为两个分工不同而又有密切联系的部门。

VTC 中央监控室操作人员日常的具体工作处理程序全部记录在《操作员工作程序手册》之中,几年来工作中出现的特殊情况、处理结果以及上级领导的书面指令亦全部记载入册,成为 VTC 日常工作的指导性文件。该手册又被称之为 VTC 的"天书"。按规定,海事主任一级的官员家中还需保留一册,以便操作员有事请示时翻阅。据了解,维持 VTC 运转的费用较大,如 1995 年财务开支为 1 662.2 万港币,其中 1 100 万港币为设备维修合同中应付款项,其余为行政经费与人工费用等。该系统的设备维修工作由香港地区电信公司负责,昼夜有人在机房值班,通过遥控系统监视各雷达站工作情况。人员均为多面手,以修理硬件为主,软件轻易不动,有棘手问题仍需请挪威厂商的专家来现场处理,机务修理人员的管理由 VTC 派员负责。

在考察中我们得知,VTC 实施船舶交通服务工作是有偿的。早在 1986 年,当香港地区政府海事处与加拿大商务有限公司(CCC)签订设计合同时就曾宣布,一旦系统开始运转,内河船舶与远洋船舶的港口费用每吨将分别增加 5 分和 10 分港币。几年来,VTC 收取的费用基本上已融于有关港口交通服务费中,例如,自 1995 年 4 月至 1996 年 3 月间,船舶交通服务费共收取 223 777 320.44 元港币,主要收费项目包括锚泊、浮筒系泊、港口与灯塔税、出口许可证及其他杂项。

由此可见,VTC 的收支情况虽然不可直接进行比较,但该系统的维持费用至少可以得到补偿。

2.海上搜救

海事处"海事救援协调中心"(MRCC)建立于 1989 年,是香港地区两大救援协调组织之一(另一个是民航救援协调中心)。它主要承担海上船舶发生意外事故后,组织协调有关单位对其人员进行搜寻救助的任务。该中心负责的搜救范围东至关岛,西至越南,北至台湾海峡,南至菲律宾沿海,方圆约45万平方海里。同时与中国内地、日本、美国、韩国和新加坡海上搜救部门有着密切的联系和合作关系。

MRCC其本身并不拥有搜救装备,也没有直接指挥有关单位如何行动的权力,其主要功能是当接到可疑的或真正的求救信号后要采取一系列救援和协调工作,一旦证实搜救的需要和种类则立即部署搜救行动,香港地区政府飞行服务队,海、空军及香港地区水警的搜救装备都将进入紧急备航状态。其基本程序是:

MRCC值班员

(1)发布初期警报书面通知,通过传真一次性全部送达各部门(共12个),进入准备状态;

(2)向有关部门下达责任接受认定书;

(3)下达备航任务通知书,通常传给政府飞行服务队(该队直升机的飞行半径为110 n mile,经中间石油平台加油可增加一倍航程,"空中霸王"号飞行半径为600 n mile,可执行远程搜寻任务);

(4)要求气象台提供事故现场水文气象数据;

(5)告知搜救单位受伤人员的伤害部位;

(6)详细记载上述情况及难船、伤员情况供交接班使用,必要时可提供给有关单位;

(7)搜救行动结束后将通知送达各有关方面,解除戒备状态并将搜救过程及结果详细书面报告海事处处长。

MRCC工作人员实行24小时昼夜值班制,除一名搜救任务协调员和一名海事督察外还有一名报务主任,负责监听各遇险频率(如182、4215、6215、8291、12290、16420,可以做到自动变化、多频率监听)。

该中心装备了各类有、无线通信设备,其中包括多功能无线电台、全球海上遇险和安全系统接收设备、单边带、无线电中频、甚高频及多声道语言记录器等。

根据MRCC提供的设备清单,他们拥有各类设备达169台(件),该中心在如此庞大的设备支持下,可以接收世界各种通信设备的信息,可以向世界各地传送有关信息,适应各种船舶的需要。

MRCC的工作以救助人命为主,而财产不属于救助对象。如果出事海域超出搜救装备的能力范围,MRCC还可以通过信息网络查询出事现场附近有何船舶航行并通知其进行救援。

MRCC收到的求救信号或信息中,也会时常碰到误发情况或非紧急情况,但无论怎样都会被视为真实的紧急情况去处理,为救助人命,他们的原则是:宁可信其有,决不能耽误。因此,每年至少会发生几十起徒劳往返之事,浪费了很多人力、物力(包括飞机、巡逻艇及商船等)。

四、体会与收获

由于香港地区海事处很多项工作的性质与内地港监极为相似,有很多业务内容基本一致。因此使我们的考察更加有的放矢,体会十分深刻。虽然十余天的考察交流不可能做到既全面又深刻,有些情况也仅仅是了解表面现象,但总的来说收获还是很大的,这也是内地港监系统第一次正式、全面与香港地区的同行进行交流,特别是1997年后香港地区回归祖国,这种考察交流更显出其特殊意义和必要性。

通过考察,我们察觉到:

(1)作为香港地区一个行政执法部门,香港地区政府海事处十分注重依法办事,讲究法律程序。从宏观上看,他们的行政法规齐全,政策连续性强,操作程序明确,部门分工清楚,很少出现扯皮、推诿和不负责任的现象。如香港地区 VTC 系统的运作就是植根于香港地区《港口法》第 313 章《船舶及港口管理条例》(1978 年颁布),并遵照 1990 年颁布的《船舶及港口管理规则》实施对船舶交通的管理(该规则于 1995 年 1 月 6 日又进行了修订)。该规则共分九部分七十二条,主要包括了船舶交通服务、船舶航行与控制、信号与灯光显示、锚泊、系泊、港口费收、处罚等重要内容,几乎包含了船舶所有的交通行为,规定得十分具体、详细。

当然法规仅能作为对外管理的依据,是必不可少的基础,但它不能涵盖到执法机关的内部运作及相互关系这个层面,故从微观来讲,调整好内部业务协作关系,充分发挥各部门的功能也是顺利执法的保障。海事处在处理这个问题上所采取的方法也是值得借鉴的,如 VTC 与 MRCC 之间的协作关系就是通过海事处处长签署的内部文件予以明确的,例如《MRCC 与 VTC 相互工作关系》(1991 年 12 月 23 日签发)。

该文件主要确定了几个原则:

①当 VTC 收到海事信息后应收集所有的有关船舶遇险情况;

②VTC 要做出初步分析,有否人员伤亡和污染危险;

③如果发生船舶失火、搁浅、爆炸或危及人员生命时,VTC 应尽可能搜集有关信息后通知 MRCC 值班官员,同时还要完成双方交接或接受处理该事件的必要手续。

④如果 MRCC 忙于港外搜救事务,无暇顾及新发生的事件,双方应向各自的上级汇报,而后做出相应的辅助人力、物力的调度;

⑤必须明确的是,如果 MRCC 要求 VTC 承担处理事件的责任,VTC 应予以接受。

据了解,VTC 与其他业务关系密切的部门也都有明确的责任分工,比如,巡逻船的使用与调派,权力归 VTC;船舶的维修、保养、船员配备、燃物料供应等由海事处政府船队科负责。

(2)遵守国际标准,履行国际公约,承担国际义务,行动快捷迅速是海事处的一个重要特征。该处设有航运政策科,专门研究国际航运动向,国际公约的制定与修改,参加国际海事组织会议,根据国际发展趋势制定相应政策,以提高海事处在国际交往中的适应能力。

在香港地区回归前的国际事务中,中国香港受英国殖民统治,因此英国政府接受的公约香港地区必须接受。然而香港地区作为一个特殊地区所要接受的,英国却不一定要接受,但也不会反对香港地区接受。所以香港地区的地位较为特殊,在国际上的活动空间较大。比如,国际灯塔协会、国际引航协会和国际港口协会在 1992 年制定的"VTS 用户指南"推荐格式,虽然还没有正式经 IMO 讨论通过,但海事处已按其简明、易懂、图文并茂、面向海员的要求,全面修改了自己原有的 VTS 用户手册,按推荐格式制定出新的"VTS 用户指南"发至每艘到港船舶,使船舶对香港地区 VTC 的情况及其管理内容留下了深刻的印象,对船舶有效地执行 VTS 规则提供了很大的帮助。

在履约过程中,执行得比较出色的还有 MRCC。为了履约,海事处投入了大约 2 000 万港币,购买了全套设备(包括 GMDSS、DGPS、NAVTEX、AMVER SYSTEM 等),专设了太平洋卫星接收系统、印度洋卫星接收系统,为公约生效后 MRCC 可立即全面投入运行提供了坚实的物质基础。(注:AMVER SYSTEM 系全球船位报告制中的一种接收设备,它可以通过计算机网络检索出有何种船舶在事故现场附近,必要时可召其投入救援工作)。

实际上,在履行国际公约方面海事处是受到了香港地区政府的大力支持的,这也与历史上发生的一起造成沉船与人员伤亡的海难事故有关。当时,香港地区法官就此事件作出判决:

"今后,在可行的范围内,香港地区要负起保护海上人命安全的责任。"而后政府保安司遂做出规定:"政府飞行服务队要在可能的情况下,全力抢救海上遇难人员。"

政府的支持,道义上的责任,国际公约的约束以及各种搜救装备的投入使香港地区各有关部门在 MRCC 的组织协调下,形成了一个配合默契、合作紧密、井然有序、协调一致的团体,在海上搜救工作中,创造了出色的成绩,享有较高的国际声誉(仅在 1995 年,执行搜救任务就达 244 起,成功救助 202 起,虚假警报徒劳往返 42 起)。

(3)坚持严格的选材用人制度,以实践经验为首要选拔条件,使海事处保持了一支富有广泛专业知识又有处理实际工作的经验和能力的、高素质的公务员队伍。

中国香港地区海事处招聘公务员的条件是:必须具有远洋船长或轮机长、大副或大管轮三年以上资历,英文水平相对较高,而不论其学历程度如何。他们把具有实践经验作为聘任的首要条件。从历史上看,海事处中、外籍人员的比例各为 50%,目前港人比例已上升到 80%,为保持队伍的素质和水平,海事处充分利用了香港地区独有的庞大海员队伍的优势(持证船员人数约有 18 万),在选材上有着充分的余地。

随着香港地区回归的临近,海事处要求全体员工必须适应形势变化,要学中文、讲普通话,中文来函要用中文回复,英文来函要用英文回函。表现最为突出的是在 VTC 工作的操作人员,他们每个人都能用英文、普通话和广东地方话来工作,不论讲何种语言都能流利地予以答复,体现了 VTC 高效的、全方位的服务宗旨。一流的人员素质,一流的工作质量,从容不迫地处理船舶交通的态度给我们留下极为深刻的印象。相比之下,我国内地 VTS 系统操作员要达到这样高的标准和要求恐怕需要较长一段时间的努力,甚至有些人员还必须经过专门训练才能达到起码的标准。

海事处对员工的聘用还采用了年度考核的办法,即每位员工在其受聘时的每个周年之日(而不是集中在年底)都要进行自我业绩评价,书面上交主管上司签署意见,无异议后即可晋级加薪。有突出贡献者可予以额外奖励,但金额基本上是象征性的,如"船舶进出口快速跟踪处理系统"的研制者只被奖励了 3 000 元港币和颁发了一张荣誉证书。表现不佳者或有重大失误者将会受到降职降级处分直至辞退。

(4)在本次考察中,还发现海事处在其工作档案的管理中亦有独到之处,他们的立卷原则是以个案为主体,不论年份,一份卷满再另启新卷,但仍作为一份档案资料保存。经档案管理人介绍,我们的印象是:

①层次清楚

海事处工作档案分为两级管理:一级为普通档案,由各职能部门保管,如 VTC、MRCC 都有自己的档案室,保存期限一般为 7 年,超过的可以销毁;一级为重要案件档案和保密档案,属长期保管,由处机关档案主管部门负责。

②批注明确

在档案中报告涉及的人或事均有明确批注和要求,如情况紧急需要在规定期限内答复,都必须注明时间限制并加贴紧急标志。当事人或传阅人都必须以文字形式签注意见,以备今后核查。

③手段科学

在处机关保存的档案采用了先进的条码识别技术,根据条码的不同编排把各类档案内部的主要项目提前输入电脑,如要查询,只需用扫描仪扫视条码即可在电脑中显示出档案基本内容乃至重要结论,查阅甚为方便,而绝不会出现丢失、毁损及混淆的情况,充分显示出高新科技设备的能力。

④统计规范

海事处在其良好的档案管理基础上,将其各项工作量化,并以准确、规范的统计数字展现出海事处各项基本业务的阶段性状态,通过年度间的横向比较,海事处的业绩跃然纸上,一览无余。

五、建议

十余天的考察与交流使我们取得了较大收获,通过比较也找出了我们与他们之间的差距,我们感到需要向他们学习的地方很多,但建议重点从以下几个方面着手:

1.加强交流

香港地区回归祖国后,我们港监部门与海事处的工作联系会日渐增多,加强相互了解有益于今后的合作,因此加强交流是十分必要的,这也是对方所期望的。

2.加速立法

我国航政法规的建设速度要加快,这不仅是形势的要求,同时也是我们行政执法人员的殷切期盼,特别是针对船舶交通控制方面的立法应尽快出台(注:《中华人民共和国船舶交通管理系统安全监督管理规则》业已颁布并将于明年1月1日起实施)。

3.加紧推行

通过交流考察,作者认为从侧面验证了我国1994年宁波VTS管理工作会议的基调是正确的,1995年VTS专家组研究的成果既符合我国国情又适合国际上的通常做法,建议作为我国VTS发展工作的指导方针应尽快予以推行(注:此项工作交通部安监局已下发有关文件,做出了具体安排)。

4.加大投入

为了能够更好地履行IMO颁布的《1989年国际救助公约》承担海上人命救助义务,加大海上搜救装备的投入,加强国际通信网络的建设是十分必要的,完善的搜救体制,有效的救助行动,顺畅的通信联络对提高我国的国际地位,增强国际贸易往来,对加强我国对外开放与国际标准接轨以及今后加强内地(大陆)与香港地区和台湾地区搜救力量的合作是大有裨益的。

5.加深拓展

良好的档案管理与准确的业务统计是我们有目的地开展工作、准确分析判断事物,为领导层提供决策依据的基础,同时也是检验我们的工作效率,分清责任、避免失误的试金石。但不容置疑的事实是我们很多部门在这方面的管理深度不够,甚至有的还处于一种混乱无序的状态,这会给我们正常开展管理工作带来很多困难。为此,我们要向香港地区同行学习,加深拓展这一领域,要给予足够的重视,要根据我们自身的特点和条件,尽快加以开发或改进,以适应今后港口体制、港监体制的变化及航政事业的发展。

因考察时间有限,视野广度不够,加之个人理解难免存有偏差,敬请读者指正。

第三节

海事概论①

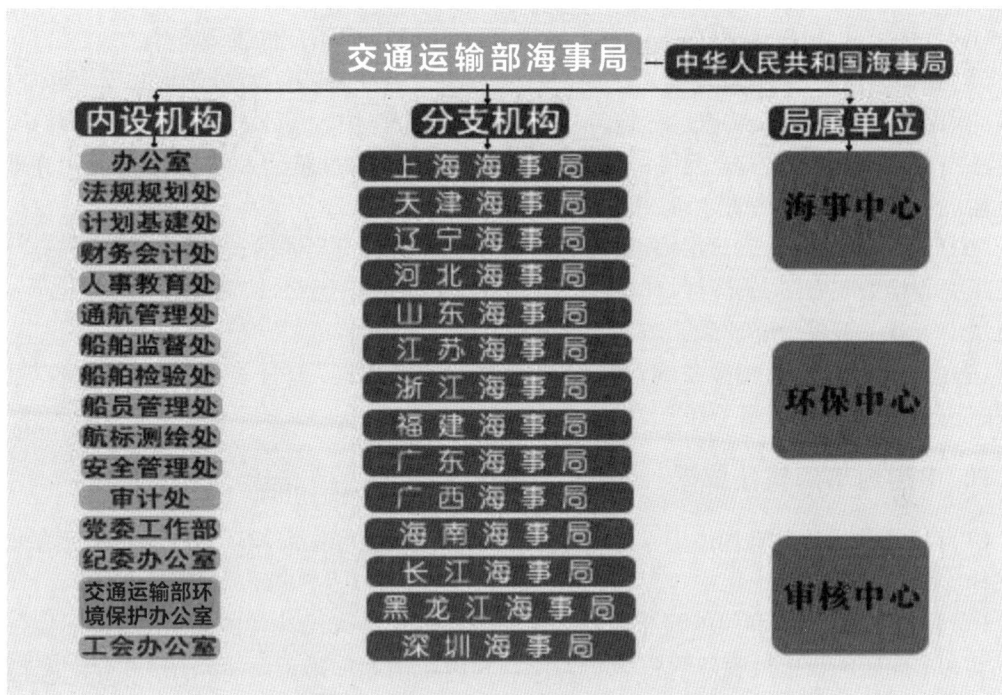

图 1-2 中国交通运输部海事局组织机构

一、中国海事的历史沿革

经国务院批准的中华人民共和国海事局是在原中华人民共和国港务监督局(原交通部安全监督局)和原中华人民共和国船舶检验局(原交通部船舶检验局)的基础上,合并组建而成。海事局为交通运输部直属机构,实行垂直管理体制。

二、海事局职责简介

根据国家法律和法规及我国加入的国际公约,依照法律法规授权,代表国家履行水上交通安全监督管理,防止船舶污染,进行船舶和海上设施检验及航海保障、安全通信等行政执法职能。

三、主要职能

(1)拟订和组织实施国家水上安全监督管理和防止船舶污染、船舶及海上设施检验、航海

---

① 本节内容时间节点为 2012 年。

保障以及交通行业安全生产的方针、政策、法规和技术规范、标准。

（2）统一管理水上安全和防止船舶污染。监督管理船舶所有人安全生产条件和水运企业安全管理体系；调查、处理水上交通事故、船舶污染事故及水上违法案件。

（3）负责船舶、海上设施检验行业管理以及船舶适航和船舶技术管理；管理船舶及海上设施法定检验、发证工作；负责中国籍船舶登记、发证、检查和进出港（境）签证；负责外国籍船舶出入境及在我国港口、水域的监督管理；负责船舶载运危险货物及其他货物的安全监督。

（4）负责船员、引航员适任资格培训、考试、发证管理及海员证件管理工作。

（5）管理通航秩序、通航环境。负责禁航区、航道、交通管制区、港外锚地和安全作业区等水域的划定；负责禁航区、航道、交通管制区、锚地和安全作用区等水域的监督管理，维护水上交通秩序；核定船舶靠泊安全条件；核准与通航安全有关的岸线使用和水上、水下施工作业；管理沉船沉物打捞和碍航物清除；管理和发布全国航行通（警）告。

（6）航海保障工作。管理沿海航标、无线电导航和水上安全通信；管理海区港区航道测绘并组织编印相关航海图书资料；归口管理交通行业测绘工作；组织、协调和指导水上搜寻救助并负责中国海上搜救中心日常工作。

（7）组织和实施国际海事条约；履行"船旗国"和"港口国"监督管理业务，依法维护国家主权；负责有关国际组织事务和有关国际合作、交流事宜。

四、中国海事的执法依据

（1）以《中华人民共和国海上交通安全法》《中华人民共和国海洋环境保护法》为龙头的9部法律。

（2）以《中华人民共和国内河交通安全管理条例》《中华人民共和国船舶登记条例》《中华人民共和国船舶和设施检验条例》《中华人民共和国防治船舶污染海域条例》和《中华人民共和国航标条例》为代表的行政法规25个。

（3）与海事管理业务密切相关的法律法规：《中华人民共和国立法法》《中华人民共和国行政许可法》《中华人民共和国国家赔偿法》等54个。

五、IMO主要海事条约

（1）《1974年国际海上人命安全公约》（SOLAS 1974）；

（2）《经1978年议定书修订的1973年国际防止船舶污染公约》（MARPOL 73/78）；

（3）《1978年国际海员培训、发证和值班标准公约》（STCW）；

（4）《1966年国际载重线公约》（LL 1966）；

（5）《1969年国际吨位丈量公约》（TONNAGE 1969）；

（6）《1972年国际海上避碰规则公约》（COLREG 1972）；

（7）《2004年国际船舶压载水及其沉积物控制和管理公约》；

（8）《2006年国际海事劳工公约》；

（9）《2007年内罗毕国际船舶残骸清除公约》。

六、IMO 概况

1.更名过程

(1)1948 年 2 月:联合国 ECOSOC—IMCO 公约;

(2)ECOSOC—联合国经济与社会理事会;

(3)IMCO 政府间海事协商组织;

(4)1958 年 3 月公约生效;

(5)1959 年 1 月 IMCO 首届大会在伦敦举行;

(6)1982 年 5 月 IMCO 更名为 IMO。

2.职能转变

IMCO 改为 IMO 并非单纯名称改变,体现了职能的转变,如图 1-3 所示。

IMCO	IMO
协商性	实施性
政府间海事问题	所有相关海事问题
提出建议	实施控制,PSC/ISM

图 1-3　IMO 职能转变

3.IMO 履行职能的宗旨

(1)在航运技术方面,为各国政府提供合作机制;

(2)在安全、效率和防污染方面鼓励和便利各国采用最高可行的标准;

(3)消除歧视行为;

(4)交流信息。图 1-4 所示为 IMO 组织机构。

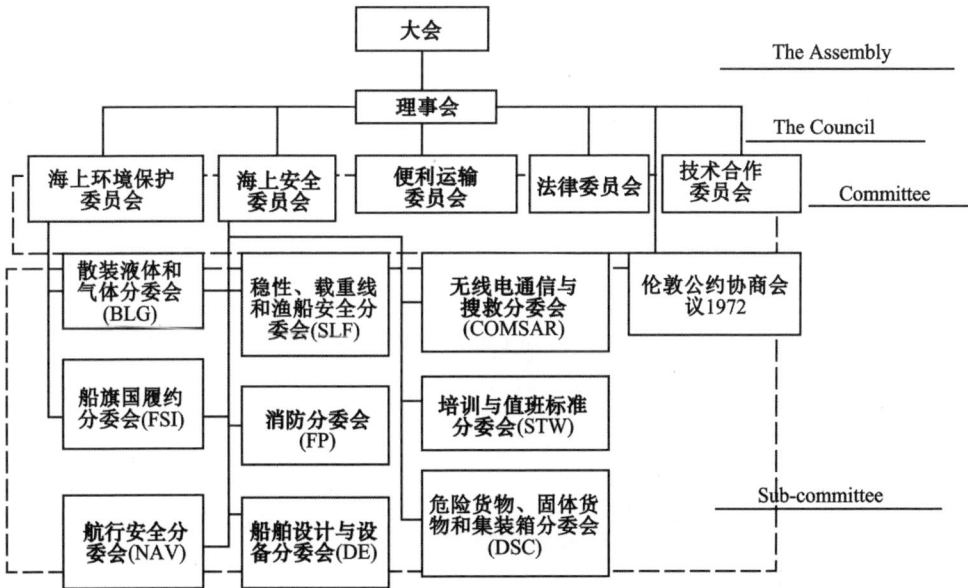

图 1-4　IMO 组织机构

4.组织机构

（1）大会（Assembly）

大会为最高决策机构,由IMO所有成员组成,每两年召开一次。

职能：选举大会官员;批准工作计划和财政预算;审议理事会报告并选举下一届理事会;审议海上安全委员会、海上环境保护委员会、法律委员会、便利运输委员会的工作报告;通过大会决议，包括有关海上安全和环境保护的决议。

（2）理事会（Council）

理事会成员由大会选举产生。

理事会成员组成分3类:A类理事国——最大利害关系的航运国家;B类理事国——最大利害关系的贸易国家;C类理事国——除A类和B类以外在海上运输和航行方面具有特别利害关系主要地区代表性国家。

职能:协调IMO中各部门的工作、起草工作计划和预算,审议各委员会报告、任命秘书长、经大会批准实行与其他组织的协议。

（注:2011年11月25日在伦敦举行的国际海事组织第二十七届大会25日选举产生了新一届理事会成员,中国再次成功当选为A类理事国,这也是中国连续第十二次当选为该组织的A类理事国。同时当选A类理事国的国家还包括日本、韩国、挪威、希腊、英国、意大利、俄罗斯、美国和巴拿马。）

（3）海上安全委员会（MSC）

IMO的最高技术机构,负责处理解决下述有关议题:

①船舶的设计、建造和营运;

②航行安全;

③无线电通信、搜寻和救助;

④货物运输和装卸;

⑤海上安全操作规程和要求;

⑥海上事故调查。

MSC下属分委会（1995年机构重组后,由11个减到9个）:

①散装液体和气体（BLG）;

②危险货物、固体货物和集装箱(DSC);

③消防（FP）;

④船旗国履约（FSI）;

⑤无线电通信与搜救（COMSAR）;

⑥航行安全(NAV);

⑦船舶设计与设备（DE）;

⑧稳性、载重线和渔船安全（SLF）;

⑨培训与值班标准(STW)。

（4）海上环境保护委员会（MEPC）

负责下述有关议题:

①防止和控制船舶造成的环境污染;

②油类;

③散装有毒液体物质；

④包装形式的有害物质；

⑤污水；

⑥垃圾；

⑦废气；

⑧有害污底系统；

⑨压载水；

⑩温室气体。

（注：BLG 和 FSI 分委会同时也是 MEPC 的下属分委会）

（5）IMO 秘书处

秘书处包括：

①秘书长；

②300 多名职员；

③总部——伦敦；

④机构——海安司、环保司、技术合作司、行政司、会议司。

七、海事装备与战略布局

目前,交通运输部海事局在全国已建成 29 个船舶交通管理中心（VTS）和 96 个雷达站、89 个船舶自动识别岸基台站（AIS）并采用了三级管理中心模式即国家级（1 个）、地区级（3 个）和辖区级（28 个）,基本覆盖了中国沿海和长江干线（下游）的主要港口和水域。此外还拥有各类海事巡逻船艇近千艘,航标测量船艇百余艘。18 个数字选呼岸台（DSC）,在全国 38 个主要城市开通了水上搜救专用报警电话“12395”。

另外,交通运输部通信中心还在北京建立了海事卫星地面站、国际搜救卫星北京任务控制中心等船舶遇险报警和通信设施以及 LRIT 数据处理中心。

交通运输部救捞局在沿海还设有 3 个专业救助局、3 个专业打捞局和 4 个救助飞行队,下设 21 个救助基地、77 个动态待命点和 7 个救助飞行基地,共布置了 59 艘专业救助船舶和 11 架救助飞机。

2009 年列入天津滨海新区的重大投资项目共 360 个,主要有：

（1）100 亿欧元的空客 A320 总装线；

（2）260 亿元的百万吨乙烯；

（3）133 亿元的京津城际客运专线；

（4）123 亿元的北疆电厂；

（5）100 亿元的船舶造修船基地；

（6）100 亿元的港口基础设施；

（7）98 亿元的京津塘高速公路二线；

（8）45 亿元的新一代运载火箭基地；

（9）400 亿元的千万吨炼油；

（10）25 亿元的滨海国际机场航站楼；

（11）300 亿元的中新天津生态城；

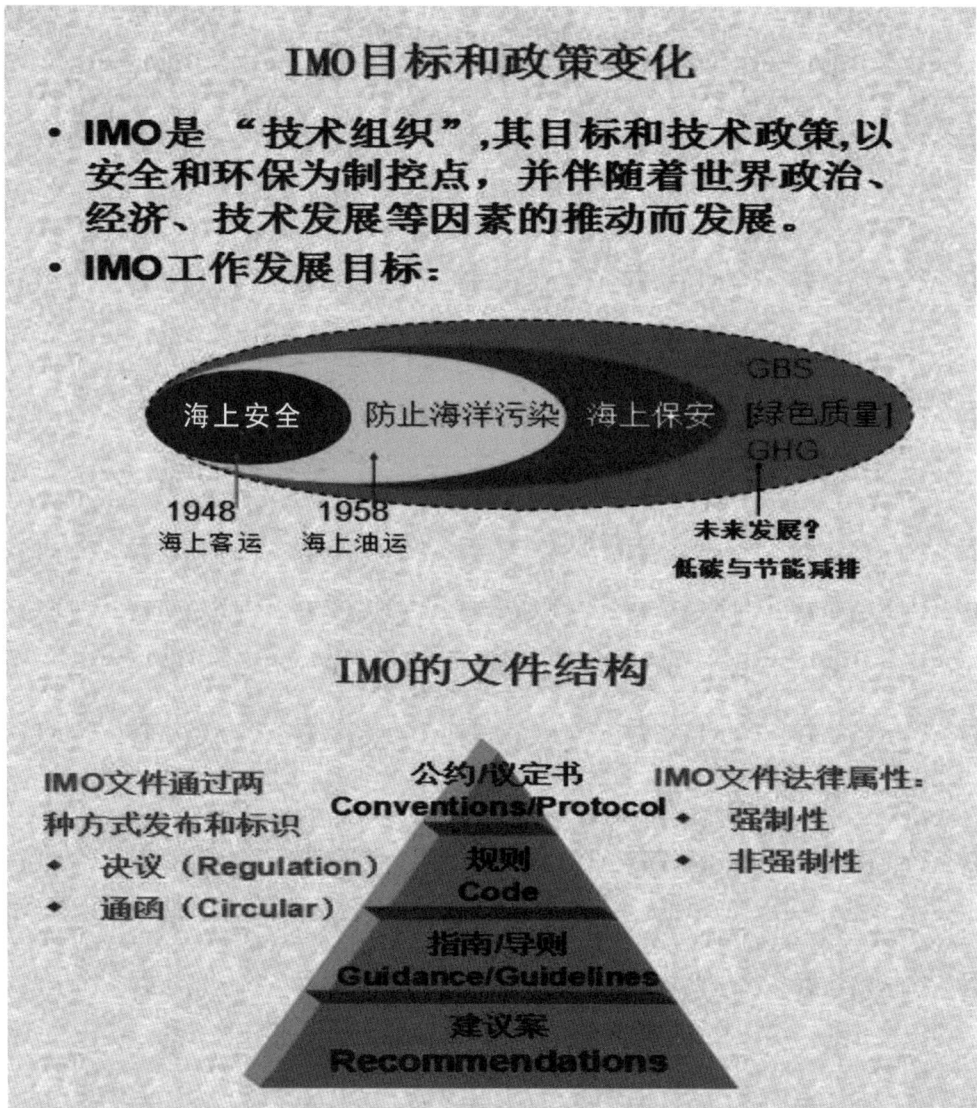

图 1-5　IMO 目标和政策变化

（12）200 亿元基础设施融资。

由此可见,高端化、高质化、高新化产业结构正在天津滨海新区形成。融资力度进一步加强,年实际利用外资由 41 亿扩大到 130 亿美元,目前已吸引 89 家世界五百强企业投资。

八、海事技术的开发应用

继长江三角洲、珠江三角洲经济圈大展活力之后,环渤海经济圈正加速崛起,尤其是依托京津冀的滨海地区,已被确定为国家经济发展第三极。2010 年,环渤海经济圈成为我国经济板块中乃至东北亚地区极具影响力的经济隆起地带。环渤海地区拥有 5 600 km 海岸线,60 多个大小港口,全国 7 个亿吨大港中有 4 个集中在此,是我国北方最大的集装箱海运中心,也是我国货物吞吐量最大的地区,其经济总量约占全国经济总量的 20%。

2001 年,天津港吞吐量首次超过亿吨,成为我国北方的第一个亿吨大港,此后,又以每年

图 1-6　部分海事局船舶交通管理中心和雷达站示例

图 1-7　海事局船舶交通管理中心

3 000万 t 的增长速度高速发展,2004 年突破 2 亿吨, 2005 年达到 2.4 亿吨, 2006 年达到2.58亿吨,集装箱吞吐量达到 595 万标准箱。目前,天津港吞吐量位居世界港口第六位,国内港口第四位,北方港口第一位,并在天津滨海新区处于中心位置,在环渤海经济发展中发挥着核心作用。

　　另外,渤海海域又是我国海洋石油及天然气资源比较丰富的地区之一,渤海海域探明的石油地质储量约 90 亿吨。

　　随着渤海石油开发的日益发展,其所占用的水域范围越来越大,特别是以天津港为基地的中海油开发总公司日趋活跃的海上活动,对北方海区海上交通安全和环境安全所带来的压力越发沉重。可以说,渤海水域是我国海上交通事故和污染事故发生隐患最大的区域之一。

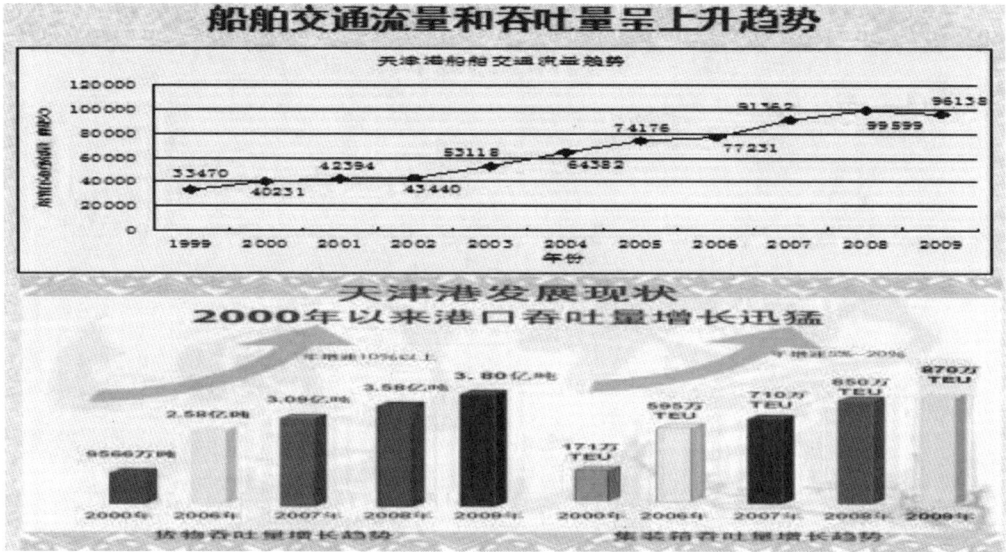

图 1-8　天津港 2000 年以来发展趋势

由此可见,北方海区船舶交通流量快速增长和大型化发展趋势以及海洋石油开发战略的实施对海事部门"船舶适航、船员适任、安全畅通、有效监管、优质服务"提出了更高的要求。

"以海事管理业务为基础,以加快信息应用为切入点,以完善水上交通安全应急辅助指挥为最终目的,尽快开发建设天津海事局的 VTMIS 系统",真正做到"装备现代化、反应快速化、执法规范化、管理信息化"实乃当务之急。

图 1-9　天津海事局 VTMIS 系统应用

组成 VTMIS 系统的技术手段:

(1)岸基雷达子系统(RADAR);

(2)有、无线电通信子系统(TEL+VHF+SSB);

(3)水文气象数据传感子系统(H/M);

（4）船舶自动识别子系统（AIS）；

（5）船舶数据处理子系统（DATABASE）；

（6）办公自动化子系统（OA）；

（7）工业电视监控子系统（CCTV）；

（8）船舶数字选呼报警子系统（DSC）；

（9）电子海图与地理信息子系统（ACDIS/GIS）；

（10）网络传输子系统（NETWORK）。

九、基础设施建设同步建设

海上事故预控与鉴证中心其他基础建设及效益如图1-10所示。

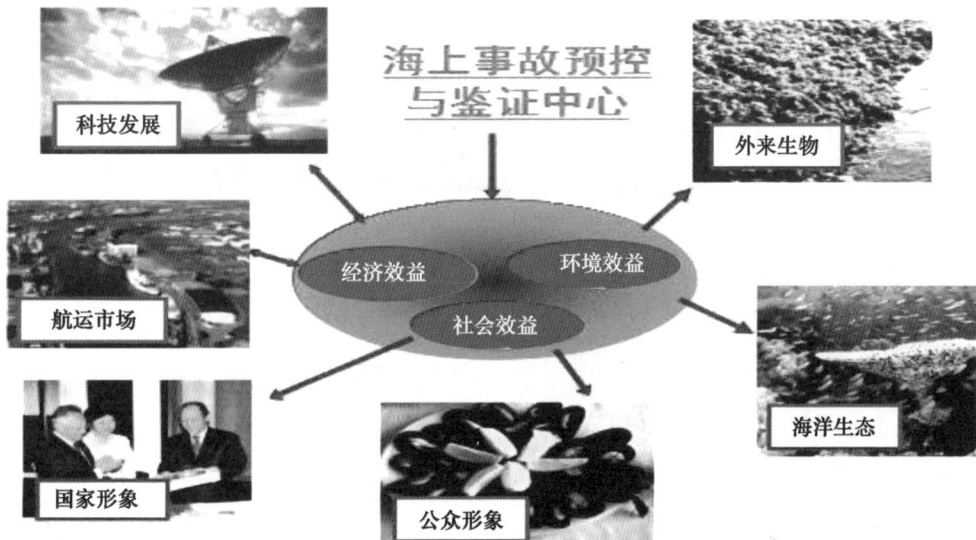

图1-10　海上事故预控与鉴证中心其他基础建设及效益

十、海事发展战略与对策研究

以天津海事服务滨海新区开发开放和环渤海地区经济社会发展的战略与对策研究为主要方向的课题已通过讨论确认并在逐步实施：

（1）天津港复式航道通航模式与管理方案研究。

（2）船载无人直升机海事应用关键技术的研究。

（3）北方国际航运和物流中心建设的主要任务与对策。

（4）环渤海地区航海保障体系与功能需求研究。

（5）水下机器人海事应用研究。

（6）船舶节能减排新技术的开发与应用研究。

（7）渤海海域船舶压载水置换排放区域的点位研究。

（8）辖区海上交通与石油开发协调发展的战略与对策研究。

（9）渤海海域VTS系统联网和信息交换技术与开发研究。

（10）面向未来海上通信的数字海岸电台网络架构技术的研究。

十一、海事技术的发展未来

船载无人机的海事应用研究及水下机器人海事应用研究如图 1-11、图 1-12 所示。

图 1-11　船载无人机的海事应用研究

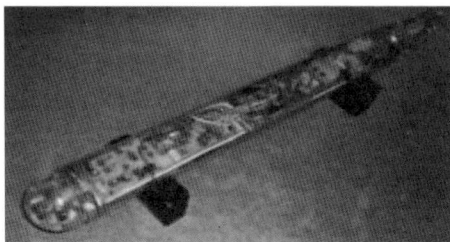

微小型UUV Subzero Ⅱ AUV

小型潜水器 ROV

图 1-12　水下机器人海事应用研究

十二、海事风险增加趋势

"十二五"初期,天津新港主航道将实现复式通航,新的港区又将新增 4 条进出港航道,9 大港区遍布 153 km 的海岸线,到"十二五"末期,天津港货物吞吐量将达到 6 亿吨。当前面临的主要问题是:

（1）滨海新区开发建设的优势之一,就在于滩涂造陆。"两船"既是滩涂造陆的重要工具,也是降低开发成本的重要途径,不满足海船规范标准的"两船"参与滨海新区开发建设的情况将长期存在,发生各类船舶碰撞的概率将大幅增加。

（2）目前,天津海事局管辖海域重特大溢油事故的风险越来越大,而目前最多只能应对近岸一次性 200 t 以下的溢油污染。如果发生类似于大连海域的油污事故,天津港将无法应对。

"7.16"溢油事故导致约 4.5 万 t 原油入海,污染岸线带长约 130 km,污染核心区域油层最厚达 30 cm。该事故在我国历史上规模空前,在世界范围内也属于特别重大的溢油海上污染事故。"7.16"溢油事故现场如图 1-13 所示。

图 1-13 "7.16"溢油事故现场图

"7.16"溢油事故海上清污工作成功,效果前所未有。至 7 月 25 日,海上清污工作即取得了决定性胜利,累计回收海上污油约 7 000 t;至 7 月 30 日,事故污染海域海水石油类含量基本恢复正常,石油类含量总体达到标准要求;至 8 月 18 日,主要海域清污工作基本结束。

第四节

海峡两岸"海上安全暨船舶交通管理"研讨会综述[①]

一、基本概况

2015 年 3 月 29 日—4 月 3 日,应我国台湾地区中华海洋事业协会邀请,中国航海学会组团赴台参加了在台北举办的 2015 年海峡两岸"海上安全暨船舶交通管理"研讨会。参会的大陆方代表团由中国航海学会秘书长领衔,域内航海院校和海事领域的相关专家学者一行九人共同与会。

会议在长荣海事博物馆会议厅举行(如图 1-14 所示)。

---

① 本节内容时间节点为 2015 年。

图 1-14　长荣海事博物馆

本次研讨会共收录了 27 篇来自海峡两岸学术界人士提供的专业论文,其中有 7 篇来自大陆学者。

会议共安排了 25 篇论文作者在大会上发表论文,分别从不同角度、不同专业论述了海上安全管理暨船舶管理的、重要性和技术可行性。

二、主办方台湾地区中华海洋事业协会简介

中华海洋事业协会自 1984 年 10 月 20 日起,由我国台湾地区主管部门主导备案成立。

其英文名称为:"THE ASSOCIATION OF MARINE AFFAIRS,CHINESE"。

协会宗旨:本会为依法设立,非以营利为目的之社会团体。本会以拓展海洋事业、维护海洋资源、发扬海洋文化,以及推广海洋教育并促进国际暨两岸海洋事业交流为宗旨。

协会任务:

(1)促进海运及港埠有关研究与发展相关事项;

(2)促进海洋渔业及矿产资源研究与发展事项;

(3)促进海洋自然生态环境之研究及保护事项;

(4)出席或主办国际有关海洋事业之会议事项;

(5)办理有关海洋经贸、科技与休闲相关事项;

(6)办理两岸海洋文化、学术教育等交流事项;

(7)办理与本会宗旨有关之其他海洋事业事项。

中华海洋事业协会历任理事长如表 1-1 所示:

表 1-1　中华海洋事业协会历任理事长

第一至二届	理事长	郑森雄	曾任台湾地区海洋学院院长
第三至四届	理事长	欧阳位	曾任阳明海运公司董事长
第五届	理事长	周家献	曾任中国航海技术研究会（台湾）理事长
第六届	理事长	周和平	现任中国航海技术研究会（台湾）理事长
第六至七届	理事长	徐国裕	曾任中华海洋事业协会理事长

三、近年来两岸海事学术界交流往来历程

2010 年 4 月 12 日—17 日，中华海洋事业协会与高雄海洋科技大学共同举办了 2010 海峡两岸"海洋科技暨港埠物流发展"论坛，邀请大连海事大学吴兆麟教授、张慧硕教授、张爽研究员，上海海事大学金永兴副校长、肖英杰副院长，浙江海洋学院俞存根院长、池弘福教授，集美大学尹自斌副院长、邵哲平副院长，浙江国际海运技术学院王捷校长、陈永芳院长等海洋专家学者来台参加论坛。

2011 年 6 月 9 日—13 日，该协会与中国航海技术研究会（台湾）/财团法人中国验船中心在长荣海事博物馆国际会议中心共同举办了 2011 海峡两岸"国际海事公约暨船舶营运安全"研讨会，邀请大连海事大学国际海事公约中心吴兆麟、刘正江、鲍忠君、费珊珊、李祯等 5 位学者及中国船级社朱恺、蔡琰先、杨忠民、陈道玉、王刚等 5 位专家，与台湾地区海运学界共同研讨并发表研究论文，增进两岸海事科技与管理上的学术交流，亦为海运界及海事教育方面指出正确务实方向。

2011 年 10 月 24 日—26 日，由高雄海洋科技大学海事学院主办，该协会参与协办，第三届海峡两岸海洋工程暨航海技术研讨会在高雄海洋科技大学海事学院召开，会议主题在于促进海洋工程及航海技术领域专家的交流，探讨会议相关主题的最新研究成果和未来的发展前景。

2012 年 9 月 21 日—26 日，该协会与高雄海洋科技大学共同主办了 2012 年海峡两岸"通信导航与海洋科技"研讨会，邀请大连海事大学吴兆麟教授、刘仁杰教授、王淑静教授、范淑敏副研究员，广东海洋大学毕修颖院长，集美大学邵哲平院长，天津海事局史光平副总工程师、王兵主任等专家学者与台湾地区海运学界共同研讨并发表研究论文，借此机会双方交流宝贵经验，建立开发研究管道，加强两岸海洋事业的发展与合作。

2012 年，该协会徐国裕理事长与理事陈希敬教授，应邀于 11 月 20 日赴集美大学做专题讲座，随后应舟山海洋技术学院邀请参加 11 月 23 日在杭州举办的海事教育咨询会议，充分增进两岸的学术交流。

2013 年 4 月 8 日—16 日，该协会徐国裕理事长前往集美大学、舟山海技学院及大连海事大学参访，并分别给各校师生做专题讲座。

2013 年 6 月 7 日—11 日在集美大学，该协会与集美大学共同举办了 2013 年海峡两岸"海事风险评估与管理"研讨会，台湾地区专家学者徐国裕、马丰源、陈希敬、吴琪枫、叶明水、刘立宏、胡延章、吕正琴、李蓬、陈正文、黄义恩、吴木章等 12 人与会。

2013 年 12 月 22 日—26 日，该协会与台湾海洋大学共同主办的 2013 年海峡两岸"海事教育与训练"论坛，在基隆台湾海洋大学校区隆重举行，大会由台湾海洋大学张清风校长与徐国裕理事长共同主持，产官学业界专家学者与学校师生百余人共襄盛举。上海海事大学杨万枫

副校长、宁波大学海运学院郑彭军院长、集美大学航海学院邵哲平院长共同参与盛会。

2014年6月7日—11日在集美大学,该协会与集美大学共同举办了第二届海峡两岸"海事风险评估与管理"研讨会,台湾地区产官学专家学者徐国裕、李选士、张文哲、马丰源、陈希敬、胡延章、顾其新、黄义恩、张志明、吴木章等10人与会。

四、研讨会论文发表情况简介

作者是第三次参加类似会议,第一次是2012年在高雄海洋科技大学,第二次是2014年在集美大学,分别发表了有关海事管理技术和风险防范方面的论述,题目依次是:《VTS/AIS技术在天津港复式航道建设中的应用研究》和《海事风险的产生、防范与应急处置》。而此次发表的论文题目是《无人机遥感系统的海事应用》。其主要内容是:

(1)无人机发展现状与趋势;

(2)无人机传感器的一般配置;

(3)无人机海事应用的需求分析;

(4)无人机传感器的海事应用实践。

文章的主要观点:随着中国大陆海洋经济和船舶大型化的快速发展,海上交通安全和船舶污染风险日趋增大,亟须加快完善海事监管体系,特别是提高现场监管能力。无人机遥感系统具有高时效、高分辨率、多任务作业、低成本、低风险等诸多优势,将能弥补和改善当前海事监管体系的空白和缺陷。

本文从分析海事监管体系的技术现状出发,针对现有海事监管装备的不足,探讨了无人机遥感系统海事应用的可行性,并进一步阐释了无人机遥感系统的海事应用前景。

笔者的演讲引起了与会代表的热烈反响,主持人用"耳目一新"一词给予了高度评价。而后在会场内外就此话题又做了多方探讨,学术研究气氛浓厚。在组委会的推荐下,笔者论文获得了大会颁发的论文佳作奖。

五、伴随研讨会的参访活动

根据会议主办方的安排,大陆与会人员还相继参访了台湾海洋大学、台北海洋技术学院(私立)、台湾地区验船中心(CR)、船长公会、引航员协会等部门,并乘快艇实地考察了基隆港、淡水河与外海交界水域,留下了深刻印象。尤其是与台湾海洋大学和台湾地区验船中心(CR)的业务交流中,得到对方的积极回应。如在台湾海洋大学校长张清风的带领下,各学科带头人分别介绍了学校的专业设立、学生培养、学生学以致用和走向社会的过程并取得良好效果。

在与台湾地区验船中心(CR)的业务交流中,该中心执行长刘英如亲自主持,并请出了该中心的顾问王国杰和副总验船师黄远宽一起参与交流。大家畅所欲言,各自提出当下不易解决的难点问题,探讨有效的解决方案。

图 1-15　2015 年海峡两岸"海上安全暨船舶交通管理"研讨会优秀论文奖

六、本次台湾地区之行的收获

1.经过多年的两岸学术交流活动,特别是在本次会议期间,双方不仅进一步加深了在海事业务与海洋事务上的了解、理解,也学习到了对方在海事技术进展和对国际海事政策方针的把握及处理方法上的有益经验。而且在双方的精心培育下,处处体现了"血浓于水,两岸一家亲"的同胞之情,增进了友谊,收获了累累硕果。

2.在与台湾地区验船中心的相关人员进行业务交流过程中,我们了解到台湾地区的航政主管部门于 2014 年 8 月 30 日正式颁布了《游艇管理规则》,该规则共九章四十九条,并附有七个附件。由于考虑该规则的可操作性较强,有一定的借鉴作用,经协商对方同意提供了复印件文本。据了解,交通部海事局今年也在计划修改 2008 年颁布的《游艇安全管理规定》。

3.因本次研讨会的主题是"海上安全暨船舶交通管理",多篇文章涉及客轮安全、搜救、VTS 助航能力与人员培训等,但可惜没有专篇阐述 AIS 技术的开发应用,此乃本次会议的一大缺憾。在与主办方私下交谈中探讨了可否在将来的研讨中加入两岸联通 AIS 信息的可行性和技术方案。据悉,台湾地区的 AIS 中心设在台中港,也在考虑开发相关的 AIS 软件。如条件成熟,双方合作的空间可以扩展到新的领域,并有可能在"互联网+"的新时代,为我国"一带一路"倡议的实施提供一个可供参考的途径。

法规建设助行政履职

第二章

第一节

天津市海河下游航政管理规定①

总　则

第一条　为加强对海河下游航政的监督管理,维持水上交通秩序,防止水域污染,保障船舶、沿岸设施和人命财产的安全,依据《中华人民共和国海上交通安全法》及有关的法律、法规,制定本规定。

第二条　本规定适用于海河二道闸(大坝)以下至新港船闸(以下简称"船闸")之间,全长为 39.5 公里的海河干流水域(以下简称"海河下游")。

第三条　凡在海河下游航行、停泊和作业的一切船舶、设施、人员以及船舶、设施的所有人、经营人,均应遵守本规定。

第四条　中华人民共和国天津港务监督(以下简称"港务监督")是海河下游航政主管机关。

航行与停泊

第五条　自海门大桥至船闸间的航道现为航行五千吨级船舶的航道。海门大桥至二道闸间的航道现为航行三千吨级船舶的航道。超过上述吨级的船舶通行时,须经港务监督特别批准。

第六条　在海河下游航行的船舶必须具有船舶检验部门签发的有效技术证书,同时持有船舶登记机关核发的船舶国籍证书、登记证书或执照。

第七条　船舶有下列情况之一者,港务监督有权禁止其航行。

(一)违反中华人民共和国有关的法律、法规或规章;

(二)船员配备不符合规定;

---

①　本节内容时间节点为 1985 年。

（三）超载或装载不当；

（四）载客超过定额；

（五）发生水上交通事故，手续未清；

（六）未向主管机关或有关部门交付应承担的费用，也未提供适当的担保；

（七）气象条件恶劣或主管机关认为需要禁止航行的其他情况。

第八条 船舶航行时必须保持安全速度，不得损坏附近码头、堤岸、水上建筑物以及其他船舶。

第九条 船舶驶经下列水域，在保证本船航行安全的情况下必须减至最低速度：

（一）有船舶正在靠离码头或进出坞的地点；

（二）正在进行水上水下施工的区域；

（三）海门大桥上下游各 1 500 米以内；

（四）船舶密集停泊区；

（五）河道狭窄地段；

（六）摆渡口；

（七）悬挂规定信号要求缓速通过的船舶附近。

第十条 船舶相对行驶时，应当互换声号，相互从左舷通过；如需从右舷通过时，应事先使用声号或甚高频无线电话进行联系，取得对方同意后方可采取行动。

第十一条 每艘较大船舶相对航行并有可能在弯曲区段相遇时，上行船应让下行船先行通过。

第十二条 船舶需要追越前船时，应按规定声号或甚高频无线电话征得前船同意并让路后才可追越；在追越中，除前船应适当减速并尽量让路外，追越船仍应负责避让前船。

船舶在狭窄、交叉和弯曲地带不得进行追越。

第十三条 船舶同向前后航行时，后船须与前船保持足以避免碰撞的安全距离。

第十四条 遇有浓雾、大雨雪或强风等恶劣气象时，正在航行的船舶应立即择地靠泊或在允许下锚的地点锚泊并及时报告港务监督。

第十五条 船舶航行或移泊时，船上的救生艇、救生筏、吊货杆及其他属具不得伸出舷外。

第十六条 较小船舶在遇到较大船舶时，不论追越或对遇，均应主动避开深水航道，不可妨碍较大船舶航行，并严禁抢越正在行驶的较大船舶的船头。

第十七条 需横越河道的船舶应避让正在沿航道行驶的船舶。

第十八条 非机动渡船遇有其他机动船沿航道通过时，须至少在距离 300 米时采取避让措施，并待水面平稳后再渡。

第十九条 结冰期内，天津港海岸电台（呼号为 XSV）每日在规定的时间播送新港港区、海河下游及渤海湾东经 119 度以西海面的冰况信号。船舶除在规定的时间内收抄外，可随时向海岸电台询问。

在结冰期内，凡不适合冰区航行的船舶未经港务监督批准不得在海河下游行驶。

第二十条 在有破冰船引导航行时，随行船舶应注意破冰船信号，并与其保持一定距离。

第二十一条 从事拖带作业船舶的拖带长度不得超过 150 米，携带宽度不得超过 20 米；超长超宽及其他特殊拖带须经港务监督核准。

第二十二条 从事拖带作业的船舶遇到较大船舶时，应主动避开深水航道。

第二十三条　上述避让规定未尽事宜,应按《1972年国际海上避碰规则》的有关规定执行。

第二十四条　通过海门大桥的船舶,均应提前向大桥管理部门办理申请过桥手续,并遵守有关管理规定。不受海门大桥关闭状态净空限制的小船除外。

需要通过船闸的船舶还须遵守港务监督颁发的《新港船闸管理办法》。

第二十五条　码头所有人或经营人对其所属的泊位有指泊权。

港务监督有权根据泊位的结构、水深、防撞、系缆装置及照明等情况,确定船舶能否靠泊。

第二十六条　船舶在靠泊时,必须遵守下列规定:

(一)海门大桥以下至船闸河段内靠泊船舶的总宽度不得超过30米(停泊在海洋渔业基地的修船、补船码头的渔轮,并靠宽度不得超过20米);

(二)海门大桥以上至二道闸河段内靠泊船舶的总宽度不得超过30米(新河船厂的船舶靠泊宽度不得超过30米);

(三)载有易燃、易爆等一级危险货物的船舶只准单船靠泊;

(四)宽度15米及以上的较大船舶的外档,除过驳、加油、加水及从事修理作业的船舶以外,不得并靠其他船舶(因特殊情况经港务监督批准除外)。

第二十七条　船舶不准在下列地点下锚或停泊(设有码头的地点除外):

(一)船闸西闸门以外150米以内水域;

(二)海门大桥上、下游各1 500米以内的水域;

(三)深水航道和河道弯曲处;

(四)有禁锚标志的水域。

第二十八条　在允许锚泊的地点,锚泊船必须派专人值锚更,遇有恶劣气象或其他紧急情况应保证用车,一旦发现走锚,要立即采取措施,并同时报告港务监督。

第二十九条　船舶在停泊时应留有足以保证船舶安全操纵的值班人员。

在码头靠泊时,留船值班人员各部门均不得少于船员配额的三分之一。

在其他水域锚泊时,留船值班人员各部门均不得少于船员配额的三分之二,其中驾驶部必须有船长或大副,轮机部必须有轮机长或大管轮。

第三十条　准备离码头的船舶,在有他船驶近时应暂缓离泊。

第三十一条　船舶在码头停泊期间不得试车(在船厂及其他有系泊试验能力的码头除外)。开船前如需活车,应注意周围环境,不得危及他船和港口设施安全。

第三十二条　船舶射向航道的灯光应予遮蔽,不得影响其他船舶的航行安全。

第三十三条　船舶进行下列作业,应事先向港务监督提出书面申请,经批准后方可进行。

(一)拆修锅炉、主机、锚机、舵机和电台;

(二)放艇、筏进行救生演习;

(三)烧焊及其他明火作业(在船厂或其他专门从事修理工作的码头除外);

(四)试航、试车。

第三十四条　非经港务监督批准,禁止出海鱼船进闸、锚泊、打冻。

岸线与水上水下工程管理

第三十五条　在海河下游修建码头、船坞、滑道或设置趸船、浮筒等须使用岸线,或整治、拓宽航道而改变自然岸线,以及进行挖泥、打桩、填岸、填滩、敷设水底电缆、管道和架设桥梁、高空电线等水上水下工程,除按《天津市河道堤防管理暂行办法》及其他有关规定报批外,还须经港务监督审核同意,并至少在施工前七日申请办理航行通告发布手续。

第三十六条 海河下游的岸线使用和与岸线有关的水上水下工程建设,港务监督依据国家批准的有关规划控制和执行。

第三十七条 经港务监督核准的与岸线使用有关的工程项目须从核准之日起十八个月内组织施工,过期需重新办理报批手续。未经核准,有关部门不得予以设计和施工。

第三十八条 距码头前沿2.5米之内不得设置起重机轨道,并不得堆存任何货物。

危险货物运输与消防救护

第三十九条 整船装载散装汽油、液化石油气或其他一级易燃、易爆货物的船舶,只准在风速小于8米/秒,能见度大于2 000米的日间,单船通过船闸和海门大桥。

第四十条 本规定第三十九条所指的船舶通过船闸和海门大桥时,船舶本身须备有碰垫,船闸和海门大桥的易碰部位须装设有效的防撞装置。

第四十一条 当海岸电台发布冰况信号Ⅱ、Ⅲ时,整船装运一级危险货物的船舶航行时必须招请破冰船为其开路和护航。

第四十二条 拖船每次只能拖带一艘载有一级危险货物的驳船,禁止同时拖带其他船舶或搭载旅客。

第四十三条 摆渡船不得将有液化气的容器或其他一级危险货物与旅客同时摆运。

第四十四条 载有危险货物的船舶在航行或停泊时,须遵守国家及本港有关危险货物运输和监督管理的规定。

第四十五条 船舶发生火灾,船长或其他负责人员应立即采取自救措施,同时将失火情况、地点和要求何种救助报告港务监督;一切船舶均应服从港务监督的指挥。

第四十六条 失火的船舶如载有危险物品,船长或其他负责人员除应向港务监督报告其名称、性质、数量、装载部位等情况外,还应通知泊位管理人做好救护与人员疏散的准备。

第四十七条 船上炊煮和取暖设备在生火时应指定人员值班看守。

第四十八条 除紧急情况外,未经港务监督批准,禁止发射火箭或火焰信号。

第四十九条 发生船舶交通事故后,船长应将发生事故的原因和所在地点及本船吨位、吃水、载货、受损情况、需要何种援助等,迅速报告港务监督。

安全秩序与航道保护

第五十条 在旅客、船员上下船舶地点,应当设置稳固的、有栏杆或攀索的舷梯或跳板,并挂好安全网,夜间应当有足够的照明。

第五十一条 船舶在靠离码头时,禁止非工作人员聚集在岸边和船侧。

第五十二条 码头、河岸、船厂所设置的强光灯以及电、气焊射向河道的灯光、火光应予遮蔽。

第五十三条 结冰期内,在人员经常上下船舶的地点应备置防冻防滑材料。

第五十四条 船舶不准乱鸣汽笛。

第五十五条 禁止渔船进入海门大桥以下河段捕捞作业;在海门大桥以上进行捕捞的渔

船不得在航道内设置渔网。

第五十六条 泊位管理人应指派专门人员协助船舶安全靠离。

第五十七条 码头或船舶上的一切杂物不得抛入河内。在因意外情况使船舶属具或其他物件落水造成障碍时，码头或船舶负责人应立即报告港务监督，并按要求予以清除。

第五十八条 发现沉船、碍航漂流物、助航标志变异等影响航行安全的情况时，应迅速报告港务监督。

第五十九条 船舶航行时发生意外情况可能沉没时，应尽量驶向河边使之搁浅。

第六十条 船舶或货物沉没，其所有人或经营人应立即报告港务监督，并在沉没地点设置明显标志。

第六十一条 沉没的船舶、货物或漂浮物，如有碍航行安全或存有潜在爆炸、污染危险，其所有人、经营人应当申请港务监督批准并在限定的时间内打捞清除。否则，港务监督有权采取强制打捞清除措施，其全部费用由沉没物、漂浮物的所有人、经营人承担。

本条规定不影响沉没物、漂浮物的所有人、经营人向第三方索赔的权利。

第六十二条 未经港务监督批准，任何单位不得擅自打捞或拆除沉船沉物。

第六十三条 未经港务监督批准，任何单位或个人不得在船舶密集停泊区打捞漂浮物，船舶在航行中捞获的漂浮物或沉没物必须交港务监督处理。

第六十四条 根据本章第六十一条规定强制捞起的船体、货物或解体所得的材料、机体等，在无法或不易保管的情况下，港务监督可以作价处理。

第六十五条 沉船所有人自船舶沉没之日起六个月内，可以申请发还捞起的原物或处理原物所得的价款，过期不申请即丧失所有权；沉船所有人在领回原物或价款时，应偿还有关打捞、保管和处理等费用。

第六十六条 船舶在河内遗失铁锚，船长应将铁锚的形状、重量、遗失位置等，详告港务监督。

第六十七条 凡因泄洪而需提闸（系指二道闸和节制闸）放水，防汛指挥部门应提前 24 小时向港务监督提供有关情况。遇有紧急情况时应立即通知港务监督。

水上交通事故的调查与处理

第六十八条 船舶发生交通事故，船长必须在 24 小时之内向港务监督递交事故报告书和有关资料。

第六十九条 船舶发生交通事故造成人命、财产损害时应积极救助，不得隐匿逃遁，并应及时报告港务监督，接受调查和处理。

第七十条 因水上交通事故引起的民事纠纷，可报经港务监督进行调解。不愿调解或调解不成的，当事人可以依据《中华人民共和国海上交通安全法》第四十六条规定向有管辖权的人民法院起诉；涉外案件的当事人，还可根据书面协议提交我国仲裁机构仲裁。

防止船舶造成污染与损害

第七十一条 在海河下游内航行的一切船舶均须执行《中华人民共和国水污染防治法》和《中华人民共和国海洋环境保护法》及《天津市境内海河水系水源保护暂行条例》等有关规定。

航行于国际航线的船舶还应遵守有关国际防污公约的要求。

第七十二条 未经港务监督批准,任何船舶不得排放压舱水、洗舱水和舱底水。

第七十三条 来自疫区船舶的压舱水,须先经卫生检疫部门检验合格,并报经港务监督批备后方可排放。

第七十四条 船舶应设有严密封盖的垃圾存放装置,不准任意倾倒。严禁排放油类、油性混合物、废弃物和其他有毒害物质。

第七十五条 禁止在河内拆解废钢船,由于特殊原因确需拆解的,须事先将拆船场的位置、设备和防污染设施的配置情况报经港务监督审核批准。

第七十六条 150 总吨及以上的油轮和 400 总吨及以上的非油轮机动船舶应当设有规定的防污设备和器材,并备有油类记录簿。

第七十七条 载运 2 000 吨以上的散装油类的船舶,应当持有有效的《油污损害民事责任保险或其他财务保证证书》。

第七十八条 不足 150 总吨的油轮和不足 400 总吨的非油轮机动船舶,应设有专用容器回收残油和废油,该容器应设有标准排放接头,以便排入港口接收设备。

第七十九条 修造、打捞和拆解船舶的单位,均应备有足够的防污染器材和设备。作业时,应采取有效措施,防止油类、油性混合物和废弃物污染水体。

第八十条 发生船舶污染事故,应立即报告港务监督,同时积极采取措施防止扩散并进行打捞清除,不准擅自使用化学消油剂。

第八十一条 凡违反本章规定造成港区水域污染损害的船舶,港务监督将视污染程度令其支付消除污染费,赔偿损失,并予以处罚。受到污染损害的单位和个人,有权要求造成污染损害的一方赔偿损失。赔偿责任和赔偿金额纠纷,当事人可请求港务监督调解,也可以依据《中华人民共和国海洋环境保护法》第四十一条、《中华人民共和国水污染防治法》第四十条规定向人民法院起诉。

航标与信号

第八十二条 海河下游设有指示船舶行驶的接岸航标。

第八十三条 在海门大桥的中孔设有标示桥梁河段航道、引导船舶安全通过桥洞的桥涵标,在其上游 900 米和下游 1 000 米处各设信号台一座,各信号台采用的信号标志与船闸信号台相同。

第八十四条 航标主管部门负责港区内接岸航标的维修、保养和补给工作,并使其保持正常技术状态。

海门大桥管理部门负责桥涵标及信号台所设信号标志的维修和保养,保证使其处于正常技术状态。

第八十五条 海河下游内的一切船舶均应按照中华人民共和国交通部沿海港口信号规定显示信号,较大船舶还应显示下列特殊信号:

白天在显著位置悬挂黑球一个;

夜间显示绿色环照灯一盏。

处罚与奖励

第八十六条 对违反本规定的,港务监督可以视情节根据国家和本市有关规定给予下列一种或几种处罚:

(一)警告;

(二)扣留或吊销职务证书;

(三)罚款。

第八十七条 当事人对港务监督处罚决定不服的,可以按国家有关法律规定在接到处罚通知之日起十五日内,向人民法院起诉;期满不起诉又不履行的,由港务监督申请人民法院强制执行。

第八十八条 对违反本规定并构成犯罪的,由司法机关依法追究刑事责任。

第八十九条 船舶发生污染事件后,对能主动检举、揭发、积极提供证据和线索,或采取有效措施减少污染损害有突出成绩的非责任人或单位,港务监督可酌情给予表扬和奖励。

附　则

第九十条 本规定下列用语的含义是:

(一)"船舶"是指一切类型的机动和非机动船艇。

(二)"设施"是指水上水下各种固定或浮动的建筑和装置。

(三)"较大船舶"是指所有的外国籍船舶,总长度 60 米及以上的本国籍船舶、拖带长度 50 米及以上或拖带宽度 20 米及以上的拖带船舶和其他有特殊使用要求的船舶。

(四)"较小船舶"是指总长度 60 米以下的本国籍船舶,拖带长度 50 米以下及拖带宽度 20 米以下的拖带船舶以及符合海门大桥中孔关闭状态净高要求且拖带长度不超过 50 米,拖带宽度不超过 20 米的拖带船舶。

(五)"水上交通事故"是指船舶在河内发生碰撞或浪损,火灾或爆炸,触岸或搁浅,沉没或失踪,造成水上水下建筑物或设施、人员的损害等。

第九十一条 本规定由天津港务监督负责解释。

第九十二条 本规定自 1987 年 4 月 1 日起施行。

第二节

北方海区发布航行警告和航行通告实施办法①

第一条 为共同做好北纬 35 度 08 分 30 秒以北我国沿海水域(以下简称北方海区)的航行警告和航行通告的发布工作,依据《中华人民共和国海上航行警告和航行通告管理规定》(以下简称《规定》)和《中华人民共和国发布海上航行警告和航行通告管理办法》(以下简称《办法》),制定本实施办法。

---

① 本节内容时间节点为 1987 年。

第二条　大连、秦皇岛、天津、烟台、青岛设置的航行警告台(以下简称港台),依据本办法分别负责在下列管辖区域内的航行警告和本辖区其他港口水域以外的航行通告的发布工作,并履行《办法》规定的其他各项职责:

大连航行警告台:自 3830N/12030E 向北的经线和向东的纬线之间的中国海域。

秦皇岛航行警告台:自大清河口(约 3907N/11855E)至 3900N/12030E 的连线和 3900N/12030E 向北经线之间的海域。

天津航行警告台:自大清河口至 3900N/12030E 的连线、3900N/12030E 和 3930N/12030E 的连线、老黄河口东端(约 380330N/11857E)至 3830N/12030E 连线所围海域。

烟台航行警告台:老黄河口东端至 3830N/12030E 连线、3830N/120303E 向东的纬线、3650N 纬线之间的中国海域。

青岛航行警告台:3650N 纬线、自 350510N/1191800E 至平岛北端(约 350830N/1195430E)的连线,并向东延伸的 350830N 纬线之间的中国海域。

第三条　助航标志和导航设施的设置、移位、撤除应发布航行警告和航行通告;灯光熄灭、变异、失常应发布航行警告。

属于本港台辖区内的,除按本条一款规定处理外,还应尽快通知相关的航标管理部门检修;属于本辖区外的,应迅速通知有关港台处理;

我国航标表内没有对外公布的,仅发布中文航行警告,其他则用中英文发布;

航行警告中如未注明"修复后不再另行通告",则应在修复后另行发布撤销警告;

第四条　港台接获有关有碍航行安全的大块浮冰、漂浮集装箱、漂浮失控的浮筒、浮鼓、船舶等漂流物的报告后,应立即发布航行警告;如在本港台辖区外,应立即通报有关港台处理;航行警告发布后,发布港台应尽可能了解漂流物的变化情况,并及时发布补充警告,对十天后无消息漂流物,可视为自然消失,发布撤销警告。

第五条　港台接获有关沉船、沉物、固定危险物、浅滩、礁石及其他固定碍航物的报告后,应立即发布航行警告,如在本辖区外,应立即通报有关港台发布航行警告;

航行警告中的固定碍航位置应力求准确,如一时难以查明的,可先按概位发布航行警告,当得到准确位置后,应立即发布补充或更正警告,并应及时发布航行通告。

航行警告和航行通告公布过的固定碍航物,经打捞清除确无碍航行后,应及时发布撤销警告和通告。

第六条　从事扫海、疏浚、爆破、打桩、拔桩、起重、钻探、海洋水文、地质调查设备,撤除各种海上设施,打捞、清除碍航物、污染物,铺设、撤除、检修电缆和管道及其他有碍航行安全的水上水下作业,均应发布航行通告;情况紧急的应先发布航行警告,然后根据作业时间的长短决定是否补发航行通告。

要求作业单位提前七天提交申请,申请内容包括:作业时间、地点、所占水域、作业性质和方式、船舶和锚位、注意事项、安全措施、联系电话和人员。

各港台接到申请后,应认真核对资料,并进行必要的海图作业,作业区域在本港台辖区内的,应及时发布航行通告或警告;作业区域在本辖区以外的,应通知申请单位到作业所在辖区港台办理;作业区域跨越两个及以上港台管辖区的,所跨越港台均可接收申请,需发布航行警告的,应拟与警告电文,提前 24 小时传送分台发布;需发布航行通告的,应及时将申请及其他有关材料传送分台发布。

航行通告或航行警告发布后,作业需延期的,应及时发布延期航行通告或警告;作业期间,原通告或警告内容需要变更的应及时发布变更通告或警告。

对于申请的作业时间超过六个月的,通告中的起止期限最多为六个月,令作业单位在通告规定的结束日期15天前重新申请发布航行通告。

第七条 凡拖带各类平台、大型船舶和笨重物体等使拖船操纵能力受到限制的笨重拖带,或者拖带长度超过500米的一般拖带在海上航行时,均应发布航行警告。

拖航申请应提前三天递交,并应在起拖前至少六小时报告准确起拖时间,申请和报告内容应包括:船名、起拖时间、拖缆长度、起拖地点、终至地点、航速和计划航线。笨重拖带还应提交船检部门签发的拖航检验报告或批准书(拖带从海上出发的,可提交验船师署名的有拖航批准书号码的电报)。

拖航申请由起拖地辖区港台受理,对拖航方案进行审核,并应在起拖前4小时发布航行警告。终至地点超出北方海区的拖带,受理申请的港台应拟好警告电文,于起拖前至少4小时传送分台发布。

对拖航时间超过24小时的,受理港台应告知拖带船舶每天向拖航警告的发布港台或分台发送中午船位电报。电报内容应包括:拖船和被拖物的名称、中午(1200时)船位、航速、计划航线。分台或相关港台接到电报后应及时发布拖航中午船位警告。拖带船舶驶出北方海区后,由分台负责转告有关分台续发中午船位警告,各港台在接受此类拖航申请时,应告知拖带船舶届时向相关分台报告中午船位。

第八条 军事演习和划定临时军事禁航区,应由部队军级以上单位提出申请,由管辖区港台受理,提出应采取的安全措施,并负责发布航行警告、航行通告。

跨港台管辖区军事活动,港台接收申请后,应将有关资料转送分台发布航行警告、航行通告。也可经总台核准或指定,由港台直接发布,但应通报分台。

发布划定、变更和撤销永久性军事禁航区的航行通告、警告前,应报总台核准,同时通报分台。

根据部队要求和水域情况,确定是否发布英文航行警告,拟写电文时应注意保密要求。

第九条 划定、变更或者撤销锚地、非军事禁航区、抛泥区、水产养殖区、测速区、水上娱乐区、分道通航制、海难救助区、防污作业区、海上作业重大事故区均应发布航行通告;情况紧急应先发布航行警告后,再补发航行通告。

要求申请单位应提前七天提交申请,并同时提交相关机关的批准文件。

第十条 航道、航槽的改变应同时发布航行警告和航行通告。

第十一条 港台接获有关海上搜救的信息或报告后,应立即发布航行警告。搜救区在本港辖区外的,应立即通知辖区港台发布航行警告。

发布航行警告后,相关港台应积极收集后续的搜救情况报告,及时发布变更、补充和撤销警告。

第十二条 其他种类航行通告和航行警告的发布,应遵循"及时、准确、有效、宁重勿漏"的原则,按《规定》和《办法》发布航行警告、航行通告。

第十三条 凡涉及在毗连区以外水域从事水上水下作业或军事活动的航行警告,发布前均应报总台核准。港台在上报总台的同时通报分台。

第十四条 任何需立即通报分台、其他港台发布航行警告的情况及需将警告电文传送分台发布的航行警告,由于通信等原因不能及时通报或传送时,各港台均应先行发布航行警告。

第十五条　分台、各港台收到发布航行警告和航行通告的申请后,应根据实际需要,确定发布形式。

1.对于情况紧急的和影响船舶航行安全的情况,一般应立即发布航行警告,然后再根据具体情况决定是否发布航行通告;

2.对于申请期限较长的发布申请,如时间允许,可仅发布航行通告;

3.对于严重影响海上航行和作业安全的情况,应同时发布航行通告和航行警告。

第十六条　航行通告使用中文发布,可根据实际情况和实际效果采用登报、信件邮寄、VHF广播、定点张贴、电台广播、电视传播、电话通知、传真传递等手段发布。

航行警告通过海岸电台以无线电形式播发。港区范围内的航行警告一般只使用中文发布;沿海航行警告一般要用中英两种文字同时发布,如警告区对外轮没有影响,可只用中文发布。

第十七条　发布航行警告应注明等级、播发天数和撤销日期。

1.搜寻救助内容的航行警告使用极其重要级(VITAL);助航标志和导航设施的变异或失常、新碍航物和其他需要立即发布的航行警告,应使用重要级(IMPORTANT);其他航行警告使用常规级(ROUTINE)。

2.航行警告的播发天数应根据实际需要决定,一般应为1～3天,最长不超过5天,特殊情况如还需要延长,应重新播发延期航行警告。

3.如航行警告内容有明确的结束时间,则应在航行警告末尾注明撤销该警告的时间;警告内容有起始时间而无终止时间的,应在接获结束信息后立即发布撤销警告。

第十八条　航行警告和航行通告中的海上位置均应用经纬度或极坐标表示。

第十九条　发布航行警告和航行通告应采用一事一发的方式,不宜将多个事项用同一警告、通告发布;接受申请时应要求申请单位分别申请。

第二十条　发布中文警告应严格采用交通部安全监督局颁发的《中文航行警告标准格式》;发布英文警告应采用北方海区《英文航行警告标准格式》;发布航行通告应采用《北方海区航行通告标准格式》。

第二十一条　各港台航行警告、航行通告工作应设专人负责,并将负责人名单、联系电话报分台,如有变更应及时通知。

第二十二条　各港台应于每月10日前将上月本港台管辖区内的航行警告和航行通告汇总后报送分台;分台应在每季度次月底前将上季度北方海区的航行警告和航行通告资料汇编上报总台并分送各港台。

第二十三条　本实施办法自1995年5月1日起试行,原《北纬35度以北中国沿海无线电航行警告发布办法》同时废止。

中国北方海区石油勘探开发作业航政管理暂行规定[①]

第一条 为保障中国北方海区海上交通和石油勘探开发作业的安全,制定本规定。

第二条 在海上进行地震勘探、钻井(孔)、设立或撤除移动式钻井平台、固定平台及其他构筑物,均须经该海区负责的港务监督(以下简称主管港务监督;各主管港务监督负责的区域见附图)核准,并应于开始作业前至少十五天,向港务监督提出发布航行警告(通告)的书面申请。

第三条 船舶拖带移动式钻井平台及其他笨重物体航行,应按以下要求申请发布航行警告。

(一)不超出某一港务监督负责区域的拖带,承拖单位应在开航前至少七天向主管港务监督提出书面申请,主拖船舶还应在启拖前至少六小时将准确的起航时间、航速、始发地、目的地及拖带长度等用书面或电报做出补充报告;

(二)超出某一港务监督负责区域但不超出北纬三十五度海区的拖带,承拖单位和主拖船舶除应遵守本条(一)款的规定外,主拖船舶还应在起拖前至少六小时向终到位置所在海区主管港务监督报告准确的起航时间、航速、始发地、目的地及拖带长度等;

(三)超出北纬三十五度以北海区的拖带,承拖单位和主拖船舶除应遵守本条(一)款的规定外,还应向天津港务监督报告中午的船位、始发地、目的地、航速和航向等资料;

(四)平台及其他笨重物体迁移完成就位后,应立即将概位报告起始和终到位置所在海区主管港务监督,并应尽快测定准确位置,递交书面报告;

(五)拖带船队应按国际海上避碰规则悬挂信号。

第四条 在海上进行地震勘探作业的船舶,白天必须垂直悬挂黑球、黑菱形、黑球三个号型,以及"KJ""PP3"国际信号旗;夜间必须垂直悬挂红、白、红三盏环照灯;在电缆尾端的拖带物(雷达反射器)上,白天应设有上红下白旗一面,夜间应设有白光单闪周期三秒(0.3+2.7)的号灯一盏。

第五条 在海上已升起的移动式钻井平台及有人驻守作业的固定平台(含已抛工作锚的自航式钻井船、半潜式钻井船)上:

(一)必须备有一个或多个音响信号设备,其安装高度在平均大潮高潮面以上,不低于6米,不高于30米,一般听程不小于2海里,当海上能见度为2海里及其以下时,每隔30秒发送一次二短一长的声号,其中短声为1秒,长声历时为3秒,在一个周期内,两次音响之间停息的持续时间为一秒;设备发生故障时应以其他发声器具代替。

(二)夜间必须在明显处设有白色闪光灯一盏或数盏(同步发光),其灯光高度在平均大潮高潮面以上,不低于6米,不高于30米,灯光节为莫尔斯信号"U",其短明(点)05秒,两次明之间暗的持续时间与点相等,长明(划)的持续时间为15秒。周期为12或15秒,(过去周期

---

① 本节内容时间节点为1995年。

为 10 秒的可暂使用)灯光强度不小于 1 400 坎德拉。

(三)在明显处设一块或多块标志牌,显示构筑的名称或号码,标志牌黄底黑字,字高 1 米,并在夜间照明或用反光材料,使从任何方向驶来的船舶都能看到。

第六条 在海上,全部桩脚已离开海底的自航式钻井船,或已垂毕工作锚但还在锚泊位的自航式钻井船、半潜式钻井船的声号和灯号,应符合国际海上避碰规则的规定。

第七条 平台拖航、移位准备过程中,主拖船已带妥拖缆,但还在锚泊时,主拖船白天除悬挂锚球外,还必须垂直悬挂黑球、黑菱形、黑球三个号型;夜间除锚灯外,还必须垂直悬挂红、白、红三盏环照灯。

第八条 海上设置的无人驻守作业的平台、导管架等构筑物,必须在其最高处装设白色闪光灯及备用白色闪光灯各一盏。白色闪光灯的灯光节奏为莫尔斯信号"U",周期为 12 秒或 15 秒(过去周期为 10 秒的可暂使用),灯光强度不小于 75 坎德拉。两灯的电源应分别为各自独立的系统。经批准备用灯可使用红色定光环照灯,其灯光强度不小于 15 坎德拉。

第九条 海上平台、导管架等构筑物在建造或拆除施工过程中,应设置第八条规定的信号;不能设置时,则应按港务监督的要求设置方位标。

第十条 凡是报废的海上平台、财管架等构筑物,均必须及时撤除。若暂时不能撤除,则必须在某高处设置第八条规定的信号。

第十一条 在海上作业的移动式钻井平台(船)迁移时:

(一)报废的井口或其他遗留物,均须将其清除至海底泥面以下至少 4 米;

(二)需要保留的井口或其他孤立的水上、水下设施,均须按港务监督的要求设置方位标或在距其不超过 50 米的范围内设置孤立危险物标。

第十二条 按本规定设置的各种助航标志,均须符合国家标准 GB 4696—84《中国海区水上助航标志》的规定。

第十三条 按本规定设置的各种信号器具,在有人驻守作业的构筑物上的,应指定具体负责人进行维修保养;在无人驻守的构筑物上的,应建立切实的定期巡查制度,确保信号器具经常处于良好状态。

第十四条 涉及本规定的施工和作业,均应在港务监督发布航行警告(通告)以后进行。

第十五条 其他类似的海上作业的航政管理工作,参照本规定执行。

第十六条 本规定业经中华人民共和国港务监督局批准,自一九八七年三月一日起在北纬三十五度以北中国海区试行,津港监(83)监字第 64 号公布的《我国北方海区石油勘探开采作业航政管理若干暂行规定》同时废止。

第四节

中华人民共和国船舶交通管理系统安全监督管理规则①

总 则

第一条 为加强船舶交通管理,保障船舶交通安全,提高船舶交通效率,保护水域环境,根

---

① 本节内容时间节点为 1997 年。

据《中华人民共和国海上交通安全法》《中华人民共和国内河交通安全管理条例》等有关法律、法规,制定本规则。

第二条　本规则适用于在中华人民共和国沿海及内河设有船舶交通管理系统(以下简称 VTS 系统)的区域内航行、停泊和作业的船舶、设施(以下简称"船舶")及其所有人、经营人和代理人。

第三条　中华人民共和国港务监督机构是全国船舶交通管理系统安全监督管理的主管机关(以下简称主管机关)。

主管机关设置的船舶交通管理中心(以下简称"VTS 中心")是依据本规则具体实施船舶交通管理的运行中心。

船舶报告

第四条　船舶在 VTS 区域内航行、停泊和作业时,必须按主管机关颁发的《VTS 用户指南》所明确的报告程序和内容,通过甚高频无线电话或其他有效手段向 VTS 中心进行船舶动态报告。

第五条　船舶在 VTS 区域内发生交通事故、污染事故或其他紧急情况时,应通过甚高频无线电话或其他一切有效手段立即向 VTS 中心报告。

第六条　船舶发现助航标志异常、有碍航行安全的障碍物、漂流物或其他妨碍航行安全的异常情况时,应迅速向 VTS 中心报告。

第七条　船舶与 VTS 中心在甚高频无线电话中所使用的语言为汉语普通话或英语。

船舶交通管理

第八条　在 VTS 区域内航行的船舶除应遵守《1997 年国际海上避碰规则》和《中华人民共和国内河避碰规则》外,还应遵守交通部和主管机关颁布的有关航行、避让的特别规定。

第九条　船舶在 VTS 区域内航行时,应用安全航速行驶,并应遵守交通部和主管机关的限速规定。

第十条　船舶 VTS 区域内应按规定锚泊,并应遵守锚泊秩序。

第十一条　任何船舶不得在航道、港池和其他禁止锚泊区锚泊,紧急情况下锚泊必须立即报告 VTS 中心。

第十二条　船舶在锚地并靠或过驳必须符合交通部和主管机关的有关规定,并应及时通报 VTS 中心。

第十三条　VTS 中心根据交通流量和通航环境情况及港口船舶动态计划实施交通组织。VTS 中心有权根据交通组织的实际情况对航行计划予以调整、变更。

第十四条　船舶在 VTS 区域内航行、停泊和作业时,应在规定的甚高频通信频道上正常守听,并应接受 VTS 中心的询问。

第十五条　在 VTS 区域内航行的船舶和船队的队形及尺度等技术参数均应符合交通部和主管机关的有关规定。

船舶交通服务

第十六条　各 VTS 中心根据其现有功能应为船舶提供相应服务。

第十七条 应船舶请求,VTS 中心可向其提供他船动态、助航标志、水文气象、航行警(通)告和其他信息服务。

VTS 中心可在固定的时间或其他时间播发上款规定的信息。

第十八条 应船舶请求,VTS 中心可为船舶在航行困难或气象恶劣环境下,或船舶一旦出现了故障或损坏时,提供助航服务。

船舶不再需要助航服务时,应及时报告 VTS 中心。

第十九条 为避免紧迫局面的发生,VTS 中心可向船舶提出建议、劝告或发出警告。

第二十条 VTS 中心认为必要的时候或应船舶或其所有人、经营人、代理人的请求,可为其传递打捞或清除污染等信息和协调救助行动。

第二十一条 应船舶或其所有人、经营人、代理人的请求,有条件的 VTS 中心还可以为其提供本规则第四章规定以外的服务。

法律责任

第二十二条 对违反本规则的,主管机关依据有关法律、法规和交通部颁布的有关规章给予处罚。

第二十三条 本规则的实施,在任何情况下都不免除船长对本船安全航行的责任,也不妨碍引航员和船长之间的职责关系。

第二十四条 为避免危及人命财产或环境安全的紧急情况发生,船长和引航员在背离本规则有关条款时,应立即报告 VTS 中心。

附 则

第二十五条 本规则下列用语的含义:

"船舶"是指按有关国际公约和国内规范规定应配备通信设备及主管机关要求加入 VTS 系统的船舶。

"VTS 系统"是指为保障船舶交通安全,提高交通效率,保护水域环境,由主管机关设置的对船舶实施交通管制并提供咨询服务的系统。

"VTS 区域"是指由主管机关划定并公布的,VTS 系统可以实施有效管理的区域。

"VTS 用户指南"是指由设置 VTS 系统的主管机关,根据本规则制定颁布的便于船舶加入和使用 VTS 系统的指导性文件。

"船舶动态报告"是指船舶在某一 VTS 区域内,按照主管机关的规定通过甚高频无线电话或其他有效手段向 VTS 中心进行航行动态的报告。

第二十六条 凡设置 VTS 系统的主管机关根据本规则制定本 VTS 系统的船舶交通管理规则,报备中华人民共和国港务监督局。

第二十七条 本规则由中华人民共和国交通部负责解释。

第二十八条 本规则自 1998 年 1 月 1 日起施行。

第五节

天津市海上搜寻救助规定①

总　则

第一条　为保障海上人命安全,保护海洋环境,使海上遇险船舶、设施、航空器的人员能够获得及时、有效的救助,根据国家有关法律及有关国际公约,结合本市实际,制定本规定。

第二条　本规定适用于天津海上搜救责任区域内的海上搜寻救助(以下简称海上搜救)及其相关活动。

第三条　海上搜救坚持以人为本,具有海上搜救能力的单位和个人都有参加搜救的义务。海上遇险人员有获得无偿救助的权利。

第四条　海上搜救工作应当遵循就近、快速、高效的原则,实行统一指挥、分级负责、防应结合。

第五条　加强海上搜救的宣传教育工作,增强公众的海上搜救意识,对在海上搜救方面做出显著贡献的单位和个人应予以奖励。

海上搜救机构和资源

第六条　市人民政府对海上搜救工作实行统一领导,其设立的市海上搜救中心,负责对海上搜救工作的组织、协调、指挥。市海上搜救中心的成员组成及职责分工由市人民政府确定。

市海上搜救中心办公室设在海事管理机构,负责市海上搜救中心的日常运行管理工作。

市海上搜救中心根据实际需要设立搜救分中心。

第七条　市海上搜救中心主要职责:

(一)执行国家和本市有关海上搜救工作的法律、法规、规章和政策,并接受中国海上搜救中心业务指导;

(二)拟定海上搜救应急反应预案;

(三)编制海上搜救预算;

(四)划定各搜救分中心搜救区域并确定其职责;

(五)指定本市海上搜救力量;

(六)组织、协调、指挥海上搜救行动;

(七)定期组织搜救演习及相关培训;

(八)负责与中国海上搜救中心及其他地方搜救中心的联系,开展省际的搜救合作;

(九)法律、法规、规章确定的其他职责。

第八条　市海上搜救中心拟定的海上搜救应急反应预案,经市人民政府批准后实施。

海上搜救应急反应预案应当包括下列主要内容:

---

① 本节内容时间节点为 2007 年。

（一）海上搜救应急组织指挥体系及其职责任务；

（二）海上突发事件的预警和预防机制；

（三）海上突发事件的险情分级与上报；

（四）海上突发事件的应急响应和处置；

（五）海上搜救工作的后期处置；

（六）海上搜救工作的应急保障。

第九条　承担海上搜救职责的单位应当建立和完善海上突发事件应急反应机制，提高海上搜救能力。

第十条　交通、气象、海洋、渔业、卫生、财政、公安、民政等有关部门，在各自职责范围内做好海上搜救工作。

医疗、通信、航运等有关企事业单位和个人应当协助配合做好海上搜救工作。

第十一条　专业救助单位应当按照市海上搜救中心的要求，及时参加搜救行动，并接受现场统一指挥。

第十二条　承担海上搜救职责的单位应当按照市海上搜救中心的协调要求，及时派出所属船舶、航空器参加搜救行动，并接受现场统一指挥。

第十三条　军队接到市海上搜救中心的协调请求，应当按照有关规定及时派出合适的舰船、航空器参加救助行动，并接受现场统一指挥。

军队派出的舰船、航空器因自身安全原因不能接受现场统一指挥时，应当及时向市海上搜救中心通报。

第十四条　社会搜救力量应当按照市海上搜救中心的要求，积极参加搜救行动，并接受现场统一指挥。

海上搜救保障

第十五条　市海上搜救中心根据国家有关规定，将具备海上搜救能力的单位及其船舶、设施、航空器指定为海上搜救力量，并加强对有关人员海上搜救知识和技能的培训。

第十六条　市海上搜救中心应当配备专职搜救协调员，设置并公布海上遇险求救专用电话，保持 24 小时连续值班。

各搜救分中心应当建立必要的值班制度，保持与市海上搜救中心应急通信渠道的畅通。

第十七条　承担海上搜救职责的单位应当将本单位具有搜救能力的船舶、设施、航空器等基本情况定期向市海上搜救中心备案，建立值班制度，保持与市海上搜救中心及其搜救分中心的联系。

第十八条　专业救助单位应当指定搜救值班船舶、航空器，保持值班待命。未经市海上搜救中心同意，被指定搜救值班船舶、航空器不得从事与人命搜救无关的活动。

专业救助单位应当将担任值班任务的船舶、航空器及其值班地点向市海上搜救中心通报，并保持通信畅通。

第十九条　承担海上搜救职责的单位应当对海上搜救船舶、设施、设备进行定期维护保养，保持良好的技术状态，并加强对有关人员海上搜救知识和技能的培训。

第二十条　市海上搜救中心应当定期组织开展应对不同险情的海上搜救演习，各搜救分中心应当定期进行搜救演练。海上搜救演习方案应当报市人民政府批准，并向中国海上搜救中心备案。

第二十一条　市人民政府安排相应的资金专项用于以下海上搜救工作,并列入市财政预算:

(一)市海上搜救中心日常办公开支;

(二)社会力量参与海上搜救行动的适当补贴;

(三)举行海上搜救演习、演练;

(四)举办海上搜救知识、技能培训;

(五)购置与维护海上搜救设施、设备;

(六)奖励海上搜救先进单位和个人。

上述资金由市海上搜救中心管理,实行专款专用,任何单位和个人不得挤占、挪用、截留。

第二十二条　海洋、气象部门应当按照市海上搜救中心的要求,及时提供海上气象、水文等信息。

第二十三条　卫生部门应当指定适当的医疗机构承担海上医疗咨询、医疗援助和医疗救治任务。

第二十四条　搜救行动所在地区县相关部门和获救人员所在单位负责获救人员的安置和善后处理工作。

海上搜救行动

第二十五条　预警信息监测部门应当按照各自职责及时收集、研究、分析可能造成海上突发事件的信息,及时向市海上搜救中心通报,并根据国家有关规定发布预警信息。

市海上搜救中心应当根据不同预警级别,有针对性地做好海上搜救应急反应准备。

第二十六条　从事海上活动的有关单位、船舶和人员应当注意接收预警信息,根据不同预警级别,采取相应的防范措施,预防或减少海上突发事件对人命、财产和环境造成的危害。

第二十七条　有下列情形之一的,有关单位、船舶和人员应当迅速向市海上搜救中心报告:

(一)船舶、设施、航空器及其人员在海上遇险;

(二)获悉海上人命遇险;

(三)获悉船舶污染水域信息。

报告的内容应当包括:

(一)险情发生的时间、位置、原因、现状和已采取的措施、求助请求;

(二)遇险人员姓名、国籍、联系方式、人数及其伤亡情况;

(三)船舶、航空器的名称、种类、国籍、呼号、联系方式;

(四)船舶载货情况;

(五)遇险水域风力、风向、流向、流速、潮汐、水温、浪高等气象、海况信息;

(六)船舶或航空器溢油信息。

第二十八条　有关单位、船舶和人员应当加强对报警设备的维护和管理,防止误报;发现误报后,应当立即采取措施,消除影响。

任何单位和个人不得谎报或者故意夸大险情。

第二十九条　船舶、设施、航空器及其人员在海上遇险,应当采取一切有效措施进行自救。

第三十条 船舶、设施、航空器及其人员在海上获悉遇险求救信息时,应当及时与其联系并转发遇险求救信息。

险情发生水域附近的船舶、设施、航空器获悉遇险求救信息或者接到市海上搜救中心的指令时,在不严重危及自身安全的情况下,应当立即赶赴险情现场,尽力救助遇险人员,并接受市海上搜救中心的统一协调、指挥。

第三十一条 市海上搜救中心接到海上险情信息报告后,应当及时对险情进行分析、核实,确定发生重大、特别重大海上突发事件及海上客船突发事件或者认为必要时,可以启动海上搜救应急反应预案,同时向市人民政府和中国海上搜救中心报告。

第三十二条 承担海上搜救职责的单位和个人,接到执行海上搜救任务的指令后,应当立即行动,并接受市海上搜救中心的统一组织、协调、指挥。

接到执行海上搜救任务指令的单位和个人,有正当理由不能执行海上搜救任务的,应当及时以单位名义反馈。

第三十三条 海上搜救现场的指挥工作由市海上搜救中心或其指定的现场指挥负责。

现场指挥应当执行市海上搜救中心的指令,并及时向市海上搜救中心报告现场情况和搜救结果。

第三十四条 海上搜救现场的船舶、设施、航空器应当服从现场指挥的组织、协调、指挥。

未经市海上搜救中心同意,参加海上搜救的船舶、设施、航空器不得擅自退出海上搜救行动;确需退出的,应当报经市海上搜救中心批准。

第三十五条 有下列情形之一的,市海上搜救中心可以决定中止海上搜救行动,并向市人民政府和中国海上搜救中心报告:

(一)受气象、海况、技术状况等客观条件限制,致使海上搜救行动无法进行的;

(二)继续搜救将危及参与搜救人员和搜救船舶、设施、航空器等自身安全的。

上述情形消失或认为需要时,市海上搜救中心应当立即恢复海上搜救行动。

第三十六条 有下列情形之一的,可以终止海上搜救行动:

(一)所有可能存在遇险人员的区域均已搜寻;

(二)幸存者在当时的气温、水温、风、浪条件下得以生存的可能性已完全不存在;

(三)海上突发事件应急反应已获得成功或者紧急情况已经不复存在;

(四)海上突发事件的危害已彻底消除或者已得到控制,不再有扩展或者复发的可能。

海上搜救行动的终止由市海上搜救中心确定,必要时,报请市人民政府决定。终止决定应当及时向参加海上搜救行动的单位和个人通报。

第三十七条 市海上搜救中心应当及时、准确、全面地向社会发布海上搜救信息,其他单位和个人不得向社会发布或散布海上搜救信息。

法律责任

第三十八条 对违反本规定的行为,属于违反治安管理行为的,由公安机关依法予以处罚;构成犯罪的,依法追究刑事责任。

第三十九条 违反本规定第二十八条,误报、谎报或故意夸大险情的,由此发生的海上搜救费用由当事人承担。

船舶、设施误发出遇险报告后,不及时采取措施、消除影响的,海事管理机构对船舶、设施的所有人或经营人可处以 1 万元以下罚款。谎报或故意夸大险情的,海事管理机构可对当事人处以 2 万元以下罚款。

第四十条 承担海上搜救职责的单位违反本规定第三十二条、第三十四条,有下列情形的,由市海上搜救中心予以通报,并建议其上级主管部门依照有关规定追究行政责任;对违反海事管理法律法规的,由海事管理机构依法给予行政处罚:

(一)接到执行海上搜救任务的指令,无正当理由不参加海上搜救的;

(二)不服从现场指挥的组织、协调、指挥的;

(三)擅自退出海上搜救行动的。

第四十一条 违反本规定第三十七条,有关单位和个人擅自向社会发布或散布海上搜救信息造成不良影响的,由市海上搜救中心责令消除影响,并建议其上级主管部门对责任人依法追究行政责任。

第四十二条 市海上搜救中心及其搜救分中心工作人员在搜救工作中滥用职权、玩忽职守,或有重大过失的,依法追究行政责任;构成犯罪的,依法追究刑事责任。

附 则

第四十三条 本规定第二条所称"天津海上搜救责任区域"是指 38°37′N/117°30′E、38°37′N/118°13′E、38°18′N/118°48′E、38°18′N/120°20′E、38°30′N/120°20′E、39°08′N/120°10′E、38°50′N/118°40′E、39°00′N/118°05′E、39°14′N/118°04′E 九点连线所围成的海域。

第四十四条 本市地方海事管理机构管辖的内河通航水域的水上搜寻救助工作,可参照本规定进行。

第四十五条 本规定自 2007 年 8 月 1 日起施行。

第六节

天津市海上交通安全管理规定①

第一条 为加强天津海上交通安全管理,保障人命和财产安全,依据《中华人民共和国海上交通安全法》以及有关法律、法规,制定本规定。

第二条 在本市沿海水域内从事航行、停泊、作业及其他与海上交通安全有关的活动,应当遵守本规定。

海上军事管辖区、军用船舶和设施以及以军事目的进行海上施工作业的管理,不适用本规定。

渔港水域的交通安全由渔业管理部门依法管理。

第三条 海上交通安全管理应当遵循安全第一、预防为主、综合治理的原则。

海洋综合开发利用应当以保障海上交通安全为原则,保证海上航行、停泊、作业的正常秩序。

---

① 本节内容时间节点为 2009 年。

第四条　本市鼓励和支持开发应用海上交通安全管理先进技术,鼓励和支持电子助航技术和设备的应用。

第五条　天津海事管理机构(以下简称"海事机构")负责本市沿海水域海上交通安全监督管理工作。

本市交通港口、安全生产监督、公安、海洋等有关部门依法做好相关工作。

第六条　海事机构应当根据通航环境安全需要配布和设置航标,依法划定和调整船舶交通管制区、安全作业区、临时锚地和其他与通航安全有关的区域,制定通航安全标准和条件要求,并向社会公布。

第七条　根据海上交通安全管理的需要,海事机构有权采取下列临时性交通管制措施:

(一)限时航行;

(二)限速航行;

(三)航道单向航行;

(四)其他临时性交通管制措施。

第八条　海事机构负责组织制定海上交通安全应急处置预案。一旦发生威胁海上船舶安全、影响海上交通秩序的情况,应当立即依法启动预案并组织开展相关工作。

第九条　码头、港外系泊点及装卸站等港口设施和海上设施的建设,应当符合船舶航行、停泊和作业要求。

港口设施及其附属设备不得对船舶安全靠离造成妨碍。

第十条　港口设施、海上设施的安全支持保障系统应当与港口设施和海上设施同时设计、同时施工并同时投入使用。

第十一条　港口设施(码头)所有人或者经营人应当采取有效措施保持航道、港池和泊位的设计水深,并定期委托具有法定测量资质的机构对航道、港池和泊位实际水深进行测量。

定期测量后,港口设施(码头)的所有人或者经营人应当向海事机构提供测量报告和水深图纸。

第十二条　在港区内使用岸线或者进行水上水下施工作业,应当经海事机构审核同意。使用岸线的,应当依法报交通港口行政管理部门批准。

海事机构进行审核时,可以根据需要组织有关专家进行通航环境安全评估。

第十三条　施工作业各有关单位应当遵守国家和本市关于水上水下施工作业通航安全方面的规定,依法承担安全责任。

第十四条　施工作业所使用的船舶应当符合海上作业安全需要,依法办理登记和检验手续,并配备相应人员。

第十五条　对施工作业水域内的碍航物,施工作业各有关单位应当及时予以清除,不得对通航环境造成影响或者破坏。

第十六条　在下列区域内不得进行养殖、捕捞、垂钓等有碍船舶航行安全的活动:

(一)航道、港池、安全作业区、锚地等区域;

(二)海上设施和助航标志周围 1 000 米水域内。

第十七条　船舶进出港口动态计划的制订应当符合通航安全标准和条件要求。动态计划制订后应当于实施前向海事机构报告。

海事机构负责监督船舶进出港口动态计划的实施。海事机构应当根据交通流量和通航环境的变化适时通知有关单位调整动态计划,必要时应当采取措施保障船舶航行安全。

第十八条　船舶装有船舶自动识别系统(AIS)的,应当保证其信息输入的正确,并保持正常的工作状态。

船舶所有人、经营人或者代理人向海事机构申请办理相关手续时,应当如实提供相关信息。

第十九条　船舶航行应当遵守航行规则,保持安全航速和富裕水深,不得超载航行,不得危及其他船舶或者设施的安全。

第二十条　船舶进出船舶报告区时应当向海事机构报告,并保持通信联系。

第二十一条　船舶载运或者拖带超长、超高、超宽、半潜物体航行,应当采取有效的安全保障措施,并按照规定显示信号、悬挂标志。

第二十二条　船舶在航道航行发生意外情况的,应当尽快驶离航道。无法驶离的,应当向海事机构报告。

第二十三条　船舶在冰期航行时,应当采取相应的安全措施保证航行安全。

第二十四条　船舶锚泊应当遵守锚泊秩序,保持安全的锚泊距离。因特殊情况需要在规定锚地之外的其他水域锚泊时,应当向海事机构报告并服从海事机构的统一安排。

第二十五条　船舶锚泊时,应当在船上留有足以保证船舶安全的船员,并保持通信畅通。

锚泊船舶不得进行过驳作业,但依法取得船舶液体危险货物水上过驳作业许可的除外。

第二十六条　船舶引航活动应当遵守国家和本市相关规定。

引航员引航应当持引航员适任证书,按照引航等级规定引领船舶,并在规定的区域登离被引领船舶。

第二十七条　为船舶指泊应当遵守海上交通安全规定,并与航道、港池、码头或者泊位的设计能力、使用用途和实际水深相适应。

第二十八条　船舶进出船坞时应当由船坞引领人员进行引领。

船坞引领人员应当具有相应的引领知识并接受海事机构的专业培训。

第二十九条　船舶作业应当在规定的码头、泊位或者安全作业区内进行,除加油、加水等特殊情况外,不得并靠装卸货物。

船舶在港区内进行拆修锅炉、主机、锚机、舵机等作业的,应当采取有效的安全防护措施并提前 24 小时向海事机构书面备案。

第三十条　海上通信应当使用规定的通信频道。

任何单位和个人不得干扰海上通信秩序,除紧急情况外,不得占用海上无线电遇险通信频道。

第三十一条　船舶、设施的夜间灯光照明不得对其他船舶的航行安全造成影响,必要时应当适当遮蔽。

第三十二条　举办海上娱乐活动应当提前向海事机构申请发布航行警告。

第三十三条　海上娱乐活动的组织者应当保证其活动使用的船舶符合海上交通安全要求,并接受海事机构的监督管理。

第三十四条　海上娱乐活动不得影响海上交通安全,并遵守下列规定:

(一)在海事机构划定的区域内活动;

(二)按照船舶核定乘客定额载客,并在显著位置标明乘客定额;

（三）开敞式船舶的船员和乘客应当穿着救生衣；

（四）船舶应当按顺序出航，不得抢行或者追逐；

（五）乘客应当在规定区域上下船；

（六）航行途中不得并靠过客；

（七）不得从事违反海上交通安全规定的其他活动。

第三十五条　海河、永定新河需要提闸调水时，相关管理单位应当提前24小时通知海事机构。海事机构应当采取相应措施保证船舶安全。

紧急情况下需要立即提闸调水的，应当及时通知海事机构。

第三十六条　通航水域架空桥梁和船闸的管理单位应当保证其开启设备处于良好的使用状态。发生意外情况可能影响通航安全时，管理单位应当及时通知海事机构。

第三十七条　出现下列情况可能影响通航安全时，有关责任人员应当立即组织打捞清除、排除妨害，并向海事机构报告：

（一）船舶或者设施搁浅、沉没；

（二）码头设备、设施落水；

（三）船舶属具、货物落水等。

对无法自行打捞清除的，海事机构应当组织打捞清除，有关费用由责任方承担。

第三十八条　海事机构发现海上交通安全隐患时，应当责令有关单位和人员消除隐患，必要时有权采取责令临时停航、卸载、停止作业、禁止进港或离港等强制性措施。

第三十九条　违反本规定第十二条规定，擅自使用岸线或者进行水上水下施工作业的，海事机构应当责令其改正。拒不改正并对航行安全造成影响的，海事机构应当组织消除隐患，所需费用由责任方承担。

第四十条　违反本规定第十六条规定，妨碍船舶航行安全的，海事机构应当责令其改正；拒不改正的，强制拆除其设施，所需费用由责任方承担，并依法予以处罚。

第四十一条　违反本规定第十八条规定，未如实向海事机构提供真实信息、资料的，海事机构应当予以警告、责令改正；情节严重的，处3万元以下罚款。

第四十二条　违反本规定第三十三条、第三十四条规定，危害人命、财产安全和海上交通秩序的，海事机构应当责令其改正，并依法予以处罚。

第四十三条　本规定自2009年10月1日起施行。

第三章

天津海事之发展战略

第一节

天津港港口资料①

1986 年 4 月出版的港口资料《天津港》到现在已经使用 7 年了。近些年来,随着国民经济的飞速发展,天津港也发生了很大变化。为了使该书能较好地反映港口的现状,现对其修订再版。资料采用截至 1993 年 8 月,航海通告改正到 1993 年第 32 期。请使用者提出宝贵意见和建议,并及时函告我部,以便改正。该书出版后,1986 年版《天津港》即行作废。

一、概况

天津港位于渤海湾西岸,地居永定河、大清河、子牙河、南运河和北运河汇流处的海河入海口,东距大连港 218 n mile,东南距烟台港 202 n mile,是我国最大的人工港。

港口水域东自大沽口锚地东界,西至东泥沽二道闸(坝),全长 40 余 n mile,分为南北疆港区和海河港区。南北疆港区位于海河口的南、北两侧,通常称为新港。港区东起大沽口锚地东界、西迄新港船闸,长约 19 n mile,是天津港的主要港区,内有第一、二、四、五、六港埠公司和集装箱公司、东方集装箱公司。其南北两侧有长分别为 5 600 m 和 4 600 m 的南、北防波堤,两堤之间宽 1 300 m;西侧有一船闸与海河港区相通。海河港区位于南北疆港区西侧,起止点为从新港船闸至二道闸的一段海河水域,长约 21 n mile。在塘沽南站附近的河面上有天津港的第三港埠公司。港区河道狭窄多弯,河内水位也因季节不同而变化较大,故船舶进出受限制。

天津港是华北水产品集散地,海河内的陈塘庄和三块板均有国营捕捞公司的后方渔业基地,港口附近有东沽渔港和北塘渔港。东沽渔港位于天津港南侧,东自大沽沙航道西端,西至海河西岸,长约 1.7 n mile,河面宽 150~200 m,底宽 50 m,水深 3 m,实际上是一条人工开挖的渔船闸引河。北岸为渔船停泊区,可容纳渔船 200~300 艘。受风浪袭击时,可进入海河避泊。北塘渔港位于北塘河口西侧,南邻天津新港,自然条件及港口设备均较好,有一定的发展前途。

---

① 本节内容时间节点为 1993 年。

港内能容纳渔船 300 艘,可供外地渔船避风和临时停泊。

天津港历史悠久,很早以前就已成为我国北方重要贸易港口。鸦片战争后,中国逐步变为半殖民地半封建社会,天津港也随之发生了重大的变化。1860 年,英、法、美、日、德、意、奥、俄等国为掠夺我国资源,先后在海河两岸修建了码头。1939 年,日本为了满足侵略和掠夺的欲望,在海河口北岸开始兴建天津新港,但直到日本投降时仍未建成。抗战胜利后,国民党接续建港,仅完成了部分遗留工程。当时,该港只能停靠 3 000 t 级船舶。中华人民共和国成立前,码头破烂、设备残缺、航道淤浅,实际上港口已呈瘫痪状态。

中华人民共和国成立后,人民政府对天津港不断地进行建设。在新港兴建了万吨级码头泊位,扩建了仓库堆场,疏通了航道,建成了节制闸,整建了助航标志,增添了机械设备,基本实现了装卸机械化。近些年来,该港的建设速度进一步加快,1981 年建成了第一座集装箱码头,1985 年 11 月第二座集装箱码头告竣,使天津港成为我国目前最大的集装箱海陆运输枢纽。1985 年年底又开通了双向航道,结束了万吨级船舶只能单向航行的历史。1986 年还建成了国际、国内两用码头客运站。

天津港港口设备和助航设施完善,航行和停泊条件良好。全港共有泊位 85 个,其中港务局现有泊位 65 个,万吨级以上泊位 37 个,货主泊位 20 个。船舶装卸货物以靠泊码头作业为主,有时也进行过驳作业。迄今,进出港船舶中,最大吨位是约 7.6 万 t 的"罗山海"号;最大船长为 293.53 m 的"伊丽莎白二世"号;最大吃水为 12.6 m 的"银山"号;最大载货量为装载 54 900 t 进口化肥的"胶州海"号。

天津港经济腹地辽阔,是我国主要外贸港口之一,有 45 条国际定期班轮航线。外贸进出口货物占全港吞吐量的 80%,件杂货比重占总吞吐量的 70% 以上,经该港出口的货物被运往 160 个国家和地区的 300 多个港口。进出口货种以杂货为主,其他有煤炭、原油、铁矿石、粮食、化肥、木材、散糖和集装箱等,年吞吐量为 2 926.9 万 t(1992 年)。

此外,经国务院批准,渤海中部 28-1(北纬 38°18′54″.664、东经 119°37′37″.811)、34-24(北纬 38°05′26″.819、东经 119°30′33″.314)油田原油出口海面交货点(海上单点系泊装置)正式对外开放,投入生产。有关检查、检验、船舶动态预报、吞吐量统计及费收等项事宜,均由天津口岸有关部门负责。

二、水文气象

1.潮汐

天津港为不正规半日潮港,平均潮差 2.47 m,最大潮差 4.37 m。日潮不等时,两相邻高潮潮高相差较小,两相邻低潮潮高相差较大,最大可达 1.8 m。但也有相邻低潮潮高相差极微的情况,这种现象相隔 13~14 天出现一次,延续 2~3 次潮,然后逐渐增大。

涨潮时 4~6 h,但绝大多数接近 5 h。大沽口低低潮出现的时间各季不同,一般春季发生在日间,秋季发生在夜间,夏季发生在午前,冬季发生在午后。海河内无潮汐。

新港的潮汐受风影响很大,当遇强烈的偏东风时涨潮提前 0.5~1 h,涨潮时间延长,潮高也显著增加,且起风后高潮立即出现。若遇强烈的偏西风,落潮时间提前 0.5~1 h,涨潮时间缩短,潮高也降低。当强烈的西北风延续 2 天以上,则风起后第 3 个高潮潮高可减少 1 m 左右,低潮潮高也显著降低。强烈西北风后,在气象条件恢复正常时常有较高的潮升。这种现象在西北风持续较久之后更为显著。所以当计算大沽口潮汐时,应对前 1~2 天的风向、风力予以注意。

渤海湾西岸有时受风暴潮的影响,如1985年8月2日和1992年9月1日受台风影响时,新港潮位分别增至5.403 m和5.8 m,由于地面下沉严重,致使部分码头、库场被淹。

2.潮流

大沽口锚地及附近涨潮为西北流,平均速度0.8 kn,最大流速1.9 kn;落潮为东偏南流,平均速度0.7 kn,最大流速1 kn。5号灯浮以东潮流流向与大沽口锚地相同,涨潮流最大流速1.5 kn,落潮流最大流速1 kn。5号灯浮以西潮流流向与航道方向基本一致,最大流速约0.6 kn。

海河内无潮流,但当开启节制闸放水时其最大流速可达1.5 kn。

3.风

新港地区的常风向为西南风。春秋两季风向变化较频繁,但以西南风居多,平均风力3级。夏季多东南风,冬季多西北风,最大风力可达8级以上。年平均发生7级以上的强风约11次,其中大部分为东北风。一年中以东北风最强,风力可达9级,阵风9级以上,影响船舶进出港,但持续时间较短。4—5月盛行大风,8—9月风最弱。但7—9月受台风边缘影响时,亦出现强东北风,并伴有暴雨。

4.雾

年平均雾日14.6天。能见度小于1 000 m的大雾多集中于秋冬两季,尤以11月、12月居多,持续3~4 h,对航行有影响。秋冬或冬春交替时的清晨和傍晚,从海上看陆地有雾(蒙气),浓度不大,一般视距为500~1 000 m,但影响观察助航标志。

5.气温

该港受海洋环境影响较小,属大陆性气候,年平均气温12.5 ℃。7月气温最高,月平均为26.2 ℃,极端最高温度曾达到39.9 ℃。1月份气温最低,月平均为-4.1 ℃,极端最低温度曾至-18.3 ℃。

6.降水

年平均降水量为600 mm。7、8月降水最多,约占全年降水量的一半。

7.湿度

年平均相对湿度为65%。7、8月最高,平均相对湿度达80%;1月最低,平均相对湿度只有51%。

8.冰情

12月至次年2月为结冰期,一月冰情最重,近岸带一般年份结冰厚度通常为5~20 cm,流水范围距岸20~30 n mile,不影响航行。1969年1月2日至3月15日,渤海湾发生严重冰冻,新港一般冰厚约0.6 m,码头附近冰层堆积高达2 m,封冻范围距岸边约70 n mile。

在冰冻季节,天津港务监督每日发布冰情通报,港内备有破冰船,除发生严重冰冻情况外,可保证船舶航行安全。

三、助航标志

1.大沽灯塔

位于大沽口($\psi 38°56'20''.1N$、$\lambda 117°58'47''.1E$ 处),是船舶识别和进出天津港的重要助航标志。附设雷达应答器。

2.主航道引导灯桩

位于客运码头南方,由前后两组构成,两灯一线方位 $281°35'.6$,是引导船舶航行于主航道的主要航标。天津港主航道引导灯桩位置示意图如图 3-1 所示。

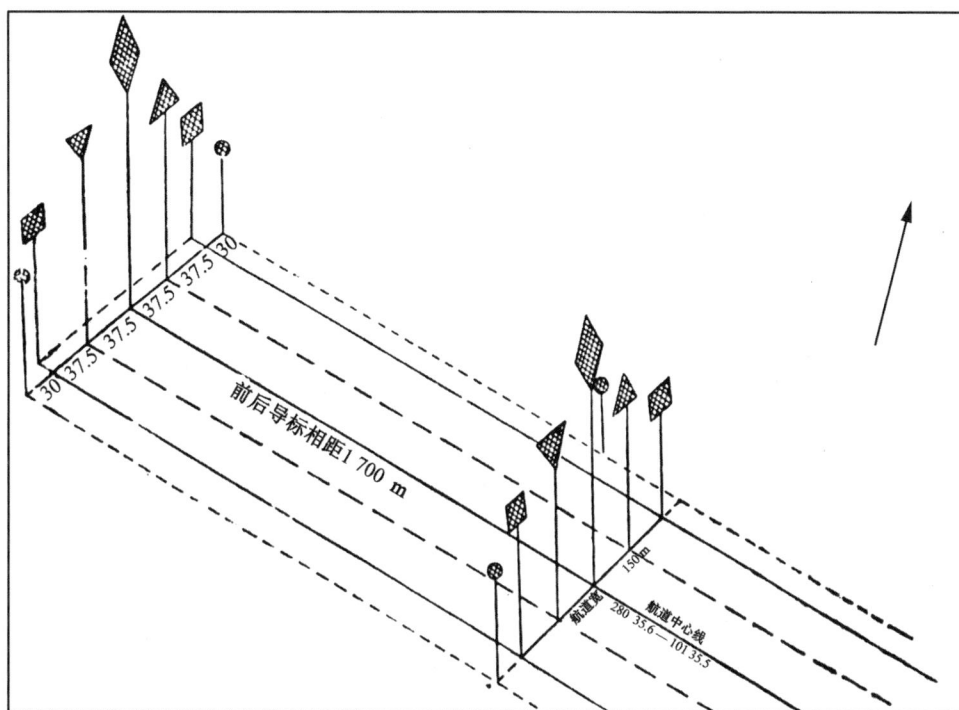

图 3-1 天津港主航道引导灯桩位置示意图

3.船闸中线引导灯桩

位于船闸西北方的海河右岸上,两灯一线方位 $294°22'$,是引导船舶航行于闸东航道和进出船闸的主要助航标志。

在灯塔北航道设有 B_1~B_4 号灯浮和活节式灯桩,主航道设有 0~17 号灯浮和活节式灯桩。北防波堤东端各设一方位灯浮,以及其他灯浮和立标。所有这些灯浮从 12 月 1 日左右至次年 3 月 1 日左右因冰冻而被撤除,在原位置上改换为不发光的杆形浮标(详见《中国沿海航标表》第一卷)。

此外,在海河下游通航水域的两岸,均设有岸标。天津海河岸标表如表 3-1 所示。

表 3-1　天津海河岸标表

符号	形状	名称	作用	作用方法
		接岸标 （左岸）	标示所在岸一侧为深水航道	船舶应近该标所在岸侧航行
		接岸标 （右岸）	标示所在岸一侧为深水航道	船舶应近该标所在岸侧航行
		接河标 （左岸）	标示与相邻的对岸过河标之直线间为深水航道	船舶应在两标之直线上航行
		接河标 （右岸）	标示与相邻的对岸过河标之直线间为深水航道	船舶应在两标之直线上航行
		鸣笛标 （右岸）	警示前有通地信号台	应鸣笛一长声
		调头中心标	两岸中心标间之直线为调头中心线	应掌握船舶在中心线调头
		电缆标	标示有过河水下电缆	禁止抛锚
		河桥引导灯标 （左岸）	两标重叠时之延长线为浮桥航道之中心线	控制船舶沿导标线航过浮桥
		浮桥引导灯标 （右岸）	两标重叠时之延长线为浮桥航道之中心线	控制船舶沿导标线航过浮桥

四、碍航物

在北纬 38°58′40″、东经 118°08′35″处,有一高出泥面 0.5 m 的钢管。

在北纬 38°53′44″、东经 118°08′49″处,有一水深 9.9 m 的沉船,其西侧设有灯浮。

在北纬 38°55′14″、东经 117°54′28″处,有一水深 6 m 的障碍物。

在主航道北侧有抛泥区,船舶不宜靠近。

在大沽灯塔西南方约 7 n mile 处,有一高出泥面 0.6 m 的钢管;东偏北方 18 n mile 处,有一遗锚。

南防波堤前端低潮时干出,附近有沉箱、石堆和钢板桩,钢板桩距航道不足 1 链。北防波堤延伸工程正在进行。横堤低潮时也干出。

在海河入海口上游约 10 km 处,有一海门大桥,跨河正桥由 5 孔简支下承式栓焊钢梁组成,中孔 64 m 梁为开启梁。中孔开启时,桥下通航净高 31 m,5 000 t 级船舶可通过。

五、水道

1. 灯塔北航道

位于 B₁、B₂ 号灯桩至 0、B₄ 号灯桩之间,长 3.24 n mile,航道底宽 200 m,水深约 12 米,为吃水受限制船舶的单向航道。

2. 主航道

位于 0 号灯桩与 17 号灯桩之间,长 96 n mile,航道底宽 150 m,维护水深 10 m。以主航道引导灯桩中标为中心线,两侧各宽 75 m 的航道为有条件的双向航道,万吨级船舶可同时相对航行,第三代国际集装箱船和 5 万 t 级以下的货船可乘潮单向航行。

3. 闸东航道

从船闸东口至航道里程 4.239 km 处之间的航道。其东段自 4.239 km 至 1.5 km 处,航道底宽 150 m,维护水深 10 m。其西段自航道里程 1.5 km 至船闸东口,航道底宽 60 m,维护水深 5 m。

4. 海河航道

从船闸西口至二道闸,系天然航道,软泥底。航道弯曲,两侧河岸设有岸标。自船闸西口至海门大桥间的航道,为 5 000 t 级船舶的航道;海门大桥至二道闸的航道为 3 000 t 级船舶的航道。

上述航道,除海门大桥上游段夜间不通航外,其他各段航道均可昼夜通航。

5. 大沽沙航道

位于南防波堤与旧石坝遗址之间,长约 6 n mile,现有 2 只灯浮,仅供渔船和小船通航。该航道也叫渔船航道,是海河原入海口。目前航道淤积严重,大部分地段低潮时干出,船只进出须候潮。

六、航法

天津港附近陆岸低平,缺少天然导航目标,港口不易识别。但该港助航设备齐全,航行条件较好,只要驾引人员技术熟练,操作认真,雷达性能良好,即使在雾季或能见度不良的情况下,船舶仍能安全进出港。

凡来港的船舶,应首先找到大沽灯塔,确定本船的船位或锚位。大型重载船舶进港时,应在大沽灯塔北航道入口处,即 B_1、B_2 号灯桩间上线。进入主航道后应保持在航道的上流、上风航行,并注意控制航道。由于航道狭窄与浅水效应,岸推岸吸、船体下沉及船吸现象非常显著,因而舵效不好,应以半速或慢速航行,特别要考虑此类船舶冲程长、惯性大的特点。在避让他船过程中应以定向、慢速、停车为主,一般不使用大舵角,以免被岸推力反弹而造成紧迫局面。当两船相错时,船吸现象逐渐加大,双方船舶接近正横时应用较快车速驶过,可防止船吸致碰。

在能见度不良看不清主航道引导灯桩的情况下,船舶可用雷达导航进港。大吃水船舶应首先确认灯塔北航道口门灯桩和灯塔的相对位置;吃水小的船舶可根据灯塔与 B_4、0 号灯浮的相对方位、距离找到 0 号灯浮的回波,慢速贴近并驶过 0 号灯浮的北侧。进入主航道后,再根据 B_4 和 0 号灯浮与 1、2 号,3、4 号灯浮及灯桩的相对方位和距离,找到其回波,而后以此类推。当通过 9、10 号灯桩后,即可从雷达荧光屏上清楚地观测到码头轮廓的回波,此时如主航道引导灯桩依稀可见时,船舶即可保证安全下线靠泊。反之,还应根据其他灯浮和码头回波继续保持观测定位,直至驶入港池,停靠到指定泊位。

较大的船舶通过新港船闸时,应经船闸引导码头过渡。船舶过闸前还应充分注意北侧新港船厂和南侧救助站码头的船舶有否动车或试车,以防被车流推离航道。同时,还应考虑当时自然环境(风、流)对船舶操纵的影响,尤其要注意横风对船舶操纵的影响。

船舶出闸时应采取先解尾缆后动车,船舶向前行驶时再解掉全部头缆。出闸后进入海河航道一般应按岸标航行。由于海河航道狭窄多弯,且深水航道均在弯的凹岸处,故船舶应靠近凹岸一侧航行。如遇汛期,海河节制闸放水时,船舶顶流转向亦应靠近凹岸一侧,以防流压影响转向困难。顺流转向时,船舶应并靠近凸岸并提前转向。

冰冻期,船舶在港内航行锚泊,特别是在海河内航行、锚泊时,应注意:

(1)倒车时务必正舵,防止后退时舵叶与冰相撞而损坏。

(2)不论能见度好坏,均应用雷达测定船位。

(3)应充分考虑风、流的影响,防止船舶被压近其他船舶、灯塔或其他水上建筑物,还应防止被冰堆压上浅滩。

(4)保持船底下有足够水深,防止拖泥带水航行。

(5)锚泊时应备车,防止断链和拖锚;要使船舶经常活动,防止船身、桨叶、舵叶被冰封住。

超大型油轮从老铁山水道西口转向点北纬 38°34′.5、东经 120°57′.0 处驶向油轮锚地时,可取航向 251°航行;驶向 BZ28—1 单点系泊装置时,可取航向 256°航行;驶向 BZ34—24 单点系泊装置时,可取航向 246°航行。其海上单点系泊操作要领如下:

(1)注意分析该处潮汐规律,研究当地高、低潮发生的时间及潮流的流向、流速,估计出该装置受流影响而旋转的规律。

(2)仔细观察该装置周围的天气情况,综合分析风、流对其作用合力,寻求最佳系泊时机。一般情况下,当该装置旋转最慢、角速度为 0 或最小的一段时间内为最佳系泊时间。

(3)准确掌握操作时间,合力使用航速,抓住最佳停船状态的时机进行系泊。要尽量避免到达过晚,造成系泊装置移动,迫使油轮反复动车用舵追逐系泊装置尾部的局面。

(4)因系泊油船不能用锚协助靠泊,所以必须妥善安排拖船予以协助。

七、引航

天津港务局设有引航站,有几十名一至三级引航员。该站除按国家规定对外国籍船舶实行强制引航外,还可为国内船舶提供引航服务,并可承担超区引航。

引航地点在大沽口锚地,提供昼夜服务,需要引航的船舶,可通过 VHF 8 频道与引航站联系。

另据天津港务监督规定,船舶(国轮)载运一级易燃液体进出港前,必须申请二级及以上等级引航员引领。

八、锚地

1. 大沽口锚地

位于北纬 38°59′24″、东经 117°58′18″,北纬 38°54′02″、东经 117°56′54″,北纬 38°58′01″、东经 118°07′04″,北纬 38°52′38″、东经 118°05′40″四点连线水域内,东西长 7 n mile,南北宽 5.5 n mile,是引航检疫锚地。但以大沽灯塔为圆心,1 n mile 为半径的圆内禁止抛锚。锚地水深大部约 12 m,淤泥底,锚抓力一般。

由于大沽口锚地避风条件不良,风易激起波浪。一般冬季波浪较小,6~7 级西北风波浪不大。但吹东南风时波浪较大,尤其在风向与潮流方向一致时,波高可达 2.5~3.2 m。有时因寒潮侵袭,也可出现大浪。秋季波浪较大,6~7 级东北风吹约 1 h 以上,或 5 级风吹半天以上时,海面均能产生大浪。海面风浪较大时,接送引航员比较困难。有时吹起强烈的西北风,潮高显著下降,锚泊的船舶必须根据风向和流向选择适当锚位。

2. 油轮锚地

随着海洋石油勘探事业的发展和海上单点系泊装置的建成,又在渤海中部建立了一个港外锚地,专供油船锚泊使用(每年 9、10 月渔汛期除外)。其位置在北纬 38°16′00″、东经 119°41′00″,北纬 38°16′00″、东经 119°44′00″,北纬 38°13′00″、东经 119°41′00″,北纬38°13′00″、东经 119°44′00″四点连线水域内,水深一般 20.5 m,淤泥底,锚抓力一般。

九、港口设备

1. 码头

天津港共有 85 个码头泊位,码头线长 14 188.5 m。其中港务局有 65 个泊位,码头线长 11 899.5 m;货主有 20 个泊位,码头线长 2 289 m。此外,新港船厂等单位还建有专用码头,如表 3-2 至 3-4 所示。

表 3-2 港务局主要码头表

名称			结构形式	长度(m)	水深(m)	靠泊能力(吨×艘)	主要用途	码头前沿主要机械			备注
								名称	台数	起重能力或工效	
南北疆港区（新港）	第一港埠公司	1号泊位	钢筋混凝土高桩承台	208	10	20 000×1	件杂				
		2号泊位		208	10	20 000×1	件杂				
		3号泊位		209	10	20 000×1	件杂				
		6号泊位		201	10.5	10 000×1	散盐	卸驳机 装船机	4 2	350 t/h 1 000 t/h	
	赛挪公司	5号泊位		205	11.5	38 000×1	方型货				
	第二港埠公司	7号泊位	钢筋混凝土高桩承台	184	8.5	10 000×1	件杂	门机	3	5 t	
		8号泊位		182	8.3	10 000×1	件杂	门机	2	10 t	
		9号泊位		176	9	10 000×1	件杂				
		10号泊位		176	9	10 000×1	件杂	门机	9	20、10、5 t	
		11号泊位		176	9	10 000×1	件杂				
		12号泊位		252	11	20 000×1	散粮	门机	4	1 200 t/h	
		13号泊位		251	11	20 000×1	散粮	门机	4	1 200 t/h	
		14号泊位		189	8.5	10 000×1	件杂	门机	3	10、20 t	
		15号泊位		189	8.5	10 000×1	件杂	门机	3	5 t	
	第四港埠公司	16号泊位	钢筋混凝土高桩承台	187	8	10 000×1	件杂	门机	3	10、20 t	
		17号泊位		185	8	10 000×1	件杂	门机	4	10 t	
		18号泊位		182	8.5	10 000×1	化肥	门机	3	10 t	
		19号泊位		179	9.2	10 000×1	钢铁	门机	6	10、25 t	
		20号泊位		179	9.2	10 000×1	钢铁	门机	4	10、25 t	
	第五港埠公司	22号泊位	钢筋混凝土高桩承台	177	9	10 000×1	件杂	门机	3	10、23 t	
		23号泊位		177	9	10 000×1	件杂	门机	2	10 t	
		24号泊位		176	9	10 000×1	件杂	门机	2	10 t	
		25号泊位		233	9.2	10 000×1	件杂	门机	4	10、23 t	
		26号泊位		233	9.2	10 000×1	件杂	门机	3	10 t	
	集装箱公司	21号泊位	钢筋混凝土高桩承台	398	10	10 000×1	集装箱	装卸桥	3	40.5 t	
		27号泊位		300	11	20 000×1	集装箱	装卸桥	2	40.5 t	
		28号泊位		300	11	20 000×1	集装箱	装卸桥	2	40.5 t	
		29号泊位		295	11	20 000×1	集装箱	装卸桥	1	40.5 t	
	东方集装箱公司	30号泊位	高桩梁板承台	175	10.5	25 000×1	木材	门机	3	16 t	计改集装箱码头
		31号泊位		215	10.5	25 000×1	木材	门机	3	16 t	
		32号泊位		175	10.5	25 000×1	木材	门机	3	16 t	
		33号泊位		215	10.5	25 000×1	木材				
		34号泊位		170	10	10 000×1	矿建				
		35号泊位		180	10	10 000×1	矿建				

（续表）

名称		结构形式	长度(m)	水深(m)	靠泊能力(吨×艘)	主要用途	码头前沿主要机械			备注
							名称	台数	起重能力或工效	
南北疆港区（新港）	第六港埠公司	36号泊位	沉箱重力式	187	11.5	20 000×1	件杂	门机	9	16 t	
		37号泊位		187	11.5	20 000×1					
		38号泊位		187	11.5	20 000×1					
		39号泊位		187	11.5	20 000×1					
		40号泊位		187	11.5	20 000×1	钢铁				
		41号泊位		187	11.5	20 000×1					
	南疆开发公司	靠船墩1号泊位	高桩承台墩式	191		15 000×1	过驳				
		靠船墩2号泊位		191		15 000×1	过驳				
		靠船墩3号泊位		219.5	10	15 000×1	石油化工				
		靠船墩4号泊位		308	11	50 000×1	石油化工	输油臂	4		
	客运站	客运1号泊位	钢筋混凝土高桩承台	120		5 000×1	沿海客运				
		客运2号泊位		126		10 000×1	国际国内客运				
		客运3号泊位		135		10 000×1	国际国内客运				
海河港区	第三港埠公司	5号泊位	钢筋混凝土高桩承台	115	6	3 000×1	件杂				
		6号泊位		115	6	3 000×1	件杂				
		7号泊位		200	6	6 000×1	件杂				
		8号泊位		148	6	6 000×1	件杂				
		9号泊位		131	6	5 000×1	件杂				
		10号泊位		136	6	5 000×1	件杂	门机	2	10 t	
		11号泊位		219	6	5 000×1	件杂	门机	2	10 t	
		客运码头		251	5	3 000×2	沿海客运				
	燃供公司	供油码头	高桩梁板式承台	186	9.2	10 000×1	供油水				
		油驳码头		81	4.2	1 000	靠油驳				
	轮驳公司	工作船码头	钢筋水泥	151	4	3	工作船				
		修船混用码头	板桩护岸	126	3	1	工作船				
	河北海运公司	工作船码头	高桩梁板式承台	165	4	1 000	靠盐驳	卸驳机	4	350 t	
	轮驳公司	郑家台驳船码头	钢筋混凝土板桩	326		500×6					

表 3-3　货主主要码头表

名称	结构形式	长度（m）	水深（m）	靠泊能力（吨×艘）	主要用途	码头前沿主要机械			备注
						名称	台数	起重能力或工效	
渤海石油公司5号泊位	钢筋混凝土高桩承台	252	7.5	5 000×1	散货	门机	2	25 t	
航道局4号泊位	钢筋混凝土	260	4.3	4 000×1 5 000×1	煤	皮带机	2	250 t/h 400 t/h	
外运于家堡仓库码头	高桩无梁板	152	5.2	4 000×1	件杂	轮胎吊	1	15 t	
九七〇六工厂1号泊位	趸船浮码头	200	4	3 000×1	石化产品	输油泵	10	160 t/h	
大沽船厂码头	板桩钢筋混凝土	58	5.9	3 000×1	散煤	皮带机	2	60 t/h	
大沽化工厂丙烯码头	钢筋混凝土高桩承台	100	5	3 000×1	液化产品	管道泵	1		
大沽化工厂液碱码头	钢筋混凝土高桩木制板	55	3	2 000×1	液碱	管道泵	1		
塘沽盐场坨地码头	钢筋混凝土高桩承台	130 60 60	4.5	4 000×1 1 000×1 1 000×1	散盐	皮带机	3	250 t/h	
粮油储炼厂码头	钢筋混凝土高桩承台	250	5	2 000×2	粮油				
新河储油所1号泊位	钢筋混凝土高桩无梁大板	213	4.7	5 000×2	成品油	油泵	2	300 t/h	
新河储油所2号泊位		120	4.7	2 000×1	油类	油泵	2	300 t/h	
海洋渔业公司码头	无梁大板	127	3	2 000×1	水产				
天津船厂码头	板桩			3 000×1	煤	皮带机			
天津航运公司西码头	钢筋混凝土高桩承台	100	5.8	3 000×1	煤	门机	2	5 t	
外运新河库码头	高桩无梁板	152	5.2	4 000×1	件杂	轮胎吊	1	15 t	

表 3-4　新港船厂码头表

名称	结构形式	长度（m）	水深（m）	靠泊能力（吨×艘）	主要用途	备注
1 号泊位	钢筋混凝土高桩承台	150	5	7 000×1	修船	
2 号泊位	钢筋混凝土高桩承台	150	5	7 000×1	修船	
3 号泊位	钢筋混凝土高桩承台	90	6	3 000×1	修船	
4 号泊位	岸壁	215	7.2	5 000×1	修船	
5 号泊位	钢筋混凝土高桩承台	218	7.2	5 000×1	修船	
6 号泊位	钢筋混凝土高桩承台	218	7.2	5 000×1	修船	

2. 船闸

船闸位于海河口,南北疆港区和海河港区连接处,由天津港务局管理,是船舶进出海河的主要口门,该船闸建于 1945 年,钢筋混凝土扶壁式结构,闸室长 180 m,宽 21 m,水深 4 m。东、西两闸门均高 9.7 m,宽 22 m,厚 4 m,中部设有 4 个空气浮箱,闸下有滑行轨道。闸口开启一次时间为 1 min 45 s,开启后可自动停车。3 000 t 级船舶可在船闸通航,过闸一次约需 1 h。

渔船闸建于大沽沙航道西北端的渔船闸引河西端,由天津市水产部门管理,是船只进出海河的另一口门。闸室长 120 m,宽 14 m,水深 1.6 m,闸口宽 8 m。

3. 装卸设备

天津港口有各种装卸机械 1 394 台,其中生产用装卸机械 1 028 台,非生产用装卸机械 366 台,最大起重能力 200 t。其中各种起重机械 232 台,最大起重能力 70 t;装卸桥 23 台,最大起重能力 40.5 t;浮吊 2 台,最大起重能力 200 t。此外,还有叉车 306 台,牵引车 150 台,单斗车 69 台,载重汽车 139 台,专用机械 71 台,输送机械 36 台。在装卸桥中,有一台是我国目前最大负荷和外伸距的装卸桥吊,起重能力 40.5 t,起升高度 30 m,外伸距 44 m,可以接卸第四代大型国际集装箱船舶。

4. 仓库堆场

天津港有许多仓库和堆场,大部分集中在南北疆港区(新港)。港务局生产用库场有效面积 945 373 m²,有效容积 37 100 m³。其中仓库有效面积 97 631 m²,有效容积 37 100 m³;堆场有效面积 847 742 m²。

5. 修造设备

有各类船厂和具有修船能力的修理厂共 10 所,其中主要船厂有新港船厂、新河船厂、大沽船厂、渤海石油公司船厂和海洋渔业基地船厂,以新港船厂为最大。该厂地居新港船闸东北方,建有 3 000~5 000 t 级的修船泊位 6 个,干船坞 2 座,船台 2 座,可进行万吨级船舶的修造。其他船厂也都具有一定的修造能力。新港船厂船坞、船台表如表 3-5 所示。

表 3-5 新港船厂船坞、船台表

名称	长(m)	宽(m)	深(m)	收容能力(吨)
1 号船坞	上 109 下 100	上 22.3 下 11.6	8.5	3 000
2 号船坞	212	28	10.6	25 000
小船台	134.9	21		5 000
大船台	263.3	25.5		15 000

此外,天津港还有 1 艘专门从事船舶航修工作的修理船"津远航修 1 号",可承担一般的船舶航次修理项目。

6.港务船舶

港务局有港作拖船、运输拖船、供油船、供水船、驳船及消防船等 40 多艘,最大功率为 3 200 马力。供油、供水船的最大载重量 1 070 t。航道局有破冰船 6 艘,最大功率2 640 马力。

7.铁路设备

现有港口铁路专用线线路长度 41 km,其中装卸长度约 18.5 km,可进行车船直取作业。

8.通信联络

电台:凡来港船舶可按国际通信办法与其联系。在港口附近,也可用甚高频无线电话与电台联系。电台表如表 3-6 所示。

表 3-6 电台表

台名:天津(TIANJIN RADIO)							位置:北纬 39°03′00″ 东经 117°25′30″		
呼号	频道号	发射频率 (KH/MH)	守听频率 (KH/MH)	发射 种类	功率 (kW)	工作时间	通报(话) 表时间	开放业务	备注
XSV		445	500	A₁A A₂A	1.6	00:00~24:00	每时 00 分	CP 临时示标 船舶医务电报 冬季播发 冰况报告	
		500	500	A₁A A₂A	1.6	00:00~24:00			
	b₄/C3.4	4283	4184 4184.5	A₁A	1	18:00~06:00			
	b₈/C3.4	8600	8368 8369	A₁A	4	00:00~24:00			
	b₁₂/C3.4	12969	12552 12553.5	A₁A	5	00:00~24:00			定向
	b₁₆/C3.4	17238.9	16736 16738	A₁A	5	00:00~2:400			定向

（续表）

| 台名:天津(TIANJIN RADIO) | | | | | | | 位置:北纬 39°03′00″ | | |
| | | | | | | | 东经 117°25′30″ | | |

呼号	频道号	发射频率 (KH/MH)	守听频率 (KH/MH)	发射 种类	功率 (kW)	工作时间	通报(话) 表时间	开放业务	备注
天津台		2182 2750	2182	H_3E J_3E	1.6	00:00~24:00	双时 03 分	CR	报转话平时不守听
	C415	4399	4107	J_3E	2	08:00~16:00	双时 20 分		
	C813	8755	8231	J_3E	7				
	C1206	13092	12245						
	C1216	13122	12275						
	C1610	17269	16387						
	C2201	22696	22000						
	C16	156.800	156.800	F_3E	0.025	00:00~24:00	单时 00 分		
	C10	156.500	156.500						
	C14	156.700	156.700						
	C19	161.550	156.950						
	C23	161.750	157.150						
	C26	161.900	157.300						
	C62	160.725	156.125						
	C64	160.825	156.225						
津外代	C_{11}	156.550	156.550	F_3E	0.025	00:00~24:00		CR	
港监值班室	C_9	156.450	156.450	F_3E	0.025	00:00~24:00		DT	
	C_{25}	161.850	157.250						
津港引航	C_8	156.400	156.400	F_3E	0.025				
烟救助站	C_{12}	156.600	156.600	F_3E	0.025				
	C_{23}	161.750	157.150						

信号台:天津港内设有北炮台水深信号台和新港船闸通行信号台,分别由交通部天津海上安全监督局和天津港务局管辖。

北炮台水深信号台位于新港船闸南侧,所挂信号表示新港的潮流方向和时机潮信,为进出新港及船闸的船舶提供了非常重要的参考数据。目前该信号台标志杆正在大修,潮位信息仅可通过有线电话获得。

新港船闸通行信号台设在新港船闸管理所的楼顶上,在白色信号杆上悬挂着船闸通行信号,指挥船舶进出船闸。

船舶在通过船闸前应鸣笛一长一短一长声,并按该信号台悬挂的信号行动。500 总吨及以上的船舶日间要悬挂 K 字旗;夜间进口应垂直悬挂白、红光环照灯,出口时则要垂直悬挂红、白光环照灯。准备通过船闸的其他船舶如遇该信号台悬挂闸内停有船舶的信号时,应远离航道觅地停泊,不得停于船闸东、西出口附近等候。

备有甚高频无线电话的船舶,可通过无线电话在管理所指挥下直接进出船闸,不需要鸣笛和悬挂信号。

建设计划中的天津港务监督船舶交通管理中心拟将座落在东突堤端部。它将采用现代雷达、计算机和通信技术,对港口水域进行监控。其主要功能有:提供船舶航行安全信息、组织调整船舶交通流、实施交通管制、搜集与评估船舶数据和支持联合行动。

该中心建成后将是我国目前沿海港口中最具现代化管理设备的交通管理中心之一。该中心的建立,将为天津港水上交通安全监督管理提供可靠、有效的手段,对保障船舶航行安全、减少水上交通事故、提高航道通航效率、促进港口生产发展起到十分重要的作用。

9.供给

能供应燃油、淡水和主、副食品。船用物料的供应,由专门部门承担。

十、打捞救助

交通运输部烟台海难救助打捞局天津救助站,设在新港船闸南侧,系天津港唯一的专业打捞救助队伍。该站现有救助船 2 艘,工作船 3 艘,平日承担 24 h 值班任务,一旦有救助需要,可在 1~2 h 内出动。

十一、港务及有关机构

中华人民共和国天津港务监督、交通部天津海上安全监督局地址:天津市黑牛城道 34 号、天津市塘沽区新港办医街 13 号。电话:8303324、5793429。

天津港务局地址:天津市塘沽区新港二号路 35 号。电话:5797444。电报挂号:5168。

天津海关新港分关地址:天津市塘沽区新港六米。电话:5792274。

天津海关塘沽分关地址:天津市塘沽区水线路 1 号。电话:5792181。

天津新港边防检查站地址:天津市塘沽区新华路 102 号。电话:5892123。

天津卫生检疫局地址:天津市塘沽区新港滑船坞 50 号。电话:5794327。

中国外轮代理公司天津分公司地址:天津市重庆道 23 号、天津市塘沽区新港二号路。电话:5795016。电报挂号:PANAVICO TAINJIN、PANAVICO HSINKANG。

天津外运船务代理公司地址:天津市塘沽区新港路 86 号。电话:5895403。电报挂号:6868。

天津外轮供应公司地址:天津市塘沽区新港。电报挂号:SUPCO HSINKANG。

中国船舶燃料供应公司天津分公司地址:天津市塘沽区新港。电报挂号:CHIMBUSCO HSINKANG。

中国外轮理货公司大津分公司地址:天津市塘沽区新港。

天津港外轮服务公司地址:天津市塘沽区新港。

中国航海图书出版社地址:天津市塘沽区上海道 102 号。电话:5892552。电报挂号:7407。

十二、城镇概况

天津市位于华北平原东北部,西北距北京 120 km,是我国三大直辖市之一。全市总面积 11 305 km²,人口约 852 万。辖 13 区 5 县,港口所在地塘沽区离市内 45 km。

天津市工业门类众多,主要有机械制造、化工、电子、纺织、钢铁、食品、造纸、日用轻工业品和橡胶等。毗邻港口的天津经济技术开发区规划总面积 33 km²，第一期工业区的 3 km²，已被 160 多家外商投资企业布满。1991 年 5 月 12 日经国务院批准设立的天津港保税区，已成为海内外投资的新热点。

天津自然资源非常丰富。大港油气田是我国著名的油气田之一，已探明油储量 4.5 亿吨，天然气储量 140 亿 m³。分布在蓟州县、宝坻交界处的煤田质地优良，储量达 3 亿吨。沿海大型盐场年产原盐 200 万 t 左右，占全国原盐产量的 14.5%。此外，天津还有锰、钨、钼、白云岩、硫铁砂、硼、重晶石、水泥灰岩等 20 多种矿产资源。

市区内著名的三岔河口、海河两岸，记载着天津发展历史的脚步。店铺栉比的古文化街、估衣街，旗幡高悬的天后宫，建筑别致的广东会馆、文庙、大悲院和望海楼，双城醉月的南市食品街、旅馆街，记载着战争风云的海门古塞——大沽炮台，还有号称兖州第一高塔的天塔旋云——天津广播电视塔，都使游人流连忘返。位于天津蓟州县的盘山风景区，层峦叠嶂、水清石奇，幽静的名塔古寺掩映在苍松翠柏之间，自古就有"京东第一山"的称誉。黄崖关长城雄浑壮伟，傲卧山巅；翠屏湖青峰环抱，波光潋滟；渔阳古城名胜荟萃，历史悠久。勤劳智慧的天津人民还创造了杨柳青年画、泥人张彩塑和风筝魏等饮誉海内外的艺术珍品。天津狗不理包子、桂发祥(十八街)大麻花和耳朵眼炸糕，尝后更是令人称赞。

天津海陆空交通发达。海上与大连、烟台、龙口和日本神户、韩国的仁川有定期班船。天津铁路枢纽连接京哈、津沪、津蓟三大干线。公路交会京塘、京福、山广、京哈、津同五大干线，京津塘高速公路直接沟通了首都和海港的陆运联系。市内道路以"三环十四射"及地下铁路为骨架，形成了完善的交通网络。天津机场是能起降大型客机的国际一级航空港，与国内 13 个大城市及香港地区有定期航线。天津邮电通信已形成市内电话、国际长途直拨、电传、微波和卫星通信系列信息传送网络。

天津新港主航道管理规定

第一条　目的

为加强天津新港主航道(以下简称"主航道")的监督管理，维持水上交通秩序，保障船舶航行安全，特制定本规定。

第二条　适用

(一)范围

自大沽灯塔至十五号浮标(385827.9N,1174524.5E)间，以主航道引导灯桩中标为中心线，两侧各宽七十五米的航道，以及南北防波堤及其延伸至天津港锚地西边线间的水域。

(二)对象

在前款水域内的所有船舶。

第三条　管理

中华人民共和国天津港务监督(以下简称"港务监督")负责主航道的管理，决定主航道的双向、单向或停止通航，核准和变更船舶使用主航道的时间。所有船舶必须服从港务监督的统一指挥。

第四条　申报

下列船舶应于使用主航道前一天的十时前向港务局调度部门申报船舶动态，并应严格遵守经港务监督核准的起用时间，如有一小时以上的变动，则应至少在原定起用时间四小时前报告港务监督：

　　1. 所有外国籍船舶；

　　2. 总长度六十米及以上的船舶；

　　3. 拖带长度五十米以上或拖带宽度十五米及以上的拖带船舶；

　　4. 其他有特殊使用要求的船舶。

以上统称较大船舶。

（一）下列船舶在不影响较大船舶航行的情况下，不受本条 1 款有关申报船舶动态和第六条 1 款有关通信规定的约束：

　　1. 总长度六十米以下的本国籍船舶；

　　2. 拖带长度五十米以下或拖带宽度十五米以下的拖带船舶。

以上统称较小船舶。

第五条　航行

主航道是有条件的双向通航航道。当双向通航时，主航道引导灯桩的北中标和南中标分别为进口分道和出口分道（各宽七十五米）的中线标；单向通航时，主航道引导灯桩的中标即为中线标。

主航道通航原则是：

（一）双向

两艘船舶同时在主航道相对航行必须符合下列条件：

1.单船宽度均为二十米及以下；

2.其中一艘单船宽度超过二十米但小于二十五米时，两船宽度和不超过四十米；

3.其中一艘为拖带船舶时，其拖带长度不超过一百米，拖带宽度不超过二十米。

（二）单向

符合下列条件时，主航道只准单向通航：

1.单船宽度超过二十五米；

2.拖带宽度超过二十米或拖带长度超过一百米但小于二百米；

3.视程小于五海里，或者宽度虽不超过二十五米的船舶航行时的风流合压角可能达到七度以上；

4.港务监督认为有碍安全的其他情况。

（三）其他

1. 较小船舶进（出）口航行时，应当让出进（出）口分道或尽量靠近进（出）口分道的外缘。

2. 在同一分道内前后航行的船舶，两船的间距不得小于后船的六倍船长。

第六条　通信

（一）较大船舶应当：

1. 在进入主航道前，通过甚高频无线电话九频道征得港务监督的许可；

2. 在驶经九、十号浮标和驶入（出）主航道时，向港务监督报告；

3. 在主航道行驶期间，始终保持九频道守听；

4. 主动与在另一分道相对航行的船舶交换声号，有条件还应以甚高频无线电话进行联系；

5.在需要追越他船时，主动用声号或甚高频无线电话与被追越船舶进行联系。

(二)较小船舶应当:

1. 装配有甚高频无线电话的,在主航道行驶期间,始终保持九频道守听,并及时答复港务监督或其他船舶的呼叫;

2. 未装配甚高频无线电话的,在主航道行驶期间如与其他船舶相遇或追越他船时,主动以声号进行避让联系;

(三)未装配甚高频无线电话的,或虽装配但九频道不能正常工作的一切船舶,在视程小于三海里时,不得进入主航道。

第七条　信号

宽度超过二十五米的船舶或拖带宽度超过二十米的拖带船舶在主航道行驶时,白天应当垂直悬挂黑球号型一个,"0"数字旗一面;夜间应当垂直悬挂上绿下红环照灯各一盏。

第八条　避让

(一)同时在主航道相对航行的两艘船舶中的一艘为悬挂本规定第七条规定的信号的船舶时,另一艘则应尽可能靠近分道外缘行驶,主动避让。

(二)同时在主航道航行的较小船舶应当避让较大船舶。

(三)在主航道从事疏浚施工的自航式挖泥船应当避让较大船舶。

第九条　追越

在主航道航行的船舶进行追越,必须符合下列条件:

(一)一方为较小船舶。

(二)被追越的为从事施工的自航式挖泥船。

(三)用声号或甚高频无线电话征得被追越船舶的同意。

(四)在另一分道内无相对航行船舶,或虽有相对航行船舶,但该船到追越地点尚有足够的安全距离。

第十条　穿越

所有船舶在需要穿越主航道或其进、出口分道时,都应当避让正在沿航道行驶的船舶,并尽快完成穿越。

第十一条　施工

(一)在主航道从事疏浚施工的自航式挖泥船,除可以不受本规定第四条1款关于申报船舶动态的约束外,应当遵守其他全部规定。

(二)遇有悬挂本规定第七条规定的信号的船舶相对航行,或他船需要追越时,应当尽可能予以避让。

(三)自航式挖泥船在主航道处于非施工状态时,应当遵守较大船舶所遵守的全部规定。

第十二条　航速

在主航道行驶的船舶最大航速不得超过十节,需要与相对行驶的船舶错船时,还必须以缓速通过。

第十三条　吃水

使用主航道的船舶,必须保持龙骨以下至少零点八米的富裕水深。

第十四条　特准

遇有下列情况之一,必须事先报经港务监督特准:

(一)不符合本规定第五条2款所列单向通航条件的船舶,需要使主航道单向通航。

（二）拖带船舶的拖带长度超过二百米。

（三）在主航道及其邻近水域内进行科研、航道水深以外的测量或其他有碍航行安全的活动。

第十五条　禁止

在主航道及其邻近水域禁止锚泊和捕捞。

第十六条　处罚

对违反本规定的船舶和人员，港务监督依据《海上交通安全法》和其他有关规定，给予警告、罚款、扣留或吊销职务证书的处分。

第十七条　生效

本规定自一九八五年十二月一日起施行，一九八〇年三月十日颁发《天津港新港主航道管理暂行规定》同时废止。

关于加强天津新港主航道管理的几点临时规定

为进一步加强天津新港主航道管理，维护船舶航行秩序，保障船舶航行安全，现对天津新港主航道通航要求特做如下临时规定：

一、渤海石油公司60 m以下（不包括60 m）船舶进出天津新港主航道前（进口在进入主航道前，出口在离码头前），应用甚高频无线电话九频道向港务监督报告，并听从指挥。在主航道航行期间，还应保持九频道全时值机守听。

二、进出主航道的船舶当发现视线不良时应主动向港务监督报告。当视距小于5 n mile时，港务监督将征求船舶驾引人员的意见，决定是否单向航行。当视距小于3 n mile时，港务监督可临时决定主航道单向航行，直至接到视线转好的报告为止。如果两船或以上报告的视距不同时，港务监督将以报告的最小视距为准。

三、如果进出主航道船舶的驾引人员申请单向航道，应在驶入主航道之前提出。如在进入主航道后，视程突然变坏，因而提出单向航道申请并获得批准时必须谨慎操作，特别是对已驶入主航道而无法避免对遇的逆向航行船舶，双方当事船舶应主动加强通信联系，相互避让，并达到安全让清的目的。

四、春运期间，进口客轮一律按单向使用航道安排，列入每天动态计划；出口客轮可根据当时的具体情况决定，一般按双向通航安排和使用主航道。

以上规定自一九八八年二月五日起实施。

第二节

天津海事局"十一五"规划（草案）①

一、规划概述

1.党的十六届五中全会通过的《中共中央关于制定国民经济和社会发展第十一个五年规

---

① 本节内容时间节点为2006年。

划的建议》明确指出:"继续发挥经济特区、上海浦东新区的作用,推进天津滨海新区等条件较好地区的开发开放,带动区域经济发展。"把天津滨海新区纳入国家总体发展战略布局,是党中央审时度势,深思熟虑,从全局和战略的高度做出的一项重大决策,充分体现了对天津滨海新区建设的高度重视。

2.滨海新区位于天津市区与海滨之间,规划面积 2 270 km²,包括天津经济技术开发区、天津保税区、天津港、塘汉大三区和东丽、津南区的一部分。新区拥有 153 km 的海岸线,地处东北亚中心,又是亚欧大陆桥最近的起点。滨海新区处于环渤海地区的中心位置,是联系南北方、沟通东西部的一个重要枢纽,是我国对外开放的一个重要通道,战略地位重要,综合优势突出,发展潜力巨大。天津滨海新区将立足天津、依托京冀、服务环渤海、辐射"三北"、面向东北亚,努力建设成为高水平的现代制造和研发转化基地、北方国际航运中心和国际物流中心、宜居的生态城区。

3.加快推进滨海新区的开发开放,是实现天津更大规模和更好发展的必然要求,是促进环渤海区域经济实现新飞跃的迫切需要,是贯彻全国区域协调发展总体战略部署的一大举措,不仅对于天津的长远发展具有重大的意义,而且对于促进区域经济发展,实施全国总体发展战略部署,实现全面建成小康社会和现代化宏伟目标,都具有重大而深远的意义。

4.中央把加快推进滨海新区开发开放纳入国家总体发展战略,为天津发展提供了难得的历史性机遇。今后五年,是天津全面落实科学发展观和构建社会主义和谐社会的关键时期,是加快推进滨海新区开发开放的关键时期,是完成天津市委、市政府提出的"三步走"战略、基本实现现代化的关键时期。

5.天津海事局地处滨海新区,面临着前所未有的发展机遇,同样也肩负着光荣的历史使命,按照"经济发展到哪里,海事就服务到哪里"的理念,天津海事理应乘势而上,抢抓机遇,求真务实,发展壮大。应以高度的责任感和紧迫感,强烈的机遇意识和忧患意识,以更宽的视野和更新的思路,立足科学发展、完善管理体制、着力自主创新、提升监管能力,为实现海事新发展提出的"船舶适航、船员适任、安全畅通、有效监管、优质服务"的要求,迈向"交通海事、阳光海事、数字海事"新阶段。

6.天津海事局"十一五"规划的制定必须及时调整发展战略,使海事的各项工作与滨海新区经济社会的快速发展相协调、相适应。天津海事局"十一五"规划的实施,必须充分利用海事工作与国际紧密接轨的有利条件,积极借鉴和引进国际先进的经验做法和技术手段,提高海事管理水平,为促进滨海新区的大开发,为国家经济总体发展战略做出贡献。

二、滨海新区主要规划布局方案

1.天津港在滨海新区的发展建设中占据着十分重要的战略地位,根据天津港"十一五"发展规划,天津港计划投资 367 亿元加快港口建设,五年后迈向世界一流大港,2010 年吞吐量将突破 3 亿吨,集装箱 1 000 万标准箱,港口等级达到 30 万 t 级,成为世界一流大港。

随着滨海新区的发展被纳入国家发展战略布局,今后五年,天津港将继续坚持以功能开发带动市场开发,不断拓展经营领域,完善港口功能。在进一步完善交通枢纽、现代物流、港口贸易、港航信息"四大功能"的基础上,增加国际中转、出口轻加工、航运服务和航运研发"四大功能";加快南疆散货物流中心和北疆集装箱物流中心以及七大分货类分拨中心的建设和我国规模最大、开放度最高的保税港东疆港区的建设。

2.“十一五”期间,天津市建设天津临港工业区,充分利用天津港的交通优势,采用原材料及产品大进大出的国际循环方式,建立以大型重化工工业为主的自由贸易区。被列入天津港总体发展规划的临港工业区港区,在今后五年内,将修建 28 km 深水航道,逐步建设 1 万 t～10 万 t 级业主码头群,吞吐量将达 2 020 万 t;临港工业区将围海造地 30 km^2,开辟海上、陆地等 3 条通道。今后五年,临港工业区将被打造成为全国一流石油化工、海洋化工和装备制造业基地,跻身世界一流工业区。

2010 年,临港工业区投资总额将达到 800 亿元,形成工业产值 1 000 亿元,增加值 300 亿元,综合税收实现 30 亿元,可以解决 1.6 万人的就业。

3.天津港保税区将在今后五年内进一步发挥辐射带头作用,五年后 GDP 将有望达到 500 亿元,物流总值将超过 580 亿美元。保税区在“十一五”期间,将努力打造五个优势产业集群,即:一是大力发展现代物流业。二是以民航科技产业化基地建设为契机,高标准建设临空产业区,发展电子信息、精密机械、输变电、新材料、新能源、环保节能等高新技术产业。三是在空港加工区与中国科学院共建工业生物技术研发转化基地。四是充分发挥临港保税区的区位、政策优势,发展高层次、高附加值的轻型出口加工业。五是实施废弃物统一回收利用工程,污水处理中水回用工程,雨水回收利用工程,地热综合利用和太阳能照明工程。使万元 GDP 综合能耗、工业废气排放达标率、工业废水及生活污水处理率等指标均达到国内领先和世界一流水平。

4.渤海海域是我国海洋石油及天然气资源比较丰富的地区之一,已探明原油储量为 90 亿吨。根据中国海洋石油有限公司天津分公司“十一五”发展规划,渤海海区在“十一五”期间还将建设油气田 9 座。“十一五”期间,也是渤海油田高投入和高产出的发展时期,2005 年渤海石油总产量超过 1 400 万 t,原油出口 206 万 t。2010 年渤海油气产量预计将达到 2 500 万 t,原油出口量达到 829 万 t。随着渤海海域石油大开发,各种海上活动日趋活跃,载运危险品船舶和相关作业船舶流量将大大增加。

三、天津海事局现状说明

1.天津海事局作为交通部海事局直属一级行政单位,是全国海事系统直属局中具有航政、船检、航标、测绘、通信五项管理职能的区域性管理局。其主要职责是:负责辖区海上安全监督管理、船舶登记和安全检查、船员考试与发证、防止船舶污染、调查处理海上交通事故、组织海上搜救、履行海事行政执法职责;负责华北、西北 12 个省区市的船舶检验管理工作;负责渤海海上石油平台设施及相关船舶的监督管理工作;负责环渤海地区及部分黄海沿海干线 22 个港口航标管理工作;负责环渤海地区及部分黄海地区 22 个港口的港口航道测量及海图编绘工作;承担有关船舶遇险及无线电通信业务。

2.天津海事局内设 18 个机关处室、4 个分支机构、15 个基层单位。

机关处室分别是:办公室、通航管理处、船舶监督处(内设 ISM 审核办公室和船舶安全检查站两个副处级单位)、危管防污处、船员管理处、船舶检验处、法规规范处、航标导航处、计划基建处、人事教育处、财务会计处、审计处、公安局、信息化管理办公室、党委工作部、纪检监察处、宣传处、工会。

分支机构分别是:南疆海事处、新港海事处、海河海事处、北港海事处。

基层单位分别是:大连航标处、营口航标处、秦皇岛航标处、天津航标处、烟台航标处、青岛航标处、黄骅航标处、海测大队、通信信息中心、巡查执法支队、船舶交通管理中心、船员考试中心、航测科技中心、服务中心、中国海事编辑部。

目前,天津海事局共有职工 2 080 人,其中:局机关 125 人、航政管理 217 人、航标测绘 1 299 人、海岸电台 255 人、其他 184 人。

3.管辖范围

(1)航政监管范围

航政监管范围:38°37′N/117°30′E、38°37′N/118°13′E、38°18′N/118°48′E、38°18′N/120°20′E、38°30′N/120°20′E、39°08′N/120°10′E、38°50′N/118°40′E、39°00′N/118°05′E、39°14′N/118°04′E 九点连线内的水域。

航政监管辖区海域面积约 15 000 km²,海岸线长度约 153 km,辖区与辽宁、河北、山东海事局辖区毗邻。海河、子牙新河、独流减河、永定新河、潮白新河和蓟运河穿流辖区入海,其中可通航的河流有海河、永定新河。

辖区内的天津港是我国最大的人工港口,包括新港港区、海河港区、北塘港区和临港工业区港区。

天津港新港港区水陆域总面积为 343 km²,已建成码头岸线 2 万延米,共有生产泊位 113 个,其中万吨级以上深水泊位 55 个,10 万 t 级以上泊位 8 个,最大泊位为 20 万 t 级通用散货泊位。

天津港海河港区起止点为海河二道闸至新港船闸全长 39.5 km 的海河水域,共建有5 000 t 级以下各类码头 80 余个。

天津港北塘港区位于永定新河入海口,现有 3 个 1 000 t 级泊位。

临港工业区港区位于天津港大沽沙航道南侧,2 个万吨级泊位正在建设中。

天津港现有 4 个船舶锚地,仅满足 15 万 t 级以下的船舶锚泊。另经国家规划批准的 25 万 t 级深水锚地正在建设中。

海河水域设有过河桥梁 2 座、过河渡口 10 个、渡船 21 艘。渡船均为简易钢质小型船舶,常年日间渡运。

辖区内的渤海海域是我国海洋石油及天然气资源比较丰富的地区之一,现有油田 13 个,分别是:渤西油田,埕北油田,曹妃甸 1-6-1、11-1/2 油田,秦皇岛 32-6 油田,绥中 36-1 油田,锦州 9-3、20-2 油田,渤南油田,渤中 25-1、28-1、34-2/4 油田,蓬莱 19-3 油田。上述油田遍布整个渤海,最远的锦州 9-3 油田距天津港约 230 n mile。原油采取油轮外输和管道直接登陆的输送方式。在渤海湾内共设有秦皇岛 32-6、蓬莱 19-3、曹妃甸 11-1/2 油田和 3 个船舶临时锚地。

(2)航测服务范围

天津海事局是北方海区航标管理的主管机关,负责北纬 35 °线以北至鸭绿江口 5 600 km 沿海水域的航标业务管理工作。大连、营口、秦皇岛、天津、烟台、青岛、黄骅 7 个航标处为辖区航标管理的执行单位。

天津海事局共管理航标 866 座,其中:灯塔 50 座,灯桩 128 座,导标 112 座,浮标 11 座,灯浮标 416 座,灯船 5 艘,DGPS 站 6 座,雷达信标 28 座,立标 98 座,导航台 2 座,监测站 2 座,指向标 2 座,雾号 6 座。(近期内还将为临港工业区港区航道配布 40 座灯浮标)

天津海事局承担北方海区 22 个港口 58 幅海图的周期性测绘工作,年测绘工作量 2 000

多 km²(折算)。天津海事局海测大队是我国成立最早的专业港口航道测绘队伍,与上海、广东海事局海测大队共同承担着中国沿海港口航道图和航海图书资料的测绘工作。

4.基础设施现状

(1)业务用房

至 2005 年年底,天津海事局共有业务用房 43 127 m²,其中:局机关业务用房 5 937 m²、航标处机关业务用房 11 956 m²、海测大队业务用房 3 200 m²、海事处业务用房 3 150 m²(含在建 2 000 m²)、通信站 5 922 m²、交管中心 5 393 m²、航标站业务用房 7 569 m²。

(2)码头

至 2005 年年底,天津海事局共有码头 680 延米,其中:航政工作船码头 130 延米、航标码头 550 延米。

(3)船舶

至 2005 年年底,天津海事局共有船舶 28 艘,其中:巡逻船 5 艘、航标船 22 艘、测量船 1 艘。

四、"十一五"规划编制的原则和思路

1.为适应"十一五"期间滨海新区经济发展需要,积极落实和推进国家发展战略,天津海事局的发展:

必须坚持以人为本,树立全面、协调、可持续的发展观;

必须立足当前,着眼长远,把完善管理体制,加强水上客货运输的安全监管,作为水上交通安全管理工作的重点,确保"船舶适航、船员适任";

必须按照完善社会主义市场经济体制的要求找准海事工作发展的定位,牢固树立服务经济、服务交通的新的跨越式发展的意识。

2.紧紧抓住滨海新区经济发展的重要战略机遇期,围绕全面建成小康社会的宏伟目标:

以建立人才队伍培养体系、提高科技创新能力、努力建设创新型海事局为重点;

以加强海事法治建设,依法行政,努力实现海事工作的法制化、规范化为方向;

以加快实现海事信息化、促进管理现代化和可持续发展为抓手,更快更好地提升监管能力,突出体现海事工作"安全畅通、有效监管、优质服务"的特点,全面提高天津海事局的履约能力、监控能力和应急反应能力,为社会提供安全、便捷、高效的交通与运输条件。

3.天津海事局的发展还应遵循统筹规划、分期建设、突出重点、远近结合,强化配套、协调发展的基本程序,要努力做到稳扎稳打、循序渐进、首尾衔接、环环相扣。

五、规划的目标和建设重点

1.需求

经过几个五年计划的建设和发展,特别是全国水监管理体制改革以来,在交通运输部和海事局的领导和支持下,天津海事局努力提高海事执法的水平,取得了显著成绩。但相对于辖区内航运事业、港航企业和海洋石油开发事业的发展和变化,特别是对于执法相对人和执法环境的长远发展状况,仍存在着基础设施建设相对滞后、机构设置相对粗放、监管手段相对落后、技术装备相对陈旧、执法人员相对紧缺的问题,与目前科学技术发展水平、执法相对人和执法环境的变化以及航运业和天津滨海新区的发展不相适应。

2.主要增设机构设置规划框图

天津海事局主要增设机构设置规划框图如图3-2所示。

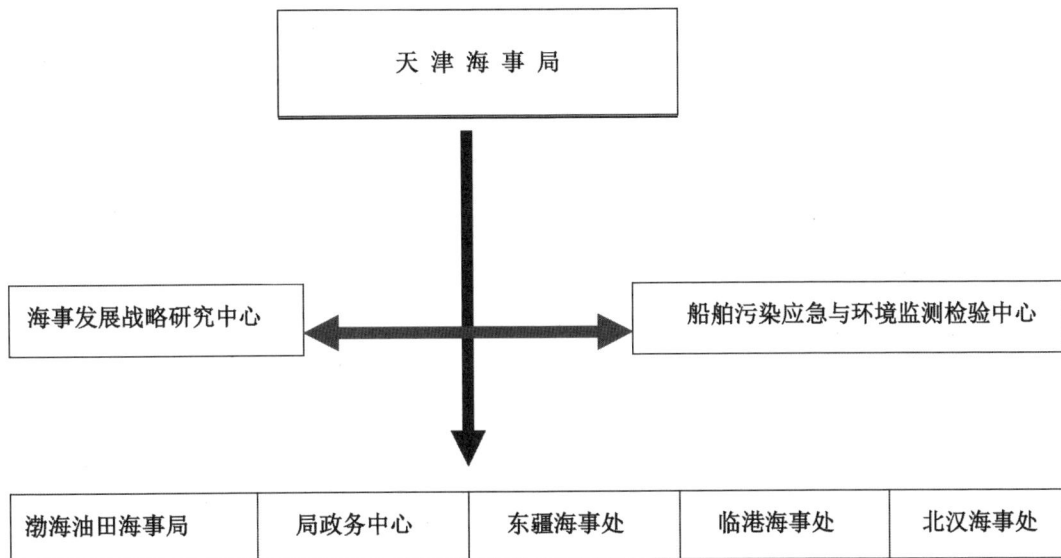

图3-2　天津海事局主要增设机构设置规划框图

3.增设机构设置规划分述

（1）组建天津渤海油田海事局

随着渤海石油开发的日益发展,其所占用的通航水域范围越来越大,特别是以天津港为基地的中海油开发总公司日趋活跃的海上活动,对海上交通安全和环境安全所带来的压力越发沉重。可以说,渤海水域是我国海上交通事故和污染事故发生隐患最大的区域之一。渤海地区船舶交通流量快速增长和大型化发展趋势以及海洋石油开发战略的实施对天津海事管理机构提出了更高的要求,天津海事监管、海事服务面临严峻的挑战,天津海事必须创新管理模式,组建天津渤海油田海事局已势在必行,以实现对渤海海上油田实施系统、规范、全面的监管,为海上能源的大开发提供更加优质的服务。

（2）建设天津海事局政务中心

由于天津海事局机关大楼已在天津市区建成,距离港区55～70 km,而天津局海事监管业务全部集中在滨海新区,因此设立政务中心是天津海事局全面、协调、便捷的需要。

在天津滨海新区设立政务中心,可以弥补天津海事局机关搬迁至天津市区后对港区实施有效监管的不足,可以统一办理天津辖区的海事静态业务和权限内各项行政许可项目的受理、审批,实现"一站式管理",除当场许可、确认的事项外,按照受理、审核、批准"三分离"的原则办理业务;设立局政务中心可全面协调、指导天津辖区各现场执法单元的动态执法工作,切实发挥政务中心的组织效能;行政受理项目相对集中办理,有利于我局对船舶、船舶代理公司、集装箱装箱厂站统一实施信誉管理,有助于确保海事行政效率提高,减少扯皮现象,降低行政管理成本。

（3）组建东疆海事处

占地33.5 km²的东疆港区是天津港新辟港区的一部分,将成为全国最大的保税港。未来的东疆港区将具备国际中转、国际配送、国际采购、国际转口贸易和出口(临时)加工等主要功能,实施保税物流园区相关政策和出口加工区入区退税,国内货物进港退税,港区内货物自由流动政策,是天津市发展港口经济、海洋经济的重要空间载体。作为滨海新区发展的重头戏之一的东疆港区将建岸线长度为 8 564 m 的生产性泊位 20 个(5 万吨级以上)和岸线长度为 1 295 m 的国际客运码头与旅游观光码头,并预留了 2 055 m 岸线作为码头作业发展区。在这样的历史机遇面前,天津海事局必须抓住有利时机,迅速组建东疆海事处,为全面履行"有效监管、优质服务"执法宗旨提供体制保障。

(4)组建临港海事处

天津市将以临港工业区实现其"工业东移战略",将其发展成为集现代化学工业、船舶及大型港航修造基地、高增值关联产业发展区于一身的世界级加工制造基地,成为天津市新的经济增长点之一。临港工业区一期建设 4 个通用泊位、11 个液体化工及油品泊位。在岸线长度达 3 620 m、年吞吐量达 2 020 万 t 的新兴港口基础上,临港工业区还将规划修建大型船舶修造基地、大型液体散货码头。那时,临港工业区将成为一个岸线总长度达 10 370 m,吞吐量达 5 390 万 t,以石油化工、散杂货运输和船舶修造为主的综合性港口。

因此从战略上考虑,在临港工业区港区建立海事处不仅是海事管理的必然要求,也是天津港口新发展的大势所趋。

(5)筹建北汉海事处

根据《天津滨海新区"十一五"规划纲要》,滨海新区将建设 7 个功能区,其中一个功能区为海滨休闲旅游区:重点建设包括以"基辅"号航空母舰为重点的国际游乐港、主题公园、中心渔港和北塘渔人码头等项目的 75 km² 、海岸线长 14 km 的北塘至汉沽海岸沿线区域。北塘与汉沽沿线为天津市滨海新区规划中的海滨休闲旅游区,经营性和非经营性游艇和周边水域的安全监督管理是海事监管的重点,也可呈现天津海事监管的特色。"经济发展到哪里,海事就要服务到哪里",这是海事事业服务于经济发展的基本理念,无论是海事管理方式,还是海事机构变化都必须适应区域经济发展要求,服从于港口功能定位。

北汉海滨休闲旅游区主要经营的船种是游艇,有公益性游艇、私家游艇等,还有少量的商业船舶;水域特点是既有封闭性水域,又有浅水沿海水域;针对这些特点,海事监管有必要建立与之相应的机构和机制,服务于地方经济发展要求。

(6)建立海事发展战略研究中心

天津海事局作为环渤海中心地区的海上交通安全主管机关,如何保障海上交通安全秩序、保护海洋环境,创造优良的海上通道,更好地为天津及环渤海地区的经济发展服务,是今后的重要任务。因此,有必要对国家经济发展战略、环渤海地区经济建设发展趋势、国家和地方的政策、经济发展规划、海上交通及环境保护等热点问题进行全面、深入的研究,对未来海事发展做出前瞻性的规划,为国家海事立法、上级领导海事管理决策提供充分的理论依据。

(7)建立船舶污染应急与环境监测检验中心

随着国家改革开放的不断深入,天津港的吞吐量不断提高,作为港口污染最大威胁的油类的运输和化学品的运输都有持续迅猛的发展,港口面临的船舶污染威胁越来越大,发生灾难性事故的可能性也越来越大。为应对天津港污染应急能力严重不足的问题,海事管理机构必须采取一系列新的管理措施,如尽快建立船舶污染与环境监测检验中心,尽力降低和消除对水域环境的污染威胁。

4.重点建设项目分述

1)建设监管立体化的 VTMIS 系统

为实现交通运输部海事局提出的建设"全方位覆盖、全天候运行、快速反应的现代化水上交通安全保障系统",结合天津海事局业已有效整合的 VTS、AIS、CCTV、DSC 等监管资源和形成的网络平台,应继续重点建设已经取得初步成果的 VTMIS 系统(即船舶交通管理与信息服务系统)。

该系统的建设包括:综合管理信息平台建设、办公自动化业务平台建设和应急辅助决策支持平台建设。

(1)综合管理信息平台建设基本内容

①新建渤海海上油田 VTS 监控站(暂定 2 座);

②新建天津港临港工业区港区 VTS 监控站;

③新建天津港东疆港区 VTS 监控站;

④新建天津港海河港区 CCTV 监控系统;

⑤统一建立相应的数据库并实现数据关联;

⑥新建天津海事局船舶交通管理与信息服务监控中心,实现各类信息的有效集成、显示和网络数据输出。

(2)办公自动化业务平台建设基本内容

①相关业务岗位终端建设与应用软件开发;

②各类统计报表自动生成应用软件开发;

③AIS 记录回放应用软件开发;

④船舶数据库扩容与功能完善;

⑤各类应急预案演练应用软件开发;

⑥接转北方海区 AIS 续建工程信息;

⑦局内用户网络和终端建设;

⑧局外用户接口和信息传输网络建设;

⑨港口设施、船舶规范相关数据标准化制定。

(3)应急辅助决策支持平台建设基本内容

①建立远程通信系统,范围将覆盖整个北方海区;

②开发智能化专家决策系统应用软件;

③集成防止溢油扩散软件、VTS 效益评估应用软件及其他海事业务应用软件;

④建立各类应急反应数据库,开发相关运行软件;

⑤建立管辖海区的新型电子海图模块,以满足对恶劣气象和海况的分析以及对现场搜救行动的指挥和控制要求;

⑥管辖海域遥感、遥测技术开发及应用;

⑦配套法规建设及对应的软件技术开发应用。

2)天津海事局"数字海事"的建设

(1)为贯彻落实交通运输部海事局在新时期提出建设"交通海事""阳光海事"和"数字海事"的战略要求,提出了"以信息化带动海事管理现代化,建设依托信息化管理为基础的海事管理体系"的思路。天津海事局应结合"监管模式改革"和"人事制度改革",大力推进信息化建设,有效运用现代信息科技手段,加快监督管理信息化、现代化步伐。

(2)天津海事局"数字海事"的整体目标是通过"升级一个网络;建立两个模型;整合三大应用系统;建设五个软件平台;完善九大基础数据库",建立完善的海事信息化基础设施。以海事业务系统为基础,现场移动监督检查系统和水上交通管理、应急反应信息系统为重点,建立天津海事局的"数字海事"体系框架,提高工作效率,推进公共服务。

①建成覆盖搜救责任区和监管区域、全天候运行、快速反应的现代化水上交通安全保障业务管理信息系统;

②建成保障全局日常运行、实现办公、人事、财务、计划等平台统一、上下垂直一体的内部综合管理系统;

③建成能够进行海事信息及时准确发布、部分业务实现网上行政审批、全面为公众服务的海事社会服务系统。最终实现海事管理智能化并起到辅助决策的作用。

(3)"数字海事"整体发展目标内容描述

天津海事局"数字海事"整体发展目标内容如图 3-3 所示。

图 3-3　天津海事局"数字海事"整体发展目标内容

3)海上船艇的配置规划

(1)目前,天津海事局有 60 m 巡逻船 1 艘,大型航标船 2 艘,分别承担着辖区巡逻、搜救和海区航标维护任务。60 m 巡逻船建造于 1986 年,海标 11 大型航标船建造于 1983 年。参照交通部海事局航标船艇使用标准,以上两船均已达到报废年限。其他船舶船型较小,抗风浪等级较低,难以实现恶劣海况条件下 50 n mile、150 min 既赴要求。测绘船舶方面,随着测绘业务范围从港口向外海延伸,目前的大型测量船不能满足测绘生产集成化和自动化及应急测绘的需要,与国家海道测量专业队伍的职责和作用不相称。

(2)"十一五"期间,天津海事局船艇配置的指导思想是:控制船艇总量、优化结构、实现船舶性能上的"快、高、新"。

基本策略是:调整船舶配置结构,提高船舶的技术等级,增加大型船舶的巡逻、搜救指挥、防污应急、航标作业、海洋测绘等综合功能,提高船舶应急反应能力。

(3)船艇配置需求

①千吨级巡逻船 1 艘

②60 m 巡逻船 1 艘

③30 m 搜救一体化巡逻船 1 艘

④45 m 巡逻船 1 艘

(4)相关船舶基地建设(见基础设施建设描述)

4)船舶污染应急与环境监测检验中心建设

(1)天津港危险货物吞吐量统计(如表 3-7 所示)。

表 3-7　天津港危险货物吞吐量统计

年份	总计	散杂货及集装箱	散装化学品	散装液化气	散装油类
2002	6 220 艘次	4 557 艘次	527 艘次	201 艘次	935 艘次
	1 265 万 t	1 50 万 t	227 万 t	39 万 t	849 万 t
2003	6 919 艘次	4 873 艘次	582 艘次	212 艘次	1 252 艘次
	1 706 万 t	174 万 t	284 万 t	43 万 t	1 205 万 t
2004	7 360 艘次	4 770 艘次	645 艘次	209 艘次	1 736 艘次
	2 219 万 t	157 万 t	352 万 t	46 万 t	1 664 万 t
2005	8 563 艘次	5 539 艘次	746 艘次	188 艘次	2 090 艘次
	2 825 万 t	213 万 t	330 万 t	44 万 t	2 238 万 t

(2)为了应对和改变多年来对天津港船舶污染应急基础设施方面的投入不足和污染应急能力严重不足的问题,加快船舶污染应急与环境监测检验中心的建设十分必要。

(3)船舶污染应急与环境监测检验中心规划

①办公处所建设(4 500 m²,见基础设施建设描述)。

②海河污染应急基地建设,主要负责海河内水域污染事故的应急处理,设于海河水域区内(依托天津航标处),拥有必要的应急设备和器材,如小型专用清污船,应急车辆、围油栏、吸油毡和消油剂等设备和器材。

③海域污染应急基地建设,主要负责港内外水域的污染事故和重大污染事故的应急处理,设于南疆港区,依托于天津海事局工作船码头。拥有可抵御 500 t 溢油的应急设备储备,包括应急船舶、专用溢油清除处理船舶、装备现代化通信指挥系统的应急车辆、大型围油栏、吸油毡和消油剂等设备和器材。

5)海船船员评估中心建设

(1)为保证海船船员具备相应的基本素质,保证船舶航行安全,实操评估作为测量船员实际操作能力的手段,是船员适任考试的重要组成部分。为改变实操评估完全依靠院校的场地、设施和设备的状况,使海船船员的实操技能更加贴近实际,并使海事机构对设备数量的增加以及型号更新掌控主动权,保证评估质量和评估工作的创新发展,天津海事局有必要建设相应的评估中心,配备与主流航海技术相适应的评估设施和设备(依托考试中心、考区管理概念,扩大就业……)。

（2）主要配置需求

①航海模拟器、航海仪器及模拟软件；

②驾驶台实验室；

③电子海图；

④轮机模拟器、轮机实验室；

⑤可运行动力设备、可拆装设备；

⑥土建要求（见基础设施建设描述）。

6）海上安全通信建设

（1）安全通信在海事预防和搜救过程中的关键作用

海上安全通信是一项公益性事业，在海事预防和搜救过程中起着关键的作用，而且具有技术发展快、履约性强等特点。"十五"期间，交通部海事局、无线电管理委员会办公室对在全国海岸电台航行警告播发工作的调整中，要求天津海事局所属海岸电台，除承担原本辖区的航行警告、冰况报告的播发工作外，还承担整个北方海区的航行警告、大风警报、冰况报告等定时播发任务。

（2）目前，天津海岸电台设备陈旧，需要增加中短波收、发信机等通信设备的建设投入和GMDSS-DSC系统的更新改造力度。通过合理配置资源，扩大水上信号辐射范围，采用国际、国内NAVTEX、HF和VHF等多手段组成较为完善的海上安全信息播发系统，更好地完成国家赋予天津海岸电台的职责。

7）基础设施建设

（1）"九五"以来，由于交通部和交通部海事局加大了对支持保障系统基础设施的建设力度，天津海事局部分航政、航标管理单位的业务用房得到了改善。但由于天津海事局基础设施欠账较多，特别是面临滨海新区的建设和天津港的跨越式发展，基础设施落后局面已然显现，形成了制约天津海事局发展的瓶颈。

（2）主要需求：

①局机关办公及业务用房（已纳入部局安排）；

②北港海事处业务用房；

③东疆海事处业务用房；

④临港海事处业务用房；

⑤北汉海事处业务用房；

⑥公安局业务用房；

⑦海测大队业务用房；

⑧巡查支队业务用房；

⑨巡逻船艇基地建设；

⑩船舶污染应急与环境监测检验中心业务用房；

⑪海船船员评估中心业务用房。

5.现场执法移动装备购置

为保证各业务管理部门的有效运行，在"十一五"期间，应配备专业车10辆。

6.人才队伍建设

实现新发展，队伍是根本，人才是关键。要建设一支政治坚定、求真务实、廉洁高效、执政为民的领导干部队伍。要建设一支热情服务、作风严明、素质过硬、严格执法的海事执法队伍。要建设一支业务权威、技术精湛、在国际国内海事领域具有较大影响、能够代表中国海事最高水平的专业技术和拔尖人才队伍。

第三节

发展海洋经济,提高可持续发展能力①

开发占地球表面71%的海洋,已成为21世纪人类获得新资源、扩大生存空间、推动经济社会发展的战略重点,是新一轮产业革命的前沿领域。大力推进海洋的探测与开发,做大做强海洋产业,努力建设海洋强国是我们义不容辞的责任。

我国拥有300万平方千米的"蓝色国土",规模上是海洋大国,但还不是海洋强国,海洋经济占国内生产总值的比例还不到10%,而在发达国家这一数据则达到了40%。因此我们要充分利用好这片宝贵的海疆,加快开发、利用和保护步伐。

1.我国海洋经济产业的基本构成

目前世界上大约已经形成20个海洋产业,我国比较主要的产业有12个,如海底矿业、海洋渔业、海洋化工业、海船制造业、海水淡化业、滨海旅游业、交通运输业、港口物流业、海岸带综合产业等。

2.海上交通安全管理与海洋经济产业的发展关系

海洋经济产业的发展与海上交通运输安全息息相关,各类经济物资的调运离不开船舶这种运载工具。作为船舶交通安全管理的主管部门,天津海事局承担着重要责任,其主要职能是:依法履行国家赋予的航政、航标、海测、通信、船检职权,维护通航环境秩序,提供航海技术保障,防止船舶造成海域污染,为海上船舶交通安全,保护海洋环境清洁,为海洋经济产业的发展起着至关重要的保驾护航作用。

3.当前海洋经济产业的发展所面临的问题

(1)船舶交通事故对海洋经济产业发展形成较大威胁

船舶交通流量急剧增加(以天津港为例):

2006 年	2007 年	2008 年(AIS 船舶)
42 637(艘次)	64 835(艘次)	81 749(艘次)

年交通流量均为环渤海地区各港口流量的总合。

船舶大型化趋势进一步增强(以天津港为例):

2005 年	2006 年	2007 年	2008 年(吃水超过 15 m)
140(艘次)	187(艘次)	315(艘次)	251(艘次)

据统计,从2002年到2008年,天津海事局管辖水域共发生水上交通事故267起,其中大

① 本节内容时间节点为2009年。

事故以上 20 起,人员死亡失踪 88 人,经济损失达 21 亿 1 825 万元(其中典型案例:2007 年 3 月 8 日"奋威"轮被碰撞、2009 年 4 月 15 日南港海难和 6 月 20 日"港星"轮被碰撞)。

从 2002 年到 2008 年,天津港的装运危险货物船舶艘次从 6 220 到 9 040 艘次、危险货物吞吐量从 1 265 万 t 到 3 970 万 t。预计到 2010 年,危险货物吞吐量将达到 5 000 万 t 至 7 000 万 t,其中散装油类和散装化学品将达到 4 000 万 t 至 5 500 万 t。

此外,渤海水域是我国海上污染事故发生隐患最大的区域之一。2004 年天津海事局管辖水域发生污染事故 11 起,2005 年发生污染事故 9 起,2006 年发生污染事故 7 起。特别是 2003 年 11 月的"塔斯曼海"轮与"顺凯"轮碰撞造成大面积溢油污染事故;2004 年"10·31""大青河"轮与"新福达"轮碰撞后导致化学品入海事故;2008 年"河北精神"轮在韩国被撞溢油事件以及珠海、珠江水域船舶溢油事件,造成的国内外社会影响十分强烈。

(2)海洋石油勘探开发对通航安全的影响在扩大

到目前为止,渤海地区(5 m 等深线以外)共有油气田 28 块,浮式储油装置(FPSO)6 艘,油气井 1 000 余口,采油平台 60 余座,遍布辽东湾、渤海湾、莱州湾和渤海中部区域,2010 年将完成油气产量 3 000 万 t,成为海上大庆。

但随着渤海海域石油勘探开发的不断进展,该项产业对海船习惯航路、传统捕鱼区域的通航安全产生了较大影响,极易发生恶性事故,因此需要多方协调利益关系(如旅大 27-2/32-2 油田开发工程事例,经评估后调整了设计方案,但预计将减少收益 10 个亿)。

(3)综合性区域规划的缺失已导致各行其是的恶性竞争

由于我国沿海水域本身的属性归国家所有,国家对海洋经济发展应有总体战略部署,但由于我国在海洋综合性区域规划制定的缺失和滞后,而各沿海省市对海洋经济产业发展的诉求又不尽相同且各具优势,因此各行其是、相互掣肘、重复投资、攀比建设的实例不胜枚举。

4.应对措施和建议

(1)加快海事立法步伐。由于《中华人民共和国海上交通安全法》已颁布 25 年,急需修订。《中华人民共和国防止船舶污染海域条例》亦应尽快出台。

(2)加紧实施"海上溢油应急设备库"工程建设项目,提高已有应急反应和处理能力,为应对海上突发重大公共事件做好技术和物质准备,并应进一步加大海洋环境安全方面的保护性投资。

(3)加强对综合性区域规划制定的组织、引导和指导,以避免区域内的港口建设相互恶性竞争。

(4)加紧研究完善海洋管理体制,理顺多年"九龙治海"的弊病,以利于各海洋经济产业适度、均衡、有秩序地协调发展及可持续发展。

第四节

海事服务滨海新区开发开放、促进环渤海地区
经济发展基本战略研究建议案①

近年来,根据"国务院关于推进天津滨海新区开发开放有关问题的意见"〔2006〕20 号,天津滨海新区的开发开放形势呈现一片蓬勃发展的景象,北方国际航运中心建设、天津双港双城战略部署的落实以及不断增加的环渤海海洋经济活动都显示出该地区的区域特征。面对社会各界对海上安全管理工作的关注和要求,我国海事部门需要尽快从宏观战略高度来研究对策并采取有效措施加以多方位的支持和协助,尽快弥补和完善海事监管能力的不足,以便为国家经济发展战略目标:"推进京津冀和环渤海区域经济振兴"的实施做出贡献。

为此,经过初步调研和考察,提出了本建议案的基本内容框架和部分项目的具体实施概念。本建议案的提出业已考虑了各项研究内容的前瞻性、必要性、可行性、时效性和可操作性,并期望能够借此突破海事服务滨海新区,解决环渤海经济发展的瓶颈,将我局海事管理水平提高到一个和谐有效、能力突出的高度,成为国家经济发展战略格局中不可或缺的力量。

战略研究的具体内容如下:

1.滨海新区依托京津冀、服务环渤海、辐射"三北"、面向东北亚,是我国北方对外开放的门户。加快北方国际航运中心建设,有利于进一步扩大滨海新区的服务范围,增强区域辐射能力,提升京津冀及环渤海地区的国际竞争力,促进中国北方的经济发展。

围绕北方国际航运中心建设的发展目标,同时针对天津港复式航道发展的特殊需求和工程实施进度,建议研究提出相应的技术、管理、设备、法规等一揽子解决方案。

2.充分利用地方立法资源,加快完善天津海事规范性文件的建立。《天津市海上交通安全管理规定》已于 2009 年 10 月 1 日颁布实施,该规定的生效实行为维护海上交通秩序,预防和减少海上交通事故,为港口经济发展乃至滨海新区的开发开放提供了有力的法律依据和良好的执法环境,因此我国海事部门应顺势而上,据此拟定若干相关的实施办法,创造依法行政的有利条件。

3.根据滨海新区建设对海上通道安全的巨大需求,同时结合环渤海水域交通密集、海上油田密布、航行安全稳定度较差和环境敏感度较强的特点,提出配置船用无人直升机并配备相关机载遥感监测设备构想,并提出对其软硬件集成技术进行开发和研制方案,以便为新造海事巡逻船艇实现立体巡航提供可用的装备,并应与拟建的东疆快速反应基地工程密切关联。

4.为在海事搜救、沉船打捞或可疑目标确认等水下作业提供有效手段,适时开展机器人海事应用研究。

水下机器人的全称为水下遥控运载器,简称"水下机器人"(Remotely Operated Vehicle, ROV)。由于它可在水下长时间大范围作业,以及人类对海洋资源的进一步开发,近 20 年,水

---

① 本节内容时间节点为 2010 年。

下机器人在民用方面有了很大的发展,主要被用于海洋油气勘探与开采、海洋考察、海洋救捞、海底探测等作业,水下机器人很自然地成为人类延伸自己感知能力的主要工具之一。

交通部海事局从2005年起开始规划在系统内装备ROV系统,并于2006年12月正式签订采购合同,购买H300型水下机器人。为加强应对海上突发事件,搜救等方面的能力,此课题可结合现有设备应用情况,进一步开展在海事应急处置等方面的应用研究。

5.针对国际电子航海技术的迅速发展趋势,结合国家海事局AIS管理和维护中心的工程建设,抓紧进行北方海区综合航海安全保障体系建设的研究,从航标管理、测绘管理、航海安全保障技术装备管理等方面着手,建立航海保障综合服务体系,提高服务效能和应急反应能力。

该项研究应根据用户及航运发展需要,具体提出如何优化航标配布和改善航标助航效能;如何扩大电子海图的应用和服务领域范围,提高海图更新速度,增强海图现势性;如何制订航海图书资料出版计划方案,体现海事测绘信息的潜在价值等,以便为在北方海区水域进行的各类水上活动提供水文、气象、航道等信息服务。

6.由于2004年6月1日《国际船舶压载水和沉积物控制和管理公约》开始启动了缔约国加入程序,而该公约为全球压载水管理和控制提供了具有国际法律约束力的规定。考虑到环渤海水域的半封闭性质并预测该公约将于未来几年内被批准生效,因此适时启动渤海海域船舶压载水置换排放区域的研究是十分必要和现实的。同时该课题的研究还应与拟议中的临港工业区海事监管基地(即鉴证中心)建设内容紧密结合。

7.适时开展渤海海域习惯航路设定与水深扫测以及海上油田安全管理的综合性研究。

环渤海地区分布着几十个大小港口,各类船舶在其中穿梭往来,港口总吞吐量超过8亿t。同时,渤海海域又是我国海洋石油及天然气资源最丰富的地区之一,现有油气田28块,FPSO 6艘,油气井1 000余口,采油平台60余座,年产石油近3 000万t。

港口的飞速发展带来了船舶交通的繁忙,海上石油勘探和开采及石油平台的大规模建设,给本来就并不太宽裕的渤海通航水域航行带来了困难,不仅船舶航行安全的风险增大,同时也大大增加了渤海海域因船舶交通事故、石油平台事故等造成的海上溢油污染的风险。如何处理好二者之间的矛盾是摆在海事人面前的一道难题,需要进行专题研究解决。本课题的研究将结合前期对渤海船舶定线制研究成果和拟建的天津船舶交通管理与信息服务系统工程一并进行。

8.在前段工作的基础上,进一步研究和建立环渤海海域海上应急搜救、防治船舶污染联动机制,同时结合信息化发展进程,采取切实有效的行动以实现信息与救助资源共享。由此还将进一步研究探讨当前环渤海水域各类海洋经济活动与通航安全和谐共生的方法与途径,进而进行现代交通运输的战略研究。

9.综合考虑北方海区海事安全通信的全方位管理与发展,研究适应现代通信技术发展的方式,采用数字海岸电台理念,建立话务通信处理平台,研发数字通信加密技术并结合天津船舶交通管理与信息服务系统工程中海上石油平台VHF系统建设,实现覆盖环渤海乃至北方海区VHF通信、DSC遇险报警、SSB单边带通信等手段的无缝连接。

10.研究开发相邻VTS系统的信息交换和联网技术,开发研制相应的应用软件,解决不同系统之间存在的数据屏障,为实现环渤海水域VTS监控信息的共享提供有效可行的技术方案,最终希望为交通部海事局提供一个VTS系统间可以实现信息共享、数据融合、联网操作的参照样板,为解决和改变多年来我国VTS系统建设过程中存在的各自为政、各行其是,与当今海事信息化发展的大局格格不入的孤岛现象提供借鉴。

综上所述,本研究课题的各分项子课题的题目拟分列如下:

1.天津港复式航道通航模式与管理方案研究。

2.天津海事局规范性文件体系建设研究。

3.船载无人直升机海事应用关键技术研究。

4.水下机器人海事应用研究。

5.环渤海地区航海保障体系与功能需求研究。

6.渤海海域船舶压载水置换排放区域的点位研究。

7.辖区海上交通与石油开发协调发展的战略与对策研究。

8.环渤海海域海上应急搜救与防治船舶污染联动机制研究。

9.面向未来海上通信的数字海岸电台网络架构技术研究。

10.渤海海域 VTS 系统联网和信息交换技术与开发研究。

第五节

天津港复式航道航行安全保障技术方案的研究①

为深入贯彻落实中共中央、国务院关于推进天津滨海新区开发开放的战略决策,进一步聚集和完善航运业发展的各类要素,提升滨海新区航运业发展水平,北方国际航运中心的建设被提上国家的议事日程。

一、加快建设北方国际航运中心的重大意义

1.建设北方国际航运中心是加快滨海新区开发开放的有效途径。滨海新区位于环渤海地区的中心位置,内陆腹地广阔,区位优势明显,拥有一流的港口和高度开放的保税港区,具备建设国际航运中心的良好基础。加快北方国际航运中心建设,将极大带动滨海新区航运相关产业和现代服务业发展,提升天津港集装箱枢纽港地位,促进现代制造业和研发转化基地建设,推动滨海新区经济社会又好又快发展。

2.建设北方国际航运中心是提升区域服务辐射能力的必然选择。滨海新区依托京津冀、服务环渤海、辐射"三北"、面向东北亚,是我国北方对外开放的门户。加快北方国际航运中心建设,有利于进一步扩大滨海新区的服务范围,增强区域辐射能力,提升京津冀及环渤海地区的国际竞争力,促进中国北方的经济发展。

3.建设北方国际航运中心是构筑我国对外开放新优势的客观需要。在经济全球化和区域一体化日益加快的新形势下,积极适应中国北方地区航运发展需求,主动参与全球资源配置,建设网络完善、设施优良、功能齐全的北方国际航运中心,是实现国家对滨海新区功能定位的

---

① 本节内容时间节点为 2015 年。

重要举措,有利于提升我国对外开放的层次和水平,为广泛参与全球竞争提供有力支撑。

二、加快建设北方国际航运中心的主要任务和发展目标

1.建设北方航运中心的主要任务是:全面提升和完善建设国际航运中心的各类要素,大力加强港口设施建设,加快发展自由贸易港区,健全国际物流网络,发展航运服务业和航运服务体系,完善政策法治环境,力争用五到六年时间,初步建成服务中国北方、东北亚、中西亚的北方国际航运中心。

2.建设北方国际航运中心的发展目标是:到 2012 年,天津港货物吞吐量超过 4.6 亿 t,集装箱吞吐量超过 1 300 万标准箱;东疆保税港区 10 km² 开发建设和项目引进全部完成,国际中转、国际配送、国际采购、国际转口贸易和进出口加工等功能有效发挥;航运服务企业数量明显增加,航运服务体系初步构建,各类航运交易市场形成规模,航运及相关产业增加值超过 1 000 亿元。到 2015 年,天津港航道等级达到 30 万 t 级,货物吞吐量超过 5.5 亿 t,集装箱吞吐量超过 1 700 万标准箱;东疆保税港区经济规模、增长速度、服务功能等均位于全国保税港区的前列,自由贸易港区初步建成,并做好争取扩区的各项准备工作;航运及相关产业增加值比 2012 年翻一番,超过 2 000 亿元;初步建成以自由贸易港区为核心功能区的航运资源高度集聚、航运服务功能健全、航运市场交易活跃、国际物流服务高效,具有国际航运物流资源优化配置能力的北方国际航运中心。

由此可见,加快发展天津港是建设北方国际航运中心的核心任务,而天津港复式航道的建设和顺利投入运行则是其中的关键环节。

三、研发项目所面对的任务和目标

1.到 2015 年重大项目建设累计将完成固定资产投资 900 亿元,重点建设 30 万 t 级航道和复式航道,北港池 C 段、北港池四期集装箱码头、30 万 t 级专业化矿石码头、30 万 t 级原油码头、神华天津港煤码头二期等港口基础设施。

2.积极推进国际贸易与航运服务区建设,做好国际贸易与航运服务区二期规划建设,吸引现代服务业集聚,形成滨海新区现代航运 CBD,打造国际一流水平的航运服务环境。

3.北方国际航运中心的建设要求尽快建立和完善综合信息平台,实现航运相关信息的全面共享和高效应用,同时努力发展船舶管理、海事服务、资格认证、技术咨询等配套服务与航运法治环境的完善,特别是建设和完善与海事相关的法律法规体系。

四、天津港复式航道的建设方案

1.天津港航道现状

目前,天津港二十五万吨级航道工程已经完工,航道里程 7+100～13+470 段航道底宽 221 m,设计底标高-18.5 m;航道里程 13+470～44+0 段航道底宽 315 m,设计底标高-19.5 m。25 万 t 级航道 13+470～44+0 段能够满足 10 万 t 级船舶双向航行,航道里程 7+100～13+470 段能满足 15 万～20 万 t 级船舶单向航行。

2.现有航道存在的问题

根据航道通过能力研究成果证明,现有主航道通过能力已基本达到饱和,2010 年和 2015

年现有主航道难以满足船舶通过要求。

另根据历年天津港到港船型资料分析,2007年船舶到港28 071艘次,日到港密度76.9艘次;到达天津港的万吨级及其以下船数占总到港船舶的69.2%,日到港密度53.2艘次;小船居多是天津港的一大特点。

同时根据天津港到港船型预测,2010年船舶到港42 049艘次,日到港密度115.2艘次;其中,万吨级及其以下船数占67.6%,日到港密度77.9艘次;若包括社会船舶和工程船可占到船舶预测总数的75%,日到港密度86.4艘次;小船居多仍是天津港的一大特点。

小型船舶在主航道航行不但占用大船航路,而且小船航速低,影响后续船舶航行速度,使深水航道不能够得到有效利用,从而大幅降低了航道的通过能力。针对这个问题,拟在主航道两侧各建设一条万吨级航道,供小船航行,使25万t级航道与万吨级航道共同构成复式航道。万吨级以上船舶走主航道。

3.现有航道存在的其他问题

船型因素:易燃液体、液化气体等危险品船舶只允许单向通航;

拖带船舶:大型拖带只允许单向通航;

非营运船舶:航速低,占用主航道,降低船舶速度,影响航道的通过能力;

部分区段船舶靠泊和回旋占用航道;

出北港池船舶与进港船舶形成交叉,影响进港航道的通过能力;

7+100~13+470段航道双向通航能力不足:仅能满足15万t~20万t级船舶单向航行;

口门内航道通过能力不足:交叉严重,船舶航速受限,且存在安全隐患;

主航道双向航行船舶等级不足:不能满足25万t级油轮与其他船舶双向航行。

4.复式航道建设方案

Ⅰ区:口门以内局部向北加宽440 m,与主航道形成765 m宽的深水航路,形成"两进两出"的船舶航路,主要解决口门内航道能力不足和主航道与北航道船流交叉排序问题;

Ⅱ区:航道里程7+100~13+470段拓宽,设计底标高按20万t级航道设计,扩宽后航道通航宽度325 m,拓宽后20万t级船舶与巴拿马型船舶双向通航;

Ⅲ区:航道里程13+470以外航道单向向北拓宽,满足25万t级油船与10万t级集装箱船舶双向航行;

Ⅳ区:口门以外主航道两侧各建设一条1万t级航道,解决占天津港船舶总数约70%的小型船舶占用主航道的问题,降低主航道航行密度,提高船舶通航速度,使天津港航道成为复式航道。

与复式航道同步建设的还有陆域导标系统,以此彻底解决原导标功能多年缺失的弊病,同时还将考虑大沽灯塔迁移方案。该工程的预算投资将达到27亿元。

5.项目研究的主要内容与拟采取的措施

天津港航道拓宽工程的建设将极大提高天津港在全球航运经济中的地位和影响,在北方国际航运中心建设和促进环渤海经济区发展的过程中能发挥出巨大作用,并且在当前的经济形势下对保增长、促发展具有十分重要的积极意义。

但是由于天津港复式航道的建设方案乃世界罕见、国内首创,是对当前海港航道建设理论和规范的一种挑战和创新,天津港复式航道的建设和投入使用必将给海事管理工作和VTS/

AIS 的技术应用带来前所未有的强度和压力,因此必须做好充分的理论研究和技术准备。

本研究项目的具体目标是:

(1)研究论证大型营运船舶在主航道双向航行的尺度和标准;

(2)研究论证易燃液体、液化气体危险品船舶、大型拖带船舶及超大型船舶单向通航的条件和措施;

(3)针对港口口门内航道通过能力不足,靠离泊船舶占用航道现象严重,船舶航速受限,且存在安全隐患的情况提出船舶待泊区域设置方案及使用方法;

(4)研究港口航道虚拟航标的设计布局和技术实施方案,同时对现有营运船舶相关设备的配备进行考察和调研,以期适应复式航道"双进双出"的运行方式;

(5)开发适应当地特定通航环境的船舶运行轨迹仿真分析的试验软件,为航道的正式运行和相关航行规则的制定奠定数据基础。

本研究项目拟采取的技术路线是:

(1)搜集并分析相关统计数据;

(2)提出天津港北航道 VTS 雷达站的建设方案;

(3)研究五组导标设置方案和虚拟航标的应用问题;

(4)进行有关船舶航行缓冲区设置方案的研究;

(5)进行大型船舶模拟仿真操控试验;

(6)完成 VTS 雷达图像和 AIS 历史轨迹分析数据的处理;

(7)特定区域船舶运行轨迹仿真软件的开发;

(8)船舶适应性调研(包括电子海图及相关设备的配备);

(9)结合航道工程开挖进度安排实船操作试验。

6.根据港口工程建设进度陆续出台相关管理规定

(1)天津 VTS 管理细则;

(2)船舶电子海图配备规定;

(3)天津港航路指南。

第六节

天津海事局规范性文件体系建设的研究①

根据《天津市海上交通安全管理规定》,2010 年我局应出台若干专项管理办法,以应对海上出现的各类海事管理事项,举例如下:

(1)天津 VTS 管理细则修订。

(2)船舶电子海图配备管理办法。

(3)天津港航路指南。

(4)海上浮式储油装置登记、检验管理办法。

---

① 本节内容时间节点为 2009 年。

（5）北塘、汉沽海域通航安全管理办法。

（6）天津海上通航环境安全评估管理办法。

（7）施工作业船舶配员和培训管理办法。

（8）南港工业港区航政管理规定。

（9）天津港水上施工作业船舶航路设置办法。

（10）船载 AIS 信息输入管理办法。

（11）天津水域施工船舶临时性简化检验暂行规定修订。

（12）天津港虚拟航标设置规定。

（13）海上锚地设置与使用办法。

（14）海河开启桥通航安全管理办法。

（15）天津港海上游艇管理办法。

第七节

船用无人直升机配置与机载遥感监测关键技术及产品的研发[①]

近年来，随着我国经济的快速发展，渤海海域水路运输业的腾飞，渤海石油开采等大量用海活动的增加，到 2010 年，渤海海域水上船舶交通量将较 2007 年增长 1.2 倍，船舶交通密度、交通危险程度和溢油污染渤海水域的风险程度显著增加。

天津海事局负责辖区海上应急搜救指挥工作，负责海上石油平台及相关船舶的安全管理工作，负责滨海新区经济建设唯一水上运输通道的安全畅通工作，同时也负责北方海区水上航标管理工作。因此现场监管能力的提升显得尤为突出和迫切，需要利用各种技术手段，全面监控辖区水域船舶交通及溢油污染水域的情况，达到全面改善辖区水上交通安全形势，直接服务于天津滨海新区经济建设，间接服务于环渤海经济圈的目的，因此尽早考虑配置船用小型无人直升机，研发机载遥感监测关键技术及产品势在必行。

一、船用小型无人直升机的特点和作用

船用小型无人直升机是目前唯一可从海巡船艇甲板起飞和进行操控的遥感飞行器，不仅具有灵活机动、成本低廉、适于海上环境飞行的特点，而且自动化和智能化程度高，只要少数人即可遥控操作，不需要专门的场地和专职飞行员。如将相关遥测遥感系统设备与其进行技术集成并有效地形成立体信息网络，必将为海上搜救、溢油监测乃至各类演习现场实况传递等项活动提供有力的技术保障和支持，必将大幅提高海事部门对各类事件的应急反应能力和处置水平。

---

① 本节内容时间节点为 2009 年。

二、研发本项目的有利条件

1. 我局正在建造的 60 m 海巡船具备足够空间的直升机飞行甲板,船舶的续航力和抗风浪等级均符合使用要求。

2. 东疆快速反应基地工程建设亦为其提供了维护、维修和保养的后勤保障。

3. 上述有利条件均可作为申请国拨资金的项目配套理由。

三、本项目的经费申请方案

1. 拟通过交通部海事局和科技教育司向科技部申请"国家科技支撑项目"资金加以支持,其中包括软硬件配套和关键技术开发费用。

2. 向交通部海事局申请专项资金或使用局内自有资金予以解决。

四、本项目实施时间安排

1. 2010 年编制项目可研报告并按程序提出申请。

2. 2011 年根据资金到位情况进行软、硬件的采购与研发,并实现与新造海巡船的配套。

第八节

北方国际航运中心建设的现状、特点与发展①

引言:依托海洋和港口优势、打造北方国际航运中心是《天津市城市总体规划(2005—2020)》确定的天津城市基本发展战略,也是国务院批复滨海新区的基本职能定位。近年来,北方国际航运中心建设、天津双城双港战略部署的落实以及不断增加的环渤海海洋经济活动都显示出该地区的区域特征。从国际知名航运中心发展的基本经验来看,海事管理与服务是国际航运中心软环境建设的重要组成部分,因此海事在北方国际航运中心和物流中心建设中需要并且能够发挥积极的关键作用。

一、北方国际航运中心建设的意义和背景

国际航运中心和物流中心作为参与全球资源配置的重要载体,已经成为各国抢占国际经济贸易制高点、获取国际分工收益的功能平台,成为增强综合国力和国际竞争力的战略手段。进入新世纪以来,我国经济外向度不断提高,达到 60%左右,出口对经济增长的贡献率超过30%,这对于推进国际航运中心建设和自由贸易港区改革探索,使其充分发挥龙头带动效应,可谓是恰逢其时。

通常国际航运中心的组成具备如下要素:

1.区位、经济腹地与现代化的集疏运网络是国际航运中心形成的基本要素。国际航运中心的区位应当具有优越性和战略性。第一,它应该是世界经济及本国经济发展的重点区域;第

---

① 本节内容时间节点为 2011 年。

二,国际航运中心的形成依托于腹地经济的快速发展和对外贸易的剧增;第三,集疏运网络体系的状况及其他条件综合作用是形成国际航运中心的重要途径。

发达的集散传输手段使货物运输日益摆脱地域的障碍,将区位与经济腹地紧密连接起来,是港口得以成为内陆经济腹地货物的主要进出口岸及国际与区际物流的转运口岸。

2.深水航道和深水集装箱枢纽港是当代国际航运中心的重要因素。20世纪80年代以来,国际航运业发展的基本潮流是船舶大型化与运输集装箱化。为适应船舶大型化的趋势与新世纪的国际航运竞争,作为国际航运中心的港口必须拥有深水航道与深水码头。集装箱运输是反映时代特点的现代化、集约化运输方式。提高港口货物运输集装箱化率乃至建成世界级的深水集装箱枢纽港,已成为评价世界各个国际航运中心的全球地位,以及参与新世纪国际航运角逐竞争能力的主要标志。

3.中心城市发达的贸易、金融功能是国际航运中心的支撑要素。中心城市的贸易、金融功能促进了加工贸易业的发展,产生对港口航运业的巨大需求;吸引国际物流来港集聚转运;为港口航运业基础设施(如航道、码头、仓库、通信、车船等)建设提供信贷、融资条件,并为远洋航运业的发展提供保险服务,直接支撑港口航运业的进一步发展。

4.一体化的港口管理是国际航运中心顺利运行的重要保证。作为国际航运中心载体的港口,从所在地理位置看,既有从属于一个行政区的,也有分别从属于几个行政区的。因此,若由几个行政区协调建立的港务管理机构,应统一港口基础设施规划、投资、建设与管理,避免分而治之的弊端,可以最充分合理地使用港口资源。

国际经验表明,国际航运中心的形成,除了要求具备良好的区位环境和完善的港口设施、航道等硬件条件外,还必须拥有国际贸易、金融、信息及广阔的经济腹地支撑条件。这表明,一个港口城市或国家如果已经发展成为一个国际航运中心,那么它也将是一个世界性或区域性的经济中心、贸易中心、金融中心和信息中心。

然而,国内很多研究区域经济的学者认为,中国北方缺少具备区域经济影响力的城市,急需一个为区域经济发展起龙头作用的中心城市,从而带动整个区域的经济发展。天津作为北方经济中心,不仅取决于其独特的地理优势,还取决于天津与周边地区的经济整合能力。北方国际航运中心地位的确立,必将加速各类经济要素向天津聚集,为天津经济建设的各个方面提供更佳的条件和机会,如海洋运输、船舶修造、船舶登记、航运融资的大幅增长势必为天津市经济总量做出巨大贡献,从而带动天津核心竞争力的增强。

二、建设北方国际航运中心的天津优势比较

2006年纳入国家整体发展战略的天津滨海新区规划面积2 270 km^2,常住人口约200万,成为中国继深圳特区和上海浦东新区之后重点开发开放区域。它的开发开放将带动环渤海地区,进而带动华北、西北也包括东北在内的广大的中国北方地区的发展。它作为中国的未来第三个经济增长极,将带动整个区域经济发展。因此在天津建设北方国际航运中心具有如下优势:

1.政策优势

2010年4月天津市滨海新区政府公布了《天津滨海新区关于加快北方国际航运中心建设的若干意见(试行)》,2015年滨海新区将初步建成服务中国北方、东北亚、中西亚的北方国际

航运中心,航运及相关产业增加值超过 2 000 亿元,自由贸易港区初步建成。

2011 年 5 月天津市滨海新区政府呈报的《天津北方国际航运中心核心功能区建设方案》正式获得国务院批复,这对于天津滨海新区又是一次难得的发展机遇。同期,天津市《天津滨海新区综合配套改革试验第二个三年实施计划(2011—2013 年)》浮出水面。

2011 年 12 月,交通运输部和天津市人民政府共同批准了"天津港港口水域布置规划",一港八区五条航道八个锚地的布设已跃然纸上,为北方国际航运中心的建设提供了强大的动能。

2.区位经济优势

天津市位于我国华北、西北和东北三大区域的接合部,地处环渤海地区的中枢部位,京津和环渤海湾城市带的交汇点上,是我国北方地区进入东北亚,走向太平洋的重要门户和对外通道,也是连接我国内陆与中亚、西亚和欧洲的亚欧大陆桥的重要起点之一。

天津港拥有辽阔的内陆经济腹地和充裕的货源。目前,天津港能够服务和辐射的范围包括京津冀以及中西部地区的 14 个省、市、自治区,以北京、天津及华北、西北等地区为主。其中,直接经济腹地包括天津市、北京市、河北省和山西省,间接经济腹地通过综合运输网延伸至陕西、甘肃、宁夏、青海、新疆、内蒙古、四川、西藏等省区和蒙古国的部分地区。腹地横跨我国东、中、西部地区,随着环渤海经济的振兴、中部崛起和西部大开发的推进,社会经济发展潜力巨大,距北京 150 km,是整个华北、西北地区通向世界各地最短、最好的出海口,也是国外客商进入中西部市场的最佳通道。目前全港 70% 左右的货物吞吐量和 50% 以上的口岸进出口货值来自天津以外的各省区。华北、西北、东北地区是我国资源富集地区,冶金、石化、机械制造等重工业发达,农业基础雄厚,未来该地区将继续发挥资源优势,发展冶金、石化等重化工业,在沿海有条件的地区将大力发展以交通装备、机械和重型设备、电器和仪表设备为代表的现代装备制造业,以大型石化和精细化工、精品钢材和有色金属、新型建材为代表的重要原材料和工业生产基地,同时加快发展高新技术产业。此外,天津国际区位优势明显。天津与韩国、日本隔海相望,距中亚、西亚陆距离最短,是蒙古国、哈萨克斯坦等临近内陆国家的出海口,是连接东北亚与中西亚的纽带。

3.枢纽港优势

天津市海、陆、空立体交通网络发达,天津港有遍布全球主要港口的航线和四通八达的公路,铁路网络联结,具有发展物流产业的运输优势,目前天津港与日本、韩国、美国、荷兰等国家的 12 个港口建立了友好港关系,同世界上 180 多个国家和地区的 400 多个港口有贸易往来,每月航班 400 余班,直达美洲、欧洲、亚洲等世界各地枢纽港口,其集装箱航线总数达到 115 条,实现了对世界主要港口的全覆盖,并且新开发了再生资源、集装箱配件、乳制品等 9 项全程物流业务。天津港还进一步加强环渤海内支线运输,推动环渤海内支线形成网络化运营,运量同比增长 20% 以上。如此密集的航班使得经天津港进出的物流极为便利,天津港的陆路运输也较为方便。

目前,天津辖区共有从事国际航运的船公司 17 家和国内运输的航运公司 32 家,营运船舶种类覆盖客船、散货船、油船、其他货船、移动式近海钻井装置五个船种,其中具有代表性的大型航运企业有中远散货运输有限公司等。

近年来,天津港大力完善港口功能,大型化、专业化泊位的建设明显提速,30 万 t 原油码头已建成并投入运营,新增原油吞吐能力 2 000 万 t;欧亚集装箱码头已完工,新增集装箱吞吐能力 170 万标准箱;北港池杂货码头两个 7 万吨级和两个 4 万吨级泊位已竣工试投产,整体工程完工后将新增杂货吞吐能力 1 100 万 t,将成为中国内地规模最大、等级最高的杂货码头。2011 年,天津港货物吞吐量突破 4.5 亿 t,集装箱吞吐量突破 1 100 万标准箱,继续领跑我国北方港口。

天津东疆保税港区作为天津北方国际航运中心的核心功能区,具有区港一体化的政策优势和功能优势,是综合配套改革的创新平台。根据国务院批复的建设方案,天津将以东疆保税港区为核心载体,从国际船舶登记制度、国际航运税收政策、航运金融业务和租赁业务四个方面展开改革探索,这也是我国目前在支持国际航运业和租赁业发展中,支持力度最大、政策覆盖面最广、系统性最强的方案。

三、海事助推北方国际航运中心建设的举措

本文在国际航运中心建设的总结分析基础上,结合天津航运发展的实际,深入分析了海事在北方国际航运中心建设中的关键任务和主要作用,进而提出了"创新海事"和"感知船舶"的战略措施:

1.推动建立北方国际航运中心研究机制

继续深化与大连海事大学、上海海事大学等航运名校的战略合作,为北方航运中心建设提供智库支持;拟每年组织召开北方航运中心论坛,邀请国内外专家为航运中心发展出谋划策;加强北方航运中心软环境建设。

2.率先建立国际船舶登记制度

在前期提交天津市政府的《东疆国际船舶登记规则》的基础上,配合市政府尽快完成并向交通运输部的报批;组织开展国际船舶登记制度试点方案及其税收减免等配套政策建议的研究;开展国际船舶登记实施细则的研究,设计快捷高效的国际船舶登记制度,筹建东疆国际船舶登记中心。

3.推动支持航运业发展的一揽子政策出台

借鉴福建省政府出台的促进航运业发展的相关政策,与有关部门合作,推动航运企业资金补贴、船舶融资奖励、放宽航运企业贷款限制、鼓励引进航运人才等方面一揽子政策出台,吸引更多的航运企业落户滨海新区,支持港航企业做大、做强。

4.推动游艇管理制度尽快出台

在前期工作的基础上,推动国内领先的国际化、产业化的游艇管理地方性法规尽快出台;创新管理制度和手段,便利游艇登记注册,吸引非天津户籍游艇落户天津;确立游艇证书认证模式,争取国家将天津作为中国游艇认证试点地区;简化游艇进出港手续,实行游艇管理的一站式服务。

5.推进西部海员发展战略的实施

天津海事局承担了交通运输部西部海员发展的战略任务,已经建立了一套行之有效的帮扶模式。下一步,将争取国家和地方有关政策的支持,加快推进西部海员培训基地和西部海员师资培养基地的建设,发挥天津在职业培训领域的示范和带头作用,使天津成为西部海员走向世界的窗口。

6.推动东疆海员服务平台建设

天津海事局承担了北京、天津、河南、陕西、河北(甲类)等三省二市,上百家航运企业,80余家海员服务机构,6万余名海员的管理工作,是国内最大的海员管理机构。天津海事局将充分利用自身资源优势,推动天津在船员所得税减免政策上取得突破;推动建立北方最大的海员服务平台。

7.推进国家海事无人机监控基地建设

全国海事系统规划试点配置无人驾驶飞机,用于环渤海水域海域巡航、搜救和违章取证等功能。天津海事局已先期开展无人机的海事应用研究并用于北方水域溢油监控工作。下一步,将加强与解放军军事科学院、天津现代技术学院、天津滨海新区科委等单位的密切合作,推动建设国家海事无人机监控基地,为天津国际港口城市建设提供技术保障和环境支持。

8.探索建立服务滨海新区港口及大项目建设的推进机制

在天津大发展进程中,诸多大项目落户天津,在未获得正式审批的情况下,参照南疆LNG项目的合作模式,为南港工业区、奥德菲尔、临港造修船基地等项目超前规划、超前组织,探索建立服务滨海新区港口及大项目建设的推进机制,支持滨海新区大项目建设,提供码头设施选址、口岸开放、通航环境安全评估、交通组织等方面的优质、便捷服务。

9.提高天津搜救溢油反应能力建设

推动《天津市防治船舶溢油污染海洋环境应急能力建设专项规划》纳入国家"十二五"溢油应急建设规划;推动《天津市防治船舶溢油污染海洋环境应急能力建设专项规划》内容的落实;牵头组织制定天津水上搜救能力建设规划,完善渤海应急联动协作机制,深化搜救溢油应急合作,尽快实现天津市搜救溢油清除处置能力达到国内领先水平。

10.推进东疆海事园区建设

按照天津海事局与滨海新区政府达成的合作意向,推动在东疆港区建设全国首个集航运中心研究院、国家船舶登记中心、国家北海航海保障中心、海事司法鉴定中心、国家海事科技中心、海事教育与人才培养中心、国家AIS(船舶自动识别系统)管理中心等七个中心(院)于一体,融政策研究、科技研发、人才培训、信息服务和航海保障管理等于一身的海事综合性基地,提升北方航运中心的要素聚集能力,建成具有国际标准的海事园区。

通航安全管理篇

水上通航环境安全评估

第四章

关于海河通航标准的几点看法①

　　发展海河通航,提高内河货运量,对实现天津市的经济腾飞乃至对整个华北地区的经济发展都有着相当大的重要性。但如何开发和利用海河为国民经济服务,这是自 1984 年 5 月海河恢复通航以来很多专家都在研究的一个重要课题。

　　本文重点分析海河的通航标准问题:

一、海河航道状况回顾与航道等级

　　海河是一条典型的封闭式渠化河道,船舶在其间航行要受到新港船闸、海河水位、海门大桥、曲率半径、水下管线等诸多因素的限制,目前仅勉强适应 3 000 t 级船舶的航行要求。我国 3 000 t 级标准船型长约 97 m,宽约 15 m,满载吃水 5.9~6.1 m。如果在此基础上再提高航道等级,那么首先必须解决新港船闸的通过能力问题。新港船闸长 180 m、宽 20.5 m、深 4 m 加海河水位。近两年来,由于高干舷船舶的大量出现,进出船闸相当困难;据统计,1985—1986 年间在船闸发生的碰撞事故约占天津港海损事故总数的 65%;因此,现有船闸不能适应大吨位船舶通航,必须建造新型船闸以适应之。但新建一座万吨级防咸船闸估计投资将达三亿多元,若再按万吨船单向航行的要求拓宽海门桥下游至船闸的航道,取边为 1:3 的坡比,其土方量约为 160 万 km³,那么还需耗资 800 余万元。另外在这个区间铺设的十多条通信、电力及供水管线均需按提高的通航等级重新起浮敷设,其工程难度与影响面都较大。还有,海门大桥的建成在一定程度上降低了通航保证率。因为当大桥处于不开启状态时,其通航中孔的净空高度仅有 7 m,连拖船都也无法通过,而且从目前大桥的运行状况来看,开启次数太多,除大桥本身难以承受外,于陆路交通亦十分不便。由此可见,所有这些不利因素对提高通航等级有着相当大的制约。

---

　　① 本节内容时间节点为 1988 年。

二、通航水位与地面沉降

1986年11月,天津市人民政府曾确定海河二道闸闸下水位稳定在大沽基准面+2.5 m(注:以下各种高程均以大沽基准面起算),但经过一年多的实践,+2.5 m一直维持不住,其主要原因是由于塘沽地区大面积的沉降,使得区内沿河泄洪水口标高仅有+1.0 m,区内地面标高在+1.5~3.5 m之间,如将通航水位提高到+2.5 m,势必会造成海水倒灌,使泄洪排沥设施完全失去作用。

由于通航水位不能保持在一定高度上,所以致使一些3 000 t级满载船舶往往还要经过起驳后才能过闸卸货,这是一对很尖锐的矛盾,海河通航问题一直在受到它的牵制。

地面沉降约束着通航水位的提高,在每年6—9月的汛期内,水位则降得更低,这是由于目前河道的泄洪能力只有600 m^3/s左右,而且防潮闸闸外泥面高程已达±0 m,形成了门槛,使其宣泄能力降至300 m^3/s,因此往往人为地提前放水,以便提前腾出库容确保市区安全。如果再受结冰和堤岸维修对通航的影响,3 000 t级船舶正常通航的保证率仅能维持在60%左右。要使海河水位得以保持而又不致造成海水倒灌,以笔者之见,唯一可行的办法是大幅度地浚深河道和加固岸坡来抵消地面沉降的作用。不过若为此投入巨额资金是否合算还要仔细斟酌。

三、近期发展与总体设想

为加强对外联系,保证物流通畅,海河内很多企业纷纷要求新建或改建码头,用以扩大横向联系和商品交流,以求尽快取得经济效益。但是对海河的通航等级问题有关方面已做出决定暨"海门桥下游的海河段按万吨级航道控制"。根据多年的实践经验,在海河内航行万吨船至少应满足下列条件:直航段双航道底宽215 m,水深-9 m,直航段单向航道底宽115 m,水深同上。若按此标准来控制海门桥下游岸线的使用,其结果必然限制了许多企业的近期发展。在海门桥下游除港埠三公司所处地段的河面有300 m宽以外,其余均在200 m左右,必须采取"切嘴取直"的措施才能满足航行要求。

例如,经反复研究已予以批准建设的海洋渔业基地码头的建设工程就很有代表性。该项工程系我国"七五"计划中安排建设的唯一的一座渔业基地,该基地选择了天津渔轮厂和三块板水产码头这两个地方,拟以此为基础进行扩建。而该地块正处在海河最大的弯道之中,该处河面宽度只有200 m,两岸-6 m等深线之间不足110 m,在这种情况下万吨船是无法航行的。但如果不予批准,天津市民"吃鱼难"的问题又解决不了,国家计划也要落空。其他还有一些在近期内很容易取得经济效益的工程项目亦同样存在此类问题,这些单位大都具备现成的码头、场地、水电、通信和供油线路及铁路专线等便利条件,通航标准的提高无疑将会影响这些企业效能的充分发挥。

四、标准提高与安全保障

通航标准提高不当不仅会带来各种矛盾,更重要的是船舶的航行安全得不到保障。根据天津港总体规划预计,海河的吞吐量到1990年要达到768万t,比1986年的180万t增长4倍多,如此大的货运量没有相当吨位和数量的船舶承担是难以完成的,如果船舶密度和尺度增长过快将会给航行安全带来不稳定因素,如船舶在弯道会遇与航速限制、锚泊监测与过桥控制等诸方面都会产生相当大的安全困扰,极易发生碰撞、浪损、搁浅或损坏水上、水下建筑物等事故。

在世界发达国家解决交通流量增长、减少事故发生概率的办法是在港口、海峡等船舶密度高的地区建立船舶交通管理系统(VTMS),利用先进的雷达、通信和计算机设备监测船舶航行状况,提供指导性信息服务或对特殊地段实施交通管制措施。但参照国外建设 VTMS 的经验,从规划到建设,其周期大都在 10 年左右,而我国海河的船舶交管规划刚刚制定,到建成使用还需很长一段时间。

笔者认为:海河通航不一定就非得发展大吨位船舶进入海河才称其为发展,我们更应该充分注意到,海河的发展要与历史发展相适应。德国境内的莱茵河,其航行条件与海河有些相近之处,船型以载重 2 000 余吨的顶推驳船为主,他们的经验值得我们借鉴。

综上所述,海河的整治、开发和利用必须从海河的实际出发,因势利导,合理规划,逐年投资,把钱花在刀刃上,以求用最小的代价换取最大的经济效益。所以笔者的结论是:海河通航应以 3 000 t 级船舶和内贸为主,适时发展吃水浅、桅杆低、不受吃水和净空限制的自航式驳船,把不利条件化为有利条件并可随着实际状况的改善逐步发展至 5 000 t 级。只有这样才真正符合"深水深用、浅水浅用,大中小相结合,全面发展天津新港"的规划原则。

第二节

对编制"我国通航环境安全评估技术标准"的思考[①]

一、编制通航环境安全评估技术标准的起因

1.自 2004 年 10 月 1 日交通部、国家安全生产监督管理局颁布《港口安全评价管理办法》以来,各直属海事局在交通部海事局的指导下均已开展了通航环境安全评估及码头安全靠泊能力核定的工作,在保障水上交通安全、支持各地区的港口建设方面取得了较好的效果。

2.在通航水域上进行各类水上工程的建设及水上活动,必将造成通航环境的改变,对通航安全也会产生一定的影响。因此,为保障船舶的航行安全,防止水域污染,2007 年 12 月 1 日交通部海事局又颁布了《中华人民共和国海事局通航安全评估管理办法》,各有资质的单位应根据国家海事主管机关相关规定对水工工程涉及水域的通航环境安全状况进行评估。

3.由于通航环境安全评估工作涉及专业面广,门类众多,技术含量较高,而可供依据的安全技术标准基本处于空白或只能参照其他相关技术规范的状态,对深入开展此项工作十分不利,如若由此而发生决策失误将会给海事主管部门带来管理风险。

二、编制通航环境安全评估技术标准的意义

1.由于通航环境安全评估工作涉及面广,专业技术含量高,而可供依据的安全技术标准尚处于缺位状态,时常因技术要求繁杂、基本概念不清、可操作性不强、评估结论难定而产生诸多矛盾难以处理。随着通航安全评估工作的大量开展,无所遵从的现象逐渐显露出来,给此项工作的开展带来隐忧,因此编制能够统一规范该项活动的技术标准势在必行。

---

① 本节内容时间节点为 2008 年。

2.制定通航环境安全评估技术标准是为了保证水工建筑物工程水域及作业期具有良好的通航环境和通航秩序,保护通航环境资源,规范水工工程管理,保障水上交通安全,让水域资源和谐发展。

3.编制该标准还将进一步统一规范对新建、改扩建的水上水下水工建筑物、构筑物水域以及其他涉水施工作业工程的通航环境安全影响评价的研究活动。

三、编制通航环境安全评估技术标准的作用

1.通过规范的和可遵循的标准所进行的安全评估工作,可以指出项目建设和维护通航秩序的矛盾,发现项目建设和营运中存在的风险,提出相应的纠正、处理和缓解措施,将保证建设项目和船舶航行的共同安全。

2.在评估内容的确定、评估大纲的研制和评估报告的编制过程中,可同时结合运用相关的行业规范、规定和先进的手段,经过不断讨论、提高,尽量把风险因素识别得更全面和透彻,提出的措施尽量可行、合理、可靠,这将有效地促进航运先进技术的研发和进步。

3.通过规范的标准进行通航安全评估工作,将有利于建设项目的核准、安全和验收,避免产生专业技术领域间的矛盾或不协调,同时还将有利于提高海事主管机关的行业影响。譬如:

(1)评估报告可作为工程设计文件的有效补充和重要组成部分,为工程初步设计提供技术支撑。

(2)评估报告可以作为业主单位、施工单位进行海事行政许可证申请和水上水下施工许可证申请时提交的必备文件。

(3)评估报告还可以作为业主单位、施工单位建立内部质量安全体系和安全管理模式的重要参考资料。

四、建议

1.因技术标准的编制需要大量的基础数据和多重的实践活动,而最原始的工作应首先是编制通航环境安全影响评估技术导则,作为编制通航环境安全评估技术标准的基础性文件,而后再根据该项导则的指导原则和取得的实践经验分阶段制定有关的行业技术标准。

2.可充分考虑利用我局航海安全技术标准委员会秘书处的资源和优势,组织相关的专业部门和人员,有计划、有步骤地开展针对该领域的课题研究。

3.经过思考和探讨,初步草拟了通航环境安全影响评估技术导则——编制总纲,拟作为建议性编写内容要点,为下一步工作的开展做好铺垫。

第三节

天津港复式航道工程建设前期工作调研报告[①]

一、建设工程的背景

天津港船舶交通流量趋势回顾图如图 4-2 所示。

天津港船舶交通流量趋势

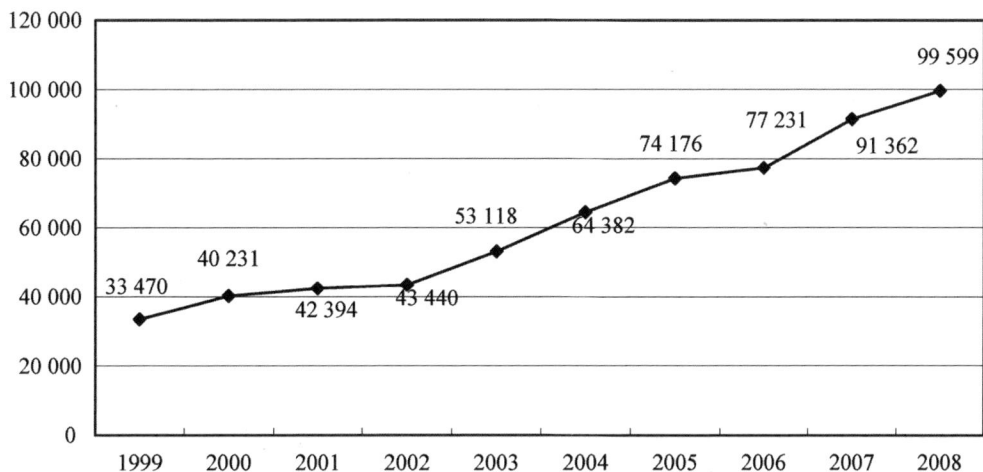

图 4-2　天津港船舶交通流量趋势回顾图

1.到港船型状况回顾(小船居多)

天津港到港船舶吨位统计表如表 4-1 所示。

表 4-1　天津港到港船舶吨位统计表

船舶吨级(DWT)	2005 年		2007 年	
	载货比	艘数比	载货比	艘数比
1 万以下(<7500)	14.89%	54.01%	24.30%	59.46%
1 万(7 501~12 500)	5.2%	8.42%	5.47%	9.69%
1.5 万(12 501~17 500)	6.89%	7.25%	3.51%	6.09%
2 万(17 501~22 500)	9.57%	8.42%	3.82%	3.40%
3.5 万(22 501~45 000)	23.71%	11.98%	20.61%	10.90%
5 万(45 001~65 000)	13.49%	4.84%	15.91%	5.38%
7 万(65 001~85 000)	12.72%	3.5%	11.18%	2.91%
10 万(85 001~105 000)	3.91%	0.76%	1.14%	0.94%

①　本节内容时间节点为 2009 年。

（续表）

船舶吨级（DWT）	2005 年		2007 年	
	载货比	艘数比	载货比	艘数比
12 万（105 001～135 000）	1.03%	0.12%	0.50%	0.45%
15 万（135 001～175 000）	8.23%	0.67%	10.81%	0.63%
20 万（175 001～225 000）	0.36%	0.03%	2.42%	0.13%
25 万（225 001～275 000）			0.06%	0.004%
25 万及以上（>275 001）			0.27%	0.02%
合　计	100%	100%	100%	100%

2. 船舶大型化发展迅速

天津港到港船舶吨位逐年变化统计表如表 4-2 所示。

表 4-2　天津港到港船舶吨位逐年变化统计表

年份	总艘数	10 万 t 级以上	12 万 t 级以上	15 万 t 级以上	20 万 t 级以上
2003	13 740	71	41	27	
	增长	29.4%	45.6%	71.9%	
2004	17 428	197	126	93	3
	增长	177%	203%	238%	
2005	22 237	327	172	148	6
	增长	66%	36.5%	59%	100%
2006	26 979	401	223	184	13
	增长	22.6%	29.7%	24.3%	117%
2007	28 071	530	304	195	38
	增长	32.2%	36.3%	6%	192.3%

3. 航道存在主要问题

（1）船种因素：易燃液体、液化气体等危险品船舶只允许单向通航；

（2）拖带因素：大型拖带只允许单向通航；

（3）非营运船舶：航速低，占用主航道，降低船舶速度，影响航道通过能力；

（4）船舶靠离泊和回旋占用航道；

（5）北航道出港船舶与主航道交叉影响：出北港池船舶与进港船舶形成交叉，影响进港航道的通过能力；

（6）7+100～13+470 段航道双向通航能力不足：仅能满足 15 万 t～20 万 t 级船舶单向航行；

（7）口门内航道通过能力不足：交叉严重，船舶航速受限，且存在安全隐患；

（8）主航道双向航行船舶等级不足：不能满足 25 万 t 级油轮与其他船舶双向航行。

二、工程可行性研究报告主要内容

1.天津港航道建设历史回顾

（1）1952 年，主航道开通，航道为单向航道，底宽 60 m，水深−6.5 m。

（2）1965 年，在新港第二期扩建中，航道水深加深至−7.0 m。

（3）1977—1984 年，历时 8 年，新港航道浚深、拓宽至双向航道底宽 150 m，水深−11.0 m。

（4）1997 年和 1998 年为满足第四代集装箱船运营要求，部分主航道浚深至−12.0 m，拓宽至 180 m。

（5）2000 年进行了十万吨级航道一期工程的建设，继续浚深为−13.9 m。

（6）2001 年进行了十万吨级航道二期工程的建设，航道底宽 210 m，深−14.6 m。

（7）2002 年进行了十五万吨级航道一期工程的建设，航道底宽 260 m，深−14.6 m。

（8）2005 年完成了十五万吨级航道二期工程的建设，航道底宽 234 m，设计底标高在航道里程 5+0～15+0 为−17.4 m，15+0 以外为−17.2 m。

（9）2006 年完成了二十万吨级航道工程的建设，航道里程 7+100～14+0 段航道底宽 221 m，设计底标高−18.5 m，14+0～44+0 段航道底宽 211 m，设计底标高−19.5 m。

（10）2007 年完成了天津港二十五万 t 级航道二期工程建设，航道里程 13+470～44+0 段航道底宽 315 m，设计底标高−19.5 m。

2.航道状况回顾

天津港 25 万 t 级航道工程已经完工，航道里程 7+100～13+470 段航道底宽 221 m，设计底标高−18.5 m；航道里程 13+470～44+0 段航道底宽 315 m，设计底标高−19.5 m。25 万 t 级航道 13+470～44+0 段能够满足 10 万 t 级船舶双向航行，航道里程 7+100～13+470 段航道能满足 15 万 t～20 万 t 级船舶单向航行。

3.航道建设的必要性

（1）港区状况回顾

天津港主港区现有水陆域面积 200 余 km²，陆域面积 47 km²，规划陆域总面积达 100 km²。截至 2007 年年底港区共有各类泊位 129 个。

天津港主港区主要由北疆港区、南疆港区、海河港区、东疆港区及南疆散货物流中心、北疆集装箱物流中心组成。

（2）吞吐量状况回顾

1990—2007 年天津港分货类吞吐量统计表如表 4-3 所示。

表 4-3　1990—2007 年天津港分货类吞吐量统计表

年份	总吞吐量（万吨）	煤炭（万吨）	石油（万吨）	金属矿石（万吨）	钢铁（万吨）	矿建材料（万吨）	水泥（万吨）	木材（万吨）	非金属矿石（万吨）	化肥（万吨）	盐（万吨）	粮食（万吨）	其他（万吨）	集装箱万 TEU
1990	2 063.3	322.1	113.0	15.3	179.4	111.5	34.2	6.8	99.0	138.4	126.1	325.1	592.4	28.7
1991	2 377.6	477.0	92.0	28.8	217.6	110.8	28.0	17.9	124.2	165.0	119.6	354.6	642.1	34.0
1992	2 928.6	788.0	93.2	69.5	335.1	151.5	15.0	22.0	145.9	175.0	97.0	304.2	733.2	39.0
1993	3 459.1	1 218.5	75.4	95.3	567.2	121.2	8.2	18.2	169.3	111.5	86.6	187.7	799.9	48.2

（续表）

年份	总吞吐量（万吨）	煤炭（万吨）	石油（万吨）	金属矿石（万吨）	钢铁（万吨）	矿建材料（万吨）	水泥（万吨）	木材（万吨）	非金属矿石（万吨）	化肥（万吨）	盐（万吨）	粮食（万吨）	其他（万吨）	集装箱万TEU
1994	4 652	2 121	82	208	425	124	11	14	182	154	41	271	1 019	63
1995	5 787	2 826	99	272	577	95	8	18	254	203	35	269	1 131	70
1996	6 188.3	3 236.9	306.1	215.4	498.8	124.7	0.9	17.8	171.4	176.6	35.1	214.3	1 190.3	82.3
1997	6 789.3	3 400	471.4	313.9	544.9	211.6	0.8	21.9	204.7	160	25.1	145.1	1 289.9	93.5
1998	6 818.4	3 435.9	425.6	341.7	423	300.3	0.4	14.6	179.1	182.3	26.7	135.8	1 353.1	101.8
1999	7 297.7	3 262.9	504.5	386.3	476.9	378.0	0.8	16.3	172.1	190.1	25.0	135.8	1 749.0	130.2
2000	9 566.3	4 323.4	794.6	478.4	647.4	438.2	2.1	23.9	219.2	166.1	32.2	237.3	2 203.7	170.8
2001	11 369.1	5 259.5	1 010	725.7	656.9	491.2	3.9	34	186.4	132.3	51.7	193.2	2 624.3	201.1
2002	12 906.4	5 638.1	1 003.8	1 212.5	793.3	606.5	4.3	34.8	181.7	159.8	35.9	142.5	3 093.2	240.8
2003	16 181.7	6 753.9	1 479.7	1 742.9	1 141.4	821.9	3.8	35.6	205.7	81.2	31.7	222	3 661.9	301.5
2004	20 619	7 720.2	2 104.5	2 863.6	1 660.5	992.2	4.1	37.9	258.5	77	16.3	270.9	4 613.5	381.6
2005	24 069	7 989.8	2 613.6	4 071.5	2 029.6	1 243.9	5.3	34.1	262.8	76.9	39.3	251.3	5 450.9	480.1
2006	25 760	7 188.6	2 889.4	4 455.9	2 722.6	1 507.9	9.8	46.8	311.5	59.1	8.3	248.4	6 311	595
2007	30 946.5	8 996.6	3 392	5 382.3	3 809.8	1 352.5	9.4	46.3	325.8	49.7	22.1	181.2	7 379	710.2

（3）货物吞吐量预测

天津港经济腹地以京、津及华北、西北等地区为主。其中直接腹地包括北京、天津、河北、山西四省市,间接腹地包括河南、陕西、甘肃、宁夏、新疆、青海、内蒙古及四川、西藏、蒙古国的部分地区。

（4）资源丰富

天津港经济腹地,拥有全国四分之三的煤炭资源、四分之一的海盐资源、六分之一的石油资源、四分之一的铁矿石资源,有色金属和非金属矿藏资源也居重要地位。

货类构成状况回顾与预测情况表如表4-4所示。

表4-4　货类构成状况回顾与预测情况表

年份	煤炭（万吨）	石油（万吨）	铁矿石（万吨）	其他（万吨）	集装箱（万吨）	合计（万吨）
2010	11 500	5 000	4 500	19 000	1 200	40 000
2020	14 000	6 000	6 000	34 000	2 700	60 000

4.建设的可能性

（1）自然条件

①雾

能见度小于1 km的大雾多年平均为16.6个雾日,雾多发生在秋冬季节,日出后很快消散。根据资料统计,每年12月为全年大雾出现最多的月份,最长延时可达24 h以上。

②风

统计表明港区常风向为S向,次常风向为E向,出现频率分别为9.89%、9.21%。强风向为E向,次强风向为ENE向,大于等于7级风出现的频率分别为0.32%、0.11%。

③航道潮流

a.航道纵向涨潮大于落潮,沿航道流速分布,涨潮时横堤口口门附近最大,外海次之,中间段最小;落潮时由口门向外海沿程逐渐增加,至航道里程 15+500 为最大,继续向外则呈减少趋势;

b.天津港主要受海洋动力控制,口门以外航道纵向各垂线流向基本为往复流;

c.外航道纵向水流与航道轴线之间的夹角较小(12°~33°);

d.港内航道流向基本与航道走向平行,涨潮时流入港内,落潮时流出港外,港内水域沿程流速变化基本上是由口门向内逐渐减少,且潮段平均流速涨潮大于落潮。

④回淤

主航道 10+0—30+0 段,最大淤强约为 0.61 m,位于航道里程 18+0 处,航道平均年淤强 0.24 m,淤积量约为 184.3 万方;北侧万吨级进港航道 10+0~22+0 段,最大淤强约为 0.52 m,位于航道里程 17+0 处,航道平均年淤强 0.31 m,淤积量约为 103.6 万方;南侧万吨级出港航道 16+0~22+0 段,最大淤强约为 0.52 m,位于航道里程 17+0 处,平均年淤强为 0.23 m,淤积量约为 16.0 万方。总计航道淤积量约为 303.9 万方。

⑤导助航设施

a.大沽灯塔

天津港大沽灯塔位于天津港航道里程约 24+0 位置,原设计功能主要为标示港口位置,同时兼有通信、水文气象观测等功能。随着天津港的发展,天津港航道起点已经延伸至航道里程 44+0,大沽灯塔已经部分丧失其标示港口位置的功能。

大沽灯塔位于天津港航道内段的延长线上,因此天津港航道历次改扩建均在灯塔以北进行,造成天津港航道轴线呈"之"形,航道轴线偏角为 1°25′21.4″,大沽灯塔中心距离 25 万 t 级航道南边线约 114.1 m,已经影响了进出港船舶航行安全。

⑥投资估算

推荐平面方案一中的施工方案二:全部采用耙吸式挖泥船施工。施工方案预算表如表4-5所示。

表4-5　施工方案预算表

序号	工程或费用名称	估算价值（万元）	数量（万方）	疏浚单价（元/方）
	第一部分　工程费用	231 529	8 484.2	25.98
一	一区-7.0 m 以上 1 500 耙吸倒吹	29 985	1 584.0	18.93
二	一区-7.0 m 以下 5 000 耙吸直吹(-15.5)	63 237	2 849.8	22.19
三	二区绞吸直吹(-18.5)	11 104	696.6	15.94
四	二区耙吸直吹(-18.5)	2 605	118.0	22.08
五	三区(-19.5)	93 031	2 445.6	38.04
六	四区南侧(-9.0)	8 768	370.6	23.66
七	四区北侧(-9.0)	1 1665	419.6	27.80

（续表）

序号	工程或费用	估算价值	数量	疏浚单价
	名称	（万元）	（万方）	（元/方）
	第一部分　工程费用	231 529	8 484.2	25.98
八	大沽灯塔拆除及新建	3 600		
九	北防波堤拆除工程	3 650		
十	导助航设施	1 334		
十一	大型临时工程	2 550		
	第二部分　其他费用	13 340		
	第三部分　预留费用	17 141		
	第四部分　建设期贷款利息	15 076		
	估算价值	277 086		

⑦天津港未来交通流运行模式设想图（见图4-4）

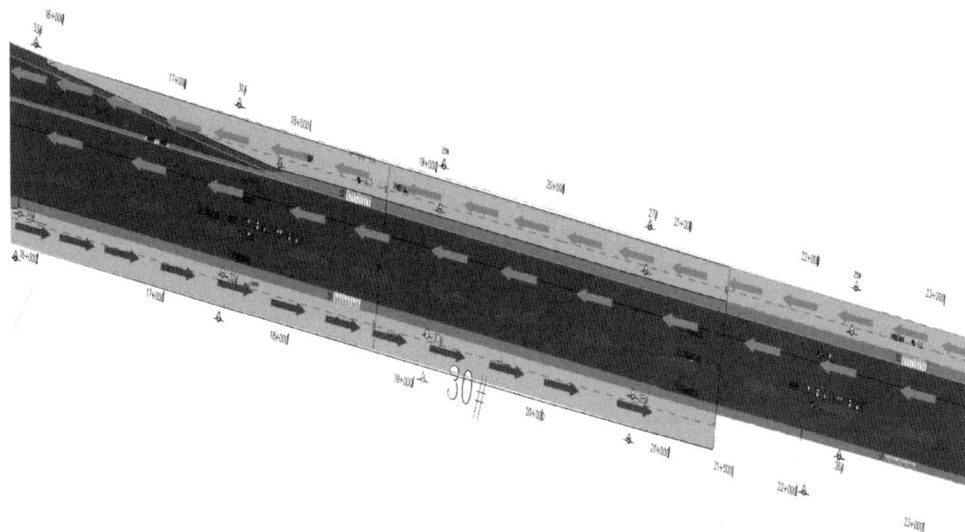

图4-4　天津港未来交通流运行模式设想图

三、工程可行性评估意见

1.天津港航道拓宽工程的建设将极大提高天津港在全球航运经济中的地位和影响,在促进环渤海经济区发展的过程中发挥巨大作用,并且在当前的经济形势下对保增长、促发展具有十分重要的积极意义。

2.天津港复式航道拓宽工程建设的前期研究已进行过初步审查,认为具有可行性。但前提是必须在满足相关条件下才真正具有可行性,如:进行大型船舶操纵仿真模拟试验、导助航设施合理布局与虚拟航标的应用、北航道雷达站的建设等。

3.根据交通组织原理,考虑交通控制和降低风险需要,经过进一步细致分析,认为航道拓宽工程方案的实施有利于提高通航能力,增加船舶流量。"两进两出方案"便于船舶操纵,船舶容易驶入、驶出航道,进出港交通流向简单清晰,但会给今后的交通组织带来较大麻烦。

四、相关问题的讨论

1.建设方案系世所罕见。

2.是对当前港口工程技术规范的一种挑战和创新。

3.复式航道建设是天津港九大建设工程中的核心工程,总投资超过100亿。

4.不利的外部通航环境必将加大VTS交通组织的难度,从而带来监管风险。因此,VTS雷达站的建设与VTS中心的配套措施必不可少。

5.新建44座实体航标方案需要进一步讨论,期待导助航设施建设理念有所突破和创新。

6.船载设备适应性调研是诸因素中的重要环节,只有掌握了大量的准确数据才能做出相关决策。

7.针对交通要道的特点,应做出航道交汇点的控制与设置缓冲区的具体方案论证。

8.必要的法规条文的建立和实施是航行安全管理和依法行政的保证。

9.根据港口工程建设进度应陆续出台相关管理规定,譬如:

(1)天津VTS管理细则(修订)。

(2)船舶电子海图配备规定。

(3)天津港AIS虚拟航标设置规定。

(4)天津港锚地设置与功能区划规定。

(5)天津港航路指南。

(6)相关应急预案的建立或修订。

10.其他对策的考虑:

(1)进行雷达图像和AIS历史轨迹的分析和数据处理。

(2)进行船用电子海图的技术格式和标准的适应性研究。

(3)开发特定区域船舶交通流模拟软件,进行操作培训演练。

(4)深入研究两校课题结论,并分别进行实际检验。

(5)推动大沽灯塔迁移方案、VTS雷达站设计方案、导标设计方案的实施进度。

(6)进行充分的社会调研,征求意见(港航单位、引航部门、航道疏浚部门等)。

(7)工程竣工后,及时做出实船操作试验的安排。

海上搜救应急能力建设 | **第五章**

天津市海上搜救应急反应预案编制方案[①]

海上事故图如图 5-1 所示。

图 5-1　海上事故图

---

① 本节内容时间节点为 2005 年。

一、项目背景

2003 年 7 月 28 日,胡锦涛总书记和温家宝总理在全国防治非典工作会议上就要进一步转变政府职能,加快突发公共事件应急机制建设问题做了重要讲话。党的十六届三中全会明确提出,"建立健全各种预警和应急机制,提高政府应对突发事件和风险的能力"。为贯彻落实胡锦涛总书记、温家宝总理"7·28 讲话"和十六届三中全会精神,国务院办公厅于 2003 年 12 月成立了国务院办公厅应急预案工作小组。2004 年 1 月 15 日召开了国务院有关部门和单位建立健全突发公共事件应急预案工作会议,3 月 25 日又召开了部分省(市)及大城市制定完善应急预案工作座谈会。会上,国务院领导对地方和部门制定修订预案工作进行了部署。为做到应急预案编制的规范化,先后印发了《国务院有关部门和单位制定和修订突发公共事件应急预案框架指南》(国办函〔2004〕33 号)和《省(区、市)人民政府突发公共事件总体应急预案框架指南》(国办函〔2004〕39 号),指导地方和部门制定修订预案工作。各地、各部门高度重视、领导挂帅,专人负责,组织力量,紧张有序地开展了预案编制工作。

作为国家专项预案之一的《国家海上搜救应急反应预案》于 2004 年立项,近期已完成课题,不久,将由国务院对外发布。《天津市海上搜救应急反应预案》作为天津市的省级专项预案和《国家海上搜救应急反应预案》下属的省级预案于 2004 年年初开始立项实施,课题承办单位为天津海事局。

二、海上安全生产形势

改革开放以来,我国社会稳定,经济持续快速健康发展。但是,国际形势复杂多变,我国公共安全形势相当严峻。重大自然灾害和重大、特大事故频率高、损失大,公共卫生事件严重威胁着公众的生命和健康,影响国家安全和社会稳定的因素仍然存在,不确定、不稳定、不安全因素增加。海上安全生产形势不容乐观,重大海难事故时有发生,已成为政府、社会关注的焦点。

天津作为环渤海经济圈的中心和北方最大的港口城市,高速发展的港口经济和水上运输给安全生产带来巨大的压力,天津水域海上安全生产形势也面临严峻挑战。天津水域所在的渤海湾地区,船舶交通流量大,船种复杂,海上客货运输及海上石油作业繁忙。天津水域是我国气象和航行环境恶劣的水域之一,海上交通事故发生频率高,近几年发生了多起重大海难,给我国航运和人命财产安全带来重大损失。受渤海湾海上客运船型主要以客滚船、天津港海上运输以散货船为主,船龄普遍偏大的制约以及该水域海上安全保障能力较低和海上安全管理水平有待提高等因素影响,天津海域海上人员安全保障任务重,迫切需要建立科学合理的海上应急反应处置预案。仅 2003 年天津市海上搜救中心办公室就组织海上搜救行动 27 起,调派各类救助船舶 74 艘次,调派直升机 4 架次,救助船舶 11 艘,救助人员 1 007 人,处理各类报警 33 起,救助成功率达 73%。迫切要求建立科学合理的海上应急反应处置预案。尽快出台天津市海上搜救应急反应专项预案已成为政府主管部门的主要工作。

三、课题研究思路

根据《中华人民共和国安全生产法》,研究《国务院有关部门和单位制定和修订突发公共事件应急预案框架指南》(国办函〔2004〕33 号)和《省(区、市)人民政府突发公共事件总体应急预案框架指南》(国办函〔2004〕39 号)。

四、研究目标

以人为本,职责明确,船岸结合,运行高效,科学实用。

五、《天津市海上搜救应急反应预案》内容介绍

《天津市海上搜救应急反应预案》共有一个总预案及十一个分预案,是天津市较全面的水上救助体系文件,在全国同行业处于较高水平。文件共包含如下内容:

1.总则

1.1 目的

为有效处置天津市海上搜救中心辖区内发生的各种海上突发公共事件,建立统一领导、分级负责、职责明确、运转高效、资源整合的应急处置体系,最大限度避免或减少海上人员伤亡。

1.2 工作原则

(1)以人为本。从海上人员安全利益出发,加强应急救助人员的安全防护和科学指挥。

(2)预防为主。保持常备不懈,预防措施在先。

(3)分级负责。实行分级管理,分级响应,落实岗位职责。

(4)快速反应。确保信息准确、传递畅通,反应灵敏、处置高效。

(5)船岸结合。实行船岸联动,动作协调,发挥社会整体综合力量。

1.3 编制依据

(1)《1979 年国际海上搜寻救助公约》。

(2)《中华人民共和国安全生产法》。

(3)《中华人民共和国海上交通安全法》。

(4)《关于建立海上医疗援助联动机制的通知》(交通部、卫生部文件)。

(5)《中国海上搜救中心水上险情应急反应程序》(中国海上搜救中心)。

(6)关于国务院有关部门、单位制(修)订突发事件应急预案的框架指南。

(7)《关于成立天津市海上搜救中心的通知》(天津市人民政府)。

1.4 适用范围

1.4.1 本预案适用于天津市海上搜救中心搜救区域。

天津市海上搜救中心搜救区域为 38°37′N/117°30′E、38°37N/118°13′E、38°18N/118°48′E、38°18N/120°20′E、38°30′N/120°20′E、39°08′N/120°10′E、38°50′N/118°40′E、39°00′N/118°05′E、39°14′N/118°04′E 九点连线所围成的海域(暨天津海事局管辖海域)。

2.组织指挥体系及职责任务

2.1 应急组织机构

1.4.2 由天津市海上搜救中心统一组织、协调和指挥的海上遇险应急反应处置行动。

1.4.3 中国政府指定的或其他搜救中心请求协助的海上遇险反应处置行动,参照本预案执行。

天津市海上搜救中心是天津海上搜救区域遇险应急救助组织机构。该机构由天津市海上搜救中心(办公室)、天津海上搜救中心第一分中心(渤海石油公司)、天津海上搜救中心第二分中心(天津市水产局)、天津海上搜救中心第三分中心(天津民航局)、天津海上搜救中心第四分中心(天津海事局)及其他海上搜救成员单位构成。

2.2 应急组织机构与职责

2.2.1 应急协调、指挥机构

（1）天津市海上搜救中心。

（2）天津市海上搜救中心办公室。

（3）第一分中心设在中海石油有限公司天津分公司。

（4）第二分中心设在天津市水产局。

（5）第三分中心设在天津民航局。

（6）第四分中心设在天津海事局。

2.2.2 应急组织机构职责

负责组织海上搜救力量

按照天津市海上搜救中心及各分中心要求，制订应急行动计划，执行海上搜救任务。

3. 预警

3.1 预警和预防信息

预警预防信息包括：

气象、海洋、水文、地质部门预报的自然灾害性信息；

海事部门报告的水域和船舶安全信息；

航运部门等监测或预测的航运高峰信息；

媒体披露的船舶事故隐患信息，国际组织通报的保安信息和可能威胁海上人命安全或造成水上突发事件发生的其他信息。

3.1.1 信息来源

3.1.2 风险分析

3.1.3 风险分级

Ⅰ级风险信息（特别严重）：紧急发生的强台风、热带气旋、寒潮、海啸等灾害性自然信息，且在 24 h 内可影响到辖区海上船舶航行水域；

Ⅱ级风险信息（严重）：出现上述灾害性自然信息，且在 36 h 内可影响到辖区海上船舶航行水域；

Ⅲ级风险信息（较重）：紧急发生的、影响水域（包括冰冻）或岸基使用功能的安全信息；

Ⅳ级风险信息（一般）：航运高峰信息。

3.2 预警预防行动

3.2.1 Ⅰ级预防预警行动

3.2.2 Ⅱ级预防预警行动

3.2.3 Ⅲ级预防预警行动

3.2.4 Ⅳ级预防预警行动

3.2.5 预防预警行动监督检查

3.3 预警支持系统

3.3.1 预警支持系统

3.3.2 预警服务系统

3.3.3 预警信息报送、反馈与确认

3.4 天津市海上搜救中心求救报警联系方式

（1）天津市海上搜救中心（天津海事局搜救值班室）。

（2）通信地址：天津市塘沽区广州道贵州路文安里1号院3号楼。

（3）邮政编码：300451；遇险电话：（022）12395。

（4）值班电话：（022）25793790；传真：（022）25707681。

（5）电子邮箱：s-alert@ tjmsa.gov.cn

（6）守听方式：24 h值守。

4.海上突发事件的应急响应

4.1 分级响应程序

4.1.1 海上突发事件的分类

船舶碰撞；船舶火灾、爆炸；船舶搁浅；船舶失踪；船舶失控；海上大风天气；海上严重冰情；海上污染事故；海上医疗；民用航空器海上遇险；客船、客滚船海上遇险。

4.1.2 海上突发事件分级

根据搜救责任区内海上突发事件的可控性、严重程度和影响范围，本预案的反应级别分为三级：

Ⅰ级反应——特别严重海上突发事件；

Ⅱ级反应——严重海上突发事件；

Ⅲ级反应——较重海上突发事件。

4.1.3 启动级别及条件

海上搜救中心应按照4.1.2节海上突发事件的分级标准和以下条件启动相应程序。

（1）任何级别海上突发事件，搜救责任范围内海上搜救分中心或中心首先启动相应预案。

（2）较重以上级别海上突发事件，海上搜救中心可启动相应预案。

（3）海上客船突发事件，海上搜救中心启动相应预案。

（4）应下一级海上搜救中心请求的，且上一级搜救中心认为必要时，上一级海上搜救中心可启动相应的预案或跟踪指导。

4.2 海上突发事件的报告

4.2.1 遇险报警的接收、核实

4.2.2 遇险信息的报告程序

4.3 信息共享和处理

4.4 海上应急反应通信

搜救中心与参与应急行动的船舶（包括救助船、救助飞机和遇险船）通过如下方式进行联系：

"海上搜救中心及其分中心应收集当地与海上应急工作有关或具备海上应急能力的单位、部门，包括政府部门和军队有关部门、搜救成员单位、专业救助单位、企事业单位、社会团体以及个人的通信地址、联络方式、联系人及替代联系人名单等信息，制定《天津市海上应急成员单位通信联系表》，以备应急反应时使用，并上报中国海上搜救中心备案。"

4.5 指挥和协调

4.5.1 现场指挥机构的指定

现场指挥机构由启动预案的海上搜救中心承担或由上一级搜救中心指定。

4.5.2 指挥与控制

(1)海上突发事件发生后,指挥机构值班人员自动承担最初应急反应的现场组织指挥任务,并展开初始行动。

(2)辖区海上搜救机构的负责人赶到后,自动接替值班人员承担应急响应的现场组织指挥任务,并按照规定的分级处置程序实施海上应急救援行动。

(3)现场指挥机构负责控制现场的搜救行动。

4.6 紧急处置

4.6.1 明确海上搜救中心和分中心调用海上搜救力量的权限

4.6.2 分级处置程序

海上搜救中心和分中心应首先按 4.1 节的规定明确事件的等级,确定海上应急行动的反应级别,并按程序处置。

4.6.3 处置技术方案

(1)确定搜寻区域。

(2)确定救助时间。

(3)救助力量选择原则。

(4)救助行动原则及具体方案。

各种险情的具体救助方案,参见"分预案"。

4.7 救护和医疗

4.7.1 医疗援助内容、方式

4.7.2 医疗援助的实施

本计划中所涉及的医疗援助工作按照"医疗应急分预案"和天津市海上搜救中心和天津市卫生局联合编制的《天津市海上医疗救援联动机制工作方案》进行。

4.8 应急人员的防护

参与海上突发事件应急行动的单位,按规定为应急人员配备适当的装备,并负责遇险人员的安全防护工作。海上搜救中心负责对该项工作提供指导。

4.8.1 安全防护指导

搜救值班员在组织、指挥救助行动时,根据下列原则进行指导:

(1)指派专门船舶负责救助船舶衍生事故后的海上接应和监护。

(2)救助船舶按照现场指挥的指定时间和路线进入、撤离救助现场。

(3)岸基救护车辆、医护人员、医疗用具满足一次性转运、救治救助船员、旅客人数要求。

4.8.2 安全防护装备

(1)配备的防护装备满足现场作业性质和作业场所的要求。

(2)装备种类。包括:照明类;灭火类,如防毒、隔热服装;通信联络类工具;漂浮类,如甲板(舷外、海面)作业救生衣(裤);过驳及船内抢险作业必需的防护用具,如安全滑道、碰垫、安全帽、安全靴(鞋)、手套及其他防护装备;救护车、急救器具和药品等。

4.9 群众的安全与防护

现场救助力量和船员负责现场旅客的安全防护,提供防护设施,对应急情况下旅客的疏散、撤离做出安排,现场指挥机构提供指导。

4.10 社会力量的动员与参与

4.10.1 社会力量的动员

当应急力量不足时,海上搜救中心可请求市政府支援,各级政府可根据海上突发事件的等级、影响程度决定发布全市参与海上应急行动的动员令。

4.10.2 动员令发布后海上搜救中心的行动

4.11 救助状态的检测与评估

参与现场救援的应急力量对救助对象的救助状况进行检测;对现场救助作业行动的开展、采取手段的有效性、使用预案的合理性进行评估。将检测与评估结果报现场指挥机构,为现场救助行动的继续与结束提供决策依据。

4.12 搜救行动的中止、终止和恢复应急保障

5.技术支持

5.1 媒体关系

5.2 培训和演习

6.后期处置

6.1 善后处理

(1)善后处理原则;

(2)岸上接收方案;

(3)通知遇难和被救人员亲属;

(4)沉船、沉物的扫测、设标和打捞。

7. 附则

7.1 名词术语和缩写语的定义与说明

7.2 预案管理与更新

(1)海上搜救中心负责本预案的管理与更新。

(2)本预案通过演习、实践以及搜救力量的变更、新技术、新资源的应用等及时进行更新。

(3)本预案将根据搜救责任区可能出现的应急事件发展变化进行修订和完善。

(4)本预案修订采取改版或换页的方式进行更新。

(5)本预案经有关专家评估咨询后进行更新。

(6)本预案更新结果,报中国海上搜救中心备案。

7.3 奖励与责任追究

天津市人民政府对在海上遇险救助行动中做出贡献的单位和个人予以奖励,对有关责任人依法追究其相关责任。

7.4 制定与解释部门

本预案由天津市海上搜救中心负责组织制定和解释。

8.附录

海上各种险情应急处置分预案:

一、船舶碰撞应急处置分预案

二、船舶搁浅应急处置分预案

三、船舶触礁应急处置分预案

四、船舶触碰应急处置分预案

五、船舶火灾应急处置分预案

六、船舶、船上人员失踪应急处置分预案

七、船舶冰损应急处置分预案

八、海上医疗应急处置预案

九、船舶失控险情应急处置预案

十、货物移动应急反应分预案

十一、民用航空器海上遇险应急反应预案

第二节

天津海事搜救能力建设项目发展方案论证[①]

一、概况

1.项目背景

天津市位于环渤海地区的中心位置,内陆腹地广阔,区位优势明显,产业基础雄厚,增长潜力巨大,是我国参与经济全球化和区域经济一体化的重要窗口。

2005年,党的十六届五中全会把天津滨海新区纳入国家总体发展战略布局,把规划和建设好天津滨海新区作为国家经济发展战略的重要组成部分。

2006年初,为推进天津滨海新区建设,国务院提出《关于推进天津滨海新区开发开放有关问题的意见(国发〔2006〕20号)》,要求加快天津北方国际航运中心和国际物流中心的建设并要求有关部门要根据本《意见》的精神,认真做好贯彻落实工作,结合天津滨海新区的实际情况,抓紧研究出台具体的政策措施。

2006年底,交通部为贯彻落实中共中央、国务院关于推进滨海新区开发开放的重大战略决策,加快推进滨海新区开发开放,提出保障海上通航安全,提高天津海事救助能力和应急处置能力要求。

为具体落实中共中央、国务院、交通部上述要求,天津市政府和天津海事局组织有关部门进行专题研究和论证,提出天津市海事搜救应急体系建设方案。

2.天津海事搜救能力现状

目前,辖区内海事搜救能力的现状是救助工作由专业救助力量、政府救助力量和社会救助力量共同承担;大部分的救助工作由社会救助力量承担;专业力量和政府海上力量不能满足全方位覆盖、全天候运行的监管需要;难以在50 n mile范围恶劣海况条件下90 min内实现有效救助的国家规划要求;与保障天津滨海新区建设基本需求差距大。

(1)组织体系。天津市海上搜救工作由天津市海上搜救中心负责,为单层搜救组织结构,

---

① 本节内容时间节点为2007年。

没有地市级救助分中心。天津市海上搜救中心第一分中心[中海石油(中国)有限公司天津分公司]、天津市海上搜救中心第二分中心(天津市水产局)、天津市海上搜救中心第三分中心(民航空管站)、天津市海上搜救中心第四分中心(天津海事局)负责本系统的海上险情处置,社会救助由天津市海上搜救中心直接处置。中心设在天津市口岸管理办公室,值班室设在天津海事局,人员均为兼职。

(2)海上救助力量。天津市海上搜救中心可调派的专业救助力量有交通部北海救助局所属 1 940 kW 的救助值班船一艘。政府救助力量有一定数量的工作船舶。社会救助力量有企业所属的生产作业船舶和直升机,基本数量随企业海上工作水域和工作状态变化。

(3)基础建设和装备。辖区内设有交通部北海救助局天津基地,在北海 2 号位、大沽口锚地和基地码头布置船舶;设有海岸电台、VTS 中心、搜救中心值班室(天津海事局通航管理处)和基本的通航安全管理设备和办公设备。

3.项目建设的必要性、紧迫性

天津滨海新区建设北方国际航运中心和国际物流中心,带动了区域经济、港口和航运事业、海上油田的大发展,同时,天津海事监管面临严重挑战。

(1)海事监管范围扩大与监管力量不足的矛盾日益突出

天津海事搜救管辖区海域面积约 15 000 km²,海岸线长度约 153 km,监管范围涉及海港区域、海河区域、海上油田区域三大部分。海港区域包括天津港主航道、北支航道、大沽沙航道、北塘航道和北疆集装箱杂货港区、东疆保税港区、南疆散货石化港区、临港化工港区、滨海旅游休闲功能区;海河区域包括两级航道和散杂货码头功能区、休闲旅游码头功能区、危险品码头功能区及船舶修造功能区;海上油田区域包括辽东湾、渤海湾、莱州湾和渤中四大油田群;海上物探、勘察、钻井、管缆敷设、平台建设、原油外输六大海上施工作业和单点系泊过驳、平台靠泊过驳、海底管线外输三大原油过驳生产作业。

(2)港口吞吐量剧增,海上交通日益繁忙,安全监管任务急剧加重

2001 年,天津港吞吐量首次超过亿吨,成为我国北方的第一个亿吨大港,此后,又以每年 3 000 万 t 的增长速度高速发展,2004 年突破 2 亿 t,集装箱超过 380 万标准箱,吞吐量连续三年进入世界港口前十名。2005 年港口吞吐量达到 2.4 亿 t,集装箱吞吐量 480 万标准箱。2006年吞吐量达到 2.58 亿 t,集装箱吞吐量达到 595 万标准箱。天津港吞吐量位居世界港口第六位,国内港口第四位,北方港口第一位;集装箱吞吐量位居世界港口第十六位,国内港口第六位。

根据天津港"十一五"发展规划,天津港进一步扩大规模。到 2010 年,天津港预计将实现港口吞吐能力达到 3.0 亿 t;集装箱吞吐量达到 1 000 万 TEU;港口等级达到 30 万 t 级;港口吞吐量占全国沿海港口吞吐量比重由 7.7%提高到 10.1%,在国内港口中排位将由第四名提升到第二名;成为中国北方最大的散货主干港、国际物流、资源配置枢纽港和世界最大的人工深水港。

国家有关部门业已同意在天津港东疆保税港区建立国际航运船舶特别登记制度,此举将大量吸引我国在境外登记注册的国际航运船舶转到天津登记,将使天津港成为名副其实的北方国际航运中心。

随着港口规模和港口吞吐量的不断扩大,船舶交通流量以每年近 20%的速度增长,2005年船舶(商船)交通流量达到 64 330 艘次。大型船舶增长尤为迅速。目前,到天津港的船舶

1 万~5 万 t 级船舶艘数占 50%;散货船中万吨级以上的占 85%,3 万 t 级以上的占 63%,5 万 t 级以上的占 40%,船长大于 300 m 的船舶达到 266 艘次。

(3)海上油田数量大幅增加,国家能源安全生产保障和海洋环境保护风险提高

根据中海石油(中国)有限公司天津分公司"十一五"发展规划,渤海海区将计划建设油气田 9 个,预计原油年销售量可达到 471 万 t;新建合作油田 5 个,预计增加原油销售量 123.5 万 t,年出口量可增加 62 万 t。

"十一五"期间是渤海油田高投入和高产出的发展时期,2010 年渤海油气产量预计将达到 3 000 万 t,原油出口量达到 829 万 t。

(4)危险货物和散装液体货物持续增长,专项救助装备亟待改善

近年来,天津港危险品货物的进出口数量持续快速增长,2000 年以来每年年均增长 15% 左右,2003 年已达到 1 700 万 t 以上,比 2000 年增长了 50%以上,2004 年达到 2 000 万 t。"十一五"期间国家石油战略储备库的建立,使天津港的原油进口量增长至每年 5 000 万 t。

随着国内经济的快速增长,石油和化工工业的发展,以原油及其制成品为首的散装油类、散装化学品和散装液化气的运输量也在快速增长。上述类型货物的增长,使天津港的航运安全和水域环境保护承受着越来越大的风险,引起交通部领导的高度重视,曾专门批示要求天津交通主管部门加强安全管理工作,防止可能危及港口和滨海新区安全的重大污染和危险品事故的发生。

(5)辖区安全形势严峻,提高该水域的风险防御能力和搜救能力成为当务之急

渤海水域气候特点突出,每年秋末冬初季节交替时期,移动性冷高压活动频繁,往往会造成突发大风天气,渤海水域风力有时达到偏北风 9~10 级甚至更强。另外,渤海中西部水深较浅,北方的辽东湾为开阔水域,无地形遮挡的特点,其波浪强度极大,对渤海中西部水域航行的船舶破坏力很大。

根据统计,自 1999 年到 2005 年,辖区共发生海上交通事故 252 起,其中重大事故 12 起。

2006 年,辖区共发生各类水上交通事故 42 起,其中重大事故 2 起,直接经济损失约 3 000 万元。天津海上搜救中心共组织海上搜救行动 16 起,调派各类救助船舶 44 艘次,搜救时间达 270 h,派出救助飞机 2 架次,救助船舶 19 艘,救助人员 259 人,处理各类遇险报警呼叫 24 次。

特大事故发生也渐露苗头。例如:2007 年 3 月 8 日 13:09 时,超大型集装箱船"地中海乔安娜"轮在出港过程中与正在施工作业的大型挖泥船"奋威"轮发生碰撞。碰撞地点位于天津港主航道 7、8 号灯浮附近,距天津港约 20 n mile。"地中海乔安娜"轮船长 337 m,型宽 46 m,是一艘 9 000 标准箱位的超大型集装箱船;"奋威"轮船长 230 m,型宽 32 m,是目前世界上最大的耙吸式挖泥船。"地中海乔安娜"轮球鼻艏撞入"奋威"轮左舷中部,"奋威"轮左舷进水,左倾约 25°,主机停车,随时有可能倾覆,船上 41 名船员面临生命威胁,2 050 t 油品随时可能泄漏。两艘价值高达十几亿美元的船舶及货物有全面受损的危险,如果被撞船舶翻沉在主航道,将堵塞航道造成天津港停产;如若发生溢油污染,将给天津港乃至渤海水域生态带来灾难性的影响,"地中海乔安娜"轮与"奋威"轮碰撞事故图如图 5-2 所示。

图 5-2 "地中海乔安娜"轮与"奋威"轮碰撞事故图

天津市海上搜救中心(天津海事局)调用船舶 20 艘,参与现场救助 400 余人,成功地将事故船舶拖带远离天津港主航道,救助遇险人员 41 人,没有造成人员伤亡和海洋污染,也未对天津港生产作业造成影响,挽回了上百亿元人民币的损失。这是天津建港以来遇到的最为严重的一起船舶碰撞事故,类似搜救行动的成败将直接关系到天津港和渤海湾的正常生产和生活,也关系到滨海新区的健康发展。

(6)海事系统"十一五"发展规划的总目标的提出,是对天津海事搜救能力建设的要求和挑战

交通运输部海事局"十一五"发展规划是以水上交通安全监督管理达到"船舶适航、船员适任、安全畅通、有效监管、优质监管"为总目标,迈向"交通海事、阳光海事、数字海事"。

到 2010 年,全面实现"监管立体化、反映快速化、执法规范化、管理信息化"。水上交通安全预控、监管能力明显加强、通航环境和航行秩序明显改善,以人为本,为航海人员提供全方位、方便、快捷的助航服务,保障人命财产安全和溢油应急反应能力明显提高,履行国际公约、维护国家权利的能力明显增加。水上安全监督管理和船舶污染事故控制能力达到中等发达国家水平,基本适应交通发展对海事工作的要求。

① 重点水域、重要航段(四区一线等)具备全方位覆盖、全天候运行、快速反应的能力;

② 海事有效监管范围扩大到 200 n mile 专属经济区,50 n mile 内重要海域和主要内河航段机动力量应急到达时间不超过 150 min;

③ 重点水域和港口一次溢油控制清除能力达到 500 t 以上。

4.项目建设原则

(1)统一规划、资源整合

天津市海上搜救应急体系建设规划在国家和天津市总体规划的指导下,结合实际,按照提高效率和降低成本的要求,充分利用现有资源,实现队伍、资源、信息等方面的有机整合,避免

铺张浪费和重复建设。提高基层单位生产管理人员的应急处置能力,实现日常防范与应急处置的有机结合。

（2）合理布局、突出重点

从总体上把握应急管理工作所需公共性质资源项目的合理布局,加强预算预警、应急处置、保障体系、恢复重建等各个环节的能力建设。突出重点,优先解决制约应急相应时效的主要问题,强化系统内应急反应体系功能,提高第一时间快速响应的能力。

（3）先进适用、标准规范

规划建设项目的功能设定和技术装备配备,应在采用国内外成熟和适用技术装备的基础上,充分考虑功能与性能的先进性和发展前景,确保应急体系的高效运行。把应急管理标准化贯穿于突发应急事件应急体系建设全过程,实现信息与资源共享。

（4）分级负责、分步实施

按中央和地方事权合理划分规划项目责任,在各负其责、各司其职的基础上充分调动各方面积极性;根据现实需要和实际能力,提出分阶段、分地区、分类型的规划目标,分级、分步组织项目实施。

（5）政府主导、社会参与

充分发挥政府的政策导向作用,调动社会各方面参与海上应急体系建设的积极性,形成各级政府与社会力量共同投入的良性互动机制。把社会、群众的主动参与同政府管理有机结合起来,形成政府与企事业单位、专业力量与社会力量相结合的综合应对机制。

二、项目建设内容

建设内容共包括"天津市海上应急反应指挥中心建设""船舶污染应急与环境监测检验中心建设""天津海上搜救快速反应基地建设""多功能海上搜救船艇建造"四项工程。

（一）天津市海上应急反应指挥中心建设

系统组成:

（1）船舶交通管理与信息服务（VTMIS）系统二期建设（另项安排）。

（2）搜救值班子系统建设。

（3）海上安全通信子系统建设。

（4）海上搜救辅助决策子系统建设。

（5）海上溢油漂移模型分析子系统建设。

（6）海上溢油与散化事故应急预测与决策子系统建设。

（7）海上移动 CCTV 监控子系统建设。

（8）海上电子搜救演练子系统建设。

（9）综合信息传输链路建设。

图 5-3 所示为天津市海上应急反应指挥中心系统组成图。

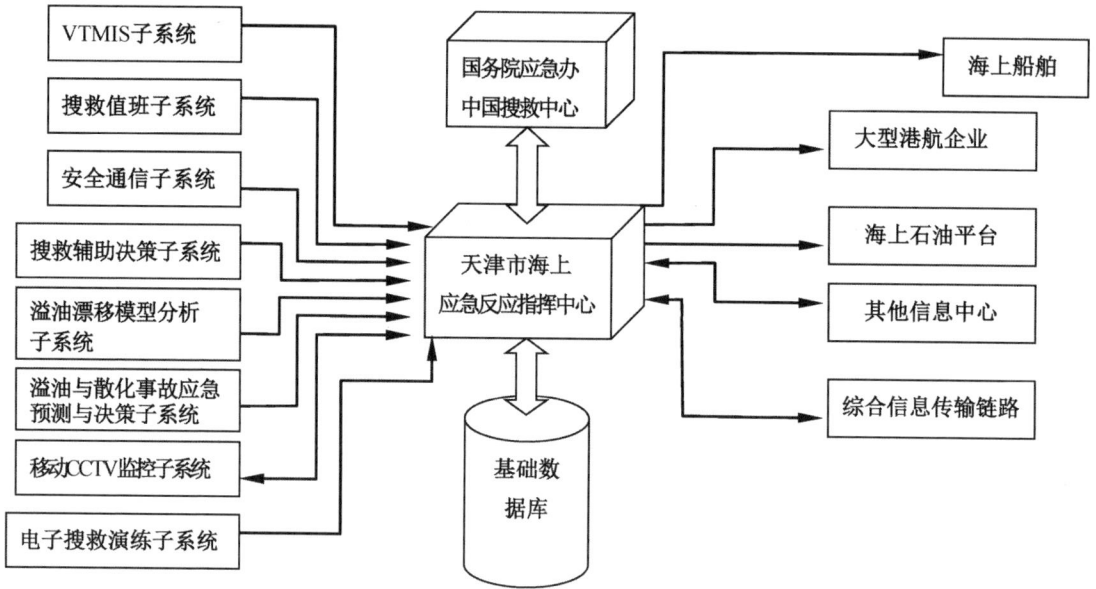

图 5-3　天津市海上应急反应指挥中心系统组成图

1.搜救值班子系统建设

（1）系统概要

将值班电话、DSC、卫星端站等多个分散放置的通信终端整合在一起,形成集成化的值班坐席,建立综合的通信和操作平台,报警信息可以直接录入计算机进行处理,并作为启动搜救决策系统的条件。同时,建立科学的搜救值班信息管理模式,以求实现整个搜救值班工作的规范化和基本自动化。

（2）系统组成

①海事综合接处警分系统

接收报警。主要完成各种报警信息的处理,以统一的标准详细记录报警信息。系统能自动接收各种报警信息,并以显著的方式主动提醒值班人员。

报警信息处理。系统能对报警电话进行记录和管理,将录音电话内容转为声音文件,再存入系统。

确认事故地点。根据接警信息判断发生事故的地理方位,并能够在电子海图上显著标绘。

确认水域。根据接警信息中事故地点自动识别事故发生水域。

确认 MRCC。根据确认的事故发生水域由系统自动识别事故所归属的 MRCC,并显示相关联系方式及联系人。

确认报警。由坐席通过系统通信设备与报警单位进行报警确认,若确认报警结果为误报,则中止搜救。

判断险情级别。根据确认的险情信息自动识别险情级别,并可随着事件的进展进行调整。

确认事故类型。根据确认的事故信息自动识别事故类型。

②搜救值班信息管理分系统

采用当今最先进的办公自动化思路,以最少的人工干预方式,建立科学的搜救值班信息搜集、处理、发布和存档流程和模板,实现整个搜救值班工作的高效、准确和规范。

2.安全通信子系统建设

（1）系统建设的必要性

安全通信系统的建设是天津海事救助能力建设项目的核心内容，该系统在海上安全应急体系中担负着预警和监控的数据传输，搜救指挥的语音传输，事故现场的视频传输等安全信息传输的重要使命，是海上安全应急系统能否发挥作用的关键。

任何通信都是至少两个方面的信息传递，作为海事通信主要是船—岸的通信，或者事发现场和指挥中心的通信。由于需要救助的对象多种多样，所用的通信设备也不完全相同，所以指挥中心如何与用户保持畅通的通信是关键所在。按照国际公约规定的通信系统有 VHF 通信、短波通信和海事卫星通信，而沿海多用 VHF 通信。但是，占大多数的非公约适用船舶不装备这些通信设备，而使用公共无线通信系统，即所谓的手机系统。那么在预警监控中，这些船舶如何与救助中心通信；在救助指挥中，救助中心如何与求救船舶通信，如何指挥救助船舶，救助船舶如何与求救船舶通信，都是需要解决的关键问题。

渤海海域是我国港口最密集的区域，其中的天津港是年吞吐量最大的港口，共有大小泊位 200 多个，每天主航道的船舶流量近千艘，所以天津海事局对船舶监管的通信任务非常繁重。

渤海海域是我国海洋石油及天然气资源比较丰富的地区之一，现有油气田 22 个、海上石油作业平台 53 座，天津海事局负责这些石油设施的管理、石油平台作业和石油运输的安全监管，所需要的安全通信系统必须具备整个渤海海域的覆盖能力。

目前，天津的海上安全通信系统远远不能满足海上安全监管和应急救助的通信需求，现有的 VHF 通信系统和公共无线通信系统仅仅能够覆盖沿海 20 n mile 的范围，而渤海中部海域离开沿岸 100 n mile 左右，处于短波通信的盲区，没有实用的通信手段。所以，安全通信系统的覆盖区不能覆盖天津海事局有安全监管和救助责任的渤海海区，在通信系统覆盖不到的海域就不能实现海上安全监管海事救助，无法完成天津市和国家赋予天津海事局的渤海海域船舶安全、石油设施和生产安全、海上防污染等安全监管和应急救助的神圣使命，这是关系到国家财产和人民生命的大事。

（2）建设方案

为了满足渤海海域对于安全通信系统的迫切需求，系统建设任务将分两期进行。

第一期系统建设目标是建设覆盖渤海海域中西部至天津港区的安全通信系统，计划建设 5 个海上通信基站平台，包括 VHF 通信系统覆盖和 GPRS 或 CDMA 无线通信系统覆盖，以满足公约适用船舶和非公约适用船舶的安全监管和应急救助的通信需求。

第二期系统建设目标是建设覆盖整个渤海海区的安全通信系统，在一期通信平台建设的基础上再建设 4 个海上通信基站平台，包括 VHF 通信系统覆盖和 GPRS/3G 或 CDMA/3G 无线通信系统覆盖。此处提到的 3G 是指第三代移动通信系统，因为 3G 系统的开通在于国家的计划，所以在本系统的第二期建设期间，有可能 3G 系统已经开通。

本建设方案目前在国内外是比较先进的。在欧洲，用于海上安全的通信系统包括 VHF、微波通信、卫星通信、无线电通信、GSM/GPRS 和 INTERNET 网络通信等。后面两种通信系统在传统的海上通信是不存在的，但是随着现代通信技术的飞速发展，GSM/GPRS 和 INTERNET 网络通信系统越来越多地渗透到海上通信系统中，特别是沿海和内河的通信系统。可以预计未来的海上通信系统一定是网络通信，一定是基于 IP 的。所以建设具有世界先进水平的海上安全通信系统，网络通信是首选，重要的基础建设是覆盖全渤海海域的系统基站建设。

①一期建设方案

a.VHF 系统的建设方案

在渤海海域的 53 座石油平台设施和航标设施中选择能够作为覆盖渤海中西部的 VHF 系统基站站址。本期计划建设 5 个基站,系统将设置 2 个 VHF 频道:一个作为一般安全监管通信频道。一个作为应急指挥通信频道,该频道应用国际先进水平的通信加密技术。

b.系统建设的可行性

在渤海海域,包括渤海中部,利用海洋石油平台建设无线通信系统基站是首选的建设方案。在"十一五"期间,中国海洋石油有限公司将在渤海海域新建 9 座海上油气田,加上原有的海洋石油平台,形成全渤海海域的系统覆盖是可能的。另外,天津海事局还管辖了全渤海海域的航标设施,也为通信基站的建设提供了可选择的站点资源。

c.一期建设覆盖范围

一期建设覆盖范围主要包括渤海中西部海域的 VHF 覆盖。

②二期建设方案

二期建设方案包括 VHF 通信系统覆盖和 GPRS/3G(或者 CDMA/3G)无线通信系统覆盖。

a. VHF 系统的建设方案

在一期建设的基础上,将 VHF 的覆盖区扩展到全渤海海域,为此需要再加设 4 个通信基站平台,频道的设置不变,同样需要设置两个频道,其中一个为加密频道。

b. GPRS/3G 或 CDMA/3G 无线通信系统建设方案

随着 VHF 系统的扩展,建设 GPRS/3G 或 CDMA/3G 无线通信系统的基站。如届时 3G 系统开通,系统应能自动升级。

目前的 GPRS/CDMA 可以传输数据和语音,能够实现预警监控和搜救指挥,不能实现视频图像的传输,而 3G 系统的带宽(静止 2M,移动 172K)能够实现视频图像的传输。

c.基于 IPv6 的海上应急体系

无线通信(GPRS/CDMA/3G)系统是 IP 数据传输的,不会产生信道阻塞,对于传输预警信息具有较高的可靠性。而未来 IPv6 无线网络的普及将使海上预警监控和搜救指挥系统的性能大大提高。

目前正在使用的互联网通信系统和 GPRS/CDMA 无线网络通信系统的 IP 网络是在 IPv4 协议的基础上运行的。由于网络通信用户的增加,IPv4 的网络地址资源已经枯竭,不能满足网络通信发展的需求。IPv6 是下一版本的互联网协议,其主要是为了扩大地址空间。IPv4 采用 32 位地址长度,而 IPv6 采用 128 位地址长度,几乎可以不受限制地提供地址。按保守方法估算 IPv6 实际可分配的地址,整个地球每平方米面积上可分配 1 000 多个,因此有人形容说:世界上每一粒沙子都可以分配一个地址。IPv6 的优势还体现在以下几方面:提高网络的整体吞吐量、改善服务质量(QoS)、安全性有更好的保证、支持即插即用和移动性、更好地实现多播功能。它们的系统架构都将向全 IP 的方向演进和发展,包括对语音、数据、多媒体等业务形式的承载是基于 IP 的,端到端的业务呼叫模型也是基于 IP 的。

我国于 1998 年由 CERNET 率先建立了 IPv6 试验床,并获得了国际组织认可,于 1999 年开始分配 IPv6 地址,目前已经建设了很多应用系统。

可以设想将来的海上通信系统中,可以为每个通信用户甚至船上的每个安全部位,应急搜救体系中的每个关键部件都分配一个 IP 地址,这些 IP 地址的用户可以保持实时的网络在线,其安全状态可以实时通过 IP 地址上传到救助中心,中心可以为每个地址发送指挥信息,这样形成了一个实时的安全信息传输网络。

IPv6 网络的建设要根据国家建设发展步骤进行,可在现有的互联网基础上升级,如果已经有的网络设备不能满足需求,需要购置服务器、路由器等设备和相应的软件系统。

d. GPRS 或 CDMA 无线通信系统信息保密

海上安全通信系统可以向无线通信系统的供应商申请保密信道,即所谓的 VPN 网络。为了满足一对多的通信,也可申请群呼功能。

对于预警监控系统在船舶用户设备和指挥中心之间的数据通信,大连海事大学卫星导航研究所具有独立自主知识产权的在线实时的数据加密和通信可靠性技术。

e. 基于 IPV6 的通信平台建设

无线通信系统(GPRS/CDMA)是基于 IP 的网络通信系统,与陆上的有线网络通信系统是无缝连接的。建设 IPV6 有线和无线网络系统将使海上安全通信系统和陆上的通信网络形成一个完整的、高性能的通信网络,达到通信畅通、反应迅速的高质量通信水平。

3.搜救辅助决策子系统建设

(1)项目概要

建立和研发海上搜救力量信息获取和搜寻救助决策制定核心技术,综合考虑遇险船舶类型、遇险性质、各种搜救力量信息以及海上气象、海流、海浪等环境信息,进行智能分析,制定科学合理的船舶及人员搜救方案。研制具有国际领先水平的海上搜寻救助辅助决策系统,实现海上搜救信息支持、海上救助决策、海上搜寻决策、海上搜救过程监视以及海上搜救信息统计与分析并筛选出最佳方案,为主要领导制定最终决策提供支持和选择。

(2)项目前期研究工作基础

多年来,国际海事组织(IMO)对海上遇险船舶和人员的搜寻救助工作非常重视。1998 年 IMO 与国际民用航空组织联合推出了《国际航空和海上搜寻救助手册》,2001、2002、2003、2004 年又分别完成了搜救手册的修正案。这部手册凝聚了全世界搜救专家的智慧,已经成为航空和海事领域组织、管理、协调搜救行动的纲领性文件和操作指南。我国交通部海事局也组织海事领域专家及时地将这部手册翻译成了中文。应当说,目前国内外绝大多数海上搜救方面的计算机软件系统都是以这部手册为基础开发的,其中以北美开发的搜救辅助软件较为突出。

国内在海上搜救决策系统的研究和应用方面也有一定的工作基础,先后组织实施了中国船舶报告系统、交通部救捞局安全救助系统、福建海事局海上搜救辅助决策系统以及交通部海事局海事应急辅助指挥系统试点工程等项目,开发了先进而实用的海上失控船舶和落水人员漂移计算模型以及搜救决策支持系统。在海上搜救决策理论研究方面,也进行了十几年的研究,发表了众多学术论文,出版了教材和专著。

(3)项目研究背景、必要性

当前我国的绝大多数海上搜救机构所使用的信息系统都是着眼于获取辖区内船舶的静、动态信息(通过 AIS 或 VTS),并以电子海图为平台,显示船舶搜救态势和各种相关信息,为搜救决策提供信息支持。但这些系统不能对搜救态势进行有效分析,不能制定搜救决策。

从 2004 年起,天津海事局在交通部的支持下,相继投入资金开始建设天津 VTMIS,即"船舶交通管理与信息服务系统"。该系统有效整合了现有的 VTS、AIS、DSC、CCTV 等系统,将现场语音、图像实时传输至天津市海上搜救中心值班室及其他用户,实现了北方海区 AIS 船舶动态跟踪及信息传递、天津港 VTS 船舶动态跟踪及监控、渤海湾海上石油勘探开发设施信息跟踪和监控、天津市专业气象信息接入、CCTV 和水文气象信息接入等。但由于该系统目前主要是一个海事业务处理系统和信息支持系统,尚不具备搜救辅助决策、指挥功能(见图 5-4)。

图 5-4　天津海事局 VTMIS 系统平台

因此,应当从海上搜救的实际需要出发,建设功能完备的搜救力量数据库,引入海上遇险船舶和人员漂移模型以及搜救智能决策模型,实现海上搜救决策的科学化和智能化。

(4)项目主要研究内容及开发实施方案

① 搜救力量数据库分系统

海上搜救是一个非常复杂而又性命攸关的活动。要制定科学合理的搜救决策,首先要准确掌握所有可用的搜救力量信息,包括遇险船和人员信息、专业救助船信息、船员信息、搜救飞机信息、岸上搜救站点信息、水文气象信息、医疗卫生单位信息、社会力量信息、军队力量信息、搜救专家信息等。利用现有的沿岸 AIS 台链输出信息、VTS 信息、船舶报告系统信息以及即将建设的国际船舶远程跟踪与识别系统(LRIT)信息可以准确掌握辖区范围内所有船舶的静态信息和动态信息,特别是遇险船周围的过路船舶信息;利用交通部海事局已建的水监业务系统一期、二期可以获得船舶的载货信息、船员信息、航次信息等;通过电子邮件等方式可以定时获取气象服务部门提供的气象信息;通过整理、搜集、调研可以获取社会搜救力量、医疗卫生单位等信息。所有上述信息应当进行整合、录入、检验、处理,形成完备的搜救力量数据库,并随时更新。

天津市海上搜救中心所管理的分中心,隶属于不同的企事业单位,为了便于对搜救力量进行统一管理,建议采用集中存储的方法,在海事局搜救值班室建立集中存储的数据库系统。具体实施时,可以开发相应的数据库建库和数据更新软件,由各分中心按照统一的数据格式建立自己的分数据库,然后再集中到搜救值班室。

② 搜救信息支持分系统

以电子海图为平台,集成显示和标绘遇险船舶和救助力量所构成的搜救态势并提供功能全面的计算、测量和信息查询工具。

a.查询船舶基本情况。根据确认的险情信息可查询相关的船舶基本信息(含外籍船)。查询结果以对话框、列表或者绘图的方式在电子海图上显示。

b.查询船上船员基本情况。根据确认的船舶信息可查询事故船的船员基本信息。

c.查询船舶载货情况。根据确认的船舶名称通过系统查询船舶载货情况,包括物品名称、物品类型、物品重量等。

d.查询船舶载客情况。针对客船可查询船舶载客情况。

e.查询船舶的设施和设备情况。

f.查询附近船舶情况。根据船舶所在位置可查询附近水域的过路船信息。船舶信息来源于 VTS 系统、AIS 系统、中国船报系统、水监业务船舶动态管理系统等,所有查询出的信息应该以对话框、列表或者绘图的方式在电子海图上显示并不断进行更新。

g.查询搜救力量。从数据库存储的搜救力量中查询,并按搜救力量类型分别提供。搜救力量分四类:专业力量(海事、救捞部门)、社会力量、政府公务力量(渔政、海关等)、军队力量。对于固定救助点的救助力量也应该在电子海图上显著标注。

h.查询周围环境情况。在进行搜索区域确定、搜救方案制定的过程中,获取险情海域周围即时准确的风力、风向、海流等信息非常关键。内容应包括:时段、海区、风向、风速、浪向、波高、天气情况等。另外,可对有关部门提供的台风预报/警报信息进行维护,包括台风名称、台风编号、预报日期及时间、预报的中心位置、中心气压、中心风力、等风力圈半径、中心的移动方向、移动速度、未来 24 h 及 48 h 后的位置等。台风中心的当前位置可进行推算;台风中心及等风力圈可用同心圆及风矢量方式标绘于电子海图之上。

i.查询专家。系统应建立完整的专家资料库,对专家信息进行统一管理。在搜救过程中,能够根据事故的不同,及时、有效、快速地查找相应的专家,以获取专业化指导。

j.了解现场情况。坐席可通过系统通信方式及时与现场遇险船舶和现场搜救人员进行联系,并将现场情况录入系统。及时把各种相关信息通过各种通信平台(如短信、电子邮件等)传递到其他搜救应急相关部门(如公安、渔政等)。

③ 搜寻辅助决策分系统

该系统包括搜寻区域确定、搜寻路线制定和搜寻方案预演等。当遇险船舶或人员位置不明时,须进行海上搜寻。

系统根据海上落水人员或遇险船舶的初始报告位置、落水人员的状态及救生设备、遇险船舶的类型、海洋环境因素(风压、风生流、海流、潮流、河流等)、救助设施因素(船舶/飞机的类型、航速、导航定位误差、不同能见度条件下的扫视宽度)等,计算搜寻基准(基准点、基准线、基准区域)及或然误差、选定搜寻模式和搜寻航线、预计搜寻时间等,自动制定搜寻决策。

系统的处理功能包括:

计算遇险船舶或人员的漂移方向和速度,计算中考虑风压、风生流、海流、潮流、河流等影响。

计算位置总或然误差、扫视宽度、搜寻范围等。

计算搜寻分区参数,包括行动起始点、轨迹间距、搜寻路线转向点、搜寻持续时间等。

以恰当的图表形式显示搜寻分区、搜寻方式、概率图等。

④ 救助辅助决策分系统

当已知遇险船舶的当前位置(报告或经搜索后找到)并确有必要实施救助时,应制定救助方案。

根据不同的险情及救助方案查询专用的搜救船/飞机信息,根据遇险船舶的遇险类型,查询所需要的救助物资信息。

将所有在允许时间内可与遇险船舶会遇的救助船舶列表,即救助力量分布表,连同遇险船舶在电子海图上显示出来,形成救助力量分布图。

选择救助船舶并计算其最佳救助航线:从救助力量分布表中选择可用的救助船舶,在考虑到风、流对遇险船舶的航行或漂移的影响以及对救助船舶的影响情况下,计算救助船舶与遇险船舶会遇的地点、救助船舶应采取的航线以及与遇险船舶的会遇时间。

从可用的救助物资和设备中选择所需的救助物资和设备并指派运输工具。同时,坐席可编辑系统自动生成的应急方案,并通过各种通信手段,将"救助方案"下达到相关的救助船舶。

本系统将综合考虑遇险船性质、所载货物、船型、过路船和专业救助船船型、最大航速、距遇险船距离、当前行驶航向、主机功率以及遇险海域的风、流、浪信息等因素,利用人工神经网络方法,以积累的大量不同类型的船舶遇险事故和救助案例为样本进行训练,以期得到科学合理的决策模型,自动制定实用的救助决策。同时,本系统还将尝试利用产生式规则建立"海上遇险船舶救助决策知识库",采用专家系统推理的方法,生成遇险船舶救助决策。将采用这两种方法所得到的救助决策方案进行比较分析,以得出对于不同的船舶遇险性质哪种方法更适用的结论。

⑤ 搜救过程监视分系统

该系统包括搜救过程监视、搜救过程记录和搜救过程回放等。

搜救过程监视。通过通信手段(如 C 站、AIS 等)在指挥中心实时接收搜救单元的位置、航速、航向等信息,并将接收的船舶实时动态及救助方案实施情况标绘在电子海图上,全过程对救助船舶和遇险船舶进行监视。可同时显示救助船舶的航行轨迹。

搜救过程记录。将系统接收到的搜救船舶和遇险船舶信息保存到数据库中。

搜救过程回放。从数据库中调出搜救过程数据记录,在电子海图上回放。

⑥搜救信息统计与分析分系统

该系统包括搜救方案的事后评价和搜救数据统计分析,主要完成对搜救案例的分析和总结。每一次搜救结束后都应该及时地进行各方面的总结和分析工作,将分析结果保存入库。利用典型搜救案例的分析结果,去更新相应的搜救预案。

4.溢油漂移模型分析子系统建设

(1)项目概要

随着天津港口功能的日益增强,天津港危险货物的运输量大幅度增长(见表5-1);载运危险货物船舶日趋专业化、大型化,港口面临的船舶污染威胁越来越大,发生灾难性事故的风险越来越高。据统计,天津港 2004 年发生污染事故 11 起,2005 年发生污染事故 9 起,2006 年发生污染事故 7 起。特别是 2003 年 11 月的"塔斯曼海"轮溢油污染事故,以及 2004 年"10·

31""大青河"轮化学品入海事故,充分暴露出天津港污染应急能力的严重不足。为有效制订和实施各类海洋污染应急计划,适应保护海洋生态环境和海上运输安全的需要,有必要进行海上污染物监测系统的建设。

表 5-1　天津港 2002—2006 年危险货物吞吐量回顾统计表

年份	总计	散杂货及集装箱	散装化学品	散装液化气	散装油类
2002	6 220 艘次/ 1 265 万 t	4 557 艘次/ 150 万 t	527 艘次/ 227 万 t	201 艘次/ 39 万 t	935 艘次/ 849 万 t
2003	6 919 艘次/ 1 706 万 t	4 873 艘次/ 174 万 t	582 艘次/ 84 万 t	212 艘次/ 43 万 t	1 252 艘次/ 1 205 万 t
2004	7 360 艘次/ 2 219 万 t	4 770 艘次/ 157 万 t	645 艘次/ 352 万 t	209 艘次/ 46 万 t	1 736 艘次/ 1 664 万 t
2005	8 563 艘次/ 2 825 万 t	5 539 艘次/ 213 万 t	746 艘次/ 330 万 t	188 艘次/ 44 万 t	2 090 艘次/ 2 238 万 t
2006	8 354 艘次/ 3 295 万 t	5 349 艘次/ 227 万 t	759 艘次/ 321 万 t	182 艘次/ 44 万 t	2 064 艘次/ 2 703 万 t

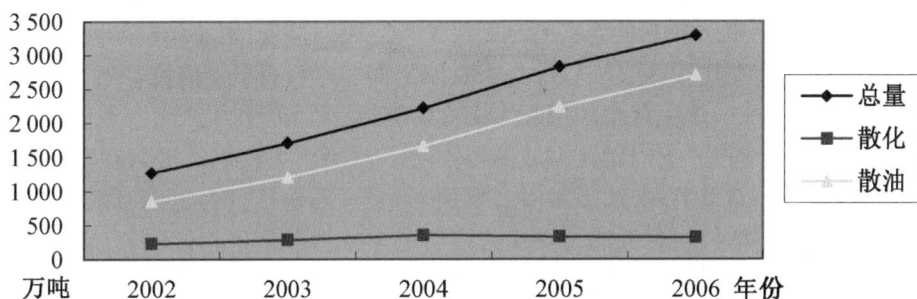

图 5-5　天津港 2002—2006 年危险货物吞吐量增长趋势回顾图

本系统的建设将充分利用天津海域的航海雷达系统和无人机以及全球卫星资源,进一步完善污染物漂移模型,建设立体的海上污染物监测系统,实现海上污染物位置、分布、面积等信息的快速提取,及时对海面溢油、化学品泄漏的漂移扩散进行预测,提高天津市政府和海事局的应急指挥决策效率,有效支撑天津市海上搜救应急体系的建设。

（2）系统建设目标

①一期目标

利用多种卫星遥感数据和无人机对管辖海域进行遥感监测与航空监测,利用拟建的岸基航海雷达,建立覆盖天津港等海域的全天候、全方位、实时的遥感溢油立体监测系统。通过集成多种遥感技术手段,实现快速准确提供关于海上溢油位置、分布、面积等动态信息,满足天津港交通安全和海洋生态与环境保护的需要,有效支撑溢油应急处理体系的建设。

②二期目标

建立卫星遥感地面接收站,完善辖区海域雷达站的建设,实现无人机定期、业务化对辖区海域的巡航,大大提高溢油监测、预测能力,实现对溢油事故、偷排行为的及时跟踪、监控,溢油应急反应水平达到发达国家水平。

（3）设计思路

海面溢油和化学品监测通过集成卫星遥感、航空遥感、航海雷达等手段，实现全方位、全天候实时监测，快速获得油膜位置、面积、分布等信息，结合事故信息和当时气象海况条件，可对海上溢油或化学品的漂移扩散趋势进行预测，并根据环境敏感资源和应急设备分布状况进行智能分析，形成科学合理的污染控制清除方案，为溢油和散化污染事故的应急指挥提供决策支持。

该系统包括：海上溢油实时监测分系统；污染物排放跟踪信息分系统。"海上溢油实时监测子系统和污染物排放跟踪信息系统"的主要任务就是溢油及污染物监测和信息获取，为天津市海上搜救中心提供关于溢油及污染物的基础资料和信息，支持溢油的应急预测和决策，实现快速海上溢油应急决策。

① 溢油实时监测分系统

该系统利用卫星遥感，航空遥感和航海雷达三种监测手段的集成、优势互补，实现海上溢油全天候监测、全方位覆盖，及时提供有关溢油位置、分布、面积等信息。

卫星遥感监测手段。卫星遥感监测系统包括两部分：一是信号和数据的收集（监测系统）；二是对信号和数据的处理（计算机处理系统）。系统先使用监测系统接收 EOS/MODIS 卫星数据、装载合成孔径雷达的卫星播发的合成孔径雷达数据，再使用计算机处理系统对采集到的数据进行处理分析，利用图像处理软件获取溢油位置、分布、面积等信息。

航空遥感监测手段。该系统拟采用无人机方式进行，无人机利用其上装载的红外热像仪/紫外相机遥感监测系统可日夜对辖区海域的溢油进行监测。无人机上搭载有雷达传感器/激光器，对辖区海域进行日常监测，除了对溢油事故监测外，对偷排行为也能有效监测。简易无人机还可安装图像传输装置，能及时将图像传输给船舶或搜救值班指挥中心。航空遥感监测系统能实时识别出海上溢油及肇事船舶、实时估算污染面积并能对溢油清除效果进行评估。海上溢油指挥中心设备如图 5-6 所示。

图 5-6 海上溢油指挥中心设备示意图

航海雷达监测手段。以 VTMIS 为基础，利用天津港、曹妃甸、渤中 34-1、蓬莱 193 等处的雷达站形成覆盖整个辖区的监测网，辅以先进和独特的计算机处理技术，通过提取、分析、处理雷达回波中的杂波，实现快速、连续、实时、高效地提取海上溢油信息。配备航海雷达的清除救助船能够跟踪溢油和实施清除作业。利用现有雷达可实现全天候、快速、准确地提供较大范围和局部海区的海面溢油位置和面积,持续跟踪海上污染物扩散情况,提供污染物漂移范围、速度、方向,形成覆盖岸基、船基的雷达监测系统,海上溢油航空监测设备如图5-7所示。

图 5-7　海上溢油航空监测设备示意图

②污染物排放跟踪信息分系统

天津港作为北方国际航运中心和国际物流中心,油类和化学品的运输都有持续迅猛的发展,通过建立港口、水域的船舶溢油、化学品溢漏等排放跟踪监控信息系统,对进出港口的绝大部分船舶实施污染物排放联网监管,及时获取监控信息,并发布给天津市海上应急反应指挥中心。

5.水上溢油与散化事故应急预测与决策子系统建设

(1)项目背景和必要性

随着天津港油品化学品运输装卸量和船舶进出港数量逐年增加,天津海域已经成为发生突发性船舶油品和危险化学品泄漏事故的高风险区,而且各油码头、航道等事故易发地点距离重要旅游风景区和水产养殖区都很近,在一般条件下海面溢油几小时内就能够在海流和风力的作用下迅速漂移到达上述地区。许多实际溢油污染事故案例如2003年天津海域"塔斯曼海"轮溢油事故表明,由于事故多发生在气候恶劣或能见度不高的环境条件下,且海上溢油与化学品漂移扩散行为受到潮流、海况、气象条件和油品种类等复杂因素的影响,只靠人的感观和经验判断,缺乏必要的技术和信息支持往往会影响应急指挥决策的及时有效性,会造成许多完全可以避免的环境损害和经济损失。因此通过事故模拟预测等手段提前获得溢油漂移轨迹和性质状态信息,同时显示查询环境敏感资源和应急人员设备分布等信息,可以有效提高应急指挥的决策效率,因此研制开发先进实用的"天津海域溢油及散化事故应急预测与决策信息系统",使其同时具有海面溢油、化学品泄漏、水下沉船溢油的漂移扩散预测功能,填补国内空白是十分必要的。

（2）国内外现状

从 20 世纪 80 年代初开始，各发达国家相继开展了海上溢油应急预报和决策信息系统研究，比如，美国的 OILMAP 系统、英国的溢油模拟信息系统、挪威的溢油应急反应信息系统等。另外，日本、瑞典、韩国、澳大利亚等国也相继开发了类似系统，在海上污染事故应急处理过程中起到了重要的决策支持作用。目前发展趋势是应用先进的通信技术和信息技术，将遥感、雷达等溢油监视信息与溢油漂移预测系统相结合，对溢油漂移扩散计算结果进行实时修正，不断提高溢油预测结果的准确性，同时扩展对散装液体化学品泄漏和水下溢油污染事故动态的模拟预测功能。

我国目前在溢油预测系统方面开展了较为深入的研究与应用。有关海上溢油应急预报信息系统已分别在中海石油公司、烟台溢油应急技术中心、辽河油田海区等得到应用。总的来说，我国的溢油漂移预测模型研究已达到国际同类研究中的先进水平，初步具备了业务化预报的能力，但在现场数据采集、应用监测结果实时修正等方面与国际先进成果相比尚有一定的差距。在散装液体化学品泄漏事故、水下沉船溢油污染事故动态模拟预报方面的研究还处于起步阶段。

（3）总体目标

针对天津海域的环境特点，研制开发先进实用的"溢油及散化事故应急预测与决策信息系统"，可根据现场溢油监测信息和气象海况数据，对海上溢油或化学品的漂移扩散趋势进行预测，并结合环境敏感资源和应急设备分布状况进行智能分析，按照相应污染应急预案程序，形成科学合理的污染控制清除方案，为溢油和散化污染事故的应急指挥提供决策支持。

（4）技术指标

①能够在 20 min 之内完成事故信息、现场数据的输入和所有计算过程的处理，及时预报溢油的漂移位置、扩散面积、影响岸线时间与范围、漂油理化性质、残存量、扫海总面积等信息，并在电子海图信息平台上实现可视化动态显示。预报结果能够根据现场溢油监视信息和水文气象资料进行实时修正，总误差不超过 20%；

②能够预报不同类型的液体化学品泄漏事故造成的有毒有害化学品在海面的漂移轨迹、在水下的溶解扩散趋势和在海底的沉降影响范围；

③能够预测水下沉船溢油事故的动态变化过程和漂移扩散趋势；

④能够模拟评估采取机械回收、化学分散等不同清除措施的处理效果，为控制清除行动提供应急人员与设备的最佳配置调度方案；

⑤数值模型与电子海图平台有机集成，能够在电子海图平台上管理、显示并查询环境敏感资源、应急人员设备、溢油事故预测结果等相关信息；

⑥能够定量化评估溢油和化学品泄漏污染事故所产生的经济损失和对海洋生态环境的损害程度。

（5）项目研究、开发实施方案

该系统将研究和开发"溢油与散化漂移预测子系统、污染控制与清除决策子系统"。

① 溢油与散化漂移预测子系统

系统中包含天津海域海洋动力数值模型、三维海面溢油漂移扩散数值模型、三维化学品泄漏漂移扩散数值模型、水下溢油动态扩散模型、溢油风化模型，以及油品与化学品理化性质数据库、气象与海洋水文数据库等配套数据库。根据现场事故信息和气象海况快速准确预测溢油的漂移位置、扩散面积、影响岸线时间与范围、漂油理化性质、残存量、扫海总面积等信息，并在电子海图平台上进行可视化动态显示。预报结果能够根据溢油监测结果进行实时修正，总误差不超过 20%。

能够预测不同类型的液体化学品泄漏事故造成的有毒有害化学品在海面的漂移轨迹、在水下的溶解扩散趋势和在海底的沉降影响范围。

能够预测显示水下沉船溢油事故的动态变化过程和漂移扩散趋势。

②污染控制与清除决策子系统

应用电子海图平台，建立天津海域环境敏感资源数据库和应急人员设备数据库。根据环境敏感资源图的信息，结合海上溢油监测信息和漂移扩散预测结果进行污染风险评估，确定环境资源优先保护次序；根据应急人员设备分布状况、应用溢油应急反应模型评估采取机械回收、化学分散等应急措施的处置效果；通过基于规则的方式建立"海上污染控制清除决策知识库"，采用专家系统智能推理的方法，根据事故应急反应过程中不同阶段的特点和发展态势，生成最佳的污染控制清除方案和应急人员设备调度方案。

6.移动 CCTV 监控子系统建设

（1）项目概要

在专业救助船舶、海上钻井平台上安装高性能摄像机，采集搜救现场视频图像、船舶内部各监控点的视频图像以及钻井平台周围的视频图像，将这些模拟视频图像转换成数字信号，并采用 MPEG-4 或 H.264 标准进行压缩，然后将压缩后的数字视频通过无线网络实时传送到岸上搜救中心的视频服务软件系统，由该软件系统负责视频的接收、处理和发布。监控者可通过局域网或 Internet 登录视频服务软件系统，实时浏览视频图像。遥控船上摄像机云台，对摄像机进行水平 360°、垂直 90°旋转控制以及变焦控制。

（2）项目前期研究及工作基础

①项目前期科研及工作基础

基于多路 CDMA 信道集群技术的船舶移动视频安全监控系统已由大连海事大学研制成功，包括船载视频传输设备和安装在监控中心的数字视频接收、处理和发布软件系统。系统得到了初步的推广，已经在烟台渤海轮渡公司的 7 艘滚装船、威海海大航运公司的 2 艘滚装船以及烟台港航局、重庆港航局等政府管理部门安装使用。系统的传输速率可达每秒 15~20 帧，完全满足海上船舶日常安全管理和事故应急指挥需要。

理论方面，对采用不同方式实现多路 CDMA 集群来增加传输带宽的机理进行了比较研究；对数字图像在公众网内连续清晰传输的实现机理进行了研究；对通过多路 CDMA 通信链路对船上设备进行远程控制的机理进行了研究。在国内核心期刊和国际学术会议上发表与本系统直接相关的学术论文 3 篇。

（3）项目国内外研究现状分析与评价

当前，国内外对陆上固定点附近的视频监控技术已非常成熟，例如，在港口码头前沿安装摄像机（监控进出港船舶），将视频数字化后通过 ADSL 传输至监控中心。原因是宽带的通信系统可以保证视频传输速率。但是，对海上移动目标而言，问题就复杂得多，根本的原因就是船岸间数据通信的带宽受到了严格的限制。目前，国内外海上船舶管理一直是以船舶报告系统和海事 VTS（船舶交通管理系统）为代表，以雷达、高频电话和 AIS（船舶自动识别系统）技术为手段,存在显示不直观(只能将船舶作为一个质点来管理),系统扩展性不强等缺点,在远海则只能以卫星通信来补充,运行费用昂贵。

随着公众移动通信技术的发展,我国近海海域将被很好地覆盖,因其具有成本低廉、通用性好等优势,非常适合用于近海船岸间的信息交换。目前,国内只有包括大连海事大学在内的几家单位在研究如何利用公众移动网络进行海上通信,在传输船舶视频图像方面刚刚起步。国外现有的船舶视频传输系统基本上是针对远洋航行的船舶,采用卫星通信方式,通过船载Inmarsat-F站实现船舶静态图像传输,但由于其费用高,因此较少被采用。当前,欧洲和北美一些国家的沿岸 AIS 基站网络已经基本建成,在沿岸航行船舶的动态监控方面达到了很好的效果,但由于 AIS 通信带宽的限制,不能将其应用于船舶视频的传输。

利用岸上公众通信网络传输船舶视频,非常适合于近海航行的船舶,能够做到真正实时的船舶视频传输,而且通信费用低廉,网络接入简单。此种技术必将成为未来船岸之间信息交换的主流技术。

(4)项目的背景和必要性

近几年,我国海上航运业蓬勃发展,但因为海上环境特殊,缺乏有效的监管技术手段,目前海上安全生产问题已成为制约海运业(特别是滚装船)发展的突出因素,形势严峻。交通部在公路水路交通"十一五"科技发展规划中也把"水上突发事故应急反应关键技术研究"明确作为一个重大攻关专项提出。

传统的船舶动态监控系统是利用船载 GPS 和通信设备(大多是海事卫星 C 站)把船舶航行的动态信息(船位、航速、航向)传输回陆地指挥中心,指挥中心能在大屏幕电子海图上观察到船舶的分布情况、运动轨迹,并能够查询相关信息,实现对船舶进行调度管理等。最近两年来,越来越多的船舶公司、港口企业,特别是海事部门、救助打捞部门、政府交通管理部门,不再仅仅满足于掌握船舶的动态情况,而且要在监控中心或办公室看到船上重点监控点(包括驾驶室、甲板、货舱、车辆舱、机舱等)的视频图像,尤其是在处理船上发生的各种安全事故时。而当前船上能够提供高速船岸通信带宽的设备只有海事通信卫星 F 站(Inmarsat-F),它能在全球范围内提供64 Kbps 的带宽。但是,F 站的设备价格昂贵(约2.5 万美元/台),通信费用高(6.5 美元/分钟),而且 F 站不是船舶必配设备(目前只有少量大型船舶配备),再者,64 Kbps的带宽也不能达到全帧率(25 帧/秒)的视频传输要求。对于海事局所管辖的近岸海域而言,岸上公众移动通信网络的覆盖范围会越来越广、信号会越来越强。因此,利用岸上公众移动通信网络来实现船岸间的数字视频传输的方案是可能的,而且通信费用与 F 站的费用相比微不足道。

(5)项目主要研究内容及开发实施方案

①在天津海上搜救中心所协调的专业救助船上平台以及所辖海域的钻井平台上安装高性能视频采集设备和船载视频传输设备,在岸上搜救中心安装负责视频接收、处理和发布的软件。

②为监控者配备基于电子海图的视频监控客户端软件。

(6)经济与社会效益评估

项目成果将在船舶监控、船舶搜救指挥、海上执法监督、船舶故障远程诊断以及船舶安全防范等方面得到广泛的应用。

7.电子搜救演练子系统建设

(1)项目背景

目前,交通部根据国家有关法律法规和国际公约要求,编制了《国家海上搜救应急预案》和《客船应急反应预案(海上)》《客船应急反应预案(内河)》《航空器海上应急反应预案》《船舶载运危险品应急反应预案》五个支持性分预案。为实现《预案》中规定的工作原则、检验应急组织指挥体系预警和预防机制状况、提高海上突发事件的应急响应速度和处置及后勤保障工作水平,《预案》规定中国海上搜救中心"每两年举行一次综合演习""每年举行一次海上搜救项目的单项演习,并将海上医疗咨询和医疗救援纳入演习内容""每半年举行一次由各成员单位和各级海上搜救机构参加的应急通信演习"。所采取的演习形式主要有桌面演习、功能演习、单项演习、组合演习。

但目前仍存在以下问题:

①演习、演练形式仍然以传统的现场实景、手工推算、实物消耗、物模展示为背景条件,准备时间长,环境影响大。

②人员调动和救助设备部署频繁。

③训练科目单一,没有可塑性,演练程序和救助方式选择性差。

④无法实现最佳搜救方案的及时验证和更新。

⑤巨大的人力、资源和资金的消耗。据初步统计,举行一次综合演习,将花费上百个工作日,经济投入近千万元;即使是进行单项或专业演习,每次的经济投入也在几百万元以上。

⑥因为演习对海上正常交通秩序的妨碍,造成间接经济损失无法估量。

⑦海面险情对参与者的潜在威胁,容易造成现场伤害。

(2)项目建设的必要性

①规定程序并规范动作,丰富演练内容;

②提高部门协调的效率;

③检验预案的正确性,通过模拟训练进一步完善预案,使其更具有针对性;

④利用模拟训练可以进行多次训练,协调相关各部门的关系及配合,并且训练一大批各部门的应急人员;

⑤海上各种险情出现的概率相对较少,而模拟的训练可以重复,并且可让训练人员通过训练掌握应急实际;

⑥建立以计算机模拟仿真技术为核心的海上电子演练系统,使其训练手段简单直观,实现演习险情和场景多重选择,演习难度和强度可调、可控,演习过程具有的可逆性和可重复性,投入经济性和安全性高的特点。

(3)项目前期科研及工作基础(包括国内外研究现状分析与评价)

根据目前掌握的有关文献,电子演练主要应用于作战模拟和军事演习中。

①作战模拟。1954年,美国首先成功地设计出计算机作战模拟模型,这是传统作战模拟向现代作战模拟发展转折的标志。由于计算机的应用,有可能把整个战斗过程中双方兵力兵器构成、战场环境因素和作战指挥决策等因素用各种模型加以表述,并推演整个战斗过程的发生、发展和结局。计算机还可以把较长时间的战斗进程在短时间内模拟出来,并可以进行几乎无限制的重复运算。目前,仅美国军方研制的计算机作战模拟模型就达300余个,小如班、排的进攻战斗,大至国家国防战略、集团军作战,都可在计算机上高效、准确地进行模拟。

②军事演习。近年来,随着计算机技术的发展成熟,电脑模拟军事演习在各国联合军事演习中多有应用。演习全部在电子计算机上进行,没有设置野外实战演练场所,无须投入实际兵力和作战装备。在演习中,士兵们不仅进行了战术演练,而且还进行了战术和战略方面的指挥与控制演练。

(4)项目设计方案

①以电子海图为桌面;以VTMIS(船舶交通管理信息系统)现场交通实况和海上实时的水文、气象条件为背景;以模拟后的海上险情为目标;以现有装备为救助工具,以《预案》规定程序为路径;以《预案》设置的处置方案和现有咨询系统、决策系统、支持系统提供的方案为指令,推演整个搜救事件的发生、启动、处置和结局。

②利用计算机辅助预仿真技术,直观显示演练各环节的情况,并调控演习种类和演习难度。

③针对每种应急预案,确定相关各部门的任务;联系反馈渠道;研究命令下达的路线及最有效果的途径;研究每种预案出现问题时的协调方案及最佳方案;研究各种信息反馈及修订指挥方案;研究计算机实现模拟预案及演练效果评价(见图5-8)。

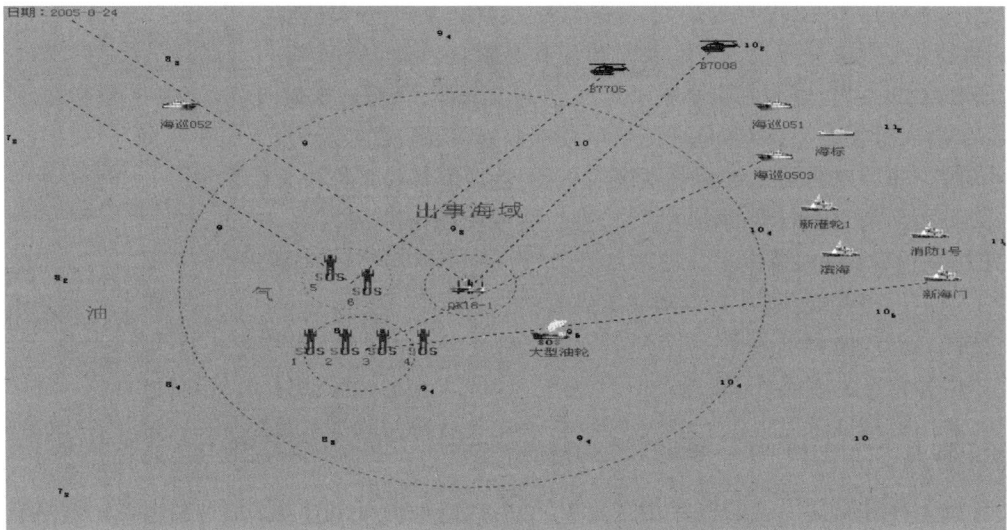

图5-8　电子搜救演练示意图

8.综合信息传输链路建设

建立上至国务院应急办、中国搜救中心、天津市应急委员会、天津市交委,下至北方国际航运中心、天津港集团、临港工业区、中海石油、中散公司等大型港航企业以及天津市搜救中心成员单位的综合信息传输专线,要加强各种现场信息传送链路的建设,以便能够使海上重大公共安全事件的处理更为科学得当,各类资源的配置更为合理有效。在本项目中的各种软硬件的建设中,综合信息传输链路的建设极为重要,必须要确保三网专线的安全。

(二)船舶污染应急与环境监测检验中心建设

1.项目概述

随着天津港的吞吐量的不断提高,导致船舶艘次数增加、船舶专业化和大型化,更加剧了重大污染的风险,海域面临的船舶污染威胁越来越大,发生灾难性事故的可能性也越来越高,最大的污染威胁油类的运输和化学品的运输呈现迅速增长的态势。从 2002 年到 2006 年,天津港的装运危险货物船舶从 6 220 艘次增加到 8 354 艘次、危险货物吞吐量从 1 265 万 t 增加到 3 295 万 t。

在整个滨海新区的发展规划中,涉及船舶防污染和危险货物运输的主要有:

(1)天津港 30 万 t 级油码头和液化天然气超大码头的建设,为国家战略石油储备库和炼化一体化 100 万 t 乙烯工程服务,年增加化学品和油类吞吐量约 1 500 万至 2 000 万 t。

(2)海上油田的发展建设。到 2010 年为止,海上油田的年开采量达到 2 500 万 t 以上,年增加原油运输量 300 万 t 至 500 万 t。

(3)临港工业区的建设。临港工业区作为天津市塘沽区的重大建设项目,将建成海洋化工基地,以进口化学品为主,年增加化学品吞吐量约 500 万 t。

(4)大港集中化学工业区的建设。将增加 5 000 万 t 原油的年运输量。

(5)天津港东疆保税区的建立。东疆保税区作为"先行先试"的重要试验区,将以停靠大型集装箱船舶为主,在大大增加集装箱和散杂类危险货物的运输量的同时,四代以上的集装箱船一般载有 3 000 t 以上的燃油,这些燃油绝大部分是对海洋环境污染危害严重的重质燃油,一旦发生事故,其污染规模和严重性不亚于油船的污染。

此外,2004 年 2 月的压载水管理外交大会上通过了作为独立公约的《国际船舶压载水及沉积物控制和管理公约》,并在 2009 年开始强制性实施。该公约生效后,如何在短时间内采集并检测船舶压载水的性质是现在迫切需要解决的问题。

为适应天津滨海新区开发开放的环境,提高天津港污染应急能力,尽快建立船舶污染与环境监测检验中心,快速检测污染物的物理化学性质并建立数据库,为污染物的溯源分析、应急反应扩散模拟系统和搜救决策系统提供支持,从而解决天津海事局缺乏海洋污染检测能力、技术手段和装备的不足等问题,提高抵御危险化学品污染的能力。

2.项目目标

(1)一期目标

建立船舶污染应急与环境监测检验中心,实现重点水域环境监测、船舶污染物检测、危险化学品检验功能,建立污染物数据库,降低海洋污染对海域环境的污染威胁,解决天津海事局缺乏海洋污染检测能力、技术手段和装备,提高抵御危险化学品污染的能力,对海上交通的环境质量控制与管理提供科学依据及技术支持。

(2)二期目标

进一步提高和完善船舶污染应急与环境监测检验中心的海洋污染检测能力、技术手段和装备,利用中心的硬件设施和技术优势、人才优势,扩大服务的规模、能力和影响力,成为在全国有影响的船舶污染应急与环境监测检验中心。

3.项目设计思路

建设天津海事局船舶污染应急与环境监测检验中心(以下简称"中心"),包括建立实时监测与控制室、中心实验室、海洋污染检测、监督和管理数据库、培训与认证、法律咨询部,专业检测队伍,基本建设和应急装备等。负责船舶污染事故的应急指挥、污染物清除处理、行动辅助决策和日常水域环境监测、船舶污染物检验和危险货物检测与鉴定。

船舶污染应急与环境监测检验中心构成如图 5-9 所示。

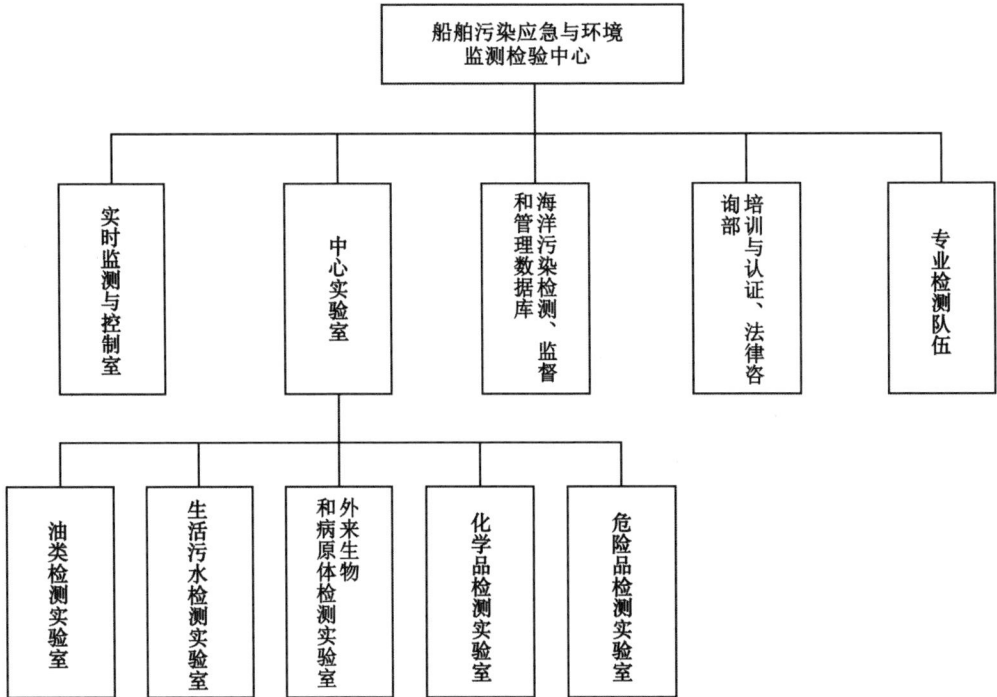

图 5-9　船舶污染应急与环境监测检验中心构成框图

该中心将分期建设,一期以实时监测与控制室、中心实验室以及专业检测队伍的建设为主;二期以海洋污染检测、监督和管理数据库,以及培训与认证、法律咨询部的建设为主。

(1)实时监测与控制室

包括监测点位基站和中心的集中控制室。监测基站应配备自动取样、检测分析、数据传输设备,控制中心应配备大型数据存储设备,并负责汇总各点位的数据并做出统计分析后向上级部门汇报。实时监测与控制室建设的费用主要用于监测点位基站,基站的费用与需要检测的指标种类、数量和要求有关。

(2)中心实验室

实现对船舶污染物进行检验,包括船舶污油水、船舶燃油、船舶生活污水、船舶压载水等;对散装液体化学品的重要指标进行检验;对危险化学品的危险性进行检验。主要建立以下专门实验室:

①油类检测实验室:具有对船舶污油水、燃油等样品的组成、结构的定性、定量分析和各种样品中添加剂的分析测试;油料性能评定;油品理化性能分析;实验仪器和器具的计量鉴定;溢油污染事故的溯源鉴定等功能。

②生活污水检测实验室:具有对船舶生活污水的总磷、氨氮、色度、悬浮物、生化需氧量、总氮等指标进行检测,满足国际公约要求的功能。

③外来生物和病原体检测实验室:建立对船舶压载水等中的外来生物和病原体进行快速、准确的检测和鉴定的方法体系,并实现外来有害生物的风险模拟、风险评估、入侵预测预报及风险分级理论和定量分析模型等。

④化学品检测实验室:进行化学品的环境生态效应、环境毒理学、环境安全性评估技术与理论方法以及环境分析测试新技术和新方法的研究与开发,为化学品和环境样品的理化性质、生物系统效应、降解与蓄积特性提供高质量的测试数据。同时面向社会提供高质量的环境分析和环境毒理测试数据。

⑤危险品检测实验室:具有承担危险品和船舶污染物的检测、分析和鉴定的作用,为全国水上危险货物运输安全、防治船舶污染和应急处理危险货物事故提供技术服务的功能。

(3)建立海洋污染检测、监督和管理数据库

建立包括海洋污染历史数据、污染源分类、性质和海洋污染应急预案等信息,在内的海洋污染检测、监督和管理数据库,对现有海洋污染检测数据实行统一管理,以便能够根据污染现场提出针对性的应急检测方案,保证检测工作高效、有序地进行。该数据库将为搜救决策支持系统、海上污染物监测及决策系统提供数据支持。

(4)培训与认证、法律咨询部

负责对相关国际公约、规则及国内法律、法规的研究、对溢油应急处理技术的研究,并负责处理在污染应急中的法律问题;负责中心的培训和对社会的认证工作,拥有独立的船舶防污染培训中心,具有现代化的培训设备和手段,可对海事管理机构人员、船舶污染物接收处理人员和船舶污染事故应急人员进行有效的培训。同时中心还将拥有对船舶燃油供应、船舶污染物接收处理单位进行认证认可的能力,并辅助进行污染事故的索赔工作。

(5)建立专业检测队伍(专职和兼职)

负责为各级政府、海事管理机构以及海洋污染事故应急与环境监测检验部门提供决策支持和技术咨询;为海事管理部门的调查取证、监测鉴别、损害评估等事故处理工作提供技术支持,履行海事管理机构代表国家进行污染索赔的职责。

(6)基本建设

建设中心本部、海河污染应急基地和东疆快速应急基地。

(三)天津海上搜救快速反应基地建设

1.项目概要

随着天津国际航运中心的建设的不断加速,港口交通流量和危险货物吞吐量的大幅度增加,港口经济安全、海上人命安全及环境安全受到严重威胁。建设天津港海上搜救应急快速反应基地,提高天津海上搜救能力,特别是快速反应能力尤为迫切。按照上述目标进行设计,基地建设内容包括:清除污染应急设备库、快速及多功能应急船艇、应急船艇靠码头泊位、停机坪、陆上交通工具、通信工具、值班室等。

2.项目建设的必要性

第一,项目建设是《国家突发环境事件应急预案》及《国家海上搜救应急预案》等的要求。在国家的应急预案中,明确规定了各级政府在应急反应中的责任,要求各级政府建立在各类应急事件中的反应机制,包括应急预案、人力、物力等。天津市政府已经建立了各种应急事件的应急预案,但在基地建设和装备配置上明显不足。

第二,确保港口安全是天津市发展的核心,是天津临港工业区发展的基本保障。由于天津港航道的特殊性,随着港口货物吞吐量的大幅增加,船舶交通流量也会急剧增加,在"Y"字形航道的交汇处发生事故的可能性显著增加;在未来增加的船舶种类中,以油船、客船、化学品船

及集装箱船为主,它们的安全隐患和救助难度有所加大。

第三,应对天津港危险货物吞吐量大幅度增加所带来的风险。随着国家经济的快速发展,天津港的吞吐量不断提高,危险货物的运输量大幅度增长。根据《天津海事局"十一五"发展规划》预测,在"十一五"末,天津港口的石油进口将突破5 000万t。随着天津滨海新区千万吨级炼油工程、百万吨级乙烯工程以及临港工业区各类石化项目的建成投产,原油及石化产品的吞吐量将成倍增长。另外,天津港大型液化天然气专用码头、临港工业港区航道和相关码头建设已启动,带来了巨大的海域污染风险。

第四,海洋污染风险源增加。渤海海域已探明原油储量超过90亿t。根据《中国海洋石油有限公司天津分公司"十一五"发展规划》,渤海海域将至少再建设油气田9座。随着渤海海域石油大开发的进行,各种海上活动日趋活跃,载运危险品船舶和相关作业船舶流量将大大增加。

第五,总结天津海事局辖区事故教训,增加应对海上事故的能力。多年来,交通部和天津市人民政府对天津港船舶污染应急基础设施方面的投入基本为零,海事管理机构只能依靠社会力量来抵御船舶污染,极大地制约了天津港污染应急能力的建设和发展。一旦再次发生类似"塔斯曼海"轮溢油规模的污染事故,天津港将可能出现无能为力情况。

第六,借鉴国外的经验。国外高风险港口或附近一般设有应急反应基地,以美国夏威夷为例,它们成立有"夏威夷溢油反应中心"。在其下设有 Hilo、Kawaihae、Kahului、Kaumulapau、Kaunakakai、Barbers Point、Honolulu Harbor、Kahe Power Plant、Kalaeloa、MCBH Kaneohe、OSRV Clean Islands、Response Van、Hawaii Oil Spill Response Cente、Nawiliwili、Port Allen 等15个设备库。各库内所有的设备在种类、性能和数量上均与本港条件相适应。

3.项目建设基本原则

(1)快速反应原则

主要考虑缩短应急航行距离、提高救助船舶速度、与应急装备库的距离缩短、水域环境整洁等因素。

(2)重点监管原则

按照"以人为本、保护环境、兼顾财产"的监管次序进行建设。基地选址应尽量靠近事故多发区、交通密集区、客轮码头、油轮和危险品码头、易影响整个港口生产航道或航段地点等区域。从目前天津港口规划来看,快速反应基地建在东疆"Y"字形航道入口处为宜(或安排在东疆港岛东侧)。

(3)规模适度原则

按照可能出现的险情规模和种类配置救助力量;按照国家标准和国外类似规模、特点港口配置配套设备;按照可移动设备需求确定基地码头、库房及附属设施规模和技术标准。

4.项目建设的主要内容

(1)应急设备库。配备的设备等能够应对100 t溢油及中等规模的化学品污染事故。

(2)多功能快速反应船艇靠泊码头。满足多功能快速反应船艇安全靠离泊要求。

(3)直升机停机坪。满足直升机安全起飞及降落的要求。

(4)配套用房。

(5)陆上交通工具。

(四)多功能海上搜救船艇建造

1.建造多功能海上搜救船艇的必要性

目前,如美国、日本、欧洲等许多发达国家和地区在海上海难救助和防止海洋水域遭受油类和化学品污染方面,均设有专业的海上救助船队,救助船艇已经形成集海上遇险人员救助、遇险船舶拖带、消防等多功能于一体的多功能救助船,具有在复杂、恶劣海况下作业的能力,快速、灵活、机动,从而可显著提高海上救难的效率,最大限度地减少损失。天津市海上搜救中心自成立之时起,始终面临海事监管和专业救助力量严重不足的问题。天津管辖水域只有一条60米巡逻船可用于海区巡航工作,该船船龄21年,抗风等级6级,已到报废年限;北海救助局在渤海中西部水域只有一条2 600匹马力拖船职守;仅靠上述两条船舶根本无法承担日益繁重的海区安全监管和搜救工作。目前,日常工作均主要依靠社会力量完成,由于经费的制约,天津市海上搜救中心已经面临难以为继的局面,这与国家对天津滨海新区和天津港作为北方国际航运中心的定位是极不相称的。因此,从避免以往造船功能单一,无法完成多功能任务和节省经费的需求出发,建造一艘多功能船舶已成为解决天津港和滨海新区海上安全保障问题的当务之急。通过与国际海运发达国家所拥有的救助船舶技术性能和价格比较,提出下述方案。

2.设计方案

能够用于海上搜救指挥、人命救助、消防、污油回收、拖带、破冰等用途的多功能海上搜救船艇(如图5-10所示),推荐船型及各项技术参数:

船型:为横骨架式、单甲板、双机双桨钢质海船

航区:近海

主要技术参数:

总长:45 m

型宽:13.4 m

型深:6 m

吃水:4 m

排水量:800 t

主机功率:2×3 000 kW

定员:12人

吊机能力:5 t

抗风能力:9级

用途:DAMEN 4513是一种现代化的双螺旋桨船艇,该船可被有效地用于各种沿海或深海操作。其基本功能包括:灭火、起吊操作、污染控制、浮标操纵、海难救助、辅助潜水、破冰拖带等。

此外,该船还可被定制用于特殊用途。

结构:重载结构。优点是从驾驶室望出视野不受阻碍、操纵性和稳性良好、高效结构布置、海上航行能力强。

设计:该系列船艇均采用钢制建造并符合标准设计。前甲板上宽敞的上层建筑可供12名船员生活起居使用,前后甲板均十分宽敞。两个船舶柴油机,总功率自4 400~9 300 bhp不等,各自为一个固定螺距的螺旋桨提供动力。该船的双舷缘线船体和上层建筑是专为承载重

图 5-10 多功能海上搜救船艇示意图

型设备而设计的。12 mm 厚的船壳板,重型护舷材以及横肋骨和纵向构架的混合结构使船舶能够承受巨大的冲击力。对船体设计的特殊重视确保该船具有极好的稳性和可操纵性,此种设计已达到了劳埃德船级社和法国船级社等国际上著名船级社的设计要求。

操作:良好的可操作性,高效的结构布置和可在驾驶台控制的推进装置,所需船员较少。

舱室:出于安全的原因,船体被分隔成 8 个水密舱室:艉尖舱和舵机室;压载舱;燃油/压载舱;机舱和多个底舱和边舱;辅机室;淡水舱;空舱和锚链舱;艏尖舱和压载舱。

甲板:上层建筑和舷墙被布置在舷内以防靠舷侧受损,并设有宽敞的舷梯通道。在前甲板一个凸起的舱口围板上,设有一个起锚机、一个拖缆桩和一个应急舱口。后甲板为甲板承重和操作设备提供了足够的空间。设有一个重型横梁拖缆桩、舵机室进舱口和嵌入式机舱口。为了达到消防目的,还可以在驾驶室顶端安装一个监控平台。

机舱:推进柴油机,反向变速箱/减速箱和辅助柴油机均被安装在一个经过加强后的底座上以减轻船体摇动。主机、变速箱和螺旋桨轴被排成一线安装。所有的机器都有一个中间冷却系统,可供在酷热的条件下使用。

保养:由于该船使用了高质量的材料并采用了可确保所有设备性能达到最优的高效布置,因此该船的维修率被降至最低。

3.可行性

目前,如美国、日本、欧洲等许多发达国家和地区在海上海难救助和防止海洋水域遭受油类和化学品污染方面,均设有专业的海上救助船队和救助飞机。救助船艇已经形成集海上遇险人员救助、遇险船舶拖带、消防等多功能于一体的多功能救助船,具有在复杂、恶劣海况下作业的能力,快速、灵活、机动,从而可显著提高海上救难的效率,最大限度地减少损失。

三、经济和社会效益评估

1.经济效益

经多方考察、调研和评估,本综合项目论证中所包含的各项工程建设和高新技术研发,具有良好的经济效益前景。

天津市海上搜救应急体系系统,能够使海上遇险船舶或人员搜救、海洋环境保护这一与人命生存和社会发展攸关的大事的决策过程得以系统化、科学化和智能化,能够有力地保障海上人命安全、财产和环境安全,必将为天津滨海新区建设发展带来重大的经济效益。

本项目的研究成果将与其他国产硬件设备集成,形成具有自主知识产权的海上突发事件应急系统产品,满足国内市场的需求。通过成果的产业化应用,将有力提升相关软硬件产品开发、生产和服务企业的竞争能力,扩大市场份额,将直接产生巨大的经济效益。

2.社会效益

本综合项目建设的社会效益更加突出,具体体现在促进天津滨海新区建设发展和北方海区安全监管整体水平的发展,特别是在海上人命救助、防止环境污染、减少事故经济损失以及维护社会稳定等方面取得显著的成果和社会效益。

通过本系统的实施,将有效提升我国海区海上人命救助和船舶污染事故应急反应能力与整体技术水平,加强和改善投资环境,维护国家权益和形象,提高我国在国际海事组织中的地位和作用。

本系统的实施还将改善执法质量,提高职能部门威信;为海洋治理、规划、开发提供科学的数据资料。

四、结论

(1)本项目方案从多方面、多视角论证了保障海上通航安全、保护海洋环境、保证天津港安全运营的多项举措,其理论是先进的,方法是可行的。该方案为交通部具体落实国务院加快推进天津滨海新区建设的战略部署、提升天津海事搜救能力提出了具有可操作性的意见和建议。

(2)本项目方案的实施可以使天津市政府交通主管部门和海事部门能够按照国家建设法治型、责任型、服务型政府的要求,更加关注民生、关注生命、关注环境;也可以使海事部门能够充分体现监管立体化、反应快速化、执法规范化、管理信息化。

(3)通过建设全方位覆盖、立体监控、快速反应的海上监控、搜救体系,必将使天津海事管辖水域的海上交通安全预控、监管能力明显加强,通航环境和航行秩序明显改善,海上交通事故和污染事故率明显下降。

(4)本项目所需建设的四个分项目具有密切的系统性和组合性,从信息化建设、基础设施建设到现代化装备的建设,它们相互依存、相互作用、环环相扣、缺一不可。因为只有如此配备才能充分体现其综合能力,才能符合发展又好又快的基本原则。

(5)本项目拟建的四个分项目均将采用当代先进的技术理念和成熟的技术产品,特别是在较好的外部环境基础(包括部、市两地领导机关的支持)和技术基础上(包括已经取得的各项科技成果)进行这种开发和建设,具有完全成功的把握,并能够达到国内领先、国际一流的水平。

第三节

天津海上搜救应急指挥中心建设方案的探讨①

一、天津滨海新区的建设概述

继长江三角洲、珠江三角洲经济圈大展活力之后,环渤海经济圈正加速崛起,尤其是依托京津冀的滨海地区,已被确定为国家经济发展第三极,在 2010 年左右,成为我国经济板块中乃至东北亚地区极具影响力的经济隆起地带。环渤海地区拥有 5 600 km 海岸线,60 多个大小港口,全国 7 个亿吨大港中有 4 个集中在此,是我国北方最大的集装箱海运中心,也是我国货物吞吐量最大的地区,其经济总量约占全国经济总量的 20%。

天津港在滨海新区的发展建设中占据着十分重要的战略地位,根据天津港"十一五"发展规划,天津港计划投资 367 亿元加快港口建设,2010 年吞吐量突破 3 亿吨,集装箱达到 1 000 万标准箱,港口等级达到三十万 t 级,在新一轮发展中,天津港港区面积从 30 km² 逐步扩大到 100 km²,建设集装箱物流区和散货物流区,加快建设二十万吨级深水航道、大型集装箱泊位和三十万吨石油码头,届时天津港将建设成为世界一流大港和北方国际航运中心。图 5-11 为天津港货物及集装箱吞吐量增长趋势图;表 5-2 为天津港吞吐量总体规模及预测表。

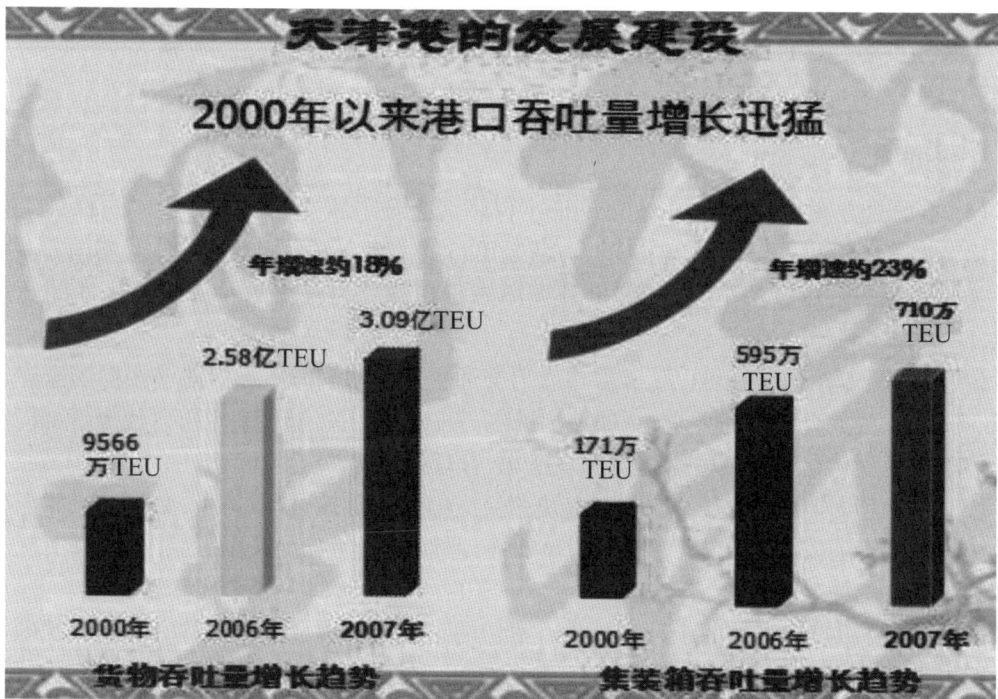

图 5-11　天津港货物及集装箱吞吐量增长趋势图

---

① 本节内容时间节点为 2008 年。

表 5-2　天津港吞吐量总体规模及预测表

单位:万 t/万 TEU(TEU:20 英尺换算箱)

年份	货运吞吐量	集装箱
2006	25 760	595
2007	30 900	710
2009	40 000	1 100
2015	55 000	1 800
2020	70 000	2 800
2030	90 000	4 000

　　另外,渤海海域又是我国海洋石油及天然气资源比较丰富的地区之一,已探明的石油地质储量约 90 亿 t。"十一五"期间,是渤海油田高投入和高产出的时期。

　　随着海上船舶交通流量的大幅增加,船舶交通事故率也在同步上升。仅 2005 年我局辖区水域就发生各类水上交通事故 29 起,其中大事故 1 起、一般事故 6 起、小事故 23 起。事故种类分布为:碰撞事故 13 起,触损事故 9 起,搁浅事故 4 起,火灾事故 2 起,其他事故 1 起。同时随着渤海石油开发的日益发展,其所占用的通航水域范围越来越大,特别是以天津港为基地的中海油开发总公司日趋活跃的海上活动,对海上交通安全和环境安全的压力越发沉重。可以说,渤海水域是我国海上交通事故和污染事故发生隐患最大的区域之一。表 5-3 为天津海事局辖区搜救数据统计表。

表 5-3　天津海事局辖区搜救数据统计表

类别/年份	搜救行动	遇险人员	获救人员	救助成功率	沉船
2004	18 起	42 人	38 人	90%	无
2005	18 起	119 人	116 人	98%	2 艘
2006	16 起	259 人	259 人	100%	7 艘
2007	25 起	224 人	205 人	91.3%	5 艘

　　据此,海事部门需要引进和运用最先进的管理手段和理念,不断提高信息化、数字化管理水平,努力实现"监管立体化、反应快速化、执法规范化、管理信息化"的目标,而作为加快落实提升天津海事搜救能力的关键环节,"天津搜救应急指挥中心建设"项目建设势在必行,而前期的技术研究则必不可少。

三、指挥中心建设的基本设计思路

1.主要任务:

(1)完成各类监控手段的集成;

(2)完成电子值班模板软件开发;

(3)完成电子搜救演练系统的植入;

(4)完成安全通信虚拟电台的建设;

(5)完成海事、海油电子信息共享;

(6)搭建海上搜救辅助决策系统平台。

2.指挥中心信息系统建设的基本要求

（1）实现现有科技手段的有效转接

①转接 VTS（虚拟训练空间）中心雷达、水文气象及船舶数据处理系统等相关数据；

②转接北方海区 AIS（船舶自动识别系统）信号及相关数据；

③安装 AIS 轨迹回放分析、特定区域 AIS 流量查询、统计、报警、虚拟航标设置以及 AIS 信息自动播发等应用软件；

④接入海测大队验潮站信息；

⑤接入小型施工船舶监控信息；

⑥接入移动车、船信息；

⑦接入船舶签证、危险品申报与签证信息。

（2）实现遇险信息接处警的专业化管理

①研制开发电子搜救演练子系统，完成与本系统电子海图的连接；

②研制开发搜救值班电子模版子系统应用软件，实现遇险信息接处警的智能化并能体现较高的专业化水平。

（3）实现基础数据与应急信息综合处理

相关数据库的开发研制与综合利用（逐步实现）

①船舶数据库：国内外船级社的船舶信息、交通部海事局船舶登记数据、交通部海事局船检数据库信息转换；

②水文气象数据库：天津市专业气象台、渤海石油平台、VTS 中心、海测大队、国家海洋局；

③船员数据库：本局与国家船员库数据接转；

④通航环境基础资料的更新与录入；

⑤搜救单位、专家、应急物资等静态资料库的收录和建立；

⑥转接中海油应急指挥中心信息并做相应信息回馈；

⑦接入溢油漂移与人员漂移分析软件。

（4）实现基本数据的自动录入、统计并形成报表

在进行搜救值班电子模版子系统应用软件的研制开发的同时，要考虑实现日常搜救工作的重要数据项的自动录入、自动统计功能并最终形成报表。

（5）实现搜救应急方案择优选择

在完成电子搜救演练子系统研制开发项目的基础上，结合基础数据库建设和信息源的进一步完善，初步实现搜救应急反应预案的自荐启动和现场搜救方案的择优选择。

3.应完成的具体目标任务

（1）采用基于数据交换平台数据整合技术，实现各种海事应急指挥相关信息资源的整合，形成天津海上应急指挥数据库信息平台，为海上应急指挥业务提供统一的数据访问接口、全面的基础数据信息，形成高效灵活的数据应用环境（如图 5-12 所示）。

（2）基于电子海图平台和应急指挥数据库信息平台；集成海上溢油漂移和落水人员漂移数学模型、电子搜救演练模块。

开发电子搜救值班模板软件系统，实现海上应急指挥信息的综合、快速查询，高效、准确和动态的海上施救目标定位和监控。

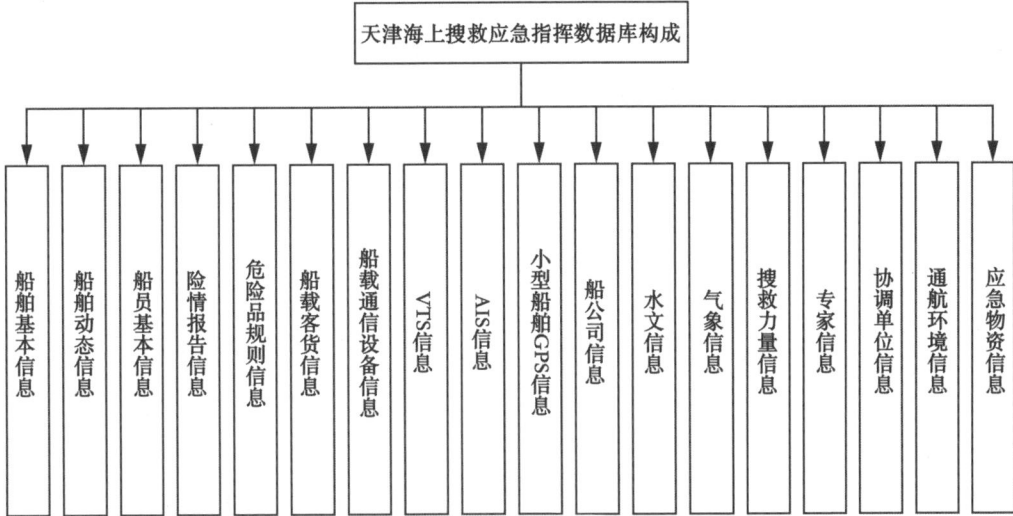

图 5-12 天津市搜救应急指挥数据库构成图

（3）集成各种海事通信技术，建立海上应急指挥安全通信系统，把现在搜救值班指挥人员面对的各种语音电话、视频等繁杂的终端设备或系统整合成集成化的操作坐席和显示终端，为应急指挥人员日常值班、接警、分析处理、制定方案以及领导会商、组织搜救等工作提供集成的操作界面和工具，进而实现对各种搜救力量和遇险船舶的快速、高效联动指挥。天津市海上搜救应急指挥中心系统示意图如图 5-13 所示。

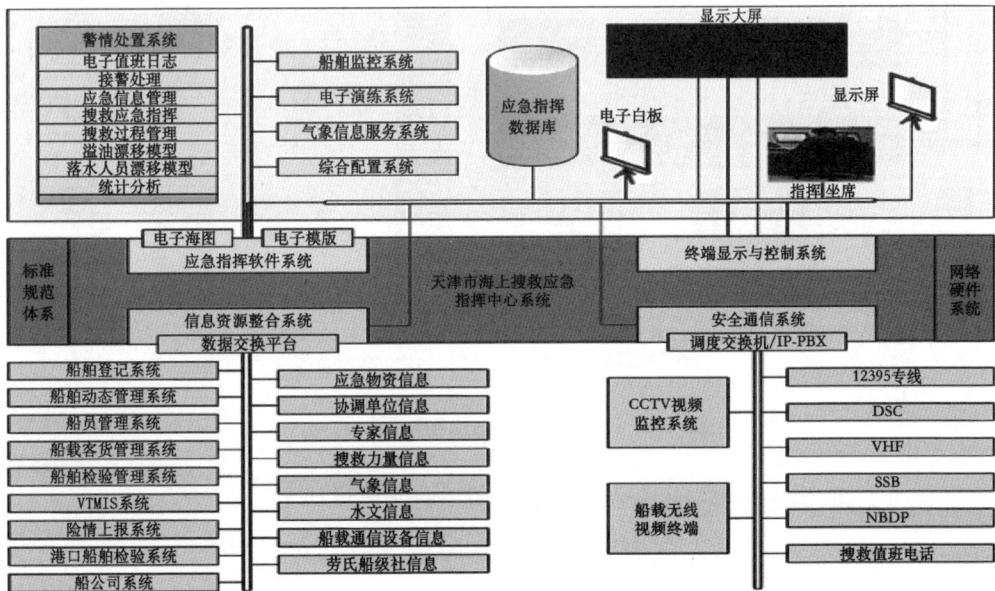

图 5-13 天津市海上搜救应急指挥中心系统示意图

四、实现设计思路的技术手段

1.已研发成功的 VTMIS(船舶交通管理信息系统)系统

2005—2006 年由天津海事局和北京东方网脉公司共同开发研制的我国第一代 VTMIS 系统已完成并投入使用,该系统目前已实现了 REDAR、M/H、AIS、VHF(甚高频)、可视电话等信息的集中显示与处理,在实践中得到很好的应用,基本实现了在一定范围内的船舶安全监控与遇险救助的"可视化",具备了作为搜救应急指挥中心的主要技术手段的能力。

2.现有的安全通信系统

在与通信中心现有的设备联通并转接其功能的前提下,可实现对 12395 专线、搜救值班电话、其他普通电话、传真、MF/HF、VHF、SSB(单边带)等有无线通信手段的接入,实时自动录音并可对已接入的各类通信手段进行统一调度和指挥。另外还可实现对 DSC 报文、NBDP 报文和 NAVTEX 报文的接收和解析。作为海上搜救应急的基本技术手段安全通信系统责无旁贷。安全通信系统逻辑结构示意图如图 5-14 所示。

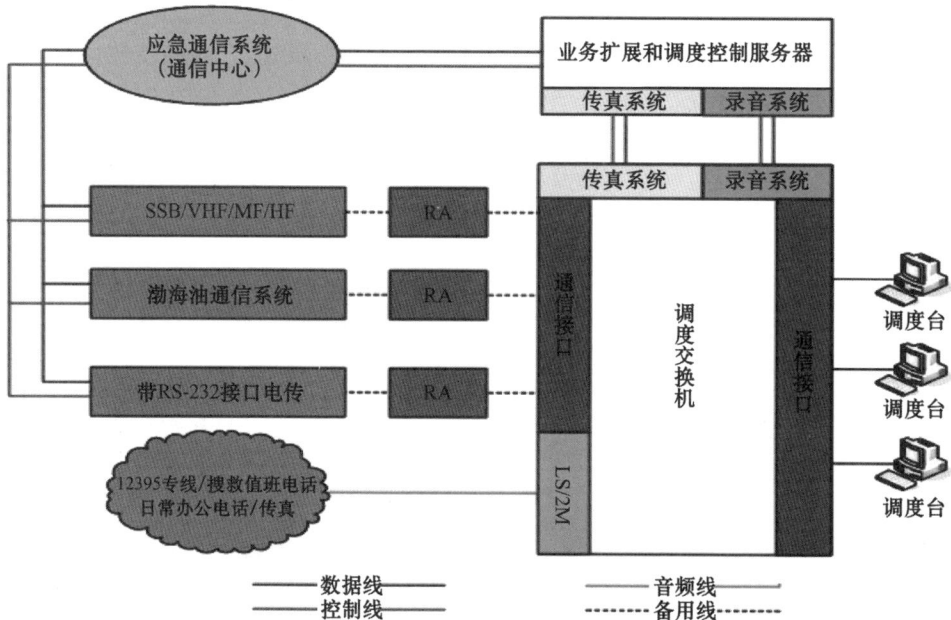

图 5-14 安全通信系统逻辑结构示意图

3.需配置的终端显示与控制系统(如图 5-15、图 5-16 所示)。

图 5-15　终端显示与控制系统(操作员坐席)

图 5-16　终端显示与控制系统(DLP 显示墙)

4.多媒体管理系统与电子海图的配置

（1）根据实际需要，多媒体音视频系统应予以配置并应具有音视频调度、图像监控、搜救会商、数据处理等多项功能。多媒体管理系统逻辑结构示意图如图5-17所示。

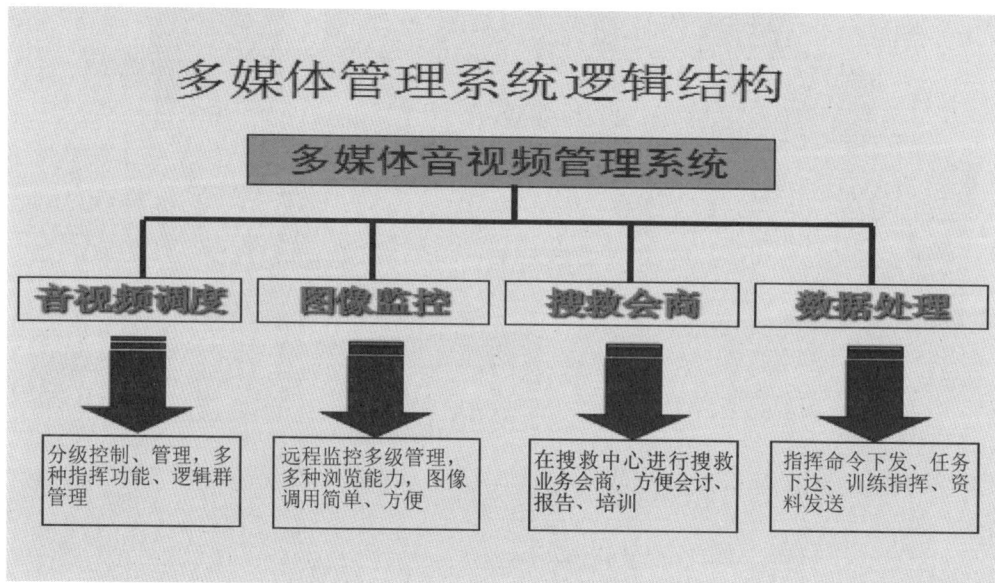

图5-17　多媒体管理系统逻辑结构示意图

（2）电子海图应能兼容IHO S57矢量海图和C-MAP公司的CM93/3（CM93第三版）矢量海图,还能兼容英国航道测量局（UKHO）的光栅图和我国海军航海保证部出版的中版VCF数字海图以及交通部海事局出版的中国港口图。

海事风险的预防与处置

第六章

第一节

海事风险的产生、防范与应急处置①

一、海事风险发生的诱因

1. 船舶流量、货物吞吐量逐年递增

随着我国经济的快速发展,港口吞吐量和船舶流量不断增加,目前每年航行于中国沿海水域的船舶已达 400 多万艘次,其中各类油船超过 16 万艘次。随着船舶大型化的趋势(如图 6-1 所示)日渐明显,水上交通安全面临严重的威胁,船舶碰撞和油污风险不断增加。

表 6-1　2015 年全国主要沿海港口货运吞吐量统计表

	货物吞吐量(万 t)	外贸货物吞吐量(万 t)	集装箱吞吐量(万 TEU)
宁波舟山港	88 896.02	42 156.55	2 062.90
上海港	71 739.62	37 797.14	3 653.70
天津港	54 051.30	29 852.38	1 411.10
广州港	50 053.01	11 868.50	1 739.66
青岛港	49 700.00	32 800.00	1 743.56
唐山港	49 285.00	27 484.00	15.22
大连港	41 481.89	13 022.60	944.86
营口港	33 849.00	7 903.62	592.25
日照港	33 707.36	21 096.06	281.14
烟台港	33 027.36	9 118.74	245.22
秦皇岛港	25 308.90	1 568.90	50.08

---

① 本节内容时间节点为 2017 年。

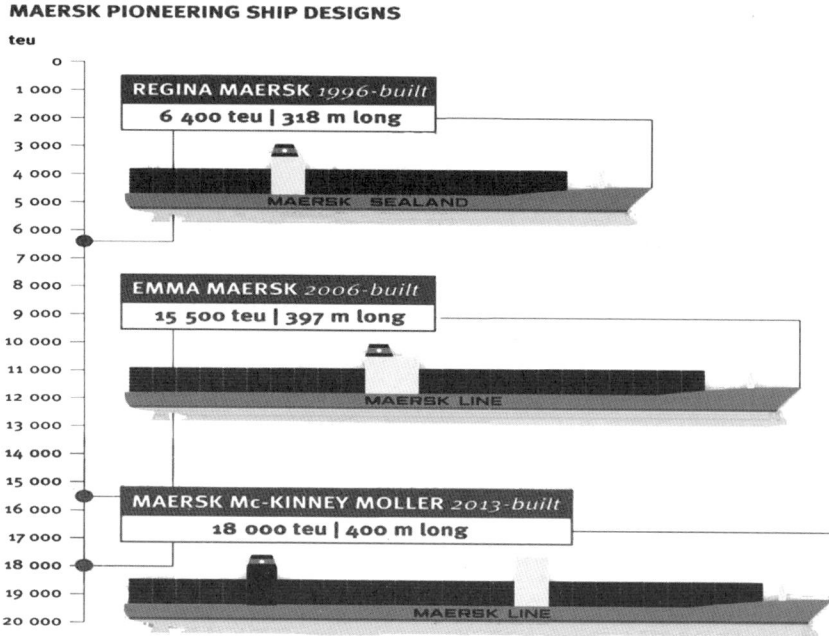

图 6-1　船舶大型化趋势示意图

图 6-2 为"中海木星"轮,长 366 m,宽 51.2 m,深 29.9 m,满载 14 100 TEU。

图 6-2　超大型集装箱船舶"中海木星"轮

"ELLY MAERSK"轮(如图 6-3 所示)是当时世界上最大的集装箱船舶,长 397.7 m,宽 56.4 m,深 30.2 m,吃水 16 m,满载 15 550 TEU。

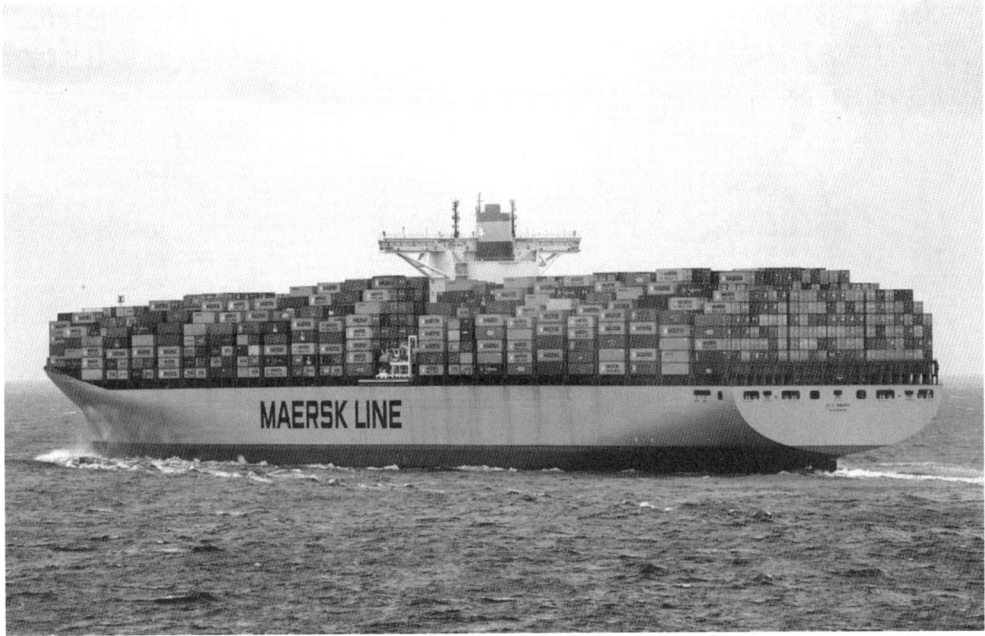

图 6-3　超大型集装箱船"ELLY MAERSK"轮

"美景马士基"轮（见图 6-4），船长 400 m，宽 59 m，可装载 18 000 TEU 集装箱，2013 年 7 月 2 日启航，成为当时世界上最大的集装箱船。

图 6-4　超大型集装箱船"美景马士基"轮

"中海环球"轮(见图6-5),船长400 m,宽近60 m,船体大小超过4个标准足球场。该船打破了目前世界最大集装箱船的纪录,比2014年7月底停靠天津港的"美景马士基"轮更大,能一次运送19 100个标准集装箱。

图6-5　超大型集装箱船"中海环球"轮

"巴西淡水河谷"轮(见图6-6、图6-7)为40万t超大型矿石运输船,总长360 m,型宽65 m,型深30.4 m。

图6-6　超大型矿石运输船"巴西淡水河谷"轮

图 6-7　超大型矿石运输船"巴西淡水河谷"轮靠泊

据专家预测,未来还将建造 20 000~24 000TEU 集装箱船舶,预计船长 430 m,宽 62 m,吃水仍维持在−16 m。巨无霸集装箱船效果图如图 6-8 所示。

图 6-8　巨无霸集装箱船效果图

船舶流量大幅增加的外在因素:

①世界船队大型化趋势的高速发展,需要港口配置起重量大、工作效率高的装卸机械;

②目前,浮吊的最大起重量达到 8 800 t;

③龙门起重机的最大起重量可达 3 500 t;

④世界发达港口矿石和煤炭装船单机台时效率已分别达 1.6 万 t 和 1 万 t;

⑤集装箱装卸桥台时效率达 60 箱;

⑥而且,更大型、更高效的设备还在研制过程中;

⑦其结果:船舶周转率大大提高,交通流频度加快。

全国港口码头泊位基本情况:

①2015 年年末全国港口拥有生产用码头泊位 31 259 个(其中万吨级及以上泊位 2 221 个,沿海港口生产用码头泊位 5 899 个)。

②内河港口生产用码头泊位 25 360 个。

③全国万吨级及以上泊位中,专业化泊位 1 173 个,通用散货泊位 473 个,通用件杂货泊位 371 个。

④2012—2015 年,我国沿海港口投资均在 900 亿元左右。

我国沿海港口建设投资变化(亿元)趋势图如图 6-9 所示。

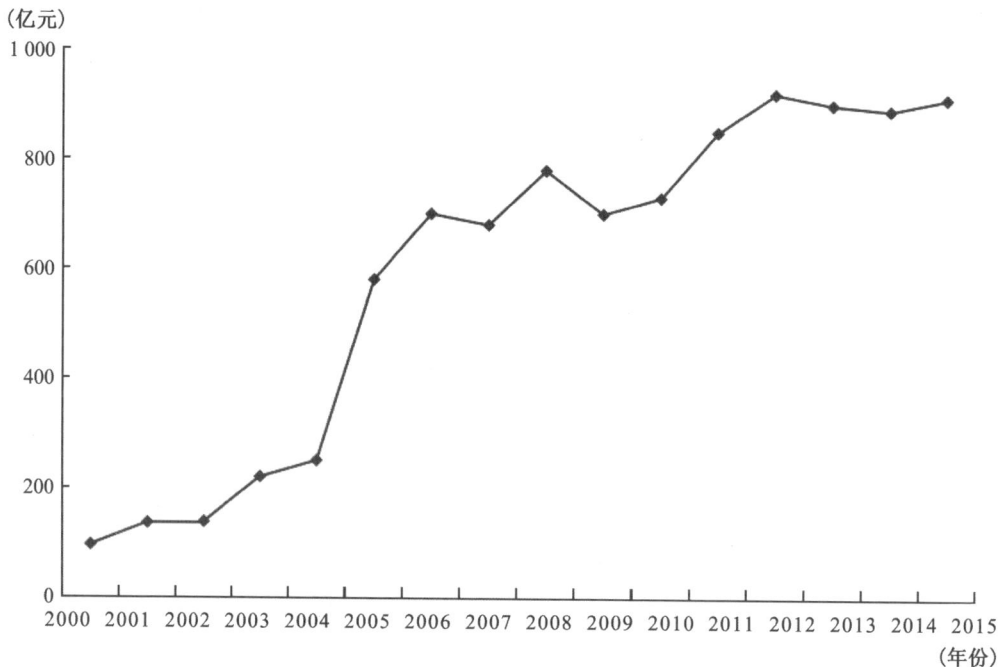

图 6-9　我国沿海港口建设投资变化(亿元)趋势图

目前港口扩建填海造陆工程也在如火如荼地进行,如图 6-10 所示。

图 6-10　港口扩建填海造陆工程

同时,大量的涉水工程带来密集的施工船舶流量,如图 6-11、图 6-12 所示:

图 6-11　密集的施工船舶

图 6-12 密集的施工船舶

　　除了港口建设,渤海海上油气田建设也在蓬勃发展,其中,油气田 28 块,FPSO 6 艘,油气井 1 000 余口,采油平台 60 余座,如图 6-13 所示。

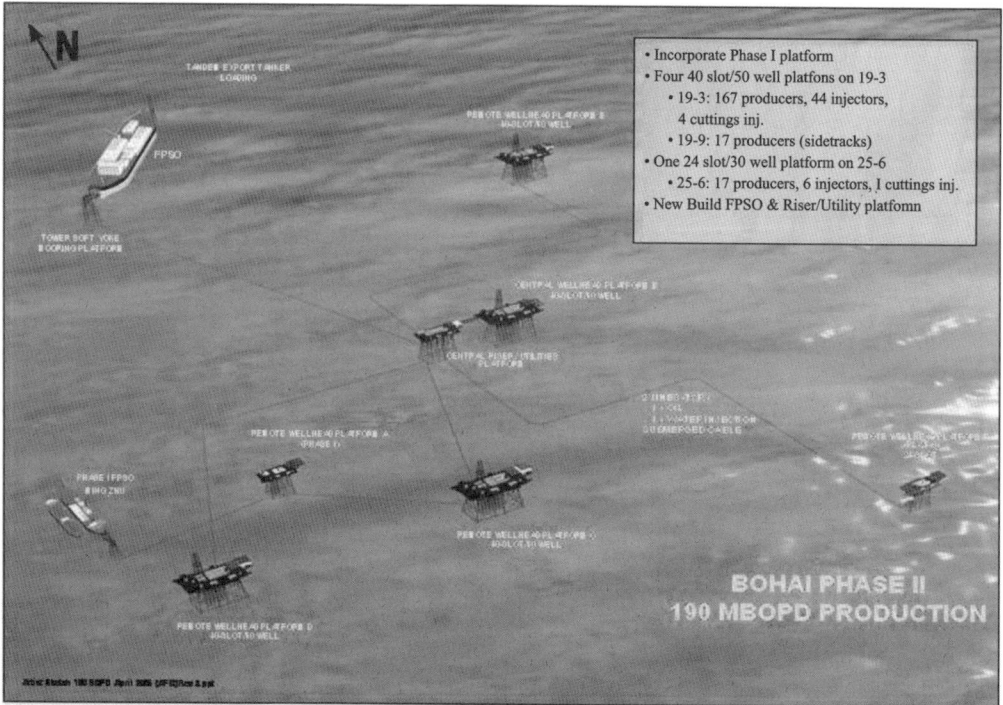

- Incorporate Phase I platform
- Four 40 slot/50 well platfons on 19-3
  - 19-3: 167 producers, 44 injectors, 4 cuttings inj.
  - 19-9: 17 producers (sidetracks)
- One 24 slot/30 well platform on 25-6
  - 25-6: 17 producers, 6 injectors, I cuttings inj.
- New Build FPSO & Riser/Utility platfomn

BOHAI PHASE II
190 MBOPD PRODUCTION

图 6-13 渤海海上油气田分布图

海上钻井平台如图 6-14 所示。

图 6-14　海上钻井平台

二、防范海事风险的手段

截至 2012 年 1 月,我国沿海和长江干线已建成 41 个 VTS 中心、180 个雷达站。沿海重要水域和主要港口基本实现雷达链状覆盖,在长江干线航段基本实现全方位安全监管,建设投资达 20 亿元人民币。到 2015 年年底,我国沿海和长江干线已形成 56 个 VTS 中心、275 个雷达站的总体布局规模。下面以天津海事局船舶交通系统为实例进行介绍。

目前我国海事网络 AIS 建设已经初具规模,共建成 5 个水系管理中心和 249 座基站,实现了内河与沿海 AIS 岸基网络系统的互联互通。

我国海事船艇的配备也具有一定的数量。我国相继建造了各类专业船舶 1 037 艘,其中,海事巡逻船 930 艘,航标测量船 107 艘。大型巡航救助船"海巡 31""海巡 01"、60 m B 级巡逻船和中型溢油回收船已相继列装。

另外,交通运输部通信中心还在北京建立了海事卫星地面站、国际搜救卫星北京任务控制中心等船舶遇险报警和通信设施以及 LRIT(船舶远程识别与跟踪系统)数据处理中心。并建成 18 个数字选呼岸台(DSC),在全国 38 个主要城市开通了水上搜救专用报警电话"12395"。

交通运输部救捞局在沿海还设有 3 个专业救助局、3 个专业打捞局和 4 个救助飞行队,下设 21 个救助基地、77 个动态待命点和 7 个救助飞行基地,共布置了 59 艘专业救助船舶和 11 架救助飞机。航拍天津港如图 6-15 所示,海上各类巡逻船艇如图 6-16 所示。

图 6-15 航拍天津港

图 6-16 海上各类巡逻船艇

三、消除风险采取的措施

2006 年 5 月,国际航道标志协会(IALA)在 O-134 建议案中提出:

"成员国应使用 IALA 关于港口及受限制水域风险管理工具对其所辖水域进行碰撞和搁浅风险评估,并将该评估作为其决策过程的一部分。"

IALA 风险管理指南之管理过程如图 6-17 所示。

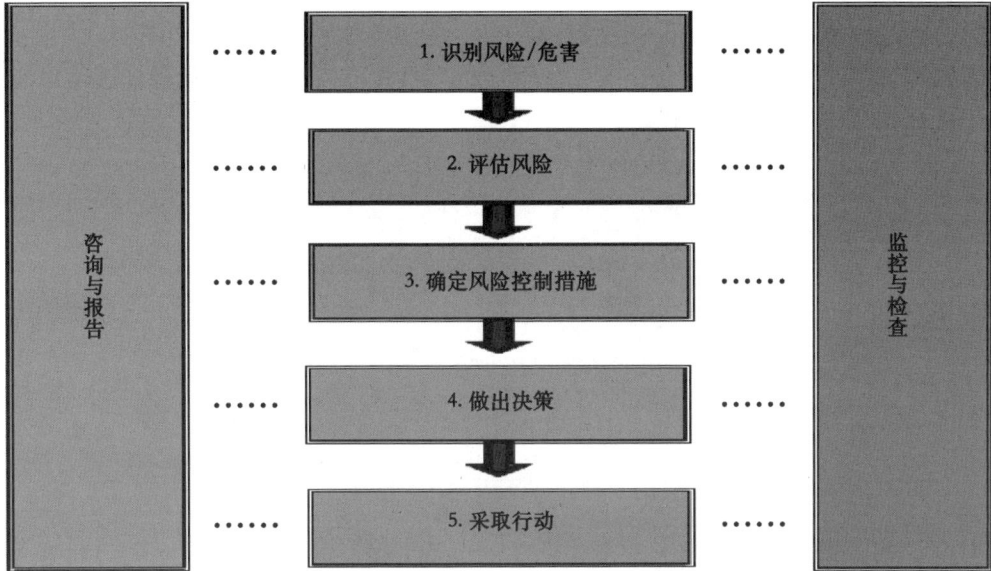

图 6-17　IALA 风险管理指南之管理过程

1.通航环境安全评估

2004 年 10 月 1 日,交通部、国家安全生产监督管理局颁布了《港口安全评价管理办法》,各直属海事局也在指导下开展了通航环境安全评估及码头安全靠泊能力核定的工作。

2007 年 12 月 1 日,海事局又颁布了《中华人民共和国海事局通航安全评估管理办法》,力求使该项工作逐步走向科学化、规范化和程序化。

2.通航环境安全评估技术导则编制

2009 年交通运输部海事局组织完成了《通航环境安全评估技术导则》的编制工作,提出统一的通航环境安全评估研究的实施办法和原则,给出制定通航环境影响评价技术标准研究的总纲和指南。

该导则通过建立我国通航环境安全影响评估制度和技术标准,明确了水上交通环境安全影响评估的性质和作用,希望以有效的管理来降低海事风险的危害程度。

该导则适用于已纳入国家或地方总体规划的新建、扩建和改建的水工建设工程、海域使用以及所涉及的通航水域。

3.通航环境影响评价技术标准类别区划

(1)岸线使用与码头建设;

(2)跨海(河)桥梁架设;

(3)海上石油勘探与开发;

(4)过江隧道开挖;

(5)沉船沉物打捞;

(6)航道疏浚;

(7)锚地设置;

(8)水产养殖;

（9）航路推荐；

（10）船闸构筑。

譬如：天津港轮驳公司工作船码头工程（见图6-18）建设通航安全评估预计码头岸线总长度为230 m，可单排停靠5条工作船。

图6-18　天津港轮驳公司工作船码头工程效果图

4.相关法规条款的修订与颁布

《中华人民共和国水上水下活动通航安全管理规定》交通运输部令〔2011〕5号2011年3月1日起施行。原交通部令1999年第4号同时废止。

《中华人民共和国海事局水上水下活动通航安全影响论证与评估管理办法》海通航〔2011〕262号自2011年7月1日起施行。原海通航〔2007〕629号同时废止。

《天津海事局港内施工船舶临时检验规定》颁布。

四、应急处置取得的效果

1.互联网+科技创新助推海事信息化

图 6-19　船舶交通管理与服务系统操作员坐席

2.伴随信息化进展强化海上搜救演习

天津市搜救指挥中心在遥控指挥海上 100 n mile 外进行的搜救演习科目如图 6-20 所示。

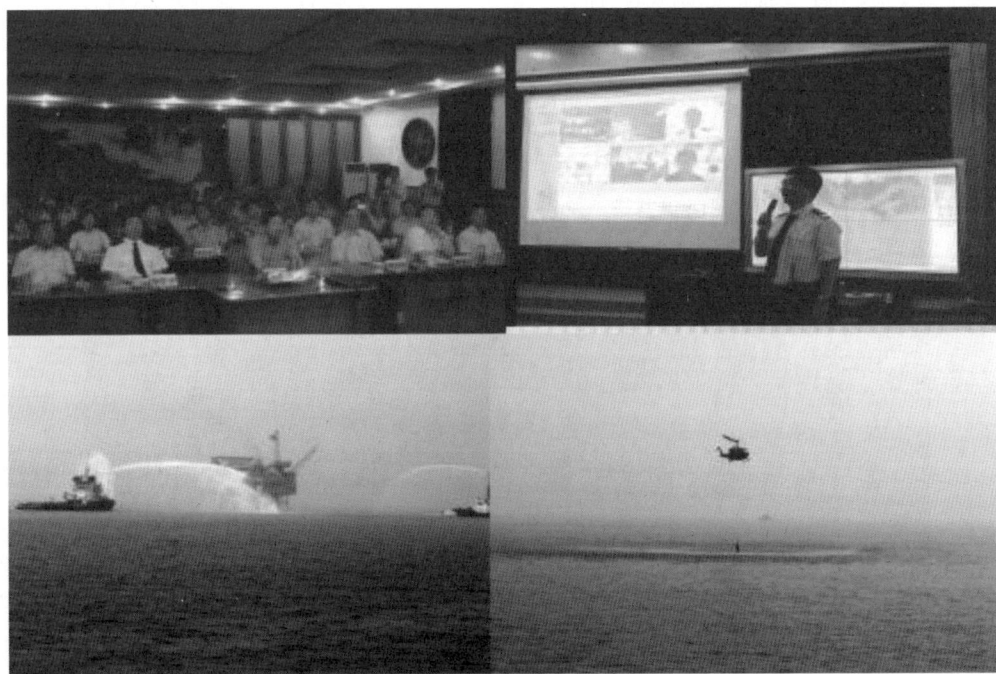

图 6-20　天津市搜救指挥中心在遥控指挥海上 100 n mile 外进行的搜救演习科目

3.借助无人机技术为海事应急服务

无人机在海事应急问题的应用如图 6-21 所示。

图 6-21　无人机在海事应急问题的应用

4.科技创新有效提升海上人命搜救成功率

2006 年,天津市海上搜救中心共营救 259 人,人命搜救成功率达 100%,创历史纪录。天津市海上搜救中心搜救现场如图 6-22 所示。

图 6-22　天津市海上搜救中心搜救现场

5.典型案例

2007年3月8日13:09时,超大型集装箱船"地中海乔安娜"轮在出港过程中与正在施工作业的大型挖泥船"奋威"轮发生碰撞,如图6-23所示。

"地中海乔安娜"轮船长337 m,型宽46 m,是一艘9 000标准箱位的超大型集装箱船;"奋威"轮船长230 m,型宽32 m,是目前世界上最大的耙吸式挖泥船。事故发生时,"地中海乔安娜"轮球鼻艏撞入"奋威"轮左舷中部,"奋威"轮左舷进水,左倾约25°,主机停车,随时有可能倾覆,船上41名船员面临生命威胁,2 050 t油品随时可能泄漏。两艘价值高达十几亿美元的船舶及货物有全面受损的危险,如果被撞船舶翻沉在主航道,将堵塞航道造成天津港停产;如若发生溢油污染,将给天津港乃至渤海水域生态带来灾难性的影响。

图6-23 "地中海乔安娜"轮与"奋威"轮碰撞事故搜救情况

这是天津港建港以来遇到的最为严重的一起船舶碰撞事故,此次搜救行动的成败将直接关系到天津港和渤海湾的正常生产和生活,也关系到滨海新区的健康发展。

当时天津市海上搜救中心调用船舶20余艘,参与现场救助400余人,几经努力,终于成功地将事故船舶拖带远离天津港主航道抢滩,救助遇险人员41人,没有造成任何人员伤亡和海洋污染,也未对天津港生产作业造成影响,挽回了上百亿元人民币的损失。

搜救工作取得成功后,中国海上搜救中心领导给予了如下评价:

"此次搜救行动是近几年来我国海上搜救最为成功的一次,整个救助过程科学决策准确无误,采取措施得力有效,取得的效果近乎完美,完全可以成为搜救教材中的经典范例。"

6.五年来船舶交通事故数据一览

五年来船舶交通事故如表6-1、图6-24所示。

表6-1 2009—2013年船舶交通事故伤亡损失统计表

年份	船舶交通事故 （单位:次）	死亡失踪 （单位:人）	沉船 （单位:艘）	直接经济损失 （单位:百万元）
2009 年	358	336	199	346.91
2010 年	331	329	195	323.07
2011 年	298	291	175	391.55
2012 年	270	277	165	466
2013 年	262	265	142	384

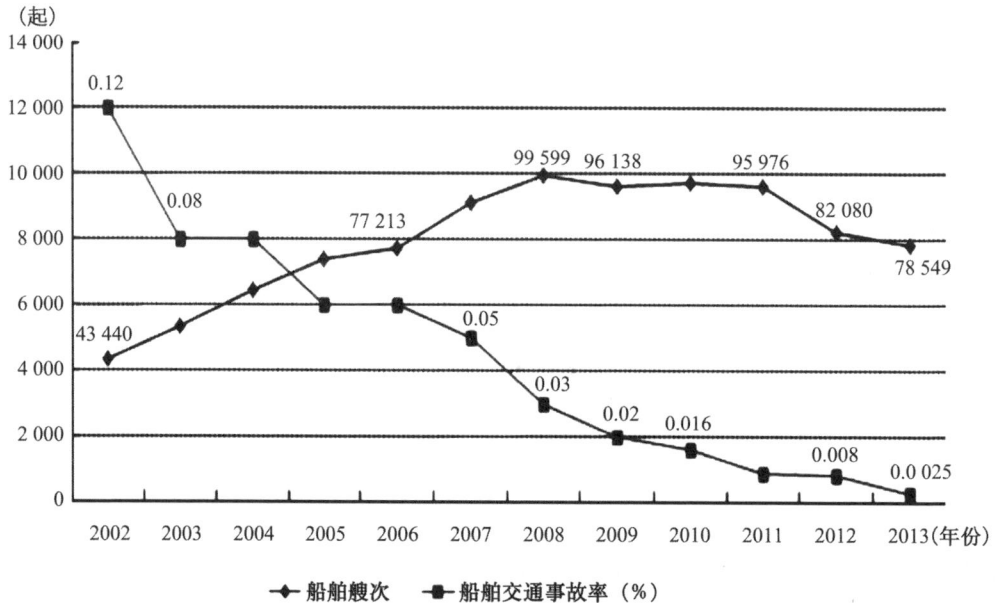

图6-24 天津港船舶交通流量与事故率曲线图

五、本章结语

面对当前"产能过剩和同质化竞争"的问题,以及世界经济几年来下滑的新形势,海事部门还需立足于围绕防范海事风险、改善通航环境的大课题,尽快增强安全预控能力、提升公共服务能力、加强应急处置和支持保障能力——这是海事管理部门今后发展的重要步骤。

海洋环境保护篇

第七章

水上溢油应急反应与遥感监测

水上溢油遥感监测技术

一、研究背景

　　海上石油污染主要来源有自然渗漏、操作性和事故性溢油,以及人为排放,其中事故性溢油又包括船舶海损事故、海上石油平台泄漏事故、沿岸石油储运设备事故等。根据NRC2003的评估,虽然事故性溢油造成的污染不言而喻,但其在每年泄漏入海洋的石油总量中的比重却小于自然渗漏,在正常年份通过自然渗漏进入海洋中的石油占海洋石油污染总量的55%,自然渗漏油膜与大多数溢油具有较大区别,由于石油由海底升至海面经历了压力、温度等因素的变化,并且与水体不断相互作用,使其在到达海面之前已经有一部分溶于水中,从而造成对海水的污染,到达水面后容易扩散形成范围更大的很薄的油膜。这种类型的溢油虽然总量较大,但被发现的却比较少,一方面是由于其厚度过于薄,另一方面则是因为其发生地点偏远,以及环境的未知性导致的无法探测。根据国际油轮船东污染联合会(The International Tanker Owners Pollution Federation Limited, ITOPFL)统计数据显示,由于国际公约的制定和科学技术进步,船舶事故造成的溢油事故呈逐年下降的趋势,在过去的40多年里,超过700 t的大规模溢油事故发生次数明显下降,从20世纪80年代平均每年9.3次、20世纪90年代平均每年7.8次,到2000—2009年平均每年发生大规模溢油事故的次数仅为3.3次,2010—2012年平均每年仅1.7次。但是一些大型的溢油事故仍然会不断发生,如2002年"威望"号溢油事故造成63 000 t石油流入海洋,对海洋环境造成严重污染。随着海洋石油开采不断向深海和极地推进,石油平台逐渐进入多风暴和多冰海区,事故风险不断增加的同时也增加了潜在的溢油风险,如北极圈附近的俄罗斯、尼日利亚三角洲、东北亚马逊地区等逐渐成为溢油污染的重点区域,已经发生了多起钻井平台及输油管道设施事故造成的重大溢油污染。目前对管道爆裂的次数和溢油量尚无明确关联的结论,但很显然,深海作业平台或管道造成的溢油在海面存在时间长和污染面积更大,清理和环境修复难度也更大,对海洋造成的危害更加严重。例如2010年发生的墨西哥湾深水地平线(Deepwater Horizon)石油钻井平台发生爆炸,导致大量原油泄漏入墨西哥湾海域,持续时间达 3 个月之久,造成大量海洋生物死亡,对当地旅游业、渔业造成灾难性损害,使其成为仅次于第一次海湾战争中 Mina al Ahmadi 溢油的最大溢油污染事故。除了船舶事故、海上石油开采等原因导致的溢油污染外,沿岸石油储运基地等大量设施的建设与投入运行也增加了海洋溢油污染的风险。这些设施造成的溢油风险不仅来自工作人员的操作不当或相关设备的老化等原因,还源于人为故意破坏,如军事打击等,由此造成的污染事故往往溢油量更大。如 2010 年 7 月发生的大连新港油罐爆炸造成的污染事故,由于工作人员操作失误,导致溢油在海面上飘散面积达到 183 km^2,严重地影响了大连湾及附近海域水质。2006 年黎巴嫩溢油事故就是由于以色列军队轰炸了 Beirut 南部的 Jiyyeh 发电厂,造成约 15 000 t 燃料油进入地中海,并在海流作用下一直漂至叙利亚水域,造成约 140 km 长,15 km 宽的污染带,被认为是最大的灾害之一。除了以上自然泄漏或事故性泄漏之外,人为故意排放含油污水也是海洋石油污染的主要来源之一。含油排放舱底水在港口能够通过接收设施接收和处理,但是由于处理需要成本,而通过非法排放可免去这部分费用。研究表明,非法排放被罚款的风险低于按照规定操作的成本,并且被监测到的可能性也很小,尤其在夜间被发现的可能性几乎为零。Ben Vollaard 的调查研究显示,过往于 North Sea 的船舶仅在夜间偷排放的油量每年就达50 万 L。芬兰环境研究所研究表明,与油污染相关的地域因素是主要航线经过地、近岸设施附近海域,在波罗的海该类排放大约每年有 10 000 起。

在国家提出建设海洋强国的总体背景下,人们对海洋环境的关注程度日益提高,因此自然的、事故性的或是人为造成的溢油事故也日渐成为人们所关心的焦点。近些年,海洋污染的常规监测在更大范围内开展,作为溢油污染监测重要手段的遥感技术也得到了较多的成功应用。在 2010 年大连新港溢油事故中,大连海事大学利用航海雷达、远程热红外仪器等设备对每日油污的分布及其面积进行了跟踪监测,得到的数据有效地支撑了应急指挥中心的决策。而墨西哥湾深水地平线的持久泄漏为新传感器技术的野外应用及其融入应急响应提供了难能可贵的机会,对于如此大范围的油污监测,其他传统手段无法提供一个宏观的溢油场景,而遥感手段却可以实现,这是遥感能够解决的一个关键问题。

二、溢油遥感监测技术综述

溢油遥感监测是防止溢油污染管理中的重要部分,遥感手段能够在造成大面积污染之前识别较小的溢油,防止更坏情况的发生。在较大的溢油事故中,遥感是大尺度宏观观测的最有效方法。从 20 世纪 60 年代末美国巴巴拉油田溢油事故开始,西方国家对大范围的溢油事故调查的重视程度越来越大。20 世纪 70 年代初,美国科学家已经开始了利用遥感技术和系统进行溢油监测和调查的研究,美国国家宇航局与加州大学针对海上溢油监测的实际需要,对传感器进行优化,联合推出了世界上第一套专业的航空遥感溢油监测系统 AOSS,此后,加拿大、德国、法国、瑞典、丹麦等国家也都建立了各自的溢油遥感监测系统。

遥感技术按照工作电磁波波段不同,分为紫外遥感、可见光遥感、红外遥感、微波遥感等。利用遥感技术监测油膜的物理基础,就是油膜具有与海洋其他成分及污染物不同的波谱特征。

目前应用较多的遥感监测手段是合成孔径雷达(Synthetic Aperture Radar,SAR),机载和星载的 SAR 数据可以在任何天气条件下提供宏观的数据,它能够穿透云雾,并且可在夜间进行监测,其观测范围大,能够提供油的范围及其变化。但是由于 SAR 影像是根据图像灰度识别溢油,而其灰度值与海面粗糙度直接相关,当探测范围内包含生物膜、低风区等较平滑区域时,

SAR 图像无法区分油膜与这几种假目标,除此之外,SAR 图像上薄油和厚油表现相似,不能够区分薄油膜(<0.1 μm)和厚的浮油(>100 μm)。

紫外遥感手段可以探测油在紫外波段的高反射能量,即使对非常薄的油膜也可以探测到,紫外波段常用来探测油的光泽,因为油膜即使在薄层小于 0.01 μm 的情况下也表现出对紫外辐射的高反射率,但紫外波段不能探测大于 10 μm 厚度的油。和 SAR 一样,紫外遥感不能够区分油厚。另外受大气的影响,紫外遥感技术无法搭载于卫星进行溢油的监测。

热红外溢油遥感通过油和水的温度差别来区分油水,这种对比因为油的热容量较低、对可见光的低反照率以及不同热导性而更加明显。由于油和水的辐射不同而使得热量对比明显,这种反差主要依赖于浮油的厚度。在红外图像上,薄油膜由于其发射率低,而使得温度低于水体,厚油(>500 μm)由于是一个好的太阳光辐射吸收体,因而在白天表现为温度高的特征。总体而言,厚油膜为热点,中等相对厚度的油较凉,薄油膜无法被识别。这些厚度的临界点并不知晓,但是研究表明冷热层过渡的厚度在 50~150 μm,最薄可被探测厚度在 20~70 μm,通常来说,厚度小于 20 μm 是无法用热红外数据探测到的。

根据紫外和红外数据探测范围的不同,常利用覆盖区域的紫外和红外数据生成油膜相对厚度图。紫外数据对薄油膜非常敏感,而热红外数据对厚油膜的识别能力很强。紫外遥感数据会受到许多干扰,如风形成的条带、太阳耀光和生物物质,这些干扰经常是与红外数据中的干扰因素不同的,因此结合红外和紫外数据可以更准确地显示油信息。

可见光-近红外遥感利用油膜与水体对太阳光在可见光近红外波段的反射差异进行油膜的识别。利用光学遥感进行溢油监测需要借助于太阳耀光(sun-glint),若油膜位于太阳耀光区域,则比较明显,否则可能油膜特征会消失。传统的可见光-近红外多光谱遥感由于波段数量有限,得到目标物的反射光谱特征是离散的,对于一些假目标的识别能力较弱。例如,海水表面水草、水底的海带床、太阳耀光和风形成的光泽易被识别为溢油而造成假目标有很多。然而可见光-近红外遥感数据的获取相对较为容易并且更加便于理解,因此是存档和提供海岸基础数据和相对位置的经济的方式,也是溢油遥感监测中的重要部分。

激光荧光技术是一种主动式遥感技术,能够在一定程度上识别油种,并探测油厚。但是成本较高,而且其单一性限制其应用;传感器高度非常接近海面,通常最高为 150~180 m,XeCl 发射器系统可最高到 600 m,不能搭载于高空飞行飞机;为便于绘制溢油分布图,需要在低空进行交错飞行,这在风向多变的情况下增加危险;当油厚大于 10 μm 后,Roman 信号趋于消失,激光荧光探测厚度范围为 0.1~10 μm。但激光荧光监测作为唯一能够有效地识别海冰、雪中油的技术,其应用潜力是巨大的。

微波辐射计能够通过区分海水表面的油膜和海水发出的微波信号来识别溢油,由于辐射值与油膜厚度成正相关,因此微波辐射计也可以用来测量油膜厚度。但在厚度测量前必须具有环境和油的先验知识,此外,该仪器的空间分辨率较低,所以这种方法在实际应用中受到一定的限制。虽然作为一种全天候溢油探测器,微波辐射计具有很大的应用潜力,但其探测厚度仍存在一些不确定因素,目前在这一领域的研究仍然相对冷门。

激光荧光和微波技术是测量油膜厚度的最有应用前景的两个技术,能够提供有关油量和油种的信息,但是它们只能搭载在飞机上,而不能搭载于卫星。并且算法开发仍处于实验阶段,存在一些参数优化的问题,且各自所测量的油膜厚度均有局限,不能同时获得连续的油膜厚度。

高光谱遥感能够提供给对象连续的光谱,根据不同地物的特征光谱区分目标物,从而有效地解决传统光学遥感"同物异谱,同谱异物"的问题,将海上油膜与假目标进行区分,并且可以在溢油监测中区分海面的轻油和原油等。

1.高光谱溢油检测技术

（1）高光谱遥感原理与特点

一般认为,光谱分辨率在 $10^{-1}\lambda$ 数量级范围内的遥感称为多光谱遥感,光谱分辨率在 $10^{-2}\lambda$ 数量级范围的遥感称为高光谱遥感,光谱分辨率在 $10^{-3}\lambda$ 数量级范围内的遥感称为超光谱遥感。遥感技术使人们能够在太空观测、研究地表信息,能够进行更加宏观、准确、及时的对地观测与监测;而高光谱遥感技术则将遥感波段从几个、几十个拓展到数百个。高光谱遥感通过将成像技术与光谱技术相结合,在得到目标地物的空间特征的同时,提供地面目标几乎连续的光谱曲线,使得利用高光谱反演地物细节成为可能。

作为高光谱遥感基础的波谱学,早在 20 世纪初就被用于识别分子和原子的结构,物质的本质特征是由其分子、原子的种类和排列方式决定的。在电磁波的作用下,物质内部的电子发生跃迁,组成物质的原子会发生振动、转动等作用,从而使电磁波在特定波长被物质吸收或反射,形成该物质特有的吸收或反射特征,这些特征的差异能够反映出物质内部组成成分与结构差异,由于传统多光谱数据波段过宽,波谱分辨率较低,所以这些吸收和反射特征在传统多光谱遥感数据上很难清楚地体现。高光谱数据是一个光谱图像的立方体,其二维空间特征是以图像的形式予以表现,而图像上每个像元所提取的光谱曲线特征构成了高光谱数据的光谱维,从而实现了高光谱遥感数据的图谱合一。

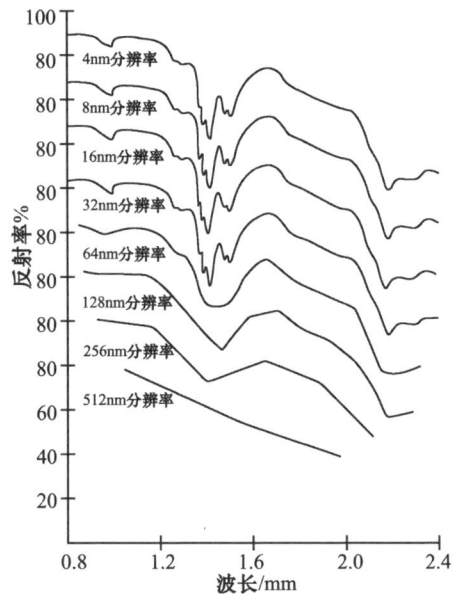

图 7-1　光谱分辨率对反射光谱的影响

（2）高光谱水上溢油遥感监测研究现状

美国于 1983 年进行世界上第一次机载成像光谱仪 AIS 飞行试验成功,此后国外又研制了一系列的机载成像光谱仪,具有代表性的有美国研制的 AVIRIS、GEIRS、DAIS、TRWIS、HYDICE,澳大利亚研制的 HyMap,加拿大研制的 CASI系列,以及芬兰研制的 AISA 等。

我国从 1985 年开始研究具有自主产权的高光谱图像分析系统,先后研制成功了多光谱扫描仪、红外细分光谱扫描仪（FIMS）、热红外多光谱扫描仪（TIMS）、19 波段多光谱扫描仪（AMSS）以及 71 波段机载成像光谱仪（MAIS）,224 波段的推扫式超光谱成像仪（PHI）、光机扫描型的实用模块化光谱仪（OMIS）、宽视场高光谱成像仪（WHI）等。国内研制的 OMIS 系统,在成像光谱系统的性能和实用性上实现新的突破,代表了我国在高光谱遥感技术研究的整体实力。

近年来在星载高光谱遥感方面,国内外成功发射了一系列的高光谱卫星,美国一直是该项技术的领跑者。国外的高光谱卫星包括了美国 EOS 系统中的 MODIS 和 ASTER 传感器、EO-1

卫星搭载的 HYPERION 传感器、MightySat-II 中的 FTHSI、国际空间站的 HICO、欧空局 ENVISAT 系统中的 MERIS、Proba 卫星的 CHRIS 以及澳大利亚的 ARIES 卫星搭载的 105 波段的 ARIES 等。我国在航天高光谱领域也进行了大量而卓有成效的工作，并取得了丰硕成果。搭载于"神舟三号"无人飞船的中等分辨率成像光谱仪于 2002 年 3 月发射成功，该传感器是类似于 MODIS 的 37 波段成像光谱仪。成像光谱仪也作为一种主要载荷于 2007 年 10 月 24 日随"嫦娥-1"探月卫星发射升空，实现我国基于傅立叶变换的航天干涉成像光谱仪的突破。另外，搭载了高谱成像仪(HSI)的环境 HJ1A 卫星于 2008 年发射成功，该传感器的波长范围为 0.45 μm~0.95 μm。诸多搭载于卫星上的高光谱传感器为高光谱数据的选择提供了更大的空间，并且对扩大高光谱遥感数据的应用领域提供了充足的保障。

从 20 世纪 70 代开始，我国研究者开始关注利用遥感技术进行海洋溢油监测的研究，国内进行这方面研究开展工作较多的单位有国家海洋局第一海洋研究所、大连海事大学、国家海洋环境监测中心、中国海洋大学以及中国海事局烟台溢油应急技术等，分别开展了星载/机载 SAR、光学(如 Landsat/TM、NOAA/AVHRR、Terra/Aqua-MODIS 等)、热红外、机载激光荧光等遥感手段进行了水上溢油的识别与监测研究，并取得了一系列成果。尤其是进入 21 世纪后，高光谱成像技术和高光谱遥感数据处理技术的长足进步，促使国内研究者更多地开展利用高光谱遥感技术进行溢油识别与监测的研究。李红波、卜志国等先后使用国产的高光谱传感器 (PHI) 对中国海域的海上溢油高光谱数据进行了获取。李红波等通过对图像灰度的分析，对覆盖于海面的油膜进行了厚度识别，并利用密度分割方法估算了溢油量，根据估算的溢油量和计算的油膜面积对海水的受污染程度进行了评估。陈蕾、Wang D 等利用 AISA+机载高光谱数据对海上溢油进行了研究。陈蕾等通过机载 AISA+高光谱成像传感器获取了珠江口石油平台周围油膜和海水影像，并通过分析太阳耀光形成的机制以及水体的光谱特性，对太阳耀光进行消除，取得较好效果，在此基础之上利用阈值法进行溢油分布的提取，并对海洋受溢油污染程度做了半定量评估。Wang D 等利用 AISA+对南海钻井平台的溢油事故进行了高光谱数据获取，根据油膜与海水在蓝绿波段的差异性表现，对该区域内的溢油进行了提取。

2.激光荧光溢油遥感技术

海上溢油事故发生后，及时准确地探测溢油与油源鉴定极为重要，它可以有效降低溢油污染的危害，为清污应急反应、事故评估及鉴定提供可靠的依据和手段。机载激光荧光探测海面油膜是目前最重要和最有效的溢油监测技术手段之一，它能够弥补卫星遥感反应滞后、舰船搜寻速度慢、效率低等不足，具有灵活、实时性强的特点。通过对海上溢油的光谱特征的探测，可以快速、实时、准确地获得高空间分辨率、高精度的海上溢油区的溢油种类等信息。

(1)激光荧光溢油探测原理

紫外激光激发荧光传感器作为一种主动式遥感器，其工作原理是：紫外光照射在油类物质上，油类中的某些成分吸收光能并激发内部电子，通过荧光的形式可以将激发能迅速释放。由于很少有其他物质成分具有该种特性，因此荧光现象可以作为油类的探测特征。除油类物之外，自然也存在其他的荧光物质，如叶绿素等，然而叶绿素的荧光峰值在 685 nm 附近，它发出的荧光波长与油类差异较大而且易于区分(例如，原油的荧光峰值中心波长在 480 nm 附近)。不同油种产生的荧光强度和光谱分布都不相同，因此，利用该特性不仅可以对溢油进行监测，还可以对溢油种类进行遥感识别。

对于远距离的诱导荧光光谱法大多数使用激光器作为激发光源。用于溢油探测的激光器

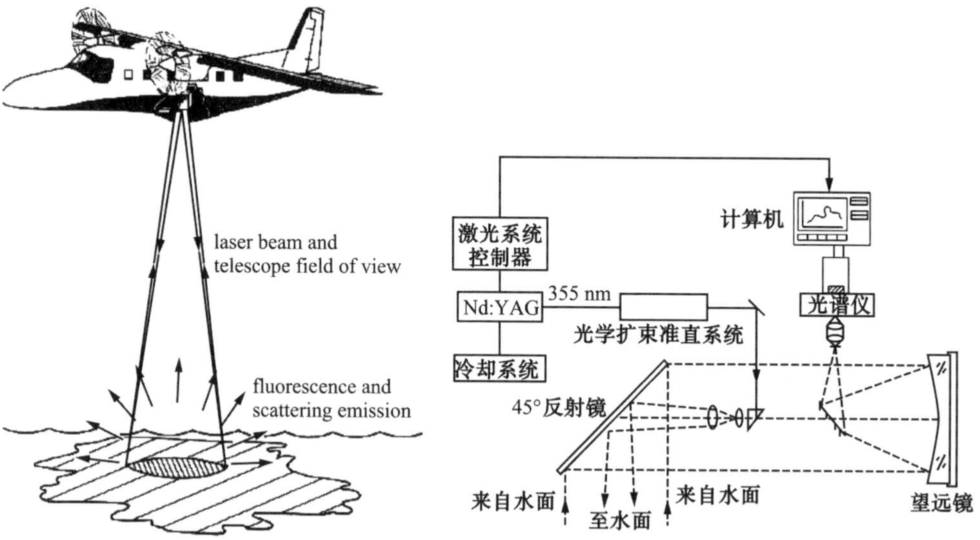

图 7-2　激光荧光溢油探测原理图

的工作波长为 300~355 nm,以与其他物质的荧光区相区别。油层厚度可以利用 Raman 散射进行估算。Raman 散射涉及入射光与水分子间的能量传递。水体的 Raman 信号对于激光器的波长校正非常有用,可用于油层厚度估计。但由于油的强烈吸收,该信号受到压抑,其应用受到一定的限制。

激光荧光设备具有相当大的应用潜力,因为它可能是唯一能够区分海藻和油污染,监测海滩溢油的遥感技术。激光荧光装置目前是唯一能够监测海冰和雪中石油污染的可靠手段,是一个可应用于各类油污监测中的强大工具。

（2）国内研究现状

国内对激光激发荧光的机理以及机载激光荧光系统获取的海面数据中提取叶绿素信息的算法进行了研究,并研发了具有各自鲜明特点的样机。大连海事大学在“十一五”科技支撑项目支撑下研发的机载激光荧光溢油探测系统采用 ICCD 作为一种探测元件,可同时获取荧光光谱特征及时间信息,因此可获得较高识别速率和效率,而 ICCD 自身的信号质量也远远优于普通 CCD 及光电倍增管,总重量仅为 50 kg,可吊装在固定翼和直升机上,改变了传统机载激光系统体积庞大、笨重的形象,真正做到了小型化、轻量化。

随着机载激光荧光系统在应用中不断发展,许多问题也同时凸显出来。比如,荧光光谱对设备的依赖性,导致不同系统测得的数据不能相互比较;仪器的不稳定性和环境的不确定性导致同一种油类的光谱数据在不同时刻和不同环境下有较大的差异;对于采集数据的实时处理算法有待于进一步研究。目前已有部分学者对光谱识别研究提出一些先进的方法,如利用 SVM、ANN 及 BPN(反向传播)法等。但国外系统全部处于商业运作,其数据分析和处理的方法处于保密管理,没有对外界公开。

3.激光荧光溢油信息提取及油种识别技术

目前大多数系统采集溢油荧光信息所使用的是一种叫“门控”的技术:这种技术只有当回波信号回到接收器时,接收器才开始工作,因而可提高系统的敏感性和可控性。

通过“门控法”还能够控制接收目标上表面的信号和目标下表面的信号。实验证明激光荧光器利用"门控法"能够接收到水下 1 m 甚至达到 2 m 的油的反射信号。

激光器的重复频率和飞行的速度对有污染区采样频率具有很大的影响。当对地速度为 100~140 km/h,激光器重复频率为 100 Hz 时,荧光光谱可以沿飞行方向达到每 0.6 m 收集一次。

从 ICCD 获取的荧光光谱数据中可以获得不同物质被激光激发的荧光光谱数据,对光谱数据的分析可以获得荧光光谱的几个特征值:荧光光谱峰值波长,峰值波长对应的相对荧光强度,通过对延迟不同时间之后获得的荧光光谱数据可以获得荧光信号的衰减时间。这三个特征值是用于区分不同荧光物质的重要依据。

根据实际距离,设置延迟时间为 350 ns,脉冲宽度为 50 ns,积分时间为 10 ns,以确保得到较好的曲线,对多个油类测量均使用此参数,得到各种油膜的荧光光谱,如图 7-3 所示。

油类样本分别为委内瑞拉原油、DO 船用柴油、HFO 重燃油、40cc 机油、0#轻柴油及废机油。

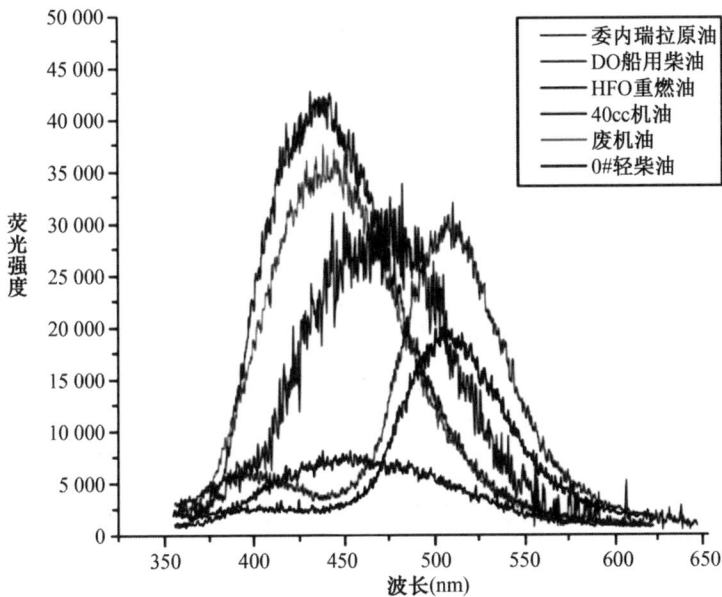

图 7-3　355 nm 激发不同油种荧光光谱

由图可以看出不用油类物质的荧光光谱特征有显著差异,通过建立的荧光谱线的光谱库中识别出对应的油种。根据以上等量不同油种的荧光光谱曲线图,各油种的波谱特征总结如表 7-1 所示。

由测量结果来看,常见船用油类产品的荧光峰值在 430~520 nm 之间,各种油膜的荧光波长分布与峰值波长有明显的不同,0#轻柴油由于挥发较快导致荧光强度比其他油种低,带宽较宽,荧光峰值在 506 nm 附近;HFO 重燃油由于杂质组分太多,油体呈黏稠状,造成内滤效应导致荧光强度很低,与船用柴油 DO 相比峰值出现在较低波段;原油成分也相对复杂,本实验事先对原油进行稀释的预处理,因此能够得到较强的荧光信号;40cc 机油荧光强度高,荧光峰较陡峭,机油类的荧光峰值在 430~440 nm 之间。

表 7-1 峰值波长、对应通道及荧光强度

油种	峰值波长/nm	峰值波长对应通道	峰值荧光强度
0#轻柴油	506	447	19923
废机油	438	705	37684
40cc 机油	430	733	42794
HFO 重燃油	453	646	3243
DO 船用柴油	512	428	32033
委内瑞拉原油	470	475	32134
清水	/	/	无明显荧光峰值

4.紫外荧光港口溢油监测技术

近年来,随着我国石油进出口贸易的日益频繁,沿海储油基地和油品码头发生溢油事故的风险相应增加。港口溢油事故的发生大多是由于船舶运输石油过程中工作人员的操作不当,以及沿海储油罐的维护不当导致,溢油事故的发生具有很强的偶然性和随机性。传统的人为监视方法往往不能够满足监测的可靠性,并且面临在夜间和恶劣天气下监测能力不足等问题。因此,对沿海储油基地和大型港口进行溢油实时监测,对溢油事故的预警和防控具有重要意义。紫外诱导荧光技术探测海面薄油膜是目前最为有效的技术手段之一。紫外诱导荧光作为一种主动式遥感遥测技术,具有灵敏度高、响应速度快的优点。通过结合紧凑型紫外光源和荧光探测传感器,可以构建港口码头不同的监测点组成的分布式监测网络,实现全天实时溢油监测。

(1)紫外荧光港口溢油监测技术原理

紫外诱导荧光技术(见图 7-4),是根据石油物质中具有吸收光子能力的物质(以多环芳烃类物质为主)在紫外光波段的照射下,可在瞬间发射出比激发波长长的荧光,并利用荧光光谱的特征峰与强度进行分析的传感监测方法。通过系统内置的紫外光发射器向水面发出圆柱形的光脉冲,光脉冲照射到水面上,会激发水面上不同物质产生反射的荧光。反射到溢油荧光探测传感器的荧光信号经过光电转换和滤波算法处理,最终确定反射回的荧光信号是否含有溢油信息。

(2)国内外研究现状

目前,针对港口溢油和河道水质监测方面,研究人员大多采用非接触式的光学遥感方法,并且紫外荧光方法在溢油监测中具有较高的灵敏度成为最为可靠的监测手段。美国Interocean System 公司研发了多种型号的溢油探测和报警系统,结合无线网络及时获取海面溢油情况。Yasunori Saito 等人研发了一种针对重点河流湖泊的紫外荧光监测系统,用于检测水质中的浮油植物。P. Karlitschek 等研发了一种紧凑型的可移动紫外荧光水面有机物监测系统,结合双通道光纤和时间分辨率的方法,实现快速获取水面溢油荧光光谱,能够应用在港口码头进行溢油快速监测。

港口溢油的风险和监测研究在我国起步较晚,2008 年深圳海事局在盐田港举行溢油应急演练,并在盐田国际港布置 Slick Sleuth 溢油监测设备(Interocean System LLC)(见图 7-5)进行首次应用示范。我国交通运输部于 2009 年出台的《港口码头溢油应急设备配备要求》(JT/451—2009)中,对海港和河港制定了一系列的溢油应急设备的配备标准,并明确要求超过

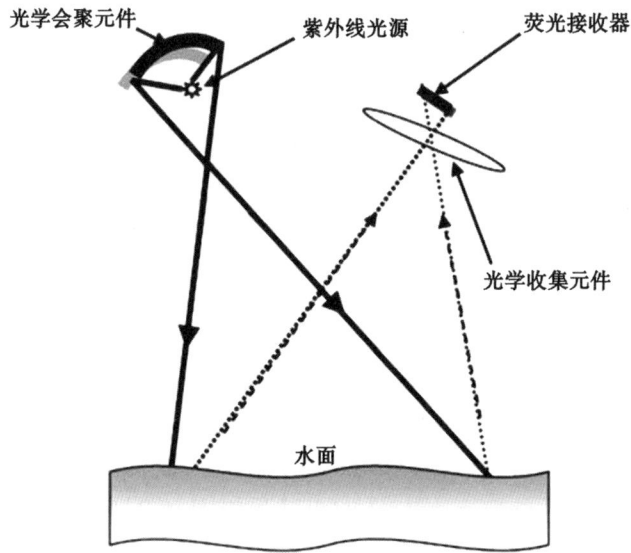

图 7-4　紫外荧光港口溢油监测技术原理图

5 万 t 码头必须配备溢油监测设备。大连海事大学自主研发了港口溢油监测报警系统(Port Oil Spill Alarm System,POSAS),具有远程控制和监测的功能,应用于我国 20 多个港口,大大降低了港区溢油事故发生的风险。中国海洋大学、大连海事大学等研究港口溢油风险分析和港口溢油监测终端布置等问题,为港口溢油监测提供更加全面的技术支持。国家海洋局、交通运输部等相关部门不断完善港口溢油应急处置研究,为港区溢油的应对和处置提供标准化的管理规范,尤其在 2010 年"7·16 大连新港溢油火灾事故"发生后,更加加强了港口储运基地的日常监测和管理工作。

图 7-5　Slick Sleuth 溢油监测设备(左)港口溢油监测报警系统(POSAS)(右)

(3)海面微米级薄油膜探测

基于紫外诱导荧光技术的高灵敏度特点,通过合理选择传感器件和光路设计实现海面微米级薄油膜的探测。取体积小和功耗低的闪烁氙灯光源作为紫外激发源,既能够发射足够强度的紫外光,又满足了传感器整体紧凑型的需求,并且通过结合 200~300 nm 滤光片可以激发距离海面 5 米以内的薄油膜产生荧光。在考虑太阳辐射与海面环境影响的情况下,基于大多数油种在300~400 nm波段内具有荧光峰特征,在荧光探测传感器前端设置300~400 nm滤光装置,从而获取准确的海面薄油膜荧光信号。

5.基于航海雷达的溢油遥感监测技术

航海雷达,是指安装在船舶上,用于船舶避碰、定位和航行导航的雷达。随着遥感技术的发展,航海雷达监测技术已逐步成为我国海上溢油监测的一种重要手段。在海上石油运输和油田生产过程中,航海雷达可以监测石油作业平台周围海域内船舶航行动态和溢油信息,为石油安全生产作业和运输提供基本保障。

(1)航海雷达溢油探测原理

航海雷达的溢油目标监测跟踪性能与海杂波特性(如图7-6所示)密切相关。由重力波、毛细波、风力等综合因素作用下形成的海浪波峰和波谷,使海表面变得粗糙。雷达向海表面发射电磁波的同时,接收海水重力波和毛细波共同作用的雷达后向散射波束,并生成含有海杂波信息的雷达图像。海杂波包括了丰富的海面波长信息,其中的海浪回波信号形成的灰度图像有助于溢油信息的提取和分析(如图7-7所示)。海浪运动表现越活跃,回波信号越多,形成的灰度图像内容就越丰富。但是海面上的油膜能够使海水张力变小,阻止部分海面毛细波和重力波对入射电磁波的布拉格(Bragg)散射,抑制海浪回波信号,使油膜所在区域海浪较周围平滑,导致雷达接收到的后向散射回波减少,因此,在雷达图像上会形成溢油区域"暗"而边缘相对较"亮"的现象,即"暗区"。

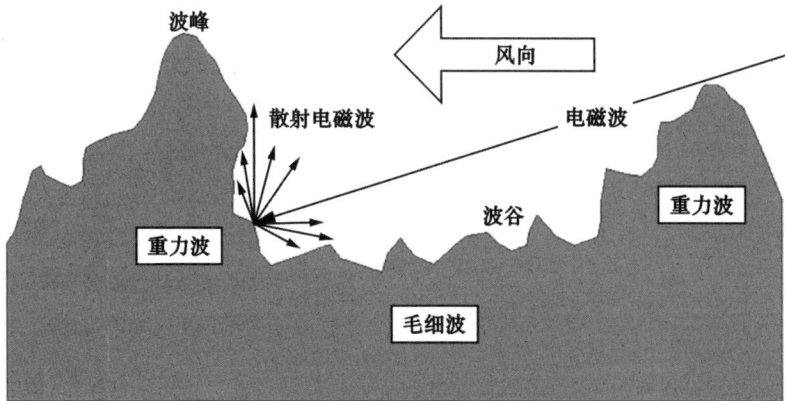

图7-6　海杂波形成机理

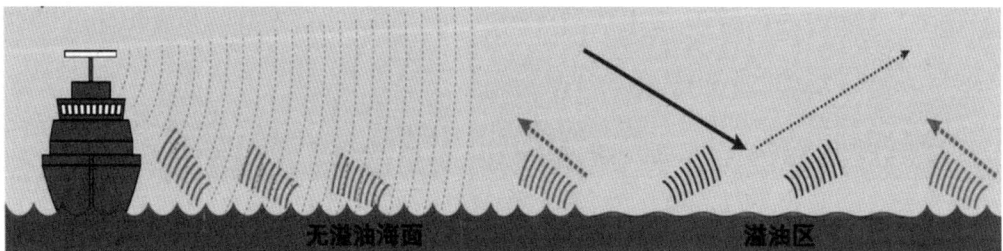

图7-7　航海雷达溢油探测原理示意图

海水多重因素引起表面粗糙程度和航海雷达极化方式、波段、入射角度、天线安装高度、有效探测距离等系统参数以及船舶和目标之间的相对运动关系共同决定了海杂波的复杂性和特殊性。

雷达监测海面溢油有时会受到海况的限制。例如,海面如果过于平静,海杂波信息较少,油膜区域与海面的图像对比不明显;海面过于粗糙时,则雷达辐射的电磁波散较多,从而影响监测效果。

（2）国内研究现状

国外挪威 Miros 公司、荷兰 Nortek 公司等已开发了基于航海雷达的溢油探测及监测系统,我国也开展了相关研究。徐春光等人建立了高频雷达溢油探测仿真模型,仿真实现溢油污染带检测和溢油污染带边界提取,并结合海态参数,分析海面溢油的漂流和扩散特点。王娟等人利用形态学的图像处理方法,通过二值腐蚀与膨胀、二值开与闭运算和形态重建,降低溢油识别的误判率。索永峰等人提出了一种基于纹理识别的航海雷达溢油监测思路,但是没有具体的数据支持。朱雪瑗、冯海洋等人通过改进的自适应中值滤波算法消除同频干扰,利用多幅雷达图像均值获取雷达图像背景值衰减特性,进而分离雷达背景信息提取溢油数据。刘鹏等人基于图像增强和改进的自适应算法可以有效提出每张雷达图像的溢油信息。任国贞等人针对海上石油钻井平台利用 waveX/OSD 系统监测溢油结果中包含的少判、多判和误判等信息,利用目标识别、信息提取和数据筛选等技术,提出基于时间序列的雷达溢油监测结果鉴别技术。

为解决单台雷达探测距离及范围受限的问题,李颖、徐进和杨文玉等人开展了组网式溢油检测技术研究,能够结合海图信息,实现多雷达溢油探测数据的融合。对于长时间的溢油监测数据,可以获得溢油漂流轨迹。徐进等人基于 SPx、HPx、OpenCV、Matlab 等技术,建立溢油信息采集分析模型,为溢油监测预警、溢油轨迹回推、溢油应急处置等工作提供数据基础;李颖等人利用多时段雷达溢油监测数据,结合 GIS 信息,建立溢油漂移轨迹回放模型,能够实现溢油面积计算、事故现场还原,为溢油事故起因鉴定和油膜漂移趋势分析提供技术依据。

通过现场实验、溢油事故的应急响应及长期监测应用,航海雷达溢油探测系统可以有效地探测和监测溢油信息。徐海东等人在乳山湾乳山船厂附近海域开展溢油雷达监测实验,在海面倾倒了 20 L 大豆油,并通过雷达图像测得,无论白天还是黑夜都可以有效地探测到溢油。在 2010 年大连"7·16"溢油事故中,朱雪瑗、冯海洋等人基于大连海事大学育鲲轮雷达图像数据,有效提取了溢油信息数据,王子寅等人基于航海雷达溢油探测系统对溢油雷达图形进行了滤波分析及处理,验证了基于航海导航雷达响应溢油事故的可能性和实用性。除了溢油实验、紧急溢油事故发生的应急响应,溢油雷达也已经应用于我国海上油田溢油监视工作中,如大港油田、蓬莱 19-3B 石油平台等。

（3）航海雷达溢油探测研究发展趋势

尽管我国在航海雷达溢油探测方面取得了一些成果,能够利用航海雷达实现溢油探测和监测,但还是有些局限的。现有的溢油探测系统主要问题是误识别率高,人工干预多。因此,未来在航海雷达溢油探测方面,自动识别将成为主要的研究方向。我国已开展了大量基于航海雷达的开放水域溢油探测研究,并取得了良好的成果。但是在极地及有冰海区,溢油探测比较困难。航海雷达具有技术成熟、稳定性好、成本低、受天气影响小,环境适应能力强的特点,是极地及有冰海区溢油探测潜在的重要手段之一,也将成为基于航海雷达溢油探测研究的重要方向。

6.基于 GNSS-R 溢油遥感监测技术

Global Navigation Satellite System-Reflection（GNSS-R）是指利用包括 GPS、伽利略（GAL-LEO）、格洛纳斯（GLONASS）和北斗（COMPASS）等在内的全球导航卫星系统的反射信号来进行遥感的一种技术。GNSS-R 技术是从 20 世纪 80 年代发展起来的一个分支，相比其他传感器，GNSS-R 具有全天时、全天候、覆盖范围广、信号多源、重量体积和功耗小、成本低、时空分辨率高等优势，迅速成为海洋遥感技术发展的新兴手段。

（1）GNSS-R 遥感原理

GNSS-R 海洋遥感基本技术特点是利用反射的导航卫星伪随机码信号或者载波信号，通过码延迟和相关函数波形及其后延迟性进行分析，并结合海面、海浪对电波的散射理论，提取反射信号中携带的目标反射面的特性信息，即反射信号波形的变化，极化特征的变化，频率、幅值和相位等参量的变化，从而应用于海上目标实时信息提取与监测。

在 GNSS 反射信号测量系统中，GNSS 卫星、海面和接收机构成一个收发分置结构（见图7-8）。GNSS-R 接收机一般需要采用两副天线，一副向上的低增益右旋圆极化天线，用于接收直射信号，另一副向下的高增益左旋圆极化天线，用于接收海面反射信号。GNSS-R 接收机接收到的信号属于前向散射，通过对海表散射的测量对海况进行监测，从而获取海洋遥感的信息。

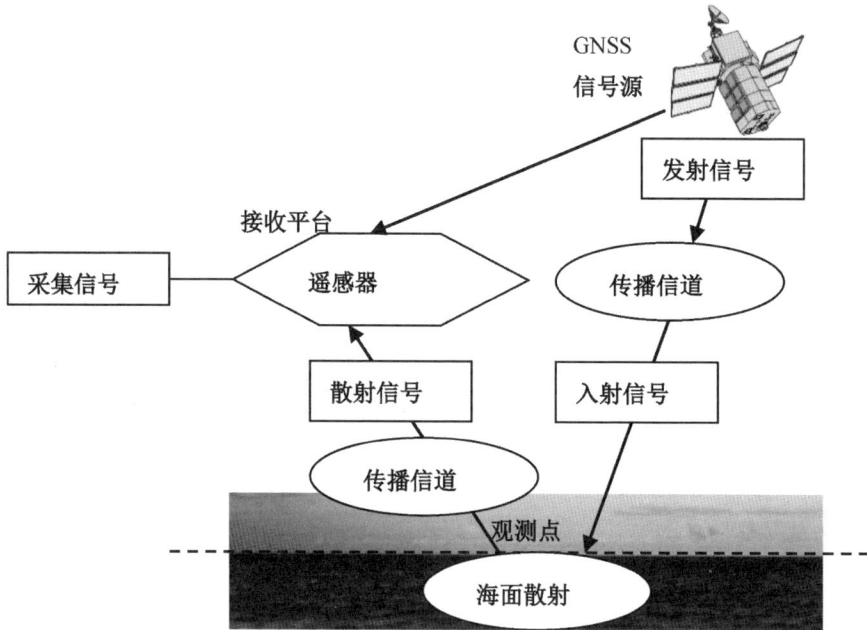

图 7-8　GNSS-R 海洋遥感原理示意图

（2）国内研究现状

目前，GNSS-R 海洋遥感热点主要集中在海面测风、海面测高、海冰探测、海洋盐度、土壤湿度探测、作物生物量监测及移动目标探测等方面，在星载、机载和岸基等平台的反演方法及算法也得到了一定的完善和改进。在 GNSS-R 溢油反演技术方面，国外学者研究了星载条件下的相关理论：西班牙加泰罗尼亚理工大学 Enric Valencia 等人发表了相关利用 GNSS-R 信号对海表溢油进行监测的研究文献，但文献中并未实际获取 GNSS-R 信号和图像，利用"威望"轮溢油时的 Envisat ASAR 图像,从原理角度进行了星载条件下的溢油信息模拟。加拿大纪念大学 Chen Li 等人研究了星载条件下 DDM 的模拟方法,并利用约束最小二乘(Constrained Least Squares,CLS)算法和空间集成算法(Spatial Integration Approach,SIA)等进行了星载条件下的 GNSS-R 溢油信息探测,并利用墨西哥湾"深海地平线"钻井平台溢油事故中的 MODIS 卫星图像进行了延迟多普勒图像模拟。北京航空航天大学、大连海事大学和上海海洋大学等开展了一定的研究工作。北京航空航天大学相关团队研究了岸基平台下平静油污池的溢油信息识别;其他团队则修正了 DDM 模型,以用于 GNSS-R 油层厚度探测。大连海事大学相关团队则利用包含溢油信息的航海雷达实测图像模拟 DDM 成像,为船载平台下 GNSS-R 提取溢油奠定基础。上海海洋大学相关研究人员利用中国青岛海洋溢油事故的遥感图像的溢油结果作为仿真实验检测目标,进行了岸基的海面溢油检测仿真研究。

(3)GNSS-R 的溢油信息提取

当发生溢油事故后,从物理、化学和流体力学的角度看,海面油膜会使海水表面张力变小,阻尼海面毛细波和短重力波对入射电磁波的布拉格散射作用,降低海洋表面粗糙度。利用 GNSS-R 进行海面溢油信息反演时,溢油的存在能被微波成像方法转化为表面均方坡度的一个变化。对于一个给定的风速,溢油区域会比未污染的干净海面有更低的均方坡度,进而使 GNSS 前向散射系数变大,后向散射系数变小,表现在观测区的散射系数分布图,与未污染的干净海区形成鲜明对比。反映在最终图像数据上,则主要是延迟多普勒图像(DDM,Delay-Doppler Maps)波形的差别,海面油膜对海面毛细波、短重力波的阻尼作用使其在延迟多普勒图像上呈现低散射区。溢油信息反演的关键是延迟多普勒图像。延迟多普勒成像技术可获取观测区域内不同点的散射能量,因此可以通过反演延迟多普勒图像,获取观测海域内的散射系数分布,从而进一步提取溢油信息。

目前国内外尚没有实际的 GNSS-R 溢油数据,GNSS-R 溢油反演技术研究仅处于起步阶段,在反演理论、试验工作和反演精度等方面仍需要更深层的研究。相信随着 GNSS-R 技术的不断成熟,作为一种低成本、高实用性的海洋遥感新手段,其将在海洋溢油监测方面得到更广泛的发展。

7.合成孔径雷达水上溢油识别与监测研究

(1)合成孔径雷达的基本概念

合成孔径雷达(Synthetic Aperture Radar,SAR)是利用遥感平台的运动,将若干性能相同的小孔径天线等距离布设在一条直线上,以固定的时间间隔发射脉冲信号,并在不同位置接收回波信号进行处理,以代替大孔径天线的效果提高方位向分辨率的雷达;合成孔径雷达是一种主动式微波传感器,工作于电磁波的微波区,波段主要分为 P、L、S、C、X;合成孔径雷达可以不依赖于太阳光源,可进行全天时、全天候的工作,具有"穿云透雾"的特殊优势,而这种优势是可见光和近红外传感器所不具备的。合成孔径雷达的定义最早由 Carl Wiley 提出,后经演示、仿真、机载验证逐步走向实践。1978 年美国发射了携带 SAR 的卫星 Seasat,工作在 L 波段的 HH 单极化模式,标志着星载 SAR 正式应用于海洋观测研究;1979 年我国成功研制机载 SAR 并获取首幅 SAR 影像;1991 年和 1995 年欧空局分别发射了搭载 SAR 的 ERS-1、ERS-2,工作于 C 波段,极化模式为 VV,开启了 SAR 水上溢油监测研究的时代。随着各国星载 SAR 的成功发射和运行,星载 SAR 开始了全面发展,在各领域的研究也不断深入。目前具有代表性的 SAR 传感器如表 7-2 所示。

表 7-2　SAR 传感器列表

卫星	机构	波段	发射日期
TerraSAR-X	德国宇航中心	X	2007.6
RADARSAT-2	加拿大太空署	C	2007.12
Tandem-X	德国宇航中心	X	2010.6
Cosmo Skymed（1/2/3/4）	意大利航天局 & 意大利国防部	X	2007.6—2010.11
TecSAR	以色列航空航天工业公司	X	2008.1
Kompsat-5	韩国空间局	X	2013.8
Sentinel-1/2	欧空局	C	2014.4—2015.6
PALSAR-2	日本宇航局	L	2014.5

（2）合成孔径雷达的溢油检测机理

水表面的粗糙度主要受海风影响,此外也随着洋流、内波以及海底地形等因素而发生变化;合成孔径雷达利用电磁波探测海表的毛细波和短重力波来记录海表的雷达回波强度。当水面发生溢油事故时,油膜覆盖在水面上阻尼了海面毛细波及短重力波产生的 Bragg 共振波而改变了水表的粗糙程度,信号在光滑的油膜上发生镜面反射背离 SAR 传感器,从而导致 SAR 接收的后向散射回波减小;Bragg 波的波长越短,油膜对其分布的改变能力越强,接收的后向散射信号越少(如图 7-9 所示)。星载 SAR 的工作半波长与引起 Bragg 散射的共振短波波长相近,图像反映了 Bragg 散射形成的后向散射;基于水面电磁散射微扰模型可得到一阶后向散射系数为:

$$\sigma^*(\theta)_{i,j} = 4\pi K_e^4 W(2 k_e \sin\theta, 0) \cos^4\theta \mid g_{i,j}(\theta) \mid^2 \tag{1}$$

$$g_{HH}(\theta) = \frac{(\varepsilon_r - 1)}{[\cos\theta + (\varepsilon_r - \sin^2\theta)^{1/2}]^2} \tag{2}$$

$$g_{VV}(\theta) = \frac{(\varepsilon_r - 1)[\varepsilon_r(1 - \sin^2\theta)^{\frac{1}{2}} - \sin^2\theta]}{[\varepsilon_r \cos^2\theta + (\varepsilon_r - \sin^2\theta)^{\frac{1}{2}}]^2} \tag{3}$$

其中,$W(2k_e\sin\theta, 0)$ 是海面毛细波和短重力波的波数谱;K_e 是电磁波数;θ 是入射角;i,j 是极化方式;ε_r 是海水相对介电常数,与海水温度和盐度相关。海面油膜对 Bragg 共振短波的阻尼作用可以表示为:

$$\frac{\sigma_0^{sea}}{\sigma_0^{oil}} = \frac{\sigma_0^{ssp}(\theta) + \sigma_0^{sB}(\theta)}{\sigma_0^{osp}(\theta) + \sigma_0^{oB}(\theta)} \tag{4}$$

其中,σ_{0o} 和 σ_{0s} 分别为油膜海面后向散射系数和背景海面后向散射系数;上标 sp 和 B 分别代表镜面散射和 Bragg 散射。而对于 SAR 传感器,通常只需要考虑 Bragg 散射部分,即:

$$\frac{\sigma_0^{sea}}{\sigma_0^{oil}} = \frac{W^{sea}(2 k_e \sin\theta, 0)}{W^{oil}(2 k_e \sin\theta, 0)} \tag{5}$$

综上,海面的油膜通过改变海面张力衰减 Bragg 短波的波数谱,从而减少了 SAR 接收的后向散射系数,因此在 SAR 图像上表现为具有"暗"特性的低散射区,与周围粗糙度较大的背景海水相比具有明显的区别,是溢油检测和提取的理论基础。

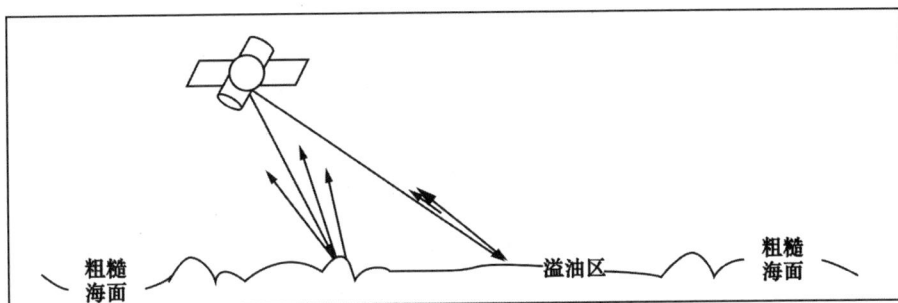

图 7-9　合成孔径雷达的溢油检测机理示意图

（3）国内外研究现状

"假目标"的存在加大了人工解译的难度，因此，许多专家和学者致力于 SAR 针对溢油和"假目标"的识别研究，并取得了很多成果。Solberg 等人借助自然环境信息实现了星载 SAR 海面溢油图像中溢油和"假目标"的分类，提高了溢油识别的精度。Topouzelis K 等人利用神经网络中的 RBF 分类器将 SAR 图像中的溢油与"假目标"区分开。Nirchio F 等人基于线性回归方程组的方法，对已知溢油和"假目标"样本特征求解方程组得到经验特征参数，进而区分溢油和"假目标"。Keramitdoglou 等人用模糊分类的方法对星载 SAR 图像的溢油信息进行识别，并通过黑色斑块的置信度来判定溢油和"假目标"。Solberg 和 Bava J 分别建立了溢油和"假目标"的几何和辐射特征模板，进而区分"假目标"信息。分别建立了溢油和"假目标"的几何和辐射特征模板，利用模板区分真假溢油信息。目前，大多数的方法是基于计算机的智能算法，但是很少将"假目标"作为主要对象进行分析和研究，也很少借助水文、气象和地形等辅助要素排除"假目标"对溢油信息的干扰。

国内学者在 SAR 的溢油识别方面也做了大量的研究，黄晓霞等人对海面溢油"假目标"进行了简单的归纳，并基于模式识别算法结合表面溢油的边缘梯度特征对溢油进行了分类。李颖等对海面溢油"假目标"类别进行了相关介绍，为今后溢油和"假目标"的区分奠定了基础。石立坚等人将纹理分析与神经网络法相结合，利用方差特征向量排除"假目标"进而实现溢油信息的提取。

（4）SAR 图像上典型的"假目标"及其特点

由 SAR 成像原理可知，能够降低海表粗糙程度、减少雷达传感器接收的后向散射回波信号的目标在 SAR 图像上均表现为暗黑色区域；海洋环境呈现复杂性和"暗"特征的多解性，许多海洋现象在 SAR 影像上也同样表现为"暗"特征，对溢油信息的判别产生干扰的这类海洋现象统称为"假目标"。"假目标"的存在会影响海面溢油信息的判断和提取，耗费人力、物力，甚至延误海上溢油应急处理工作。因此，溢油和"假目标"的有效区分，是实现 SAR 溢油检测自动化的关键和保障。

"假目标"种类繁多、成因复杂，主要包括：海洋内波、低风速区、背风岬角、海冰、船舶尾迹、生物膜、河口冲击区、降雨区、变干的海滩、上升流等。"假目标"通常表现为：边界较为模糊的大面积区域、长期存在于特定地理位置区域、形状较为固定不受天气影响等；而溢油区域在 SAR 影像上通常表现为浓厚的黑色块状区域，边缘明显且平滑，而后随着风场、流场和扩散作用逐渐变薄，影像暗区域变大，边缘逐渐模糊并出现细丝状油带。典型的"假目标"如图 7-10 所示。

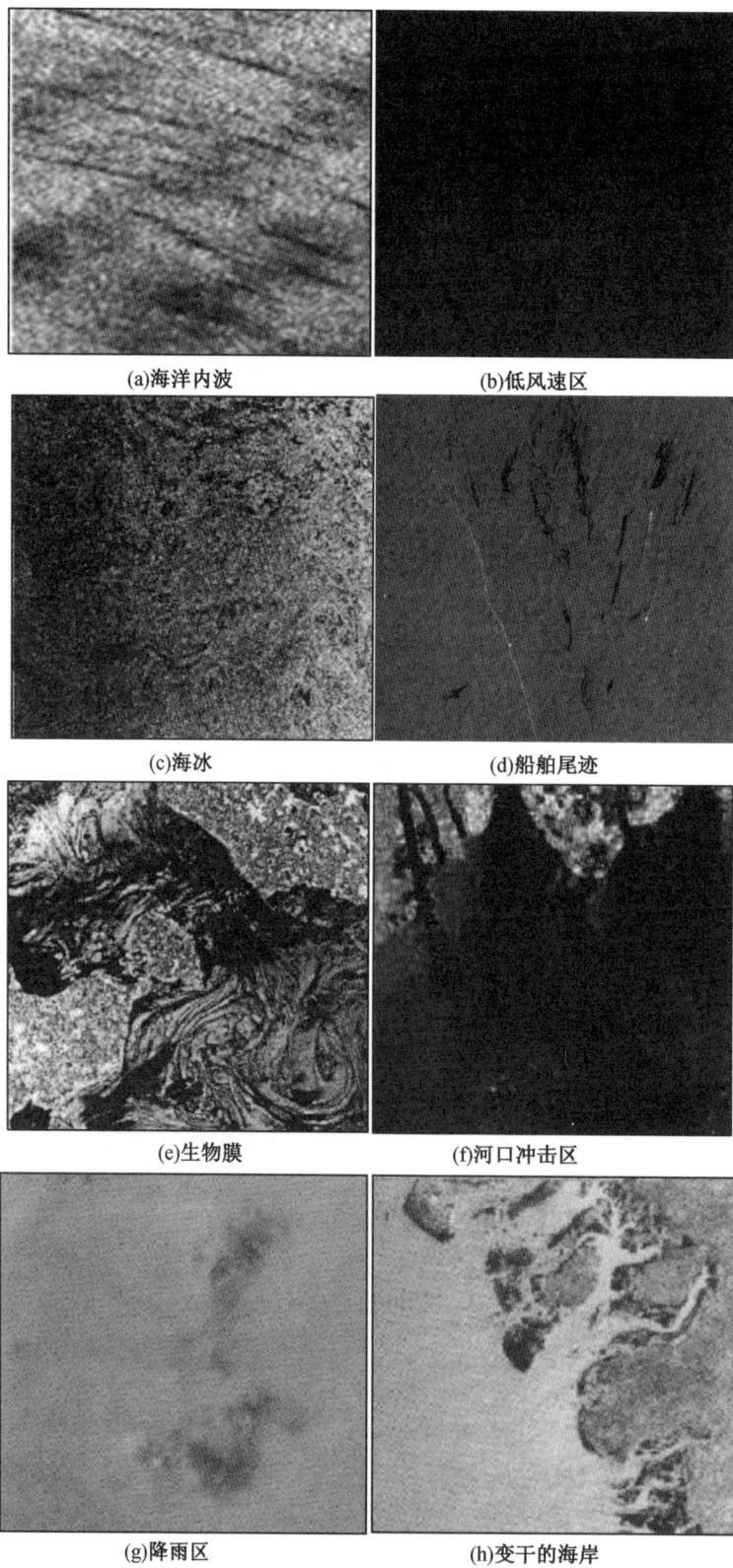

(a)海洋内波

(b)低风速区

(c)海冰

(d)船舶尾迹

(e)生物膜

(f)河口冲击区

(g)降雨区

(h)变干的海岸

图7-10　典型"假目标"

（5）SAR 图像溢油区域信息提取方案

基于 SAR 检测溢油的核心问题是如何将溢油和"假目标"进行区分。通常,可以根据疑似溢油的几何和辐射特性进行直接判断,但是溢油遥感检测往往受限于复杂的海况和各类"假目标"的干扰,增大了检测的难度和不确定性;为了最大限度地识别"假目标",排除"假目标"干扰,进一步提高溢油检测的精度,本应用提出了一套基于水文、气象等辅助信息的 SAR 溢油检测方案,主要包括四个部分:

①建立溢油区域特征信息模板。根据存档的 SAR 图像和背景环境信息总结溢油区域特征信息并建立模板,如:几何特征、辐射特征及溢油环境特征。

②疑似溢油特征提取。针对 SAR 图像中疑似溢油区域进行特征总结并建立模板,建立的模板与溢油区域特征模板相对应。

③建立"假目标"识别规则。根据典型"假目标"的时空特征总结划分规则,SAR 溢油检测方案如图 7-11 所示。

④判断是否为溢油。基于溢油区域特征模板、疑似溢油特征模板和专家知识库,利用统计学方法判断输出图像为溢油的可能性。

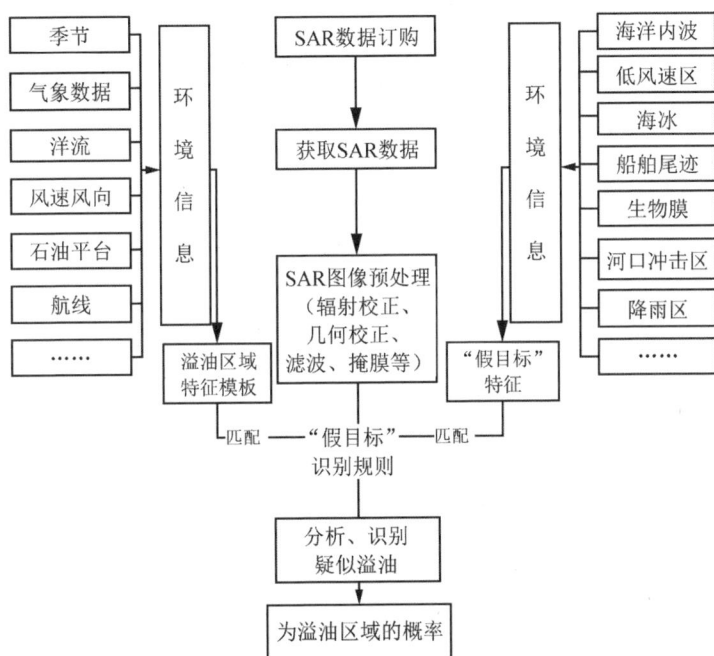

图 7-11　SAR 溢油检测方案

（6）SAR 溢油检测的应用展望

近年来,我国石油海运需求旺盛,逐年增加的溢油事故严重影响了海洋生态环境,海洋溢油探测工作刻不容缓。随着卫星的不断发射和成功运行,遥感探测技术应用于众多环境监测事业中,取得了飞速发展;其中,合成孔径雷达工作于微波波段,与光学传感器相比,具有穿云透雾、全天时、全天候的独特优势,作为一种溢油检测的有效手段,受到了广泛关注;然而,"假目标"的复杂性和多样性给 SAR 的溢油检测研究带来了一定的难度;但是,随着技术的不断成熟和溢油探测研究自动化程度的提高,合成孔径雷达将在今后的海洋溢油检测、溢油灾害应急和事故后期清理等方面的研究中得到更为广泛的发展和应用。

第八章

海洋污染防治技术的发展与应用

第一节

渤海船舶压载水排放点位的研究①

一、项目概要

1.意义

(1)指定压载水排放或置换区域是压载水公约实施的重要组成部分

国际海事组织于2004年召开的国际船舶压载水管理大会通过了《国际船舶压载水及其沉积物控制和管理公约》(以下简称压载水公约),其中对于公约生效的条款规定为:占世界商船吨位35%的30个国家批准的12个月之后生效。截至2010年11月底,加入压载水公约的国家有27个,占世界商船总吨位的25.32%。按2010年9月底召开的MEPC61次会议的预测,2011年该公约将达到生效条件,于2012年实施。压载水公约是IMO迄今为止最复杂的防污染公约,为满足压载水公约G8导则D2标准的压载水管理系统是最复杂的船用防污染设备,港口国对确认船舶满足D2标准的取样与分析技术也是最复杂的。

压载水管理系统的型式认可是压载水公约赋予船旗国主管机关的职责。根据压载水公约D3.1条的要求,拟装船的压载水管理系统必须由船旗国主管机关根据IMO制定的G8导则(压载水管理系统认可导则)型式认可,确认其符合所有的要求后,颁发型式认可证书。只有获得型式认可证书的压载水管理系统才能安装到船上。但G8导则也指出:即使经过认可的系统也不能确保其适用于所有船舶或所有情况。所以即使船舶安装了压载水管理系统,在港口国检查中也会遇到查出不符合压载水公约D2标准的情况。为了不对船舶营运造成大的影响,出现这种情况后需要有其他的补救措施,包括在指定的海域排放或更换压载水。

按公约C1规定,如果一个当事国单独或与其他当事国联合,认为有必要采取B部分以外的附加措施,来防止、减少或消除船舶压载水和沉积物传播有害生物和病原体,则该港口国可

---

① 本节内容时间节点为2010年。

以根据国际法原则,对船舶提出附加措施的要求。紧急情况下采取附加措施的导则(G13)为港口国提供了在采取附加措施时应遵循的原则。附加措施分为两种:在符合国际法原则下只需通知 IMO;如果不符合国际法原则,应报 IMO 批准。

按公约规则 B-4.2 的规定,当船舶经过的水域不能满足更换压载水的海域条件时,通过与相邻的或其他当事国协商,港口国应根据指定压载水更换区域导则(G14)的要求,指定船舶进行压载水置换的适当区域。拟指定压载水更换区域的港口国须根据国际法规定的权利和义务来指定压载水更换区域,在指定压载水更换区域时,尽量考虑和避免对国内或国际法律保护的水域,以及其他重要水资源包括具有经济和生态重要性的资源的潜在不利影响;还要考虑避免对船舶航行带来不利的影响。

由此可见,港口国指定压载水排放或置换区域是压载水公约生效和履约的一个重要部分。

(2)渤海海域生态环境的脆弱性对防止外来生物入侵提出更高要求

渤海海域生态环境的脆弱性表现为以下几个方面:

①自净能力

渤海属于半封闭的内海,自净能力非常有限,近岸水域海水交换速率很低,经观测,其中渤海海峡因与黄海连通,水交换能力较好;莱州湾及渤海中部离湾口较近,水交换能力次之;渤海湾水交换能力较差;辽东湾西北部自净能力极差。多年来有河流和排污口向渤海排放的各种污染物总量也在不断增加。

②生物环境

近年来渤海海洋生态用水量明显减少,渤海盐度明显升高。1959 年 5 月份整个渤海海域表层最高盐度为 31‰,并形成双台子河口和黄河口为低盐度区,渤海中部为高盐度区的空间格局;2003 年同一季节,渤海最高盐度超过了 32‰,渤海海峡盐度最低,而上述两大河口区盐度明显升高形成高盐度区,盐度的分布格局发生了重大改变。渤海盐度升高且分布格局变化的趋势也发生于汛期。1959 年 8 月份由于辽河、双台子河、六股河、滦河、海河及黄河淡水的注入,在渤海大部分近岸海域形成低盐区,全海域的最高盐度为 30.5‰;2004 年的同一个季节整个渤海的盐度亦显示出明显的升高趋势,全海域的最高盐度达 34‰,滦河口—六股河口近岸已成为高盐度区。河口区盐度升高已经严重地改变了河口区的生态环境,致使多数产卵场退化,海洋生态用水减少已经成为渤海突出的生态问题。

近些年来由于辽东湾北部海水盐度居高不下,致使产卵场海域的生态环境改变,经济渔业生物种类的生态演替现象时有发生。2003 年和 2004 年出现大量非经济水母——霞水母,而毛虾资源一直低迷,中国对虾濒临绝迹等现象,都与产卵场海域缺少淡水有关。

辽东湾北部海域无机氮、无机磷的污染主要来自双台子河、辽河、大凌河、小凌河等河口氮和磷的输入,导致近岸海域水体中氮和磷的比例严重失调。2005 年辽东湾产卵场海域平均氮磷比为 53.7,其中锦州湾的平均氮磷比为 134.3,最高达 606.7,最低为 21.0。近岸海域氮磷比的正常范围为 15∶1 左右,该海域氮磷比已经严重失调,氮含量偏高。

③生物资源数量和质量

到 20 世纪 70 年代捕捞呈过度迹象,资源小型化、低龄化和低值化。据调查,20 世纪 80 年代每年参与秋捕对虾流网候船竟达 6 000 多条,流网总长度近万余千米,"网墙"可从莱州湾南部到辽东湾北部排列 21 层,如堵截渤海海峡,则可堵上 60 层。此时,优势渔业种类已变为黄鲫、梅童鱼等低质鱼类,带鱼已基本绝迹,资源结构已严重失衡,主要渔业资源仅剩两虾一蜇

（对虾、毛虾、海蜇）。进入 20 世纪 90 年代后，渤海的两虾一蜇也极不稳定，天津的毛蚶、扇贝，辽宁的文蛤以及海蜇等的捕捞量均明显下降，滩涂贝类资源亦在衰退中。

1984 年及 2004 年海洋资源全面调查的结果显示，渤海海域 20 年来海洋生物群落结构，尤其是潮间带生物、底栖动物、游泳动物群落结构发生了明显的变化，呈现出严重退化的趋势。1983—1993 年，在渤海渔业生物资源中，低营养层次（划食性和游泳动物食性）种类的生物量所占比例增加了 22.3%，而高营养层次（底栖动物食性和游泳动物食性）种类的生物量所占比例减少了 19.3%。目前渤海渔业以虾、蟹类和小杂鱼等生物为主。

④海洋灾害状况

a.海洋赤潮灾害

渤海已成为富营养化十分严重的区域，赤潮频发，持续时间加长，扩散面积加大。近年来，在渤海沿岸水域、莱州湾、渤海海峡、辽东湾北部、锦州湾、秦皇岛附近海域、天津塘沽沿岸、唐海县沿岸、黄骅市沿岸等几乎均发生过赤潮，影响面积达数千平方千米。

b.海上溢油灾害

自 20 世纪 80 年代以来，溢油事件发生呈上升趋势，几乎每年都发生由于拆船、撞船、沉船、井喷、漏油等各种原因造成的溢油事件，造成事故海区及流域石油污染严重。"九五"期间渤海共发生大的溢油事故 8 起，占同期全国海域溢油事故的 32%；"十五"期间渤海共发生大的溢油事故增加 1 倍，达到 16 起，占同期全国海域溢油事故的 46%。海上溢油灾害是造成渤海海域海上污染的重要原因。

⑤环境容纳量

随着经济的发展，渤海污染物的环境容量也随之变化，在污染物排放量每年增长 5% 和 10% 两种情况下，无机氮各类水质标准下均存在一定的环境容量，但是其一类水质标准下的环境容量逐年递减明显；活性磷酸盐的环境容量最小，若在污染物排放量两种增长率情况下，2011 年和 2010 年渤海石油类一类水质标准下的环境容量分别仅为 2005 年的 4% 和 8%。事实上，如果按照污染物排海量每年增长 5% 计算，分别在 7 年、4 年、17 年后渤海的石油类、活性磷酸盐、无机氮将达不到一类水质标准，而 50 年、19 年、37 年后渤海将达到石油类、活性磷酸盐和无机氮的四类水质下环境容量的极限值；如果按照污染物排海量每年增长 10% 计算，29 年、13 年和 22 年后渤海的石油类、活性磷酸盐和无机氮将达到四类水质下环境容量的极限值。

由此可见，渤海海域环境生态的脆弱性对外来生物的入侵是难以防范的，将不得不提出更高的要求，船舶压载水的随意排放将进一步增大外来生物入侵的风险，若渤海海域船舶压载水排放点位不加以确定、排放量持续增大，将会对渤海海域生态环境造成不可恢复的损害。

(3)渤海海域交通流量的增长引发压载水排量的日益加大

改革开放三十多年来，我国水上交通运输快速发展，船舶交通流量和运输量已连续数年居世界第一位，对国民经济的支撑作用日益增强。"十一五"末期我国水路运输量、货物周转量和港口货物吞吐量分别是"十五"末期的 1.73 倍、1.34 倍和 1.63 倍。船舶流量的增长所带来的副产品之一则是船舶压载水的排量剧增。天津海事局 2009—2010 年度船舶压载水审批量统计详见表 8-1。

表 8-1　天津海事局 2009—2010 年度船舶压载水审批量统计

年份	外轮(艘)	国轮(艘)	合计(艘)	压载水审批量(吨)
2009	143	1 295	1 511	6 763 123
2010	174	1 334	1 577	8 010 694

由表 8-1 可以看出,2009 年天津海事局统计的船舶数量为 1 511 艘,2010 年增长到 1 577 艘,压载水审批量由 6 763 123 t 增长到 8 010 694 t,增长了 18.45%。

山东海事局 2009—2010 年度船舶交通流量统计见表 8-2。由表 8-2 可以看出,山东海事局 2009 年统计的船舶进出港流量为 305 299 艘,2010 年增长到 351 317 艘,增长了 15.07%。

表 8-2　山东海事局 2009—2010 年度船舶交通流量统计

年份	进港流量(艘)	出港流量(艘)	总流量(艘)
2009	153 534	151 765	305 299
2010	176 537	174 780	351 317

2010 年河北海事局、辽宁海事局和天津海事局船舶交通流量统计详见表 8-3。河北海事局和辽宁海事局 2010 年统计的船舶进出港流量分别为 137 369 艘和 254 087 艘。通过天津海事局统计的压载水审批量可以估算出 2010 年环渤海其他海事局压载水审批量:山东海事局约为 16 915 596 t,河北海事局约为 7 611 157 t,辽宁海事局约为 14 078 110 t。总计:约46 615 557 t。

表 8-3　2010 年河北海事局、辽宁海事局和天津海事局船舶交通流量统计

年份	进港流量(艘)	出港流量(艘)	总流量(艘)
河北海事局	70 391	66 978	137 369
辽宁海事局	126 614	127 473	254 087
天津海事局	74 097	70 483	144 580

因此,从渤海海上交通流量以及压载水审批量来看,近年来都呈现上升趋势,这意味着压载水所带来的外来生物入侵风险也在升高。

综上所述,一方面,从压载水公约来看,港口国指定压载水排放或置换区是压载水公约生效和履约的一个重要部分;另一方面,渤海海域船舶压载水排放量的逐年攀高使渤海海域所面临的外来生物入侵风险越来越大,鉴于该水域环境生态的脆弱性以及面临的现实风险,必将提出更高的诸如禁止排放、外海置换、在船灭杀或岸上接收等附加要求。

因而,进行渤海海域压载水排放点位的专项研究不仅是我国对压载水公约履约内容的重要组成部分,而且对有效保护渤海海域生态环境和保障海上交通安全并促进环渤海区域的可持续发展,造福于子孙后代等方面有着特殊重要的现实意义。

2.研究内容

(1)环渤海主要港口交通流量和船舶压载水排放量的耦合关系

为了确定渤海海域船舶压载水排放点位,其中很重要的判断条件就是船舶排放压载水风险评估。而进行压载水风险评估时,压载水排放量是不可缺少的因素之一。因而,有必要根据历史数据,研究主要港口交通流量和压载水排放量的耦合关系,用以更精确地预测未来压载水排放量,进而对压载水所带来的可能的风险进行评估。

环渤海地区港口资源丰富,海洋交通运输业发展速度很快。1995 年,环渤海港口货物吞

吐量达 32 481 万 t,占全国沿海主要港口货物吞吐量的 39%;旅客吞吐量 1 417.4 万人,占全国沿海主要旅客吞吐量的 15.3%。到 2005 年,环渤海港口货物吞吐量达 115 145 万 t,占全国沿海主要港口货物吞吐量的 39.33%;旅客吞吐量 1 289 万人次,占全国沿海主要港口旅客吞吐量的 17.68%;集装箱吞吐量 16 541.4 万 TEU,占全国沿海主要港口集装箱吞吐量的 26.11%。

对渤海海峡海域船舶流量现状的分析和数据的选取是基于 AIS 的海上交通实态观测。AIS 能提供船名、呼号、船长、船宽、吃水、船舶类型、船位、航向、航速和航行状态等静态和动态信息以及航次数据,这不仅有利于船舶航行安全与管理,也为海上交通实态观测提供了一种全新的方法。

环渤海各港口船舶流量有逐年增加的趋势,航迹线交错复杂,交通流宽度大,船舶压载水的排放量大幅增加,通过各港口提供的船舶流量图,每年渤海各港口的船只有小部分吃水大于 12 m,这类船只单船压载水排放量比较大,可达 6 256.3 t/艘;部分吃水大于 10 m 小于 12 m,单船压载水排放量达到 4 582.1 t/艘;多数船只吃水在 10 m 以下,而这类船只单船压载水排放量较小,为 821.3~3 412.1 t/艘,但是排放总量很大,能达到总排放量的 85% 左右。

(2)渤海海域生态特征及其与港口分布的关系

在进行压载水风险评估时,港口附近海域的生态特征(环境特征和生物组合)作为本底数据尤为重要。因此,以港口为中心,收集并调查其附近海域的生态学数据,为压载水风险评估模型的建立奠定基础。

由于渤海所处的地理位置,使其具备了独特的自然生态特征。沿岸主要入海河流分成三大水系,分别注入辽东湾、渤海湾、莱州湾,形成辽河三角洲湿地、海河口湿地、黄河三角洲湿地;使三大湾及河口浅海区成为黄渤海重要洄游性经济鱼类的三大产卵场、育幼场和索饵场,以及三大滩涂、浅海贝类场;渤海中部海区成为黄渤海经济鱼类洄游的集散地和地方性鱼类的越冬场。因此,从自然生态角度来看,渤海具有三大湾和三大水系,由此形成三大河口湿地、三大鱼类产卵场、三大滩涂贝类场,以及一个鱼类洄游的集散地和越冬场。

①海水环境总体质量

经 2008 年渤海海水环境质量调查,总体状况良好,春季、秋季清洁海域和较清洁海域约占总海域面积的 70%;夏季清洁海域和较清洁海域约占总海域的 80%,渤海中部海域海水质量状况良好,海水中的主要污染物是无机氮、活性磷酸盐和石油类,如图 8-1 所示。

②渤海三大湾及中部海域海水质量

渤海三大湾夏季海水环境质量明显劣于渤海中部海域。莱州湾污染程度最为严重,其次是渤海湾,辽东湾污染程度相对较轻。

莱州湾:海水污染最为严重,其中夏季严重污染海域面积达 26%,主要污染物为无机氮、石油类和活性磷酸盐。

渤海湾:海水污染较重,其中夏季严重污染海域面积达 11%,主要污染物为无机氮和活性磷酸盐。

辽东湾:海水污染相对较轻,主要污染物为活性磷酸盐和无机氮。

渤海中部及渤海海峡:海水环境质量较好,基本未受到污染。

③三省一市近岸海域海水环境质量(见图 8-2)环渤海三省一市近岸海域夏季海水环境质量总体较差,污染海域面积较大。其中,天津近岸海域海水污染最重,其次为山东和辽宁近岸海域,河北近岸海域海水质量相对较好。

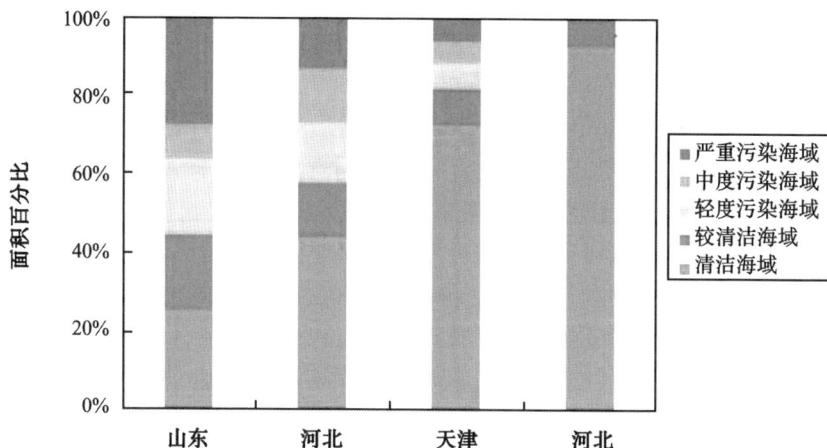

图 8-1　2008 年夏季渤海三大湾及中部海域海水质量状况

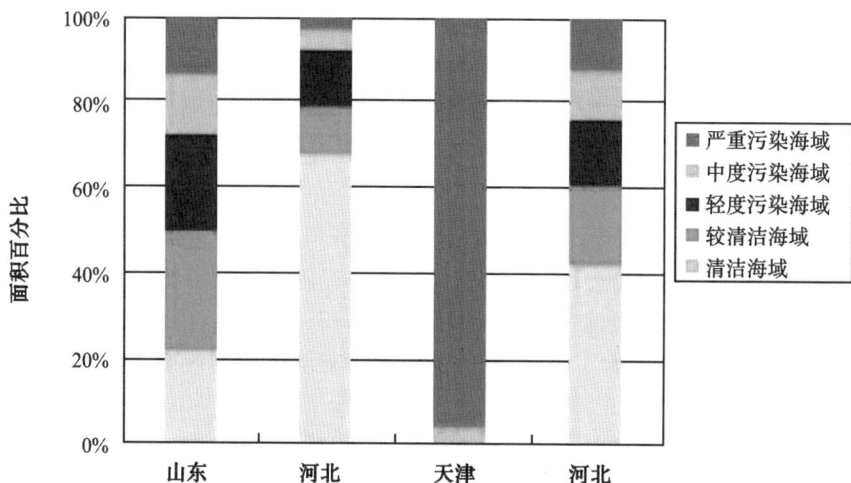

图 8-2　2008 年夏季环渤海三省一市近岸海域海水环境质量状况

④主要河流污染物入海量

2008 年监测的渤海主要河海流入海污染物总量为 47 万 t,主要污染物为 CODCr、氨氮、磷酸盐、油类、重金属等。其中,CODCr 44 万 t,约占总量的 93%;氨氮 2.2 万 t,约占 5%;磷酸盐 0.1 万 t,约占 0.2%;油类、重金属、砷不足 0.1 万 t,如表 8-4 所示。

表 8-4　2008 年部分河流排放入海的污染物量(t)

河流名称	COD_{Cr}	氨氮	磷酸盐	油类	重金属	砷	合计
黄河	336 899	18 899	320	0	773	23	361 895
小清河	52 205	340	302	383	33	3	54 670
大凌河	20 800	353	13	4	0	8	21 235
小凌河	14 850	1 359	108	8	1	1	16 417
大辽河	13 700	905	373	365	71	25	15 439

⑤海洋功能区生态环境状况

2008年渤海海洋功能区海水环境达标状况不符合功能区海水水质要求的区域主要分布在三大湾以及渤海中部的少部分,这部分区域由于有港口以及海水养殖区的分布,污染物的随意排放及围填海工程,导致湾内沉积物污染严重,生物质量较差,生境丧失严重,湾内生物群落结构异常,浮游生物和底栖生物数量严重下降,生物资源明显减少,生物种类多样性迅速下降。

⑥港口分布与生态环境

a.渤海湾:渤海湾沿岸分布的港口主要是天津港、唐山港和黄骅港。该海域生态系统处于亚健康状态,海水氮磷比失衡;沉积物环境质量总体良好,部分生物体内总汞、砷和镉含量偏高,生物群落结构状况较差。陆源污染和港口建设过程中的围填海工程是影响渤海湾生态健康的主要因素。

b.辽东湾:辽东湾沿岸分布的港口主要是秦皇岛港、锦州港和营口港。

秦皇岛港附近海域生态系统处于亚健康状态,水和沉积环境总体质量良好。部分生物体内镉、铅和砷含量偏高,生物群落结构状况一般,浮游动物生物量、底栖动物栖息密度和生物量呈降低趋势。入海淡水输沙量减少、海水养殖密度过大、港口航运以及陆源排污是影响该海域生态健康的主要因素。

锦州港附近海域生态系统处于不健康状态。水体氮磷比严重失衡,局部海域无机氮浓度劣于四类海水水质标准,局部海域沉积物重金属和石油类含量超一类沉积物质量标准。湾内栖息地面积减小,生物群落结构异常,浮游植物和浮游动物密度偏低。陆源污染和围填海工程是影响该海域生态健康的主要因素。

营口港附近海域生态系统处于亚健康状态。水体富营养化严重,部分生物体内镉和铅含量偏高,生物群落结构状况一般。陆源污染、油田勘探开发和海水养殖等人类活动对栖息地的破坏是影响该海域生态健康的主要因素。

c.莱州湾:莱州湾沿岸分布的港口主要是一般港口,如东营港、潍坊港、龙口港等。该海域生态系统处于不健康状态,水体富营养化严重,营养盐严重失衡,部分生物体内总汞、砷、镉、铅和石油类的含量偏高。栖息地面积减小,生物群落结构状况较差,底栖生物栖息密度和生物量偏低。陆源排污、黄河水入海量减少和围填海工程等是导致该海域生态系统不健康的主要因素。

d.渤海海峡:该海域分布的港口主要有蓬莱港和旅顺港,渤海海峡与黄海连通,水交换能力较好,因此污染较轻,水质良好,浮游植物密度、浮游动物密度和生物量较高。

e.渤海中部:由于渤海中部离湾口较近,水交换能力仅次于渤海海峡,污染较轻,仅在靠近唐山港和东营港附近海域生态环境受到破坏。

(3)船舶排放压载水风险评估模型的建立

船舶排放压载水风险评估是预防引进外来海洋水生物入侵的方法之一。在前期研究的基础上,紧密结合G7导则,分析源港口和目的港的自然环境状况和生物群落特征、具有潜在入侵风险的生物种类和数量,以及携带这些外来生物的船舶的相关数据,并对它们进行多元比较分析,最终定量确定不同源港口的船舶的压载水外来海洋生物存活的可能性和危害性,对其船舶压载水引入的外来海洋生物的风险做出评价,以便采取相应的防范措施来降低海洋生物入侵的风险,实现对压载水转移外来生物的风险进行有效评价和管理。

已经改进的压载水风险评估模型由五个风险因子构成,包括群落结构相似性(U1),环境相似性(U2),危险物种因素(U3),船舱最大容积因素(U4),以及最短存储时间因素(U5)。在压载水排放过程中,压载水会对目的港口造成很大的危害。这一切危害的根源是压载水中携带了大量的目的港的非本土生物。因此,在评估过程中,生物因素的风险评估是整个风险评估模型的一个核心因素。和 Globallast 相比,本模型将群落结构相似性考虑在内。鉴于源港口与目的港口之间群落结构的相似性对压载水中生物的存活、扩散和潜在的传播存在风险。压载水接收港的生物群落结构和压载水源港口的生物群落结构越是相似,压载水中携带的有机体就越有大量增殖,越有长成优势种群的机会。正是这个原因,本模型充分考虑了两个港口群落结构对于评价入侵的非本土物种的风险的重要性。

Globallast 的源港口压载水的排放频率(U6)以及源港口压载水的排放比例(U7)对于压载水中生物入侵风险影响较小,本模型暂不考虑在内。评估模型的风险因子如表8-5所示。

表8-5　评估模型的风险因子

风险因子	描述	Globallast 所采用的因子	新模型所采用的因子
群落结构相似性 U1	源港口生物群落对目的港口的生物群落结构相似度		√
环境相似性 U2	源港口对目的港口的环境因素相似度	√	√
危险物种因素 U3	源港口所在生态区中所含的危险物种的对于目的港口的威胁程度	√	√
船舱最大容积因素 U4	压载舱体积大小影响在航行过程中存活的生物体的数量和规模	√	√
最短存储时间因素 U5	压载舱的存水时间对于排放出的生物体的存活能力的影响	√	√
源港口压载水的排放频率 U6	源港口的压载水排放次数占目的港口全部压载水接收次数的比例	√	
源港口压载水的排放比例 U7	源港口的压载水排放量占目的港口全部压载水接收量的比例	√	

该船舶排放压载水风险评估系统是以到港船舶所提供的压载水记录报表、国际地区间海域物种数据库、源港口环境信息库等数据资料为基础,运用通过层次分析法和模糊统计思想创建的模型,为海事主管部门量身打造了方便运行和管理的压载水风险评估系统,完善压载水排放的管理机制,为渤海海域压载水排放点位的确定提供理论指导和技术支撑。

(4)渤海海域船舶压载水排放点位评价指标体系的建立

渤海海域船舶压载水排放点位评价指标主要依据环渤海主要港口的交通流量及压载水排放量,渤海海域的生态特征和压载水的风险评估,综合确定排放点位,建立渤海海域船舶压载水排放点位的评价指标体系。

①港口的交通流量及压载水排放量

船舶压载水是转运和引进外来海洋生物到新的生态环境的最重要的因素。正如前文所述,环渤海各港口船舶截面流量在逐年增加,航迹线交错复杂,交通流宽度大,船舶压载水的排放量在大幅增加。

②渤海海域的生态特征

渤海属于半封闭的内海,海水交换能力很弱,通过研究已经认定,渤海海水的自净能力非常有限,全部更换一次约需半个世纪。但是多年来向渤海排放的携带着各种污染物的污水和船舶压载水入海量不断增加,以及溢油和赤潮灾害频发,使渤海近岸海域受到严重污染损害;渤海水体污染范围的不断扩大,表明渤海环境平衡已遭到严重破坏。

③船舶压载水排放的风险评估

船舶压载水排放的风险评估是预防压载水引进外来海洋水生生物入侵的好方法。可以通过建立压载水风险评估模型对到港船舶的压载水进行风险评估。压载水风险评估模型是针对不同源港口的船舶压载水所携带的外来海洋生物,对其在入侵海域存活的可能性和危害性进行评估。模型可以协助海事主管部门实现对压载水的管理,以便采取相应的防范措施来降低海洋生物入侵的风险。

根据国家海事局亚太 AIS 数据中心提供的数据、交通流量及估算的船舶压载水的排放量,渤海海域生态的特殊性和压载水的风险评估分析,预测渤海海域将会有八个区域出现大量压载水的排放状况,而每个区域应该遵循什么样的压载水排放或置换规则,则需要进一步分析论证。

(5)渤海海域船舶压载水排放管理机制

公约生效后,渤海海域船舶压载水排放管理机制将在全国船舶压载水排放管理机制框架下实施。但由于渤海作为大型内海海域的特殊性,必须建立一套适合于该海域的船舶压载水排放管理机制。具体内容拟提出如下建议:

①明确适合于渤海海域的港口国压载水管理内容及程序

研究压载水公约要求下的港口国管理以及压载水公约履约中船舶面临的问题及对策,明确压载水公约对压载水管理的要求,为渤海海域压载水管理方面的船旗国、港口国履约工作提供参考。

②建立渤海海域压载水排放应急预案

为保护海洋生态环境和资源,防止外来有害水生物及病原体入侵造成的损害,维护渤海海域海洋生物多样性和生态平衡,保障人体健康和社会公众利益,促进海洋经济的可持续发展,并履行中华人民共和国缔结或参加的与外来有害水生物与病原体转移有关的国际公约规定的义务,结合渤海海域的特殊性制定相应的海上船舶压载水排放应急预案。该预案应与现有的海上船舶溢油和搜救应急体系相协调,具体内容应该涵盖应急指挥部的组建、应急力量的配备、应急反应的组织实施等方面的要求,压载水排放风险评价方法、应急反应的培训与演习以及对应急计划的评估与修订建议等。

③构建渤海海域压载水排放风险评估系统

基于渤海海域生态特征数据和环渤海重要港口压载水排放量数据构建渤海海域压载水排放风险评估系统。该系统将由压载水风险评估模型、压载水风险评估数据库和压载水风险评估用户界面组成。该系统可被用于环渤海各港口压载水日常管理工具,也可用于压载水管理的区域间合作(比如,中韩、中日间的压载水管理系统相互免除)。

④建立渤海海域压载水排放信息发布系统

通过各类基础数据(生态数据、压载水排放量数据等)以及压载水排放风险评估结果所确定的压载水排放点位将通过信息发布方式提供给过往船舶。过往船舶可通过因特网等多种方式查询渤海海域压载水置换及排放相关信息。

二、项目前期研究及工作基础

全球环保基金组织(GEF)把船舶压载水引起的生物入侵问题列为海洋环境面临的四大威胁之一。全球贸易中约90%的货物经由船舶运输,每年约有120亿吨压载水通过约9万艘远洋船舶在世界范围内转移,每天有3 000多种海洋生物随远洋压载水周游世界,全球已确认的由船舶压载水传播的生物物种约500种。而我国地理条件易形成入侵之势。我国海岸线长32 000 km,主权管辖海域面积473万 km,跨越5个气候带,生态系统类型多。其中大陆海岸线北起中国同朝鲜之间的鸭绿江口,南至中国同越南之间的北仑河口,全长18 000 km多,有对外开放港口134个,海岸带年平均气温从北至南在8.5 ℃(丹东)~25.5 ℃(三亚)之间变化,跨越温带、亚热带、热带3个气候带,其中大部分在亚热带,占60%。我国海域的这种特点,为船舶压载水传播入侵生物提供了机遇,来自各大洋的大多数海洋生物都能在我国沿岸找到合适的栖息地生存下来,不断蔓延扩散,并最终形成李代桃僵之势。据调查,中国海洋和海岸、滩涂有141种外来物种,这些物种隶属于原核生物界、原生生物界、植物界和动物界4个界12个门。其中通过船舶压载水引入的主要有16种藻类,占所有外来物种的11%。这些外来赤潮生物对生态适应性强、分布广,只要环境适宜,就可暴发赤潮,导致海洋生态系统的结构与功能几乎彻底崩溃。因此,对船舶压载水排放的治理和规范迫在眉睫。

1.国外研究现状

(1)国际组织对船舶压载水排放的控制

国际海事组织于2004年通过了《国际船舶压载水及其沉积物控制和管理公约》,世界环保基金组织、联合国计划开发署及国际海事组织联合实施了全球压载水管理项目,并选择6个发展中国家的港口作为演示地,其中大连为代表东亚地区的演示地。各海运大国都在积极开展相关研究。

(2)澳大利亚对船舶压载水的控制

澳大利亚于1991年制定了世界上第一部强制执行的《压载水管理指南》(以下简称《指南》),后又经过多次修订,其最新版本于1999年1月1日颁布。《指南》指出,可以通过减少有害水生生物的载入,排放前进行压载水中沉积物的去除,通过压载水的交换,不排放或少量排放压载水等方法预防和控制通过压载水的携带而来的外来物种入侵。《指南》规定,澳大利亚检疫和检验局(AQIS)是澳大利亚压载水管理的主管部门,负责所有进入澳大利亚水域的船舶所携带的压载水的管理,强制性地在每个检疫口岸对进入澳大利亚的运输船舶的压载水和沉积物的排放加以控制,在需要的情况下,还可以对所有船只进行压载水和沉积物的采样和监测。所有进入澳大利亚水域的船舶都必须按照澳大利亚法律的要求遵守《指南》的规定,否则将受到经济处罚。2001年7月,澳大利亚对进入其沿海地区的船舶实行了强制性压载水管制。由澳大利亚的检疫和检查服务机构对船舶进行评估:威胁度高的船舶被要求在公海进行压载水更换,只有低度威胁的船舶才被允许在沿海地区更换压载水。2005年6月2日,澳大利亚第一个签署了《国际船舶压载水和沉积物管理与控制公约》。

(3)美国对船舶压载水的控制

美国控制排放压载水的主要立法是依据《1990年防止和控制外来有害水生物法》(NAN-PCA)和《1996年国家入侵微生物法》(NISA),根据NISA,所有载有压载水进入美国水域的船舶均应保存相关记录,并应向美国海岸警卫队(USCG)提供书面信息,鼓励船舶自愿采取预防措施。美国土地委员会为加利福尼亚确立的一个压载水管理程序,即《压载水管理为控制外来水生物入侵法》同时生效,除某些情况以外,该法律要求船舶进入美国领水,应采取规定的措施以防止外来有害水生物进入美国水域,违反者将追究民事刑法责任。1999 年 7 月 1 日,美国开始实施压载水管理要求,抵美船舶不论有无压载水变动,在进入美国和加拿大经济区(EEZ)海域 200 n mile 前都必须填报专用表格,并发至美国海岸警卫队(USCG)总部,在美国沿岸从事原油运输的船舶,以及装有能杀死水生物设备的客轮除外。

(4)加拿大对船舶压载水的控制

加拿大大湖区从 1989 年 5 月 1 日起(所有其他港口从 2000 年 4 月 1 日起开始实施),要求进港船长填写有关压载水的"STATEMENT"。从 1997 年 3 月 1 日起,所有开往温哥华港带有压载水的船舶,在到达加拿大水域前,都应在大洋中部更换压载水。登轮的港长代表,在实施压载水检查时,将查看下列内容:记载的航海日志并摘录航海日志有关内容,由港长代表对压载水取样,并经化验分析,发现压载水未能满足 VPA 标准,将要求船舶出港,在 Race rocks 的西面,Juan de Fuca 海峡的北侧,落潮流时更换压载水,由此造成的船舶移动及延误而产生的所有费用,均由该船自己负担,不管怎样,船舶在港内排放压载水之前,港长代表必须在场。从美国西海岸港口(CAPE MENDOCINO 之北)、不列颠哥伦比亚、阿拉斯加驶抵温哥华的船舶,假如需要排放的压载水是取于这些水域,那就不必遵守此政策。

(5)其他国家对船舶压载水的控制

巴西:所有巴西港口的卫生当局要求得到一份船长正式电文,说明船舶何时、何地装载压载水,以及在船上的数量,电文在抵港前至少 72 h 发出,以便获得"免检证",否则将抛锚检查。

智利:主管当局为智利海军,以及商船运输部和航海安全和操作部。从 1995 年 8 月 1 日起实施。所有来自海外并压载海水的船舶,均不例外。所有来自霍乱或类似流行病菌传染地区的船舶强制实施。可接收的方式:在深海更换压载水,并记入驾驶台和机舱日志,表明地理位置坐标,更换数量以及压载水总量百分比。

以色列:主管当局为运输部和港口局。适用于所有在港船舶和在以色列沿岸航行及目的港为以色列的船舶。从 1994 年 8 月 15 日起强制实施。可接受的方式:如没有在大洋注入压载水,则必须在远离大陆架或不受淡水流影响的宽阔海洋更换压载水,船长将被要求向检查员(引航员)提供完整的压载水更换报告。船舶驶往埃拉特,如果可行的话,必须在红海以外更换。船舶驶往地中海港口,若可行的话,必须在大西洋更换。

新西兰:主管当局为新西兰渔业部。适用于所有携带在其他国家领水内注入的压载水进入新西兰领水的船舶。1996 年起开始实施,1998 年 4 月 30 日起强制实施。根据指南要求,在大洋中部完成压载水更换,压载水进口健康标准于 1998 年 4 月 30 日生效,适用于在其他国家装载压载水并准备在新西兰排放的船舶,其要求是排放的压载水已在大洋中部更换。

阿根廷 PLATE ESTUARY 河:主管当局为阿根廷航运当局,从 1999 年起实施。船舶该航次来自其他国家,在到达 PLATE ESTUARY 河外界线前必须排放、更换或处理其压载水。

英国奥克尼岛:主管当局为奥克尼岛委员会。1998 年以前实施。所有准备在 FLOTTA 码头排放压载水的船舶。

(6)船舶压载水排放前的净化处理

国外目前对船舶压载水进行了测量管、人孔和压载泵三种取样方式的研究,对压载舱沉积物的取样主要采用人孔方式。用于压载水性能检测的手段主要包括:海洋色度遥感监测、生物分子及DNA检测、常规及计算机显微观察计数、便携细胞计数装置、全自动细胞计数检测等。快速、准确的压载水性能检测手段目前在国际上基本属于空白。

国外压载水处理方法可以归为机械法、物理法、化学法和生物法四类。目前较多的研究是将两种或三种方法结合,首先去除大尺寸水生体和降低海水浊度,再消灭剩余的细菌、病毒和小尺寸水生体。尽管有多家研究机构或者企业开发了应用技术产品,但尚没有产品完成国际海事组织的风险评估和形式认证。为了满足在2009年前将技术产业化,达到实船应用并满足国际公约要求的需求,目前迫切需要解决生物灭活效率、操作安全可靠性、设备体积、设备及运行成本、二次污染可能性等共性及关键问题。国外压载水净化处理技术现状分类总结(见表8-6)显示,各种技术方案都存在自身不足,因此,公约实施初期将是多种应用技术并存的格局。

表8-6 国外压载水净化处理技术现状分类总结表

	提出人或实施企业	方法介绍	应用状况和专利格局	存在的主要问题
化学方法	PeraClean Ocean, Degussa	利用过氧乙酸和过氧化氢做水处理,独立或与预过滤一起使用	实验室阶段,可用于压载水处理,将进行进一步试验	运行成本、使用安全、二次污染、船体腐蚀
	SeeKleen	利用杀菌剂做水处理,独立或与预过滤一起使用	完成了在一艘船上的测试,显示了其可行性	运行成本过高、使用安全、二次污染
	传统方法	氯化消毒	技术实现容易,技术可行,有厂家提供技术方案,实船测试状况不明	低含盐量海水产氯量控制、对大型生物灭活效果差、投放剂量取决于海水有机物含量、二次污染、船体腐蚀
	NEI Treatment Systems, LLC, Los Angeles, California	文氏管脱氧技术	最初为船体防腐而开发,灭活效果在实验室条件下非常好,正在实船测试,原创性专利保护	不适于对现有船只改造;设备及运行成本高、灭火广谱性(对厌氧微生物和孢子的灭火效果)差
	Marine Environmental Partners	过滤,电离+电解	实验室阶段	设备成本、二次污染、船体腐蚀
	新加坡南洋理工大学环科研究院	过滤+高铁酸钾	进行了岸上测试,实船测试结果未见报道	高铁酸钾不稳定,不易存储,系统免维护性差
	BenRad Marine AB	分离+过滤+高级氧化方法(AOT),臭氧通过光触媒催化作用转化生成羟基自由基,核心技术是光触媒分解臭氧技术	1997年欧洲专利,1999年美国专利,化学产物浓度低,生物效果好,与美国LAVAL公司合作,2003年已安装到一条船上	运行成本、使用安全、设备尺寸、船体腐蚀

（续表）

	提出人或实施企业	方法介绍	应用状况和专利格局	存在的主要问题
物理方法	OptiMar AS	分离+紫外线处理	已经安装在了一些巡游船舶上,技术专利保护	对不同水质的海水,灭活效果的稳定性
		加热法	在澳大利亚被实船使用,应用有限,运行成本很低	灭活效果、对船体结构的影响、船只改造成本高
		过滤/旋液分离器	进行了实验室测试和小型实船测试,必须与其他处理方法配套使用	无法对微生物灭活
	C3(N2C3)回路空化	空化作用(类似于超声灭活)	实验室阶段,在与其他方法配套使用情况下较有前途,源创性专利保护	灭活效果和效率

2.国内研究现状

我国十分重视控制压载水污染,是最早被 IMO 组织与 UNDP(联合国发展计划署)、GEF(全球环保基金)选择作为全球压载水管理计划第一期项目的 6 个实施国之一。大连港是我国的演示地,辽宁海事局是该项目中国项目实施小组的成员单位。我国目前已成立了由交通运输部、国家环境保护总局、国家海洋局和农业部等有关部门参加的国家项目实施指导小组,将初步进行船舶压载水化学处理实验、油船电磁加热处理压载水装置的研制,以及建立船舶航行赤潮发生区的信息报告制度等。CCS 船级社在 2006 年也出台了《船舶压载水管理计划编制指南》。

国家"十一五"科技支撑重大项目"远洋船舶压载水净化和水上溢油应急处理关键技术研究",第 4 课题组首次在国内提出了防止船舶压载水转移外来生物和病原体的国内立法体系框架,并在关键的压载水管理环节:压载水管理系统的型式认可、使用活性物质的压载水管理系统申报、原型压载水处理技术的审批、压载水应急预案等提出了具体的管理内容和管理文件初稿。

(1)船舶压载水排放管理机制和立法体系

迄今为止,我国还没有建立起有效的监督管理体制,也没有制定尤其是没有任何针对解决压载水转移外来生物问题的法规以保护脆弱的海洋生态环境,当前只有对来自传染病疫区船舶的检疫控制及部分港口当局要求进行的压载水排放申请。

目前,我国关于船舶压载水管理和控制的相关立法主要有:

①《中华人民共和国国境卫生检疫法》规定由国境卫生检疫机关根据国家规定的卫生标准,对国境口岸的卫生状况和停留在国境口岸的入境、出境的交通工具的卫生状况实施卫生监督,包括监督和监察垃圾、废物、污水、粪便、压载水的处理(第 18 条)。

②《中华人民共和国防止船舶污染海域管理条例》规定所有进港的空载油轮留存的压载水不得少于该油轮载重量的四分之一。港务监督对于不按规定留足压载水的油轮,要调查其压载水的去向,并视情况进行处理。还对 150 t 以上油轮的压载水排放进行了限制(第 10 条)。对来自有疫情港口船舶的压载水,应申请卫生检疫部门进行卫生处理(第 25 条)。

从上述法规的主要内容来看,与国际公约的要求相距甚远,不足为据。

（2）船舶排放压载水风险分析评估系统

船舶排放压载水风险评估涉及海洋生态学、生态学毒理学、生态统计学、海洋生物分类学等诸多学科分支。目前，开展压载水的风险评价是非常迫切并具有重要科学和现实意义的。

大连海事大学在国际压载水管理公约 G-7 导则的基础上，对国际上现有船舶压载水风险评估体系进行了分析。最终在该导则框架下采用生态相似性、环境相似性、危险物种因子等 7 个风险因子和秩和运算法、模糊统计法结合的权值算法建立风险评估模型（见图 8-3）。以 Visual Basic 语言结合 Access 数据库管理开发压载水风险评估系统 BWRAS，该系统实现了数据输入、输出、风险等级计算、结果查询等功能。最终的风险结果在 Web GIS 上发布。

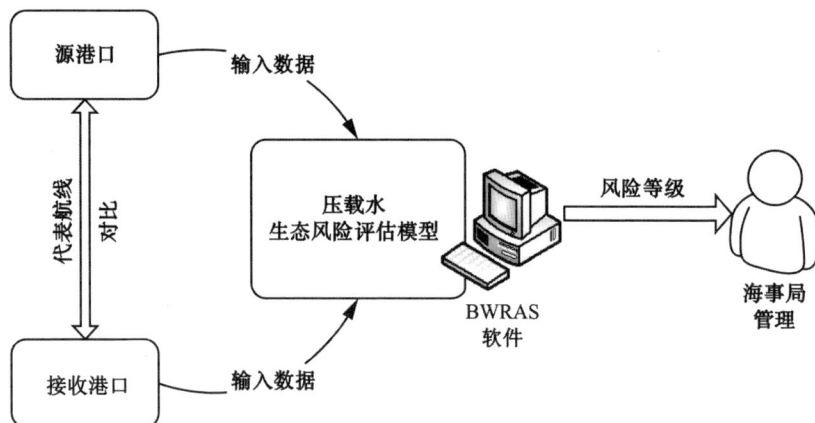

图 8-3　压载水风险评估模型示意图

（3）压载水信息发布系统

国家"十一五"科技支撑重大项目"远洋船舶压载水净化和水上溢油应急处理关键技术研究"，第 4 课题组已经建立了向靠港和过往船舶提供压载水加装信息发布的系统。本系统可以作为海事部门发布压载水排放区域信息的平台，通过该系统到港船只可以查询某海域可以或禁止排放压载水的区域，以避免给该海域敏感地带造成危害。

（4）船舶压载水处理技术

国内目前已有多家研究机构研究压载水生物入侵控制和管理工作，对加热、电解、氯化、微孔过滤、紫外以及集成技术等处理方法进行了实验室研究，一些研究机构与运输企业参与了压载水处理设备方案制定和验证工作。并且其中已有由大连海事大学自主研发的微波处理压载水沉积物技术，对解决由于压载水沉积物引起的外来生物入侵问题具有非常好的应用效果。目前，国际海事组织关于压载水管理系统的初步批准和最终批准信息汇总如表 8-7 所示。

表 8-7　压载水管理系统的初步批准和最终批准信息汇总

申请人	名称	处理方法	GESAMP 会议	日期	初步/最终批准	MEPC	批准	型式认可
德国	PeracleanOcean	杀生剂	1	Jan-06	授予初步批准	54	Mar-06	
韩国	Electroclean	氯化	1		授予初步批准	54		
日本	Ozone	臭氧	2	May-06	授予初步批准	55	Oct-06	
韩国	Ozone	臭氧	2		拒绝初步批准	55		

(续表)

申请人	名称	处理方法	GESAMP 会议	日期	初步/最终批准	MEPC	批准	型式认可
瑞典	EctoSys	氯化	2		授予初步批准	55		
韩国	NKO3	臭氧	3	Mar-07	授予初步批准	56	Jul-07	
瑞典/挪威	Pureballast	紫外	3		授予最终批准	56		Jun-08
日本	Hybrid BWTS	臭氧	3		拒绝初步批准	56		
韩国	Electroclean	氯化	4	Nov-07	拒绝最终批准	57	Mar-08	
德国	Cleanballast	氯化	4		拒绝最终批准	57		
日本	ClearBallast	絮凝剂	4		授予初步批准	57		
南非	Resource BT	空洞/臭氧/氯化	5	Jan-08	授予初步批准	57	Mar-08	
韩国	GloEn-Patrol	紫外	5		授予初步批准	57		
德国	SEDNA	杀生剂	5		授予最终批准	57		Jun-08
挪威	OceanSaver	空洞/氮/氯化	5		授予初步批准	57		
日本	TG Ballastclean	氯化(杀生剂)	6	May-08	授予初步批准	58	Oct-08	
荷兰	Greenship	氯化	6		授予初步批准	58		
韩国	ElectroClean	氯化	6		授予最终批准	58		Dec-08
挪威	OceanSaver	空洞/氮/氯化	7	Jul-08	授予最终批准	58	Oct-08	Apr-09
德国	Ecochlor	氯化	7		授予初步批准	58		
韩国	NKO3	臭氧	7		拒绝最终批准	58		
日本	Hybrid BWTS	臭氧	8	Feb-09	拒绝最终批准	59	Jul-09	
德国	Cleanballast	氯化	8		授予最终批准	59		
韩国	NKO3	臭氧	8		授予最终批准	59		
中国	Blue Ocean Shield	紫外	8		授予初步批准	59		
韩国	EcoBallast	紫外	8		授予初步批准	59		
日本	ClearBallast	絮凝剂	9	Mar-09	授予最终批准	59	Jul-09	
德国	AquaTriComb™	紫外	9		授予初步批准	59		
荷兰	Greenship	氯化	9		授予最终批准	59		

三、项目背景和必要性

1.项目背景和必要性

众所周知,外来有害生物的入侵性传播是海洋环境面临的四大威胁之一,而船舶压载水是其最主要的传播媒介。全球贸易中约90%的货物经由船舶运输,每年约有120亿吨压载水通过约9万艘远洋船舶在世界范围内转移,每天有3 000多种海洋生物随远洋压载水周游世界,全球已确认的由船舶压载水传播的生物物种约500种。我国海洋环境所受到的压载水外来生物入侵危害相当严重,近海和沿海已成为全球赤潮多发区。

正如前文多次所述,渤海属于半封闭的内海,海水交换能力很弱,渤海海水的自净能力非常有限,渤海生物生境退化、生物资源量减少、赤潮和溢油事件频发,导致渤海环境容纳量逐年递减,渤海海域环境生态的脆弱性对防止外来生物的入侵将提出更高的要求。

《国家中长期科学和技术发展规划纲要》在重点领域"环境"和"交通运输业"中明确了"海洋生态和环境保护"和"交通安全与应急保障"的优先主题。原交通运输部副部长徐祖远在2011年直属海事系统工作会议上强调的"三保一维护"中就包括"保障水上交通安全"和"保护水上环境清洁"。船舶压载水作为外来生物入侵的主要媒介,它不仅对海洋生态环境造成危害,而且会对海上交通安全造成威胁。因此,开展船舶压载水排放点位的研究,特别是在渤海海域进行船舶压载水排放点位的专项研究是十分必要和迫切的。

渤海作为我国最大内海,曾经有着丰富的渔业资源,同时也是重要的海上交通运输枢纽。随着环渤海经济带的迅猛发展,渤海海域的海上交通流量也在急剧增长,据预测2011年,环渤海地区港口货物吞吐量将达到10亿吨。

以天津港为例,1999—2009年间船舶交通流量(见图8-4)和吞吐量(见图8-5)都呈急速上升趋势。船舶交通流量和运输量的增加都将意味着压载水量的上涨。压载水排放量的增长将会给渤海海域造成极大的外来生物入侵风险。因此,科学规划渤海船舶压载水置换或排放具有紧迫的现实意义。

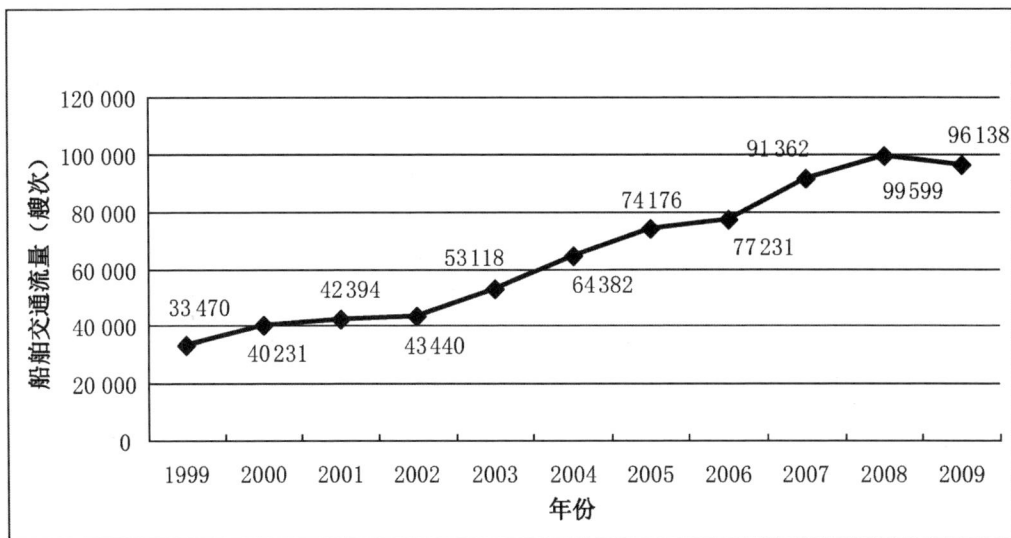

图 8-4　1999—2009 年天津港船舶交通流量的变化趋势

2.研究目的

面临压载水国际公约的即将生效,主管机关需要尽快建立、完善和实施特殊区域的压载水管理机制,在大连海事大学主持的科技支撑项目"远洋船舶压载水快速检测技术"课题中对宏观管理机制的建立曾做了初步探讨,但并未对生态环境脆弱区域的压载水管理提出具体要求。鉴于这种情况,开展渤海海域压载水排放点位研究的主要目的就是要完善压载水管理机制,有效控制船舶压载水所带来的外来生物入侵的风险,防止生态脆弱海域生态环境的进一步恶化乃至恶化到不可逆转。

通过研究环渤海主要港口交通流量和压载水排放量的耦合关系以及渤海海域生态特征建

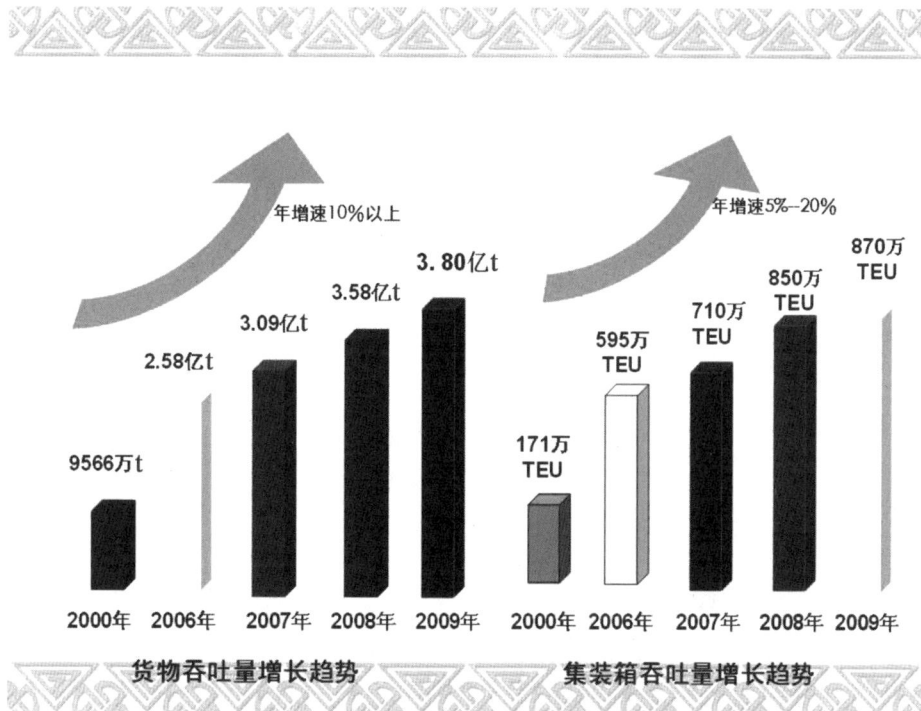

图 8-5　2000—2009 年天津港的吞吐量变化趋势

立压载水风险评估模型,进而为渤海海域船舶压载水排放点位的评价指标体系建立和排放点位的确定奠定基础。渤海海域船舶压载水排放点位的研究成果将不仅对为保护渤海海洋生态环境和海上运输环境清洁提供科学依据,也会为主管机关实施压载水管理以及更好地履行压载水公约提供技术支撑。

3.推广应用前景

基于压载水风险评估系统、压载水信息发布系统以及压载水应急预案而构建的压载水管理机制将成为主管机关实施船舶压载水管理的业务化工具;也可为压载水管理的区域(中韩、中日间压载水管理系统相互免除等)合作提供科学依据。因而,该项目研究成果不仅能为主管机关实施压载水管理提供技术支撑,而且还可为提高我国的履约能力和国家形象奠定基础。因而,其应用前景极为广阔。

四、项目研究、开发实施方案

1.拟解决的关键问题

(1)渤海海域现状,环渤海港口交通流量及压载水的排放情况调研

综合调查、收集和分析渤海的研究资料,详细地研究渤海的生物群落结构和生态特征,掌握该海域的浮游生物的种类和数量分布。对渤海海峡海域船舶流量现状分析,调查环渤海的港口交通流量,确定压载水的排放情况。

(2)压载水排放区域的确定标准

渤海海域船舶压载水排放区域的确定是基于赤潮灾害、初级生产力、氮磷叶绿素含量和港

口交通流量、压载水审批量及压载水风险评估的综合评价,进而确定压载水的排放区域。

2.实施细则

(1)研究渤海海域现状

①现场调查,采集渤海生物样品,分析生物群落的分布及生态影响和现状;

②查阅文献或其他调查报告,了解渤海海洋资源的资源量、海洋功能区环境状况及经济条件下渤海环境容量;

③建立渤海生物群落数据库。

(2)确定渤海海域船舶压载水排放区域方案

设计渤海压载水排放区域确定的可能情况,综合评价确定压载水的排放区域(见图8-6)。

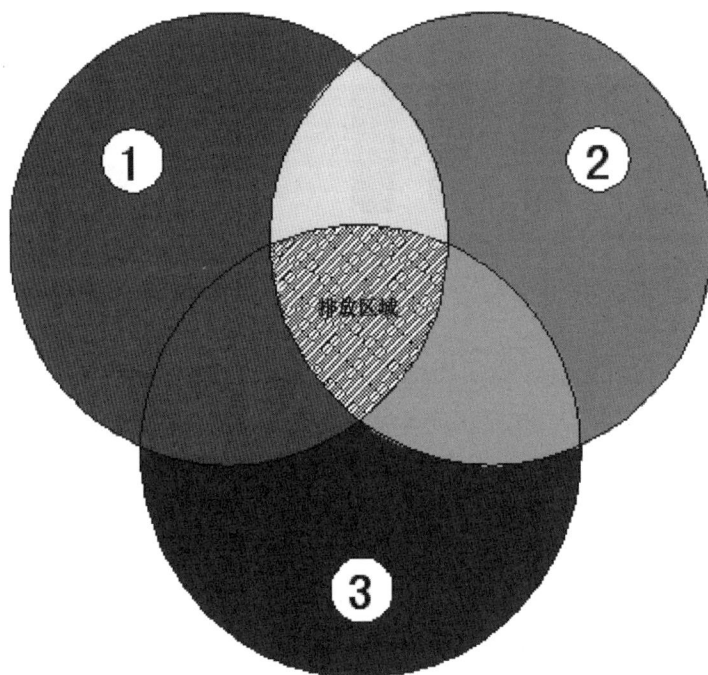

图8-6 压载水排放区域方案设计图
①赤潮灾害;②初级生产力及氮磷叶绿素含量;③据港口交通流量、压载水审批量及压载水风险评估

3.实施方案

①依据渤海赤潮灾害确定压载水的排放区域;

②依据渤海初级生产力及氮磷叶绿素含量的季节变化确定压载水的排放区域;

③依据港口交通流量、压载水审批量及压载水风险评估确定压载水的排放区域;

④综合评价确定渤海海域压载水的排放区域和方法。

4.技术路线

了解渤海赤潮灾害的现状,确定浮游生物量及叶绿素的季节变化,掌握环渤海港口的交通流量及压载水的审批量,结合压载水的风险评估,确定排放区域,为主管机关提供管理决策和技术支持,完善压载水排放管理体系。技术路线图如图8-7所示。

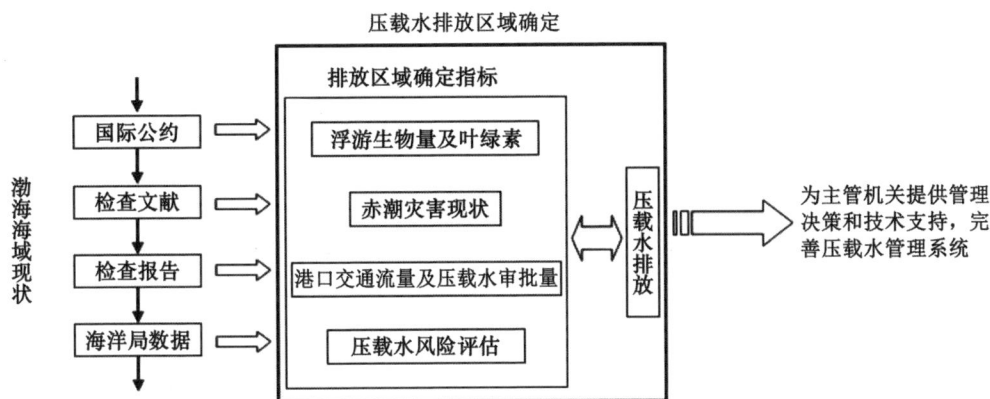

图 8-7　技术路线图

五、考核目标和技术经济指标

1.考核目标

（1）初步建立渤海生物数据库；

（2）建立渤海海域压载水排放区域指标体系；建立并完善特殊区域内的压载水排放管理机制；

（3）瞄准国际前沿，在国内、外学术期刊上发表学术论文 5~8 篇；

（4）申请国家专利 1~2 项。

2.技术指标

（1）建立渤海船舶压载水风险评估指标体系和评估模型；

（2）开发船舶压载水风险评估系统；

（3）确定出基于赤潮灾害、初级生产力及氮磷叶绿素含量的季节变化、港口交通流量、压载水审批量及压载水风险评估确定压载水的排放区域。

六、经济效益和社会效益评估

本项目具有良好的经济效益，其社会效益和环境效益更加突出，具体体现在促进相关产业发展、减少事故经济损失、维护国家权益和形象、保护海洋生态环境等方面。

项目成果将直接应用于海事系统应急能力和国家履行国际公约能力的建设中，压载水管理机制的建立将为实现主管机关的业务化应用提供技术支撑，因而具有比较广阔的应用前景。

本项目具有良好的经济效益。随着我国海运业连续多年保持高速增长，通过远洋船舶压载水带来的外来生物的入侵问题越来越严重，建立船舶压载水及沉积物的取样、检测技术标准以及相应的管理机制，可以为我国海事主管部门执法压载水管理、保护近海海域生物多样性、预防和控制外来海洋生物入侵提供技术支撑。这将有效减少因外来生物入侵造成的经济损失。同时，通过成果的产业化应用，将有力提升相关软硬件产品开发、生产和服务企业的竞争能力，扩大市场份额，将直接产生巨大的经济效益。

本项目的社会效益和环境效益更加突出，研究成果的后续应用将能够有效地预防船舶压载水造成的海洋生态环境的损害,并可将事故的不利影响尽可能降低,最大限度地避免了外来入侵生物和病原体对海洋生态系统的破坏,保证我国海运业和海洋经济的健康和可持续发展,有效提升我国国家级防止船舶压载水转移外来生物和病原体防控的整体技术和管理水平,加强履约能力,维护国家形象,提高在国际海事组织中的地位和话语权。

第二节

船舶节能减排新技术的研发与应用①

一、研究背景

1.国际形势

IMO 于 1997 年 9 月 15 日至 26 日在伦敦召开了 MARPOL 73/78 缔约国大会,通过了 MARPOL 73/78 公约的 1997 年议定书,并以附件形式新增 MARPOL 73/78 附则Ⅵ——防止船舶污染空气规则,该规则于 2005 年 5 月 19 日生效。2006 年 8 月 23 日 MARPOL73/78 附则Ⅵ 对我国生效,并于 2010 年 7 月 1 日在全球范围内生效。

经修订的附则Ⅵ允许排放控制区(ECAs)对硫氧化物(SO_x)、特殊物质或氮氧化物(NO_x)制定特殊指标进行管控,其前提条件是:如果在被证明的确有需要对船舶排放的一种或三种有害物质进行防治、减少和控制的情况之下且在附则缔约国的建议之下被授权对硫氧化物(SO_x)、特殊物质或氮氧化物(NO_x)或者上述三种类型由船舶排放的物质进行制定特定指标进行管控。

因此,该公约的实施将对船舶在节能减排上提出更高的要求。国际航行的船舶必须持有《国际防止空气污染证书》(IAPP 证书)及其他相关技术证书。为了应对这种严峻形势,船舶节能减排技术就显得尤为迫切和重要。

自 1992 年在巴西里约签署《联合国气候变化框架公约》以来,无论是发达国家还是发展中国家都针对有效控制温室气体排放问题进行了漫长而又激烈的角逐。

1997 年第三次缔约方大会在日本京都举行,通过了《京都议定书》,对 2012 年前主要发达国家减排温室气体的种类、减排时间表和额度等做出了规定,但遭到了发达国家阵营的强烈反对。2007 年 12 月在巴厘岛举行的缔约方第 13 次会议上制定了《巴里路线图》,确认了气候公约和《京都议定书》下的"双轨"谈判进程。2009 年 12 月在哥本哈根举行的第 15 次缔约方大会上,发布了不具法律约束力的《哥本哈根协议》,根据各国的 GDP 大小减少 CO_2 的排放量,该会被比喻为"拯救人类的最后一次机会"的会议。

2010 年 11 月 29 日在墨西哥坎昆市召开的联合国气候变化大会再次注意到了国际海事组织在限制和减少国际航行船舶温室气体排放工作上所取得的进展,并为 2011 年 12 月召开德班峰会提供形成具有法律约束力的文件奠定了坚实基础。而德班会议则决定实施《京都议定书》第二承诺期并启动绿色气候基金。

2012 年 11 月 26 日至 12 月 7 日于多哈举行的《联合国气候变化框架公约》第十八次缔约方

---

① 本节内容时间节点为 2012 年。

大会暨《京都议定书》第八次缔约方会议终于在推动《巴里路线图》上有了实质性成果,决定自2013年起执行《京都议定书》,第二期承诺,敦促发达国家承担大幅度减排目标并在兑现提供资金、技术转让等承诺方面发挥积极作用,在资金问题上,决议重申发达国家须为发展中国家应对气候变化提供资金支持,并在2020年前实现"绿色气候基金"每年入款1 000亿美元的目标。

2.国内形势

《中华人民共和国节约能源法》要求:加强用能管理,采取技术上可行、经济上合理以及环境和社会可以承受的措施,从能源生产到消费的各个环节,降低消耗、减少损失和污染物排放、制止浪费,有效、合理地利用能源。

我国快速增长的能源消耗和过高的石油对外依存度促使政府在2006年年初提出:希望到2010年,单位GDP能耗比2005年降低两成、主要污染物排放减少一成。"十一五"期间单位国内生产总能耗降低20%左右、主要污染物排放总量减少10%。这是贯彻落实科学发展观、构建社会主义和谐社会的重大举措;是建设资源节约型、环境友好型社会的必然选择;是推进经济结构调整,转变增长方式的必由之路;是维护中华民族长远利益的必然要求。

海事系统为了全面履行国际公约要求,进一步提高船舶履约水平,2010年交通部海事局下发了《关于实施<73/78防污公约>附则Ⅵ修正案的通知》,并召开了国内航行船舶大气污染控制专题会议,研究如何减少国内航行船舶尾气污染的具体措施,逐步推进国内航行船舶防止空气污染工作。

天津海事局在对外做好国际公约的宣贯落实工作的同时,一直非常注重自有船舶的节能减排工作,并为此做了大量卓有成效的工作,在2010年的节能减排工作中取得了显著的成效,今年拟在此基础上继续积极尝试加快技术开发,强化技术创新,期待取得更好的成果。

党的十八大报告指出,把"生态文明"建设放在突出位置,并把建设"美丽中国"作为未来生态文明建设的宏伟目标。为了实现这一宏伟目标,先进的节能减排技术必不可少。

3.研究目的及意义

节能减排已成为多年来全球普遍关心的议题。而船舶的节能减排则不可避免地涉及与国际社会的互动。"节能"对航运企业的商业利益至关重要;"减排"则是主管机关在履行相关国际公约以及实施国内相关法律法规的重要组成部分。因此,船舶的节能减排技术将成为航运企业和主管机关共同关注的焦点。

本研究的主要目的在于拟采用一种新型的阴极电位控制理论并通过基于阴极电位控制理论所开发的节能减排技术,该项技术将有效提高船用发动机的燃机效率,进而达到节能减排的目的。同时,结合国际海事组织相关公约动向,初步探讨我国海上船舶尾气排放标准制定的可行性。

二、研究现状

1.国外研究现状

国外在船舶节能减排技术方面主要集中在下述几个领域。

(1)船舶动力技术

①发展新型燃料

2003年挪威船级社开始全面试验船上燃料电池,2009年9月在一艘海洋工程供应船上成功安装 320 kW 功率的燃料电池,做出了一次世界级创新。

德国通过"ZEM"项目开发内河专用燃料电池船舶,冰岛也成功设计出全球首款氢能商用船舶。

此外,欧洲各国还致力于研究利用风能、太阳能、液化天然气等清洁能源为船舶提供动力的技术,德国、挪威等已成功将这些技术应用于船舶。

日本已进行天然气制油(GLT)在船舶上应用面临挑战的调查研究,该调查为 GTL 在船舶上的应用奠定了基础;开发了采用太阳能发电技术和锂离子电池的混合电源系统的混合动力汽车运输船;成功建造了搭载太阳能电池板的汽滚船,研发新概念风力推进船舶。

日本三井公司也在主持开发一型能够减少 50% 以上 CO_2 排放的风能推进船。

韩国三星重工正在研发以天然气为燃料的 LNG 客轮。

②优化主机系统

三星重工正与瓦锡兰合作开发具有高效能双燃料推进主机,使下一代船舶适应未来环境要求。

大宇造船与 MAN Diesel 合作研发低速柴油机的低温高压天然气供应系统。

韩国计划开发把 IT 技术结合到船舶运行系统的智能船舶。

商船三井(MOL)公司通过废热能再利用技术和涡轮增压器减少了 10% 的 CO_2 排放。

③开发新型推进技术

日本邮船集团旗下的货物运输技术研究所 MTI 和常石控股株式会社,近日合作研发了具有节能效果的装置 MT—FAST。据悉,这种安装在螺旋桨前方的装置最多可使船舶节省燃料 4%。该装置不仅可安装在新船上,也可使用在旧船上。

④使用燃料添加剂

目前应用的燃油添加剂主要有十六烷值提升剂、燃烧促进剂、消烟剂、流动性改进剂、抗氧化稳定剂、抗微生物剂等几种。

(2)船舶减阻技术

①气体技术

荷兰 DK 集团成功地将气腔系统技术应用于超大型油轮,达到了节能(最多能降低 15% 燃油消耗量)减排的效果。

三菱重工与日本邮船公司共同研发空气润滑系统,安装鼓风机,通过从船底输出空气产生气泡,从而有效地降低海水对船底的摩擦阻力。

②船型构造

日本旭洋船厂将 SSS 型船首应用于船舶建造,该船首可以大大减少风阻。

三井公司开发的桨毂帽鳍可减少 CO_2 排放。

③涂料技术

英国科学家研制出新型船舶涂料,可有效清除藤壶,减少船舶航行中的阻力,而且不对海洋环境造成污染。

三井公司采用新一代超低摩擦船底涂层,可减少 10% 的 CO_2 排放。

(3)复合环保技术

三井造船株式会社提出了新概念汽车船,综合运用包括安装太阳能板、可充电电池、优化推进系统、优化船体型线、使用超低摩擦阻力涂料、最佳航程支持系统等船舶动力及减阻技术,

实现船舶 CO_2 减排 50%。

日本邮船也公布了其全新环保概念集装箱船的初步探索性设计,预计到 2030 年将有能力制造出这种船。该船业综合运用了船舶动力及减阻技术,最终能减少约 70% 的 CO_2 排放量。该船主要采用技术包括使用铝合金、合金和夹层板结构、采用经新技术和鲨鱼皮等技术处理的船舶表面,利用太阳能、风能及燃料电池提供动力等。

Stena Bulk 航运公司联合其他公司共同开发了一型具有低排放、低能耗和完全冗余特点的成品油船,该船设计特点包括:优化船体结构并采用 2 个大型低速螺旋桨以降低油耗;采用新开发的球鼻艏降低船体阻力;采用 LNG 燃料,可以减少 35% ~ 40% 的 CO_2、90% 的氮氧化合物、99% 的微粒以及 100% 的硫氧化合物排放;采用特制的风帆以利用风能推进,降低油耗。

劳氏船级社目前正在联合中国一家设计公司开发一型 35 000 载重吨节能型散货船,采用的措施包括优化船首、螺旋桨布置和甲板室布置,采用低摩擦防腐涂层和节能设备等。

马士基航运公司通过优化船型、提高螺旋桨效率、优化球鼻艏和废热再回收等措施进行节能减排,每年可降低 22% 的成本,节约 8 700 t 的燃油,减少约 26 000 t 的 CO_2 排放。

(4)其他

环球造船株式会社借鉴汽车导航系统经验,开发船舶海上航行导航系统;日本邮船在研究借助洋流来降低船舶燃料消耗及二氧化碳排放;常石造船株式会社先后开发出了"降低风压居住区""船用吸收式冷冻机""MT-FAST"等多种环保产品。

2.国内研究现状

目前,关于船舶节能减排的有效措施,国内研究主要分为以下几个方面:

(1)利用流体力学优化船舶设计

①改善船舶线型和构造设计

设计高效螺旋桨来提高船舶主机效率,如减小桨叶面积、改变叶形、修改径向螺距分布、优化载荷分布、采用唇形后倾叶梢概念等。

采用船尾附体,这种方法不仅能改善尾部流场,从而降低粘压阻力,而且还可以使螺旋桨的推进效率提高。目前采用的附体有:反作用力鳍;前置导管;附加推力鳍;尾端球及整流舵加鳍;桨后固定叶轮等。

②减少船体的粗糙度

选择合理的涂料系统;提高油漆施工的质量;对船壳水下部分实行阴极保护等;对船壳板要进行打砂等。

③采用风帆助航

④对玻璃钢船型的研究和推广

(2)改进柴油机设计技术

①燃油喷射系统的改进

燃油喷射系统的改进包括喷油正时的控制、循环喷油量的控制、优化喷油规律、低排放喷油器、提高喷油压力等技术。

②多气门技术与气流组织

多气门技术还有利于喷油器垂直布置在气缸轴线上,不仅改善了喷油器的冷却状况和活塞的热应力,而且还有利于喷雾在空间的均匀分布,使流动对喷雾的效应更为合理。

③采用低排放燃烧室

非直喷式燃烧室因碳烟排放方面较差逐渐被淘汰,对于直喷式燃烧室,要尽可能增大燃烧室有效容积比,以提高缸内空气利用率,降低 DS 和 PM 排放。经研究确认,长行程、低转速的柴油机的燃油经济性更好。

(3)使用燃油添加剂

目前应用的燃油添加剂主要有十六烷值提升剂、燃烧促进剂、消烟剂、流动性改进剂、抗氧化稳定剂、抗微生物剂等几种。

(4)提高燃料品质

柴油中的十六烷值高,着火和燃烧较容易,滞燃期短,则 HC、CO 及 NO_x 的排放都下降,但容易生成碳烟,在柴油中加入添加剂能够有效地降低碳烟。

燃料预处理,如燃料脱硫、燃油乳化技术可以降低柴油机的排放。

此外,已经开展新能源和代用燃料的开发利用。船舶代用燃料包含各种超劣质渣油、煤炭、液氢和液化天然气。而船舶可利用的环保能源主要是指太阳能、核能、氢能和液压天然气。

(5)尾气后处理

①废气再循环(EGR)技术

EGR 进入汽缸后使整个混合气温度降低,因此可以降低 NO_x 的排放。由于过量空气系数较大,所以中小型车用柴油机相比于重型车用柴油机用较大的 EGR 率,因此 EGR 降低 NO_x 的排放效果更显著。

②排气处理

氧化催化器可以消除排气中的可燃气体和可溶性有机组分,如 HC 和 CO 等;催化转化技术可以降低 NO_x 的含量,包括催化热分解和催化还原技术;颗粒过滤器能有效地净化碳烟。

3.船舶节能减排技术所面临的问题

从上述国内外技术发展现状来看,在船舶节能减排方面,几乎所有技术都属于"单打一"技术,即要么达到"节能",要么显示"减排",目前还没有类似于本研究提出的基于流体表面电位控制理论的节能减排技术。

1945 年比利时科学家卫美恒(T. Vermeiren)利用永久磁铁的磁场开发了蒸汽机防污垢领域。20 世纪六七十年代,苏联及欧美国家也纷纷利用电磁处理技术防止水管结垢,由于使用的是永久性磁铁,所以效果不明显。20 世纪 80 年代,美国得克萨斯州贝拉大学布施(Busch)在苏联研究成果的基础上进行进一步的实验,证实了永久磁铁在管道内可以产生洛伦兹电场,其后,该技术应用于航天领域热交换器防污垢技术。20 世纪 90 年代末至今,欧美、日本开始对电磁处理技术展开大量研究,但对其机理还未清楚。上述技术仅将磁场控制技术应用在管道防污垢领域,其研究局限性还在于,只利用了永久性磁铁产生的磁场,这种磁场的可调节性较差,达不到针对不同情况来调节不同磁场的效果,对于不同管道和管道内的不同流体,没有针对性实验。

基于流体表面电位控制理论的节能减排技术是 2008 年发现的一项新技术。该技术利用控制电流和频率,以达到控制作用于进油及进气管道内部的磁场强度大小,进而使得燃油粒子及空气粒子表面电位近于同等程度的降低。这样,一方面使得燃油粒子间保持相互排斥状态进入气缸内,从而提高燃油的雾化程度,使得燃烧更加充分,提高了燃剂效率,最终达到节能效果;另一方面,空气(N_2、O_2及水蒸气等)粒子也以类似形式进入发动机气缸内,但由于水蒸气粒子间的相互排斥而得以充分雾化,因而在气缸内发生汽化时使得瞬间吸热达到最大,从而有效降低了气缸内的燃烧温度,使得NO_x的生成量得以降低。

由此可见,基于流体表面电位控制理论的节能减排技术是一个具有既节能又减排的双重效果的新技术。

三、研究内容

1.阴极电位控制条件的确定

基于阴极电位控制理论的阴极电位控制器(TurboMate)可以有效地控制管内流体(空气、水、油等)粒子的表面电位。但是,如何确定阴极电位控制器的电压、电流以及频率的最佳组合将成为第一要解决的课题。本项目将通过表面电位已知的标准流体进行重复性测试,用以确定阴极电位控制条件的最佳组合,如图8-8所示。

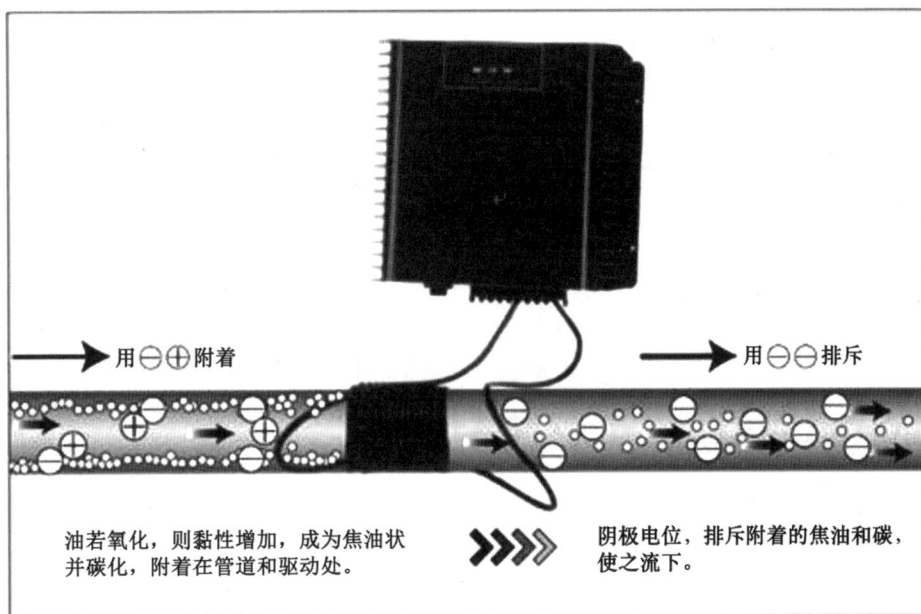

图 8-8　阴极电位控制器的作用原理示意图

通过阴极电位控制器(见图8-9)可控制经进气系统和燃料系统进入内燃机中的燃油粒子、空气(氧)以及水蒸气和的表面电位,以提高内燃机的燃烧效率,达到节能减排的目的。控制器的输入电源条件为:交流电 100~240 V,50~60 Hz,功率:150 W。各项输出因子将根据阴极电位控制条件的最佳组合来确定,但大致为:电压:10 V;电流:2 A;频率:6~8 kHz(超短波);电磁场强度:0.1 mG(毫高斯)(手机:5 mG)。因此,该仪器不会对人体或船用电子设备造成影响。

2.内燃机进气系统和燃料系统处理条件的优化

利用阴极电位控制理论分别对内燃机进气系统和燃料系统的处理条件(即磁场强度、电流频率、脉冲间隔等)进行优化,以确保节能减排技术的最佳效果。

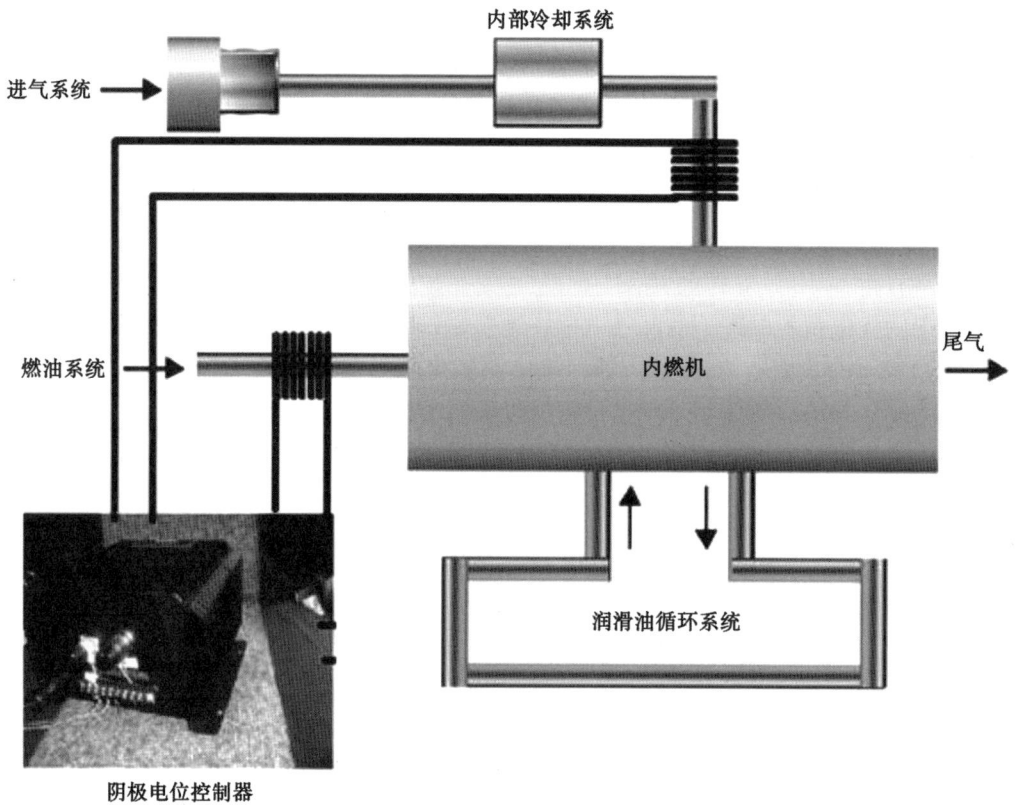

进气系统
内部冷却系统
燃油系统
内燃机
尾气
润滑油循环系统
阴极电位控制器

图 8-9　阴极电位控制器的设置概念图

四、考核指标及执行情况

项目考核指标及执行情况如表 8-8 所示。

表 8-8　项目考核指标及执行情况

考核指标	执行情况
研发出基于阴极电位控制理论的节能减排装置 1 台;节能效果拟达 5% 以上;减排综合效果大于 8% 以上	台架试验 节能 3%～5%; 减排 CO 8.1%～100%,NO_x 1.8%～21.2% 实船试验 节能 2.04%～16.7%; 减排 CO_4%,NO_x 0.05%
本项目将以天津海事局为示范基地,为研发出节能减排样机的推广奠定基础	针对样机的台架试验结果表明,基于阴极电位控制理论的节能减排新技术具有良好的节能减排效果。在"海巡 052"上的试验结果显示,除实船试验无法精确控制同等负荷条件外,需要提升阴极电位控制器的功率并通过长期试验以确认其效果
提交研究报告一份,具体形式按照相关要求执行	本研究报告。执行中

五、基于阴极电位控制理论的节能减排原理

为了提高内燃机的工作效率,各类技术都在极力使得内燃机缸内的燃烧状态更趋均匀(见图8-10)。

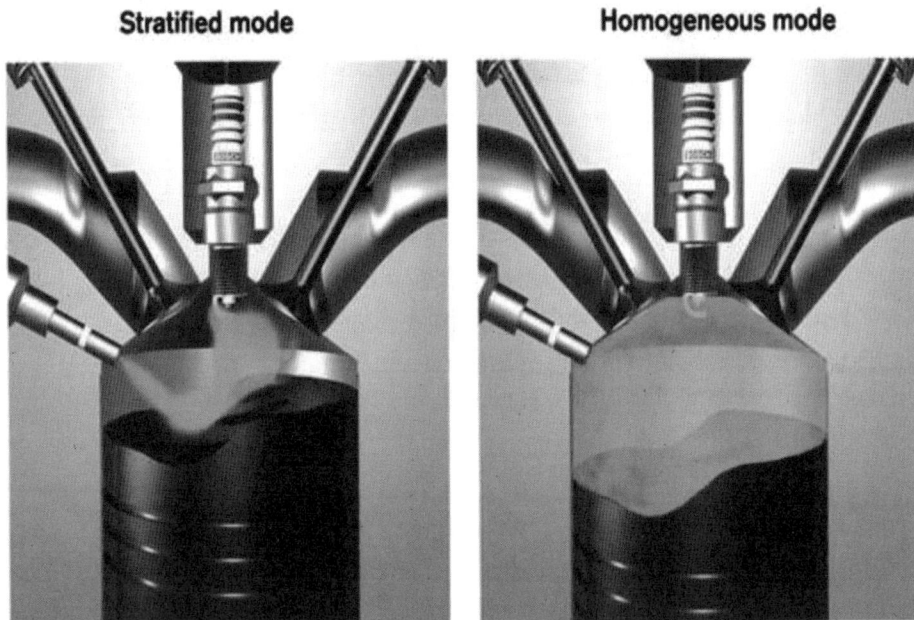

图 8-10　内燃机缸内的燃烧状态(左:分层模式;右:均匀模式)

如图8-10所示,分层模式(非均匀模式)的燃烧将使得燃油和空气(氧气)的混合不均匀,从而导致燃烧不充分,最终表现出发动机油耗大、尾气排放差、积炭增加等问题。反之,均匀模式则可有效解决这些问题,但关键在于通过什么技术才能使得内燃机缸内的燃烧状态区域均匀。

基于阴极电位控制理论的节能减排技术则是通过一定频率和强度的电流改变燃油及进气(空气)系统管内的磁场强度,从而使得燃油粒子和空气粒子(氧气、氮气及水蒸气等)的表面电位降低。这样就使得原来呈不同程度凝聚状态的燃油及空气粒子趋于分散化,更加均匀地分布于内燃机缸内。其结果,就会提高内燃机的燃烧效率,从而达到节能减排目的。

六、节能效果

通过三类实验(台架试验、实船试验和实车试验)确认了本技术的节能效果。每类试验都是通过对比使用和不使用该项技术来评估其效果。

1.台架试验

台架试验是船舶发动机认证时唯一被公认的试验方法。台架试验依照以下规范实施:

①CB/T 3254—94:《船用柴油机台架试验方法》。

②ISO 8178—1:1996 Reciprocating internal combustion engine—Exhaust emission measurement—Part 1: Test bed measurement of gaseous and particulate exhaust emissions.

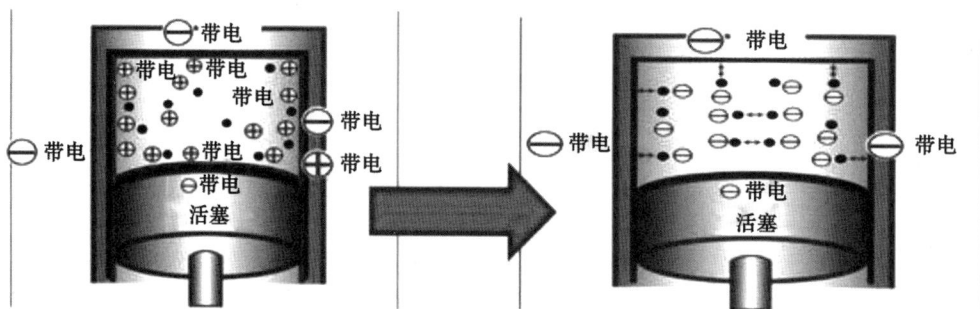

图 8-11　基于阴极电位控制理论的节能减排技术概念图

③中国船级社:《船用柴油机氮氧化物排放试验及检验指南 2000》。

④GB/T 5741—2008《船用柴油机排气烟度测量方法》。

⑤GB 6301—1986《船用柴油机油耗率测定方法》。

⑥GB 9486—1988《柴油机稳态排气烟度及测量方法》。

⑦台架试验使用柴油发动机(上柴 4135Ca,A0423258),最大输出功率为 53 kW。实验条件为:50%输出功率,控制器电流 0.4 A。

(1)2011 年 4 月 5 日台架试验

试验使用模拟式阴极电位控制器,其最大电流为 2.0 A,试验电流为 1.2 A,其节能效果为 3%~5%,如图 8-12 所示。

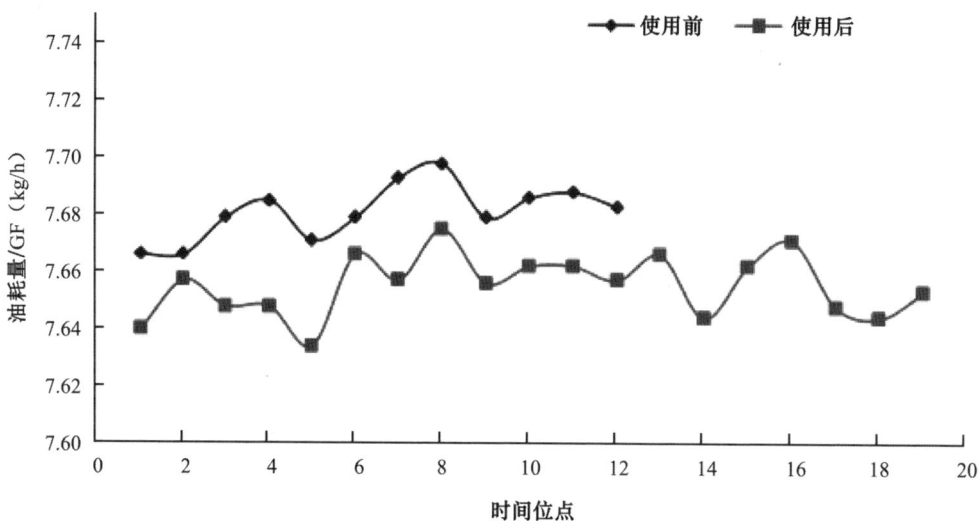

图 8-12　基于台架试验 50%输出功率条件下的节能效果

(2)2012 年 9 月 18 日台架试验

试验使用数字式阴极电位控制器,其最大电流为 0.6 A,试验电流为 0.4 A。

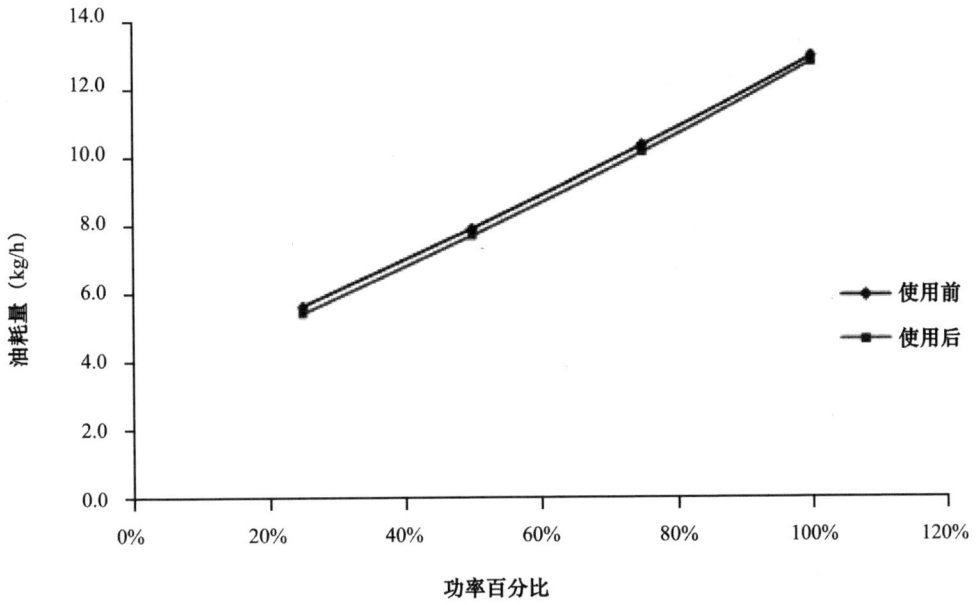

图 8-13 台架试验装置使用前后油耗量的变化

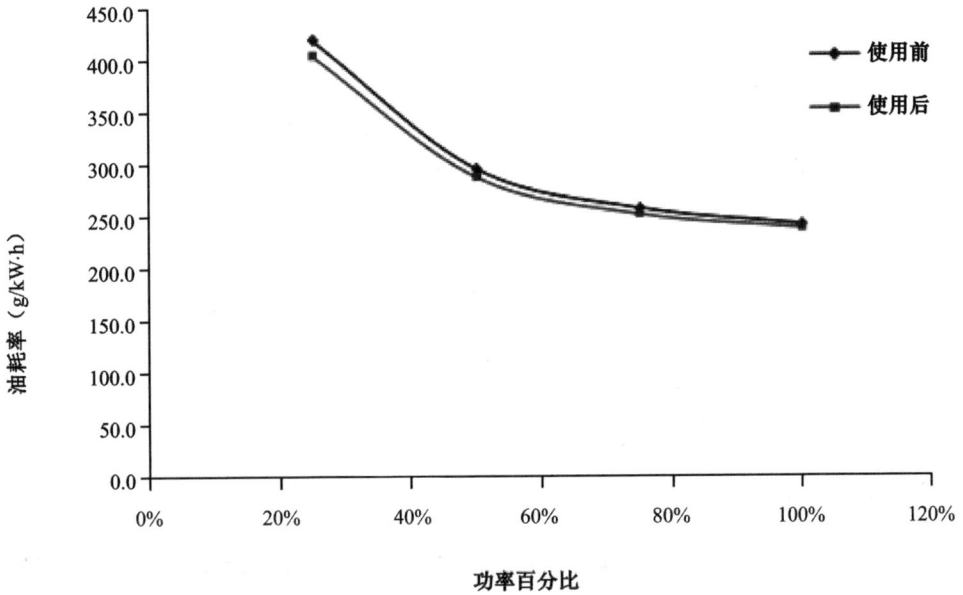

图 8-14 台架试验装置使用前后油耗率的变化

表 8-9 使用装置后不同功率的节能率

负荷	油耗量降低	油耗率降低
25%	3.6%	3.7%
50%	2.6%	2.6%
75%	2.1%	2.1%
100%	1.3%	1.3%

（3）2012 年 10 月 27 日台架试验

试验使用数字式阴极电位控制器，其最大电流为 0.6A，试验电流为 0.4A。

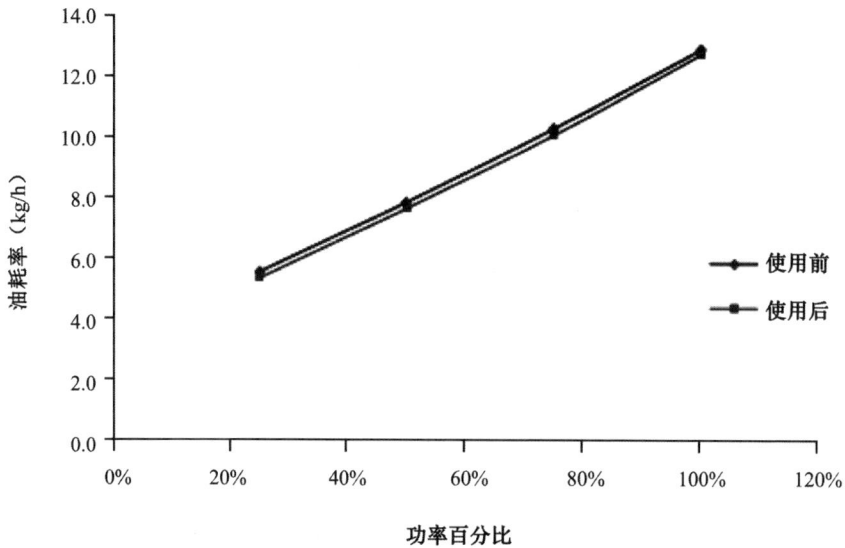

图 8-15 台架试验装置使用前后油耗量的变化

表 8-10 使用装置后不同功率的节能率

负荷	油耗量降低	油耗率降低
25%	3.6%	3.7%
50%	2.5%	2.5%
75%	2.1%	2.1%
100%	1.2%	1.3%

由两次台架试验可知，使用控制器后，油耗量有一定的减小，在 25% 输出功率时油耗量减小最大，节能率最高。

2. 实船试验

（1）"育鲲"轮实船试验

在大连海事大学实习船舶"育鲲"轮上进行了约 3 个月的对比试验：试验对象是"育鲲"轮副机，燃油为重油，同时对进油系统和进气系统进行了控制。试验使用模拟式阴极电位控制器，其最大电流为 2.0 A，试验电流为 1.2 A。

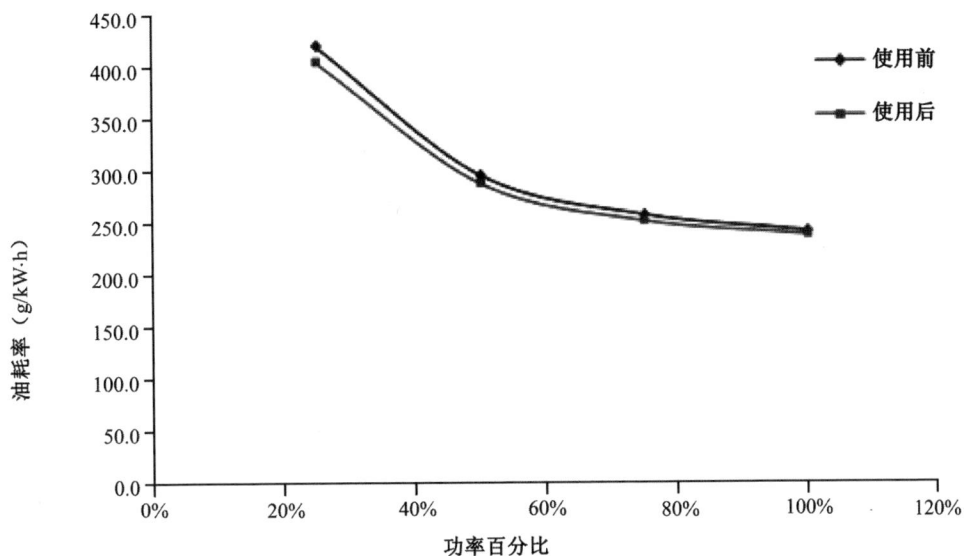

图 8-16　台架试验装置使用前后油耗率的变化

通过使用该技术和不使用该技术的油耗记录对比,确认了使用前后的油耗情况,并计算了节能率。节能率按以下公式计算:

节能率(%)=(使用前流量-使用后流量)/使用前流量×100

发动机的平均输出功率在使用 TurboMate 之前变化范围加大,而使用 TurboMate 之后则趋于稳定(见图 8-17)。但这种稳定性也可能与使用 TurboMate 无关。

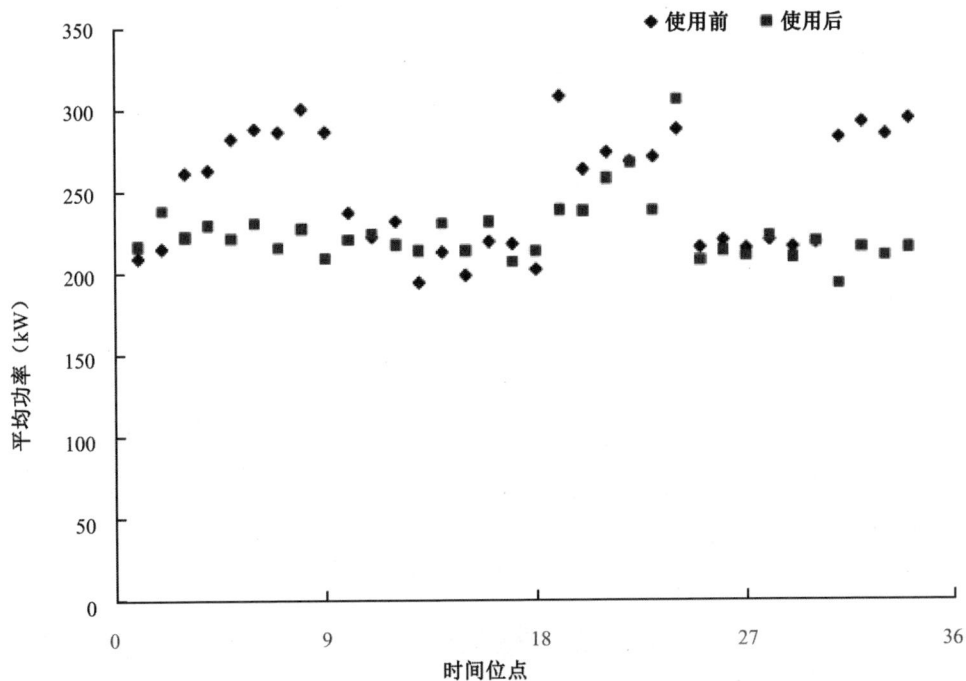

图 8-17　装置使用前后平均功率的变化

通过每 10 min 记录的燃料流量来看,使用 TurboMate 之前的流量相对较大,并且变化范围也较大。而使用 TurboMate 之后,燃料流量普遍变小。这意味着 TurboMate 具有节能效果。

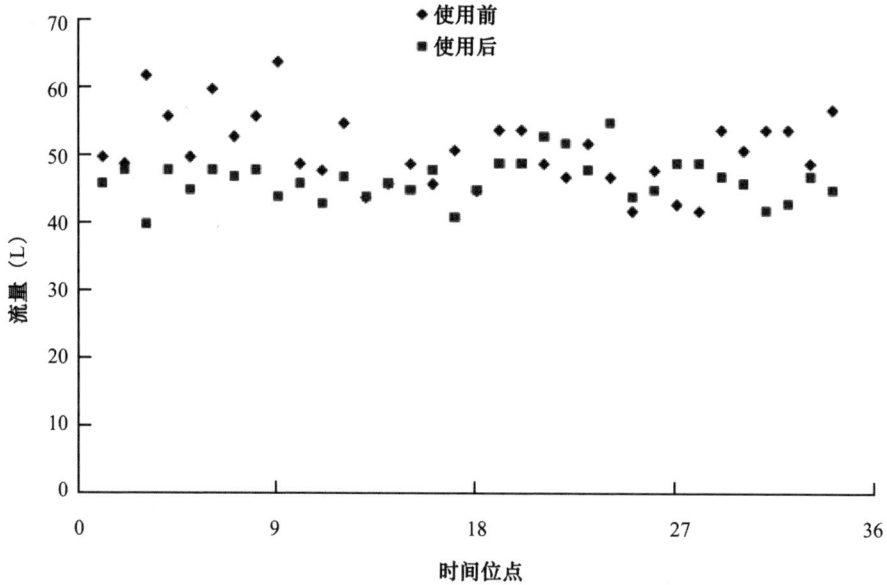

图 8-18　装置使用前后流量的变化

相同输出功率条件下,使用 TurboMate 后的燃料流量普遍低于使用 TurboMate 前的。这些说明 TurboMate 具有节能效果。

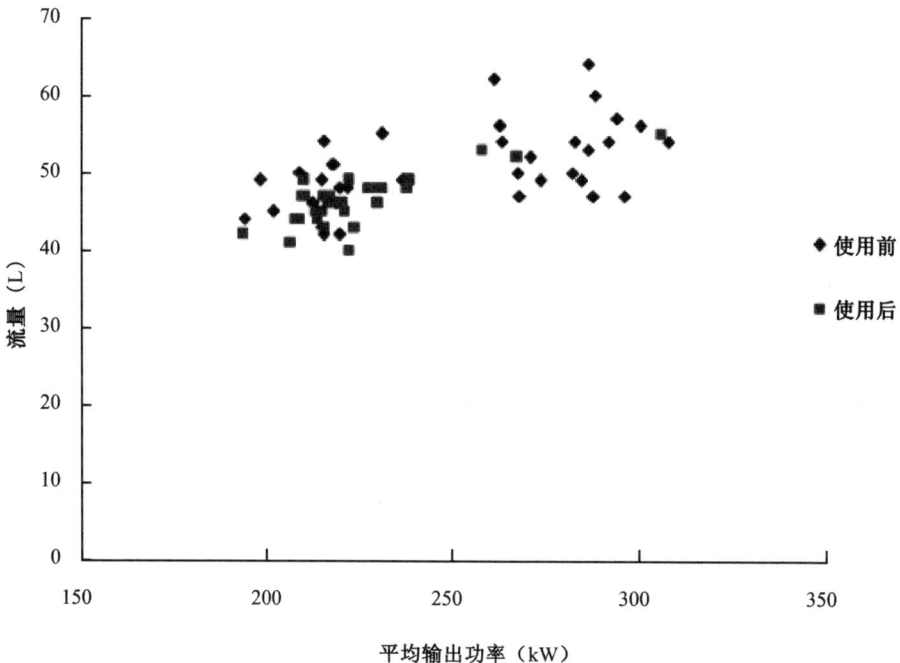

图 8-19　装置使用前后平均输出功率与流量的关系

从节能率=(使用前流量-使用后流量)/使用前流量×100 来看,29 个数据中有 21 个显示的节能率在 2.04%~16.7%之间,而有 4 个数据显示出无节能效果(节能率为 0%),还有 4 个数据则显示负节能率(-12.0%~-0.5%)。即 72%的数据显示出节能效果,14%的数据显示无节能效果,另外 14%的数据则显示出能耗反而升高的效果。

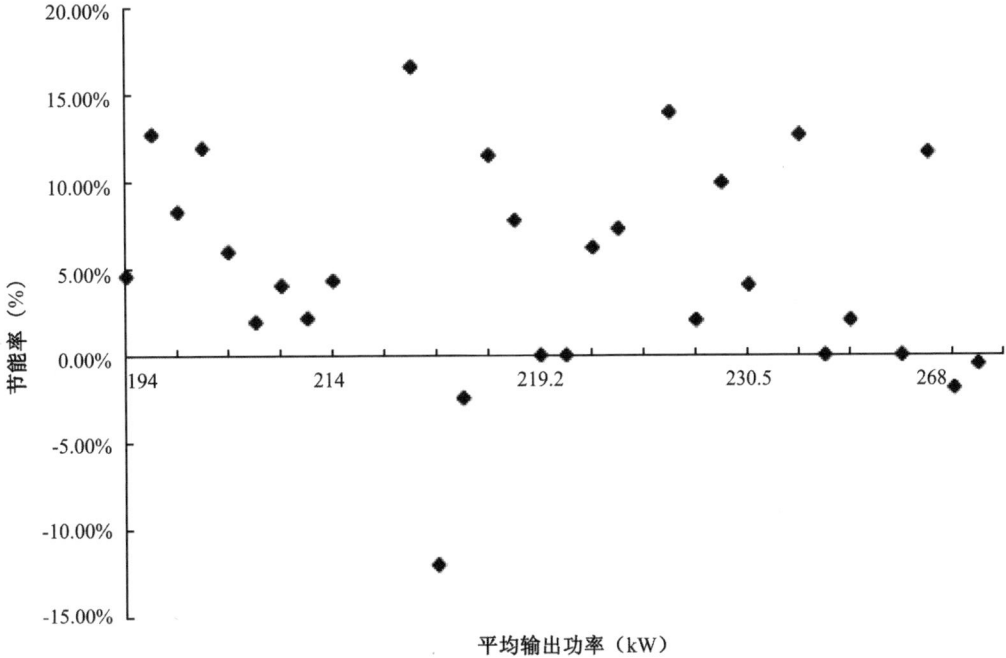

图 8-20　不同输出功率下的节能率

(2)"海巡 052"实船试验

①模拟式控制器的实船试验

利用模拟式控制器的实船试验,对比负荷条件为发动机转速达到 1 700 rpm,每 10 min 记录一次流量计数据。利用模拟式控制器的"海巡 052"实船试验结果,如表 8-11 所示。

表 8-11　利用模拟式控制器的"海巡 052"实船试验结果

是否使用控制器	平均流量(L)	节能率
未使用	3.02	0.99%
使用	2.99	

利用模拟式控制器的实船试验结果表明,其节能效果为 0.99%。

②数字式控制器的实船试验

利用数字式控制器的实船试验,对比负荷条件为发动机转速达到 750~1 800 rpm,每 5 min 记录一次流量计数据。

表 8-12　利用数字式控制器的"海巡 052"实船试验结果

主机	平均负荷(rpm)	平均流量(L)	节能率
1(安装控制仪)	1 535.68	6.27	5.8%
2(未安装控制仪)	1 484.05	6.43	

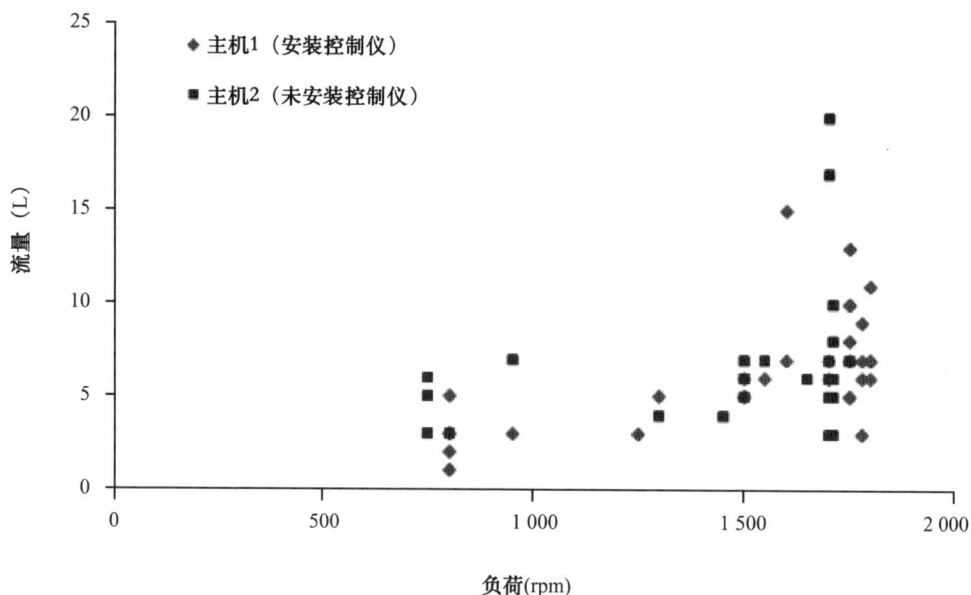

图 8-21　不同负荷下的流量变化

利用模拟式控制器的实船试验结果表明,其节能效果显著,节能率为 5.8%。

3.实车试验

实车试验针对某品牌 SUV(排量 2.5 L,最大输出功率 126 kW,燃油标号 93#汽油,环保标准欧Ⅲ)进行。试验分市区和郊区等两个行车模式实施。

表 8-13　实车试验结果

工作状况	不使用			使用			节能减排效果				结论
	市区	郊区	综合	市区	郊区	综合	市区	郊区	综合	total%	
HC (g/km)	0.277	0.022	0.115	0.222	0.017	0.091	-0.055	-0.005	-0.024	-20.87%	降低
NO_x (g/km)	0.129	0.069	0.091	0.079	0.053	0.063	-0.05	-0.016	-0.028	-30.77%	降低
CO (g/km)	0.977	0.165	0.461	0.970	0.127	0.434	-0.007	-0.038	-0.027	-5.86%	降低
CO_2 (g/km)	245.975	150.991	185.627	223.774	143.144	172.516	-22.201	-7.847	-13.111	-7.06%	降低
油耗 (L/100 km)	10.301	6.278	7.745	9.351	5.941	7.183	-0.95	-0.337	-0.562	-7.26%	降低

从上表 8-13 可以看出,使用本技术装置的尾气排放指标以及油耗都得到了很大改善。百千米油耗降低了 7.26%。

七、减排效果

1.台架试验

减排效果通过台架试验进行验证,通过减排率=(使用前排放量−使用后排放量)/使用前排放量×100)对结果进行了评估。

(1)2011年4月5日台架试验(表8-14)

按柴油机负荷特性进行试验,即转速为标定转速(1 000 r/min),根据《船用柴油机台架试验方法》(CB/T 3254.2—94)的要求,将试验条件定为负荷为额定功率的25%、50%、75%、100%四种条件。

进行模拟式阴极电位控制器安装前后对柴油机性能影响的对比试验。

表8-14 Wärtsilä4L20 柴油机参数

型号	汽缸数	缸径×行程	冲程	标准功率	标定转速	压缩比	调速器
4L20	4	200 mm×280 mm	4	520 kW	1 000 r/min	15	Woodward UG8L

使用前后尾气中 NO 浓度变化不大,但在50%和75%负荷时含量略有升高(图8-22—图8-24)。

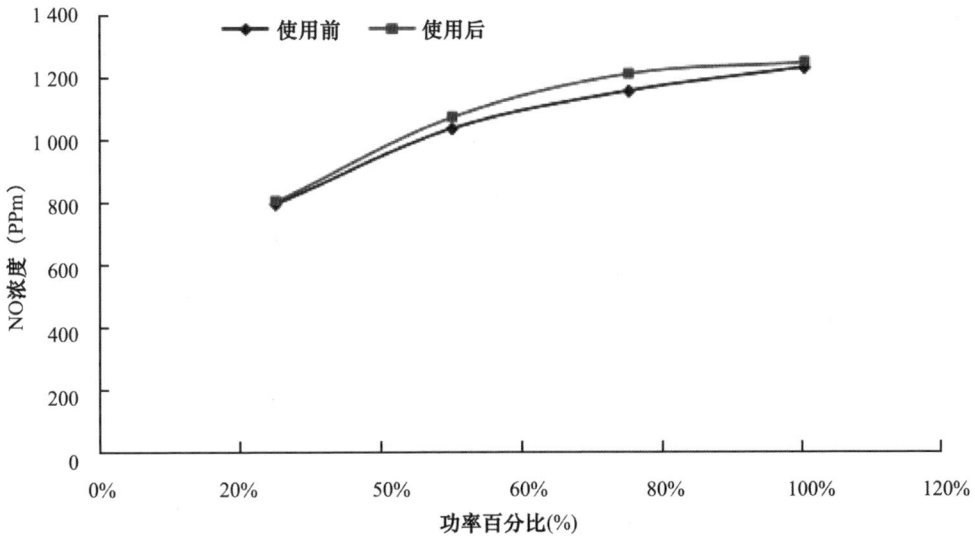

图 8-22 台架试验装置使用前后尾气中 NO 浓度变化

使用控制器后尾气中 NO_2 浓度明显降低,且减少幅度较大,但在满负荷时减少量较小。

在各负荷条件下,使用控制器前后尾气中 NO_x 的浓度都有一定降低,在未满负荷运行时更为明显。

各工作状态下尾气中 CO 浓度都有所减低,可以说明使用控制器后燃烧得更充分。

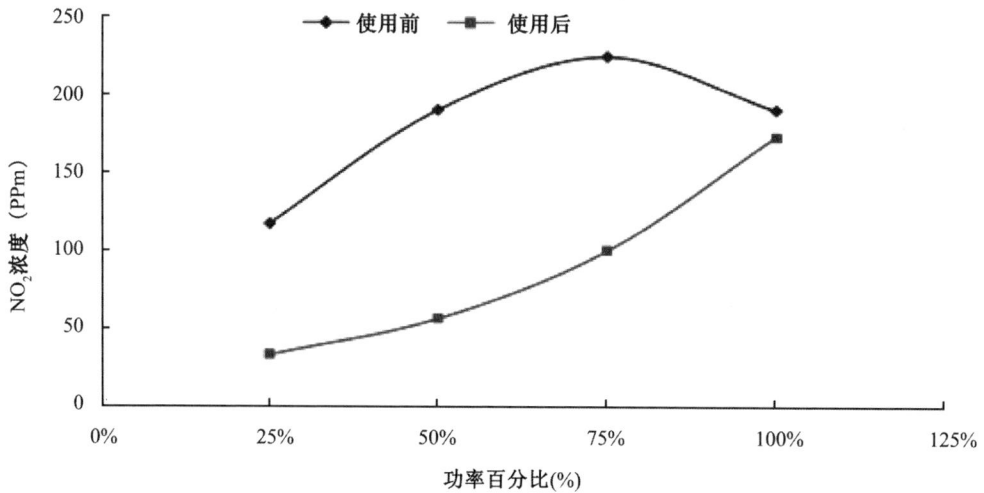

图 8-23　台架试验装置使用前后尾气中 NO_2 浓度变化

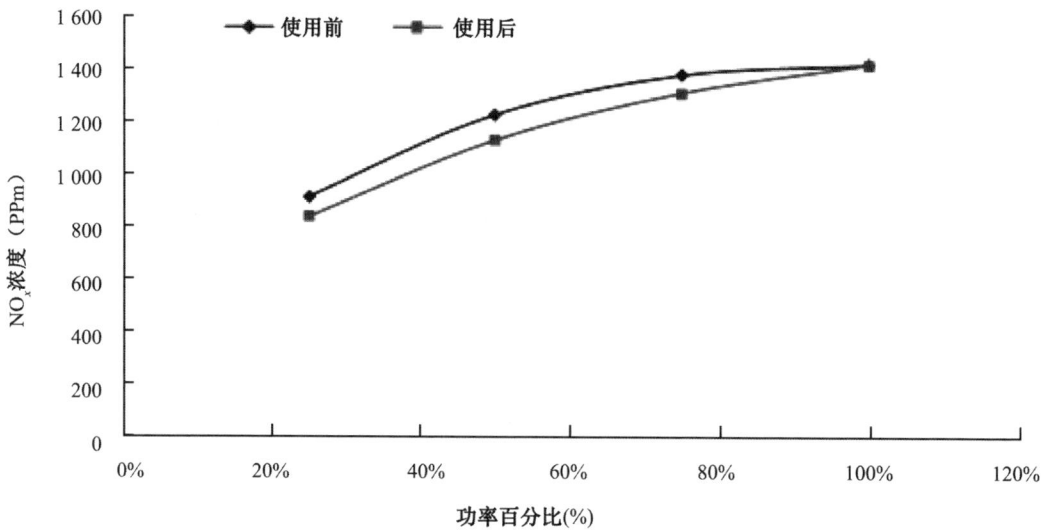

图 8-24　台架试验装置使用前后尾气中 NO_x 浓度变化

（2）2012 年 9 月 18 日台架试验（表 8-15）

试验使用数字式阴极电位控制器，其最大电流为 0.6 A，试验电流为 0.4 A。

表 8-15　使用模拟式控制器后的减排率

负荷	CO	NO	NO_2	NO_x
25%	37.4%	−1.1%	71.1%	8.2%
50%	70%	−3.6%	70.1%	7.9%
75%	100%	−4.8%	55.3%	5.0%
100%	100%	−1.3%	8.9%	0.1%

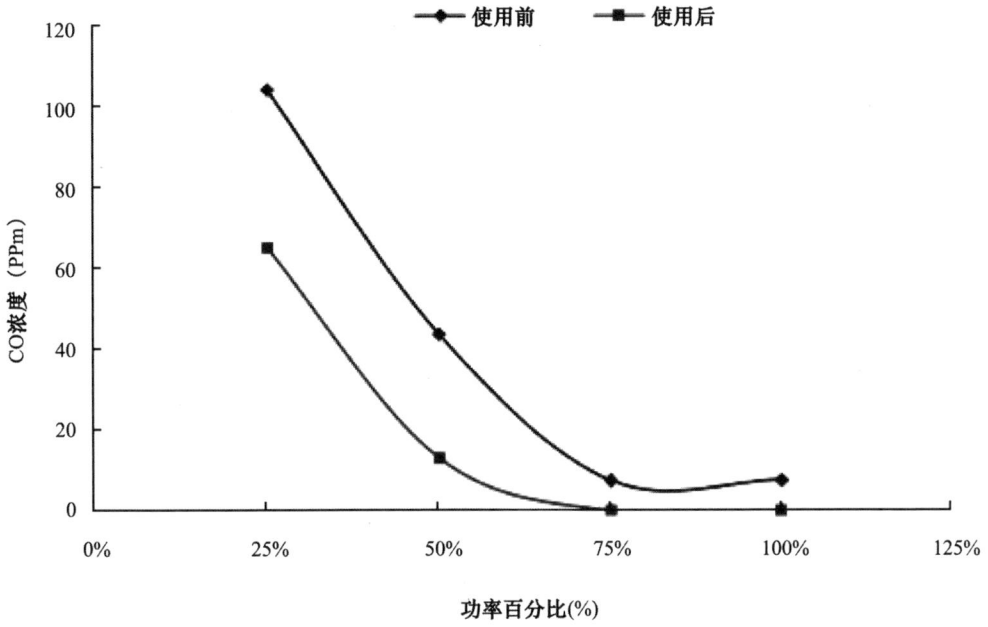

图 8-25 台架试验装置使用前后尾气中 CO 浓度变化

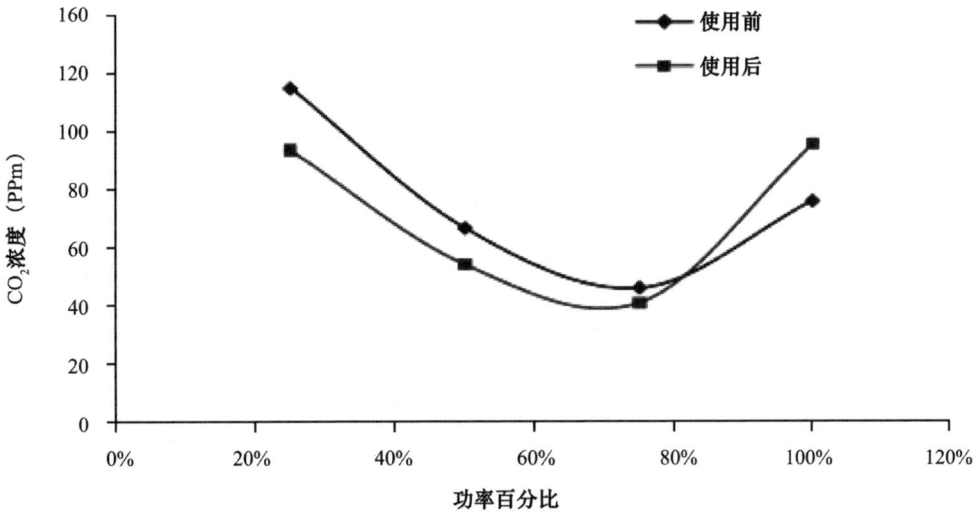

图 8-26 台架试验装置使用前后尾气中 CO 浓度变化

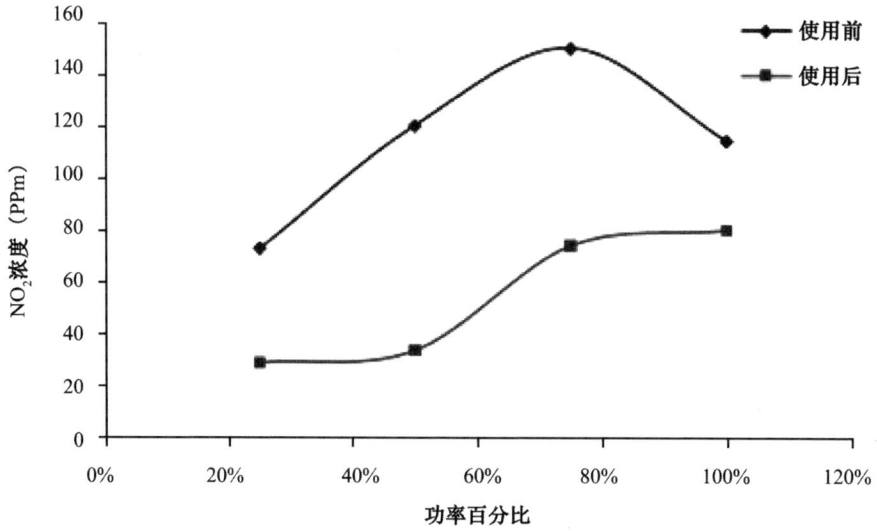

图 8-27　台架试验装置使用前后尾气中 NO_2 浓度变化

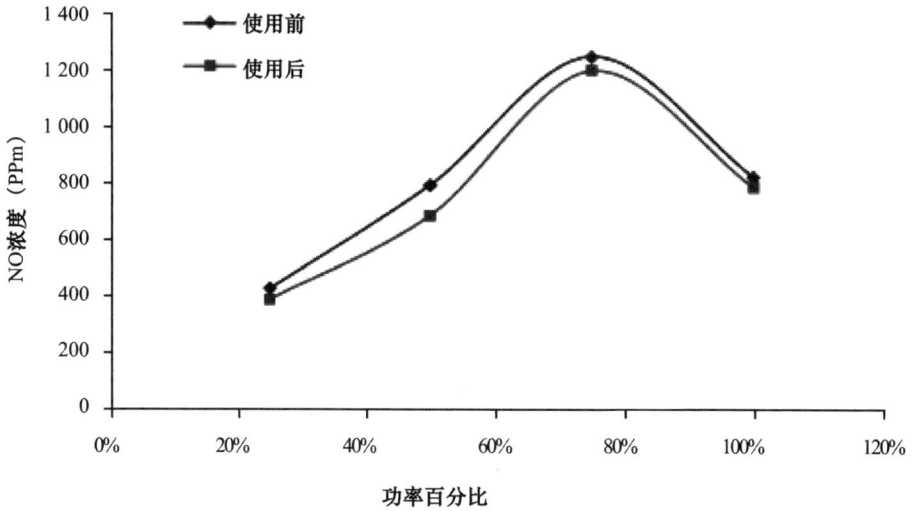

图 8-28　台架试验装置使用前后尾气中 NO 浓度变化

表 8-16　使用数字式控制器后的减排率

负荷	CO	NO	NO_2	NO_x
25%	18.7%	9.3%	60.0%	16.7%
50%	18.9%	13.6%	71.8%	21.2%
75%	11.3%	4.0%	50.6%	9.1%
100%	−25.7%	4.4%	30.0%	7.5%

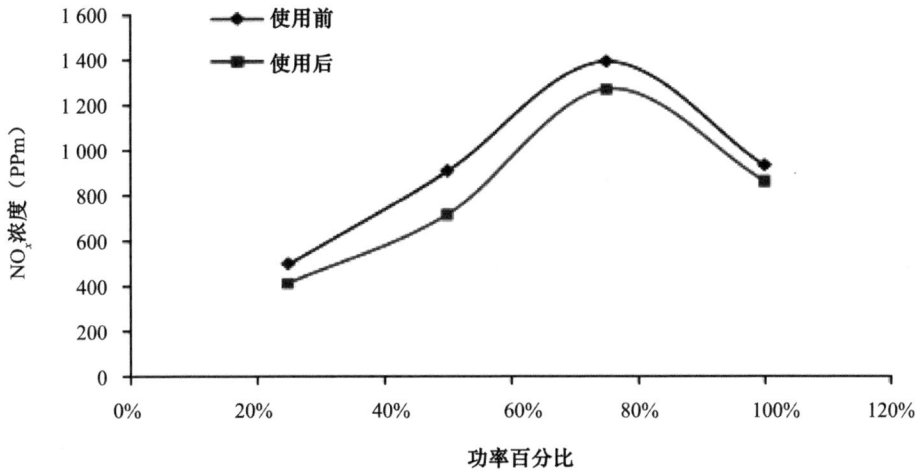

图 8-29　台架试验装置使用前后尾气中 NO_x 浓度变化

使用控制器后 CO 浓度在 25% 和 50% 输出功率减少 18% 左右；NO_2 浓度在使用后有明显降低；NO 和 NO_x 浓度在 50% 输出功率降低较大。

试验使用数字式阴极电位控制器,其最大电流为 0.6 A,试验电流为 0.4 A。

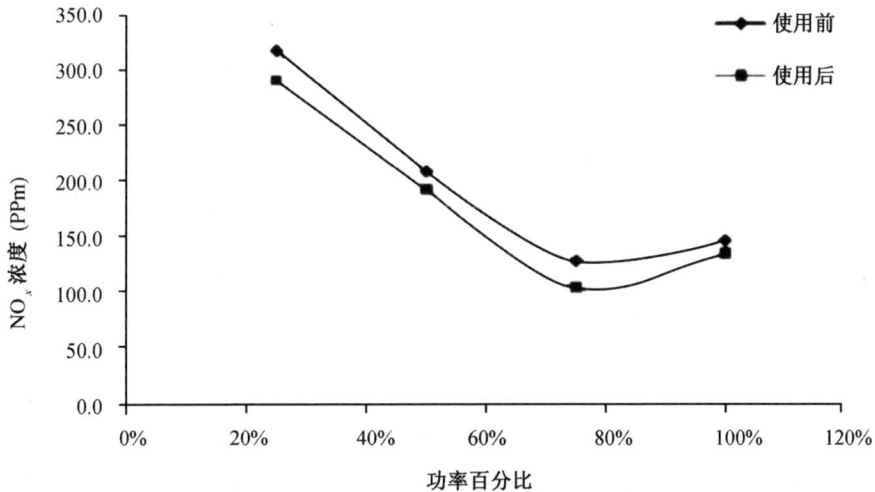

图 8-30　台架试验装置使用前后尾气中 CO 浓度变化

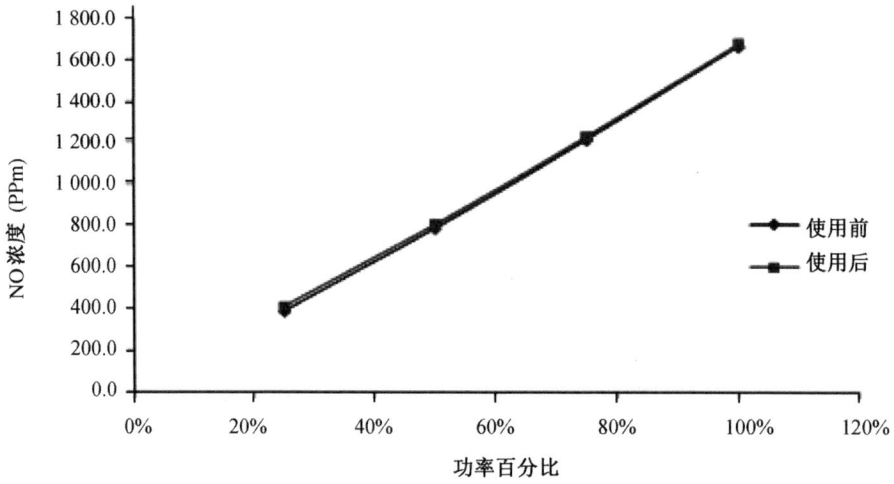

图 8-31   台架试验装置使用前后尾气中 NO 浓度变化

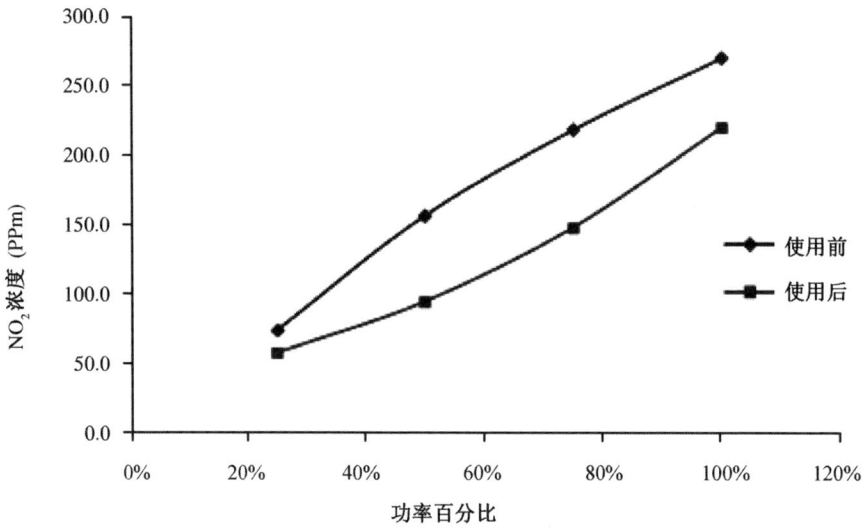

图 8-32   台架试验装置使用前后尾气中 NO_2 浓度变化

表 8-17   使用装置后尾气中各气体的减排率

负荷	CO	NO	NO_2	NO_x
25%	8.7%	−6.1%	22.6%	−1.5%
50%	8.1%	−2.7%	39.7%	4.3%
75%	19.0%	−1.5%	32.4%	3.7%
100%	8.1%	−0.9%	18.6%	1.8%

　　在使用控制器后 CO 和 NO_2 浓度有所降低,而 NO 浓度变化不明显,NO_x 浓度在 50% ~ 75%输出功率使用后有所降低。

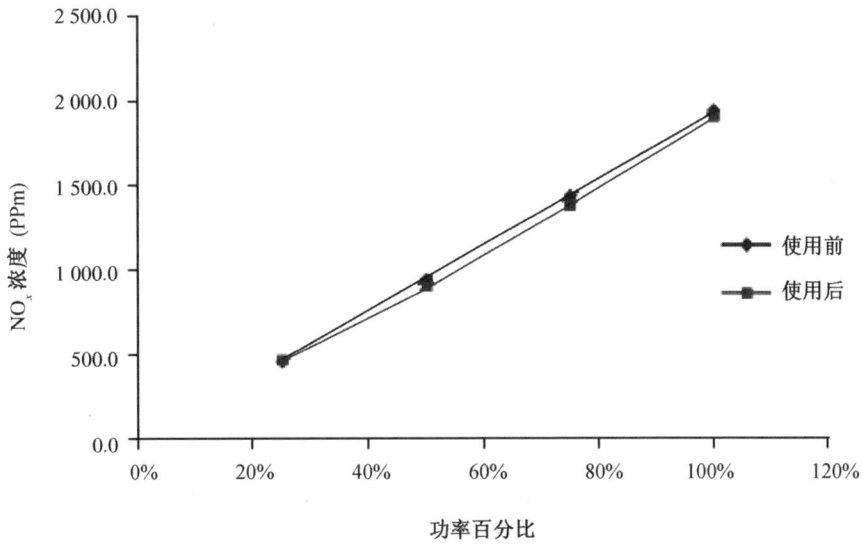

图 8-33　台架试验装置使用前后尾气中 NO_x 浓度变化

2.实船试验

在天津海事局海巡 052 号进行实船节能减排试验,利用便携式尾气检测仪 HODAKA HT-2300(见图 8-34)测得使用装置前后尾气中各气体浓度变化,并以此按下式计算减排率。

减排率=(使用前排放量-使用后排放量)/使用前排放量×100

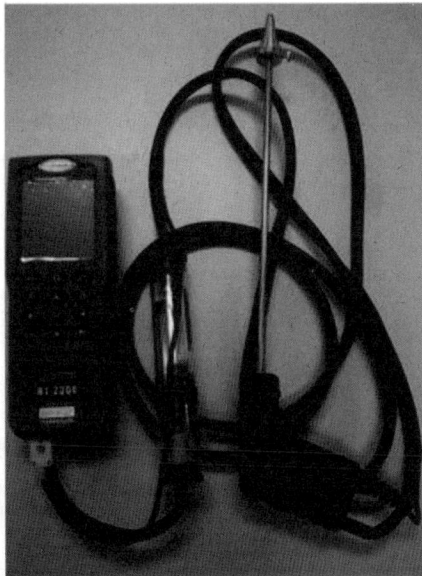

图 8-34　便携式尾气检测仪 HODAKA HT-2300

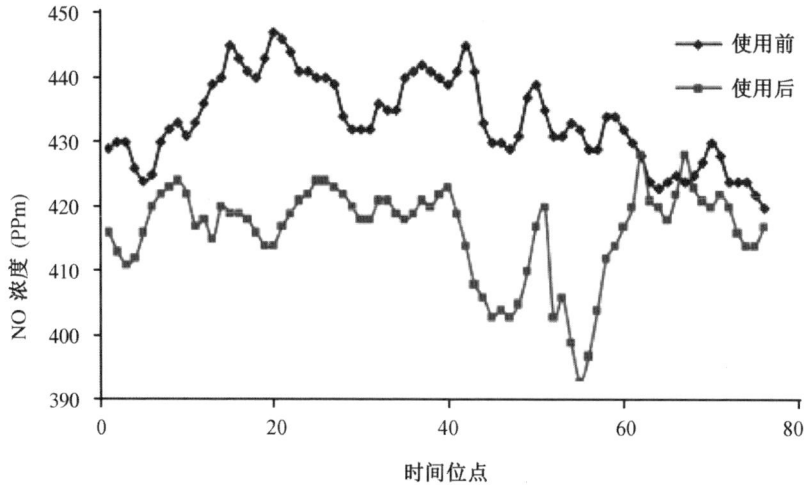

图 8-35　实船试验装置使用前后尾气中 CO 浓度变化

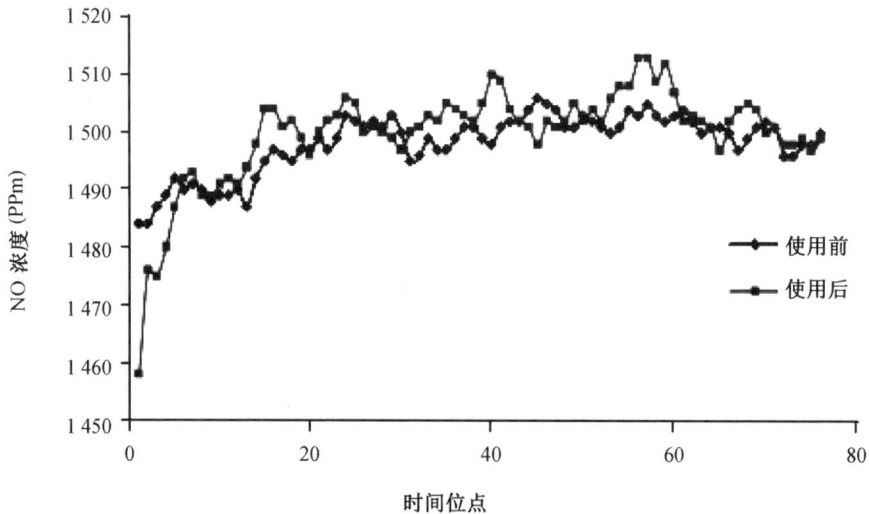

图 8-36　实船试验装置使用前后尾气中 NO 浓度变化

由实船试验结果可知,使用控制器后尾气中 CO 浓度明显下降;NO 浓度普遍有所升高,NO_2 浓度普遍降低,NO_x 浓度变化不明显。但相对于台架试验,其效果较小,如表 8-18 所示。

表 8-18　实船试验使用装置后尾气中各气体的减排率

CO	NO	NO_2	NO_x
4.0%	−0.1%	0.2%	0.05%

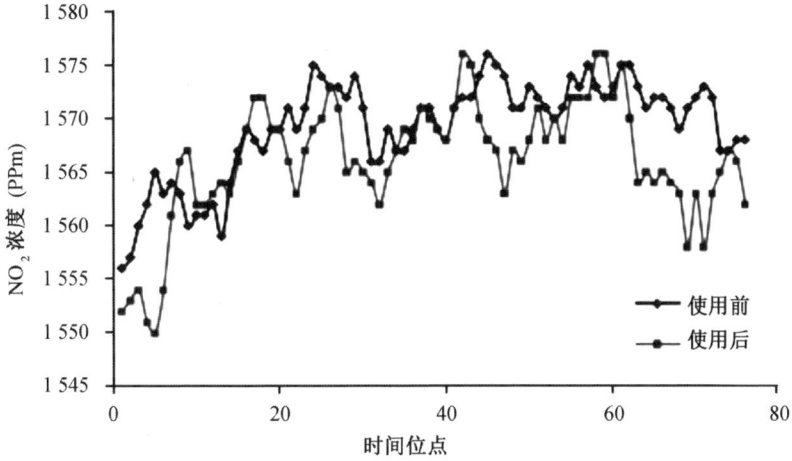

图 8-37　实船试验装置使用前后尾气中 NO_2 浓度变化

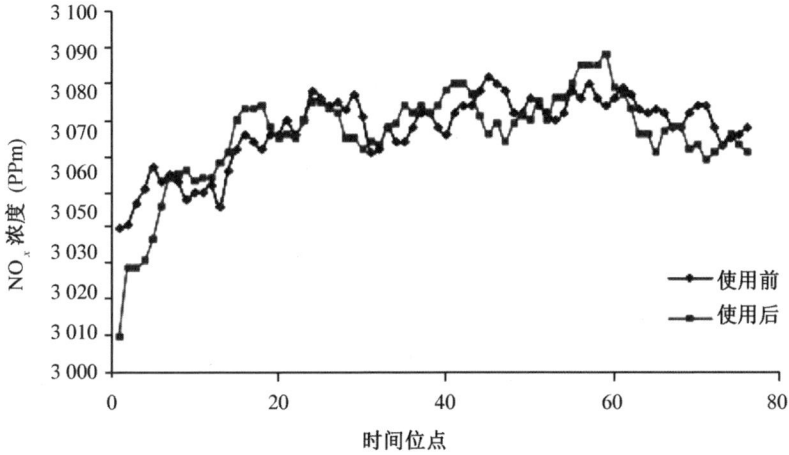

图 8-38　实船试验装置使用前后尾气中 NO_x 浓度变化

八、研究成果

1.研究成果

通过以上前期工作结果表明,基于阴极电位控制理论的节能减排技术的减排效果明显。

在节能减排效果方面,初步试验也显示出良好效果(见表 8-19)。这试验都是在电流 0.6 A、频率 4 000~8 000 Hz 以及正弦波形条件下进行的。后续试验还需要通过改变节能减排控制器的参数条件(电流、频率、脉冲间隔等),以期本技术的节能效果得到进一步改善。

表 8-19　各类试验的节能减排效果

试验类别	节能效果	减排效果			
		CO	NO	NO$_2$	NO$_x$
台架试验	3.00% ~ 5.00%	8.1% ~ 100%	−6.1% ~ 13.6%	8.9% ~ 71.8%	1.8% ~ 21.2%
实船试验	2.04% ~ 16.70%	4%	−0.1%	0.2%	0.05%
实车试验	7.26%	5.86%	–	–	30.77%

2.问题和建议

通过台架试验、实船试验和实车试验,初步确认了基于阴极电位控制理论的技能减排技术的有效性,但仍然存在一些问题。针对这些问题的建议如表 8-20 所示。

表 8-20　存在问题和建议

存在问题	建议
阴极电位控制器功率问题: 利用数字式(最大电流 0.6 A)阴极电位控制器实施台架试验表明,低于模拟式(最大电流 2 A)控制器的节能效果; 利用数字式阴极电位控制器实施实船试验时,减排效果低于台架试验,节能效果微弱	改进数字式阴极电位控制器的功率。通过改装控制器电路系统,使得控制器的最大电流从现有的 0.6A 升高为 2.0A,而输出频率保持不变,即 4 000 ~ 8 000 Hz
实船试验时发动机负荷的不稳定性: 实船实验室以稳定的发动机转速作为负荷表征参数,但实际上由于风向、潮流流速等多方面因素的影响,很难做到严格意义上的同负荷对比	通过长期(一个季度以上)实船试验,对比使用和不使用阴极电位控制器的节能减排效果

第三节

船舶尾气污染①

一、船舶尾气污染

船舶航运在国际交通运输中起着重要作用,其中远洋航运更是全球主要的货物流动方式。联合国贸易和发展会议报告显示,截止到 2010 年年初,全球商业船只总吨位达到 12.76 亿 t,比 2009 年增加 0.84 亿 t。随着运输船舶数量日益增加,其大气污染排放也日趋严重。在港口、海峡和船舶流量大、航线密集的部分海区,船舶排放的污染物显著改变了局地和区域的空气质量,给沿海居民的健康、生活和工作带来了严重的影响。船舶污染排放在交通移动源中占有重要比例。与机动车源相比较,船舶源虽然排放总量较少,但其机械以柴油和重油为主要燃料,具有耗油量高、污染物单机排放量大等特点。其尾气中所含的颗粒物、NO$_x$、SO$_2$ 等污染物质,会对物理化学性质敏感的海洋空气造成严重的影响。

---

① 本节内容时间节点为 2011 年。

1.国际标准

船舶排放尾气污染是大气污染的主要来源之一。伴随着国际社会对于环境保护问题的日益关注,航运业也越来越深刻地认识到妥善地处理好船舶排放尾气问题已迫在眉睫。自20世纪80年代开始,国际海事组织海上环境保护委员会(MEPC)一直致力于改善船舶尾气污染问题。1997年国际海事组织海上环境保护委员会根据《里约热内卢环境和发展宣言》第15条原则,制定了《1973国际防止船舶造成污染公约》(简称"MARPOL 73/78")附则Ⅵ——《防止船舶造成空气污染规则》。由于该规则的通过会使得船公司的运营成本大幅增加,所以许多国家未在第一时间加入该规则。直到2004年5月18日美国正式批准加入之后,该规则才符合生效条件。我国于2006年3月25日正式批准加入。该公约于2006年8月23日起正式对我国生效。

按照MARPOL公约要求,在波罗的海、北海、北美以及美国加勒比海排放控制区内,船舶燃油的硫含量在2015年1月1日以后,不得超过0.1%;在2020年1月1日以后,除排放控制区以外的全球其他海域船用燃油的最大硫含量不得超过0.5%。欧盟通过划设排放控制区以及欧盟立法的形式,实现严格而且广泛的船舶排放控制。进入欧盟海域的国际航行船舶和欧盟海域内航线船舶目前都受到严格的尾气排放限制,各港口国采取了多种手段实行检查,对于违规排放行为施行严厉的处罚措施。船舶尾气污染如图8-39所示。

图8-39 船舶尾气污染

2.国内标准

交通运输部先后发布了《珠三角、长三角、环渤海(京津冀)水域船舶排放控制区实施方案》以及《船舶与港口污染防治专项行动实施方案(2015—2020年)》,将珠三角、长三角、环渤海(京津冀)水域划定为船舶排放控制区,要求主要排放控制区的核心港口开展防治船舶大气污染的相关检查。但是,目前我国主管机关的检查手段无论是在准确性还是时效性上都无法满足现实的检查需要,技术手段相对落后,相应监测设备设施缺乏,加之其他因素制约,导致主管机关对船舶大气污染排放的监测监管能力严重不足,无法保证监管的效果和效率。既不能满足主管机关日常履职的内在需要,也无法适应行业践行生态文明的外部要求。

我国是一个内河航运资源比较丰富的国家,截至2013年年底,我国拥有水上运输船舶17.26万艘,净载重量2.44亿吨。全球十大港口,我国占据八席,吞吐量约占全球的1/4。船舶运输所带来的环境污染问题日益突出。据测算,2013年全国船舶SO_2排放量约占全国排放总量的8.4%,氮氧化物排放量占11.3%。受船舶污染影响最大的是港口城市,其次是江河沿岸城市。根据上海市2012年的研究结果,船舶排放产生的SO_2、NO_x和细颗粒物PM2.5分别占到上海市排放总量的12.4%、11.6%以及5.6%。在我国香港地区,2012年的数据显示,船舶废气排放是全特别行政区PM10、NO_x和SO_2的最大排放源,其中前两者占到约30%,SO_2则达到50%。

此外,相对于机动车源,船舶源排放的总量以及对大气气候的影响未得到很好的量化,统一计算方法仍有待完善。船舶排放引起的大气污染问题,越来越受到国内外学者的关注,关于船舶排放主要有以下几个研究方向。对船舶尾气的扩散、大气气候的影响、排放清单的计算、船舶尾气排放检测技术的研究及船舶尾气监管系统的构建。

二、船舶尾气扩散

1.船舶尾气扩散研究

船舶尾气排放控制的问题已经受到国际社会的普遍关注。《1973年国际防止船舶造成污染公约的1978年议定书》已于2013年生效。高斯烟羽模型(Gaussian plume model)是一种典型的气体扩散模型,因其模型简单可靠常被作为气体扩散模型。米歇尔·贝纳瑞(Michel M. Benarie)提出通过峡谷与高速公路地形结合,高斯烟羽城市大气扩散模型对短时模型修正效果较为明显。里斯蒂奇(B. Ristic)、古纳提拉卡(A. Gunatilaka)在米歇尔·贝纳瑞(Michel M. Benarie)的基础上又提出了参数估计中最佳可实现精度的理论分析,对模型的精度测量也有所提高。近几年,国内外学者将高斯烟羽模型应用于多种场景。以此来有效描述、模拟气体扩散,从而可以有效对环境大气污染扩散进行仿真、分析气体成分,也可在研究溢油等液体扩散基础上对气体扩散进行分析。高斯烟羽模型大多只被应用于气体泄漏,例如,应用于储罐或者管道气体等泄漏,并对陆路运输中对汽车尾气排放进行了研究。而船舶作为大宗物流的主要载体,还未有人对其尾气扩散使用高斯烟羽模型进行分析,可结合遥感技术进行分析。而由于在陆地的因素,传统的高斯烟羽模型只考虑了风速影响,但在海洋环境下,影响船舶尾气扩散的不只有风速,还有船速。本研究旨在同时考虑船速及风速的前提下,对船舶尾气扩散应用高斯烟羽模型进行模拟。

2.高斯烟羽扩散数学模型

将高斯烟羽扩散模型,有效应用于船舶尾气扩散需有相关约束条件。

约束1:将船舶烟囱看作一个单个点源,且源强Q恒定。

约束2:风速大小恒定且风向沿着与行船方向呈一定夹角,而最后风速与船速矢量合成的方向,即为x轴方向。

约束3:扩散是各向同性的,且涡流扩散系数仅依赖于下风距离x。

约束 4:风速足够大以至于除 x 轴方向的扩散可以忽略。

约束 5:污染物质不会渗透到海水之中。

其原理如图 8-40 所示,M 为船舶烟囱位置,而任意一点 N 的尾气浓度值受到实源和像源共同影响,实源到 N 点的纵向距离为 $Z-H$,而像源 M' 对 N 点影响相当于 M 向下经过反射面 x 轴反射后再回到 N 点,则纵向距离为 $Z+H$。

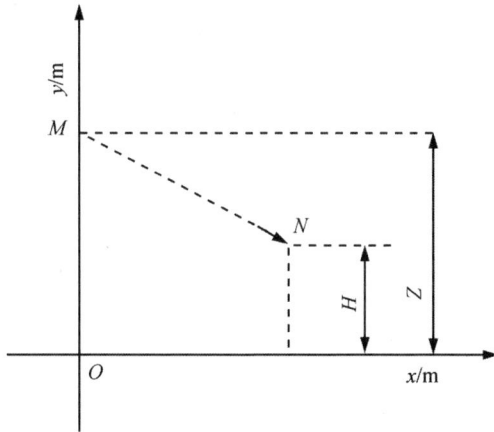

图 8-40   实源像源对任意点叠加示意图

实际浓度 X^* 应为下式所示。

$$X^*(x,y,z) = X_1(x,y,z) + X_2(x,y,z)$$

由上式解得下式,H 为泄漏源有效高度,单位为 m,Z 为垂直方向距离,下式即为高斯烟羽模型。

$$X^*(x,y,z,H) = \frac{Q}{2\pi u\sigma_y\sigma_z}\exp\left(-\frac{y^2}{2\sigma_y^2}\right) \cdot \left[\exp\left(-\frac{(z-H)^2}{2\sigma_z^2}\right) + \exp\left(-\frac{(z+H)^2}{2\sigma_z^2}\right)\right]$$

3.船舶尾气扩散模型仿真

（1）船舶"风速"合成

船舶在行驶过程中稳定航行时具有一定船速,而之前的高斯烟羽扩散模型,未被使用在船舶尾气扩散的研究,所以没有考虑船速对其扩散方向和强度的影响。若以船舶烟囱口作为坐标原点,经过改进后船可以看作不动,尾气以船的速度向行进的反方向扩散,模型中原来风速影响的部分可以通过矢量合成的方式合成新的"风速"。其矢量合成图如图 8-41 所示。

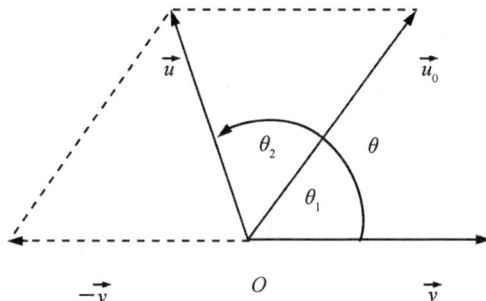

图 8-41   风速与船速矢量合成

其中矢量关系如式所示由勾股定理公式求出合向量的模值。但是余弦函数在 $[0,\pi]$ 区间上有负数值,所以式中含有余弦部分应取绝对值。

$$\| u \| = \sqrt{(v + \| u_0 * \cos\theta_1 \|)^2 + (u_0 * \sin\theta_1)^2}$$

通过余弦定理可求出角度实际扩散方向,即仿真曲线 x 轴方向与风吹的方向所成夹角 θ_2。

$$\theta_2 = \arccos\left[(u^2 + u_0^2 - v^2)/2u * u_0\right]$$

则气体扩散方向为与船舶航向逆时针相差 $\theta = \theta_1 + \theta_2$ 弧度。

(2)实验参数选取

实验仿真数据以大连海事大学实习船"育鲲"轮各项数据为参数进行仿真。海上多为 6~7 级风,选用 7 级风时作为仿真,换算成风速为 15 m/s,其换算方式见表 8-21。风速为 15 m/s 时,由下表可知,大气稳定度分类为 D 级。由表 8-23 可知布里吉斯扩散系数。

表 8-21　海洋环境风速表换算

风级 F	风速 V(m·s^{-1})	大气稳定度
1-2	$V = F$	–
3	$V = F+1$	–
4-9	$V = 3(F-2)$	D

大气稳定度为 D 等级,根据布里吉斯扩散系数,MATLAB 程序中方差扩散系数选择选用相应系数。

表 8-22　帕斯奎尔大气稳定度

高度为 10 m 处的风速 (m·s^{-1})	日间日辐射			夜间云量	
	强	中	弱	多云	无云
<2	A	A–B	B	E	F
2~3	B	B–C	C	D	E
3~5	C	C–D	D	D	D
5~6	C	C–D	D	D	D
>6	C	D	D	D	D

表 8-23　布里吉斯扩散系数

大气稳定度类型	σ_{x0}&σ_{y0}(m)	σ_{z_0}(m)
A	$0.22x/(1+0.0001x)^{0.5}$	$0.2x$
B	$0.16x/(1+0.0001x)^{0.5}$	$0.12x$
C	$0.11x/(1+0.0001x)^{0.5}$	$0.08x/(1+0.0002x)^{0.5}$
D	$0.08x/(1+0.0001x)^{0.5}$	$0.06x/(1+0.0015x)^{0.5}$
E	$0.06x/(1+0.0001x)^{0.5}$	$0.03x/(1+0.0003x)^{0.5}$
F	$0.04x/(1+0.0001x)^{0.5}$	$0.016x/(1+0.0003x)^{0.5}$

(3)MATLAB 实验仿真及结果分析

可通过 MATLAB 程序进行编程仿真,其中模型中各个参数及其符号、单位和相应仿真数据如下图所示。

当浓度值为 3 000 mg/m³ 时船舶航向与风向夹角,与大气扩散强度间的关系从图中可观察到扩散范围有所不同。如图可知风速是作为船舶尾气扩散的重要因素。

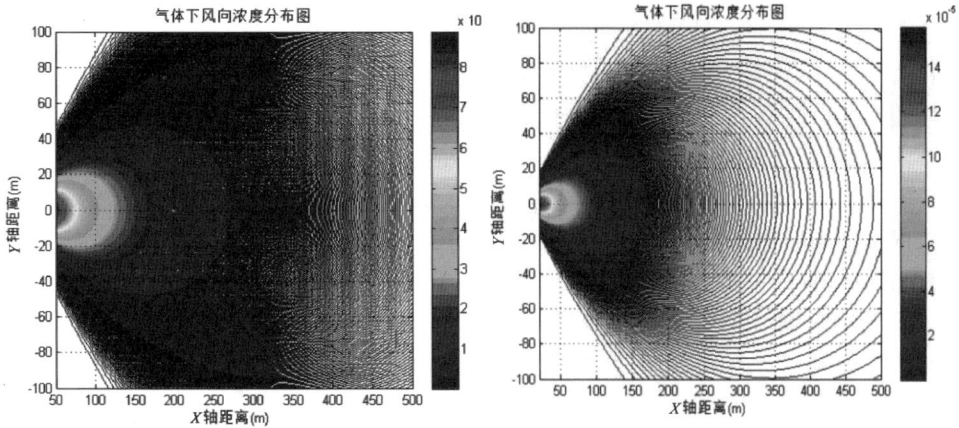

图 8-42 仿真曲线

总之,在国内高斯烟羽模型首次成功应用于船舶尾气扩散的模型分析及研究。在传统高斯烟羽模型的基础上,改进原有的风速控制因子,可以有效地确定船舶尾气的扩散方向,并且通过对船舶尾气扩散的模型中对实源和像源作用进行加权,使其更接近于实际情况。在该研究中只对船舶尾气整体的扩散方向有一定研究,而对相关的船舶气体各组分浓度关系等因素对扩散的影响将在后续工作中进行研究。

三、船舶排放清单

1.船舶排放清单研究

近年来,船舶尾气污染的日益严重,进行有效的船舶尾气排放特征研究已经势在必行。船舶排放清单是利用船舶的主辅机实际运行功率或者燃油消耗数据,计算出特定区域内的不同大气污染物的排放总量,它是一种客观有效的监测港区船舶排放尾气总量和分析减排途径的实用方法。

Jalkanen 等首次利用船舶自动识别系统（AIS）的动态数据,与船级社和海事局的静态数据相结合建立了新的船舶排放清单计算方法,由于从 AIS 数据中可以获得船舶瞬时的速度信息,根据静态数据库中的信息计算出船舶的瞬时功率,进而估算出了波罗的海水域船舶排放的 SO_x、NO_x、CO_2、CO 和 PM 的排放量。Tichavska 等建立了港口城市的船舶尾气排放模型,基于 AIS 数据中的工况信息和静态数据中的船舶类型信息,计算了 2011 年拉斯帕尔马斯港的船舶排放清单。伏晴艳等调查了上海港的船舶工况、船队构成、油品质量和功率状况等数据,进而计算出了 2003 年上海市的船舶排放清单,这是国内学者第一次对港口进行船舶排放清单的计算,分析出船舶排放出的 SO_2、NO_x 和 PM2.5 的排放量,它们在上海市 SO_2、NO_x 和 PM2.5 的排放量整体的占比中最为显著。金陶胜等利用基于燃料消耗统计量的方法,对天津港运输船舶排放出的 NO_x、HC、CO 和 PM10 等尾气污染物进行了分析,进而计算出了 2006 年天津市的船舶排放清单。刘静等建立了复合源的大气扩散模型,计算出了 2004 年青岛市的船舶排放清单,并分析出船舶排放的尾气污染物对青岛市区环境空气中的 SO_2、NO_x 浓度贡献比分别为 8.

0%和12.9%。杨静等采用基于 AIS 数据的方法,计算出了2010年深圳市的船舶排放清单,分析了船舶排放的重点区域与各种工况下的排放比例。

以上研究结果表明,船舶尾气污染是港口城市 SO_2、NO_x、CO_2、CO 和颗粒物等污染物排放的重要原因。目前,主要有两种统计船舶排放清单的方法。第一种方法是采用"自上而下"的基于燃油消耗统计量的方法进行船舶排放清单计算,但是该方法需要通过整个港区总体的燃油消耗总量的统计数据以及统计出的排放因子,计算出不同污染物的排放总量,由于统计数据存在缺失,因此整体计算精度不高。第二种方法则采用"自下而上"的基于船舶主辅机的实际功率进行港区船舶排放清单计算的方法,该方法主要利用 AIS 精确可靠的船舶动态数据,以及船级社和海事局的船舶静态数据库中的准确数据,因此计算出的不同污染物的排放量相对精确。因此为了更准确地统计出船舶排放各种污染物的排放量,选择"自下而上"的排放清单计算方法,计算出中国实际的船舶排放清单所用到的排放因子就迫在眉睫。

2.排放因子修正

船舶主机、辅机和锅炉不同污染物的排放量是相应排放因子乘以船舶实际功率、运行时间和其他因子得到的。船舶主机、辅机和锅炉排放量计算的基本方程如下式所示。

$$E = P \times LF \times T \times EF \times CF$$

式中 E 为排放量(g);P 为发动机的额定功率(kW);LF 为负载因子指船舶在不同工况下发动机的负载比率;T 为工作时间(h);EF 为排放因子(g/kW·h);CF 为控制因子反映了减排技术变化在排放量上所产生的变化。

其中 CF 是根据不同的燃油使用规定直接调控的,P、LF 和 T 是根据船级社与海事局的静态数据和 AIS 的动态数据直接记录,而 EF 是通过对不同类型船舶进行排放测试计算出的固定因子。因此,想要计算出更加准确的船舶排放清单,就要计算出更加准确的 EF,即修正出更加符合中国实际的船舶排放因子。

船舶排放测试是获取船舶各类排放物排放因子的唯一手段。目前,船舶排放测试技术方法主要有3种:遥感测试、台架试验、实船测试。其中,遥感测试法测量船舶排放是目前国内外研究者的重点研究内容;台架试验则是国内外船舶排放因子的主要获取方法;实船排放测试由于测试难度大而处于技术停滞状态。

相对于遥感测试和台架试验,实船测试是通过直接测量的方法对船舶不同工况下尾气污染物排放量和主机、辅机的实际功率进行测量。实船测试需要在船舶的烟道进行开口,通过采样探头的方式直接抽取烟道内的烟气,再通过带加热丝的伴热管,以 180 ℃ 的恒定温度传输到气体浓度检测仪、颗粒物浓度检测仪和流速流量仪,计算出船舶在不同工况条件下实际通过烟道排放出的 SO_2、NO_x、CO_2、CO 和颗粒物等尾气污染物的排放量;再利用转速传感器、扭矩遥测仪和进/回油燃油流量计等设备测量出船舶主机、辅机的实际运行工况。因此,选取实船测试方法进行排放因子的修正,可以得到符合中国实际的船舶排放清单所用到的排放因子,进而计算出更加准确的船舶排放清单。

通过实船测试得到实验数据,再对不同船舶类型、不同工况的不同尾气污染物排放量和船舶实际工况数据进行统计分析,分析不同排放因子的差异性,最终修正出符合中国实际的船舶排放因子。

3.基于 AIS 的船舶排放清单

船舶自动识别系统(AIS)由岸基设施和船载设备共同组成,是一种集网络技术、现代通信技术、计算机技术、电子信息显示技术为一体的数字助航系统和设备。它配合全球定位系统（GPS）将对地船位、对地船速、对地航向和航向率等船舶动态数据、以及船名、呼号、吃水和预计到港等船舶静态数据由甚高频（VHF）频道向附近水域船舶及岸台广播，使邻近船舶及岸台能及时掌握附近海面所有船舶之动静态资讯，可以立刻互相通话协调，采取必要避让行动，对船舶安全有很大帮助。

基于实船测试修正的排放因子，采用基于 AIS 的方法构建我国的船舶排放清单，计算出港口城市的 SO_2、NO_x、CO_2、CO 和颗粒物等尾气污染物的排放量。分析各类型船舶产生不同尾气污染物的占比；对缺失的辅机功率和锅炉功率数据进行拟合，分析主机、辅机和锅炉的排放量占比；对港区各种污染物的排放量信息进行空间分析，研究空间分布规律。

基于海量 AIS 数据，通过大数据分析，研究船舶尾气排放因子及排放清单，为港区尾气排放监测提供技术支持。通过研究大数据融合分析技术，将船舶动态数据和船舶静态数据相结合，建立港区的分区域、分船型、分发动机种类和分燃油品种的本地化排放数据库；从而构建本地化的排放因子及排放清单（见图 8-43）。

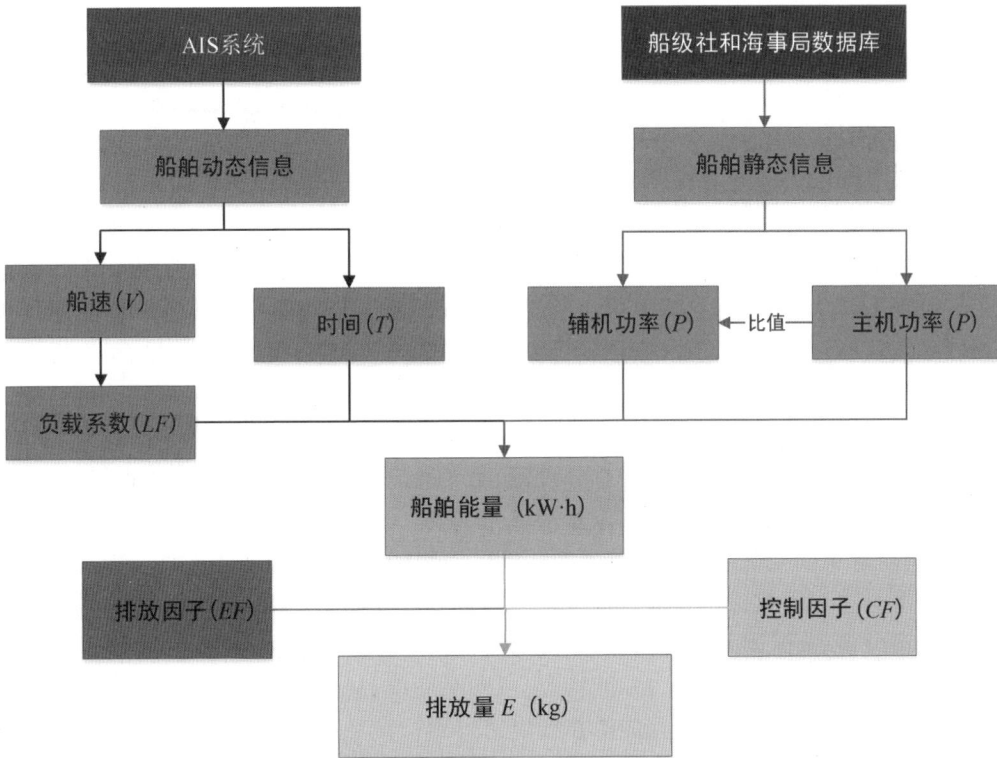

图 8-43 基于 AIS 的船舶排放清单模型

4.结束语

首次建立了完善的实船测试船舶排放因子技术方法体系，对国内船舶排放水平的现状进行了一次摸底；建立了国内船舶排放因子的数据库体系框架，完善了船舶排放清单编制的技术方法。本地化的排放因子可以作为相关政策法规制定的依据，AIS 通道搭载的排放数据可以作为监管部门实时监管营运船舶污染物排放的重要手段。为有效降低并依此筛选出对海洋环境危害严重的水域及船舶类型提供了科学的指导,为我国船舶排放尾气污染物的减排及治理工作打下了坚实的基础。

四、船舶尾气排放检测技术

1.船舶尾气排放检测研究

船舶尾气排放污染问题已经成为我国面临的重大社会问题、生态问题、经济问题,不仅严重影响了人们的身体健康,还是全球产业布局争夺的重要问题,更是关系到我国可持续发展战略的关键问题。

通过研制遥感检测系统和便携式检测系统,并对尾气超标排放的船舶进行快速筛查,通过遥感检测系统,排除绝大多数符合排放标准正常航行的船舶,再对有可能超标排放尾气的船舶利用便携式检测系统进行精确的登船实测。这既有效地检测和治理了港区内所有的船舶,又不影响大多数船舶的正常航行,为解决船舶尾气超标排放的快速筛查和准确提供了有效的技术手段,为航运监管部门提供了技术支持,为船舶尾气污染监管提供了解决方案,为进一步有效治理船舶尾气污染奠定了基础。

2.遥感检测技术

船舶尾气排放遥感检测系统利用现代化传感器技术、通信技术、大数据处理技术等,结合AIS动力法及分子滤光技术等先进技术,构建现代化的船舶排放立体监测网络,通过对排放大数据进行接入、关联、融合和分析,为海事执法部门提供船舶排放监测监管应用平台,实现船舶排放信息动态更新,对海事全业务流程船舶排放进行检测与筛查,船舶尾气排放遥感检测系统灵活运用多种监测手段形成科学、可靠、全面、准确的船舶污染监视监测方法,为船舶排放监管提供了一种新的技术方案,解决海事执法及船舶尾气监测与检测的技术难题。船舶尾气排放遥感检测系统具有良好的适应性,满足主管机关在船舶排放控制区的管理需求,可在沿海及内河港口及执法船舶安装该系统设备,可有效用于船舶尾气超标排放的检测,应用范围广泛。

遥感检测系统是采用分子滤光技术进行污染物浓度的测定的。基于分子滤光成像的船舶尾气排放检测设备,由光学接收单元、总分束镜、第一通道分子滤光成像探测组件、第二通道分子滤光成像探测组件和数据处理与图像显示单元组成。双通道分子滤光单元采用两套分子滤光组件,分别获取不同光谱波段下敏感系数不同的两组辐射光谱,对于不同种类船舶尾气污染物的浓度反演具有显著效果。其优点是:由于双通道分子滤光技术的成像式船舶尾气监测设备具有高光谱分辨、高时间分辨、高空间分辨的特征及非接触在线测量的能力,所以具有测量精度高、工作稳定可靠、抗干扰能力强的特点,可同时获取目标船舶视场区域的相关污染物浓度和温度信息等优点。将分子滤光成像在线快速遥感检测系统安装到海监和海巡船上,利用船舶移动平台更灵活地检测港区内船舶尾气排放的情况(见图8-44)。

3.便携式检测技术

船舶遥感检测设备受距离和气象条件的影响,测定出的船舶尾气污染物数据无法作为判断的直接依据。因此,需研究可登船快速检测的便携式船舶尾气排放精确检测设备,同时与船舶尾气排放遥感检测设备的测量值进行对比验证,基于对比结果改进船舶尾气排放遥感检测系统,提高船舶尾气排放检测的整体可靠性。

由于常规气态污染物检测仪器存在着采样过程成分损耗大、测量干扰成分多、测量精度差

图 8-44　船舶尾气遥感检测技术

等问题;常规颗粒物检测仪器存在着恶劣环境下颗粒物吸附导致的传输损耗大、测量准确度低等问题。特别是船舶行驶在海上,具有水汽浓度高、采样距离远和温压差变化大等环境因素干扰影响。

因此,利用不同气体在紫外至可见光波段和红外波段具有对光选择性吸收的特性,测量船舶尾气中的 SO_2、NO、NO_2、CO、HC 等气体的质量浓度,采用 β 射线检测法与抽取式光散射法相结合的测量原理,以 β 射线法测得的颗粒物浓度作为标准来修正光散射法测得的颗粒物浓度。在此基础上研制具有自加热的便携式采样探头、采样管与污染物检测仪,研发高精度、响应快、灵活高效的船舶尾气排放便携式检测设备(见图 8-45)。

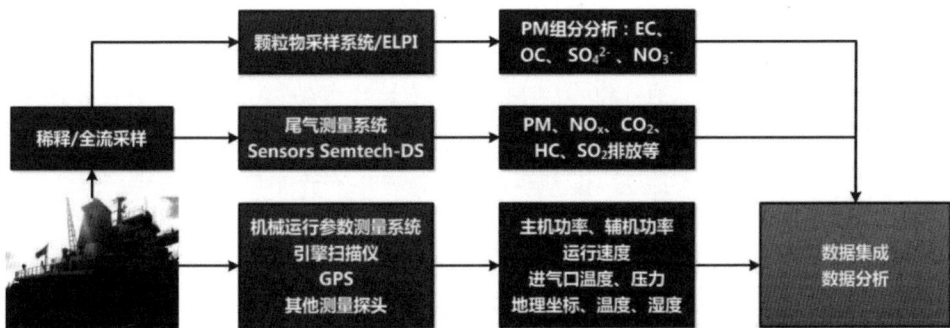

图 8-45　船舶尾气便携式检测技术

4.船舶尾气排放监管系统

满足船舶排放控制区监管的需要,通过大数据分析技术和实船实验建立船舶尾气排放超标识别模型,结合船舶尾气排放的遥感检测与便携式检测技术,建立系统的船舶尾气排放监管系统,实现船舶尾气排放的实时快速监测,为主管单位提高船舶尾气污染物超标排放的监管能力提供设备手段和技术支持。

融合船舶尾气排放的遥感检测与便携式检测技术,能够获取稳定、精确的船舶尾气排放数据,具有较强的抗干扰能力。通过船舶尾气排放的遥感检测技术、便携式检测技术与船舶尾气排放超标识别模型相结合,构建船舶尾气排放在线快速监管系统,实现港区内船舶尾气的远距离遥感测量、近距离便携式测量,实时获取船舶尾气的排放信息,在系统内部对数据进行上传、备份、处理及发布,为船舶尾气排放的监管提供技术支持。

完善船舶尾气排放监测系统,分析大量的船舶实测数据与油样分析数据,不断验证与提高船舶尾气排放遥感检测与便携式检测设备的准确性。将遥感检测设备测量的污染物浓度数据自动上传到船舶尾气排放超标识别系统,将疑似超标的船舶信息提供给海事主管部门,再用便携式检测设备进行详细的登船精确检测。对相应疑似船舶进行跟踪监控,建立船舶准入黑名单、白名单,对于黑名单中船舶,一旦入港系统自动提示重点详查,白名单中的船舶可抽样检测,若检查质量较好,可适当地扩大船舶入港检测周期。

5.结束语

船舶尾气排放的监管是大气污染治理的重要工作部分,对于港口城市的整体环境具有重要作用及意义。通过遥感与便携式检测技术实时地掌握船舶主要尾气污染物的排放信息,为主管单位提高船舶排放的监视监控提供设备手段和技术支持。因此,推广船舶尾气排放在线快速监测与管理系统,能够为海事主管部门对船舶尾气排放监管提供强有力的技术支持,有效提高船舶尾气排放监管效率。

五、技术应用案例

1."桑吉"轮事故

2018年1月6日晚上8点左右,大约在长江口以东160 n mile处,南下散货船长峰水晶轮与北上油轮"桑吉"轮发生交叉碰撞。根据网上披露的资料和经验可知,"长峰水晶"轮船首撞破"桑吉"轮右舷首部货舱,"桑吉"轮瞬间闪爆起火,接着发生数次连环闪爆。当时能见度良好,估计偏北风至少5~6级,海浪至少2~3 m。碰撞前"长峰水晶"轮航向约230,载有6.4万t粮食;"桑吉"轮航向约019,载有13.6万t凝析油。"长峰水晶"轮21名船员在碰撞后不久即跳水登艇并被附近目睹整个碰撞过程的浙岱渔03187船长郑磊等人救起。4天后,"长峰水晶"轮在救助拖船的护航下靠泊舟山港卸货。"桑吉"轮32名船员全部遇难。在持续闪爆燃烧8天后,"桑吉"轮沉没,如图8-46所示。

可利用高斯烟羽模型合理构建事故有害气体扩散模型,然后通过与ArcGIS应用程序结合构建船舶尾气扩散区域可视化系统,对周边海域船只人员进行疏散及为应急处置提供科学依据,为事故有毒有害气体扩散进行计算,从而可以对不同检测位置检测的浓度进行校正。

2.大连市排放清单构建

大连市地处环渤海船舶排放控制区。作为东北亚航运交通枢纽,船舶数量众多,为了认真践行党中央"一带一路"绿色海洋生态文明理念,满足交通运输部针对排放控制港区的相关要求,有效控制大连市辖区港口船舶排放污染,本项目将结合大连港水域气象水文和污染排放特点,利用现代化传感器技术、通信技术、大数据处理技术等,对港区船舶尾气进行遥感识别系统研究。本项目通过构建船舶尾气排放识别模型,结合对船舶尾气排放使用的遥感监测技术即分子滤光技术,构建船舶尾气排放遥感识别在线快速监测系统,通过船舶尾气污染物浓度详细

图 8-46 "桑吉"轮事故现场图(图片源于网络)

检测装置验证遥感设备的准确性,为主管部门提供决策支持,并促进行业技术手段的提升,为在全国其他港口推进排放控制监管工作提供有益经验。

第九章

关于船舶油污事故的调查和处理

关于船舶油污事故的调查和处理①

众所周知,现在对海洋的石油污染主要来自三个途径:

1.沿岸炼油企业和设施的排放;

2.船舶的压载、洗舱或舱底污油水的排放;

3.船舶重大海损事故和海上石油钻井平台事故。

我国1983年3月1日实施的《中华人民共和国海洋环境保护法》规定:中华人民共和国港务监督是负责防止船舶对海洋造成污染损害的主管机关,并被赋予污染事故调查处理权。1983年7月1日,我国又正式宣布参加了《1973年国际防止船舶造成污染公约及其1978议定书》附则Ⅰ、Ⅱ。这些法规的颁布实施为港监执法人员对中、外船舶的防污管理提供了充分的法律依据。

目前,世界各主要海运国家的主管机关在应用国际公约和本国防污法规时对船舶和船员在污染事故中所处的法律地位、应负的责任以及刑事、赔偿、处罚尺度等方面均有较详细的规则或规定。而在我国,由于防止海洋污染的立法工作起步较晚,对尚未船舶造成油污染事故的处理制定出具体的标准,因此难免在执法工作中会产生一些困难或纠葛;再者我国各港口的内在条件各有不同,主管机关之间的具体做法还存在一定的差异,所以本文拟对如何调查处理在港船舶的油污染事故做一粗浅探讨,供同行们参考。

调查和处理船舶造成的污染事故是一项政策性、专业性都很强的工作,对污染事故责任者鉴别的正确与否、处罚的轻重宽严均关系到我国的国际声誉和海洋环境的保护水平,经过多年实践,笔者认为要使防污管理工作取得较好效果,在调查处理过程中应尽力掌握好如下三项原则:

① 本节内容时间节点为1989年。

一、如证据确凿，处理应考虑污染程度的大小

证据是处理船舶油污事故的重要依据，是破获污染案件的关键和保证。在港内发生污染情事，如果不能及时发现污染源，那么对事故的调查和处理将会产生很大障碍，这是显而易见的。

搜集证据应根据港内当时的风向、流向，码头结构形式，油膜的颜色、气味、形状、面积、厚度以及在污染物附近船舶防污设备的配置等情况做出综合分析，确定重点怀疑对象，然后再进一步有针对性地收集有关资料和旁证材料，这样就有可能查获肇事者。如果取得了确凿证据，事故处罚的标准须要按照该船实际造成的污染程度的轻重来确定。

例如，在1984年10月29日晨，港监监管人员在码头巡视中发现停泊在天津港八号泊位的科威特籍"穆巴拉克"轮尾部的海面上有一片面积不大的油膜，当时正值涨潮和吹拢风，在该船附近没有发现溢油现象。根据现场情况，监管人员初步判断海面溢油与该船有关。溢油可能是燃料油且溢出时间不长。监管人员当即登轮与船方交涉并对其机舱进行了核查，但没有发现任何可疑迹象。在核查中，监管人员注意到该船的污水泵阀门已封闭，且从海面溢油的形状颜色判明不是舱底污油，那么是否可以排除该船溢油的嫌疑呢？为了得出正确答案，监管人员采集了该船主机燃油和舱底污油连同海面溢油的样品，一并送到交通部水运科学研究所进行了油种鉴别。通过采用荧光光谱和气相色谱两种方法对比分析，都证明海面溢油与该船燃料油的指纹波峰相似，遂判定溢油系该船所排。当监督人员再次登轮向船方宣布了鉴定结果后，船长认为鉴定是科学的和公正的并接受了指控，但是对事故的发生他却无法做出解释。监管人员一方面建议船方能否检查一下燃料油输送管路是否有锈穿渗漏之处，或许有可能通过加热系统或循环系统排出船外。另又向船长指出："虽然溢油事故的发生非属人为之过，且油量较少，本可免于追究，但是由于你轮未能按照我国法律和国际公约的要求报告主管机关，又未采取合理措施清除，致使溢油扩散，造成了本可避免的污染，因此要追究船方责任，处以500元罚金。船长对监管人员的处理表示赞同，认为合情合理，并同意尽量查出溢油原因，以免再次发生类似事故。

船舶发生油污事故的原因是多样的，有的是由于机械设备遭到损坏，有的则由于船龄较大，失于检修或防污设备不符合国际公约的要求，因此容易产生有意或无意的排污事件。在这种情况下，仍应秉持其污染后果如何来作为判定罪与罚的原则标准。

譬如1984年10月，巴拿马籍"新熊马"轮在天津港停泊期间，数次偷偷排放机舱污水，经我监管人员反复勘查分析案情，制定破案方法，终于在该船再次排放时抓住了把柄，当场揭穿了该船的违法行为。这次污染案件，从性质还是肇事者的态度来看都是相当恶劣的，理应从重处罚。不过，在调查过程中，监管人员在现场看到该船排放出的污水大都是从艉轴渗漏进来的海水，从表层取样化验结果也表明含油量不是很大，如以此加重处罚难以服人。另外监督人员还考虑到该船所属的公司已濒临倒闭，在港备用金很少，若处以数额很大的罚款，该公司势必无力支付而导致船舶滞留乃至扣押。并且事实上，在没有造成严重污染的情况下，对船舶实行滞留或申请扣押的处理方法是不妥当的，所以，监管人员最后决定罚款3 000元并对该船主要肇事者提出严重警告，同时还向船方宣布："如果你轮不能解决艉轴漏水问题，不能按国际公约的要求完善防污设备的话，不得再次来港。"

二、发生污染惨事后,应对肇事船舶所采取的措施

我国《海洋环境保护法》颁布生效后,经过不懈的宣传,以及港口接收设施的逐步完善和严格的管理,船舶在港内擅自排污的情况大有好转,通过对多数案件的分析,大部分污染情况的发生往往与船员们的工作责任心不强、对所在船舶机器处所的设备情况不熟悉或某种疏忽等因素有关。如有些船长就曾表示过这样一种心理:现在我第一担心的是发生撞船,第二就是污染,但污染事故的出现与碰撞的表现形式大不一样,常常出人意料,防不胜防。所以从某种意义上来说,污染比撞船更令人担心。这种担心不仅反映出对船舶防污设备熟悉问题、人员素质问题,同时也有意想不到的特殊问题,但无论是由何种原因造成,船舶都应在向主管机关报告的同时采取积极的补救措施,使污染减至最低限度。

例如,在1984年9月16日,停泊在天津港一号泊位的"甬江"轮发生的一起污染事故令该船船长和轮机长感到吃惊,继而又感到莫名其妙。发生事故时,该船船长正带领一部分人员冲洗货舱,机舱内只启动了通用泵供应甲板水,在冲洗过程中值班水手报告,发现舷外排出了大量污油,当船长获悉后立即命令停止一切机舱活动,向港监报告后亲自带领全体船员投入清理工作。他们利用吹拢风的有利条件,松出了船尾缆权作围油栅,然后放下工作艇,用简易的吸油材料如旧布、棉纱、报纸等物对海面溢油进行了较为有效的吸附和打捞,并将粘在码头外缘和护舷上的污油彻底擦洗干净。然后船方还派专人对海面进行了连续监视,又一次放下工作艇,把逐渐积拢的浮油打捞上来。

事发后,船方连夜对机舱管路进行了检查,经过多次测试,才从底层页子板下发现通往真空泵管路上的一个阀门开关锈死在开启位置。当时轮机员在启动通用泵之前,曾用扳手将该阀关闭过,因拧不动则误认为其已处于关闭状态,再加上舱底污水水位较高,正好处在通用泵启动后所产生的真空付压的作用力之下,于是表层浮油被吸入污水管路排出了舷外。

从发生污染事故的全过程来分析,船方对机舱管路、阀门的日常检查的确存在不足之处,应当承担一定的责任,但由于船方采取了积极有效的措施,基本上消除了污染,表现出了很强的应变能力。鉴此,监管人员认为应该对其从宽处理,免于经济处罚,因为船方用实际行动弥补了自己的过失,保护了海洋环境的清洁,进行经济处罚已毫无必要。

通过这次实践证明,在条件允许的情况下,由肇事船自己采取应急措施往往是消除污染卓有成效的办法,既可争取免除污染水域的法律责任又能为船方减少费用开支,实为一种维护各方利益的明智之举。

三、在事故调查中,注意提高肇事者对保护海洋环境的思想认识

数年来,我国监管人员在污染事故的调查工作中始终坚持实事求是、以理服人的管理方法,提倡以宣传教育为主,以提高广大船员自觉维护海洋环境的思想认识为主,其目的是希望通过这种努力使大家真正认识到,石油污染对生态平衡的破坏以及对海洋生物和人类本身构成的巨大威胁,从而能够在行动上处处留心注意,避免人为地产生污染,如此就可以大幅降低船舶的污染事故率,尤其可使作为船舶集散场所的港口减少污染的威胁。

但事物的发展往往不尽如人意,在我国《海洋环境保护法》颁布后很长一段时间内,有些船舶仍然是我行我素,视法规如同儿戏,经常在远离港口作业水域内做出违法排污的行为。

为了加强对沿海水域的防污监测,国家海洋局从1983年开始组织了对黄、渤海地区的船

舶遥感监测飞行，与港监配合实行立体监视、监测，收到了很好的效果。如在 1984 年 5 月 16 日的执法飞行中，发现停泊在天津港的"江都"轮正在排放机舱污水，船尾拖着一条长长的油迹带。机上专业人员立即做了现场录像，送交港监进行调查处理。该船进港后，我监管人员登轮向船方查询，得到的却是矢口否认。船方声称该船的机舱污水已在航行途中排放完毕（该船自营口到天津污水未经油水分离器排放），以此证明在大沽锚地污水可排。当监管人员核查该船油类记录簿时发现船方所述航行途中排放污水一事并未做出任何记载。为了说明该船在锚地确有排污行为，监管人员请船方观看录像。面对清晰的画面和船尾的油迹带，船方仍坚持说仅持此录像还不足以为凭，理由是船上没有人承认排放过污水。在交涉中，船方对船尾油迹带的解释是曾经抛扔过含油的垃圾，拒不接受排放了机舱污水的指控。

监管人员认为，该船之所以承认在航行途中排放过机舱污水和抛扔过含油垃圾，无非是想申明港监认定该船排放污水的事实是不成立的、根据是不充分的，借此就可免予受到经济处罚。实际上他们还没有认识到前两者同样也是污染海洋环境的违法行为，分量并不比直接排污。根据这一事实，在处理上应考虑三错并罚，同时将所有的证据、调查记录和船方报告汇总立卷，做好进入诉讼程序的准备。当处以 3 000 元罚款的通知书送达该船时，遭到了船方的拒绝，并声言到法庭上见，采取了不顾后果的对抗姿态。

为了能够顺利地解决此次事件，达到提高这些同志思想认识的目的，我监管人员本着内外有别、避免造成国家损失的精神，没有采取滞留或申请法院扣船的强制性措施，而是把该船及其经营人、所有人的代表一同请到港监，详细地介绍了事故调查和处理经过，出示了所有的证据，并指出无论是擅排污水，还是倾倒垃圾、油类记录簿不记载都是错误的，都要依法追究责任。我们多次做船方工作的意图是使船方能够端正思想、查明原因、接受教训，以免今后再次发生类似事情，但是船方采取了这种不合作的态度，令人遗憾。其船东代表严肃地批评了该船肆意违章和不服从管理的错误行为，表示将加强对船员的法纪教育并接受了港监做出的决定。最后，该船也写出了检查报告，对错误有了一定的认识。

从本事件调查处理的过程中不难看出，我们有些船员还没有意识到对海洋任何形式的油污染是一种犯罪行为，如按照美国联邦法规的规定："造成排油或溢油事件的船舶或设备而发现此种事件后没有报告的任何经营人、管理人或负责人犯有一级轻罪。任何故意伪造、防止和清除的假记录或假报告者犯有三级重罪"即可对肇事方提起公诉。

平心而论，我国船舶主管机关对船舶造成油污事故的处理标准比起一些先进国家要宽大得多，就以瑞典来说，"如果船长或受船长指派负责监督船上操作池类或油类废物的高级队员，在要求防止油类或油类废物流出舷外的监督中失职，就要受到罚款处分或处一年以下的监禁"。另在瑞典《防止船舶污染海水措施法》中还规定："船长未能按第八条要求填写油类记录簿或做了不正确的填写，处以罚款或六个月以下的监禁。"

在这类国家的法律中，它们往往把经济处罚与刑事处分结合使用，使处罚的分量加重，威慑力量加强，使船员们不敢掉以轻心。由于我国对海洋环境的保护工作开展得较晚，在法制方面还不尽完善，在防污监测、溢油处理、通信联系及专业管理人员的技能等方面与这些国家相比还有不小的差距，尤其随着我国沿海运输事业的迅速发展，污染事故率也在不断增长。据不完全统计，从 1983 年到 1987 年，全国对外开放港口共发生船舶油污染事故 3 059 起，其中外轮 537 起，国轮 2 522 起。各年度情况详见表 9-1。

表 9-1　1983—1987 年年度情况表

年份	共发生	外轮	国轮
1983	516	114	402
1984	558	129	429,比上年增长 6.7%
1985	577	102	475,比上年增长 18%
1986	670	102	568,比上年增长 41%
1987	738	90	648,比上年增长 62%

从表中的统计数字可以看出,5 年间在我国港口发生的船舶污染事故呈急剧上升趋势,特别是由我国船舶造成的污染事件增长幅度大,因此有必要尽速采取积极的措施、适用的对策来扭转这种不利的趋势。为此,笔者建议:"在我国各沿海及内河港口,除了要普遍建立专业防污管理机构,充实专门人才,逐步配备先进的监测仪器和设备之外,还应考虑参照国外的某些标准制定出一套较为完善的、其严厉程度足以阻止违反防污法规行为的处罚规则,在该规则中亦不妨增加一些刑事处罚的内容,在某种情况下也要使肇事者站在被告席上接受审判,以保证法律的严肃性和威慑力,其结果将会给船舶防污管理工作带来活力,并会进一步取得成效"。

船舶交管发展篇

第十章

船舶交管系统建设过程
若干问题的讨论

第一节

关于天津港 VTS(船舶交通管理系统)建设中几个问题的讨论①

本节介绍天津港 VTS 建设的具体情况,主要讨论了该港 VTS 的性质、港务监督的作用以及在工程建设中所需解决的几个问题。

在我国,VTS 工程的建设已进行了 10 年,北仑和秦皇岛两个具有一定交管功能的雷达站和交控中心先后建成,青岛、湛江、大连分别引进和安装了带有数据处理功能的雷达监控设备,上海、黄埔、烟台等地也都相继开展了 VTS 工程的研究和设计。其中,天津港 VTS 工程的建设随着全国其他各大港的前进步伐亦进入了咨询设计和招标阶段。

为使天津港 VTS 工程的建设始终符合原设计的主导思想:通过引进高技术设备,港务监督能够顺利地履行对所辖海域交通安全管理的职责,实现港口水上交通安全管理现代化的目标。笔者愿就有关问题提出一些个人观点,供建设部门和同行们参考。

一、天津港 VTS 应体现的性质

自 1984 年在英国利物浦建立了世界上第一座用于监视船舶交通状况的雷达站以来,全世界已有 500 多个港口和港外装卸站建立了与之类似的岸基雷达控制系统。这种系统的名称随着时代的发展、设备的更新和人们的要求逐渐由"海上交通工程系统(MTS)""交通咨询系统(TAS)""船舶控制系统(VTC)"过渡到"船舶交通管理系统(VTMS)""船舶交通服务系统(VTS)"。这种演变反映出人们对船舶交通的管理应体现哪种性质给予了极大的关注和研究。根据国外一些交管专家的分析,目前世界上的 VTS 按性质可分为两大类:一类是以美国、日本、加拿大为代表的管理型国家,它们主要采用行政立法手段赋予主管部门以权利,硬性要求船舶严格执行 VTS 中的规定;另一类是以联邦德国、英国、荷兰为代表的服务型国家,它们的 VTS 分别由各地方政府或直接由港务局负责管理,实行 VTS 全面为船舶服务的方针。这两种

————————————

① 本节内容时间节点为 1990 年。

截然不同的性质体现了各国政府和港口 VTS 不同的政治与经济需求。

就天津港而言,由于船舶的旋回水域狭小,航道窄长,各种船只往来频繁,没有严格的管理是不可能完成交通流的组织和指挥任务的。而管理机关日常所做的也是根据天津港的交通法规,针对具体的船舶尺度、载货种类,在不同的地点,根据不同的情况来处理各类交通信息,以达到保障船舶安全运营的目的,因此体现管理性质符合天津港的实际情况。所以,笔者认为:"实行以严格管理为前提,以安全保障为目的,以监督服务为宗旨,以促进和改善港口生产经营环境为检验标准的原则对天津港 VTS 的建设有着很强的指导意义,确立起这样的一个原则将有助于港务监督在 VTS 中充分发挥作用。"

二、港务监督在 VTS 中发挥作用的基本条件

联邦德国一位交管专家 K. H. Hammer 博士曾将 VTS 功能的发挥比作一个控制环路(Control loop),它先通过对航道上的船舶数据、港内的水文气象数据、船舶的航行计划等的搜集、评估和处理,而后再向船舶发出通知、建议或指示,如此完成一次循环。

在这个象征性的环路里,港务监督实际承担着控制人的角色,它应该综合港口、船舶、航标、通信等方面的意志,按照国际公约、国家法令和本港规章制度的要求,应组织指挥船舶安全运营,减少交通阻塞,避免发生交通事故,最终达到促进港口生产的目的。譬如天津新港主航道是一条具有多种限制条件的万吨级船舶双向航道,港务监督对运行在其间的船舶宽度、速度、拖带长度、吃水、间距及视程都有着严格的要求和规定,在审定未来 24 h 船舶动态计划时,需要全面考虑上述各种因素,并且在实施其计划时,仍须根据港监的现场指令执行(这也是由于港口交通中可变因素较多所致)。不久前,一艘计划外出口船舶擅自闯入主航道,对需要单向进港的大型船舶构成了威胁,当港监值班人员在 VHF(甚高频)通话中监听到这一情况后立即命令该船折返并及时通知各有关船舶控制航速、保持距离、加强瞭望,避免了一起可能在狭窄航道中发生的碰撞事故。实际上这就是控制人对非正常的交通态势在做必要的调整,在整个信息传递的环路中成功地完成了一次循环。

由此可见,为顺利完成信息处理的循环所要具备的基本条件是:这个部门必须具有 VTS 的初级结构、组织交通流的业务内容及一定的职权范围。

从天津港目前 VTS 的发展状况来看,可以说基本具备了初级结构,它具有船舶分道通航的制度、船舶动态报告系统、船岸无线电通信渠道及水上安全秩序巡逻维护等基本功能,具有大量的交通信息的搜集、评估和处理的业务内容并有权审核船舶动态计划、制止违章、指挥船舶安全进出港口。但由于天津港交通监控手段的缺乏和管理方法的落后使港监作用的发挥受到了很大的限制,在处理日常大量综合信息的过程中,在分析判断实际交通态势时不可避免地要产生混杂、失误等情况,尤其随着天津港泊位的不断增加,船舶流量、危险货物的运量、品级也有不断上升的趋势,管理手段的落后又反过来牵制了港口生产的发展。因此建设一个具有总体功能的 VTS 则成为充分发挥港监作用必不可少的辅助条件。

总体功能一般由内外两部分组成,内部功能主要是对数据的收集和评估,如对各类船舶的技术规范、船载危险货物的分类、航行计划的编制与实施等信息的收集都由船舶数据处理系统来完成;该系统除了能表示船舶在锚地、航道、泊位的位置和动态以外,还应具有对船舶进出港、会遇次数、海损事故数的统计功能。

外部功能则需要通过一系列必要设备来完成信息服务、交通组织、支援航行和联合行动。

这些设备应包括雷达传感器、显示器、雷达数据处理器、雷达图像记录器、甚高频测向仪、甚高频无线电话、真迹传真机以及水文气象传感器,这是发挥 VTS 总体功能的基本技术手段,也就是人们通常所说的一个交管中心所应具备的能力,所以对天津港来说首先建立起这样的一个中心是十分必要的,只有这样才能尽快实现和发挥整个系统的有效性和可靠性,才能适应天津港口的迅速发展趋势,提高现代化的管理水平。

三、提前搞好基础建设是 VTS 顺利运转的保证

当决定一个港口是否需要 VTS 时,首先要做的是对该处的交通密度、交通容量、交通流的运动规律、危险碰撞点和对环境影响的敏感程度做出科学的论证和评价,以确定该地区应该建立哪种程度的 VTS,引进或采购哪些设备。这种论证和评价需要大量的现场数据和历史资料做基础,诸如每年的船舶进出港流量统计、港口航道维护和拓展计划、锚地最大容量、到港船舶类型。危险货物的运量、海损事故的统计与分析、历年来水文气象资料和港口泊位发展规划等都可以成为研究和发展 VTS 的基础资料,如果再经过系统的归类分析,就能获得相当于雷达现场观测的效果,使 VTS 的可行性研究具有一个更加良好的开端。

就天津港而言,港监部门业已着手进行了这方面的工作并为 VTS 的咨询设计提供了充分的依据,特别是在主航道利用率、船舶单向进出港比例、单位时间内主航道船舶最大通过量的几项研究中积累了较为准确的数据,为今后 VTS 的"软件"设计奠定了基础。

目前,国内外许多专家在建设 VTS 时都注意到"软件"(规章制度)开发在整个系统中所占的重要地位,认识到设备仅是为交管工作服务的工具,只侧重于设备的配置是不全面的。笔者考虑这种"软件"的设计不仅要使其体现出具备的性质,而且还要根据设备的功能设计出适合 VTS 特点的项目。比如,对 VTS 的区域划分、内部运行程序、船岸联系办法、船舶航行规则、航行通告与气象预报的中频广播、船舶 ETA(船舶预抵港时间)、ETD(船舶预离港时间)的信息传送、VHF 工作频道的分配以及法律责任等都应做出一番说明和交代。根据国内外 VTS 的建设经验,天津港 VTS 的"软件"设计也应该随着工程的进度和交管中心总体功能的确立进入实质性的研究构思阶段,以免今后发生"脱节"现象。

综上所述,原始资料的搜集积累与"软件"的设计开发是 VTS 建设必不可少的两个基础环节,这一点已被国内外许多例证所证实,但其中还有一个不容忽视的关键因素,那就是专门人材的选拔和培养。

国际海事组织在《船舶交通管理系统指南》中指出:"主管当局应保证 VTS 操作员具有一定的资格并经过相当于 VTS 任务的专门培训及符合语言要求,特别是那些被授权发布交通指示或协助航行的 VTS 操作员。"纵观国外一些国家 VTS 中心的人员构成,基本上分两种:一种是管理型,另一种是服务型。管理型是国家交管中心的操作员大都经过专业培训、具有一定资历和经验的管理人员、而服务型则是国家的交管操作人员,并且必须具备船长或领航员资格。

从理论上说,VTS 是以人、高技术设备和适当程序的结合行动来达到其预期目标为特征的。人员的素质可以决定操作员的行为准则,而操作员的行为则直接影响着系统功能发挥效果及人机合作的稳定性。而具体到每一位操作员,他们既需要具备航海基础理论知识,又应该熟悉港口现状及管理规章,并且还需要有一定的组织交通流的专业技能。如若人机接口处理不当,必然会给整个系统带来潜在危险。由此可见,专门人材的预选培养是所有基础工作中最重要的一环。

至于天津港 VTS 操作员的培养,不仅要尽快着手进行,而且还要做出系统的计划安排。首先要保证其具有必备的素质,其次还要保证他们能得到在国内外操作培训的机会,只有这样,天津港的 VTS 才能得以顺利运转并取得良好效果。

最后,本节还想就有关天津港 VTS 一期工程竣工后能否对使用该系统的船舶增加费收问题做些探讨。在这个问题上,一些专家认为,VTS 属于国家投资的公共服务事业,不应涉及收费问题。但今后天津港用于维持 VTS 日常运转的各种费用并非由国家单独列支,开支渠道主要源于船舶港务费。如果说国家的投资给航运企业和社会带来明显的经济效益,为港口规划发展提供了科学依据,为港内水上交通安全提高了稳定程度,那么,对使用该系统的船舶相应提高一些费收比例亦在情理之中。从 1989 年天津港船舶进出口数据统计来看,全年共计 5 265 艘次(船长小于 60 m 的除外),其中由于种种原因安排单向进出港的就达 1 688 艘次,约占全年总数的 32%。如果通过建立 VTS 能将此比例降低 50%,则据粗略测算,仅船方营运收益可达 300 余万元,若再将国家和港口收益(如装卸费、码头费、速遣费以及减少的压港压船的损失等)计算在内,经济效益更为可观。

据了解,荷兰鹿特丹的港口使费中就有这种成分。1987 年,香港地区海事处也宣称,香港地区正在筹建 VTS 系统,该系统正式启用后,凡使用该系统的船舶港务费按其航区不同分别增加0.05~0.1 元/吨。另外,为天津港交管中心进行咨询设计的联邦德国专家也曾表示,建立起一定规模的 VTS 之后适当地增加部分费用是可行的,世界上有些国家正在这样做,但问题的关键在于所增加费收的比例应在大多数船主的承受能力之内,否则将会对港口运输产生反效应。

依笔者之见,天津港的 VTS 建成后,如能达到预期效果,不妨也应该参考一下国外的经验,呈请有关主管部门制定出适宜的收费政策,以使天津港的 VTS 有能力维持和发展下去,并为今后增加服务项目、提供导航咨询打下良好的基础,从而真正实现港口水上交通的现代化管理。

第二节

天津海监 VTS 面面观[①]

近年来,随着我国对外贸易的迅猛发展,天津港的港口生产呈现出了空前的繁荣,船舶流量大幅度增加,大型油轮、散货船及第四代集装箱船舶穿梭往来、络绎不绝。与此同时,船舶交通管理的难度日渐增加,对船舶交通安全管理的要求也越来越高。而目前,落后的船舶交通管理手段是无法满足这种需求的,无疑会制约港口生产的发展。因此,科技发展是唯一的出路,建立现代化的船舶交通管理系统(Vessel Traffic Service,VTS)势在必行。

一、天津海监 VTS 的历史沿革

为了满足港口生产的迫切需要,天津港于 20 世纪 80 年代初着手建立了 VTS。1983 年提

---

① 本节内容时间节点为 1996 年。

出了在天津港建设 VTS 的意向,经过多次讨论和酝酿,1985 年开始立项,并进行了可行性论证。

立项后,首先进行咨询设计,聘请大连海事大学为该项工程进行咨询,提出了(天津新港地区 VTS 建设的总体设想)第 1 部分,而后又设计了第 2 部分。随后,经过对 VTS 建设地点的勘察,决定建于东突堤端部。1986 年,VTS 建设被列入国家"七五"重点工程——天津港东突堤工程中去,成为其中的 1 个子项目,并被决定利用世界银行贷款,引进先进设备,提高 VTS 的建设档次。

1987 年,按照世行要求进行了工程设计的国际招标,德国 COMPASS 公司中标后,提出了 1、2、3 分期建设的设想。1989—1990 年,天津大学建筑设计院对其土建设计进行了图纸转化。1991 年,进行了设备的国际招标,挪威 NORCONTROL 公司中标。土建工程进行了国内招标,1992 年年底土建动工。

经过近两年的努力,1994 年 7 月,VTS 工程土建部分竣工。1994 年 9 月,开始推出"重头戏"。NORONTROL 公司、DANPHONE 公司以及南京十四所的有关人员抵达现场,在我方人员配合下,进行设备安装。1995 年 3 月,开始进行系统测试,完成 1 项,验收 1 项。同年 6 月 28 日,在交控塔举行了整项工程验收的签字仪式,最终完成了系统验收工作。

天津海监 VTS 工程主要数据如下:

(1)塔体高度:从地面到 DF 天线顶部共 88 m。

(2)土建规模:占地面积 11 250 m²,建筑面积 5 399 m²。

(3)雷达天线(裂缝)长度:9.5 m。

(4)设备数量:

监控设备:雷达收发机 2 台、原始雷达(PPI)1 台、VOC 5000 4 台、VMC 5000 1 台、微机 5 台(486,386)、活动工作站 1 个、VHF 4 台、VHF-DF 2 台、UPS 1 台、蓄电池组 2 套、水文气象传感器 1 套、主时钟系统 1 套(7 个)、标绘仪 1 台。

辅助设备:电梯 2 部、高扬程水泵 3 台、应急发电机 1 台、供暖锅炉 2 台、大小空调共 20 部。另外,还有泛光系统、广播系统、电视闭路系统、全自动烟火探测系统及灭火系统等。

从以上几组数据中不难看出,天津海监 VTS 的建设档次是相当高的,其设备具有 20 世纪 90 年代世界先进水平。

纵观 10 年的发展历程,尖端科技渗透了 VTS 建设的每一个环节,天津海监 VTS 可以说是当代的高科技产物。

一、VTS 的主要设备

1. HSR-1128 雷达系统

雷达天线、雷达收发机均由机电部南京 14 所制造,型号为 HSR-1128,其主要特点包括:

(1)双机双频可同时上作,又可双机互为备份。

(2)采用极化分极和时间分极,较好地抑制海杂波和雨雪干扰。

(3)CFAR(恒定虚警率)处理和波束内隔周期脉冲信号加权积累功能,改善信杂比和信噪比。

(4)智能监控系统,实现全机故障自动检测,实现本控、遥控工作状态。

2.雷达数据处理器

挪威 NORCONTROL 公司制造,型号为 FOC 5000,其主要功能包括:可显示天津港区的视频地图和雷达信号,实现人工或自动捕获、跟踪、处理雷达信号,完成雷达标绘,实现物标模拟和预测及多种扩展功能,并可设置声、光报警,是天津海监局 VTS 中心对船舶交通进行监控管理的主要手段。

3.VTS 管理计算机

挪威 NORCONTROL 公司制造,型号为 MC 5000,其主要功能包括:

(1)可显示水文气象探测数据。

(2)可设计 VOC 5000 的视频地图。对 VOC 5000 的雷达数据进行录取,存储于光盘,可实现重放。

(3)接打印机 1 台,可打印 VOC 5000 物标数据。

(4)接绘图仪 1 台,可绘制重放画面。

4.无线电甚高频(VHF)系统

由丹麦 DANPHONE 公司制造,型号为 DSC 700,其主要功能包括:

(1)同时进行 4 路收发,可同时对不同 VHF 频道进行守听和通信。

(2)接 2 路电话线,可实现无线转有线或有线转无线的功能操作。

(3)可实现各工作站之间的内部通信。

(4)接音频记录设备 1 部,可录取和重放通信内容。

(5)无线电测向仪(VHF-DF)德国 PLATH 公司制造,型号为 USP397M。主要用于测量无线电发射方位和维护无线电通信秩序。

(6)船舶数据处理系统(SDPS)

主要功能:完成天津港船舶数据处理,包括存储和显示船舶数据资料。编制船舶动态计划,显示或打印有关的统计表格、直方图、曲线图;可通过文件服务器和调制解调器向远程工作站传输数据,实现数据共享。近程工作站还可显示 VOC 5000 物标动态数据。

当然 VTS 设备还包括很多,但仅从以上几种主要设备所具备的功能,就足以说明天津海监局已具备了对船舶交通进行现代化管理的设施和手段,其监督管理水平将有大幅度的提高。

二、VTS 的人才培养

尖端科技为我们提供了先进设备,而任何先进设备都需要人赋予它生命力,因此人才的培养是至关重要的。

从广义上看,VTS 涉及船舶交通管理工程、系统工程、通信导航、电子技术、计算机技术、航海技术、法律、外语、环境保护等多种知识领域。从狭义上说,作为一名合格的操作员不仅应该熟悉航海,懂得设备操作,掌握法规条文,具备英文会话能力,而且还要学会港口交通组织基本技能,学会支持海上搜救、打捞沉船、清除污染等联合行动的基本技能。由此可见,仅学习和掌握一种专业知识还不能完全胜任 VTS 操作员工作,必须还要进行多学科、多层次、多种类型的培训。

当然,要完成各种等级、各种类型的培训工作,需要长期、有计划、不间断地进行。要以本系统的特点和现有工作人员的专业知识结构为依据,并以实际应用为主攻方向进行具体安排。

按照这种思路和认识，天津海监局 VTS 中心的人员培训工作一直在有计划、有组织地进行，并贯穿整项建设工程的始末。

1991 年 10 月，首先在内部进行了 VTS 基本概念培训；1991 年 11 月，派有关人员到连云港、青岛、大连的交管中心考察；1991 年 12 月，在天远海校完成了雷达标绘、VHF 通话的培训；1993 年 3—4 月，赴挪威培训 14 人，主要内容为 VOC 5000、VMC 5000 的操作及维护；1993 年 5—7 月、10—12 月，赴南京十四所厂内培训 20 余人次，主要内容为雷达天线、收发机、SDPS（船舶数据处理系统）的使用和操作。

从 1994 年 9 月起，开始现场实习和培训。这段培训主要强调"参与"，让 VTS 操作、维修人员直接参与监控设备和各种辅助设备的现场安装、调试与验收，在这一过程中，边学习边提高。

1995 年，还分别进行了外商设备现场操作培训，系统联机培训，航海标准用语、航海基础理论学习，计算机知识讲座与操作培训以及随引航员进出港航行实习。

总之，天津海监局 VTS 中心采用了各种方式努力提高 VTS 人员的素质。只有用科学技术知识不断地武装这支队伍，才能保证船舶交通安全管理水平的逐步提高。

综合上述三个方面，本文认为：港口生产的空前繁荣，现代科技的飞速发展，为我们提供了建设现代化 VTS 的契机，也可以说，这是历史发展的必然。天津海监局适时地抓住这个契机，引进国内外先进的科学技术，经过十年艰苦努力，终于建成了现代化的 VTS，为我们对船舶交通实施监督管理注入了新的活力。VTS 中心的监督人员在掌握了这些现代化的管理手段后，可直接进行现场监督，一改过去只有"耳朵"而没有"眼睛"的被动局面，使船舶交通管理步入了一个崭新的阶段。因而，只有依靠现代科技，掌握现代科技，才能使我们在船舶交通安全管理方面有质的突破。而且，不仅在船舶交通管理中可以体现，还可带动整个海监系统监督管理水平的提高。可见，科技兴监是海监系统发展的必由之路。

第三节

我国交通科技成果转化为生产力的难点及对策①

早在 1985 年 3 月 13 日《中共中央关于科学技术体制改革的决定》中就明确指出："现代科学技术是新的社会生产力中最活跃的和决定性的因素。"1995 年 5 月 6 日，《中共中央 国务院关于加速科学技术进步的决定》中又进一步指出："科学技术是第一生产力，是经济和社会发展的首要推动力量，是国家强盛的决定性因素。"这两个决定虽然相隔 10 年，但它们始终遵循着邓小平同志对科学技术发展工作的基本思想，为解放生产力、发展生产力指明了方向。多年来，我国交通科技发展工作在党和政府的领导下也取得了长足的进步，使我国与发达国家的差距进一步缩小，特别是近年来，船舶交通管理系统（以下简称 VTS）的技术引进和发展工作已经基本跟上世界先进水平。我国沿海各主要港口和长江主要航段都相继建立了以监控雷达为主要设备及多种电子产品所组成的 VTS 系统，使我国对船舶水上交通安全管理具

① 本节内容时间节点为 1998 年。

备了较高水平的硬件手段。

多年来,我国尽管在这个领域相继投入了5亿多元,引进了多个国家的先进装备,并期待着能够取得相应的良好效果,但是事物的发展往往不以人们的意志为转移,我们所期盼的目标不但没有顺利实现,而且在诸多矛盾的夹击下,不少系统运行困难,举步维艰,无法很好地完成应该由其履行的职责。我国的VTS系统怎么了? 它究竟存在哪些问题? 国家花了很大代价引进的科技成果如何转化为现实生产力? 这些都是摆在我们面前的难点问题。

马克思主义唯物辩证法认为:"在事物发展过程中,内因是变化的根据,外因是变化的条件,外因通过内因而起作用。"我们不妨就沿着这条思路把我国VTS十几年走过的路程略加总结,也许会从中找出答案。

一、难点表现

1.管理体制不顺

由于VTS在海监系统的出现是一种新生事物,它在业务部门中的地位及其性质在相当长的一段时间内没有得到确认,致使该系统的行政隶属关系呈现出多样化的格局,使其既不是一个实体又不具备相对独立的地位,基本职能散置在各有关部门之中,难以形成合力去发挥高技术设备的优势。

2.设备功能不全

在设备引进和配置过程中缺乏周密考虑,以致设备运行后不能满足VTS系统总体功能发挥的基本要求。有的应用软件与硬件不匹配,有的则是设备本身的有效性和可靠性存有缺陷或备份不足,无法与管理目标相结合,系统运行率难以达标。

3.管理模式各异

因管理体制的不顺,自然会产生管理方式的不同。在这种状况下,有的系统就显得相当被动,由于连最起码的信息渠道都不畅通,因此无法对船舶数据及时地加以搜集、评估和处理,更不可能根据处理结果及时向船舶发出建议、警告或指令。

4.维护经费紧张

由于我国VTS系统的建设经费与运行维护经费往往出自各不相同的渠道,所以建设资金落实后,维护经费却无着落是个普遍现象,结果容易面临诸多难题,特别是要维持一个较大的系统正常运转则更显得力不从心。如果涉及设备的更新改造、土建设施的大修等,资金不足问题就会显得更为突出。

5.人员素质低下

我国VTS系统的引进是在国际科学技术快速发展过程中进行的,各类设备均具有当时较高的技术水准,而我国从事此项工作的人员素质尚停留在较低的水平之上,难以适应和掌握具有高技术含量的技术设备,亦不甚明了如何利用高科技设备为水上交通安全管理服务。于是,一流的装备,二流的人员,两者相加却产生了三流的结果。

6.法规制定滞后

从本质上讲,我国VTS系统是国家行使水上交通安全管理权力的一个有力工具,它代表行政主管部门向被管理对象发布建议、警告和指示,但它的任何指令必须以法律规定为依托,正所谓言必称法。VTS 在我国已经发展了十几年,却没有制定出任何相关的法律规定乃至指导性文件,因此,VTS 没有真正取得应有的法律地位,其管理职能的权威性受到一定的削弱和怀疑与此关系甚大。

7.劳动环境艰苦

我国的 VTS 系统所设地点大多处在沿海、内河交通要道和港口交通密集区域,这些地点,交通、食宿不便,工作环境艰苦是不争的事实。同时相应的劳动保护、劳动报酬及有关的支持保障措施迟迟不能到位,导致从业人员情绪低落,无法安心工作,甚至会使其事业进取心和责任感遭到伤害。

8.缺乏总体政策

在我国 VTS 系统的发展过程中之所以产生了上述诸多问题,归根结底与我们的国家主管部门在相当长的一段时期内对 VTS 发展的宏观指导不力有关。如何引进和消化国外先进的科技成果? 如何建立相应的运行机制? 如何尽快培养专业人才以实现阶段性跨越? 如此等等,均未能及时制定出有效的总体政策加以指导。若各地区、各部门继续各自为政。各行其是,则永远无法跳出结构性、方向性的困难。

二、根源初探

综上所述,我们通过摆现象、列问题,从中归纳出我国的 VTS 系统所存在的普遍矛盾,亦从中透视出 VTS 的规划管理、工程管理、运行管理、技术管理、人员管理及法规建设等方面都存在着不同程度的缺陷。通过这些表面现象,我们还可以再深入地做些探讨,找出其中的渊源:

1.对新生事物认识不足,实践与理论脱节

对我国来说,船舶交管工程是一门新兴学科,是正在发展的、极具生命力的新生事物。对该新课题的理论认识不足、缺乏实践经验是必然的。但是随着我国改革开放程度的深入,各大港口的现代化建设蒸蒸日上,建立 VTS 系统呼声日高,于是有条件的港口捷足先登,上马立项。而那时我国的 VTS 建设不仅没有任何借鉴,更缺乏理论指导。因此,从某种意义上说,我国 VTS 工程的发展是在规划建设超前、理论指导滞后的情况下走过了十多年的历程。建设过程中单纯注重硬件的配置,忽视法规的建立,软件的开发、人才的培养以及运行的管理等现象,就是这种实践与理论脱节、盲目求得发展的结果。

2.沿袭传统的管理方式,目标与现实脱节

经过十几年的发展,我国的 VTS 实际上已成为我国水上交通安全管理部门的一个不可或缺的组成部分。但是,在过去很长的一段时间内,我们并没有为 VTS 确立起一种地位,根据它的特点赋予其应尽的责权,同时调整好与其他业务部门的关系,因此造成"管得着的看不见,看得见的又管不着"的相互掣肘状况。究其缘由,恐怕与我们很多人(其中包括决策层)没有摆脱传统的管理模式和管理方法有着密切的关系。既然 VTS 被视为监督长的"耳目"与"喉舌",代表着国家行使水上交通安全的管理职能,那么就应该为其创造条件,让其去综合港口、航标、通信和船舶等有关的地方,利用它先进的设备和技术手段去完成维护水上交通安全、提高交通效率以及保护环境的任务。道理是显而易见的,目标也是十分明确的,但处在各种制约条件下的 VTS 却无法充分利用本身的科技优势去工作、去拓展,而是拘泥于多年来形成的习

惯做法,被动地受着各种外界因素的左右,不能按照国际标准和程序去提供信息,进行交通组织,支持联合行动,着眼于交通安全、交通效率和保护环境等各因素的综合平衡,应有的功能得不到发挥,投资又如此巨大,遂使外界对其存在的必要性提出了疑问。

3.VTS工程的投资渠道不同,建设与使用脱节

多年来,我国VTS工程建设的资金来源呈现出多样化的态势,有的来自建港的基建投资,有的来源于世界银行贷款,有的则利用外国政府或厂商提供的优惠信贷,也有的是国家划拨的专项发展建设资金。由于投资来源于多方面,而有权得到和使用这些资金的单位又各不相同,因此所委托的设计部门的专业水准和实际经验亦参差不齐。但无论是资金使用单位还是委托设计部门,对VTS的业务都是不甚了解的,对该系统的结构布局、设备需求、技术指标及附属建筑的配套要求也是比较生疏的。尽管建设部门、设计部门事先都要征询用户的意见,但由于VTS工程本身具有的复杂性和特殊性,即使是最终用户有时也拿捏不准,难以确认。于是工程竣工后不能及时投入使用或因功能不全、软硬件不相匹配,不能满足管理要求的种种缺陷尽现眼前。甚至有的系统建设既不以管理目标来确定设备种类,也不从管理需要去开发软件功能,又不按当地环境的优劣选择土建标准,以致造成了尴尬被动的局面。

4.没有建立正常的运转机制,内部与外部脱节

以上,我们又从三个方面探讨了我国VTS系统的发展建设未能取得预期效果的客观原因及随之产生三种脱节的客观事实。从表面上看起来是它们在阻碍着VTS系统的正常发展,需要在今后的工作中加以重视和改进,但若把责任全部归咎于客观实在有失公允,其实毛病就出现在我们内部,根源也起于内部,因此,只有深刻地揭示出内部的主要矛盾,才能把握住事物的本质和发展方向。通过认真总结经验教训,我们终于认识到没有为VTS系统建立起一整套正常的运转机制是一切矛盾的中心点,是造成内外脱节的关键所在。从建章立制算起,到机构设置、职责分工、人员培训、财政支持、后勤保障、劳动分配、物资供应以及部门间的相关关系等都没有注意应用系统工程的基本方法去运筹、去组织、去勾勒,也没有深入地研究国外同类系统的运行管理方法和国际公约对VTS运行的基本要求。那种闭门造车、各行其是、各自为政所造成的只有投入没有收益的不良后果,不仅给其本身带来了巨大的负面影响,甚至还会危及整个系统的发展。

三、难点聚焦

目前,大家都很清楚:国际上的竞争主要表现为经济实力的竞争,而经济实力的较量实质上又是科学技术的较量,同时也是人才之间的较量。很多学者都认为:在现代管理学中,管理的中心已经从物转向于人,这是因为设备、技术和人三者之间,人是最活跃的要素,具有很大的伸缩性,只要做好人的培养和管理工作就会产生很好的效益。就VTS工程本身所固有的特性而言就已决定了需要各方面人才的重要性。从纯专业角度来讲,VTS是以人、高技术设备和适当的程序的结合行动取得预期目标为特征的,人的素质可以决定VTS操作人员的行为准则,而VTS操作人员的行为准则又直接影响着系统功能的发挥效果及人机合作的水平。所以,在我国VTS系统工程的建设中,出现了众多的矛盾和难点问题,不能尽快地、顺利地将科技成果消化与吸收已成为不争的事实,其焦点均离不开"人"这个主题。因为再好的设备离开人的操作也不过是一堆废铁,再严格的规则人们不去执行也如同废话一般。因此,VTS的规划、建设

和运行能否获得良好效果都将取决于人的水准与素质。

从广义上看,VTS 涉及交通工程、系统工程、管理科学、通信导航、电子技术、计算机技术、航海技术还有法学、外语和环保等多种学科领域。从狭义上讲,作为一名合格的现场操作员,他不仅应该熟悉航海技术,懂得设备操作,掌握法规条文,具备英语会话能力,而且还要学会组织船舶交通,协调港口生产,支持联合行动的基本技能。一名合格的机修人员更应该在高科技设备面前具备相应的分析判断故障的能力、检修维护设备的能力、消化吸收引进技术的能力、扩展系统功能的能力以及一专多能的能力。在培养和造就 VTS 专业人才的工作中还有一个不容忽视的重要方面,那就是各级决策层的领导者的自身也需要不断进行知识更新和"充电"。因为决策层的领导掌握着 VTS 的发展方向、建设规模、技术政策、人事调配与系统运行模式。若做出的决策正确,则可提高一个 VTS 工程的建设水平,且能充分发挥其所设置的功能,跟上世界发展潮流,使之成为对外管理和服务的窗口。反之,将会带来很多潜在的缺陷,乃至直接影响整体水平的提高。但不幸的是,我们急需的这些人才不是立等可取,而是相当匮乏。由此可见,各个层面上的人才短缺才是 VTS 系统效益不佳,无法将现代科技成果转化为现实生产力的最难之处。

四、应对策略

通过多年的实践,我们渐渐认识到,VTS 系统建设的整个过程实际上是一个从微观到宏观的组织过程,我们不可偏颇或忽略其中的任何一个因素,否则免不得会出现顾此失彼、无所适从的局面。因此,我们必须认知这样一个道理:任何社会要想接纳科学并让其发挥社会功能,都必须做出种种调整,去创造适应科学发展的社会条件。而我国,在"科教兴国"战略中,科技成果的转化,特别是经"拿来主义"所获得的科技成果的尽快转化是其中的一个重要组成部分,不调整、不创新、不突破,任何科技成果要想转化为现实生产力都无异于纸上谈兵。

为尽快扭转这种不利局面,交通部水上交通安全管理主管机关针对上述种种矛盾与问题,经过多次研究和酝酿,相继采取了多项应对措施:

1.首先于 1994 年 12 月 15 日召开了全国 VTS 系统管理工作会议。会议就 VTS 在海监管理工作中的地位和作用,如何发挥 VTS 现有功能,改善管理,理顺关系,尽快解决现有问题,使我国 VTS 系统在纳入正规化、科学化、规范化管理方面统一了认识,明确了方向。

2.成立交通部 VTS 系统技术专家组,相继完成了《中华人民共和国船舶交通管理系统监督管理规则》的草拟、报批与颁布。下发了《交通部安监局 VTS 系统内部运行规章》及通过大连海事大学培训了一批在岗人员,并多次参与各新系统建设的可行性研究,提出专家们的咨询意见,为工程设计严把技术关。

3.组团赴香港特别行政区政府海事处对香港地区 VTS 的运行管理情况进行专业考察、观摩和研究,并取得了宝贵经验。

4.与交通部计划司合作对全国 VTS 系统工程进行效益后评估,确认了该系统存在的重要性和必要性。

5.经过多方努力,从国家财政中争取到了一笔 VTS 专用维护经费,解决了后顾之忧。

6.组织编写了全国 VTS 用户指南并作为正式出版物将由人民交通出版社发行。该指南的问世必将对我国通航环境的改善起到不可估量的作用。

7.积极组织 VTS 从业人员撰写专业论文,拟参加由国际航标协会召开的国际 VTS 的学术研讨会,以增进国际间的学习与合作。

8.抽调各港 VTS 主管人员组成调查团,分别对南北各港 VTS 运行管理、功能发挥以及设备维护状况进行摸底调查,以便对全国 VTS 宏观情况的全面把握以及通过总结为该系统今后的发展提供决策依据。

几年来,在上级主管部门若干宏观政策的指导下,各港 VTS 的发展工作均取得了长足的进步。有的进行了机构重组,确定了职责分工。有的制定了部门法规的实施细则,增加了劳动和防污染津贴。有的进行了人员调配和培训,实行了上岗考核制度。还有的系统自主研发了船舶数据处理应用软件,编制了内部工作程序手册,理顺了局内的业务关系,使系统功能得以充分发挥,收到了良好的社会效益和经济效益。可以说,通过近年来的共同努力,我国 VTS 系统的发展工作已呈现出一片光明前景。

五、寄语未来

我国 VTS 的发展虽然已走入正轨,但是否能够达到理想的境地,达到国际先进水准,还将取决于今后部局主管机关对宏观政策的把握以及各海监部门对内调整的进度与合理性,还有对各类人才培养的速度。因此,依笔者之见,将我国交通科技成果转化为现实生产力仍然任重道远,尚需付出巨大努力。

第四节

全国 VTS 管理状况调查报告[①]

根据海通字〔1999〕153 号文《关于开展全国 VTS 系统运行管理状况调查的通知》的要求,以天津海监局、上海海监局为组长单位的两个调查小组在部局有关处室领导的亲自参与和指导下,分别于 1999 年 4 月 19 日至 29 日对宁波、上海、长江、连云港 VTS,5 月 4 日至 14 日对青岛、烟台、大连、秦皇岛、天津 VTS 进行了实地调查。历经 22 天,遍及全国 12 个港口 VTS 的调查得到了有关各局领导的大力支持以及各局 VTS 的密切配合。可以说,此次调查工作取得了丰硕成果,达到了预期的目标,圆满地完成了任务。调查工作结束后,经汇集各方意见,现将调查情况总结汇报如下:

一、总体评价

自 1994 年 12 月 15 日交通部安监局在宁波召开全国 VTS 管理工作会议以后,我国 VTS 系统的发展进入了一个崭新的阶段。在此期间,我国沿海主要港口和长江主要航段又相继建立了多个 VTS 系统,在这些系统的建设中,宁波会议精神和原则以及会后各专家小组辛勤劳动所获得的成果对指导系统的管理和运行起到了决定性作用。可以说,今日 VTS 的面貌与昔日相比,差别是显著的,五年来的进步是可观的,系统现有功能的发挥和功能的进一步开发都取得了明显的进展,特别是一些设备齐全、功能发挥充分、运行效益良好的系统给社会、给企业

---

① 本节内容时间节点为 1999 年。

带来了巨大收益,赢得了用户的普遍称赞和公正的评价,基本扭转了公众对 VTS 内部管理不善、功能发挥不够、系统可有可无的负面印象。几年来所出现的众多典型事例都验证了 VTS 存在和发展的必要性。在各局领导的指挥下以及各 VTS 成员辛勤劳动的条件下,VTS 取得了显著的成效,同时为今后我国海事机构装备现代化、管理规范化的发展打下了坚实的基础。

按文件要求,全国 VTS 调查组对各 VTS 系统进行了详细的了解与核查,基本上掌握了各 VTS 系统运行管理情况及存在的问题,并且由各 VTS 中心主任为主要成员的调查组,在完成海事局任务的同时也获得了一次极好的学习和交流的机会,特别是对正在建设、尚未开通的系统而言,借鉴与研讨的成分则更大些。在调查中经验与教训、成果与缺陷一览无余,对促使各部门进一步改善工作将会起到不可估量的作用。

二、存在问题

通过 20 天的调查活动,我们不仅看到了我国 VTS 事业所取得的进展,同时也体会到了从事该项事业的艰巨与困难,虽然五年的时光已经流逝,各 VTS 所取得的成效也有目共睹,但多年积累的矛盾和问题并没有全部迎刃而解,特别是一些深层次的、仅靠自身单位又难以解决的理论问题、政策问题及技术问题等还在不断地困扰着 VTS 的缔造者和经营者们,使其无法从高起点出发,去达到较高的运行标准。具体表现试述如下:

1.对 VTS 的基本认识问题

在要不要发展、怎样发展,发展起来如何管理等重要问题上的不同认识乃至争议仍广泛存在,其结果将不可避免地影响着 VTS 的健康成长。在调查中,我们了解到,各 VTS 在贯彻部令和《VTS 运行管理规定》上的步调是不一致的,深度与广度也不尽相同。五年来,各局 VTS 大都做了相应的调整,在组织机构、职责分工、人员调配、内部关系等方面都走上了逐步理顺的道路,虽然从各 VTS 汇报材料和上报的表格中(详见附件三)都反映出了各系统的管理与功能完成情况以及所取得的进展,但实际上各局对 VTS 管理体制调整的力度差别还是很大,有的大胆地完成了"三合一"或"二合一"的组合,有的仅做了微调或部分调整。其实我们从各 VTS 名称上的不统一就能体察出思想认识上的不一致性。

2.适用法规不统一问题

根据我们的统计,在被调查的 12 个 VTS 中,所依据的法规(除部令及根据部令制定的细则外)共有 11 部,在这些各自不同的法规中,有的立法层次较低,不具备足够的法律效力,有的 VTS 的执法管理内容还散置在不同的法规之中。这就是说,今后我们在执法的过程中,很可能要面对诸多的行政复议或行政诉讼,更可能要产生败诉的结果。特别是在今年 4 月 29 日全国人大常委会通过的《中华人民共和国行政复议法》中第七条规定了这样的内容:公民、法人或者其他组织认为行政机关的具体行政行为所依据的下列规定不合法,在对具体行政行为申请行政复议时,可以一并向行政复议机关提出对该规定的审查申请:(一)国务院部门的规定;(二)县级以上各级人民政府部门的规定;(三)乡镇人民政府的规定;前款所列规定不含国务院部、委员会规章和地方人民政府规章。

由此可见,尽快调整和理顺 VTS 的适用法规关系以适应新的法律环境是一项相当紧迫的任务。

3.系统开通的法定地位问题

根据《VTS运行管理规定》的要求以及国际惯例,一个VTS系统的正式对外开通需要经上级主管部门的批准,经批准后运行的系统才算取得法定地位。但从调查过的12个系统来看,还有部分系统尚未获得批准但也在开通运行,今后一旦出现法律纠纷,则后果堪忧。尤其是我国面向广大中外海员的《VTS用户指南》第一册即将出版,这就意味着列入指南中的所有系统都是经国家主管部门批准开通的,但实际上却不尽然。可以想象,由此产生的系统开通的不合法性将会给这些部门带来麻烦。

4.行政执法权限各异的问题

VTS是一种采用高科技设备进行交通管理的手段,也是我们海事系统装备现代化的一个重要组成部分,它与海事管理工作息息相关,应该说它的执法地位在五年前已得到确认。通过调查,我们得知,从事VTS管理工作的人员大都持有执法证,但在执法权限上却大不相同,执法主体的地位差异较大。从理论上讲,"责任的主体必须是权利的主体",换句话说,没有权利的责任主体也就不可能很好地履行它的义务,除非其主管部门没有或不愿赋予应由其承担的责任,如此则又违背了建立VTS的根本目的。究其原因,主要还是由于管理体制上的不顺和认识上的分歧而产生的差异。通过分析各局提交的报告,我们感觉关于此类问题应该认真予以解决。

5.尽快建立船舶数据处理系统问题

VTS与其他业务处室最大的不同点就是拥有庞大的现代化设备,而在众多设备中能够起到"穿针引线"作用的就是船舶数据处理系统。在此方面,我们所面临的问题是:由于各种不同原因,作为VTS设备中最为重要的船舶数据处理系统没能得到广泛的应用,因此系统中首要的两项功能即船舶数据的搜集、评估与处理的功能就无法得以全面发挥。于是,一边先进监控设备的操作与另一边大量烦琐的手工记录形成了强烈的反差。另外,由于部分系统的管理体制问题未能得以妥善解决,船舶信息传递渠道不畅,VTS得不到原始信息,船舶数据库无法建立,因此从客观上就不具备对数据的全面收集、评估与处理的条件,这种状况对建立船舶数据处理系统相当不利,对系统功能的发挥相当不利。但由于各局情况不同,技术力量相对薄弱,因此船舶数据处理系统软件的自行开发存在一定困难。

6.长江VTS系统维修的经费问题

1998年,沿海各VTS的运行、维护经费正式从航测费用中列支,基本上解决了后顾之忧,但由于长江港监管理体制上存在的弊病,致使长江VTS无法依照沿海VTS的经费使用方式来维护自身庞大的系统,4个中心12个站的维修费每年仅能从中国铁路上海局集团有限公司拨转80万元,而运行费用尚未有着落,只能挤占各分局的自有经费。长此以往,设备维护水平不高必然会导致使用周期缩短,系统功能降低,从而加大了设备更新改造的投资压力,对于此类问题,长江各VTS要求尽快改善的呼声较高。

7.VTS人员的专业培训问题

几年来,各局VTS操作员、机务员及管理人员的配置从文化水平上已有大幅度提高,同时也具备了一定的专业理论水平,但由于VTS涉及多种边缘学科和专业,而且还需要一定的海上实践经验,这一点恰恰是我们所缺乏的。从本次调查对象的主要诉求来看,加强培训,特别是海上实践锻炼以及走出去实地考察学习的愿望十分强烈,希望部局能够统一组织,有方向有目的地培养一批骨干力量,为 VTS 的可持续发展提供智力保障,同时亦希望部局能够一手抓教育一手抓待遇,制定出相关的倾斜政策,改善 VTS 值班员的经济环境,用以稳定队伍,加强凝聚力。

三、思考、探讨及建议

在我国整个社会主义经济建设的大环境中,交通管理现代化是其中的一个重要组成部分,而用现代高科技设备武装起来的 VTS 从中扮演着极为重要的角色,它在很大程度上代表着我国海事系统对船舶交通管理的技术水平。但是由于 VTS 从规划、建设到运行涉及多种学科与专业,需要投入大量的财力、物力与人力,作为一个纯粹的系统工程,其技术的复杂程度,人力、财力、物力资源的合理配置与操作运行的难度要远远大于 PSC、ISM 或其他海事工作,而我们大家通常习惯于在自己熟悉的业务领域内工作,对于各种性质不同的业务之间的关联如何调整运作缺乏整体思路和实际经验,因此,要搞好 VTS 的管理工作实属不易。五年前,宁波会议召开的主要目的也是解决 VTS 管理工作中暴露出来的突出矛盾与问题,通过制定一系列宏观政策,意将粗放型管理方式逐渐向着适合其发展规律的集约型管理方式过渡,尽量向着国际标准靠拢,从外部为其注入生命活力。

我们认为,几年来,我国 VTS 的管理工作之所以发展不均衡,仍旧存在着比较复杂的矛盾和问题,有的系统管理效果尚不尽如人意,其主要原因还是在如何发展 VTS 的问题上未能真正取得共识,正是由于这种思想认识的不一致性导致了政令贯彻不够坚决的结果。

大家都知道,正确的认识源于广博的学识和丰富的见识,打破常规、开拓创新则需要有足够的胆识。从那些运行管理较好、效益显著的系统来看,这个特点十分突出,对前文所述及的主要问题,找到了较好的处理方法并取得了较好效果。通过此类实例充分说明。其一,我国社会生产力水平与国际先进技术不相适应,人员的文化技术素质不高是不争的事实,但高科技手段在交通管理领域的应用是现代化社会发展的必然,我国 VTS 适度的超前发展,实现阶段性跨越,尽快赶上世界先进水平,以支持我国国民经济可持续发展战略,此项大政方针没有错。其关键就在于如何把握机遇,培养人才、留住人才,尽快缩小与发达国家之间的差距,不断地学习与"充电",注意研究汲取国际上先进的管理经验,从而建立起一个良好的运行机制。有了各类人才的支撑,就能加快对高科技设备的熟悉掌握进度,就能为 VTS 总体功能的发挥奠定基础。其二,注意对 VTS 发展理论与政策的深入研究,特别要加强对国际海事组织关于 VTS 的发展要求与动向的了解,比如,1997 年 11 月 27 日 IMO 海安委第 20 次大会,以 A.857(20)号决议的形式又通过了一项《VTS 导则》及其附件 1 和附件 2,该决议案不仅进一步确认了 VTS 与 SOLAS 公约第 V/8-2 条的相关关系,而且对适任的主管机关的定义,管理与服务的关系,操作员的培训要求以及设施备份、后勤保障、建立数据库等方面都做出了明确的阐述。IMO 在 1985 年通过的 A.578(14)号决议也同时被废止。及时掌握国际动向,积极采用新决议案的原则,分清两者之间的区别,对我们 VTS 的运行管理与国际标准接轨具有现实的指导意义,工作的开展就具有针对性和主动性。据了解,欧洲发达国家根据 IMO 最新决议案的要求,利用其成熟的电子技术已成功地开发出可与雷达数据处理器相连接并可显示现场交通状况的船舶数据处理系统。

通过这次调查,我们感觉到,我国 VTS 的发展若从综合水平上评价,大致还处在起步阶段,处在一个在较低标准上运行的时期,出现一些方向性、结构性的问题亦难避免,但考虑到我国目前在建、改建和拟建 VTS 的数量已接近现有 VTS 的总量,如果再不加紧采取相应对策,继续走弯路、反复交学费,我们的 VTS 主管部门将无法做出合理的解释。为此特提出如下建议请参考:

1.建议部局再次重申宁波会议精神和 VTS 运行管理规定的原则,统一思想、统一步调,并请各局借当前机构改革、优化组合之契机,基本理顺 VTS 的管理体制。同时还应加快制定有关 VTS 的考核标准,建立一套行之有效的评比方法,加大宏观指导力度,注意搜集并及时转发 IMO 或 IALA 有关 VTS 发展的材料和文件(有条件的单位还可以通过国际互联网络来了解有关情况)以使各 VTS 的运行管理走向规范化、标准化。因为只有彻底解决这一关键问题,其他诸如适用法规、取得开通的法定地位以及执法权限等问题必然迎刃而解。当然,具体问题还需各局根据部局确定的宏观政策加紧调整与落实。

2.重新组建或调整 VTS 专家组,吸收近年来从实际工作中涌现出来的技术骨干共同参与 VTS 技术政策的制定、新系统建立的可行性研究、确认考核指标和技术名词定义、规范报表格式、协助调整 VTS 适用法规、研究探讨国际 VTS 发展新技术及国际公约规定等各项具体工作,为领导层提供决策依据,并还可承担 VTS 人员的部分培训工作。

3.建议尽快组织有关专家,下决心集中力量攻克技术难关,加紧建立适应我国 VTS 现场工作环境(特别是语言环境和业务环境)的船舶数据处理系统,使我国 VTS 的运行质量尽早得以提高。

4.组织建立一种相对稳定的 VTS 人员培训机制,从院校培训、现场培训、随船培训到自我培训,分阶段、分层次、分级别进行,坚持不懈,必将会产生较佳的效果。同时建议部局尽量争取为 VTS 工作骨干提供到国外进修实习的机会,以达到尽快熟悉掌握高级技术的目的。

5.加快长江港监体制改革进程。从长江 VTS 在实际工作中所起的作用来看是不可忽视的,据统计,近几年来,长江主要航段水域内发生的交通事故呈逐年下降趋势,VTS 在其中功不可没。但从长江交通事故占全国事故总量的比例来看,近年来一直都在 50%以上,这也足以说明长江的交通安全形势不容乐观。如果体制改革的进度不能遂人所愿,那就要认真考虑如何解决该系统的维修费用的妥善办法,不能使偌大的系统常作无米之炊。

以上调查情况大致反映了我国 VTS 的基本面貌和管理状况,但由于我们的视角和时间所限,存在问题与建议的提出恐怕也会有一定的局限性和片面性,但是我们有理由相信,国家海事局的成立、海事系统 15 年发展规划的确定,为我国 VTS 的健康发展又提供了一次良机。机不可失、时不我待,期待着在我国科教兴国的战略中,在部海事局领导的带领下,VTS 将会完满地履行自己的使命,发挥出应有的效能。

第五节

完善内部管理,充分发挥 VTS 功能和作用①

管理是什么? 有的人说是一门科学,也有的人说是一门艺术,这些观点无疑都是正确的,

---

① 本节内容时间节点为 1999 年。

但这些高屋建瓴的理论对我们来说距离稍远了些、亦高深了些。如果把层次降低一些、具体一些，是否可以这样表达："所谓管理，实质上就是由一个或一些人来协调其他人的活动，以便得到个人单独活动所不能得到的效果而进行的各种活动。"由此可见，不管我们身处哪个部门，担负着何种领导责任，都离不开有效地协调与组织其他人行为的管理活动，以期完成本部门的工作目标。经过几年的实践，自己从中体会到，为完善内部管理，特别是一个新组建单位（即VTS)的内部管理，让其充分发挥功能和作用，则应从以下几个方面着手：

一、理顺管理体制，打好发挥 VTS 功能的基础

由于我局 VTS 是由原监督处、通信交管处及其他处室抽调专业人员所组成的一个单位，其首要任务就是确定该部门的基本职责和理顺与各有关业务部门之间的协作关系，其次还要从人事调配、财务开支以及物资供应等方面给予有力的支持，这是搞好和完善内部管理的必要的外部条件，同样也是能否充分发挥 VTS 功能的前提条件。在这种思想认识的指导下，我局确立了以 VTS 覆盖水域的现场船舶交通管理为中心内容的基本原则并赋予了行政处罚权，后根据部安监局(97)375 号文件精神又出台了港务监督业务工作联系办法，自此理顺了相互关系，明确了业务接口，疏通了信息联系渠道，为 VTS 总体功能的发挥奠定了坚实的基础，同时也为完善内部管理打下了良好的基础。

二、建立规章制度，推动系统运行走向规范化

VTS 工程是一个系统工程，要想使系统运行规范化，就必须从整体出发而不是从局部出发去研究其内部规律，提取其要素，做出系统分析。由此能使复杂的管理问题条理化，并可使之简化成为一些表示不同因素相互连接和使用的框架，帮助我们去理解问题和提供解决问题的基础，进而实现各种计划、方案、设计、方法的最优选择。

依照这种管理思路，在系统试运行阶段，我们首先推出了 VTS 操作员工作手册，对操纵系统运行的主要部门及其人员的具体运作制定出详细的、可操作性强的程序化规则，各级操作员担负着不同的职责，具有不同的权限，同时还保持着相互间的有机联系。系统的运行具备了初始条件之后，机务管理又被纳入议事日程，机务指南与操作规程应时而生，为保证系统设备的完好率，达到高标准的运行率奠定了基础。随着交管工作的进一步开展，经过一番探索，我们又编制印发了交管中心内部工作手册，其内容从行政管理、党务管理到内部安全管理，岗位责任制度等各重要方面均做出了详细的规定和要求，同时还收录了部分有关的重要的参考资料，做到人手一册，随时查阅。此举大大促进了本部门的基础性工作尽快上台阶、上水平。该手册的编辑和印发使用还引起了国内同行的关注，纷纷来电索要，有的已经以此为基础编制了本局VTS 的运行手册。

三、加快人才培养，为发挥系统功能提供智力保障

我局 VTS 系统主要由监控雷达、VHF 通信、船舶数据处理以及水文气象等多种电子产品所组成，其性能已经达到 20 世纪 90 年代世界先进水平。如何使我们现有的从业人员尽快熟悉和掌握现代高科技设备，有效地发挥其功能是摆在我们现职领导面前的重要课题。

从管理的本质来看，就是对人力因素的合理配置，是对人的活动的计划、组织和控制。所以现代管理的概念也是以人为中心的管理。一切管理的好坏与成败，都要受己、受人的基本素

质所制约。俗话说"管理之道就在于借力",作为我们这一级的管理人员,其基本使命就在于借助下级管理人员和职工的力量、靠充分调动各级人员的智力与能力资源来完成工作计划。针对当时中心人员素质普遍较低,水平参差不齐的现状,我们采取了分级培训、量才使用、循序渐进、促进提高的办法,做到了"人适其职,职得其人,人尽其才,才得所用"。经过数年不懈地努力,一批中青年管理人才从实践中脱颖而出,成为我中心的骨干力量,相继开发出具有全国先进水平的 SDPS 软件,研制出 VTS 效益评估的计算方法,撰写出 16 篇技术论文在国家级专业刊物上发表等,为 VTS 系统正式对外开通,保证高标准的运行率贡献了他们的聪明才智。

四、积极稳步推进,VTS 功能得以发挥终显威力

自我局 VTS 中心组建以来,大致经过了工程验收、系统试运转、试开通和正式对外开通几个阶段。几年来,我们一面从实践中摸索,一面不断地完善和加强内部管理,同时根据部局所确定的宏观政策来调整我们的工作进度和方向,对待具体问题采取了求真务实的态度和稳步推进的策略,既让大家意识到此项系统工程的复杂性和特殊性,又能鼓励大家克服多重困难朝着既定目标前进。事实证明,当我们全体员工的能力得以充分发挥之时便是 VTS 事业获得成功、取得效果之日。

按 1998 年统计数据,我局 VTS 功能和作用表现如下:

1.船舶数据收集 68 103 艘次。

2.船舶数据评估、处理 29 941 艘次。

3.信息服务 1 821 次。

4.助航咨询服务 1 191 艘次。

5.交通组织 30 745 艘次。

6.支持联合行动 281 次。

7.发现、纠正和处理违章 94 次。

8.协助滞留、扣留船舶 55 艘次。

9.指派巡逻船出航 53 艘次。

从上述几组数据中我们不难看出,天津 VTS 的运行已经走向正轨,系统的总体功能已经显现,特别是在港航各有关单位及船舶驾引人员的大力支持配合下,港内重点水域和主航道船舶交通事故率在逐年下降。据统计,1997 年较 1996 年下降了 34.8%,1998 年较 1997 年又下降了 19.2%,在锚地因船舶走锚而引发的碰撞事故仍保持着零的纪录。正是由于天津 VTS 的建成和投入使用产生了巨大的效益和社会影响,港口各大型企业多以港口具备了一流的船舶交通安全管理系统为筹码,加强了招商引资的有利地位,从而使天津港在未来的一段时期内发展成为国内大型油港兼散货港口具备了光明的前景。

通过实践,很多人都认为:"管理出人才,管理出效益,管理促发展,管理促安全。"本人亦非常同意这种观点并愿继续为此付出自己的努力。

第六节

对我国船舶交管系统发展工作若干问题的探讨①

船舶交管系统是近十年来国际上迅速发展的用于港口水域、海上交通要道和交通密集区进行船舶交通安全管理的一个高科技领域。它涉及水上交通安全、交通效率以及环境保护等重要课题,特别是对社会经济的发展会起到不可估量的作用。

由于我国对船舶交管系统发展的理论研究起步较晚,无论是思想认识、组织准备、效益评估,还是人才培养等方面都显得很不适应,以致在系统建立和运行的过程中产生了诸多矛盾,其运行效果及功能的发挥尚不尽如人意。怎样让高科技设备充分发挥作用并产生巨大的经济效益和社会效益?下文针对上述问题阐述了作者的观点。

自从船舶交管系统引入我国并得到发展已历时 16 年,在这十几年中,交管系统从无到有、从南到北,在我国沿海各主要港口和长江上重要航段蓬勃发展起来。除已建成并投入运转的宁波、秦皇岛、青岛、大连、连云港、上海、天津、烟台、广州和长航南至浏交管十站四中心以外,营口、深圳、湛江和琼州海峡的交管工程也都进入了实质性建设阶段。从总体形势来看,交通运输部提出的建设"三主一支持"(即水运主通道、公路主骨架、港站主枢纽和交通支持系统)中交通支持系统的规划设想发展战略正在得到落实,我国水上交通安全环境有了较大改善。

虽然我国交管系统的发展取得了长足的进步,特别是在硬件的发展水平上取得了很多宝贵的经验,为我们今后交管系统的再发展奠定了一定的基础。但是我们也应看到这种发展是不平衡的,我们一些交管系统的运行效果远未达到理想的境地,与满足港口和水运事业的发展需求、实现船舶交通安全管理现代化的目标相比还有相当大的差距。我们也应该承认,我国对交管系统的发展无论是从思想认识、组织准备、效益评估还是人才培养等方面的研究都是不充分的,由此而衍生出来的矛盾和问题也是不容忽视的。为此,笔者愿从以下几个方面阐述一下个人的观点,供各位同行讨论。

一、交管系统的地位和作用

目前,在世界范围内,大约有 90% 的物资交流是通过水上运输完成的。预计国际贸易总运量还会以每年 2% 的速率增长,特别是随着国际贸易全球化趋势的增强,水运会变得更加重要。但与此同时船舶交通事故率也在不断上升,一些特大恶性事故的发生给人民生命财产和水域环境造成了不可估量的损失。因此,如何保证船舶航行安全是个非常严肃的课题。

进入 20 世纪 80 年代,随着科技进步,人们在不断地探索中提出了"船舶交管"(即 VTS 以下同)概念。起初,VTS 只被看作是帮助船长和引航员完成其职责的辅助手段,当时这一观点被普遍接受。但将其作为交通管理手段——即作为真正解决分道通航制、强制引航、提高交通效率、保障航行和环境安全等问题的基本工具,还没有被认识和理解。当然,由于客观上存在着种种缺陷,如管理体制、经费投入、人员素质、技术引进政策等不足限制了 VTS 效率的发挥,

---

① 本节内容时间节点为 2009 年。

不过其中最主要的还是人们对 VTS 的性质与内容不甚了解所致,故 VTS 系统在水上交通安全管理工作中所应有的地位和作用在很长时间内无法确定。

本人同意这样一种观点:VTS 应被看作是在某个地区负责水上交通安全和效率的主管机关的主要交通管理工具;或者也可以进一步说:VTS 是一种为保障船舶航行安全、提高交通效率和保护环境,遵循特定法规并采用多种技术手段,对船舶交通实施管理和控制以及提供咨询服务的系统。但随着 VTS 在全球的迅速发展,按照各国政府或港口的不同要求,世界上出现了两种基本运行模式:一种是靠高技术设备提供全方位服务,以促进商务与经济活动的发展;一种则是侧重于安全航行和保护环境,有意识地加强管理力度,通过提供稳定和安全的通航环境来吸引用户。两者虽然思路不同、手段不同,其目的却不尽相同。依笔者之见,近年来,这两种模式也在逐渐趋同,行政干预色彩正在逐渐加强。实际上,我们从 1993 年 IALA 出版的 VTS 指南中就可以体会出管理与服务的关系概念较 1986 年 IMO A.578(14)号决议有所突破和创新。

1993 年,我国曾界定过政府行为和企业行为的工作并提出交通行业政府安全管理行为如下:

1.组织制定交通法规;

2.创造良好的交通环境,维护正常的交通秩序;

3.统计分析交通资料,掌握安全态势;

4.组织搜寻救助;

5.组织协调各方关系,为企业提供有关服务。

由此可见,VTS 对交通安全的管理完全是一种政府行为。从法律地位上来说,中华人民共和国港务监督是被人大授权对沿海水域的船舶交通安全负有完全责任的主管机关,而 VTS 则是其下属的一个具体执行部门。这是对我国 VTS 性质的一个基本认识问题,如果不树立这样的观点,就很难为我国 VTS 系统的发展把握方向。

为把我国 VTS 的发展引入正确轨道,1994 年年底,交通部安全监督局在宁波召开全国 VTS 管理工作会议,部局领导根据 VTS 在我国的应用情况,对该系统在水上交通安全管理工作中应有的地位及应起的作用提出如下指导性原则:"当代 VTS 系统是现代高科技在交通管理上的直接应用,它具有直观、准确、高效、威慑力强、服务和协作内容广泛的特点。它的投入使用是水上交通安全监督管理工作的一次飞跃,将有利地促进水上安全监督管理更加合理化、科学化、现代化。VTS 管理机构是代表主管机关依照国家法律和行政法规在其管辖水域内直接行使水上交通安全管理职能的行政管理和执法机构。"

随着我国 VTS 事业的不断发展,相信这种观点正逐渐被认识和理解。

二、交管系统的系统功能

在系统工程学中,关于系统的定义可以表述为:具有特定功能的、相互间具有有机联系的两个或两个以上要素所构成的整体。显然,无论哪一代交管系统都包括了"系统"的全部含义。我们之所以在 VTS 发展过程中走过一段曲折的路程,其中一个重要原因就是没有了解和适应 VTS 的发展规律,没有应用系统工程的方法论去规划、组织、建设及运行 VTS,以致无法对付和处理工程中所产生的问题,最终影响了系统功能的发挥。

系统工程方法论的基本特点是:

1.研究方法的整体化；

2.技术应用的综合化；

3.管理上的科学化。

那么 VTS 系统的初始规划与法规研究、设备性能与种类配置、技术政策与科技含量、组织结构与管理方法、资金投入与经费来源、人员配备与效益预测等都是上述三个基本特点的具体体现，它也同时体现了系统所固有的特性，即集合性、关联性、目的性和环境适应性。

就 VTS 的系统功能而言，一般认为应由内外两部分组成："内部功能上要从事对船舶数据的收集、评估和处理工作，如对各类船舶的规范、抵离港预报、载货吨数、危险品等级等数据的收集、分类、评估以及结合航行计划的编制来提供实施管理与服务的基础。外部功能则需要通过诸如雷达、甚高频测向仪、工业电视、水文气象传感器等一系列硬件设备来完成信息传递、交通组织、助航咨询和支持联合行动的任务。"这也是 IMO A.578(14)号决议中归纳的 VTS 所应具有的功能，此六项功能的组合充分体现了作为一个系统所固有的特性，即集合性、关联性、目的性和环境适应性。综上所述，我们可以看出没有内部功能的建立则无法让外部功能发挥作用，而内部功能的建立又需要对我国多年来沿袭下来的港监管理体制做出适当的调整，以尽快完成高新技术的消化及与原有管理体制的融合。否则，组织结构多元化必然会导致无法为 VTS 建立合理有效运行机制的结果，因而在很大程度上制约 VTS 的职能发挥，致使有的 VTS 系统功能要么闲置无用，要么无法拓展开发。而 VTS 系统功能的充分发挥是 VTS 立足的根本，是产生经济效益和社会效益的主要手段。如果国家的巨额投入长期得不到收益，社会的负面影响将会增大，长此以往必将会危及整个系统的生存。

笔者认为，VTS 系统建设的整个过程实际上是一个从宏观到微观的组织管理过程，我们不可偏颇或忽略其中的任何一个因素，否则，免不得会出现顾此失彼、无所适从的局面。因此，我们必须认知这样一个道理："任何社会要想接纳科学并使其发挥社会功能，都必须做出种种调整去创造适应科学发展的社会条件。"

三、交管系统的效益评估

众所周知，建立 VTS 系统的三大目的一是保障交通安全，二是提高交通效率，三是保护生态环境。但是如何达到这三个目的，如何评价 VTS 运行后所产生的效益是所有从事 VTS 研究的人员面临的一个严肃的课题，其表现为：对其所提供的管理与服务的有效性缺乏系统的评估，对使用 VTS 系统后所产生的经济效益和社会效益缺乏标准化计算。

投入和产出比通常是一个企业在运营过程中极为关键的一个数值，作为 VTS 系统若仅有投入而没有产出则难以做出合理的解释。但是，由于船舶交通运输和港口运作都是一项复杂的系统工程，其中存在许多变数，加之通航环境的差异以及社会经济气候的不断变化，使之更具复杂性。因此要想从根本上给某个 VTS 做出一个完全准确定量的效益评估，特别是将其换算成货币价值十分困难。尽管如此，VTS 的效益评估工作并非完全无法进行，根据交通部计划司发出的"关于开展全国船舶交管系统工程后评估的通知"，天津海监局对本局 VTS 系统的运行效益状况做了详细的分析和研究。通过对 1996 年以来系统运行的评估，我们确认了发展 VTS 系统的必要性以及该系统拥有产生巨大经济效益和社会效益的光明前景。

按照 IALA 制定的效益评估原则和部水规院确认的效益估算方法，我们从国家建设效益和 VTS 运行效益两方面入手，分别进行了经济和社会效益的初步分析，其结果令人振奋。国家建设经济效益仅从津港五期围埝工程中就可以节省投资 3 256 万元,再加 VTS 运行所产生的经济效益 432.2 万元/年(其效益产生的来源分别为交通组织、助航咨询、信息服务及支持联合行动等),效益显著而又可观。特别是在 1997 年入冬后,大雾弥漫津城相继十几日,飞机航班延期,火车晚点,而唯独海港畅通自如,为此备受社会舆论关注。

在社会效益取得方面,由于天津港 VTS 的建成和投入使用,天津港口的基础设施水平上了一个大台阶,增加了天津港的知名度,提高了它在全国乃至在全世界的竞争力。在此期间,不仅港口吞吐量增加了 6.6%,达到 6 185 万 t,而且还促成了多个投资意向的达成。许多单位包括港务局、渤海石油公司和多家货主码头的所有人、经营人,在和国内外合作者进行商务洽谈时都用天津港具有一流的 VTS 这一优势来加重自身的砝码,争取更加有利的地位。如中国石化总公司已决定与外方合作斥资 20.08 亿元,在津港修建码头、拓宽航道、建立油罐与输油管线,准备接纳 15 万 t 级油轮就是一个明显的例证。

当然,以上的分析无论从准确性和全面性来说都有所不足,但我们的结论是:只要 VTS 的系统功能得到充分发挥,其效益只会增加而不会减少。

四、交管系统的人才培养

几年来,我国海事机构在不断的发展中,对机构内人员的培训工作重点转为学历教育和适任考核教育,使业内人员文化素养和一般专业素质有了提高,收到了一定的成效。但是这种大规模的、带有普及知识性质的培训教育过后,真正意义上的职业培训就应尽快提上我国海事工作的议事日程,而有关 VTS 专业的技术培训就是其中的一个重要组成部分。这里不仅有现场实际工作的需要,还有履行国际公约的义务和责任。

从 IMO 1997 年通过的 A.857 号决议到 IALA 2002 年出版的 VTS 手册,都把 VTS 人员培训问题提到一个很高的位置,决议和手册均提请各成员国务必重视并搞好此类培训。一个国际性的海事组织专门对 VTS 人员提出如此正规化的技术培训要求是前所未有的,这足以证明该项工作的重要性、通用性和国际性。

作为多年 IMO 的 A 类理事国,我国的履约能力应该比较强大,作为高技术设备的操作者和船舶交通安全的管理者理应成为行家里手,但事实上我们从业人员的专业技能与实际要求相距甚远,甚至难以完成应由其履行的职责。究其原因之一就是我们有关人员的培训工作没有与 VTS 的工程建设同步发展,没有按照国际标准建立一个统一的、规范化的、具有长效机制的培训体系。这种相关人才培养战略的滞后必然会造成现场操作人员专业化程度与适任能力的低下,无法应对日益复杂的水上交通安全管理工作。因此,建立和完善我国的 VTS 人员培训机制实乃当务之急。早期数据印证了这一点。

据统计,截止到 1995 年,我国 VTS 从业人员共有 193 名,基本情况见表 10-1:

表 10-1 我国 VTS 从业人员基本情况(截止到 1995 年)

专业	人数	所占比例	学历	人数	所占比例
航政	40	20.7%	大本	92	47.7%
航海	30	15.5%	大专	41	21.2%
交管	31	16.1%	中专	22	11.4%
电子	36	18.7%	高中	31	16.1%

（续表）

专业	人数	所占比例	学历	人数	所占比例
计算机	9	4.7%	初中	7	3.6%
轮机	5	2.6%			
其他	42	21.7%			
总计	193	100%	总计	193	100%

根据另外一组统计数据我们还得知,在这些人员当中需要进行计算机培训的、英语口语训练的及航海实船实践的占80%以上。这又反映出我们很多从业人员知识面狭窄、基本技术能力不强、综合业务水平不高、不能跟上现代科学管理技术发展的这样一种状况。特别是在系统内,专业人员的布局不尽合理更加加重了VTS有效运行的负担。(注:近年来,这种状况已有所改善。)

我们刚才所讨论的培训问题还仅限于操作员一个方面,由于现代科技的进步大大提高了VTS的技术含量,自动化程度越高,对机修人员的能力要求就越高。因此对他们来说,分析判断故障的能力、检修维护设备的能力、消化吸收引进技术的能力、扩展系统功能的能力以及一专多能的能力也需要进行多方面的培训,才能达到维持系统的正常运转,保证系统功能充分发挥的目的。

当前,知识经济的逐渐兴盛标志着人类社会正在进入一个以知识资源为依托的经济时代,在这个时代的发展过程中,知识水平将确定事业的起点层次,知识结构可把握事业的前进方向,知识积累意味着创新和开拓,知识更新能决定进步或发展。而VTS作为一项年轻的事业在世界上的发展正方兴未艾,它具有很强的生命力,在它所代表的新知识领域有机地集成了现代管理科学和现代技术科学,使其具备了广阔的发展前景。展望未来,专家们预测:VTS的建设将趋于国际化;VTS通信语言必将标准化;VTS的技术发展必然全面化。预计从20世纪90年代起到21世纪初叶,高科技的全面发展将把VTS系统带入有卫星技术(把卫星通信、卫星导航等手段融为一体)以及计算机国际互联网的新阶段。届时,VTS的功能将会扩展到保障更广泛的海洋开发的安全,提高海洋的开发效益,并有可能连接"全球海上遇险与安全系统"形成全球性系统。期待着我国的VTS也能够得到迅速发展并在国际上占有一席之地。

第七节

VTS 团队管理讲座[①]

一、团队管理问题的提出

国际航标协会(2008)船舶交通服务手册摘录。

1.VTS人员与个人素质

经过VTS操作培训、具有主管机关要求的相应资格、在VTS中心成为VTS操作员、VTS值

---

① 本节内容时间节点为2009年。

班长和 OJT 教师的人员。VTS 人员也可以包括 VTS 管理者和技术支持人员,后者要有非常资深的资格来履行其职责。

在选定标准上,个人素质是一个重要标准。在选择过程中,对应试者的适应能力应进行连续的评估。应试者应至少具备一种适当的责任感,表现出一种独立性,以及具有同团队其他人员合作的意愿。由此可见,VTS 人员的团队管理与合作在 VTS 系统的规划、设计、建设和运行过程中均无法回避,在此愿与大家共同探讨。

(1)问题之一:管理科学与科学管理

如果有人问:"改革开放以来哪一门科学知识在中国的变化最为巨大,影响最为深刻?"我们的回答一定是:"管理科学和相关的管理知识。"那么管理是什么? 有的人说是一门科学,也有的人说是一门艺术,这些观点无疑都是正确的,但这些高屋建瓴的理论对我们来说距离稍远了些,亦高深了些。如果把层次降低一些、具体一些,是否可以这样表达:所谓管理,实质上就是由一个或一些人来协调其他人的活动,以便得到个人单独活动所不能得到的效果而进行的各种活动。由此可见,不管我们身处哪个部门,担负着何种领导责任,都离不开有效地协调与组织其他人行为的管理活动,以期完成本部门的工作目标,这也许能够被称为科学管理。

(2)问题之二:什么是团队和团队管理?

首先,我们先来给团队下一个定义:团队就是由两个或者两个以上成员组成的单位或组织,也就是说,要构成团队这个概念,那么就一定需要成员的数量大于 1 构成前提(班组、科室、处室)。

如果再提升点层次,也可以这样表达:真正的团队是指那些一起经历过风雨洗礼、跌宕起伏、浴血奋战、荣辱与共,无论遇到多少艰难困苦依然迎难而上去创造奇迹的人们。

明白了团队的概念,团队管理就好理解了,通俗地说,那就是领导者通过科学的方式使得团队的成员为着一个目标而运行,并且运行得很顺畅。正所谓"人在一起不叫团队,而心在一起才是团队。"

著名学者对于管理概念的论断:

"确切知道你要别人去干什么,并使他用最好的方法去干。"(泰罗)

"管理是协调个人和集体的活动来达到群体目标的过程。"(多恩利·吉布森)

"管理是指在一定的环境条件下,管理主体为了达到一定的目的,运用一定的职能和手段,对管理客体施加一定影响和进行控制的过程。"(王伟)

(3)问题之三:如何做好团队管理?

第一,了解每个成员的性格、才能,要用好人,必须得了解这个人能做什么,有什么特长,行为方式特征有哪些。

第二,各成员工作定位和职责要分清楚,这样可以避免团队成员之间职能混乱,业务交叉、重复履职的事情出现。

第三,要有一套行之有效的管理制度和工作流程。

第四,需要有一套合适的绩效激励体系。

第五,是领导者本身素质的建设。

第六,是团队文化的塑造。

最后,是对团队工作的进度、时间、风险控制。

二、团队管理的过程、诀窍及其相关要素

1. 团队管理的过程

计划：确定目标、制定战略、提出策略与措施；

组织：设计组织结构、划分权责关系、配置人员；

领导：指挥和协调组织中的人、解决冲突；

控制：监控组织活动、寻找偏差、纠正错误；

决策：拟定并评估各种方案并做出选择；

创新：用动态的、系统的、权变的、集成的思想去分析和解决问题等；

效益：针对面临的问题通过组织协调，以最小的资源消耗取得最大目标的实现或以最小的投入获取最大的效益。

2. 团队管理的诀窍

为什么在许多团体中每个成员的智商多在 125 以上，而整体智商却只有 62？

为什么 1970 年名列财富杂志五百大企业排行榜的公司到了 20 世纪 80 年代却有三分之一已销声匿迹了？

这是因为组织的个别成员妨碍了组织的学习和成长，使组织被一种看不见的巨大力量侵蚀甚至吞没了。

因此将来最成功的团体将会是学习型组织，因为未来唯一持久的优势是有能力比你的竞争对手学习得更快。

以前是大鱼吃小鱼，而现在是"快鱼"吃"慢鱼"！

3. 团队管理者能力的不同表现

使想干事的有机会、会干事的有舞台、干成事的有地位，不争论、不折腾、不张扬。

现在我们有些干部学历越来越高，但解决实际问题的能力却越来越弱，面对复杂的局面，要么束手无策，要么工作方法简单生硬。

4. 管理与沟通的技巧

摸透下属的心思，与员工建立朋友式的关系；

对下级倾注真情，让下级发泄出自己的不满；

乐于听取抱怨，鼓励不同意见；

倾听他人、善于表达、兴趣广泛、与人为善；

充分理解著名心理学家马斯洛学说："人生需要的五个层次：生理、安全、归属、尊重和自我实现。"

5. 团队管理的经典语言

正面：团结就是力量；人心齐泰山移；一个好汉三个帮；红花要绿叶扶持；三人行，必有吾师。

反面：狼狈为奸；臭味相投；沆瀣一气；三个和尚没水吃。

三、创建学习型组织的讨论

学习型组织就像人的成长过程需要不断学习一样，也是在不断地学习过程中提高自身的

能力并逐步发展起来。

学习型组织将学习视为一种学习循环方式,一直不断地学习,不断地发展新的技术、智慧和能力,一旦通过学习具备了新的能力,这个组织就有可能发生一个根本性的变化。

团队之间的竞争归根到底是人才的竞争,人才的竞争必然要归结到学习力的竞争:

学习力 = 学习的动力 + 学习的毅力 + 学习的能力。

四、团队管理建章立制为先,推动系统运行走向规范化

VTS 建设工程是一个系统工程,要想使系统运行规范化就必须从整体出发而不是从局部出发去研究其内部规律,提取其主要要素,做出系统分析。由此能使复杂的管理问题条理化,并可使之简化成为一些表示不同因素相互连接和使用的框架,帮助我们去理解问题和提供解决问题的基础,进而实现各种计划、方案、设想、方法的最优选择。依照这种管理思路,在系统试运行阶段,理顺管理体制,打好发挥 VTS 功能的基础。具体操作过程:

(1)由于我局 VTS 中心是由原监督处、通信交管处及其他处室抽调专业人员所组成的一个新单位,其首要任务就是确定该部门的基本职责和理顺与各有关业务部门之间的协作关系,其次还要从人事调配、财务开支以及物资供应等方面给予有力的支持,这是搞好和完善内部管理的必要的外部条件,同样也是能否充分发挥 VTS 功能的前提条件。在这种思想认识的指导下,我局确立了以 VTS 覆盖水域的现场船舶交通管理为中心内容的基本原则并赋予了行政执法权,后根据部安监局(97)375 号文件精神又出台了港务监督业务工作联系办法,自此理顺了相互关系,明确了业务接口,疏通了信息联系渠道,为 VTS 总体功能的发挥奠定了坚实的基础,同时也为完善内部管理打下了良好的基础。

(2)依照这种管理思路,我们首先推出了 VTS 操作员工作手册,对操纵系统运行的主要部门及其人员的具体运作制定出详细的、可操作性强的程序化规则,各级操作员担负着不同的职责,具有不同的权限,同时还保持着相互间的有效联系。系统的运行具备了初始条件之后,机务管理又被纳入议事日程,机务指南与操作规程应时而生,为保证系统设备的完好率,达到高标准的运行率奠定了基础。随着交管工作的进一步开展,经过一番探索,我们又编制印发了交管中心内部工作手册,其内容从行政管理、党务管理到内部安全管理,岗位责任制度等各重要方面均做出了详细的规定和要求,同时还收录了部分有关的重要的参考资料,做到人手一册,随时查阅。此举大大促进了本部门的基础性工作尽快上台阶、上水平。

五、加快人才培养,为发挥系统功能提供智力保障

我局 VTS 系统主要由监控雷达、VHF 通信、船舶数据处理以及水文气象等多种电子产品所组成,其性能已经达到 20 世纪 90 年代世界先进水平。如何使我们现有的从业人员尽快熟悉和掌握现代高科技设备,有效地发挥其功能是摆在我们现职领导面前的重要课题。

从管理的本质来看,就是对人力因素的合理配置,是对人的活动的计划、组织和控制。所以现代管理的概念也是以人为中心的管理。一切管理的好坏与成败,都要受己、受人的基本素质所制约。俗话说"管理之道就在于借力",作为我们这一级的管理人员,其基本使命就在于借助下级管理人员和职工的力量、靠充分调动各级人员的智力与能力资源来完成工作目标。针对当时中心人员素质普遍较低、水平参差不齐的现状,我们采取了分级培训、量才使用、循序渐进、促进提高的办法,做到了"人适其职,职得其人,人尽其才,才得所用"。经过数年不懈地

努力,一批中青年管理人才从实践中脱颖而出,成为我中心的骨干力量,相继开发出具有全国先进水平的 SDPS 软件,研制出 VTS 效益评估的计算方法,撰写出 16 篇技术论文并在国家级专业刊物上发表等,为 VTS 系统正式对外开通,保证高标准的运行率贡献了他们的聪明才智。

六、积极稳步推进,VTS 功能得以发挥终显威力

自我局 VTS 中心组建以来,大致经过了工程验收、系统试运转、试开通和正式对外开通几个阶段。几年来,我们一面从实践中摸索,一面不断地完善和加强内部管理,同时根据部局所确定的宏观政策来调整我们的工作进度和方向,对待具体问题采取了求真务实的态度和稳步推进的策略,既让大家意识到此项系统工程的复杂性和特殊性,又能鼓励大家克服多重困难朝着既定目标前进。事实证明,当我们全体员工的能力得以充分发挥之时便是 VTS 事业获得成功、取得效果之日。

天津 VTS 走过的发展路程:

1.一期工程建设
工可设计、初步设计、技术规格书、招投标;
土建工程建设;
设备安装调试;
国内外人员培训;
机构组建、建章立制;
人员配置、职责分工;
试运行、开通运行。

2.法规建设(主笔起草)
中华人民共和国船舶交通管理系统安全监督管理规则;
天津船舶交通管理系统安全监督管理细则;
中华人民共和国 VTS 指南(天津 VTS 指南);
中华人民共和国海事局 VTS 运行考核办法;
中华人民共和国海事局 VTS 设备维护管理办法;
国际航标协会 VTS 手册编译;
天津港海上交通疏港应急预案。

3.内部管理
行政执法主体资格的取得;
VTS 中心运行机制的创立(财务、人事、计划、科室建设、值班长设立);
交管中心工作手册的编制;
安保机制的建立;
与其他相关业务处室的业务分工。

4.科技创新
船舶数据处理系统(国家发明专利);
办公自动化系统(我国 VTS 系统内首创);
我国港口 VTS 效益暨危险度评估(省部级三等奖);

港口船舶动态自动审核系统(国内首创);

VTS 信息化基础平台(信息集成的首次尝试);

CCTV 与 VTS 雷达监控联动技术(国内首次实现);

天津 VTS 智能语音查询系统(天津港特色)。

5.完成部局交办的任务

连续举办全国 VTS 设备维护人员和值班长培训班;

相继主持全国 VTS 设备进口备件审查;

领衔进行全国 VTS 运行管理状况调查并提交主题报告;

参加全国若干 VTS 工程建设的专家技术审查;

追踪国际 VTS 发展动向并编译成册;

参与国际 VTS 论文研讨会并发表论文;

完成"VTS 信息化基础平台"等科研课题与信息技术开发任务。

七、成功的秘诀——天津 VTS 的文化建设

下面用一段访问对话来表达天津 VTS 文化建设的感想。

记者:"您认为交管中心应树立什么样的理念或核心价值观?"

作者:"认认真真做事,踏踏实实做人!"

记者:"您调出交管后最留恋的是什么? 谈谈在交管期间您印象最深、最难忘的事?"

作者:"朝夕相处十年,友情常留心间,创业抛撒血汗,成果产出非凡!"

记者:"您认为有哪些在交管中心工作期间形成的工作作风或习惯对您目前的工作有帮助?"

作者:"言必行,行必果!"

记者:"您认为交管中心目前的运行状况如何,改进建议、意见有哪些?"

作者:"十年树木,百年树人。识才育才是关键,人才不济难运转,基础不稳塔不牢!"

记者:"十几年来,交管中心培养并输出了一批人才、一批干部,他们多数是从最基层干出来的,您认为他们成功的原因是什么? 他们身上的共同特征是什么? 是否代表了交管人的共同特点?"

作者:"认真、踏实、拼搏、向上!"

记者:"您认为团队精神在交管中心体现得好吗? 什么样的'团风'更适合交管建设发展?"

作者:"有传承,有发展,有思路,有方向,有品位,有成果!"

记者:"您如何看待'和谐交管'建设? 谈谈您的建议。"

作者:"塔不在高,有心则灵;和谐交管,交心为上;官兵一致,众志成城;交管和谐,全港和谐!"

八、世界 VTS 发展的趋势

1.用户需求

商业压力将不断要求更快和更可靠的运输及货物装卸进度,同时还要降低成本和提高服

务质量。

对更全面、更广泛的交通信息的需求,将导致船岸交换的信息量增加。

近海和内陆水域,将越来越多地用于休闲娱乐和其他用途。

为了安全、安保、环保和增加经济性,港口服务的协调配合将变得日益重要,特别是当这种服务可以从外部获得时。

2.技术

船舶设计和技术将继续发展,特别是在信息处理和通信方面。

科技的进步,使不断扩大资金投入和加强人员培训成为必需。这为提高效率提供了机会,为提供额外服务增加了潜力。

3.安保和联合服务

加剧的国际安保问题将影响海上贸易和运输过程。这些问题已经导致对商业航行远程跟踪的要求。

用于管理海上和港口安全和安保、更有效的正规系统将越来越多地被使用。

4.对VTS的重要影响

这些整体海运发展趋势对VTS来说有可能导致以下后果:

为了安全、安保、环境保护和经济性目的,VTS将在收集和发布信息中发挥核心作用。

将越来越多地要求自动化系统,以便有效管理和确认在船舶、VTS中心和VTS网络之间所传输的数据。

VTS系统之间的信息交换将导致VTS网络的形成。

在全球船舶跟踪方面,VTS的信息将越来越多地被用于各种联合服务机构。

对VTS系统国际标准质量保证的需求将增加,包括设备、人员、运行程序。

为了减少不断增加的责任风险,需要确保并证明VTS操作员和值班长的适任能力,这将增加此类培训的范围和重要性。

在商业性和高密度休闲娱乐性的交通并存的地区,为了确保航行安全需要通过VTS和其他手段增强对休闲娱乐交通以及其他小型船只交通的管理。

由于船舶跟踪质量和精确性的改进,以指导的方式而不是信息和建议的方式来控制交通的可能性越来越大,这将作为减少风险的机制被更广泛地应用。

通过VTS中心控制交通将带来更大的责任风险。

九、天津VTS发展所面临的任务

仅2006年列入天津滨海新区的重大投资项目共80个,主要有:

(1)100亿欧元空客A320总装线;
(2)260亿元百万吨乙烯;
(3)133亿元京津城际客运专线;
(4)123亿元北疆电厂;
(5)100亿元船舶造修船基地建设;
(6)100亿元港口设施建设;
(7)98亿元京津塘高速公路二线;

(8)45 亿元新一代运载火箭基地;

(9)41 亿元一汽丰田三工厂新建;

(10)25 亿元滨海国际机场航站楼。

图 10-1 所示为天津港 2000—2008 年港口吞吐量增长趋势;图 10-2 所示为天津港 1999—2008 年船舶交通流量趋势。

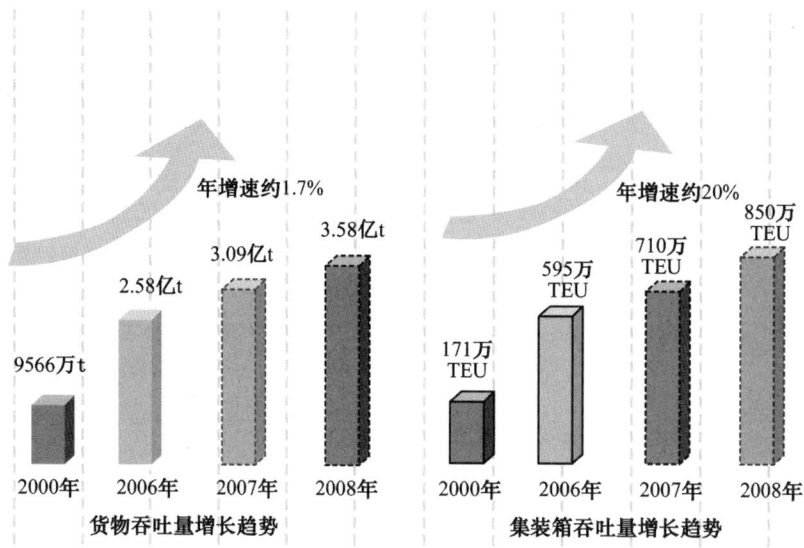

图 10-1　天津港 2000—2008 年港口吞吐量增长趋势

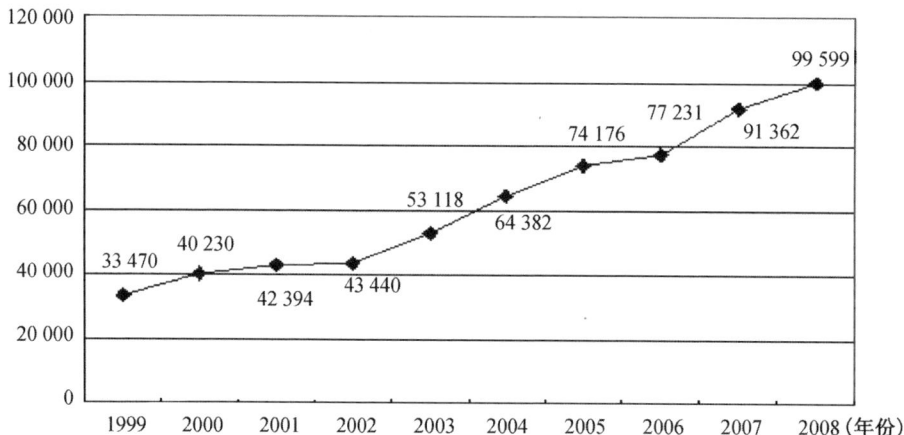

图 10-2　天津港 1999—2008 年船舶交通流量趋势

正是由于天津 VTS 中心的建成并投入使用产生了巨大的效益和社会影响,港口各大型企业多以港口具备了一流的船舶交通安全管理系统为筹码,加强了招商引资的有利地位,从而使天津港在不久的将来发展成世界一流港口具备了光明的前景。

通过实践,很多人都认为:"管理出人才,管理出效益,管理促发展,管理保安全。"这种观点也代表了本人的心愿和思路,并愿与在座的各位共勉。

第八节

VTS 发展理论的探讨与实践①

一、国际 VTS 发展概述

1. 理论发展

(1) 若干有关 VTS 议题的国际会议(如表 10-1 所示);

(2) IMO:A.578(14)决议,1985 年 11 月通过;

(3) IALA:《VTS 指南手册》,1993 年 9 月出版;

(4) IMO:A.857(20)决议,1997 年 11 月通过;

(5) SOLAS 公约修正案,1998 年审议通过;

(6) IALA:V-102 建议案,1998 年 3 月提出;

(7) IALA:V-103 建议案,1998 年 9 月提出;

(8) IALA:V-103-1/2/3/4 及操作员任务书;

(9) IALA 对 VTS 培训机构认证指南;

(10) IALA《关于对 VTS 现有人员、VTS 操作员应试者及 VTS 操作员证书再有效培训要求评估指南》;

(11) IALA《关于在培训院校和 VTS 中心进行 VTS 培训过程中模拟的设计与实施指南》;

(12) IALA《VTS 指南手册》2002 修订版。

表 10-1　1972—2004 年有关 VTS 议题的国际会议

序号	会议主题	召开日期	地点
第一届	海上交通工程	1972 年 5 月	伦敦
第二届	海上交通系统	1976 年 4 月	海牙
第三届	海上交通服务	1978 年 4 月	利物浦
第四届	海上交通服务	1981 年 4 月	不来梅
第五届	海上交通服务	1984 年 4 月	马赛
第六届	海上交通服务	1987 年 4 月	马尔默
第七届	海上交通服务	—	—
第八届	海上交通服务	1996 年 4 月	鹿特丹
第九届	VTS 2000 研讨会	2000 年 1 月	新加坡
第十届	人与机器的集成	2004 年 2 月	中国香港

2. 其他文件

(1)《国际航标协会船舶交通服务手册》;

---

① 本节内容时间节点为 2015 年。

（2）《IALA 建议 V-127 关于船舶交通管理系统运行程序》；

（3）《IALA 建议 V-128VTS 设备操作与技术性能要求》；

（4）《IALA 建议 O-134 关于港口及受限制水域风险管理工具》；

（5）《IALA VTS MANUAL 2012》。

（6）国际航标协会第 11 届"船舶交通服务研讨会"于 2008 年 8 月在挪威召开；

（7）1985 年《VTS 指南》IMO A.578（14）号决议；

（8）1997 年《VTS 指南》IMO A.857（20）号决议。

3. 主要区别

（1）VTS。A.578（14）号决议定义："VTS 是负责增进交通安全和交通效率以及保护环境的主管机关所实施的任何服务系统。它的范围是从提供简单的信息到广泛管理一个港口或水道的交通。"

A.857（20）号决议定义："VTS 是由一个适任的主管机关实施的，用于改善船舶安全和效率及保护环境的服务。在 VTS 区域内，这种服务应能影响通航并对变化的通航形势做出反应。"

（2）VTS 主管机关。A.578（14）号决议定义："是实施 VTS 的主管机关。它可能是一个政府的海事管理部门，或是一个港口当局，或是一个引航组织，或是上述几个机构的任一联合体。"

适任的主管机关。A.857（20）号决议定义："适任的主管机关是由政府赋予的全部或部分地负责安全，包括环境安全、船舶通航效率及环境保护的主管机关。"

（3）VTS 中心。A.578（14）号决议定义："是指实施 VTS 的中心。"

A.857（20）号决议定义："VTS 中心是 VTS 的操作中心。"

（4）VTS 操作员。A.578（14）号决议定义："是指执行 VTS 任务并具有适当资格的人员。"

A.857（20）号决议定义："VTS 操作员是指有适任资格的、担当一项或更多与 VTS 服务有关的工作人员。"

4. 技术发展

VTS 设备的迭代过程描述：

（1）船用雷达；

（2）岸基雷达；

（3）岸基雷达+VHF；

（4）岸基雷达+VHF+水文气象+SDPS；

（5）岸基雷达+VHF+水文气象+SDPS+AIS+CCTV+模拟器+办公自动化系统；

（6）上述所有技术手段的集成 + VTAIS + UAV（无人机）+ ROV（水下机器人）……

结构发展：

（1）雷达单站；

（2）雷达链；

（3）VTS 中心+雷达链；

（4）VTS 中心+雷达链+有无线通信；

（5）VTS 中心+雷达链+有无线通信+网络；

（6）船舶交通管理信息中心（VTMIS）；

（7）VTMIS＋空地通信＋水下通信。图 10-3 所示为近现代 VTS 系统设备。

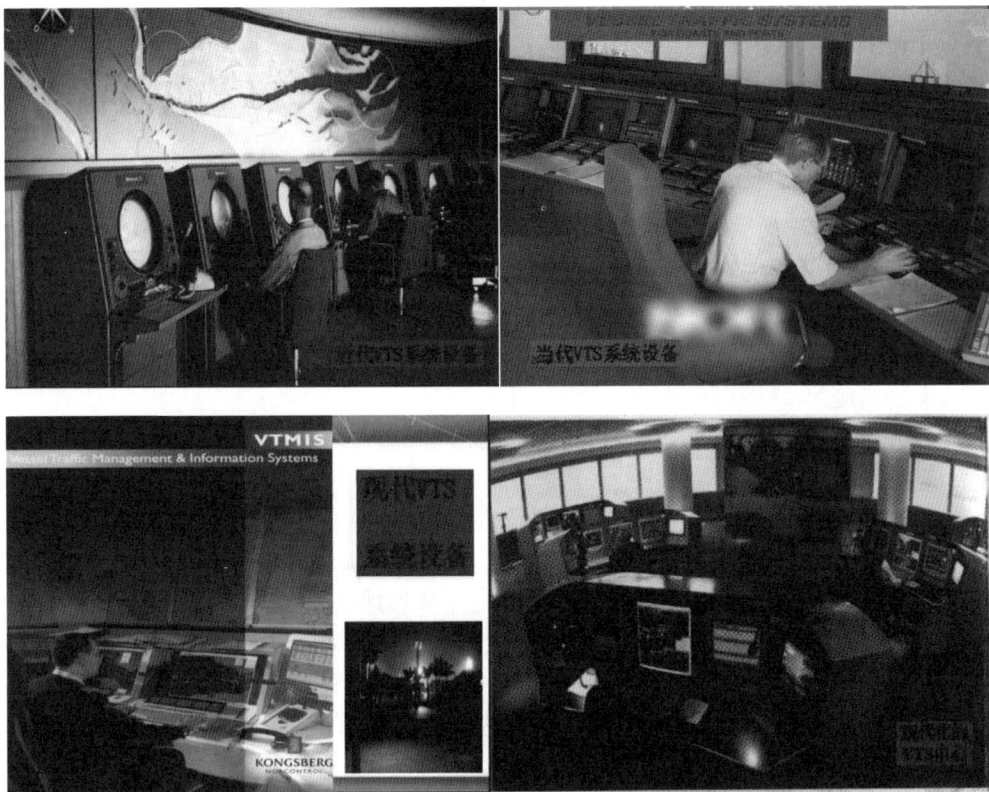

图 10-3　近现代 VTS 系统设备

二、我国 VTS 建设成果

1.VTS 在我国的建设规划与规模现状

"十五"：改扩建现有的上海、广州、青岛、连云港、天津、深圳和南通 VTS，更新南浏设备。新建芜湖、武汉、三峡坝区 VTS 以及配套建设大小洋山和烟大火车轮渡 VTS。

"十一五"：主要建设日照、温州、福州、汕头、珠海、防城港、九江、城陵矶、宜昌和重庆 10个港口 VTS，台湾地区海峡和三峡库区、桥区、航段也将建成 VTS。

"十二五"：继续新建锦州、蓬莱、威海、乍浦、舟山、台山、泉州、惠州、太平、茂名、海安共 11个港口 VTS，以及涪陵、安庆、马鞍山共 3 个长江中上游港口 VTS，基本完成 VTS 布局需求。

按照以上布局，到 2015 年，我国沿海 31 个有 VTS 需求的港口均能建成 VTS，51 个主要港口的 VTS 拥有率将由 30%提高到 61%，长江也将达到 70%以上。

实际上自 20 世纪 80 年代我国在宁波按照国际标准建立了第一个"船舶交通管理系统（VTS）"以来，经过 30 多年的发展，到 2015 年，我国已经在沿海主要港口、航路和长江主要干线水域建成了 41 个交管中心和 180 个雷达站，基本形成了"全方位覆盖、全天候运行、全过程监控"的水上安全监管体系，成为世界上最为庞大的水上船舶交管系统。该体系的建立为保障在我国管辖水域内的船舶航行安全、保护水域环境做出了突出贡献。

2.我国 VTS 的发展定位

(1)利用 VTS 的独特标志,展示海事社会形象;

(2)利用 VTS 的技术装备,提高海事科技含量;

(3)利用 VTS 的主线作用,构建动态管理模式;

(4)利用 VTS 的监测能力,加强管辖水域监管;

(5)利用 VTS 的信息资源,扩展海事服务空间。

3.我国 VTS 运行的法律基础

(1)《中华人民共和国海上交通安全法》第 14 条,1984 年 4 月 1 日实施;

(2)《中华人民共和国内河交通安全管理条例》第 14 条,1987 年 1 月 1 日实施;

(3)《中华人民共和国内河交通安全管理条例》经国务院审议修订,2002 年 8 月 1 日生效。新增行政强制措施第 23、59 条;

(4)《中华人民共和国船舶交通管理系统安全监督管理规则》(1997 部长 8 号令),1998 年 1 月 1 日实施;

(5)交安监字(97)375 号文件:关于颁布《船舶交通管理系统运行管理规定》《VTS 用户指南》的通知;

(6)各海事局颁布的《船舶交通管理系统安全监督管理细则》及其他相关的规范性文件。

三、VTS 人员资格培训

VTS 操作员培训分为 4 个等级,分别为基础培训、高级培训、提高培训、复习培训,这 4 个等级又可细分为课堂培训模拟器培训和岗位培训。

1.VTS 系统设备的四种维护方式(IALA 推荐前三种)

(1)具有一个完整的有足够知识和经验进行 VTS 所用设备的修理和维护的队伍。

(2)与一个当地的维修组织签订合同由其承担这项工作,既可以随叫随到,也可以派小组常驻,必要时其他人员给予支持。

(3)雇佣少量常驻维修人员以承担日常的维护任务,进行小修和诊断大的故障。较大修理和本身不能胜任的工作要考虑与他方的合同安排。

注:至于采取何种方式将取决于设备的故障率、费用开支比例、VTS 是否自成一体以及区域内有无合适的合同承包人。

系统设备运行率 99.9% 的标准亦由此而提出。

(4)具有中国特色的第四种方式(区域合作与外派培训)。

2.IALA 建议案的要求

(1)要保证提供足够的资源支持;

(2)要有管理人员进行协调;

(3)必要时建立数据库;

(4)硬件设备应有备份。

3.具有中国特色的机务员的培训

(1)培训教材编写及培训班开设;

（2）工程技术人员的本地化趋势；

（3）了解我国的现状与发展前景；

（4）熟悉国际 VTS 机务管理情况；

（5）理顺机务员与操作员的关系；

（6）注重于硬件配备与软件开发；

（7）努力培养自己的高技术人才。

4.中国与发达国家的不同之处

（1）社会化程度；

（2）现代化程度；

（3）专业化程度；

（4）科技知识的普及程度；

（5）因各局在人、财、物等方面的分配方式而造成系统的管理方式、运行方式的不尽相同。

5.存在问题

（1）人力资源利用效率不高，缺乏长效培养机制，尤其是对青年职业生涯缺乏长期规划，而且培训缺乏系统性，培训力度不足。面对近几年天津海事局引进了大批高学历人员，求知欲望强烈而我们的培训策略明显不足，难以应对（80 课时/人/年）。

（2）人才管理理念和人才工作机制不满足人才培养工作需要，人员考核评价机制和人才队伍素质不满足海事新发展的需求。

（3）人才培养缺乏长效机制，针对性、连贯性和系统性存在不足。缺乏科学分析、测算、跟踪、反馈；人才评价考核体系不完善，缺乏科学性和合理性。

四、天津 VTS 工作实践

天津 VTS 建设于 1984 年立项，进行了前期的工程可行性研究，1987 年进行了工程设计的国际招标，1991 年设备国际招标，1995 年经系统测试后最终完成了工程验收，并同时组建了天津海事局交管中心（VTS）。1996 年系统投入试运转，1997 年正式投入对外开放。

天津海事局 VTS 中心（图 10-4）设置在天津港东突堤端部，以 VTS 中心地理坐标为中心，以 20 n mile 为半径所覆盖的水域。

天津海事局 VTS 中心设备主要包括雷达监控子系统、VHF 通信子系统、VHF-DF 子系统、船舶数据处理子系统、水文气象子系统和 CCTV 监控等子系统。

多年来该中心的有效运行使 VTS 在指挥、协调、信息等方面的技术优势得以充分展现，其最突出的特点是把法规建设和科技创新作为持续发展的动力，建章立制与科技创新不仅指明了 VTS 的发展方向，减轻了员工的劳动强度、提高了工作质量，更为重要的是为该中心的持续发展提供了不竭的动力。

1.主要成果

（1）主笔起草了《中华人民共和国船舶交通管理系统监督管理规则》（1997 部长令）和《中华人民共和国船舶交通管理系统设备维护管理规则》（2002 年交通部海事局规定）；

（2）发明了《船舶数据处理系统应用汉化软件》；

（3）研发了《雷达数据格式解读与电子海图融合技术》；

图 10-4　天津海事局 VTS 中心

（4）开发了《天津 VTS 中心办公自动化系统应用软件》；

（5）创建了《VTS 信息化应用技术基础平台》；

（6）完成了《全国港口 VTS 效益评估暨危险度评估的研究》；

（7）研发了《船舶交通管理与信息服务系统（VTMIS）》；

（8）首创了《VTS、AIS 和 CCTV 集成联动监控技术》。

2.科研成果的应用

（1）有效应对和处理海上若干起突发紧急事件

（2）建立了庞大的随机显示的基础数据库

（3）创建了海上船舶交通流量的统计模型

多年来,我国很多 VTS 的有效运行给当地企业和社会带来了很好的经济效益和社会效益,受到社会和媒体的广泛关注。但是 VTS 的建设和运行究竟带来了多少效益,能否用货币价值加以量化？特别是我国的 VTS 虽运行了很长时间,但对其所提供的有效性服务一直缺乏系统的评估和效益说明,在该情况下进行此项研究则具有较为深刻的意义。

另外,随着我国经济的不断高速发展,水上交通安全问题日益突出,就某一个地区而言,它的危险程度如何定性、怎样预测和预防,也应随同效益评估做一番探讨,以便为 VTS 今后的发展或更新改造奠定理论基础。

根据天津海事局和大连海事大学共同研究的结果,得出天津 VTS 的效益指标为：

A.经济内部收益率：$EIRR = 13.81\%$

B.经济净现值（$i = 12\%$）：$ENPV = 694$ 万元

C.效益费用比：$BCR = 1.14$

D.静态投资回收期:$T_p = 7$ 年

E.动态投资回收期:$T_p = 13$ 年

图 10-5 所示为天津 VTS 2000—2013 年效益评估数据。

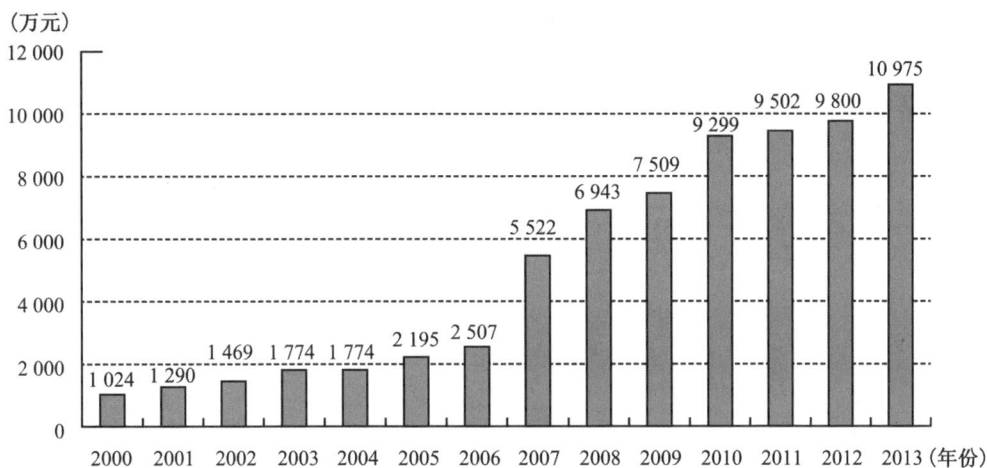

图 10-5　天津 VTS 2000—2013 年效益评估数据

五、VTS 发展前景展望

1.今后的发展趋势

（1）信息技术高度集成化;

（2）信息共享高度社会化;

（3）人机互动全面智能化。

据专家预测,在不久的未来,VTS 与 AIS 信息将进一步深度融合,存在着与低轨卫星接收的 AIS 信息联通并获知广域船位分布的可能,可以实现更大范围的互联互通。

船舶交管系统运行与国际标准接轨初探

第十一章

第一节

从 IMO 的 A.857(20) 号决议看 VTS 发展新趋势[①]

自 1914 年 1 月 20 日第一个《国际海上人命安全公约》实施以来,对海上人命安全的话题已经谈论了近一个世纪。随着世界科学技术的不断发展与海上各种突发事故的相互作用与影响,该公约做了多次修订,其目的之一是顺应海上人命安全保障的需要,其二则要尽可能地规范缔约国的行为,统一安全标准,以保护国际海上大家庭的共同利益。

1997 年 11 月 27 日 IMO 海安委第 20 次大会,以 A.857(20) 号决议的形式通过了一项《VTS 导则》及其附件 1 和附件 2,同时还进一步确认了该决议案与 SOLAS 公约第 V/8-2 条的相关关系。在研读之后不难发现,其内涵较以前的决议 [A.578(14)] 具有以下几点不同之处:

其一,增加了"适任的主管机关"这一术语,并明确定义为"是由政府赋予的全部或部分地负责安全、包括环境安全和船舶通航效率及环境保护的主管机关。"其含义即表明 VTS 应是由政府设立的、履行政府管理与服务职能的一个部门,它所从事的工作纯属政府行为。此概念与 A.578(14) 号决议中"VTS 主管机关可能是一个政府的海事部门,或是一个港口当局,或是一个引航组织,或是上述几个机构的任一联合体"的表述相比有了相当大的变化。

其二,该决议新增加了一个《关于 VTS 操作员的招收、资格和培训的导则》附件。按照该附件的要求,VTS 操作员应该具有履行其职能的适当资格并还应进行各种级别的相应培训,诸如高级培训、基本培训、课堂培训、在职培训、复习培训及模拟器培训等,这些培训对各级 VTS 操作员来说是非常必要的。文件着重强调了通过有关培训能使一个 VTS 操作员获得基本技能和任职资格的重要性,而且对其履行交通管理职能与服务功能提供有益的帮助。特别应该引起注意的是,在本附件中还明确区划出操作员在履行其职责时有关通航管理职能与服务之间的关系,从而解决了存在多年的管理与服务概念的争议。如 VTS 制定和执行规则、分配空

---

① 本节内容时间节点为 2000 年。

间、船舶定线控制、防止碰撞以及进行与之有关的强制、纠正和辅助行动,均属交通管理职能范畴,而在此范畴之内与之相伴产生的信息服务、助航服务和支持联合行动等,才属于服务性质的行为。纵观 IMO 通过的各种公约,尚没有一份文件对具体操作人员做出如此详细的规定和要求。因此,从这个意义上说,配备合格的 VTS 操作员是何等重要。VTS 操作员不仅要履行职责赋予的服务内容,更重要的是要完成保障包括港口、水道与船舶共同安全的管理任务。

其三,本次决议还刻意强调了"船舶应配有进入 VTS 区域需遵守的详细的规则、规定的出版物"。这与先前决议含糊不清的表述截然不同,它表明了船舶必须具备此类出版物的意向,其地位至少要等同于航路指南、进港指南等船舶必备的航海图书资料。通过这种强调,它还表明 IMO 在顺应世界 VTS 的快速发展过程中,要求各缔约国的 VTS 尽快编纂出一种与前者不同而又便于船舶掌握的文件资料。于是,以遵守 VTS 规则为主要内容、以建立与 VTS 的相互识别、进行船位报告以及进入 VTS 区域为主要程序的"VTS 指南"应运而生,其规格与地位获得较大提高。

其四,本次决议对 VTS 的组成增加了详细的阐述(特别是从技术设备角度):为了执行所要求的工作,VTS 组织要求有足够的人员、房屋、仪器及管理操作和各因素之间相互作用的程序。每一区域的要求由 VTS 区域的自然环境、交通密度和参数以及提供服务的形式来确定。还应考虑建立备用设施来维持可靠性和可用性的期望水平。从此段论述中不难看出,VTS 不仅需要有适当的、足够的后勤保障支持,而且还要有一定的备份设施来达到和维持较高标准的系统运行率。另外,该条规定还提出:"若操作服务需要,VTS 主管机关应具有一个带有一定容量的保存、修改和检索数据的数据库。任何保存在系统中以便进一步使用的数据,应只在可选和可靠情况下获得。"上述两项要求既是本次决议的一个特点,也是一种技术建议。这对正在建设或刚刚进入试运行阶段的 VTS 具有很强的指导意义,同时,它也意味着,一个 VTS 如果不具备这样的设备条件,它的各项管理职能和服务功能将无法持之以恒,难以充分发挥,那么,建立现代 VTS 的总体目标也就很难达到。目前,欧美发达国家利用其成熟的电子技术,已经开发出符合 IMO 要求的,而且还能与雷达数据处理器相连接的船舶数据处理系统,在我国除了少数 VTS 具有此种功能外,其他系统还不具备上述条件。

以上从四个方面简要地分析了 IMO A.857(20)决议与先前决议的部分区别,而我们仅从此部分区别中就可透析出当前 VTS 发展的两大趋势:

1. 随着世界高科技的飞速发展,VTS 作为国家对水上交通安全管理的一个有效工具的作用正在世界范围内不断加强。一方面,高科技设备为 VTS 提供了增强宏观控制的能力;另一方面 VTS 的高效运行又为社会产生了巨大的效益,特别是随着 AIS 技术的不断完善和发展,IMO 将在 2002 年通过《采用 AIS 技术加强 VTS 对船舶进行交通管理和服务的决议》。可以说,VTS 在世界上的发展方兴未艾、大有潜力。

2. VTS 的有效运行为船舶的安全运营带来了看得见、摸得着的经济效益和社会效益,尤其是在那些设备较为齐全、功能发挥较好的 VTS 管辖区域内,船舶的驾引人员对 VTS 的依赖程度逐渐深入,再加上操作员的综合素质水平也有了很大提高,于是,在不干涉船舶具体操作的原则指导下,VTS 通过宏观组织、指挥船舶交通流,合理分配运动空间,及时处理紧急事件与提供相关服务,与驾引人员建立了一种相互信任的关系,基本上消除了他们对船舶交通"管理"概念的歧见,从而对 VTS 所发布的建议、警告和指令基本上都能够予以接受和遵守。对驾引人员来讲,既保证了本船和群体的安全,也可以享受到 VTS 所提供的信息服务、助航服务以及其他有关服务。

IMO 的新决议为世界 VTS 的发展和运行提供了一份很好的文件,而且作为 SOLAS 公约新的修正案的一个组成部分,A.857(20)号决议已于 1999 年 7 月 1 日生效。因此,作者衷心地希望我国的 VTS 也能够遵循该决议所确定的原则去规划、建设、运作,使我国的 VTS 早日赶上世界先进水平,争取获得良好的运行效益。

第二节

通用 AIS 在 VTS 中的应用分析[①]

几年来,自动识别系统(简称 AIS)技术得到了不断的发展,在许多领域的实验已经取得了成功,并逐步进入广泛应用阶段。在国际海事组织的关注和支持下,AIS 正在进入通用 AIS(简称 UAIS)时代。

1998 年,IMO 采纳并通过了关于 UAIS 性能标准的 MSC/74(69)决议;同年,国际电联(ITU)也通过了关于 UAIS 技术特性的 ITU-RM.1371 标准,给 AIS 增加了"船—船"工作模式,并划分出 87B 和 88B 为全球海上 UAIS 专用的 VHF 频道。IMO 的海上安全委员会(MSC)2000 年 5 月通过了由导航安全分会起草的 SOLAS 公约第五章的修正案,规定了 AIS 的船舶配载要求。该修正案中规定,所有在 2002 年 7 月 1 日后建造的船舶必须配备 AIS;2000 年 7 月 1 日之前建造的船舶要在 2003 年至 2008 年完成配备。国际电工委员会(IEC)正制定关于"通用 AIS 的测试标准",以管理、测试 AIS 设备,保证符合 IMO 的性能标准和 ITU 的技术特性要求。

国际航标协会(IALA)非常重视 UAIS 在 VTS 中的作用,正制定"通用 AIS 指南"。内容包括:系统的作用与功能,如何应用"船—岸"与"船—船"工作模式,如何作为船舶的一种导航设备,如何在 VTS 中应用以及在 VTS 中应用的效益。

在这种形势下,各国 VTS 主管机关将会更加重视 UAIS 的建设,来进一步提高辖区的船舶航行安全和航运效率,保护海洋环境。作为 VTS 系统的重要组成部分,如何应用 UAIS、如何与现有的 VTS 系统结合以充分利用 UAIS 的信息、提高管理效益等,将成为研究、探讨的焦点问题。

一、在 VTS 的试验与应用

几年来,AIS 或类似 AIS 系统已经在世界上许多国家港口或水域的 VTS 中进行了试验或有限的应用。1993 年,加拿大海岸警备队在温可华岛西海岸进行 AIS 试验。以加强对渔船识别、跟踪并改善海上 VHF 通话的阻塞现象。当时使用了"超准线-载波侦听多路访问"技术。1994 年开始使用 DGPS 作为 AIS 内部重要组成部分,以提高定位和跟踪精度。1996 年在圣劳伦斯河完成了 AIS 的引航试验。试验了数字选呼 AIS(AIS/DSC)和 AIS 广播两项技术。这些技术的研究开发为 AIS 的发展拓宽了思路、增加了经验并得到了国际海事组织的认可。

---

① 本节内容时间节点为 2014 年。

南非也是较早研究、开发 AIS 技术的国家之一。1996 年在南非海岸,利用海岸的 AIMS 系统对灯塔进行监视和控制,并通过虚拟专用网(VPN)连接到比勒陀利亚灯塔服务中心,实现遥控监视。

新加坡海事港口局(MPA)在 1999 年进行了船舶识别与定位系统(SIPS)试验,采用了 SAAB Celsius 公司提供的 UAIS 应答器。该应答器符合 IMO 决议 MSC.74(69)关于 UAIS 的性能标准和 ITU-RM.1371 决议的 UAIS 的技术性能。通过试验,在新加坡港和新加坡海峡水域配备应答器能让船舶的静态数据、动态数据、航程信息和安全短信息很好地显示在岸基的 AIS 控制显示器上。试验证明,应用 UAIS 可以提高 VTS 对船舶的识别、跟踪和船舶间航行安全,改善 VHF 通话环境。在试验中,也验证了 AIS 技术设备的可靠性和 ITU-RM.1371 规定的数据更新速率的合理性。

在美国,基于 AIS 技术的 VTS 正在坦帕海湾和密西西比河下游的新奥尔良建设,将采用 AIS 作为主要监视工具。在密西西比河的尝试,将需要大量的工程、技术和测试支持来保证系统有必需的 VHE/AIS 无线电覆盖区,而且 AIS 信息能合理地和 VTS 交通跟踪显示图像合成。在坦帕海湾,因交通流量相对较低、技术要求不高,其 AIS 系统已经很快地建成,并且已经向配备 AIS 的船舶提供实时的天气、潮位、潮流和水深等短信息服务。然而,这两个系统使用的是早期 AIS 版本(UAIS 的前身),满足的是 ITU-RM. 825 .3 AIS 标准而不是后来的 ITU-RM. 1371 UAIS 标准,没有增强的 UAIS 的"船—船"工作模式。

各方面的试验和应用证明,AIS 技术可以提高 VTS 对船舶及助航标志监控能力,改善 VHE 语言通信环境,增强 VTS 信息服务功能,起到了进一步提高船舶航行安全、保护海洋环境的作用。同时也证明,UAIS 不但具有广泛应用前景和巨大作用,而且还具有很高可靠性和较佳的成本/效益比。

目前,VTS 应用 AIS 方式还仅仅是把 AIS 当作一个独立系统的运行模式。其岸基的 AIS 结构组成为:基站收发单元、GPS 接收机、通信控制器和带有电子海图(ECD)的交通显示器。在交通显示器上能够显示 VHF 覆盖区内配备 AIS 船舶的动态信息、静态信息、航程信息和安全短信息。从而 VTS 操作员可利用 AIS 显示控制器加强对这些船舶的识别、监视。但是 AIS 交通显示图像还没有与雷达交通显示图像合成一幅综合的交通显示图像,AIS 的信息功能还未得到充分的发挥。

二、UAIS 与 VTS 系统融合应用

未来的 VTS 系统,可进一步利用网络技术和现代通信技术把 UAIS 与 VTS 系统融合起来,充分地利用 UAIS 信息来加强信息管理、优化信息服务功能。我们可以把 UAIS 当作 VTS 系统的另一个传感器,通过多传感器融合技术,实现雷达跟踪显示与 UAIS 识别、跟踪信息的综合统一,显示给操作员一个简明的合成图像;同时利用 UAIS 信息实现船舶数据库的自动登录。

图 11-1 给出了基于传感器本地概念的 VTS 应用 UAIS 的信号流程图,具体的信号传送方式可以采用在扩展的本地网络(LAN)上以标准的 TCP/IP 协议通信。

UAIS 的通信控制器通过 RS2 32 接口将 UAIS 目标信息送到雷达与 UAIS 信息集成处理服务器,与雷达跟踪器送来的雷达目标进行集成(一体化)处理,产生集成的目标信息送往交通显示处理服务器。由于 UAIS 目标信息的准确性和可靠性,在集成处理时它的目标信息享有最高优先权。因此,多传感器共同跟踪的 DAIS 船舶显示数据将是 UAIS 识别数据,而其雷达

跟踪数据将作为冗余。

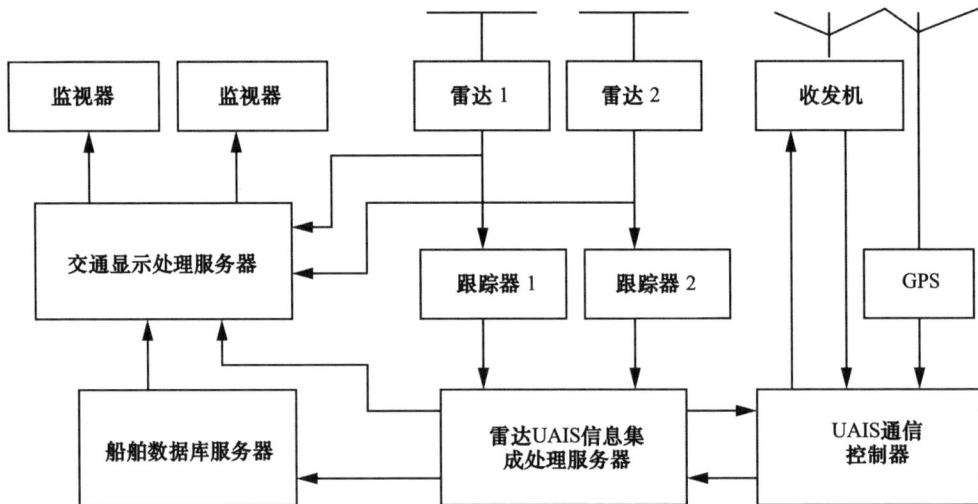

图 11-1　应用 UAIS 的 VTS 系统

通过集成处理,对配备 UAIS 的船舶的回波可以实现自动识别;UAIS 提供的 DGPS 定位:精度在 3 m 左右,加上已知的 BPS 的天线位置,对配备 UAIS 的船舶的定位、跟踪将非常精确、可靠;UAIS 提供的对地航向、船首线、转向率等信息可帮助操作员快速观察到船舶转向。

集成处理服务器的目标信息可通过 LAN 船舶数据库(SDPS)进行信息联络,实现 UAIS 船舶的静态信息自动录入,同时还可利用动态信息自动改变数据库的船舶航行记录。当然,通过访问集成处理服务器方式而得到的信息包含了雷达跟踪目标和 UAIS 跟踪目标。如果辖区内所有船舶都配备了 UAIS,那么 SDPS 数据的录入就可完全自动化,不同于而以前仅依靠雷达跟踪的录入方式。

UAIS 应用的另一巨大潜能表现在可实现 VTS 信息特别是雷达目标信息的广播功能。交管中心把雷达捕获的没有装 AIS 的船舶的目标通过岸基的 UAIS 的数据端口播发出去,播发的时间可在 2 s~3 min 间设定。这样,配备 AIS 的船舶就可以观看到没有配备 AIS 的船舶,增加了未配备 AIS 船舶的可视度。这项技术得到了 VTS 产业的支持并处于开发中。当然,交管中心还可同时播发水文气象信息、航行警告等信息,为船长或引航员提供更全面的、高质量的关于交通环境的决策信息。这些短信息也可以利用目前 AIS 的短信息服务功能直接播发,而不像播发雷达目标那样,岸基和船载 AIS 需要新的技术(特别是显示软件技术)的支持。

三、融合技术原理

多传感器融合技术如同多雷达目标集成一样。实际是对多传感器捕获的同一位置的目标;进行集成(或一体化)处理,最终只选择一个最好质量的传感器目标显示给操作员。

目标集成处理(服务)器利用来自各传感器的目标建立各自的初级目标表(PTT),然后以其中一个传感器的每个目标的地理位置作为参考。检查同一地理位置上,在其他传感器的初级目标(PTT)中是否也有目标,即检查是否有目标重叠。不出现重叠的目标,则认为只被一个传感器覆盖。直接送入最终的集成目标表(ITT)。而同一位置有重叠的目标,则认为被多个传感器覆盖,对这些目标要进行时间调整、相关检测。图 11-2 所示为目标集成。

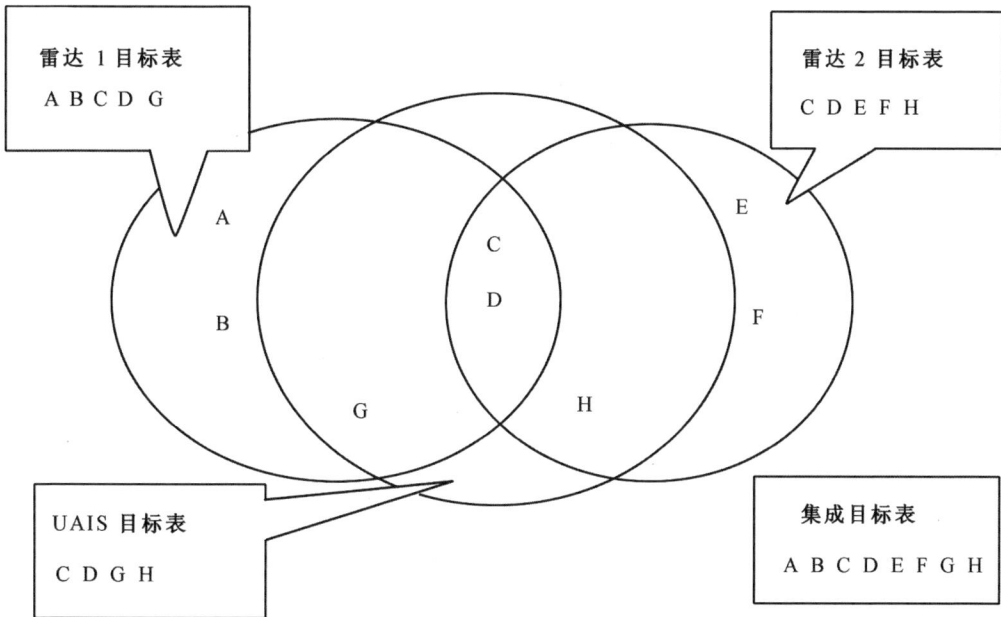

图 11-2　目标集成

在目标数据更新周期内,对同时跟踪一个目标的各传感器数据,几个参数需要被检查、比较,包括识别符 ID(包括目标交换 ID)、位置、速度、航向、目标的长度和宽度等,来选择一个跟踪质量最好的传感器数据作为目标的基准数据,送到集成目标表(ITT)。ITT 数据最终送到显示处理服务器,用于显示目标的位置。由于 UAIS 精确的定位和实时的数据更新,UAIS 将有最高的优先权,也就是说,通过识别符检查,就可把 UAIS 目标送入最终集成目标表。通过目标集成处理,保证了目标的准确性、可靠性、连续性。

四、UAIS 特性与工作模式

和以前 AIS 或类似 AIS 系统相比,符合 MSC/74(69)性能标准并且符合 ITU-RM.1371 技术特性的 UAIS 具有以下几个特点:能以"船—船"和"船—岸—船"两种模式进行工作,能以"双工"和"半双工"两种模式工作,此外还具有频率灵活性,即可工作在海上任意 VHF 频道上。

在公海,UAIS 将工作在 87B 和 88B 两个专用频道上,以"船—船"和"半双工"模式工作。而同时工作在两个频道上是为了保证不会因无线电干扰而引起通信阻塞。

当船舶驶向 VTS 水域其中一路收发单元将受岸基 UAIS 遥控,自动地转到本地 VTS 中心规定的双工频道上,以"船—岸—船"模式工作;而另一路收发单元仍将工作在海上专用频道,这样既能与 VTS 中心进行信息交换又能同时保持和其他船舶间的信息交换。

在高交通密度或复杂水域的 VTS,可能还需第 2 个或第 3 个 VTS 双工频道,以解决通信堵塞和干扰等问题。可以采用把复杂或高交通密度的 VTS 水域,适当地划分成几个小时的无线电蜂窝,相邻的蜂窝采用不同的 UAIS 频道工作。小无线蜂窝的区域也可以通过转发器增大其作用距离。

五、应用 UAIS 的效益

把 UAIS 当作 VTS 系统的一个特殊传感器,通过融合技术并使 UAIS 信息得到充分应用,将产生巨大效益:

(1)可对 UAIS 船舶的雷达回波自动识别;

(2)提高了 VTS 在恶劣气象和强海杂波条件下对船舶的监控能力;

(3)可以弥补雷达盲区缺陷;

(4)提高了对 UAIS 船舶的定位、跟踪精度;

(5)可以增大 VTS 覆盖范围;

(6)增加了监控设备的冗余度,提高了 VTS 系统可靠性;

(7)减少降低船舶语音报告频率、改善 VHF 通话环境;

(8)对 UAIS 船舶数据的搜集可实行自动化;

(9)在海上搜救行动中可提高搜寻效率;

(10)实现雷达目标广播,增加未配备 UAIS 船舶的可视度;

(11)为 UAIS 船舶提供水文气象、航行警告等航行决策信息;

(12)在增加监控能力的同时减轻了操作员的工作量;

(13)可以实现对助航标志的自动监控;

(14)在 VTS 新建、扩建工程中可适当降低雷达性能指标,进而降低投入成本。

UAIS 具有强大能力和巨大的潜能,但是它还不可能完全替代交管雷达系统。虽然 IMO 在 SOLAS 公约第五章修订草案中制定了有关船舶配备 AIS 的规定,在 2002 年以后将有越来越多的船舶配备 AIS,但是在 VTS 辖区还有大量的不受 SOLAS 公约规范的船舶,如渔船、港作船、游艇、内河船等,对这些参与 VTS 的船舶进行监控还必须依靠交管雷达。

六、面临的课题

随着 UAIS 技术不断发展,在 IMO 的推动下,在一定范围内的船舶将配备 AIS。为适应 UAIS 和 IT 技术的发展,更好地发挥 VTS 功能,对现有的 VTS 系统技术设备进行改造将被提上 VTS 主管机关的议事日程。而在扩建、新建 VTS 中,则更会注重 UAIS 的作用,会把它作为一个重要的子系统。在充分利用 UAIS 之前,许多问题还有待研究、开发、测试和评估,我们还将面临许多技术课题,譬如:在 UAIS 建设前,要做好系统可行性论证,对电磁环境进行测试;提前规划、申请 VTS 双工频道;在船舶密度高和复杂地形的辖区考虑无线电蜂窝优化设计;根据成本效益比,设计融合应用方案;不但要注重信号接口冗余,还要特别注重利用网络技术和现代通信技术为其他用户提供信息服务等。另外,随着 UAIS 技术的应用、VTS 系统设备更新换代,有许多技术特别是软件技术有待开发,如:用通用 PC 进行雷达数据处理与显示软件、雷达数据与 UAIS 识别信息融合软件、VTS 系统网络化设计软件、船舶数据库升级软件等,不再一一赘述。

第三节

中国 VTS 发展回顾与展望[①]

一、引言

1958 年,中国首次在北方沿海的大连港进行了岸基雷达导航试验,正好与世界第一个装备监视雷达的英国利物浦港 VTS 相隔 10 年。20 年后的 1978 年春,在东部沿海的宁波港开始建设中国第一个 VTS。经过 23 年的建设与发展,目前中国大陆(含香港地区)已拥有 20 个不同规模、不同类型的 VTS,约占亚洲 VTS 总数的 35%,步入了世界先进行列,为改善中国沿海港口、水道的通航环境发挥了重要作用。

二、发展历程

中国 VTS 的发展大致可分为三个阶段:

第一阶段是 1978 年以前的研究试验和组织准备阶段。中国的航运、科研、院校等部门先后在大连、秦皇岛、天津、青岛、上海、湛江等港口和长江进行了一系列实验,探索岸基导航和船舶交通管理的可行性。20 世纪 70 年代初随着中国航运事业的复苏,港口船舶交通密度增加,出现了压船、压港的现象,兴起了大规模的港口建设热潮,并由此推动了对 VTS 研究试验工作的进展。在交通部领导的关注下开始组织有关人员考察国外的 VTS,学习 VTS 建设的经验;邀请国外 VTS 专家、制造商来华交流、讲学,了解 VTS 的技术;组织航运界、科研、院校和工程技术专家对中国 VTS 建设的总体方案进行探讨;在试验的基础上制定了上海、青岛等港口的 VTS 发展规划等。所有这些,都为中国 VTS 的建设奠定了基础。

第二阶段是 20 世纪 80 年代,是中国 VTS 开始建设的初级阶段。通过在国家重点港口进行项目配套建设和专门计划投资建设的两种方式,先后建成了宁波、秦皇岛、青岛、大连黄白咀、连云港 5 个 VTS。这一时期中国对 VTS 的理论研究空前活跃,在 VTS 的规划、设计中开始引入海上交通工程学理论和系统工程方法;对沿海港口和长江干线的船舶交通流、交通事故进行了观测统计;进行了全国 VTS 等级划分的研究,编制了全国 VTS 系统总体布局规划。需要指出的是 1985 年 IMO 第 14 届大会 A.578 号决议通过的《VTS 指南》对中国 20 世纪 80 年代以后 VTS 的规划、建设和管理产生了重要影响。但从总体上看,这一时期各界人士对 VTS 的功能、作用的认识还比较肤浅;VTS 的设计理论亦未成熟;VTS 的软件建设,例如管理技巧、人员培养方面等,滞后于 VTS 的硬件建设。

第三阶段是 20 世纪 90 年代以后,是中国 VTS 的全面建设发展的阶段。在不到 8 年的时间内新建了沿海营口、天津、烟台、成山头、北长山、上海、广州、深圳、湛江、琼州海峡等 10 个港口和水道的 VTS;建成了长江下游南京、镇江、张家港、南通和浏河口 5 个 VTS;对大连、秦皇岛、青岛、宁波 VTS 进行了更新或扩展。至此,中国大陆沿海(含香港地区)和内河共由 20 个

[①] 本节内容时间节点为 2014 年。

VTS、18 个 VTS 中心、58 个雷达站组成,覆盖了沿海大部分港口重要水域和长江干线下游的重要航段。这一时期 VTS 规划设计的理论已趋于成熟,对《VTS 指南》有了较统一的认识;在法律上明确了中华人民共和国港务监督机构是 VTS 的主管机关,规定了 VTS 在实施船舶交通管理中的作用和地位;各个 VTS 机构制定了相应的管理规则和用户指南,加强了 VTS 的维护管理,逐步发挥了 VTS 的作用和效益。

三、基本评价

1.VTS 的分布和类型

VTS 的地理分布:16 个 VTS 分布在沿海,4 个分布在长江下游的江苏省境内。

VTS 的种类:水道型的 VTS 有 7 个,分别在沿海的成山头水道、琼州海峡、北长山水道和长江下游南京、镇江、张家港、南通;港口型 VTS 有 9 个,分别在大连、营口、秦皇岛、天津、烟台、青岛、连云港、深圳、湛江;综合型 VTS 有 4 个,分别在上海、宁波、广州、香港地区。

2.VTS 的装备与水平

中国 VTS 的主要设备来自国外,包括雷达系统、信息传输系统、VHF 通信系统和雷达数据处理系统。

雷达系统:早期建设的 VTS 有 6 个采用了 8~10 m 大口径抛物面天线的港口雷达,由于风载大、功耗高,后来基本被裂缝天线取代。雷达收发机也由初期追求高性能的专用收发机,过渡到现在普遍使用船用雷达收发机。

信息传输系统:有 14 个 VTS 的雷达信息集中传输到 VTS 中心进行处理,其中 13 个 VTS 使用微波链路传输;1 个 VTS 使用光缆传输。微波传输方式通常把雷达视频压缩到 2 Mbitr 容量后再传输,在 VTS 中心可以得到高保真度的数字化雷达视频。

VHF 通信系统:共有两种配置方式。一种是多频道同时工作,接收和发射分别使用同一副天线的集中式岸台,如天津、成山头、连云港、上海、广州 VTS;另一种是单频道工作、分散设置的岸台,如秦皇岛、青岛、宁波、深圳等 VTS,前者价格昂贵,后者造价较低。

雷达数据处理系统:除大连、北长山、烟台 VTS 采用船用 ARPA 作为雷达数据处理系统以外,其余 VTS 均采用 20 世纪 80 年代末至 90 年代中期水平的雷达数据处理系统,如上海 VTS 雷达数据处理系统可处理 1 300 个动目标,属于 20 世纪 90 年代初期世界最先进的雷达数据处理系统之一;20 世纪 90 年代中、后期新建或更新的成山头、天津、青岛、广州、深圳和琼州海峡 VTS 的雷达数据处理系统,都具有世界先进水平。

3.VTS 的功能和管理程度

VTS 的功能:目前所有的 VTS 都具有数据采集和数据评估功能。由于中国 VTS 以交通安全为第一目的,同时兼顾提高交通效率和保护水域环境的作用,所以 VTS 的功能以信息服务和助航服务功能为主。但是由于各个港口水域的通航环境和船舶交通形式不同,水道型 VTS 以信息服务为主,港口型和综合型 VTS 还兼顾助航服务和交通组织服务及支持联合行动服务的作用。

4.VTS 的机构和人员

中国 VTS 的主管机关是沿海的海上安全监督机构和长江港航监督机构。1997 年 9 月 15 日中华人民共和国交通部颁布了《中华人民共和国 VTS 安全监督管理规则》,明确了 VTS 的主管机关、VTS 管理机构的责任、权利和义务。

VTS 的管理机构可分为三类:第一类是与监督站合设的 VTS,通常是对监督站管辖水域实施船舶交通管理;第二类是与海上安全监督机构的值班室或搜救中心合设的 VTS,对一个港口水域或水道的船舶交通实施统一的管理;第三类是独立设置的 VTS,根据 VTS 主管机关的授权,在监督站的配合下对 VTS 区域内的船舶交通进行管理。

四、VTS 的作用和效益

早期建设的 VTS,由于缺乏管理经验和管理体制等方面的原因,VTS 的作用和效益不明显。1995 年以后,中华人民共和国海事局和各个 VTS 主管机关加大了 VTS 的管理力度,理顺 VTS 的管理关系,加强了 VTS 人员的培训和设备的维护管理,发布了 VTS 管理规则,参照国际航标协会、国际港口协会、国际引航协会的世界 VTS 指南编写了 VTS 用户指南,使中国 VTS 管理走向规范化并逐步与国际惯例接轨,在船舶交通安全管理中发挥出越来越重要的作用。

第一,改善了船舶交通秩序。仅以 1998 年为例,沿海和长江 VTS 接收船舶报告 690 022 艘次,为船舶提供信息服务 16 781 次,纠正船舶违章 5 078 艘次,船舶交通秩序明显好转。如大连港船舶违章行为由 VTS 开通前的平均每年 128 起降到现在的平均每年 36 起。

第二,减少了船舶交通事故。1998 年,沿海和长江 VTS 避免交通事故 1 265 起,支持海上搜救行动 593 次。

第三,提高了航道的通过能力和船舶的营运效率。1998 年,沿海和长江 VTS 为船舶提供助航服务 36 247 艘次,交通组织服务 67 581 次。如上海港长江口水域的北槽航道,原设计通过能力每潮时 16 艘,VTS 运行后,组织船舶排序通过,每潮时可达 27 艘,通过能力提高了 69%。

第四,提高了港口资源的利用率。由于 VTS 集中了 VTS 区域内的船舶交通动态信息和水文气象信息,并提供给船公司、代理、港口管理和引航作业等部门,使他们能够合理地利用码头、泊位、仓储、锚地、拖船等资源与设施,提高了效率,增强了竞争力。

第五,促进了海上安全监督管理的现代化。由于 VTS 的信息采集和评估功能,使得海上安全监督部门能够把 VTS 和航标设施、信号台、巡逻船艇的作用综合起来,优化布局,科学管理。

五、中国 VTS 的未来

1.发展中的问题

中国 VTS 是最近 20 年内发展起来的新事物,平均每年建设 1 个 VTS 中心、2~4 个雷达站,发展速度亚洲第一。中国 VTS 发展过程中也存在一些问题,如:一些 VTS 的建设与实际需求不够协调,发挥的作用与效益不明显;VTS 的建设周期过长,从设计、施工到建成需要 4~5 年甚至更长的时间;VTS 的规模和功能缺乏层次,设备配置不够合理;VTS 的设备规格、型号和供货商过多、过杂,不利于系统的维护保养;缺乏有实践经验的、高素质的 VTS 人员;VTS 的软件建设相对滞后等。中华人民共和国海事局及各 VTS 主管机关已经意识到这些问题的重要性并正在寻求解决这些问题的途径。

2.今后的政策

21 世纪是海洋的世纪,我们有分享海洋资源的权利,也有承担保护海洋环境和海上航行安全的责任。未来中国 VTS 的发展政策应是:

（1）中国 VTS 的发展重点是沿海和长江干线,以建设港口型的 VTS 为主,在港口型的 VTS 的基础上发展区域性 VTS;

（2）要合理控制 VTS 的发展速度,近期主要目标是完善和更新现有的 VTS,保持需求与维持能力之间的平衡,在巩固、提高的基础上再发展;

（3）在 VTS 系统设备的选型、配置方面,要贯彻简便、实用的原则,要考虑系统的整体性、可靠性和可维护性,尽量采用标准化设备;

（4）在系统集成方面,要把 VTS 与 DGPS、自动识别系统(AIS)的作用综合起来,减少对岸基雷达的依赖,扩展 VTS 的覆盖范围和提高系统的导航定位精度;

（5）在数据传输方面,要由专用的 VTS 传输系统逐步转向利用公用数据传输网络;在信息显示与记录方面,要采用多媒体技术、电子海图技术和 GIS 技术;

（6）要开发 VTS 中心的综合船舶交通动态信息功能,通过信息网络与不同 VTS 中心之间交换信息,为社会提供更广泛的服务;

（7）准备按照 IMO 提出的标准和建议,建立中国的 VTS 人员培训体系,为现有的从业人员提供一个进行职业培训的条件,借以提高操作人员的专业水平和适任能力。

第四节

港口 VTS 效益评估暨危险度评估的研究①

一个 VTS 的成功运行将会给当地企业和社会带来良好的航行条件和巨大的经济与社会效益。

作为一个公共设施,VTS 能够产生多少效益并是否可以将其转化为货币价值?

虽然 VTS 在中国已经运行了多年,但是对 VTS 所产生的效益并没有进行过系统的评估,因此对这个问题进行研究是十分必要的。

2001—2002 年天津 VTS 和大连海事大学根据 VTS 手册的原则以及初步获得的成果进行了良好的合作。

本小节创建了一个 VTS 效益分析模型和风险评估方法,这个模型和方法经过了多方面的比对并且适合中国 VTS 发展的现状。

在该项成本效益分析过程中采用了天津 VTS 10 年来的操作数据并应用了航海交通计算机模拟技术,在航海交通电子海图上对航行危险度实施了模拟评估。

特别是该模拟计算使用了已改进的 SJ 评估方法进行。

Section 1-Data processing

第一节　数据处理

Part 1：Prophase data processing

1.前期数据处理

（1）Navigation environment

---

① 本节内容时间节点为 2014 年。

图 11-3　天津 VTS 交控塔

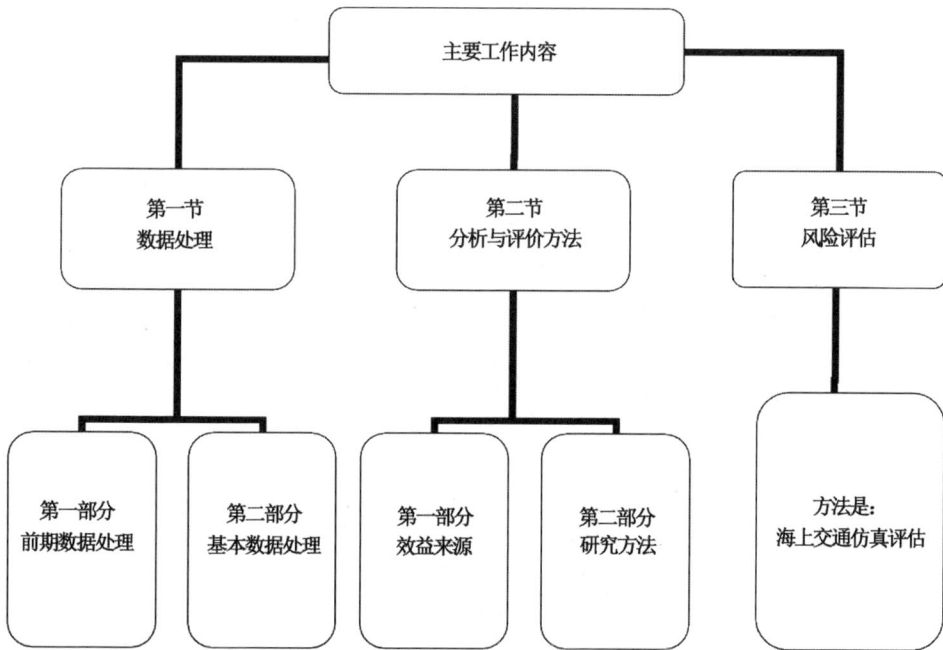

图 11-4　VTS 效益评价模型和风险评价方法

航行环境

（2）Investment

投资额

（3）Operation and maintenance cost

操作与维护成本

（4）Traffic conditions

交通状况

（5）Accident information

事故信息

Part 2： Basic data processing

2.基础数据处理

（1）Data processing of navigation environment

通航环境数据处理

（2）Ships entering and departing data

船舶进出港数据

（3）Real-state data of observed

实时监控数据

（4）Safety-related data processing

相关的安全数据处理

进出港船舶数量统计表

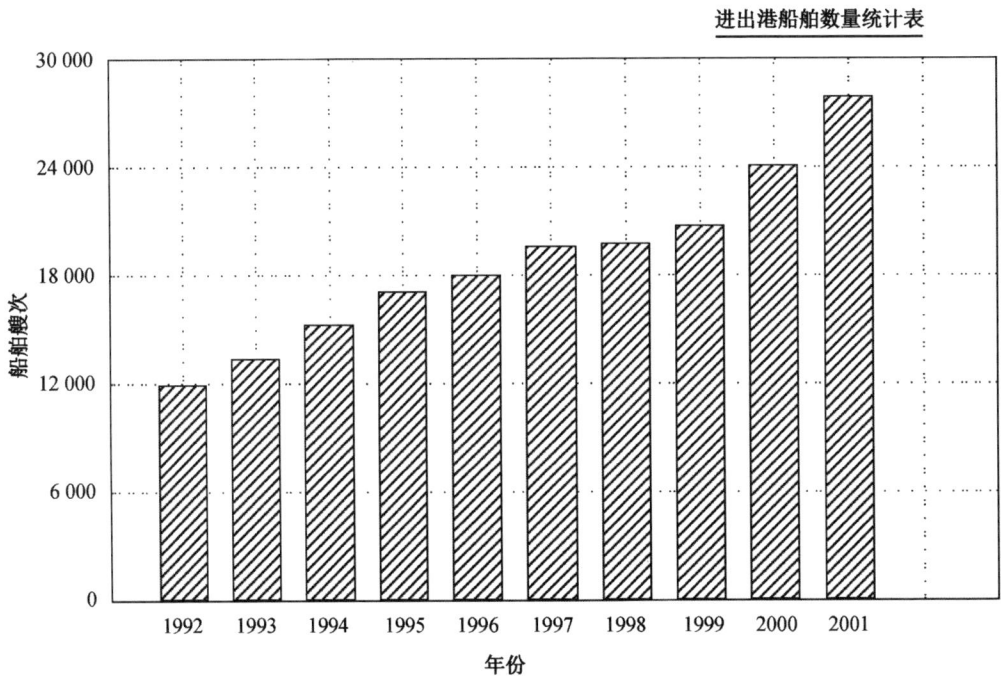

图 11-5　货物装卸

Section 2-Analysis and method of evaluation

第二节　评估的分析和方法

Part 1：The source of benefit

1.效益的来源

（1）Reduction of delay due to one way traffic

降低由于单向航道的延误率

（2）Reduction of Unfavorable conditions

减少不利通航状况

（3）Raising operative efficiency of the port

增加港口营运效益

（4）The traffic safety

保障交通安全

Part 2：Research method

2.研究方法

（1）A model for cost／benefit was established.

建立了费用/效益模型。

（2）The national economy evaluation have been used.

运用了国民经济评估方法。

（3）The evaluation method given in IALA VTS Manual is applied and improved.

遵照并改进了 IALA VTS 手册给出的评估办法。

（4）Proposed a concept of regionalized calculation.

提出了区域估算的概念。

The results

结论

According to the results of the calculation of national economic evaluation：

根据国民经济评价计算结果：

The economic internal return rate is bigger than the social discount rate 12%（EIRR）.

内部经济收益率要大于社会折扣率 12%。

The net present value of the project is bigger than zero（ENPV）.

项目的经济净现值远大于零。

The benefit／cost rate is greater than one（BCR）. So we can say that the national economic benefit is acceptable .

其费用/效益的比例远大于1,如此说来这样的国民经济效益是可以接受的。

The static investment retrieve period（TP）is an average of 7 years.

静态投资回收期平均为 7 年。

That is to say, if according to the static investment retrieve period, the investment and operational costs of Tianjin VTS starting from 1996 can be recovered totally by the end of 2002.

这就是说,如果根据静态投资回收期的计算,天津 VTS 自 1996 年起开始运行,其项目投资和日常操作费用将在 2002 年年底全部收回。

Section 3-Risk assessment

第三节   风险评估

The method is improved SJ assessment.

本方法系源于 SJ 评估法的改进版。

（1）We had been used this method and observed the marine traffic on site for three days.

我们已经使用并遵照这个方法在海上交通现场观测了 3 天。

（2）Statistic output of simulation.

模拟统计输出。

（3）We found that there were five areas where accidents took place frequently.

我们发现有 5 个区域经常发生事故。

Actually，an well-operated VTS will bring more benefits to the port in its economic development，economic structure，environment protection，saving energy and improving quality of life.

实际上，一个有效操作的 VTS 将会给港口在其经济发展、经济建设、环境保护、节省能源以及改善生活质量等方面带来诸多效益。

These effects are of multi-field，long term and far-reaching. So it is also necessary to carry out qualitative evaluation in the future.

这些效果是经过多方面、长时期坚持取得的并且其影响是长远的，这样一来，今后继续执行这样的质量评估同样也是必要的。

The true value of VTS can only be embodied through overall analysis and evaluation.

VTS 的真正价值能够通过全面的分析和评估使其更加具体化。

第五节

新加坡 VTS 技术培训与考察①

一、本次技术培训和考察的背景

天津海事局 VTS 中心自 1996 年投入运转后保证设备维护质量，提高系统运行完好率一直是我从业人员所追求的目标。为尽快提高我局维护人员的技术水平，根据 2001 年天津海事局交管中心和新加坡新康信 IT 公司签订的维修代理协议，由新方在适当的时机负责对我方技术人员提供 VTS 新技术设备的培训。2002 年 6 月 20 日，天津海事局交管中心一行 3 人飞抵新加坡开始了拟订的培训计划。

另根据上级机关的意见，在此次培训中还需要特别注意考察新加坡海事部门（MPA）有关 VTS 设备维修制度、人员培训与值班制度以及综合模拟培训中心（ISC）设施配备等情况，以便为我国 VTS 的整体发展提供有益的借鉴。

二、本次技术培训学习的主要内容

1.VTMIS 5060 船舶交通管理信息系统概述。

2.VTMIS 5060 系统网络设计。

3.VET 5070 录取器和跟踪器技术和维护。

4.WIS 5060 报警和综合服务器技术和维护。

5.VLR 5070 记录与重放技术/维护，重放控制盘指南。

6.VOC 5060 操作员工作站技术/维护和操作。

---

① 本节内容时间节点为 2002 年。

7. VMD 5060 维护数据库技术/维护和操作。

8. VDB 5060 船舶数据库软件内容介绍。

三、在现场经协商增添的附加内容

1. 新加坡交管现场实况演示。

2. 公众防灾报警系统(PUBLIC WARNING SYSTEMS)概述。

3. 紧急事件管理系统(CMSMAP)软件操作演示。

四、新加坡 MPA 考察

1. MPA(Maritime and Port Authority of Singapore)即新加坡海事当局,自 1995 年体制改革后从 PSA(Port of Singapore Authority)即新加坡港务局中分出,划归新加坡政府。

2. MPA 现有东西海岸两个交管中心,同归其下属的部门 Port Operation Control Centre (POCC)领导。两个中心可互为备份,东西海岸监控信号已进行集成处理,均可在任一中心显示。

3. POCC 共有 100 余人,其中操作员 70 余人,每个中心每班 9 人,分别操纵 9 个控制台,分区负责。每日三个班次(0700—1500;1500—2300;2300—0700),2 h 轮换一个岗位,其间有休息时间。

4. POCC 的法律地位:根据 MPA 颁布的规定对船舶进行管理和服务。

POCC 下属有一科室,共有 15 人,专门从事设备日常维护保养的管理工作,其中 6 人为专业技术工程人员,负责内部技术事务,联系并监督外聘人员从事设备维修工作。有关 VTS 设备维修主要模式是"内部综合技术管理+外聘设备维修公司"。

我们与新康信公司的交流过程中了解到该公司的业务范围、结构组成以及运营情况。因该公司的集成能力较强,特别是在不同的系统之间的融合连通上具有一定的实际能力和业绩,故此承接了 MPA 设备的维修和保养工作,日常工作的开展由 MPA 的人员带领进行。

5. 根据 MPA 规定,VTS 中心的操作员每年必须完成一周(35 h)的专业培训并记入其签证簿,作为今后升级的凭证。参与培训的人员可任意选择自己的培训科目,一般都是针对自己的不足而做出的甄选决定。此种方式不仅十分人性化,还有利于提高投入和产出的培训效果。

6. POCC 根据 MPA 颁布的规定对船舶进行管理和服务并在 IALA 网站上刊登出新加坡 VTS 用户指南。

7. 全年预算在 MPA 各部门中占比最多,耗费巨大,该部门具有人、财、物的完全自主管理权。

8. 应 MPA 要求,Norcontrol IT 公司已开发出 VMD 5060 设备维修数据库软件,主要针对该中心的设备维护管理内容,操作方式:由 MPA 人员输入原始资料,其中包括维修记录、工作表格、备件数量及单价计算等,而后由该软件做出各种记录和计算结果。(注:该软件内容与我中心开发的办公自动化软件的部分内容相似。)

9. 按照今后的工程计划,MPA 将把模拟培训中心的信号接回 VTS 中心,从而形成一个环路,POCC 可以随时掌握培训人员的现场情况以及事故现场预测景象,以便安排人力、物力,提高应急和预防灾害的能力和效率。

10.Integrated Simulation Centre(ISC)

(1)ISC 简介：

该中心坐落在新加坡理工学院内，是一座主体为圆形的建筑物。结合该院设置的专业，主要为远洋船员（驾驶员）考证提供培训场所和模拟设备，面向世界各国招生。其次还可以进行VTS 操作员的模拟器培训。第一期 MPA 投资 1 200 万坡币，第二期工程还将增加轮机专业的模拟设备和相应的建筑物。2002 年 7 月 2 日新加坡交通部唐部长为其开通剪彩。图 11-6 所示为 ISC 中心模型图。

图 11-6   ISC 中心模型图

(2)官方及媒体评价：

①ISC 作为新加坡理工学院的合作伙伴，是新加坡海运事业和港口的权威机构，它拥有最新的海运模拟技术和设备，旨在培养无风险状态下船员的技艺和能力。

②该模拟系统覆盖了从船体控制到危急事件处理的所有方面，可以独立操作或与其他设备连接使用，从而令 ISC 成为世界上最著名的模拟中心。

③达到国际培训标准规定，符合 STCW95 公约的 360°和 240°船舶驾驶模拟器被证明是最高级别的船桥。

④它具有最新船体设计，船只设备和特定的海上情节对应的无限空间，使 ISC 成为一个理想的连续的学习中心。

⑤模拟器效果逼真，声响与画面及驾驶台各种操作面板一应俱全，给人以身临其境之感。

⑥新加坡交通部唐部长："有了这样的设备将会推进新加坡海事培训的质量和有效性。"

另外：

1.该中心使用的环境污染应急软件 CMSMAP（由美国一家公司开发研制，价位为 4 万多美元）令人印象深刻。该软件内容丰富，不仅有各种事故的演绎，如溢油、碰撞、核泄漏、化学品污染以及搜救的应急方案、参与人员、单位、船舶名称，而且还有海上应急指挥系统的功能发挥和费用计算（包括污染后果的索赔金额）。

据说该软件的计算结果可作为美国法庭的呈堂证据并以此获得相应索赔。在我国青岛、烟台和秦皇岛已有应用。

2. 该中心还拥有一个 VTS 操作员培训教室,其配备的设备按 IALA 提出的标准设置,一名教师可以同时培训 6 名学员(如按不同项目分开还可多接纳部分学员),主要对象是 MPA 自己的操作人员,如图 11-7 所示。

图 11-7　VTS 操作员培训教室

目前 VTS 操作员的培训暂不对外招生,据了解,他们正在研究 IALA 的有关文件,制定相应的政策,今后能否对外尚不得而知。但模拟器培训已开始对外招生,我们参观时已有外籍学员在上课,学员大多来自东南亚地区。

3.该培训中心的各种设备已全部实现集成和互通,船员的培训和操作员的培训可以相互沟通、借鉴和观摩。

五、培训收获

1. 系统地了解了现代 VTMIS 的基本构成和工作原理。

2. 经对比,了解了 VOC 5000 和 VMC 5000 系统与 VTMIS 5060 系统之间的差别和特点。

3. 为我局交管中心即将进行的一期改、扩、建工程提供了有益的经验。

4. 由于对方的积极配合,我们获得了部分 VTMIS 系统的现场操作软件和培训资料,对我中心现有人员的培训很有帮助。

5. MPA 对 VTS 的重视程度和对人员培训的制度给人留下了深刻印象。

6. MPA 对 VTS 管理体制的集约性值得我们学习借鉴。

7. 在培训中得知,Norcontrol IT 公司新开发的繁体中文版的操作系统已应用到我国台湾地区交管工程并得到了对方的认可,其操作程序也在课堂上和英文版的操作系统做了对比演示,因此由繁体中文转为简体中文易如反掌。

六、不足与缺憾

1. 由于培训内容是从基础开始,感觉深度有些不够。

2. 语言方面存在一些障碍,双方沟通不是很顺利,特别是用英文讲课时,我方人员的接受能力尚需提高。

3. 由于系统集成技术属 Norcontrol IT 公司的核心秘密,软件程序构成十分复杂,新康信 IT 公司也无法涉足,故此只能学到基本概念。

4. 存在上述问题的部分原因也在于没有提前得到学习资料,讲课内容显得较为生疏。

5. 受"9·11"事件的影响,下批人员的培训安排无法在新加坡进行,如何继续尚无定论。

6. 同样受"9·11"事件的影响,对 MPA 交管中心的考察亦受到制约,经多方联系才允许我方单人造访且不得拍照。因此了解到的情况较少,并且未得到有关资料加以佐证,故仅供参考。

培训结束后,由该公司颁发了能力培训证书。我方对该公司在考察中提供的便利条件表示感谢。双方希望今后继续加强技术合作。

第六节

"沿海 VTS 费用定额标准修订"课题研究①

一、背景

1. 历史沿革、现状与规划

自 20 世纪 80 年代我国在宁波按照国际标准建立了第一个"船舶交通管理系统(VTS)"以来,经过 30 多年的发展,已经在沿海主要港口、航路和长江主要干线水域建成了 41 个交管中心和 180 个雷达站,基本形成了"全方位覆盖、全天候运行、全过程监控"的水上安全监管体系,成为世界上最为庞大的水上船舶交通管理系统。该体系的建立为保障在我国管辖水域内的船舶航行安全、为保护水域环境做出了突出贡献。

2. 我国 VTS 的发展定位

1972 年国际海上人命安全公约(SOLAS)第五章第 12 条规定:"船舶交通管理系统(VTS)有利于海上人命安全、航行安全和效率、保护海洋环境、附近岸上区域、工地和海上设施免受海洋运输可能带来的不利影响。"国际航标协会(IALA)更给出了进一步的解释:"VTS 的主要目标是在可航水道的安全使用上给予航海者帮助;为商业和休闲活动提供畅通的保障;为保护海洋及周边环境免受污染做出贡献。"作为多年来 IMOA 类理事国的中华人民共和国,理应在VTS 领域更加出色地领会其深刻含义并有所建树。

经过多年的研究和探索,1994 年我国海事系统在宁波召开具有标志性意义的全国 VTS 发展工作会议,而后又相继颁布了《中华人民共和国船舶交通管理系统管理规则》和《VTS 用户指南》,我国的 VTS 主管机关在严格遵循国际海事公约要求的前提下统一了思想和步调,结合

---

① 本节内容时间节点为 2014 年。

中国的实际确定了如下发展定位和原则：

  ——利用 VTS 的独特标志，展示海事社会形象；

  ——利用 VTS 的技术装备，提高海事科技含量；

  ——利用 VTS 的主线作用，构建动态管理模式；

  ——利用 VTS 的监测能力，加强管辖水域监管；

  ——利用 VTS 的信息资源，扩展海事服务空间。

3.近期建设规划

根据我国船舶交通管理系统（VTS）的建设发展规划，到 2015 年年底，我国沿海和长江干线将形成 56 个 VTS 中心、275 个雷达站的总体布局规模，在扩大水上安全监管体系覆盖面的基础上进一步增强我国海事系统船舶交通安全管理和环境保护的保障能力。

4.VTS 的发展与海事体制改革

多年来，我国 VTS 事业的发展不仅跟随着我国经济体制与海事体制改革开放的步伐循序渐进地向前推进，同时也是按照国际海事组织的相关公约、决议和指南要求不断学习、改进和接轨，以履行并承担常任理事国的责任和义务。

根据我国相关法律规定，VTS 的主管机关是中华人民共和国海事局，这也是在我国经济体制改革过程中最后确定的名称。其起初名为中华人民共和国港务监督局，而后于 20 世纪 80 年代初在第一次交通体制改革中改为中华人民共和国水上安全监督局。1985 年，为适应水上安全监督工作的需要，国务院又做出了改革水上交通安全监督管理体制的决定，按照政企分开的原则，建立了中华人民共和国海上交通安全监督局。最终随着进一步适应社会主义市场经济发展和不断与 IMO 接轨的需要，1998 年在交通部机构的再次改革中，经国务院批准组建了中华人民共和国海事局。

我国海事机构的发展一直伴随着国家经济体制改革和对外开放的步伐，同时也在不断地调整着自己的角色、位置和职能，特别是从 2010 年开始启动的海事系统核编转制改革于 2013 年尘埃落定后，海事机构中原来具有行政执法职能的部门被纳入了国家公务员系列。另据"三定"规定中机构扁平化的要求，各局搜救中心与 VTS 中心合并，其改革又进入了一个新阶段。

我国海事事业的发展经历了若干次体制变化的洗礼，我国 VTS 系统的建设同样也经历了从无到有、从小到大逐渐成长的过程。我国海事系统的专业技术人员通过对关键技术设备的引进、消化和吸收，同时按照国际标准不断调整管理和服务理念，努力培养自己的高技术人才和适任的操作人员，多年来不仅逐步掌握了现代水上船舶交通安全管理的科技手段，而且通过因地制宜的再创新实现了新突破，一举跨入了世界 VTS 管理运行的先进列，取得了显著的成果。

二、问题的提出及意义

1.VTS 的运行经费

根据国际公约要求和国内相关规定，各 VTS 中心除了需要配置合格的操作人员和设备维护人员之外，还要投入足够的运行费用使其得以正常运转。

譬如 IMO 在 1997 年 11 月 27 日通过的 A.857(20)决议《船舶交通服务（VTS）指南》中提

出:"缔约国政府或主管机关在计划和建立 VTS 时应保证 VTS 当局配备了为有效实现 VTS 的目的而必需的设备和设施。","为了执行所要求的工作,VTS 组织应有足够的人员、房屋、仪器及管理运行和各因素之间相互作用的程序。每一方面的要求由 VTS 覆盖水域的自然环境、交通密度和参数以及提供服务的类型来确定。还应考虑建立备用设施来维持可靠性和可用性的期望水平。"

国际航标协会(IALA)在 2012《船舶交通服务手册》中亦指出:"运行成本是 VTS 使用期内某些方面支出经费的成本总和,主要包括建筑工程的维护和维修、设备的维护和维修、人员的补充和分配、生活资料的消耗等等。"

电子设备很快变得过时和不适于维护。因此,VTS 使用期间最新设备的定期更换要在运行成本评估中加以考虑。

从以上的相关论述中我们不难看出,其主要用意在于申明以上各种资源要素均是一个 VTS 运行不可或缺的组成部分。

数十年来,为解决我国 VTS 经费初始投入不足几近难以为继的具体问题,资金支出的渠道经历了从船舶港务费的自收自支改为从航测经费名下列支,而后又从部门收支两条线的支付方式到统一纳入国家财政预算,直至海事系统核编改制后的最新变化即 VTS 从业人员经费归并到各直属局账户支出,其他费用仍从航测经费支出的"阶段性"定局。

2.VTS 主管机关的责任

正如前文所述,到 2015 年年底,我国沿海和长江干线将形成 56 个 VTS 中心、275 个雷达站的总体布局规模,怎样维持全国如此庞大而且还要连续不间断地运行 VTS 系统,让其发挥出最大的社会效益和经济效益,同时在体制不断变化的前提下如何保障系统运转顺畅,科学合理地投入并运用好系统运行经费,是 VTS 主管机关所面临的一项重要任务。因此部局适时提出了进行"沿海 VTS 费用定额标准修订"研究课题,这是具有前瞻性的一项战略举措。

三、标准修订的必要性与考核指标

1.必要性论述

从理论上讲,在我国沿海主要港口、航路和长江通航水域建设 VTS 系统的基本性质是相同的,都是在为船舶的安全航行、港航企业的营运效率和水域环境的保护乃至海上人命的搜救进行监控和提供服务,但是由于各 VTS 系统的建设规模、所处的地理环境位置、所配置的监控设备数量以及运行维护方式各具特色不尽相同,共性与个性兼而有之,故如何计算各中心的费用开支额度的确颇费脑筋。

为了基本确定各 VTS 系统的维护管理费用额度,部局在 20 世纪 90 年代末期曾试行过且沿用至今的一个沿海 VTS 费用支出定额标准,其主要方法是将 VTS 中心和雷达站进行分级别按数量以及配置的设备种类来划分处理,此定额标准在一定程度上解决了当时经费的来源和分配方式。另外,交通运输部规划设计院根据多年设计经验也提出过 VTS 运行维护费用的提取比例,作为 VTS 系统建设初步设计概算的组成部分。但考虑到当时的社会经济发展规模、船舶交通流量、信息处理速度和科技发展水平等均不能与当代同日而语,原先建立的分级标准和提取比例的确不能满足现时的维护管理需要。随着时间的推移,尤其是近十多年来,经历了若干次体制改革的 VTS 系统得到了快速的发展,需要考虑的费用支出要素层出不穷,逐渐暴露出该定额标准和比例划分的较为粗放、不太精确和分项对应不足以及难以随之变化等缺点，因此做出适当的调整和改进是必需的。

综上所述，为适应外部环境条件的不断变化，使有限的资金得到有效利用，将沿海 VTS 系统运行经费的管理和投入总量的计算方式进行再设定和再调整，在原有的基础上研究和探索出一种适合现代 VTS 中心费用定额的方法是非常必要的。

2.考核指标

通过本课题的研究，期望一方面能够找出一个较为科学合理的计算方式，并将其所选取的计量要素基本涵盖不同类型、不同规模和不同运行模式的 VTS 系统。另一方面通过对本课题的探讨，列出问题之所在，分析判明其中缘由，推导出新的计算公式，以促进各个 VTS 中心确实将经费使用在系统运维上，真正做到专款专用，最终为建立起一个能够适应最新体制变化情况的标准规范提供设定依据。

四、编制依据

1.国内法规文件

（1）中华人民共和国海上交通安全法；

（2）中华人民共和国海洋环境保护法；

（3）中华人民共和国船舶交通管理系统安全监督管理规则；

（4）中华人民共和国海事局船舶交通管理系统运行管理考核办法；

（5）中华人民共和国海事局船舶交通管理系统设备维护管理办法；

（6）中华人民共和国海事局沿海 VTS 分级和费用定额标准及说明；

（7）中华人民共和国海事局关于加强 VTS 财务管理和会计核算工作的通知。

2.国际公约与相关文件

（1）1972 年国际海上人命安全公约及其修正案；

（2）国际海事组织船舶交通服务（VTS）指南 IMO A.857（20）决议；

（3）国际航标协会 2012 船舶交通服务（VTS）手册；

（4）国际航标协会关于船舶交通管理系统（VTS）运行程序的建议案 IALA 建议 V-127；

（5）国际航标协会 VTS 设备操作与技术性能要求 IALA 建议 V-128；

（6）国际航标协会关于港口及受限制水域风险管理工具 IALA 建议 O-134；

（7）国际航标协会 VTS 中心配员标准 IALA 指南 1045。

五、研究内容与研究方法

1.主要研究内容

（1）概述

VTS 系统的主要功能是利用现代海上监控设备，通过数据库、现代网络通信等信息化手段，随时掌控管辖水域的船舶航行动态，实现对水域现场的"可视、可听、可控"，从而完成 VTS 系统所承担的数据收集与处理、信息服务、助航咨询、交通组织、支持联合行动等项职能。

（2）VTS 系统技术设备的基本构成

①雷达：雷达是一种通过发射电磁波和接收回波，对目标进行探测和锁定目标信息的设

备。交管雷达可测量目标的距离、方位、速度与航向,必要时能用于导航,避免目标碰撞。

②雷达数据处理子系统:主要用于对目标的检测、识别与跟踪;监视与报警;目标显示;信息的记录与重放。

③信息传输子系统:主要任务是在雷达站和 VTS 中心或雷达站与雷达站之间建立信息传输通道,或由 VTS 中心向其他有关单位传送服务信息。实现方式有无线传输(微波)和有线传输方式(同轴电缆、光纤、电话)。

④VHF 通信子系统:保证 VTS 中心与 VTS 区域内船舶的正常有效通信,其作用距离可以覆盖并超过雷达作用距离。一般来说雷达的作用距离在 20 n mile 左右,VHF 通信的作用距离在 25 n mile 左右。

⑤VHF-D 测向子系统:是对船舶进行识别的一种有效手段,可测出使用 VHF 无线电话船舶的方位,并可将方位线在显示器上显示,配备两台测向仪即可对船舶进行定位。

⑥CCTV 电视监控子系统:可弥补雷达对船舶密集港区、雷达盲区及假回波区域的不足,从而快速判断交通态势、及时提醒船舶避险。

⑦水文气象子系统:主要负责搜集和显示 VTS 区域的水文气象实时信息,有利于及时向船舶提供信息服务。

⑧船舶数据处理子系统:主要承担在辖区内过往船舶的数据记录、查询和处理任务并具有交互制订港口船舶交通动态计划功能。

⑨船舶自动识别子系统(AIS):主要作用是对安装了符合国际标准船载 AIS 设备的船舶进行显示与识别,并可与雷达信号相融合,起到互为补充的作用。

⑩大屏幕显示子系统:主要应用于海上人命救助、环境保护、搜救演练等应急指挥,并还可用于来访宾客观摩设备操作实况等事宜。

⑪VTS 模拟器子系统:主要用于 VTS 从业人员的设备操作、专业用语、各部门协调作业等初、中、高等级的专业培训。

⑫数据和话音记录子系统:主要实时记录雷达视频、CCTV 视频和 VHF 语音通话数据,必要时为海事调查提供佐证。

⑬供电与应急子系统:为保证 VTS 系统设备正常运转、照明等需求而配置的电源装置,可以实现不间断供应电力。

⑭其他子系统:根据不同需求配置的子系统。

(3)VTS 系统设备维护费用示意框图

如图 11-8 所示。

(4)VTS 系统费用支出的基本构成

VTS 系统费用泛指在运营过程中所发生的各种资金耗费,它与 VTS 的人员、资产、业务活动等密不可分。

费用按照性态分类,可以分为直接费用、间接费用和管理费用。直接费用是指 VTS 系统运行所需的费用,包括运行的设备、软件及相关的系统所产生的费用。

间接费用是指保障 VTS 系统运行的外围环境所产生的费用,比如房屋、燃油费、水电、交通运输费等。

管理费用是指 VTS 中心管理人员的人员费用、办公费用和行政费用等。但由于人员经费已列入各局大账预算,不是本课题的研究重点,可不予考虑。

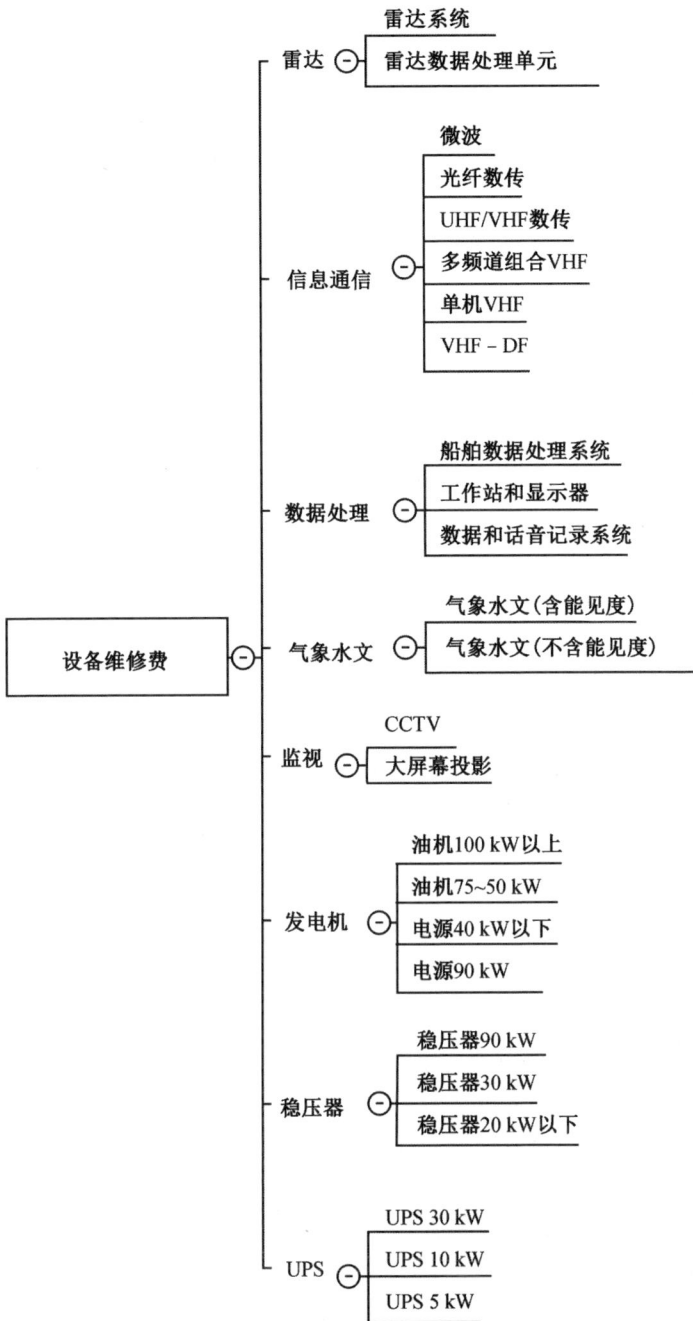

图 11-8 VTS 系统设备维护费用示意框图

VTS 要充分考虑影响成本费用变动的因素,比如影响燃油费的因素是车辆的行驶里程,物价的波动会造成预算的超支等。只有对每一项费用进行分析,找出影响该成本费用的具体因素,才能为下一步的费用定额奠定良好的基础。

以信息化手段搭建费用定额标准体系管理平台是比较理想的方式。以此来构建的费用定额标准体系是 VTS 精细化管理的重要手段之一,它具有流程复杂、数据量大、处理速度快的特点。在今后的具体实践中,理应采用信息化手段搭建一个包括费用定额基础管理、计算测定、执行控制、分析考核等环节的管理平台,为 VTS 提升管理绩效服务。

由于此课题处于刚起步阶段,本期只能先从如何实现定额标准的修订研究入手,仅积累一定经验及条件成熟后再进一步改进到高自动化和多系统集成阶段,实现精细化管理的目标。

(5)VTS 系统运行相关要素分析

①土建维护、维修与改造

a.安装 VTS 设备的建筑塔楼或办公楼房的维护保养与必要的维修。

b.根据内外环境的变化和系统运行的需要所进行的建筑物改造。

②通信线路

a.自建光纤线路:要考虑线路的距离、线路架设的地理位置和使用的材料。地理位置要考虑高山、平原、河流、湿地等架设的成本,还有占用农田、道路的费用也要考虑。

b.网络租赁费:在网络资源(比如:带宽)不变的情况下,每年网络租赁费变化不大。如果要调整资源,需要考虑增加租赁成本。

③机房所处环境

VTS 中心的费用定额取决于机房的大小,以及空调的类型和规格。

混凝土建筑设施通常建在沿海盐碱地环境中,会发生侵蚀破坏。混凝土遭受环境中的氯离子、镁离子和硫酸根的侵蚀,长期的积累会使混凝土开裂。在这些环境下的建筑寿命普遍比无盐地区的短,在费用定额上要进行区别对待。

④雷达站环境

雷达站由于分布的位置比较广,各地的环境千差万别,需要考虑的维护因素相比 VTS 中心要多,主要有以下几个方面:

a.物业人员的管理费用。

b.铁塔的维护:维护要区分有盐地区和无盐地区。同时也要根据寿命年限来区别对待费用定额,年限短和年限长的建筑物费用定额不一样。

c.道路:分为自建道路和公共道路。如果是自建道路,需要根据国家标准区分道路的级别,不同级别的道路费用定额有差异。道路的距离也是影响费用定额的因素。

d.防雷接地:防雷配件设施中需要区分更换的年限。

e.安全防护:室内和室外的安放位置和数量需要考虑。

f.机房空调:空调更换有固定的年限,根据不同的空调使用年限制定相应的更换年限。

g.供配电系统:规定变压器的更换年限,UPS 使用年限和电池的使用年限。

h.发电机、电梯等:日常保养维护。

i.水、电费:每月应有固定的费用。

j.生活设施:家具、厨卫等费用(无人站可免除)。

k.绿化:环境绿化费用,费用取决于当地气候条件和绿化的面积。

l.交通费:租船、租车和搬用费用。

m.检测费:检测雷达等设备的费用。

n.其他不可预见的费用。

六、研究方法

1.技术路线的确定(见图 11-9)

沿海VTS费用定额标准修订课题研究技术路线

| 历史沿革与必要性论述 | 主要内容与研究方法设计 | 需要解决的技术难点和对策 | 效益与风险分析及研究结论 |

1 历史沿革、现状与规划
2 课题的提出及意义
3 课题必要性与考核指标
4 报告编制依据

历史沿革与必要性论述

1 技术难点描述
2 解决问题的途径
3 计算公式的设定

需要解决的技术难点和对策

交通运输部海事局 沿海VTS费用定额标准修订方案

1 主要研究内容
2 技术路线的确定
3 定额标准的核定方式
4 典型案例之分析举证

主要内容与研究方法设计

1 社会和经济效益分析
2 风险分析及对策
3 研究结论

效益与风险分析及研究结论

图 11-9　沿海 VTS 费用定额标准修订课题研究技术路线的确定

2.定额标准的核定方式

(1)现行定额标准的核定方式方法一

本方法是由我国 VTS 规划设计部门根据多年建设 VTS 的实践总结归纳出的经验公式,通常纳入新建 VTS 系统的总投资预算。

其日常运行的维护费用及比例关系包括以下几个方面:

①管理费

管理费为总投资的 0.8%。

②水、电费

水、电费用为工程建设费用的 1%。

③设备维修费

设备维修费为设备购置费的 5%。

④建筑维修费

建筑维修费为建筑费用的 4%。

⑤电信公用网信息传输租费

每条每月每兆 1 000 元。

本方法的优势:计算方式比较简单,尤其是对初始建设的 VTS 系统运行费用的核定具有简单易行的优点。

本方法的不足:对于多年运行的 VTS 系统来说,作为年度维护费用的比例系数略显偏低,可能不足以支撑系统正常运行。另外也没有考虑增加必要的加权系数。

(2)现行定额标准的核定方式方法二

在充分考虑各 VTS 中心及雷达站的位置、设备、交通流量等因素的前提下,综合评定定额标准。VTS 费用定额分为工资福利费(此处不予考虑)、设备维修费、运行费、公务费四类。

①设备维修费

设备年维修费包括备品备件费和请厂家维修而发生的人工费用,根据每个 VTS 实际运行需要的单机数量分别计算。不同设备年维修费定额不同,雷达系统、雷达数据处理、信息传输系统、雷达显示控制台(工作站)、VHF 通信系统、录音录像系统、船舶数据处理系统按设备购置费的10%计算,其他设备按购置费的5%计算,各 VTS 的设备维修费用专款专用。要进口的备品备件,由海事局统一组织引进,所需费用从维修费中扣除。

具体分项计算如下:

a.雷达系统

雷达系统包括天线、收发机、控制单元、显示器及附属电源部分。不分双收发雷达,也不分单雷达或双雷达,每站均按1部雷达工作考虑,维修费用每部10万元/年;带 ARPA 或相当于 ARPA 处理显示终端,有人值守工作的雷达系统,每部12万元/年。

b.信息传输系统

微波传输设备不分模拟微波或数字微波,每跳(包括两端天线、收发机及控制、接口设备)、单通道传输6.4万元/年。

传输雷达数字化视频、控制信号和话音等信息的光纤系统,光缆长度不超过5 km 的,每个系统维修费定额3.2万元/年。

传输雷达数字视频、控制信号、话音等信息的 UHF 或 VHF 系统,每跳维修费定额3.2万元/年。

c.VHF 通信设备

集中式收发天线、多频道同时工作的 VHF 岸台系统维修费用12万元/年。

非集中式天线的单机多通道 VHF 岸台,每台0.8万元/年。

d.雷达数据处理装置

具有雷达数据录取、跟踪和系统综合处理功能,按每部雷达1套计算,每套10万元/年。

e.雷达显示工作站(计算机工作站)

每套工作站带1~2台雷达数字视频显示器(含雷达控制和通信控制面板),每套20万元/年。

f.船舶数据处理系统

含船舶交通数据处理器和显示器,每套8万元/年。

g.VHF 测向系统含 VHF 接收天线、控制器和接收机,每套6万元/年。

h.水文气象站

含能见度计的水文气象站,每套2万元/年;不含能见度计的水文气象站,每套1.5万元/年。

i.大屏幕显示系统

含微机和投影仪,每套 4 万元/年。

j.数据和话音记录系统

含雷达数据和话音记录设备及存储介质,每套 4 万元/年。

k.柴油发电机

100 kW 以上,每组 3 万元/年;75~50 kW,每组 1.5 万元/年;40 kW 以下,每组 1 万元/年。

l.交流稳压器

90 kW 及以上:每台 1.5 万元/年;30 kW 及以上:每台 0.5 万元/年;20 kW 及以下:每台 0.3 万元/年。

m.UPS

30 kVA 及以上:每台 3 万元/年;10~20 kVA:每台 1.5 万元/年;5 kVA 及以下:每台 0.3 万元/年。

n.其他固定资产维修费

除了技术设备以外的 VTS 设施和配套设备的维修费用,按固定资产总值的 5%计算。

②材料、燃料和水电费

a.雷达站

A 级:10 万元/年(独立于 VTS 中心,昼夜值班,对外实施船舶交通管理的雷达站);

B 级:8 万元/年(独立于 VTS 中心,主要设备由 VTS 中心遥控工作的雷达站);

C 级:5 万元/年(与 VTS 中心合设在一起的雷达站)。

b.VTS 中心

A 级:35 万元/年(由 4~5 个雷达站组成,所有信息集中到 VTS 中心评估处理,计算机工作站(雷达操作显示控制台)4~5 个;24 h 值班并负责系统的维护管理)。

B 级:25 万元/年(由 3 个雷达站组成,所有信息集中到 VTS 中心评估处理,计算机工作站(雷达操作显示控制台)3~4 个,昼夜值班并负责系统的维护管理)。

C 级:15 万元/年(由 1~2 个雷达站组成,所有信息集中到 VTS 中心评估处理,计算机工作站(雷达操作显示控制台)2~3 个,昼夜值班并负责系统的维护管理)。

③公务费

公务费包括差旅费、邮政、劳保、培训、制服等费用,按每年人均 0.7 万元计算。

④本方法的优势:各类别的分项较详细,资金数额对号入座,便于清点和计算总额。

⑤本方法的不足:相关要素的考虑还不够周全,新型设备的配置没有对应关系,特殊情况未能涵盖。另外与前一方法相同的也没有考虑必要的加权系数。

3.VTS 费用使用的基本原则

考虑到 VTS 经费使用渠道的特殊变化,且应与其他部门的财务管理方式有所区别,因此交通部海事局于 1999 年下发了《关于加强 VTS 财务管理和会计核算工作的通知》,其中要求:"VTS 经费(包括日常经费和三项费用)要单独核算,单列记账,单独反映。各单位应严格区分港监经费支出和 VTS 经费支出,凡属共同发生的费用,应本着谁使用谁受益的原则进行合理分摊。"

七、典型案例之分析举证

1.按现行定额标准方法一的计算结果

（1）天津海事局 VTS 中心

①管理费

管理费为总投资的 0.8%。

②水、电费

水、电费用为工程费用的 1%。

③设备维修费

设备维修费为设备购置费用的 5%。

④建筑维修费

建筑维修费为建筑费用的 4%。

⑤电信公用网信息传输租费

每条每月每兆 1 000 元。

（2）广州海事局 VTS 中心

①管理费

管理费为总投资的 0.8%。

②水、电费

水、电费用为工程费用的 1%。

③设备维修费

设备维修费为设备购置费用的 5%。

④建筑维修费

建筑维修费为建筑费用的 4%。

⑤电信公用网信息传输租费

每条每月每兆 1 000 元。

2.天津海事局 VTS

（1）雷达系统

雷达系统包括天线、收发机、控制单元、显示器及附属电源部分。不分双收发雷达，也不分单雷达或双雷达，每站均按 1 部雷达工作考虑，维修费用每部 10 万元/年；带 ARPA 或相当于 ARPA 处理显示终端，有人值守工作的雷达系统，每部 12 万元/年。

（2）信息传输系统

①微波传输设备不分模拟微波或数字微波，每跳（包括两端天线、收发机及控制、接口设备）、单通道传输时 6.4 万元/年。

②传输雷达数字化视频、控制信号和话音等信息的光纤系统，光缆长度不超过 5 km 的，每个系统维修费定额 3.2 万元/年。

③传输雷达数字视频、控制信号、话音等信息的 UHF 或 VHF 系统，每跳维修费定额3.2 万元/年。

④VHF 通信设备

集中式收发天线、多频道同时工作的 VHF 岸台系统维修费用 12 万元/年。

非集中式天线的单机多通道 VHF 岸台,每台 0.8 万元/年。

⑤雷达数据处理装置

具有雷达数据录取、跟踪和系统综合处理功能,按每部雷达 1 套计算,每套 10 万元/年。

雷达显示工作站(计算机工作站)

每套工作站带 1~2 台雷达数字视频显示器(含雷达控制和通信控制面板),每套 20 万元/年。

⑥船舶数据处理系统

含船舶交通数据处理器和显示器,每套 8 万元/年。

VHF 测向系统

含 VHF 接收天线、控制器和接收机,每套 6 万元/年。

⑦水文气象站

含能见度计的水文气象站,每套 2 万元/年。

不含能见度计的水文气象站,每套 1.5 万元/年。

⑧大屏幕显示系统

含微机和投影仪,每套 4 万元/年。

数据和话音记录系统

含雷达数据和话音记录设备及存储介质,每套 4 万元/年。

⑨柴油发电机

a.100 kW 以上:每组 3 万元/年。

b.50~75 kW:每组 1.5 万元/年。

c.40 kW 以下:每组 1 万元/年。

⑩交流稳压器

a.90 kW 及以上:每台 1.5 万元/年。

b.30 kW 及以上:每台 0.5 万元/年。

c.20 kW 及以下:每台 0.3 万元/年。

⑪UPS

a.30 kVA 及以上:每台 3 万元/年。

b.10~20 kVA:每台 1.5 万元/年。

c.5 kVA 及以下:每台 0.3 万元/年。

⑫其他固定资产维修费

除了技术设备以外的 VTS 设施和配套设备的维修费用,按固定资产总值的 5%计算。

材料、燃料和水电费

a.雷达站

A 级:10 万元/年。

B 级:8 万元/年。

C 级:5 万元/年。

b.VTS 中心

A 级:35 万元/年。

B 级:25 万元/年。

C 级:15 万元/年。

c.公务费

公务费包括差旅费、邮政、劳保、培训、制服等费用,按每年人均 0.7 万元计算。

3.广州海事局 VTS

①雷达系统

雷达系统包括天线、收发机、控制单元、显示器及附属电源部分。不分双收发雷达,也不分单雷达或双雷达,每站均按 1 部雷达工作考虑,维修费用每部 10 万元/年;带 ARPA 或相当于 ARPA 处理显示终端,有人值守工作的雷达系统,每部 12 万元/年。

②信息传输系统

a.微波传输设备不分模拟微波或数字微波,每跳(包括两端天线、收发机及控制、接口设备)、单通道传输时费用 6.4 万元/年。

b.传输雷达数字化视频、控制信号和话音等信息的光纤系统,光缆长度不超过 5 km 的,每个系统维修费定额 3.2 万元/年。

c.传输雷达数字视频、控制信号、话音等信息的 UHF 或 VHF 系统,每跳维修费定额 3.2 万元/年。

③VHF 通信设备

a.集中式收发天线、多频道同时工作的 VHF 岸台系统维修费用 12 万元/年。

b.非集中式天线的单机多通道 VHF 岸台,每台 0.8 万元/年。

④雷达数据处理装置

具有雷达数据录取、跟踪和系统综合处理功能,按每部雷达 1 套计算,每套 10 万元/年。

a.雷达显示工作站(计算机工作站)

每套工作站带 1~2 台雷达数字视频显示器(含雷达控制和通信控制面板),每套 20 万元/年。

⑤船舶数据处理系统

含船舶交通数据处理器和显示器,每套 8 万元/年。

⑥VHF 测向系统

含 VHF 接收天线、控制器和接收机,每套 6 万元/年。

⑦水文气象站

a.含能见度计的水文气象站,每套 2 万元/年。

b.不含能见度计的水文气象站,每套 1.5 万元/年。

⑧大屏幕显示系统

含微机和投影仪,每套 4 万元/年。

⑨数据和话音记录系统

含雷达数据和话音记录设备及存储介质,每套 4 万元/年。

⑩柴油发电机

a.100 kW 以上,每组 3 万元/年。

b.50~75 kW,每组 1.5 万元/年。

c.40 kW 以下,每组 1 万元/年。

⑪交流稳压器

a.90 kW 及以上:每台 1.5 万元/年。

b.30 kW 及以上:每台 0.5 万元/年。

c.20 kW 及以下:每台 0.3 万元/年。

⑫UPS

a.30 kVA 及以上:每台 3 万元/年。

b.10~20 kVA:每台 1.5 万元/年。

c.5 kVA 及以下:每台 0.3 万元/年。

三、其他固定资产维修费

除了技术设备以外的 VTS 设施和配套设备的维修费用,按固定资产总值的 5%计算。

四、材料、燃料和水电费

1.雷达站

A 级:10 万元/年。

B 级:8 万元/年。

C 级:5 万元/年。

2.VTS 中心

A 级:35 万元/年。

B 级:25 万元/年。

C 级:15 万元/年。

五、公务费

公务费包括差旅费、邮政、劳保、培训、制服等费用,按每年人均 0.7 万元计算。

通过上述几组数据的显示和比对,我们可以看出无论采取何种核算方式都难以从中发现有规律的契合点,除了一组数据之外,其他数据都比现实低很多。这也从侧面证明现行的计费方式与实际的确不相吻合,到了非改不可的地步。

六、需要解决的技术难点和对应策略

1.技术难点

(1) 客观上存在着难以平衡的条件差异

a.港口 VTS 与沿海 VTS 之间的差别

沿海 VTS 如何与港口 VTS 相区别,1997 年 11 月 27 日国际海事组织通过的 IMO A.857(20)决议《船舶交通服务(VTS)指南》给出了这样的定义:"港口 VTS 和沿海 VTS 之间的区别需要加以明确。港口 VTS 主要是与进出港口的船舶交通有关,而沿海 VTS 主要是与经过该区域的船舶交通有关。一个 VTS 可以包含这两种形式。这两种形式的 VTS 提供服务的种类和等级可以是不同的;港口 VTS 通常提供助航服务和交通组织服务,而沿海 VTS 通常只提供信息服务。"

譬如我国的琼州海峡、台湾海峡、渤海海峡,珠江口、长江口、成山角 VTS 均属于沿海 VTS (或称水道 VTS),主要任务是负责监控过往船舶的交通动态并可向其提供信息服务。(不排除该系统也承担港口 VTS 的部分任务)

由此可见,不同的 VTS 所承担的工作任务不同,工作量亦有不同,付出的经济代价则有很大区别。

（2）各 VTS 中心所处环境的差异分析

①自然条件

我国地域辽阔,海岸线长,从海南三亚到辽宁锦州横跨 23 个纬度线,一年的温差通常要从最高 40 ℃到最低零下 20 ℃,年均降水量从几百毫米到几千毫米,北方海域的盐碱腐蚀较南方海域强烈数倍,每年都要经历十二级以上台风和长时间冰冻。由此可见,自然环境差异巨大,对 VTS 设备的影响各不相同。

不仅如此,我们的 VTS 雷达站还往往建在偏远的海上孤岛或钻井平台之上,俗称艰苦塔台站,补给或维护的难度均较高。

②各 VTS 中心不同工作量的分析

当前我国沿海建设的 VTS 中心大都是港口 VTS,基本工作任务应该相差不多,但实际上的工作量还是有所区别,譬如 VTS 监控区域内的船舶交通流量、所在港口的货物吞吐量、集装箱箱量、海上和港口工程建设规模数量、特种船舶的周转量、船舶交通事故发生量、VTS 信息流的通过量,等等。

③各 VTS 中心运维模式差异

按照国际航标协会（IALA）推荐的 VTS 系统设备的三种维护方式和设备运行率标准,一个 VTS 中心应该:

a.具有一个完整的有足够知识和经验进行 VTS 使用设备修理和维护的队伍。

b.与一个当地的维修组织签订合同并由其承担这项工作,既可以随叫随到,也可以派小组常驻,必要时其他人员给予支持。

c.雇佣少量常驻维修人员以承担日常的维护任务,进行小修和诊断大的故障。较大修理和本身不能胜任的工作要考虑与他方的合同安排。

我国 VTS 中心根据自身条件分别采取了社会化维修模式、自修模式、局内其他部门协助模式以及具有中国特色的第四种方式即区域合作模式。维修模式的不同必然导致维护费用的差距。

（3）历史遗留的各中心职能不同,难以协调一致

由于各局地处不同海域,VTS 系统工程建设发展进程各异,尤其是在社会化程度、现代化程度、专业化程度、科技知识的普及程度存在差异,致使各局在确定 VTS 中心的架构、职能和权限、系统的管理方式、设备的运维方式以及对人、财、物等采取的分配方式不尽相同,如想协同一致并非易事。

虽然经本次核编改制后,海事系统各局的 VTS 中心均与搜救中心值班室合并,并以局内设处室的身份出现,但该部门的职责还是各有不同,譬如天津和广州 VTS 中心的职责分别调整如下:

①天津海事局 VTS 中心职责

a.宣传、贯彻和执行国家有关水上交通安全与防治船舶污染的法律、法规和有关国际公约及本局有关规定,协助有关部门制定 VTS 的管理规定并具体执行。

b.负责制定和编发天津港 VTS 用户手册。承担编制天津港 VTS 发展计划工作并具体实施发展项目。

c.负责对本港船舶交通流实施全面的组织与监控,监控覆盖水域内参与 VTS 船舶的航行状况,具体监督船舶遵守本港水上交通安全管理规定的情况。

d.负责船舶保安信息接收工作。

e.负责船舶动态信息的收集、评估和处理工作。审核进出港船舶航行计划并对实施情况进行监控。

f.负责对特定水域、特殊船舶及特殊天气(海况)下的通航情况实施船舶交通管制。

g.负责天津港水域水深监督和定期核定通航设施使用水深工作。

h.负责天津港码头靠泊能力监督工作。

i.负责天津港日常破冰工作。

j.负责天津港船舶安全监护和护航审批工作。

k.负责对 VTS 覆盖水域内突发水上交通安全事故的应急处理;协助组织 VTS 覆盖水域内的搜救、打捞、清污、抢险等工作。

l.负责 VTS 系统设备的维护、维修管理工作。

m.负责对本港航行和作业船舶提供信息服务和助航服务。

n.按照上级有关规定,负责相关数据和信息的汇总、统计及上报工作。

o.执行《档案法》及本局档案管理办法,负责本中心档案的管理工作。

p.负责本中心内部安全管理和综合治理工作。

q.负责本中心资产管理、职工队伍建设、精神文明建设、行风建设及综合管理等工作。

②广州海事局 VTS 中心职责

a.贯彻执行国家关于水上交通安全管理的法律法规和上级主管部门制定的有关规定,维护 VTS 管理区域内的水上交通秩序。

b.负责广州 VTS 中心运行管理,落实人员配置、职责分工、学习培训、后勤保障等工作。

c.负责广州 VTS 中心值班工作,充分运用 VTS 功能,提供交通组织服务、信息服务、助航服务、支持联合行动。

d.协助组织 VTS 管理区域内的搜寻救助,按规定为事故调查处理提供 VTS 录像证据。

e.按照有关要求调动、指挥海巡船艇及现场执法人员维护水上交通秩序或处置其他紧急任务。

f.合理使用 VTS 系统设备,充分发挥其效能。协助管理养护和维修,保持各系统设备正常运行。

g.按要求完成国际航行船舶进口岸申报的核准工作。

h.协助指挥中心完成值班室职责。

i.完成上级领导交办的其他工作任务。

经两相比较后我们不难发现,仅举出南北两个 VTS 中心的职责就存在如此大的差异,无论从宏观的布局还是到微观的操作,有相同之处但更多的是不同,其中的区别不言而喻。

可想而知,在如此复杂的内外环境条件下,采用任何一种方案都难以做到包罗万象和面面俱到。

二、解决问题的途径

1.途径设计

在综合考虑众多相关要素和现行取费标准的基础之上,能否从中找到一个合理的区间并具有普适性,既能基本涵盖相同之处又能体现不同特点?对此课题组提出了三种用经验公式与加权系数叠加的方式重新设定定额标准的方案。各方案拟分别采用定量与变量分析、静态与动态相结合的方法作为解决上述问题的设计途径。

2.加权系数的类别

(1)定量(静态)系数

①基础系数:以方法一或方法二的方式为基准,分别选配并乘以一个适当的数值作为费用核定的基本定额。

②特例系数:系统设备设在海上孤岛或平台之上;

③外购系数:系统设备之外的必要硬件和配套软件购置;

④不可预见系数:物价波动、折旧、不可抗力、意外事件等。

(2)变量(动态)系数

①工作量系数(在达到任意一个数值时):

a.港口船舶交通流量在20××年的基础上每增加×万艘次(水道 VTS 每增加×万艘次);

b.港口货物吞吐量在20××年的基础上每增加×亿吨;

c.奖励系数:系统运行率自20××年起连续×年达到国际最高标准99.9%或连续×年达到国际一般标准99.6%;

d.船舶交通事故率在20××年的基础上连续×年降低或持平。

三、设计方案

通过上述综合分析,课题组设计了三个方案,并在各自的方案中采用了不同的数学公式来表达。

1.方案一

拟采用下列公式计算:

$$F = (G + S_1 + S_2 + J + W) + (G + S_1 + S_2 + J + W) \times D$$

式中:F——费用总额(万元):

G——管理费;

S_1——水、电费;

S_2——设备维修费;

J——建筑维修费;

W——电信公用网信息传输租赁费;

D——定量(静态)系数,数值取×%。

2.方案二

拟采用下列公式计算：

$$F = (S + Q + C + G) + (S + Q + C + G) \times D$$

式中：F——费用总额（万元）；

　　　S——设备维修费；

　　　Q——其他固定资产维修费；

　　　C——材料、燃料和水电费；

　　　G——公务费；

　　　D——定量（静态）系数，数值取×%。

3.方案三

拟采用下列公式计算（以规划院方案为基础）：

$$F = (G+S_1+S_2+J+W) + (G+S_1+S_2+J+W) \times D + (G+S_1+S_2+J+W) \times B$$

式中：F——费用总额（万元）；

　　　G——管理费；

　　　S_1——水、电费；

　　　S_2——设备维修费；

　　　J——建筑维修费；

　　　W——电信公用网信息传输租赁费；

　　　D——定量（静态）系数，数值取 0.15；

　　　B——变量系数（数值待定）。

（注：以上的计算均没有考虑汇率的变化）

以上方案仅提供了三种计算思路，其中有些要素并不十分明确，数值也未能提炼到位，如若抬升到制定标准的高度，还需要做进一步的调研、商榷和讨论。

四、社会效益和经济效益分析

1.经济和社会影响评价

（1）现状

随着我国海上运输业的快速发展，我国沿海已经成为世界上水上交通最繁忙的区域之一，2013 年世界 10 大港口货物吞吐量我国已占有 8 席，如表 11-1 所示。

表 11-1　2013 年世界 10 大港口货物吞吐量排行榜

排名	港口	2013 年（亿吨）	2012 年（亿吨）	同比增速
1	宁波舟山港	8.10	7.44	8.80%
2	上海港	7.76	7.36	5.50%
3	新加坡港	5.58	5.38	3.70%
4	天津港	5.01	4.76	5.00%
5	广州港	4.55	4.34	4.87%
6	苏州港	4.54	4.28	9.30%

（续表）

排名	港口	2013 年（亿吨）	2012 年（亿吨）	同比增速
7	青岛港	4.50	4.02	10.60%
8	唐山港	4.46	3.64	22.40%
9	鹿特丹港	4.41	4.42	−0.20%
10	大连港	3.33	3.74	10.10%

目前每年航行于我国沿海水域的船舶已达 400 多万艘次，其中各类油轮超过 16 万艘次，平均每天 400 多艘次，水上交通安全面临严重的威胁，油污风险不断增加。根据预测，"十二五"时期我国水上运输仍将保持快速发展的态势，沿海港口货物吞吐量将保持 5.9% 左右的增长速度，沿海进出港船舶将达到 500 万艘次左右，比 2010 年增加 20% 左右，船舶大型化的趋势也将更加明显。

经济的快速发展，港口吞吐量和船舶流量的不断增加，必将带来通航密度的增加，由此带来船舶航行风险的增大，再加上近海油田开发、水产养殖捕捞、旅游休闲等海上活动日益频繁，商船航行与渔业生产等各类用海活动之间的矛盾不断增多，沿海水域通航环境越来越复杂，发生重大水上交通安全事故的风险将不断增加。

（2）举措

面对如此严峻的形势，交通运输部海事局一方面加大 VTS 系统规划建设投入力度（截至 2013 年年底，总投资约为 20 亿元），另一方面努力提升从业机构的管理与服务水平，按照国际标准制定运行程序，颁布管理规则和用户指南，培训合格的操作与维护人员，为世界各国船舶提供良好的管理和服务产品，成为与我国在国际海事组织中 A 类理事国身份相符的一种标志。

目前我国海事系统所拥有的装备还有：截至 2012 年年底，共有各类船舶 1 037 艘，其中，海事巡逻船 930 艘，航标测量船 107 艘。12 艘 60 米级巡逻船和 3 艘中型溢油回收船正分批次开工建设并部分投产，大型巡航救助船"海巡 01"已列装服役。

截至 2012 年，在我国沿海还设置了各类航标 11 070 座，船舶自动识别系统（AIS）岸台 375 座，无线电指向标–差分全球定位系统（RBN–DGPS）台站 22 座。

为进一步规范沿海船舶航行秩序，改善通航环境，保障人民生命财产安全，减少商船、渔船碰撞事故的发生，降低船舶污染风险，提高交通效率，维护国家权益，交通运输部海事局于去年又出台了《全国沿海船舶定线制总体规划》，将交通组织管理扩展到更广阔的重点水域。

2.社会效益分析

（1）有利于水上交通安全的保障率进一步提高

我国海事系统按照国际公约和国际海事组织要求所建立的海上船舶航行安全综合保障机制，为我国管辖水域的船舶航行安全提供了极大的助力，其中作为能够直接与船舶建立起沟通联络的 VTS 系统无疑发挥了重要作用。我国五年来有关 VTS 管理数据一览表如表 11-2 所示，曲线图如图 11-10 所示。

表 11-2　我国五年来有关 VTS 管理数据一览表

年份	VTS 中心数量（单位:个）	雷达(中继)站数量(单位:个)	接收船舶报告（单位:万艘次）	提供信息服务（单位:万次）	避免险情（单位:百次）	跟踪船舶（单位:万艘次）
2009 年	28	91	557	232	84.7	330
2010 年	28	91	575.3	262.8	140	365
2011 年	30	110	573	265	129.4	382.7
2012 年	33	125	591.1	326.6	144.6	382.7
2013 年	44	184	670.9	410.1	125	559.5

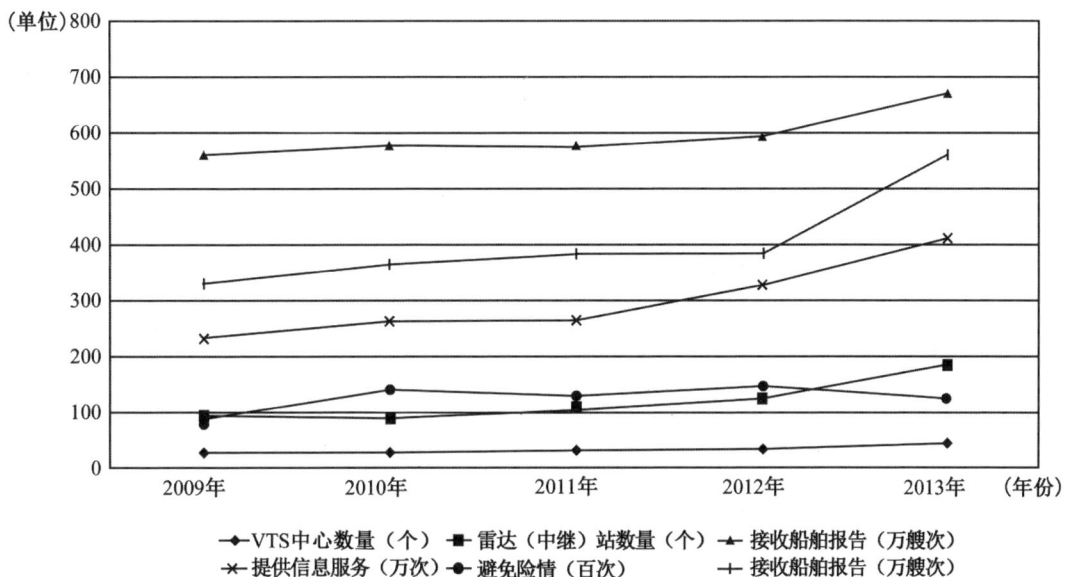

图 11-10　我国五年来有关 VTS 管理数据曲线图

（2）有利于我国沿海水域通航环境的持续改善

在全国 VTS 系统的严密监控下,近年来我国水上船舶交通安全事故次数逐年降低,取得显著效果。详见如下成果分析图表:

表 11-3　我国五年来船舶交通事故数据一览

年份	船舶交通事故（单位:次）	死亡失踪（单位:人）	沉船（单位:艘）	直接经济损失（单位:百万元）
2009 年	358	336	199	346.91
2010 年	331	329	195	323.07
2011 年	298	291	175	391.55
2012 年	270	277	165	466
2013 年	262	265	142	384

（3）有利于海上搜救和防治水域污染能力增强

在全国 VTS 系统的强力支持下,近年来我国海上搜救工作取得丰硕成果,搜救成功率一

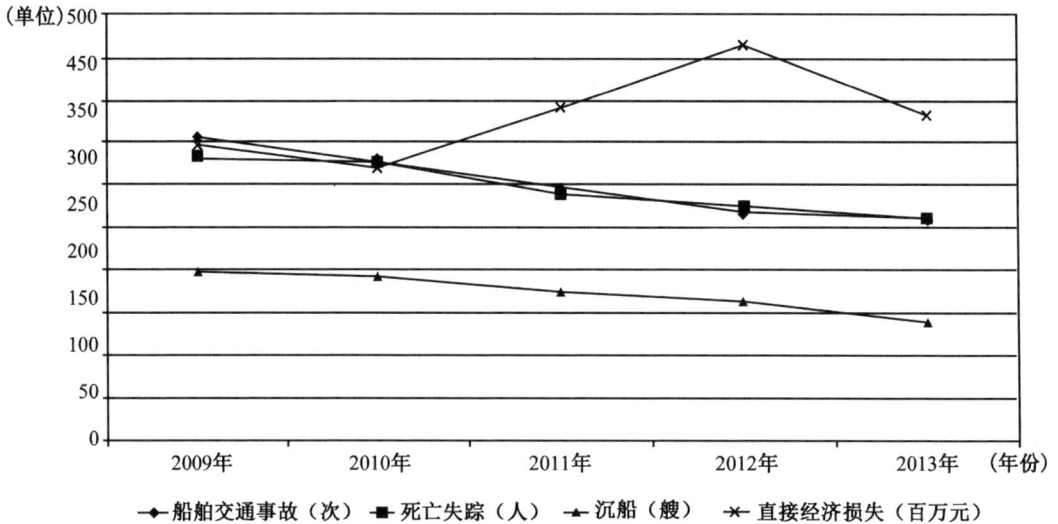

图 11-11 我国五年来船舶交通事故数据曲线图

直保持在 96% 以上,达到了国际先进水平。详见如下成果分析图表:

表 11-4 我国五年来搜寻救助数据一览

年份	协调搜救行动 (单位:百次)	协调船舶 (单位:百艘次)	协调飞机 (单位:十架次)	救助成功率 (单位:百分比)
2009 年	19.64	77.08	30.2	96.2
2010 年	22.18	80.95	34.5	96.1
2011 年	21.77	86	40.2	96.7
2012 年	19.54	73.16	35.2	96.7
2013 年	21.64	75.07	38.6	96.8

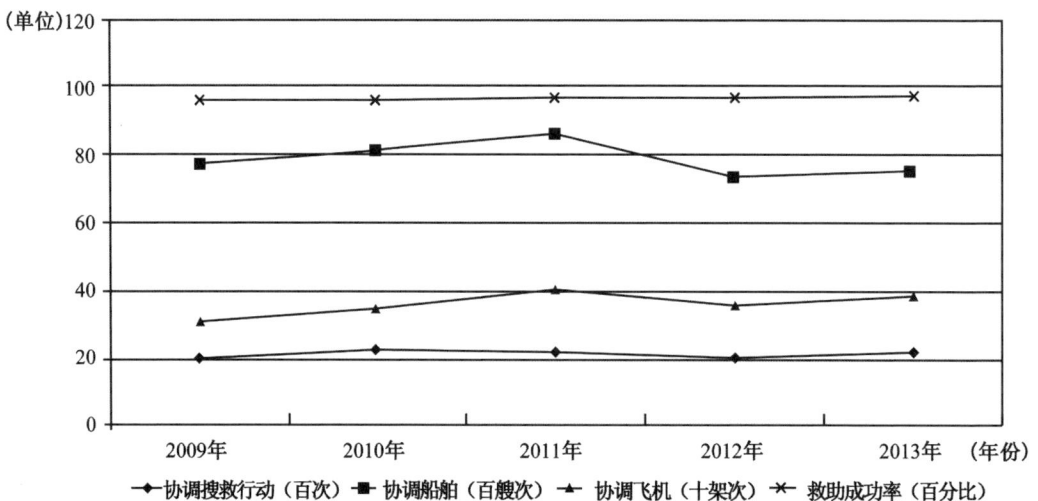

图 11-12 我国五年来搜寻救助数据曲线图

三、经济效益分析

1.有利于 VTS 设备完好率和运行率的提升

为了保证我国 VTS 系统设备处于良好状态,使设备的维护、管理工作逐步走上科学化、规范化、标准化的轨道,保持 VTS 系统设备的连续、可靠运转,以充分发挥 VTS 系统设备的各项功能,从而在技术上保障 VTS 系统所履行的职责,中华人民共和国海事局 2003 年 1 月 9 日以海航测[2003]11 号文颁布了《中华人民共和国海事局 VTS 系统设备维护管理规则》。

该规则参照 IALA 建议案 V-128《VTS 设备操作与技术性能要求》对各 VTS 中心的设备运行做出了按季度和年度填写 VTS 系统设备可用率统计表的要求,如表 11-5 所示。

表 11-5　VTS 设备可用率表

	序号	累计中断时间(h)	中断次数(次)	可用率(%)	备注
雷达子系统	1				
VHF 通信子系统	2				
信息传输子系统	3				
雷达数据处理子系统	4				
雷达显示终端子系统	5				
电源子系统	6				
电视监视子系统	7				
VHF-DF 子系统	8				
水文气象子系统	9				
船舶数据处理子系统	10				
大屏幕投影子系统	11				
记录重放子系统	12				

表 11-6　IALA V-128 推荐 VTS 设备操作与技术性能要求

雷达设施的可用度			
	能力级别		
	基本	标准	高级
雷达设施的推荐可用度	99%	99.6%	99.9%

以广州海事局和天津海事局 VTS 中心为例:

表 11-7　广州 VTS 中心设备近年来运行完好率统计

年份	设备可用率
2009	99.89%
2010	99.82%
2011	99.92%
2012	99.87%
2013	99.99%

表 11-8 天津 VTS 中心设备近年来运行完好率统计

年份	设备可用率
2009	99.94%
2010	99.92%
2011	99.96%
2012	99.98%
2013	99.93%

多年来的实践证明，VTS 设备运转良好的系统一定会对港口产生相应的正面影响。比如，港口知名度的提高、对船舶吸引力的增强、船舶移泊的减少、港口工作计划的顺利实施以及设施的充分利用乃至对地区经济发展的贡献，至少在降低船舶交通事故方面贡献很多。

2.有利于巨额资金投入得以充分利用和回馈

VTS 的有效运行给当地企业和社会带来了很好的经济效益和社会效益，受到媒体的广泛关注和企业的大力支持。但是作为国家公益事业——VTS 的建设究竟带来了多少经济效益、投入和产出比例如何、能否用货币价值加以量化？

VTS 是动辄耗资几百万甚至几千万的大系统，且日常维护费用很高，对 VTS 进行成本和效益分析，早已成为国际海事界着手研究的问题。国际海事组织在 IMO A.857（20）决议已正式推荐 IALA 船舶交通服务手册对 VTS 效益评估的主导思想，并认定 VTS 效益主要是通过防止事态向不可接受的风险发展来提高交通安全和对安全通航做出贡献来体现。

我国 VTS 建设已有 30 多年的历史，投入资金 20 亿，对其所提供的有效性服务也曾进行过系统的评估和效益说明。据了解，2001 年交通部海事局下达了《全国港口 VTS 效益评估暨危险度评估》科研课题任务，交由天津海事局交管中心和大连海事大学联手合作，以天津 VTS 提供的基本数据为基础同时参照了 IALA VTS 指南提出的 VTS 效益评估原则和计算方法，从理论到实践，又从实践到理论进行了多方的验证，取得了初步的成果：

经过多种手段的计算和评价，天津 VTS 的效益指标为：

经济内部收益率 $EIRR = 13.81\%$

经济净现值（$i = 12\%$） $ENPV = 694$ 万元

效益费用比 $BCR = 1.14$

静态投资回收期 $T_p = 7$ 年

动态投资回收期 $T_p = 13$ 年

根据国民经济评价计算结果：

"项目的净现值大于零，经济内部收益率大于社会折现率（12%），效益费用比大于 1。因此，该项目的国民经济效益是可取的。"

该项目于 2002 年 9 月 24 日在北京通过验收。专家评审委员会给出的主要结论是："课题组研究思路清晰，技术路线正确。研究课题实现了 VTS 运行效益与辖区交通危险度评估的量化、计算和仿真，为实现全国港口 VTS 效益评估和危险度评估提供了范例，研究成果填补了国内这一领域的空白，达到了国际先进水平。"

2004 年 2 月，以该课题研究报告为主旨的论文还被推荐参加 IALA 在香港地区举办的第十届国际 VTS 研讨会，课题组主笔撰稿人代表中国海事局做了会议发言，其演说所涉及的内容受到了与会专家和代表的很大关注。

从课题研究成功的若干年后,根据该课题对 VTS 经济效益折算成货币价值与投资回收期的计算方式,通过再次演算天津 VTS 十四年来效益评估的数据,其结果如下:

上述统计数据足以证明,由天津海事局交管中心和大连海事大学合作完成的《全国港口 VTS 效益评估暨危险度评估》科研课题任务所得出的结论贴近实际,与港口和海运经济的发展曲线相符且还有一定超越。如果按此类方法推算,我国 VTS 系统所取得的效益应该远远超出了对它的建设投入和经费投入,20 亿元建设资金的注入应该说得到了充分利用和回馈,投入和产出的比例是良好有效的。

五、风险分析及对策

1.风险评价

通常针对一个项目而言,进行风险评价的目的是在确定风险存在并已知其客观分布情况的基础上,分析影响风险程度的各种因素,通过逐次排列的方法找出高风险区和关键性的风险因素。

根据国际航标协会提出的关于港口及受限制水域风险管理工具的建议(即 IALA_O-134):"成员国应使用 IALA 关于港口及受限制水域风险管理工具对其所辖水域进行碰撞和搁浅风险评估,并将该评估作为其决策过程的一部分。"其管理过程如图 11-13 所示。

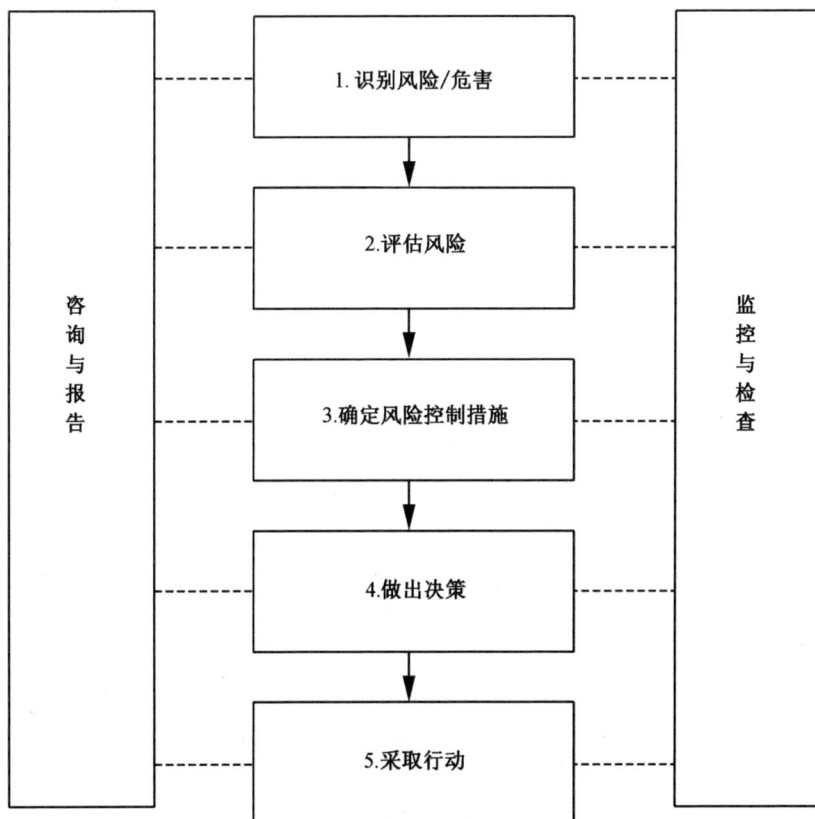

图 11-13 IALA 风险管理指南之管理过程

港口 VTS 系统处在水上交通枢纽的关键环节,是人—船—环境—管理。

有机组合中的必备要素,它的系统完好率和运行率与公共安全息息相关,因而进行程序性的风险评价是必要的。

针对此项要求,课题组将相关要素进行了详细梳理并参照通航环境安全评估方式分析绘制了如下图所示的港口 VTS 工作风险致因演变图。

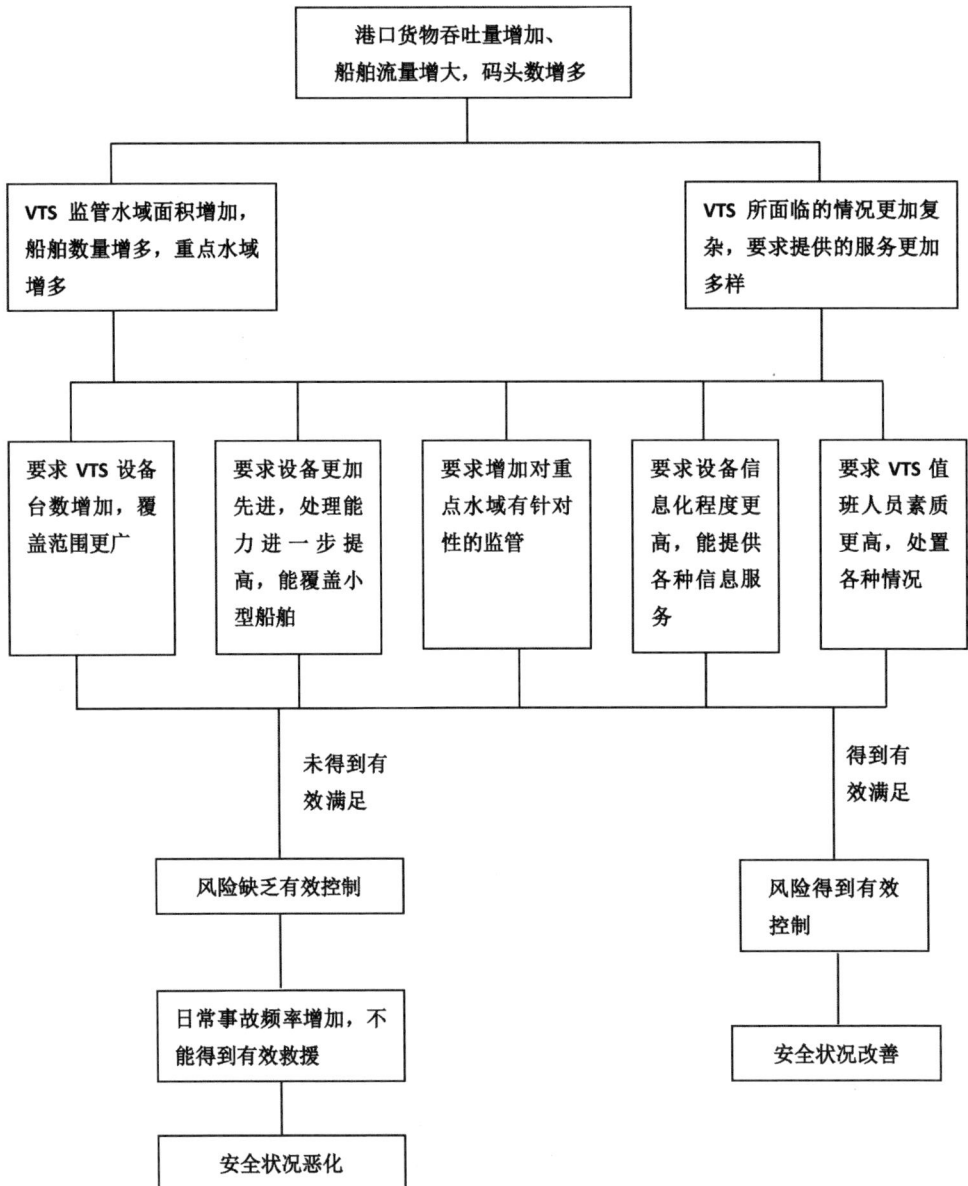

图 11-14　港口 VTS 工作风险致因演变图

2.对策分析

通过多方分析和验证,本课题研究成果的实施不具备高风险的特性,至少不存在直接的风险,况且课题中所提出的方案还有很大的讨论和调整空间,即便今后形成定论也是基于多年实践经验的基础之上,投入和产出的良好比例有目共睹。

唯一的顾虑因素是:如果 VTS 费用投入不足或使用不当致使系统运行受阻,将会产生一定的间接风险,因此需要制定预案加以防范。

另外,新标准的制定和实施还需要一定的时间来组织和验证,届时可能会有局部微调,但总体上无碍大局。

3.无重大风险结论

如按照本课题推荐方案制定定额标准并严格贯彻实施,将会使 VTS 运行经费得以充分使用,无重大风险产生的可能。

如发生人为疏忽或不可抗力情况,执行适当的预案可以有效控制和减轻间接风险产生的后果。

六、综合结论

1.预设的考核指标圆满完成

通过对本课题的研究,课题组设计了一组较为科学合理的计算方式,其计量要素基本涵盖了我国不同类型、不同规模和不同运行模式的 VTS 系统,同时也列出了问题之所在,分别推导出了新的计算公式。经逐一对照考核指标的要求,课题组认为研究成果具有一定的深度,达到了课题立项的初衷和目的。

2.研究成果具有可行性和可操作性

通过对本课题的研究分析,课题组认为该研究报告所提出的方法和计算公式不仅具有可行性和可选性,而且具有很强的可操作性,其成果可作为制定"沿海 VTS 费用定额标准"修订版的决策依据。

3.内河 VTS 可以参照执行

由于我国内河 VTS(主要是长江)经常体现出既有港口 VTS 又有水道 VTS 的混合特性,不同于沿海和港口 VTS 的表现形式,因此内河 VTS 年度费用定额标准的制定可参照本课题提出的原则实施,并可在此基础之上制定与其相适应的方法。

七、存在问题和建议

1.问题

(1)由于条件所限,课题组仅选择了具有一定代表性的天津海事局和广州海事局 VTS 中心的一些基础资料作为范例,不能反映出事物的全貌,因此有关要素的遗漏、分析判断不到位的情况在所难免。

(2)目前海事财政已统一纳入国家预算管理,此项研究成果与财务预算管理之间是否存在矛盾和不适应之处,如确有不妥又该如何协调尚不得而知,因此需要做更为专业的探讨。

(3)建议

建议交通部海事局尽快成立专项小组确定方案,以便抓紧修订原沿海 VTS 费用定额标准,理顺各方的相关关系。

八、附录

1.国际主要相关决议、建议与指南文件

(1)IALA A.857(20)决议《船舶交通服务指南》；

(2)VTS 手册(2012)《船舶交通服务手册》；

(3)IALA 指南 1045《关于 VTS 中心配员标准》；

(4)IALA_O-134《VTS 设备操作与技术性能要求》；

(5)IALA_V-128《VTS 设备操作与技术性能要求》；

(6)IALA 建议 V-127《关于船舶交通管理系统运行程序》。

2.国内主要相关法规文件

(1)《中华人民共和国海事局船舶交通管理系统设备维护管理办法》；

(2)《中华人民共和国船舶交通管理系统安全监督管理规则》；

(3)《船舶交通管理系统运行管理考核办法》；

(4)《VTS 系统设备管理规则》；

(5)《沿海 VTS 分级和费用定额标准及说明》。

船舶交管技术与信息化手段的融合应用

第十二章

天津 VTS 新开发的船舶数据处理系统(SDPS)[①]

船舶交通管理系统(VTS)是为了适应海上运输发展的需要,实现港口的水运交通管理现代化而建设的,是利用高科技手段对港口船舶交通进行动态管理,实施对船舶的信息收集、信息评估与处理、信息服务、助航咨询、交通组织以及支持联合行动,以保障船舶航行安全,提高交通效率,保护水域环境。该系统主要包括雷达、雷达数据处理、VHF 通信、VHF 测向、船舶数据处理、水文气象及工业电视监控等子系统。

VTS 系统从 20 世纪 80 年代初开始在我国建设发展,至今已有 10 余个系统相继投入使用。已投入使用的 VTS 系统都在不同程度上发挥了重要的作用。因此 VTS 系统的建设就成为衡量水上交通安全管理现代化的标志之一。它的建立产生了显著的经济效益和社会效益,大大地减少了由事故造成的生命财产损失和环境污染,同时也减少了海上交通阻塞和时间延误,从而提高了航运效益。

船舶交通的管理需要收集船舶的大量信息及对船舶的交通监视,而港口雷达只能负责对船舶交通进行动态监视,船舶信息的收集处理就需由船舶数据处理系统(SDPS)来完成。实质上它也是 VTS 对船舶交通信息进行实时处理的办公自动化终端系统。

当前在已投入使用的 VTS 系统中,大都是引进国外的 VTS 设备,SDPS 系统大多用英文编制,不支持中文,在实际操作中难以适用。也有国内自行开发的 SDPS 系统软件,但由于软件编程时间早,编程人员不完全了解港口水上交通管理的操作流程,以及近年来工作方式的变化等多种原因,在应用时难以满足实际操作要求。这就造成了现在许多 VTS 系统不能充分发挥其全部功能,使水运交通管理者在使用现代化的雷达监控设备的同时还沿用传统的手写方式进行水上交通的管理和组织。这样不仅加重了值班员的劳动强度,增加了人为失误率,而且也不能适应日益繁忙的水上交通运输的需要,同时对 VTS 系统功能也是一种浪费。所以重新编

[①] 本节内容时间节点为 1998 年。

制开发适应我国使用的船舶数据处理系统软件势在必行。

天津海监局交管中心针对这种情况,对天津海监局 VTS 系统中的 SDPS 子系统进行了重新设计,采用 Client-Server 这样一种先进的结构,使用 Oracle 7.0 作为数据库平台,运用 Windows 操作系统作为用户界面,所有菜单均使用中文菜单,应用 PowerBuilder 工具软件进行编程。新编制的软件不论从数据结构上还是操作流程上,较原有的 SDPS 系统都有了质的飞跃。同时,在系统设计时已充分考虑了系统的可扩充性,为以后的业务扩展和实现港口船舶数据共享打下了良好的基础。

新开发的 SDPS 与原系统相比具有如下特点:

(1)完全采用中文操作环境,所有系统菜单均使用中文菜单,支持中外文输入输出,更适合中国国情。

(2)设有一个船舶管理数据库,将所有在 VTS 控制范围内的船舶全部存入该数据库。避免了原系统中随船舶位置的不同而不得不设置多个相应的数据库的弊端,简化了数据流程,更便于操作。

(3)增加了数据转换功能。由于现有的其他应用系统所采用的数据库结构不尽相同,有了此项功能后,不同数据库之间的数据便可互相转换,实现了数据共享。

1.系统功能设计要求

该系统总体目标是为港口水运交通管理和组织提供可靠的数据依据,提高工作效率,减轻工作强度,并能够为港口的规划建设提供原始的船舶交通流的数据资料。

具体要求:

(1)设计先进、流程简单、界面友好,易于操作;

(2)数据的输入、更新、修改功能齐全,使用方便;

(3)各种数据完整可靠,方便水上交通的管理和组织;

(4)数据检索简便实用,能够以多种条件进行检索;

(5)能够进行数据统计,统计数据完整无误;

(6)能够将各种数据表格打印输出;

(7)具有足够的历史资料重现能力。

2.系统配置

(1)硬件

服务器:CPU 586/100 以上,内存 32 M 以上,硬盘 1 G 以上;

终端:CPU 486/66 以上,内存 16 M 以上,硬盘 300 M 以上;

显示器:VGA 或更高。

(系统方框图见图 12-1)

(2)软件

操作系统软件:Windows 3.1、DOS 6.0 以上;

网络系统软件:NetWare 4.0 以上;

数据库系统软件:Oracle 7.1;

应用软件:SDPS(船舶数据处理系统);

通信软件:PcAnywhere;

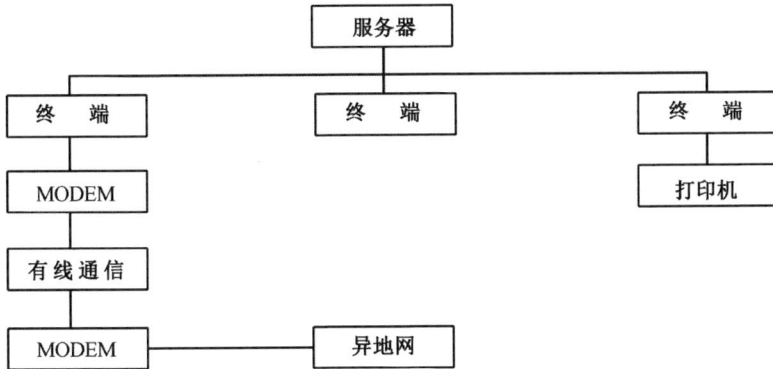

图 12-1　系统方框图

工具软件:PowerBuilder 5.0。

3.系统主要功能

(1)船舶数据的收集、评估与处理

该项功能是指收集和处理所有进出港口的船舶数据,数据是由值班员输入后在船舶数据处理系统中运行的,其中包括存储、修改、列表显示、查询、打印等。

(2)编制船舶航行计划

值班员每天将未来 24 h 的船舶航行计划输入到船舶数据处理系统中,而后由该系统对船舶航行计划进行处理并列表显示。还可根据用户要求向其他用户传送显示。

(3)数据转换

该功能是指系统能够将某种数据库的数据转换为另一种数据库的数据以便实现数据的共享,如本系统就是将 Oracle 数据库的数据转换成 FoxPro 数据库的数据。

(4)数据传输

该项功能是指数据能够在两个异地网之间传输数据。如本系统就是调用了 PcAnywhere 通信软件进行数据传输。

(5)统计

该系统能够对船舶数据处理系统中的数据进行统计,并按一定的格式输出。

4.数据库结构

船舶数据处理系统收集到的数据是按不同的性质存储在不同的数据库中,以下是对各个不同数据库功能的简单介绍。

(1)船舶基本资料数据库

该数据库存储了所有船舶的详细数据,负责向其他数据库提供船舶的静态数据。

(2)船舶管理数据库

此数据库存储了在港口范围内和预计抵达港口的船舶数据。

(3)航行计划数据库

该数据库存储了未来 24 h 计划进出港口的船舶动态资料。

(4)引航员资料数据库

此数据库存储所有引航员的姓名、代号和等级资料。

（5）港口泊位资料数据库

该数据库存储了各个港池及泊位的详细资料。

（6）违章记录数据库

该数据库存储了船舶各种违章记录及违章处理意见记录。

（7）航行记录数据库

此数据库存储了所有以前曾进出港口的船舶航行计划数据。

（8）统计资料数据库

此数据库存储着所有统计数据资料。

（数据库结构图见图12-2）

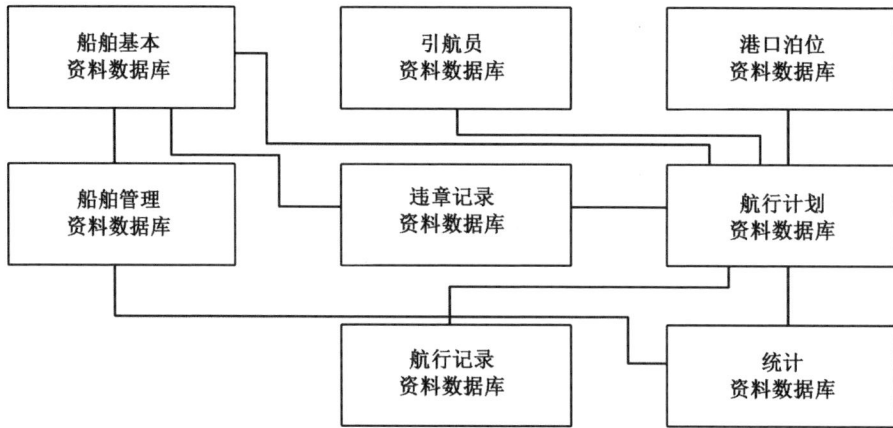

图 12-2　数据库结构图

5.系统主要模块设计方法

（1）数据库输入模块

输入模块分为两个部分,即船舶静态数据输入和船舶动态数据输入。

船舶静态数据输入是指船舶的基本数据,如船长、船宽等,这些数据是固定不变的,输入的数据存储在船舶资料数据库中,永久保留。输入过程中可以进行修改、删除、增加等操作。

船舶动态数据输入主要是输入船舶的预计抵达港口时间、船舶吃水、装载货物种类、吨位等。该数据存储在船舶管理数据库中,在船舶离开港口后数据自动删除。

（2）数据库修改、删除模块

该模块可以对系统数据进行更新和删除,维护数据的准确性和实时性,对不需要的数据可以进行删除。

（3）数据库浏览、查询模块

该模块分为无条件全屏浏览和有条件查询浏览。

无条件全屏浏览是全屏显示一些日常管理所经常用的数据,如船舶的预抵信息、航行计划信息、泊位资料、引航员代码等。

有条件查询浏览是按操作员的要求显示出一条或多条记录。

（4）数据库统计模块

统计模块是将各种数据进行分类统计。

（5）数据库输出模块

数据库输出模块是将数据以一定的格式打印输出。

（数据库模块结构图见图12-3）

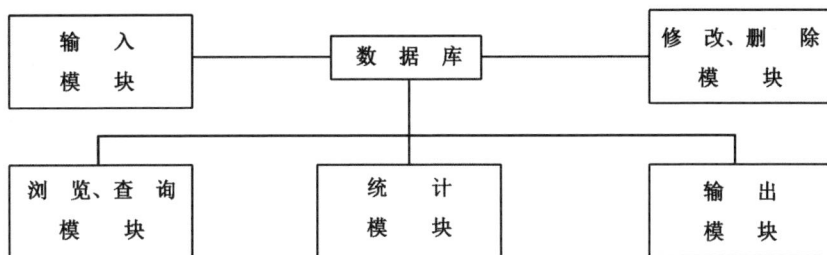

图12-3　数据库模块结构图

6.系统数据流程

（1）系统数据流程

当值班员接到船舶计划抵达港口的信息后，首先将其输入预抵表中，此表先在船舶资料数据库与违章记录数据库中查询，如船舶资料数据库中已存储了该船舶记录但没有违章记录，就将该记录取到预抵表中，输入预抵时间后，存储到船舶管理数据库中。否则，系统将提供一个新记录。输入船舶的详细数据及预抵时间后分别存储到船舶资料数据库和船舶管理数据库。此时，该船舶状态为预抵状态，如该船舶有违章记录而且等待处理，系统将会弹出一提示窗口，提醒值班员注意。当该船舶抵达港口时，再输入抵达时间，该船舶位置状态即改变为锚地锚泊状态。

当值班员接到港口船舶进出港航行计划后，值班员首先在船舶管理数据库中找到该船舶记录，输入计划时间和位置后，该条记录就存储到航行计划数据库中，如该船舶具有不适于进港或出港的记录，系统将弹出提示窗供值班员做出决策。

当船舶开始实施进出港过程时，值班员先用雷达跟踪该船舶，并将雷达标号输入该船舶记录中，以便对该船舶进行跟踪管理。在船舶进出港过程中，值班员输入申请时间、进出主航道时间、靠离泊时间等，预备将来查询。

在船舶完成航行计划后，系统先判断该船舶是否离港：如未离港，系统将该船舶状态修改为相应的位置状态，然后将该船舶航行记录存储到航行记录数据库中，并从航行计划数据库中将该船舶记录删除；如离港，系统将不修改船舶状态，而是在完成存储和删除过程后，再从船舶管理数据库中将该记录删除。至此，就完成了一艘船舶的航行动态周期操作。

7.系统的维护与开发

由于该系统采用的是模块化设计方法，并且是采用 Client-Server 方式，使用 PowerBuilder 进行编程，为以后的系统维护与开发提供了方便，用户可根据自己的需要很容易地扩充系统的功能。同时该系统还可通过 ODBC 接口与任何数据库连接而无须更改程序。此外该系统还可作成对模块的可选择安装方式，数据项由用户自己根据相应的工作方式输入，所有显示输出数据项均由用户自己选择，这样该系统就具有了很强的实用性和通用性。

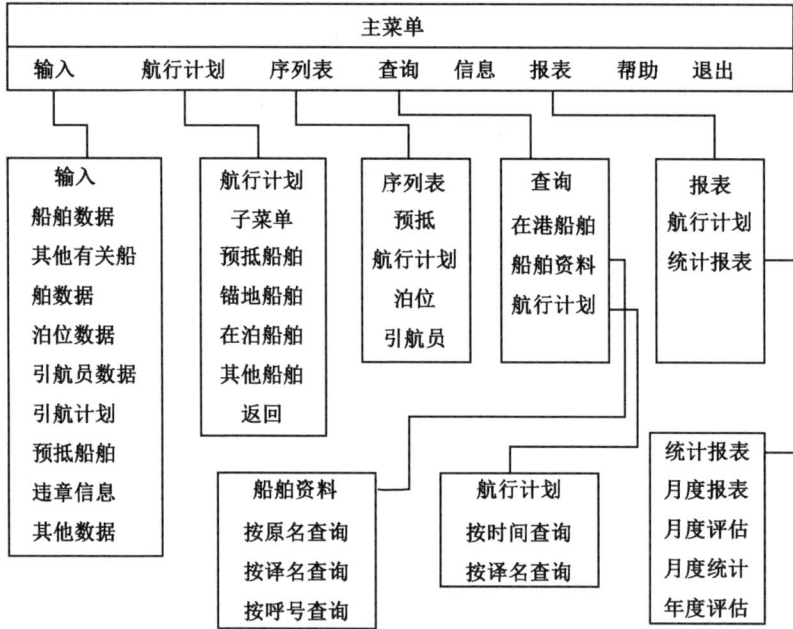

图 12-4　系统菜单

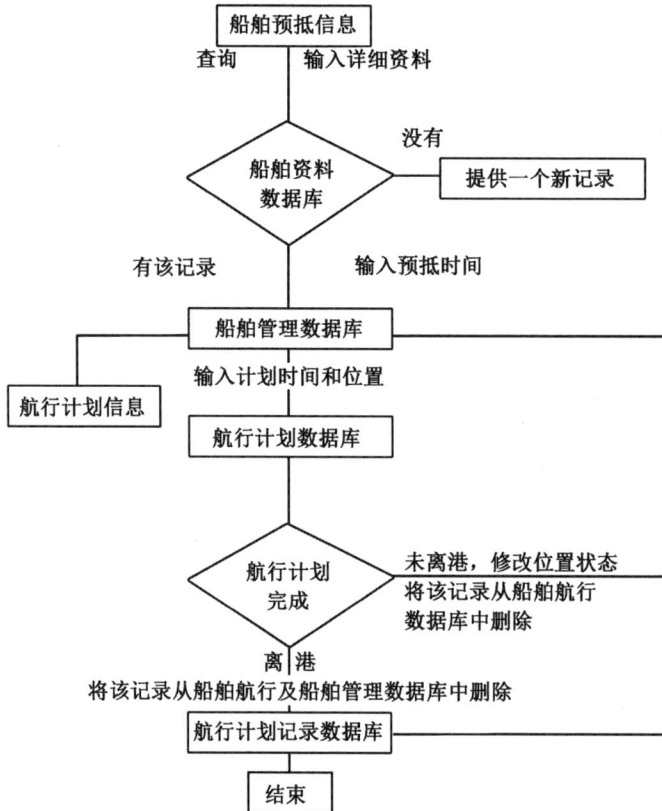

图 12-5　系统操作流程图

8.结束语

船舶数据处理系统在船舶交通管理工作中承担着极为重要的角色,该软件的开发与应用不仅可以极大地提高值班员的工作效率,减少或避免失误,而且为 VTS 系统功能的发挥及实现水上交通安全管理现代化奠定了坚实的基础。

另外,由于该系统具有足够的历史资料重现功能以及可靠翔实的统计能力,必将给港口船舶交通流的分析与港口的规划建设提供有力的支持和帮助。日前,该系统软件已经通过省部级专家鉴定,一致认为该系统是我国 VTS 用户单位首次自行研制开发成功的船舶数据处理系统软件,在船舶交通管理实际应用方面达到了国内先进水平。由此可见,该软件的应用前景是广泛的和光明的。

第二节

我国 VTS 信息技术的开发与应用①

一、我国 VTS 信息技术发展状况

我国 1982 年在宁波建立了第一个 VTS 之后,21 年来,交通部海事主管部门相继在沿海主要港口和长江主要航段建立了 19 个具有一定国际先进水平的 VTS 中心,其累计投资已超过 7 亿元人民币。根据交通部规划院对我国 VTS 总体布局规划,其发展定位是:

(1)利用 VTS 的独特标志展示海事部门的社会形象;

(2)利用 VTS 的技术装备提高海事系统的科技含量;

(3)利用 VTS 的主线作用构建船舶动态管理新机制;

(4)利用 VTS 的监测能力加强管辖水域的监管力量;

(5)利用 VTS 的信息资源扩展海事业务的服务空间。

毋庸置疑,我们所建成的每个 VTS 都形成了一个独立的信息收集、评估和处理中心并分别承担着各自覆盖水域的交通安全管理和服务的职责。特别是近年来,一些 VTS 的有效运行给当地企业和社会带来了很好的经济效益和社会效益,受到媒体的广泛关注和企业的大力支持。

VTS 由当代多种高科技设备所组成,其技术含量较高,如能充分地发挥其功效,不仅会使海事主管部门的宏观控制能力大大增强,而且还将大幅度提高海事系统内信息交流和共享的程度。通常一个 VTS 中心的基本构成和理想的工作流程框图大致如图 12-6 所示。

二、自主开发 VTS 信息技术的必要性

由于我国 VTS 的主要监控设备全部为国外引进产品,各种信息的表达均以英文显示,况且由多家参与提供产品的国外厂商分别把持着各自不同的雷达数据格式处理系统软件以及与其他相关监控设备的集成格式软件,相互间的技术壁垒致使我国大部分 VTS 中心在信息的收集、加工、分析和处理、传递、储存、反馈以至达到最广泛的信息共享方面存在先天的缺陷,不仅

---

① 本节内容时间节点为 2004 年。

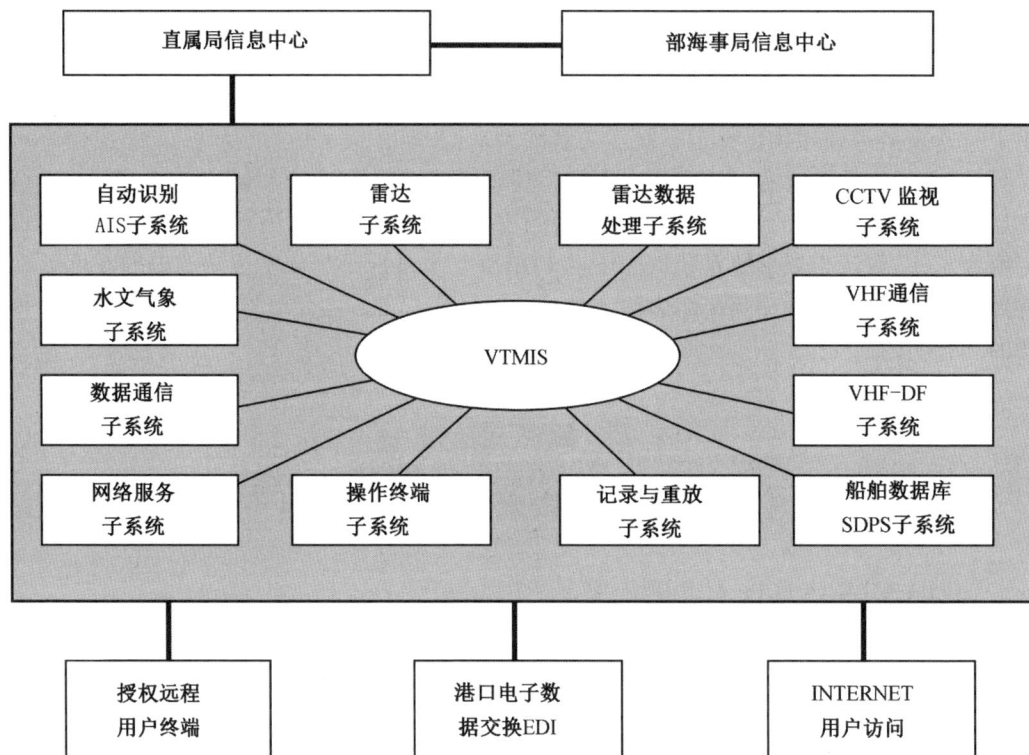

图 12-6   VTS 构成和工作流程框图

无法与现有的海事信息系统兼容,甚至在本地局域网内都难以实现信息共享。

我国现有 VTS 的主要信息技术已被禁锢在国外厂商圈定的范围之内,难以向更大的领域扩展。在这种情况下,尽快发展我国具有自主知识产权的 VTS 信息技术(特别是应用软件的开发),尽快提高综合信息化水平实乃当务之急。作为交通部总体建设规划中"三主一支持"(即水运主通道、公路主骨架、港站主枢纽和交通支持系统)的一个重要组成部分,该 VTS 信息系统的建立可以将全国各 VTS 中心覆盖水域内的船舶交通状态一览无余地显示在政府海事主管部门的屏幕上,并可以随时查询各类数据库,以便进行宏观控制,做出决策。

鉴于此,交通部规划院相继推出了"船舶交通管理系统数据交换格式""中国 VTS 船舶交通信息管理系统建议案"和"船舶交通管理系统(VTS)总体布局规划",系统地提出了有关加强雷达数据格式接口标准的研究,制定 VTS 联网协议、扶持国内 VTS 技术和应用研究,鼓励 VTS 产品国产化等一系列的措施和建议。

三、VTS 信息化发展设想

1.以 VTS 信息为源头,汇集有关船舶动态计划信息、现场船舶运动实况信息、危险要素预测信息、当地水文气象信息、港口航道、航标、设施状况及政务管理信息等,通过现有的水监信息网传递给中间用户或终极用户。由此可以实现以往无法完成的有关资料的收集、存储、显示和统计,同时还可以与局域网的办公自动化系统联通,用以加强内部管理,保证系统运行顺畅,提高上情下达、下情上传的效率。

2.统筹研制开发和使用数据库应用软件和操作系统软件,统一建立数据库平台,规范数据库种类和内容,诸如建立起一套由船舶概况、航行计划、相关业务及重大情事记录档案等项目所组成的数据库,尽可能提升应用软件的智能化程度。与此同时,结合 AIS 系统的全面建设,充实并完善海事系统信息网络架构,实现全国 VTS 联网,以达到直观控制国内重点港口与航路的交通安全状况、防止出现重大交通事故和污染事故、提高应急能力并及时处理紧急事件的目的。

3.各 VTS 中心的信息要有计划地与地方网络联通,如港口的 EDI 系统,而且还可进一步沟通铁路、民航部门,扩大信息共享的社会范围(如与水路、公路、铁路、民航运输密切相关的产业,特别是与物流产业的联通),甚至还能为当地海关、边防、检疫、公安等政府管理职能部门提供宝贵的现场实况资料,由此可见,需求量将会成为 VTS 信息产业化良好的基础条件。如果能在若干年后基本建成全国交通安全与运输管理信息系统,真正构成政府电子政务管理与服务的信息大平台,其社会效益与经济效益必将会得到极大提高。

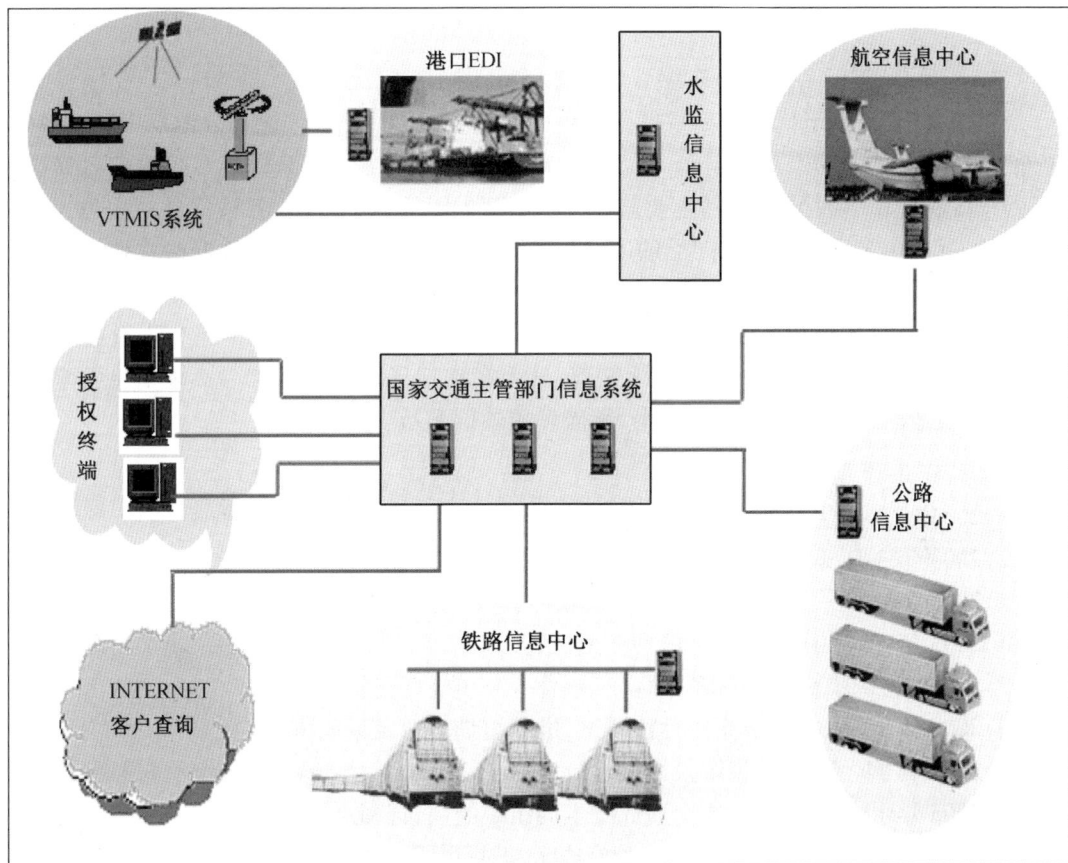

图 12-7 国家交通信息系统组成框图

"VTS信息化应用技术基础平台"开发研制纪实①

为贯彻落实关于海事部门要引进和运用最先进的管理手段和理念,要不断提高信息化、数字化管理水平的指示,实现我国海事工作全方位覆盖、全天候运行、快速反应的目标,努力做到以海事工作信息化带动海事管理的现代化,根据2003年部海事局下达的计划,天津海事局VTS中心与北京东方网脉科技有限公司合作共同开发研制"VTS信息化应用技术基础平台",期望给海事信息化的发展带来较大的突破。

天津海事局VTS中心经过近一年的努力,与合作方紧密配合,联手攻关,该项目已于2003年年底完成了工程验收,系统设计目标基本实现,效果显著。现特将此项目的开发建设情况简要描述如下:

(一)项目背景介绍

众所周知,VTS由当代多种高科技设备组成,其技术含量较高,如能充分地发挥其功效,不仅会使海事主管部门的宏观控制能力大大增强,而且还将大幅度提高海事系统内信息交流和共享的程度。但由于我国VTS的主要监控设备全部为国外引进产品,各种信息的表达大多以英文显示,况且由多家参与提供产品的国外厂商分别把持着各自的雷达数据格式处理系统软件以及与其他相关监控设备的集成格式软件,相互间的技术壁垒致使我国大部分VTS中心在信息的收集、加工、分析和处理、传递、储存、反馈以至达到最广泛的信息共享方面存在先天的缺陷,不仅无法与现有的海事信息系统兼容,甚至在本地局域网内都难以实现信息共享。因此,尽快开发研制出VTS信息处理技术,突破多年禁锢实乃当务之急。

1.项目建设进度

(1)2003年2月 开始进行项目前期准备;

(2)2003年3月 双方进行合作意向探讨、协商合同条款;

(3)2003年4月—7月 签订合同、开发软件、采购硬件及安装调试;

(4)2003年10月中旬 系统性能中期测试;

(5)2003年10月下旬 系统硬件现场(天津VTS中心)安装;

(6)2003年10月末 完成系统性能测试,准备培训手册及说明书;

(7)2003年11月19日 系统投入试运行;

(8)2003年12月31日 完成交通部海事局组织的项目验收

(9)2004年1月—5月 继续完善系统功能,进行系统可靠性实验。

2.项目设计思路

(1)以交通流、物资流管理为基本理念,用合理的数据流程来提高VTS的信息化程度,理清信息化发展中的主要矛盾。

---

① 本节内容时间节点为2004年。

（　）以　　　信息为源头，从海事管理业务的整体适应性出发，尽量加大各类数据的关联性，扩大信息共享的涵盖面。

（　）以　　　动态信息为主体，采用一系列成熟的应用软件，加大开发整合力度，做到内外管理相结合，以弥补现有信息系统的不足。

（　）以国际先进技术为标准，争取创建出一种实用有效的软件承载工具，同时还应预留相关接口，储备继续接纳新技术的能力。

6、系统功

开敞的设计结构

采用　　　操作系统，模块化设计风格，信息共享性和可塑性强。

庞大的数据组合

从静态信息到动态数据，从港口设施到船舶规范，基本囊括了海事管理工作的主要内容。

丰富的操作软件

采用了多项经多年运行而被实践证明有效的应用软件，如　　　、　　　、　　　、　　　等。

先进的集成能力

具备了将雷达跟踪信号、无线通信信号、电视监控信号、水文气象信号以及办公自动化等信息规范整合的能力，做到了一个键盘加鼠标即可完成全部操作的效果。

顺畅的网络连接

本信息平台采用的网络技术已将现场信息顺利接到部局搜救中心，各类数据显示正常，而后又完成了与港口　　　系统的对接，初步建立了三网连通结构。

二宽泛的应用领域

利用本系统，　　　信息不仅可在交通部海事局—直属局—分支局和　　　中心之间使用，同时亦可在港口、其他种类交通工具的使用和管理部门乃至其他政府管理部门得到共享。

完全的中文界面

中文显示操作界面，直观友好，便于直接纳入水监信息网络，无语言转化障碍和结构冲突。

自主的知识产权

意味着将摆脱外商控制，具备修正软件和进一步发展的能力空间，亦可以在　　　工程建设中避免造成不可弥补的缺陷。

理想的人机接口

由于本系统具有的高度集成能力和智能化程度，在减轻现场操作员劳动强度和提高工作效率方面具有不可替代作用。

较强的模拟技术

本系统具有较强的模拟和仿真能力，它可以通过电子海图的即时标注，真实地表现船舶的实际动态。只要建立了规范的工作程序，即使不具备先进的监控设备，同样能够实现本系统中的主要功能。

图 12-8　VTS 信息化应用技术基础平台样机

三、项目预期效果

1. 可统一工作标准、增加部门协调性、实现交通部海事局与直属局、分支局之间的高效互动,改变纷乱复杂的工作状态。

2. 本系统已与港口 EDI 进行对接 , 如能按计划实现信息双向交流,那么安全效率、交通效率以及生产效率将会大幅提高,海事局的影响力、知名度将会同比上升。

3. 可以加速缩小与世界发达国家 VTS 信息化发展的差距,能够产生巨大的社会效益和经济效益。

四、将对天津地区的影响

1.天津海事局 VTS 中心自 1996 年投入运行以来,充分发挥系统功能,在保障船舶交通安全、提高交通效率、保护海洋环境、促进港口生产建设起到了重要作用,为天津港跨入全国先进行列、为船舶提供安全的运营环境做出了突出贡献。

2.为进一步发挥高科技设备的综合效能,天津海事局 VTS 中心和北京东方网脉科技有限公司联合开发的"VTS 信息化应用技术基础平台"已与港口 EDI 系统对接,港口调度部门和船舶代理部门的信息将与 VTS 实现专网传递,走出电子政务和电子商务链接的第一步,为实现VTS 信息共享打下良好基础。

3.根据天津口岸信息化建设的整体部署,几年内要在电子政务、企业信息化和社会服务信息化三个方面取得实质性进展。围绕信息化的需求,大力推动政务信息资源的开发和利用同样也是天津海事局的重点工作目标,而"VTS 信息化应用技术基础平台"的下一步发展有理由能够成为天津口岸信息化建设的支柱,成为港口船舶动态信息的集散中心,将对本地区经济的发展产生深远影响。

4.在此基础上,VTS 信息的共享范围可以扩展到更广阔的领域,诸如其他政府主管部门、其他与港口有关的企事业单位、其他种类交通工具的使用与管理部门。届时,以天津港为依托的社会各界将更加紧密地结合在一起,共同享有 VTS 信息化带来的丰厚利润。

五、最终锁定目标

1.消灭普遍存在的信息孤岛现象、打破海事管理工作的信息化瓶颈;

2.积极推进和实现电子政务与电子商务的对接,加速社会生产力的发展;

3.初步建立中国的 VTMIS(即船舶交通管理和信息系统),以适应国际上建立海上电子高速公路的发展潮流;

4.促进我国水上交通信息化发展战略的实施,为船舶交通管理和航海安全以及海洋环境的保护提供有效手段。

六、各界给予关注

天津海事局"VTS 信息化应用技术基础平台"开发研制基本成功后,很快得到各方关注,自 2003 年 12 月起分别接待了多批宾客,其中包括:全国 VTS 机务人员培训班成员,全国 VTS 值班长随船考察培训人员,天津港 EDI 系统管理和港口调度部门有关领导和人员,大连海事大学研究人员,交通部财务司信息化工作主管领导等。

通过现场演示和讲解,各界宾客均显出极大兴趣并给予很高的评价,同时希望平台能够尽快投入推广使用。

七、项目验收情况

2003 年 12 月 31 日,该项目顺利通过了交通部海事局组织的验收,专家组认定课题组完成了合同规定的如下各项要求:

1.完成了 VTS 信息应用基础平台的软、硬件开发和信息应用基础平台的建设。

2.根据天津交管中心实际情况,实现了航行计划、执行计划的试运行。

3.实现了在天津 VTS 信息基础上开发的,用电子海图形式、汉化环境显示的船舶动态跟踪、数据提示和补充安全报警(船舶走锚报警、船舶在禁停区抛锚报警、船舶航行超速报警)。

4.完成了用电子海图形式对天津港各种有代表性的航标的灯光显示、位置图形、设备档案、维护数据等信息管理的开发。

5.建立了办公自动化综合数据处理系统。

6.模块化的设计使其具备了与其他相关信息如 CCTV、AIS、海事管理等动、静态软件的集成能力。

八、预计产生效益

1.大大提高了工作效率并减轻了操作人员的劳动强度。经估算工作量由此可降低 40%,工作效率可提高数倍。

2.提高船舶航行的安全程度。由计算机辅助审核船舶动态制订船舶航行计划,大大提高了审核因素的完整性和审核结果的准确性。因此,在计划制订这个源头上就把好了安全关。

3.由于实时掌握船舶静、动态数据,通过船舶避碰专家系统软件实时地在电子海图界面上向监督员提示报警信息,预防船只相互碰撞,提高了船舶运行安全程度。

4.提高了港口吞吐量和航运效率。用专家系统软件实现计算机辅助调度代替人工脑力劳动可以精确制订或修改航行计划,用最佳运输方案指挥航行,减少了人为延误,因而可以提高航道通过能力和港口吞吐量。

5.实现海上交通指挥和管理现代化。由于本信息基础平台应用了一系列现有的、成熟的技术创新成果,整合了船舶、港口、航行计划、办公自动化等各方面的信息并将信息向有关部门提供,并为各级领导和有关部门及时提供内外管理实时情况,各级领导可以实现直接指挥和监督。

6.突破了海事工作信息化的技术瓶颈。由于本基础平台具备了较为强大的集成能力,模块化的设计可以将海事工作的有关动态和静态的软件系统的结合和分拆应用,采用的技术具有通用性,可交由国内 VTS 和各海事处、海事局、港口及与航运管理有关的部门直接使用,信息共享程度将会大幅度提高。

2004 年 3 月上旬,现场信号顺利接入部局信息网络,在主管处室再次进行了功能展示,实现了三网连通的关键步骤。

九、部局领导期望

2004 年 4 月 24 日,交通部海事局一行数位领导专程来到天津局交管中心现场视察,认真听取了项目研发小组的详细汇报并亲自观看了“VTS 信息化应用技术基础平台”的各种功能的表演;针对该平台所展示的强大综合能力,部局领导给予了充分肯定和赞赏并表示应向全国海事系统推广,同时希望天津海事局认真加以总结,争取首先在天津开花和结果,使这个闪光点尽快亮起来。

十、具体落实措施

为尽快落实部局领导的指示,加速天津局信息化建设的步伐,进一步完善“VTS 信息化应用技术基础平台”的总体功能,使此项科研成果尽快在我局发挥作用,如下措施即将落实:

1.继续完善与港口 EDI 系统对接后的下一步工作,充实数据交换项目,以利于该系统的完整性和有效性。

2.因本套系统已在部搜救中心落户,局拟再购买和安装一套新的系统显示设备及其附件并尽快将信号接入本局信息网络中心。

3.请海测大队提供一套正版天津海区电子海图,确保该基础平台的数据准确性和应用适应性。

4.要求项目研发小组拟出项目具体实施计划及正式投入使用日期。

5.适时召开信息联网技术工作会议,具体研究确定 VTS 信息传递方式、共享内容和范围等事宜。

根据部局制定的“加强领导、统一规划;需求主导、突出重点;统一标准,资源共享;保障安全,先进实用”的海事信息化建设的原则和海事系统信息化工作部署,天津海事局将以此次“VTS 信息化应用技术基础平台”项目研发成功为契机,以水上安全监督管理业务为核心,加快建立电子政务框架体系,积极推进港口的公共服务事业,充分利用局里的人才优势和有利的基础条件,全面提高信息化总体水平,争取实现跨越式发展,提前完成和实施“五个一”工程,即“构建一个大网,推广一套系统,整合一批资源,启动一个项目,完善一个机制”。

第四节

VTS AIS 技术在天津港复式航道建设中的应用研究①

一、港口概况

天津港位于渤海湾西岸,居海河水系——永定河、子牙河、南运河、北运河的汇流处,为海港和河港的兼容港口。天津港北距蓟运河口 10 km、西距天津市区 66 km,距北京市 170 km,是京、津及"三北"地区的重要海上门户,担负着北京、华北、西北、东北等各省市内外贸易进出口物资吞吐和中转任务,是能源物资和原材料物资运输的主要中转港。同时,天津港作为天津市最具优势和核心的战略资源,是天津市建设北方国际航运中心和国际物流中心,进一步推进滨海新区开发的重要载体。目前天津港与世界上 180 多个国家和地区的 400 多个港口有贸易往来。

天津港是我国北方最大的综合性港口和集装箱干线港口,港区现有水陆域面积超过 200 km²,陆域面积 53 km²,规划港口陆域总面积达 100 km²。目前,天津港航道全长 44 km,航道水深为 19.5 m,为 25 万 t 级深水航道。截至 2008 年年底港区共有各类泊位 139 个,其中生产性泊位 128 个。

1.航道概况

天津港进港航道主要由两部分组成,新港主航道和新港北航道。

(1)新港主航道

新港主航道包括 1、2 号灯浮标至 36 号灯浮标之间的航道。

2007 年,天津港 25 万 t 级航道工程宣告竣工,标志着天津港成为世界上等级最高的人工深水港,使天津港的航道水深达到 19.5 m,可满足世界最先进集装箱船舶及主流干散货船舶进港的需要,凡能进入渤海的船舶都能进入天津港。25 万 t 级油轮、20 万 t 级散货船可以满载进出港,10 万 t 级以下船舶、第六代集装箱船可以双向航行。天津港 25 万 t 级深水航道全长 30 余 km,底宽 315 m,设计水深 19.5 m。

(2)新港北航道

新港北航道包括 D2#、D3#灯标至 D15#灯标之间的航道,位于东突堤北侧,是连接北港池和主航道的船舶通道,全长约 10 km,宽度为 390 m,水深为 15.5 m。

2.港口吞吐量与交通流量

天津港货物吞吐量近年来大幅度增长,尤其是大宗散货和集装箱发展迅速。2007 年完成货物吞吐量 30 946 万 t,比 2006 年增长20.13%,其中外贸 16 802.5 万 t,比 2006 年增长20.3%,外贸货占吞吐量的 45.1%。2007 年集装箱吞吐量 710.2 万 TEU,比 2006 年增长19.4%。2008 年完成货物吞吐量 35 593.2 万 t,比 2007 年增长 15%,其中外贸 18 244.7 万 t,比 2007 年增长8.6%,外贸货占吞吐量的 51.3%。2008 年集装箱吞吐量 850.3 万 TEU,比 2007 年增长 19.7%。

---

① 本节内容时间节点为 2012 年。

据天津港统计(不含社会船舶和工程船舶),2007 年船舶进(或出)港 28 071 艘次,日进(或出)港密度 76.9 艘次;2008 年船舶进(或出)港 28 144 艘次,日进(或出)港密度 77.11 艘次,其中 1 万 t 级以下船舶占总艘数的 65.99%,10 万 t 级以上船舶占总艘数的比例为 3.22%。

快速增长的吞吐量和船舶交通量势必对天津港的通航安全提出更高要求,同时也给安全管理部门进行有效的安全管理提出了新课题。如何在保证船舶通航安全的基础上最大限度地开发天津港的潜能,为港口经济的发展做出更大的贡献,关键点在于能否保障航路畅通,能否保证船舶航行安全,港口的通航环境基础设施和通航环境管理条件是否满足天津港发展的要求。

3.现有航道存在主要问题
- 船型因素:易燃液体、液化气体等危险品船舶只允许单向通航;
- 拖带船舶:大型拖带只允许单向通航;
- 非营运船舶:航速低,占用主航道,降低船舶速度,影响航道通过能力;
- 船舶靠泊和回旋占用航道;
- 北航道出港船舶与主航道交叉影响:出北港船舶与进港船舶形成交叉,影响进港航道的通过能力;
- 航道双向通航能力不足:仅能满足 15 万~20 万 t 级船舶单向航行;
- 口门内航道通过能力不足:交叉严重,船舶航速受限,且存在安全隐患;
- 主航道双向航行船舶等级不足:不能满足 25 万 t 级油船与其他船舶双向航行。
- 天津港大沽灯塔位于天津港航道里程约 24+0 位置。随着天津港的发展,天津港航道起点已经延伸至航道里程 44+0,大沽灯塔已经部分丧失其标示港口位置的功能。

二、复式航道工程建设的主要内容

1.总平面布置
本次航道拓宽工程包括四部分。

2.经济效益分析
经济效益主要体现在以下几方面:
(1)节约船舶运输费用:本工程完工后进出天津港平均船型增大,大船型比小船型海运运费要便宜,可以节约海运费。
(2)节省船舶候泊时间:本工程完工后可以满足 25 万 t 级油船和集装箱船双向进出港,还可以满足 10 万 t 级船舶双向航行,船舶在锚地停泊时间大为减少,可以节省费用。
(3)提高港作拖船利用率:本工程完工后可以使本港的拖船作业时间趋于均衡,不仅可以提高利用率,而且还可以在更新、购置拖船时综合把握进度和投资力度。

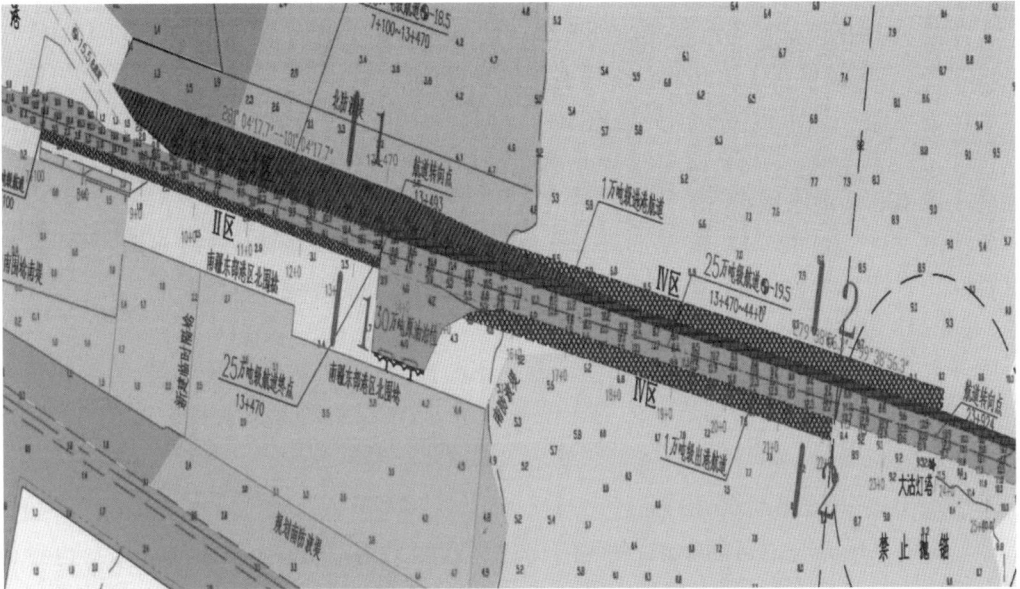

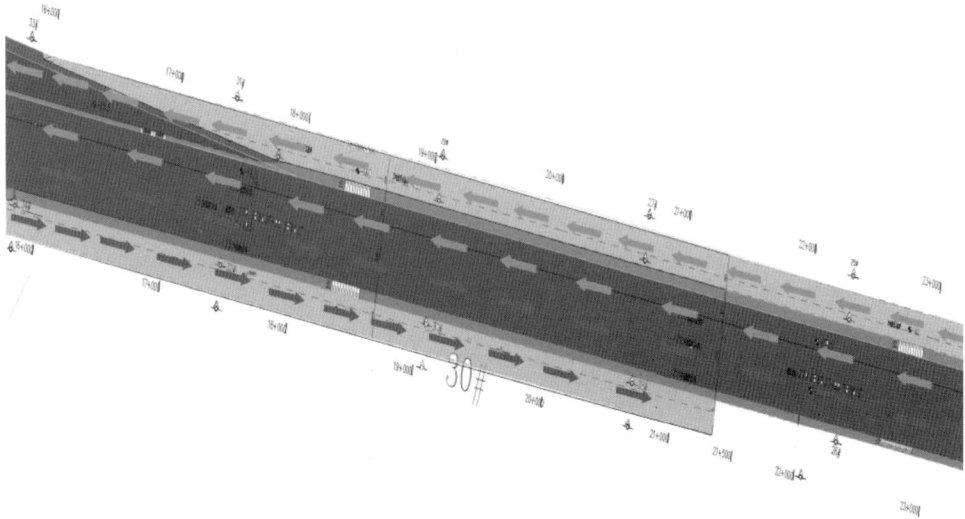

图 12-9　交通流运行模式(双向四条道)

三、VTS/AIS 应用研究

1.天津港船舶交通管理系统(VTS)概况

船舶交通管理系统(VTS)是随着国际航运市场的快速发展,加入航运的船舶数量急剧膨胀,船舶交通密度日益增大,各国船舶交通主管机关或港口当局为保障有关各方利益,保障船舶、助航设施及港口设施安全,对船舶交通行为加强管理并通过提供有助于船舶航行安全的一些服务而建立、发展和完善的系统。

为了加强对天津港水域的安全管理,对进出港船舶实施有效的交通组织,天津港 VTS 于

1998 年 7 月建成并正式对外开通。

天津港 VTS 建设旨在为改进天津港覆盖区域内的船舶交通安全,保护环境和在 VTS 区域内提供服务,与交通相互作用并能对交通态势做出反应。

天津港 VTS 一期工程位于东突堤东南角,设有一个监控中心和一个雷达站,覆盖范围为以 VTS 中心地理坐标为中心,以 20 n mile 为半径所覆盖的水域,主要覆盖大沽灯塔至东突堤之间的主航道和锚地水域。

天津港 VTS 系统的建成,实现了天津港包括交通监视、信息服务、助航咨询、交通组织和联合行动等系统功能,在实际使用上主要侧重监视和跟踪重点船舶,纠正船舶违章,疏导船舶交通,并为船舶提供相应的信息服务。

随着天津港港口建设的快速发展,港区范围不断扩大、港区功能水域外移、船舶吨位不断加大、船舶流量不断增多,特别是港区内大型装卸桥、门吊设施对北支航道的遮挡,使 VTS 中心雷达功能受到限制,无法对港内交叉航道的交通流进行有效监控。

2. 船舶自动识别系统(AIS)

船舶配备 AIS 系统的目的是识别船舶,为避碰和船舶跟踪提供辅助信息。AIS 也致力于简化和促进信息自动交换,从而减少口头交流的需要(如通过无线电话的强制船舶报告)。

AIS 功能:

船舶对船舶模式以避免碰撞;

可以作为沿岸国获取船舶和装载货物的信息;

作为 VTS 工具,即船对岸(交通管理)。

由于 AIS 可作为 VTS 的相关工具,主管当局应考虑在现有的 VTS 中心中采用 AIS。

天津港复式航道建设中航标的布设是需要解决的复杂问题之一。航标是为保障船舶航行安全或提高船舶交通效率的,在船舶外部设置和运行的设备或系统。传统的视觉航标系统中,尤其以灯浮、灯塔和灯船等设施来实现对航海者的帮助。AIS 用于航标是 AIS 的一项重要用途,其功能已获得国际电信联盟(ITU)的认可。

AIS 用于航标的主要目的是:

①补充航标的现有信号;

②发射浮标的准确位置;

③为船用雷达提供基准点;

④作为仿真 AIS 航标而显示其虚拟位置。

虚拟航标是综合应用计算机技术、卫星导航定位技术、电子海图和 AIS 等现代高新技术的新兴航标应用技术。

显而易见,虚拟航标的应用是解决天津港复式航道建设中导助航设施设计的重要环节。

3. 天津 VTS 面临的风险分析

天津港 VTS 工作风险致因演变图如图 12-10 所示。

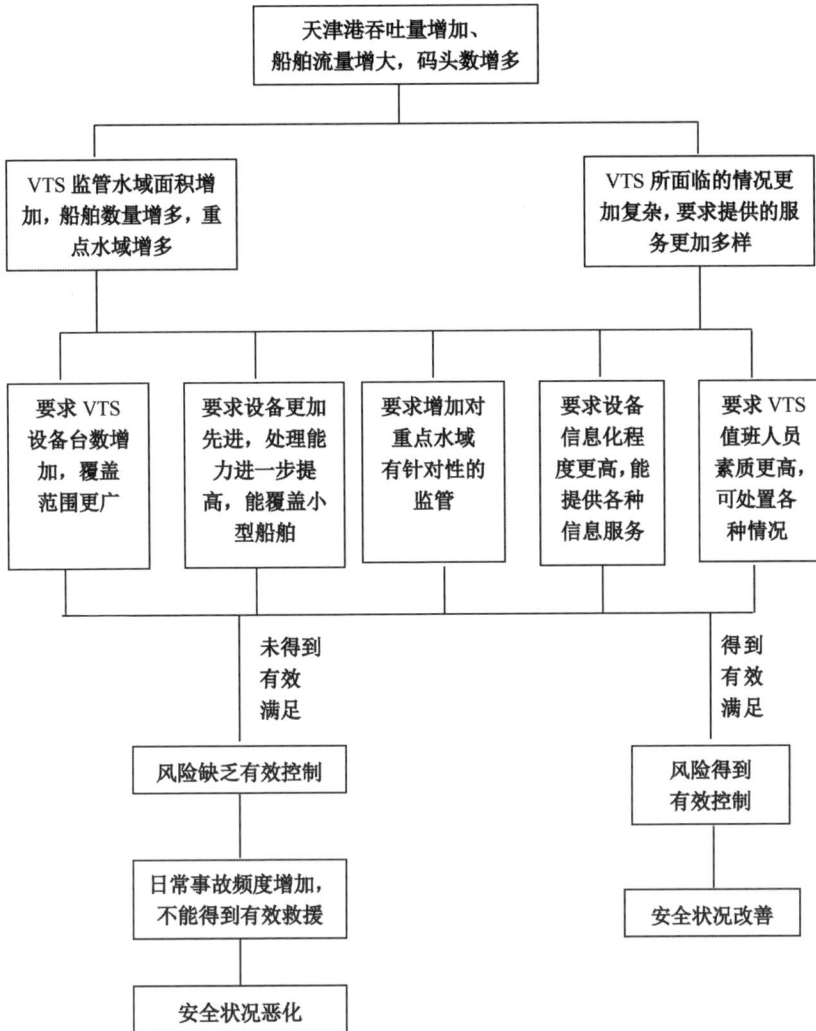

图 12-10　天津港 VTS 工作风险致因演变图

四、必备条件的讨论

1.理论探讨

①复式航道工程的地位；

②建设方案系世界罕见，国内首创；

③是对当前海港航道建设理论和规范的一种挑战和颠覆；

④必将给天津港 VTS／AIS 的技术应用带来前所未有的考验。

2.必备条件的探讨

①确保各类相关历史统计数据的准确性；

②北航道 VTS 雷达站的建设；

③五组导标设置方案和虚拟航标的应用；

④有关缓冲区的设置；

⑤大型船舶模拟仿真操控试验；

⑥雷达图像和 AIS 历史轨迹分析数据处理；

⑦特定区域的水文气象的资料收集分析；

⑧船舶适应性调研(包括设备和操纵适应性)；

⑨实船操作试验的安排；

⑩天津港 VTS 系统监督管理实施细则条款的修改。

3.问题要点与对策

(1)不利的外部通航环境必将加大 VTS 交通组织的难度从而带来监管风险。因此,VTS 雷达站的建设与 VTS 中心的配套措施必不可少。

(2)新建 44 座实体航标方案不可取,期待导助航设施建设理念有所突破和创新。因此大量虚拟航标的应用势在必行(包括导标设置方案和船用电子海图的适应性研究)。

(3)船载设备适应性调研是诸因素中的重要环节,只有掌握了大量的准确数据才能做出相关决策。

(4)针对交通要道的特点,做出航道交汇点的控制与设置缓冲区的具体方案。

(5)必要的法规条文的建立和实施是航行安全管理和依法行政的保证。如:

①天津 VTS 系统监督管理细则(修订)；

②船舶电子海图配备规定；

③天津港虚拟航标设置规定；

④天津港锚地设置与功能区划规定；

⑤天津港航路指南；

⑥相关应急预案的建立或修订。

4.结论

综上所述,VTS 和 AIS 手段的尽快提升和应用是进行该项工程建设的基本要件和开通运行的安全保障。

智慧海事建设篇

第十三章

海事无人系统的研究演练与应用

第一节

无人机遥感系统的海事应用①

一、简介

无人机(Unmanned Aerial Vehicle, UAV)是一种有动力驱动、机上无人驾驶、可控制、能重复使用、可携带多种设备、执行多种任务的航空器的简称。无人机与遥感技术的结合,即无人机遥感(Unmanned Aerial Vehicle Remote Sensing),主要是指利用先进的无人驾驶飞行器技术、遥感传感器技术、遥测遥控技术、GPS 差分定位技术、通信技术和遥感应用技术,具有智慧化、自动化、专用化,快速获取国土、资源、环境等空间遥感信息,完成遥感资料处理、建模和应用分析的应用技术。与传统卫星遥感、航空遥感相比,无人机遥感具有高时效、高分辨率、低成本、低损耗、低风险及可重复使用等诸多优势,其应用领域从 1917 年第一架无人机研制成功开始的侦察、早期预警等纯军事应用,逐渐扩展到大地测量、地球资源勘测、森林防火及处理突发事件等民用领域。特别是近年来,随着计算机技术、通信技术、微电子技术、控制和导航技术的迅速发展,各种数字化、重量轻、体积小、探测精度高的新型传感器的不断面世,无人机应用范围和应用领域不断扩展。发达国家,特别是美国和日本,无人机在海事监管方面的应用已经达到比较高的水平。

虽然近年来中国大陆海事监管能力有了较大提高,但随着海洋经济的快速发展,海上交通安全及船舶污染风险日趋增大,亟须引入在海上适用的无人机遥感技术,以增强现场监管能力,在加快完善海事监管体系的进程中填补海事监管应用技术的空白。本文从分析大陆海事监管体系的技术现状出发,针对现有海事监管体系的不足,探讨无人机遥感系统海事应用的可行性,并进一步阐释无人机遥感系统的海事应用前景。

二、海事监管技术装备现状与需求

经过多年发展,海事系统的基础设施建设和技术装备有了较快的发展。目前,据不完全统

---

① 本节内容时间节点为 2011 年。

计,可用于海事业务监管的基础设施和装备主要包括:41 个交管中心和 180 个雷达站(VTS),89 个船舶自动识别岸基台站(AIS)并拥有三级管理中心,即国家级(1 个)、地区级(3 个)和辖区级(19 个),基本覆盖了中国沿海和长江干线(下游)的主要港口和水域。此外还拥有各类海事巡逻船艇 820 艘,其中大型巡逻船 3 艘,60 米 B 级 12 艘,直升机 2 架,航标测量船艇 108 艘。数字选呼岸台(DSC)18 个,VHF 网站 134 个,在全国 38 个主要城市开通了水上搜救专用报警电话"12395"。

另外,交通运输部通信中心还在北京建立了海事卫星地面站、国际搜救卫星北京任务控制中心等船舶遇险报警和通信设施以及船舶远端识别与跟踪系统(LRIT)资料处理中心。交通运输部救捞局在沿海还设有 3 个专业救助局、3 个专业打捞局和 4 个救助飞行队,下设 21 个救助基地、77 个动态待命点和 7 个救助飞行基地,共布置了 59 艘专业救助船舶和 11 架救助飞机,为海事监管工作提供了有效的协助和配合。

这些监管硬件装备的遥感技术内核——天基遥感、空基遥感、船基遥感,从空间维度和时间维度构筑了海事监管的监测体系,以功能优势互补的方式来保障海上船舶通航环境安全、遇险人员救助、船舶污染监测、助航设施布设、水上水下施工监控、航行安全信息的采集与传递、突发公共安全事件的应急与决策等,涉及海事监管业务的多个方面。

但从整体上看,现有监管体系在设施装备规模、高科技水平含量、信息综合利用、科技管理体制和机制及海事人员科技研发能力与服务能力等方面仍存在诸多问题和不足。特别是近几年随着港口建设规模的不断加大,海运贸易的强度在稳步提升,海上和内河船舶交通流量和交通密度急剧增长,船舶大型化、高速化发展趋势明显,30 万 t 级以上的巨型油船、干散货船已逐渐成为海上运输主力,高速船和大型集装箱船的航速已超过 28 kn。这导致水上交通事故频发,群死群伤事件、灾难性海上沉船、溢油事件屡有发生,造成海事监管和救援任务繁重,水上安全运输形势严峻。

据分析,"十二五"期间,国家经济社会发展的新特征,对交通运输发展提出新的更高要求。国民经济总量不断扩大,工业化进程进一步加快。市场活力不断增强,人员和物质流动不断加快,能源、原材料需求将大幅度增加。我国在更大范围、更深层次参与国际经济合作与竞争,一些战略性资源、原材料和产品进出口量仍保持比较大的规模,必然使水路客货运输需求保持旺盛增长势头。扩大内需,为人员和物质流动提供足够的运输供给能力,交通运输必将保持一定的发展速度和规模。2015 年沿海港口货物输送量达 80 亿吨,年均增速约为 6%。内河货物和港口旅客输送量可分别达到 38.8 亿吨和 1.19 亿人。

据统计,"十一五"期间,全国水上年均交通安全事故数 390 件,年均死亡失踪 356 人,年均经济损失超过 5 亿元。随着现代交通业的加快推进,交通运输安全生产和应急工作一定会出现更多的新情况、新动向和新问题。

因此,面对水上交通流量的上升、通航环境日益复杂、安全形势愈加严峻,亟须提升海事监管功效。而目前基于 VTS、AIS、CCTV 的监控、监督艇巡航等常规手段的运用,在空间延展性、时间连续性上还存在很大的监测盲点与限制,如 VTS 对小型船舶的监测能力和水域覆盖能力有限,AIS 无法判别和跟踪无安装相关设备的船只,巡逻船艇吨位普遍较小,速度较慢,无法应对恶劣气象条件和高速游艇日常运动休闲等活动。于是引入无人机平台和基于无人机平台的遥感监测系统,利用其机动灵活等优势弥补和完善现有监管体系,实现全方位、全天候的海—空—天立体监控,实现海事监管水域多维视觉化,进一步保障海上交通通畅安全之课题自然应被列入议事日程,争取更快更好地建成以"全方位覆盖、全天候运行、全过程监控"为特征的安全监管体系、以"布局立体化、手段智能化、反应快速化"为标志的应急搜救体系。由此可见,建立海事无人机与巡逻船、VTS、AIS、CCTV等监管系统相互配合的模式是行之有效的途径和手段。

图 13-1   海事立体监管体系示意图

三、海事应用无人机遥感系统的可行性

海事应用无人机遥感系统的可行性主要从两大方面来分析:一是无人机遥感系统自身发展的水平是否适用于特殊的海上环境并能满足海事业务应用的需求,主要从无人机平台、遥感系统(任务载荷)两个角度加以说明;二是对海事应用无人机遥感系统的优势分析。

(一)无人机遥感系统发展现状

无人机遥感是一个综合的系统的技术领域,它涉及航空、微电子、自动化控制、计算机通信、导航定位等多个领域。多用途无人机航空遥感系统一般由飞机平台系统和测控及信息传输分系统、轻小型多功能对地观测传感器系统、遥感空基交互控制系统、地面实验/处理/加工系统和综合保障系统共五个子系统组成。目前无人机遥感的大部分关键技术仍控制在军事领域。欧美发达国家在无人机的研制和应用方面无疑走在世界的前列,比较著名的有美国的高空长航时无人机——全球鹰,欧洲也在发展类似的无人机——欧洲鹰。当前无人机由军用转向商用、民用是一个总体的趋势。随着海岸监视、环境保护以及应对突发性事件的需求不断增长,将进一步促进无人机技术向民用领域转化。如美国正进行全球鹰的民用转化,欧洲拟定了无人机海事监管规划。无人机的潜在应用还包括森林火灾的监视、违法捕鱼的监视和石油泄漏的快速发现等。

国内研制无人机已有 40 多年的历史。从 1966 年 12 月 6 日首飞成功的第一款无人机——"长空一号"开始,先后研制出长虹高空高速无人侦察机、T-6 通用型无人机、Z-5 系列无人侦察机、ASN 系列无人机、翼龙、鹞鹰、彩虹等系列无人机。随着应用领域的不断拓宽,在无人飞行器的研制、适用于航空遥感的飞行控制系统、遥感通信系统的研制、轻小型化传感器及其资料处理系统相匹配的航空遥感系统集成等方面,都取得了长足的进展。在民用领域,国内已有多家研究机构及单位开始从事基于 UAV 平台的民用遥感技术研究,如中国测绘科学研究院、中国地质大学、北京大学遥感与地理信息系统研究所、中国科学院沈阳自动化研究所、国遥万维、中国航空工业集团等,形成了一系列轻小型无人机遥感系统(固定翼无人机和无人直升机低空遥感系统)。以低空遥感无人机为例,一般任务载重 10~20 kg,安装 1~4 个面阵数码相机,适宜获取 0.05~0.50 m 分辨率的光学彩色影像。机上安装 GPS 和轻小型稳定平台,可为应急动态监测拓宽遥感监测的应用面,补充空间资料来源的时效性,有利于完善多层面对地观测体系的建设。更为可喜的是,截至 2011 年年底,中国已连续成功发射了 16 颗北斗导航卫星,亚太区域导航正式开通。它不仅意味着该系统已完成一期组网并形成覆盖亚太地区的服务能力,同时也标志着该系统将为在航空、通信、电子、测绘、地质、水文、天文,特别是在无人机自主导航定位等民用领域里的应用发展提供绝好的条件(见图 13-2)。

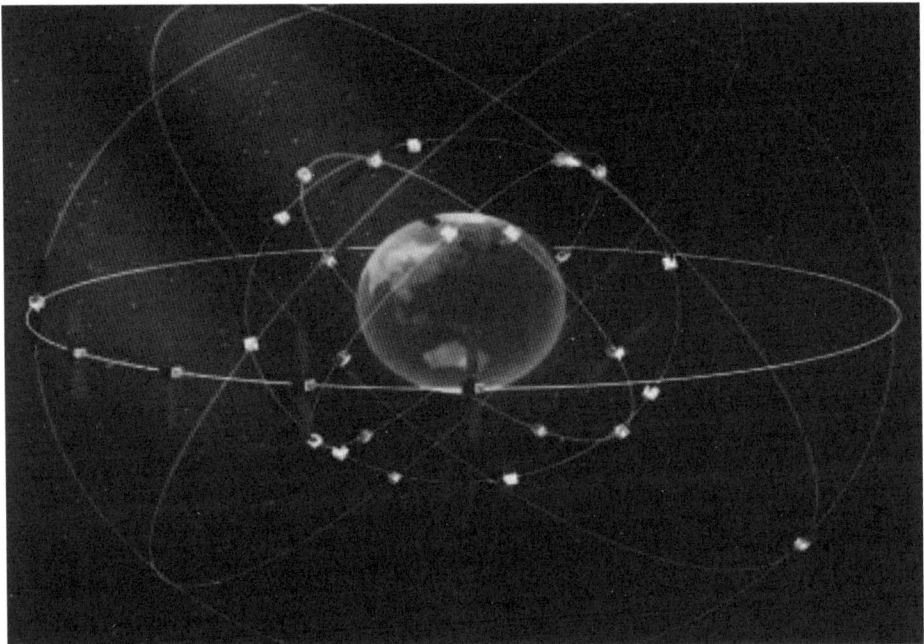

图 13-2 北斗导航卫星系统组成示意图

目前,世界范围内的各种用途、各种性能指标的无人机类型已达 300 多种。传统的无人机按照系统组成和飞行特点主要分为固定翼无人机和无人直升机。固定翼无人机速度快、任务半径大,但是受限于不能垂直起降,对起降场要求较高,适于矿山资源、林业、广域海洋环境等常规监测,如美国的捕食者无人机;无人直升机可在狭小场地上如船舶甲板或钻井平台灵活起降,并能在目标上空长时间悬停作业,但存在飞行速度慢、任务半径小等缺点,更适用于突发事件,如海上人命搜救、海上溢油监测、陆域山体滑坡勘查、火山环境监测等,如荷兰 GeoCopter 公司的 GC-201 和奥地利 Schiebel 公司的 S-100 型无人直升机。但随着垂直起降技术的发展,垂直起降飞行器(VTOL, Vertical Take-off and Landing)兼具固定翼、直升机两者的优点,即垂直起降、航程大、续航时间长,其应用范围更加广大,如美国的零式(Cypher)垂直起降无人机、中国盛世特种飞行器有限公司研制的 FDC 系列垂直起降碟式无人机。

从面向海事应用角度分析,无人机平台的关键性能指标包括飞行高度、续航时间、有效载荷、自主飞行能力、巡航速度、飞行平稳度、导航精度和起降方式(满足海上船载起降安全要求、抗雨雪风浪起降和巡航能力要求等);无人机遥感系统已经实现"随插即用"多工载荷的模块化设计,主要搭载小型合成孔径雷达、多光谱/高光谱扫描器、双波段红外热像仪、激光器和电视传感器,以及数位通信等技术设备。电视、多光谱/高光谱、热像传感器普遍采用被动工作方式,通过接收目标的反射、辐射光谱特性,能够发现并识别目标;而激光、雷达则采用主动工作方式,通过发射特定频率的光波并接收回波,以探测目标距离。通过信息综合处理技术如目标地理定位、被动测距、通信中继、运动状态估计、图像增强、拼接、地理注册等实现监测任务。所以无论从无人机平台本身还是其搭载的遥感系统来说,都应该能够满足多种类、多科目、作业环境复杂条件下的海事应用需求。

(二)海事应用无人机遥感系统优势

1.机动且灵活,适宜应急

海上事故和自然灾害的发生往往具有突发性强的特点。其随机性、不可预知性则要求主管机关必须快速判明情况,组织指挥救援。当面对这些紧急状况时,无人机因其体积小、重量轻、运输和携带方便、对起降要求低、自主飞行能力强等特点,具有准备时间短、并可采用远端遥控方式在第三地起飞,长途奔袭至目的地区域而无须大规模人员转场等优势。因此具备较强的环境适应能力,承担任务的方式也更为机动灵活。

2.可长时飞行,任务持续

一是执行任务的时间持续性。无人机不存在人员疲劳问题,在适当的维修保养后,可连续执行任务。其滞空时间仅受限于飞机自身的性能指标,无人机遥感的组网运用可以解决传统遥感卫星重访周期过长、应急不及时等问题,在执行应急任务有着更高的效率,特别适宜满足在事故现场长时间大范围搜索和监视的需求。

二是执行任务的功能持续性。无人机飞行高度可控制在云下低空,有效弥补卫星光学遥感和普通航空摄影经常因云层遮挡获取不到影像的缺陷,提高影像利用率;无人机遥感系统的多工载荷模块化设计,会根据实际需要搭载不同的模块来完成相应的任务。工作载荷大都以机载雷达、高性能光电/红外传感器、多光谱/高光谱扫描器等组合实现全天候、高分辨率监测的任务。

3.监视范围广,实时性强

无人机遥感系统具有适合高危地区探测、飞行速度快、巡查次数多等特点。相比较于海上应急的常规监测手段如船舶,由于其高空探视的优势,巡视范围的面积远远高于船舶,可深入事故、灾害中心区域,不易遗漏和被蒙蔽,可最大限度接近目标,情报信息可信度高,巡视效果更佳,为溢油事故调查取证提供最有效的证据。同时,无人机往往具有资料实时传输能力,为应急决策提供的信息更具时效性。

4.无人员伤亡之虞,安全可靠

无人机由于操纵员与飞机分离且位于安全区域,即使出现无人机坠落等情况也不会造成人员伤亡。因而,无人机可飞临海上事故、灾害中心区,实施侦察监视,还可以完成危险性较大、不宜使用有人侦察机的任务,操控人员的安全系数高。

5.投入成本低,费效比高

在从成本投入上,每架载人直升机的购置费用最低 8 000 万元。而如果使用船载无人机,每架国产机的价位约 150 万元,进口机约 100 万欧元。

在飞行费用上,每次的飞行费用也相差甚远。如果租用有人驾驶直升机,平均每天飞 3 个航次,每次飞行 2 小时,其费用可简单计算如下:

4 万元/小时×3 航次×2 小时/航次＝24 万元

而利用船载无人机时,其费用约为:

0.2 万元/小时×3 航次×2 小时/航次＝1.2 万元

另外,无人机操作员的培养周期较短,亦相应减少了相关费用的支出,在人员轮换和更替上具备优势。

四、无人机遥感系统的海事应用目标

根据海事应用目标,无人机遥感系统可实现的功能包括:海上巡弋维护秩序、协助实施人命救助、现场监控与信息传递、查处船舶违章排污、监控海上施工作业、水上航路交通观测、航标巡检物标测绘、本机自动识别与 VHF 中继通信等。鉴于无人机自身具备的有人机、船舶监管设施所不能比拟的优势,结合目前海事发展的形势,其最适宜的海事应用可集中在海上常规巡航与物标搜索、应急现场监控与信息传递、船舶事故探查与污染监视三个方面。

(一)海上常规巡航与物标搜索

巡航搜救一体化、污染防治视觉化是我国海事部门近期以来所追求的目标,能否通过高新技术的开发与研制来迅速提升海事监管和服务能力已成为当下亟待破解之难题。通常海事巡逻船艇在海上巡弋过程中,往往会陷入目的地不详、计划性不强、盲目出行的窘境。如使用无人机平台及其遥感系统便可有效地避免以往海上巡航的盲目性,提高针对性和巡航效率,亦可起到促进节能减排、降低管理成本的作用。

船舶交通事故或污染事故发生后,现场取证和人员救助最为关键。但是往往由于区域环境条件复杂、天气状况恶劣,不便于有人飞机滞空搜索,在这种情况下,无人机便能发挥其特长。它可以长时间在可疑空域逗留,昼夜工作;也可不断修正航线,满足临时任务安排,实时获取搜索海面视频、图像等资料,指引海上船舶尽快赶往出事地点,大大减少由于恶劣环境所造成的有人飞机的压力和危险,形成海空优势互补,提高现场取证的效率和人员救助的成功率。

(二)应急现场监控与信息传递

在海上事故或灾害发生后的第一时间内,获取事故现场第一手的情报资料,无人机无疑可发挥其巨大优势。它以全天候、长时运行、安全系数高的优点,可直接飞临最危险区域,完成应急现场的监控与信息传递工作。如溢油应急时,通过搭载远红外和 CCD 等传感器,可快速获取溢油区域、面积大小、油量估算、方位走势等实时状况信息。美国国家航空航天局(NASA)自 2005 年以来,曾多次利用 Altair 无人机进行环境监测。2010 年 6 月 22—23 日,在墨西哥湾钻井平台溢油事故中,NASA 利用无人机多孔径合成雷达(UAVSAR)对海上溢油分布等情况进行了监测,取得了良好效果。2010 年 7 月 16 日在大连新港输油管道爆炸事故中,刚开始几天几乎都遇到大雾天气,使得有人驾驶直升机的飞行受到限制。抢险人员在应急现场的第一感受就是,如果有了无人机就能弥补这一不足。

(三)船舶事故探查与污染监视

海上发生船舶事故往往无法预测,同时还可能会产生连锁反应,灾情与污染情况瞬息万变,因此对情况的真实性及实时性要求颇高,对某些局部重点区域、重点目标需要实施全面监控与探查,以保证应急指挥决策层对情况的了解和掌握。运用无人机遥感平台对灾情与污染区监视,主要是利用它的低消耗、零伤亡、全天候、高实效的性能特点,实现灾情与污染区的实时监视。同时该遥感系统的全天候运行对违章排污的船舶而言具有很强的威慑力。

五、前景和展望

加强科技创新是增强国家竞争力的重要途径,是实现中华民族伟大复兴的战略要求。科技创新将给海事发展带来不竭的动力,卫星、电子、通信、信息等高新技术的综合应用,将给海事监管的格局带来深刻变化,在可以预见的未来几年内,海事技术装备更新换代也将不断加快。通过引进与吸收相结合,以国内技术条件和物质基础作支撑,推进无人机遥感系统海事应用,将进一步提升和优化监管救助装备水平和设施结构。通过建立立体监控体系,实现重点管辖水域船舶交通及灾害、污染水域的全天候、高效率监控,最终达到全面改善管辖水域水上交通安全形势,直接服务于国家经济发展大格局的目的。鉴于此,尽早考虑配置船载无人机,适当配置长航时固定翼无人机(包括机场建设),研发机载遥感监测、通信导航、信息集成等关键技术及产品,实现空地一体与信息畅通势在必行。

六、主要结论

无人机作为一种有效的监管手段应用广泛,相关产品的技术日趋成熟,在工业生产、抢险救灾、海洋监管、遥感测绘、气象探测、地质科考、电力巡线等多个民用领域发挥了重要作用,并且其高效化、定制化和智慧化趋势亦在不断增强。鉴于无人机的优良特性,无人机及其遥感系统适合海事监视业务需要,可在水上执法、调查取证和现场监视,事权水域空中巡逻与搜寻、溢油监测和应急、交通流量统计、航标巡检、通信中继、海事测绘、治安防控等多项海事监管业务中发挥重要作用。

第二节

水下机器人的海事应用研究①

一、背景

(1)随着世界海运船舶数量不断增加及船舶向大型化和高速化方向发展,世界上重要水

---

① 本节内容时间节点为 2011 年。

道船舶密度越来越大,船舶碰撞沉没事故时有发生,给海上船舶航行安全和海洋生态环境造成了巨大威胁。

(2)中国沿海通航水域为世界范围内的高密度通航水域,其复杂程度给水上通航监管带来了巨大压力。水下机器人技术的应用,给海上通航安全监管带来了变革性的契机,有着广泛的应用前景。

(3)典型案例:2006年2月26日,"鄂荆州货3888"轮租船人家属到搜救中心值班室报告"鄂荆州货3888"轮由江苏响水来天津港途中失踪。自2月21日后该船在曹妃甸吸沙后,准备到天津港,中途失踪,船上共有船员10人。接获报警后我们组织救助、海事、渔政等多家单位全力展开搜救,但未能寻获失踪人员。后经天津海事局海测大队对该船可能航行经过的水域进行全面扫测,在天津港东北数海里处发现一沉船,扫测显示沉船长度约48.6 m,宽度约4.6 m,高7.5 m,基本走向300°,侧躺海底。但由于当地海水能见度很差,水流湍急,现场潜水员无法判明该沉船究竟是否为失踪船只,而且当时又没有水下机器人这样的装备,故留下了深深的遗憾。

二、目的

(1)为更好地提高水下机器人应用水平,有必要对目前水下机器人在海事监管中的应用状况进行调研,研究并提出水下机器人在海事监管中的应用规范,技术标准及未来的发展方向。

(2)对水下机器人在海事监管中运行状况进行全面系统的调研评估,尤其是在海上搜救,提高海上搜救成功率方面应用以及在海事调查,水下施工作业等方面的运用。

三、内容

(1)明确目前及未来水下机器人在海事应用中的可能需求。
(2)明确在环渤海湾的特殊环境下,各类海事需求对水下机器人的特种要求。
(3)明确当前水下机器人的技术现状及对上述要求的满足能力。
(4)明确并制作水下机器人环渤海湾海事应用及技术发展的总体轮廓图,为制订水下机器人海事应用长远规划,有效开展装备建设,提升水下海事监管能力奠定基础。图13-3所示为水下机器人种类。

四、种类

其中SJT-5无人遥控潜水器的技术参数:
(1)最大下潜深度:150 m。
(2)空气中重量:12 kg。
(3)外形尺寸:(长×宽×高)58 cm×46 cm×25 cm。
(4)推进装置:电动推力器4个,可提供进退、潜浮、回转及侧移运动,螺旋桨转速可调。
(5)水下电视:NewVicon彩色摄像头光圈遥控。
(6)俯仰装置:向上30′,向下45′。
(7)脐带电缆:直径12 mm,零浮力,破断强度290 kg。

图 13-3　水下机器人种类

五、功能

海事监管业务对 ROV 应具有的功能要求：

（1）水下可疑或危险目标调查。

（2）海洋环境污染源搜索与探测。

（3）水下结构物外部检测和清理。

（4）船壳状态评估与测量。

（5）水下设施紧急维修与抢险。

（6）水下清障、清淤、采样。

（7）潜水员与 ROV 协同作业。

（8）生命救援。

（9）其他。

六、作用

开展水下机器人在海事监管中的作用研究：

（1）首先进行 ROV 的主要技术指标研究，主要包括成像设备、光源、传感器的配置、负载能力、机械手和控制台等。

（2）深入开展 ROV 在海上人命搜救、沉船打捞定位、污染源探寻、船体破损状况或可疑目标确认等水下作业的应用研究。同时还要考虑将 ROV 的应用扩展到对船底附着物、钢板腐蚀性观测、水下构筑物探伤、水下机械手排障等更为广泛的专业领域。

（3）结合典型案例进行水下生命救援的综合要素研究，探究如何把握人命搜救的特点。主要包括：

①作业现场状况探查,通常在 15 m 以内的浅水区,深水区救援较为罕见,同时具有搜索和简单作业的特征;

②作业过程要求高效、快速和安全;

③作业现场环境可能比较恶劣,需要直接面对水下暗流和水面涌浪。图 13-4 所示为 ROV 种类应用分析。

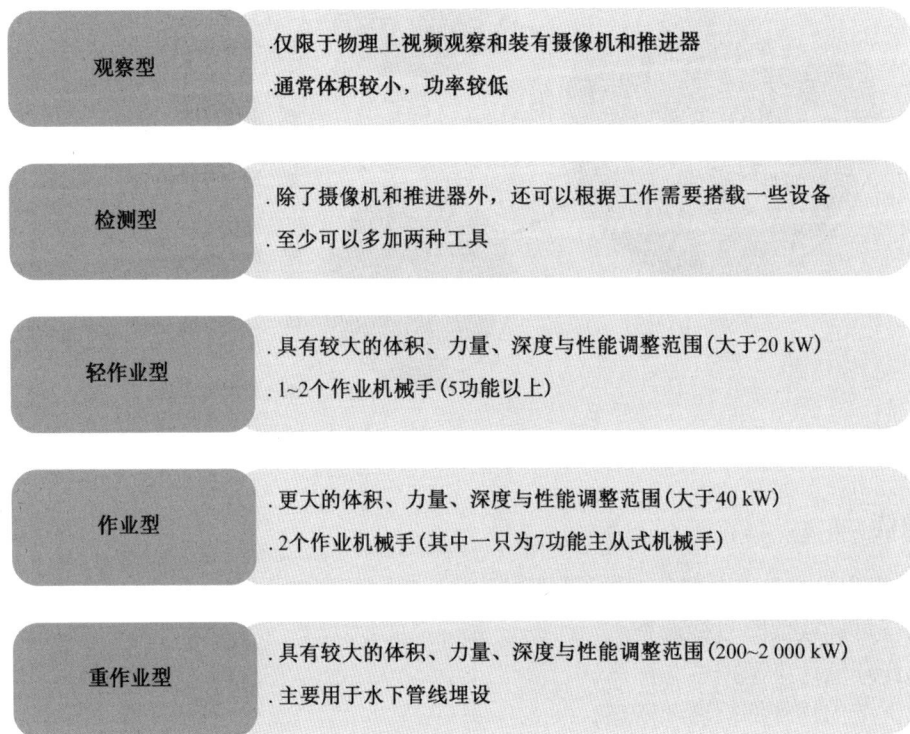

观察型	·仅限于物理上视频观察和装有摄像机和推进器 ·通常体积较小,功率较低
检测型	·除了摄像机和推进器外,还可以根据工作需要搭载一些设备 ·至少可以多加两种工具
轻作业型	·具有较大的体积、力量、深度与性能调整范围(大于20 kW) ·1~2个作业机械手(5功能以上)
作业型	·更大的体积、力量、深度与性能调整范围(大于40 kW) ·2个作业机械手(其中一只为7功能主从式机械手)
重作业型	·具有较大的体积、力量、深度与性能调整范围(200~2 000 kW) ·主要用于水下管线埋设

图 13-4　ROV 种类应用分析

七、趋势

现阶段 ROV 的发展趋势大致体现在以下几个方面:

(1)高性能方向:作业能力、运动性能、人机界面。

(2)高可靠性:大数据处理容量,高操纵性能。

(3)低成本、小型化和自动化方向:体积小、兼容性高及模块化和更大作业深度。

(4)高专业化程度:专用设备,完成特定任务。

(5)新概念 ROV:多媒体技术、临场感应技术及虚拟现实技术。

八、技术

美国 Video Ray 公司 ROV 水下探测物标高精度定位技术。

(1)2011 年 6 月 7 日,ROV 在天津海域进行海上测试时意外发现一艘不明沉船,其船宽为 5~6 m,船长约 30 m。

（2）经 GPS 定位并精确计算出该船位坐标为 38.866 125N，118.021 932E，同时标绘出沉船的海底影像。

九、北斗卫星导航系统基本概况

1.系统组成：

（1）空间段：由 5 颗 GEO（高轨道地球同步/静止）卫星和 30 颗 Non-GEO（非静止）卫星组成。

（2）地面段：由主控站、上行注入站和监测站组成。

（3）用户段：由北斗用户终端以及与其他 GNSS 兼容的终端组成。

2.性能：

（1）定位精度：10 m。

（2）测速精度：0.2 m/s。

（3）授时精度：20 ns。

（4）授权服务。

（5）区域服务。

（6）广域差分服务。

（7）定位精度：1 m。

（8）短报文通信服务。图 13-5 所示为北斗卫星导航系统发展历程。

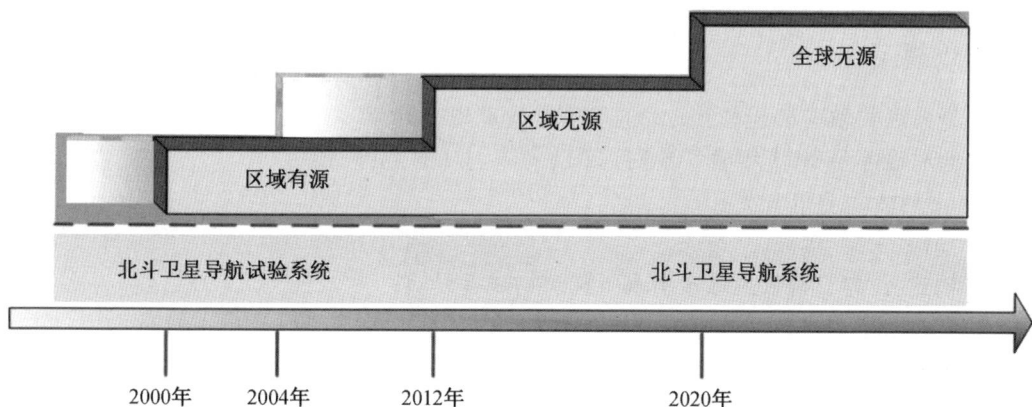

图 13-5　北斗卫星导航系统发展历程

3.主要服务对象：

（1）主要包括交通、民航、通信、海洋、民政减灾、气象、公安、金融、电力、国土资源、农业、旅游等行业和有关区域的典型示范项目。自 2003 年北斗卫星导航试验系统正式提供服务以来，在交通、渔业、水文、气象、林业、通信、电力、救援等诸多领域得到广泛应用，注册用户已达 6 万人，产生了显著的社会效益和经济效益。

（2）譬如在交通运输方面建立了基于北斗系统的"新疆公众交通卫星监控系统""公路基础设施安全监控系统""港口高精度实时定位调度监控系统"等应用推广工作，取得了良好的示范效果。在海洋渔业方面建立了基于北斗系统的海洋渔业综合信息服务平台，实现了向渔业管理部门提供船位监控、紧急救援、信息发布、渔船出入港管理等服务。

综上所述,北斗系统应用范围愈加广泛,虽然在水下物体的高精度测量定位在我国还没有实施的先例,但相信只要假以时日,北斗导航系统从技术功能配置和技术成熟度上分析应该能够承担并能顺利配合完成海事水下监管任务。

十、要求

在环渤海海域应用 ROV 的基本要求:

(1)最大潜深:100 m 以内;

(2)纵向抗流能力:3.5 kn 以上;

(3)侧向抗流能力:2 kn 以上;

(4)空气中重量:约 80 kg(不含有效负载);

(5)负载能力:在基本配置完备的基础上,具有 10 kg 以上的负载能力;

基本配置(不计入有效负载):

(1)水下摄像机:浑水激光摄像机 1 台,微光黑白摄像机 1 台;

(2)双频多波束声呐:1 台;

(3)机械手:3 功能 1 只;

(4)云台:双自由度;

(5)水下灯:2 只;

(6)推进器:水平面矢量布置 4 只推进器,垂向推进器 2 只。

十一、规定

《中华人民共和国水上水下活动通航安全管理规定》

(交通运输部令 2011 年第 5 号)自 2011 年 3 月 1 日起施行

从事下列活动适用本规定:

(1)勘探、采掘、爆破;

(2)构筑、设置、维修、拆除水上水下构筑物或者设施;

(3)架设桥梁、索道;

(4)铺设、检修、拆除水上水下电缆或者管道;

(5)设置系船浮筒、浮趸、缆桩等设施;

(6)航道建设,航道、码头前沿水域疏浚;

(7)举行大型群众性活动、体育比赛;

(8)打捞沉船、沉物;

(9)在国家管辖海域内进行调查、测量、过驳、大型设施和移动式平台拖带、捕捞、养殖、科学试验等水上水下施工活动以及在港区、锚地、航道、通航密集区进行的其他有碍航行安全的活动;

(10)在内河通航水域进行的气象观测、测量、地质调查,航道日常养护、大面积清除水面垃圾和可能影响内河通航水域交通安全的其他行为。

十二、对策

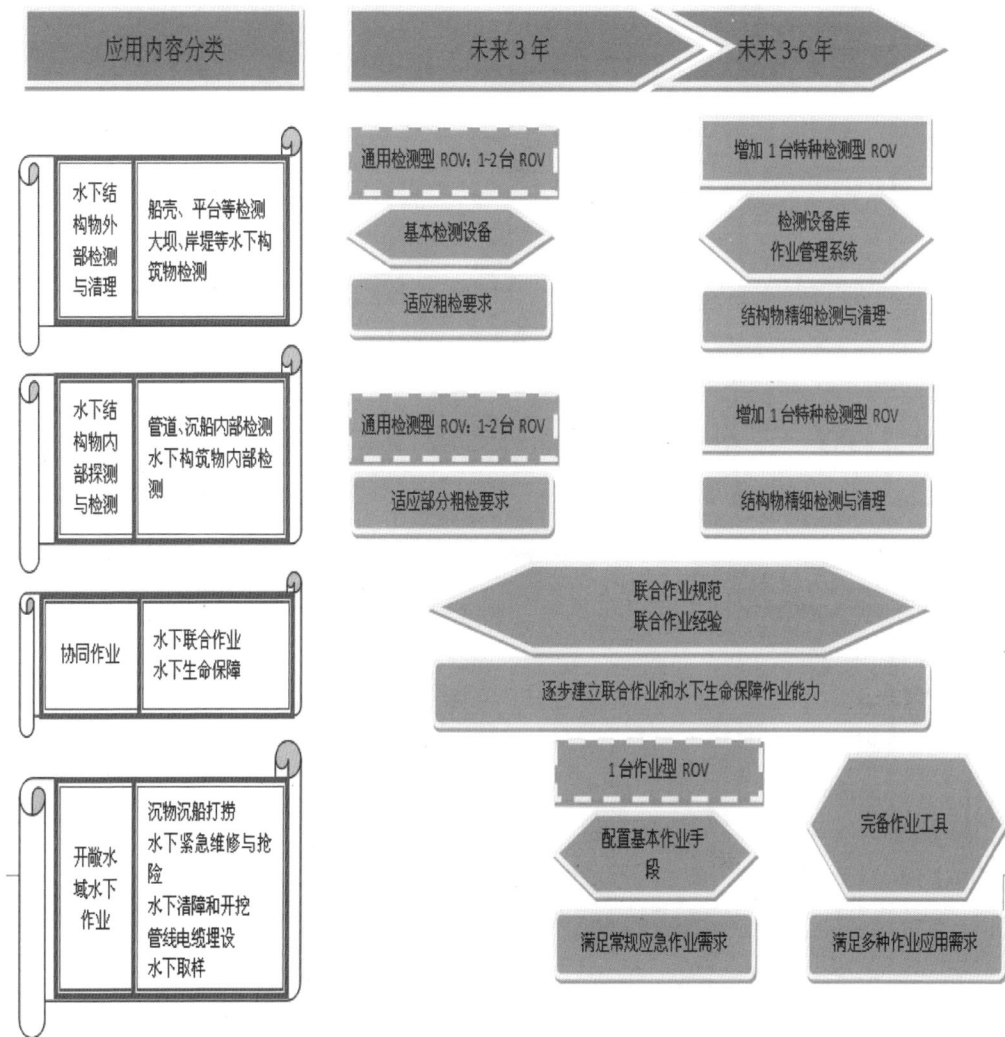

图 13-6　设备及技术参数图

（1）技术层面（图 13-7）的讨论；

（2）人才培养（图 13-8）的考虑；

（3）装备采购的计划。

根据海事业务需求，可以参考图 13-6、表 13-1 所列的设备及技术参数（产地可忽略）考虑采购计划：

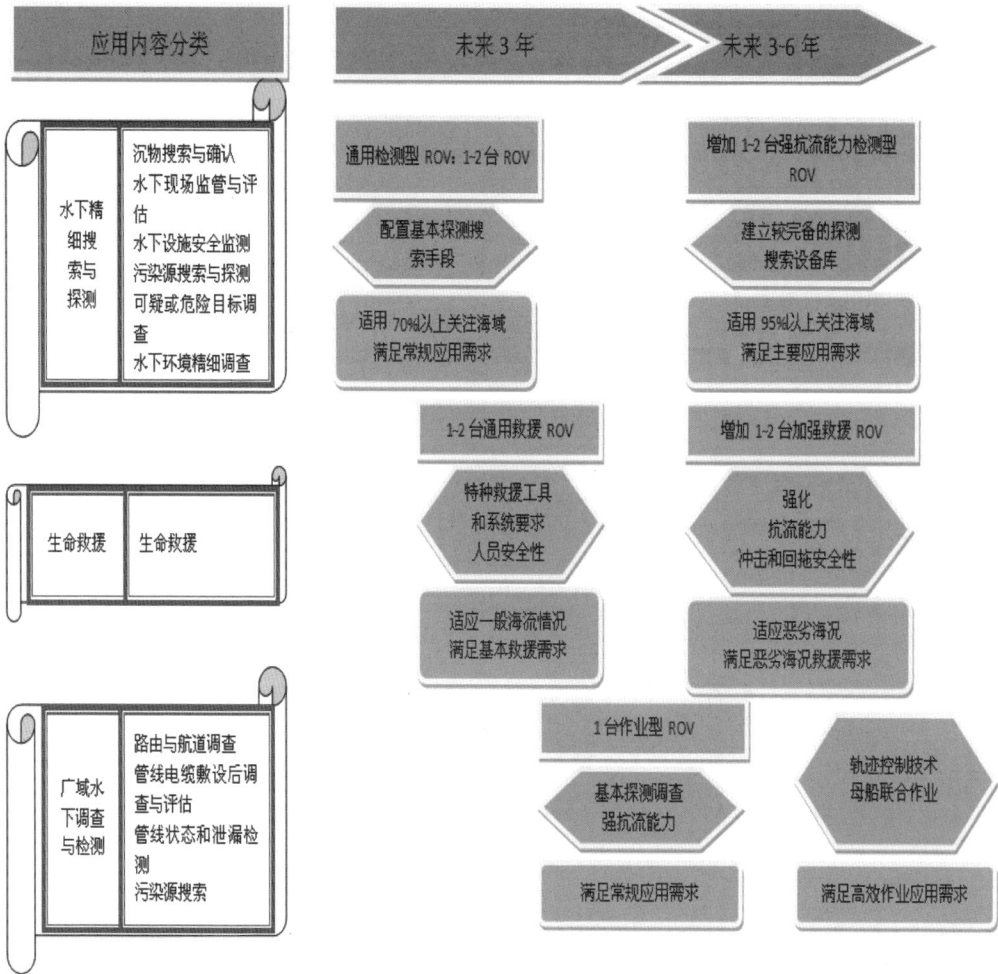

图 13-7　ROV 海事应用技术发展轮廓图

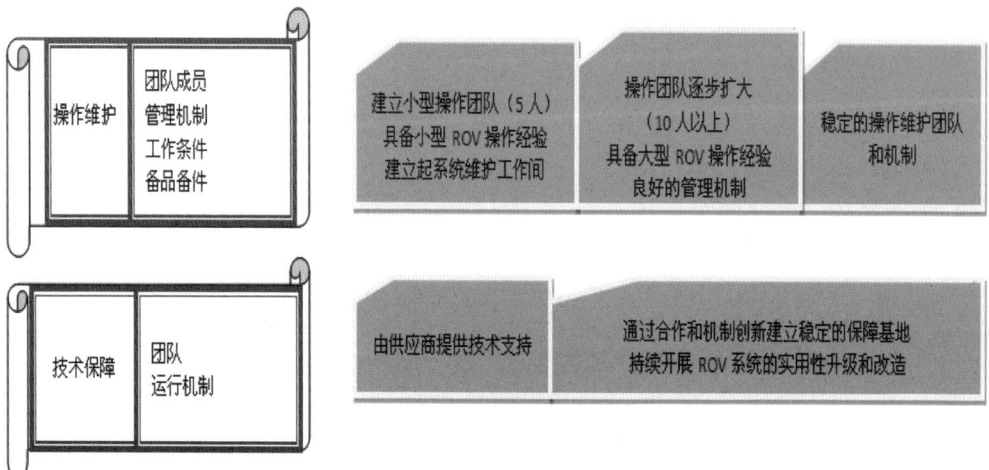

图 13-8　人才培养图

表 13-1　设备及技术参数

	本检测 ROV	UERI-21
最大潜深	200 m	200 m
纵向抗流能力	不小于 3.5 kn	不小于 3.3 kn
侧向抗流能力	2 kn 以上	1.3 kn 以上
空气中重量(不含有效负载)	约 80 kg	不大于 55 kg
负载能力(不含基本配置)	10 kg 以上	10 kg 以上
基本配置 (不计入有效负载)	摄像机:主动式 Lynx 激光雷达相机,黑白微光摄像机	摄像机:480 线彩色可变焦摄像机
	Blueview 公司制造的 DF900-2250 多波束双频前视声呐	加拿大 IMAGENEX TECHNOLOGY 公司的 The Model 881A Digital
	机械手,3 功能 1 只	
	云台:单自由度	云台:双自由度
	水下灯:2 只 LED	水下灯:2 只 LED
	推进器:水平推进器 4 只,垂直推进器 2 只	推进器:纵向推进器 2 只,侧向推进器 1 只,垂向推进器 1 只

(4)政策法规的研究

目前,我国还没有在水下机器人生产、检验、发证和海事应用方面出台相关的技术规范和标准,也没有专项的行政法规规定。虽然有些海事部门做了配置的尝试,但运用的效果尚未显现。特别是在设备使用中所发生的机损、灭失以及发生第三方责任的状况下无法可依、无以应对等问题,都在不同程度地制约着高新技术的普及和运用,因此需要从一定高度和范围来综合研究应对策略,为其创造良好的工作环境,以便发挥其他装备无法达到的高效能。

十三、结语

(1)围绕"水下机器人海事应用"这一主题,需要系统地对其相关问题开展研究。此项研究以前从未进行过,具有重要的引导意义。

(2)本项研究分析了水下机器人技术对海事水下监管的应用需求,提出新的水下机器人方案和应用方法。

(3)随着高科技手段的不断介入,如何将其纳入法制化轨道是一个十分紧迫和严肃的任务。

第三节

海上无人固定翼飞机巡航救助应用技术研究[①]

一、概述

(一)研究目标

本项研究提出将相关遥测遥感系统设备与无人机进行技术集成并有效地形成机—船—岸立体信息网络,使用无人机伴随海巡船艇出航并在其控制范围内对海域进行立体跟踪监测。其技术关键与难点是海上无人固定翼飞机与小型化传感器的集成技术,无人机多用途任务载荷模块

---

① 本节内容时间节点为 2011 年。

的实现及小型化,机—船—岸信息系统的无缝连接,船基、岸基数据接收与处理技术,空—地数据实时传输与处理技术等。上述关键技术的解决以及系统的研制成功,可形成集遥控、遥感、遥测、通信、系统集成和信息传导等一系列高技术于一身的、具有我国自主知识产权的系统化产品,能够实现在同等条件船艇上的广泛部署,实施海上监测的作业化。预计项目成果在海事巡航救助、污染防治等领域将得到快速推广,随之而来的产业化将具有可观的经济效益。

(二)研究任务及完成情况

交通运输部 2011 年海事科技项目"海上无人固定翼飞机巡航救助应用技术研究"任务要求本项目研究分析国内外资料,研究推荐适合海事应用的海上无人固定翼飞机机型,进行海上船载无人机机型与技术性能选配研究;完成机载装备,陆域场地、设施与选配样机之间的适配研究并形成研究报告;建立海上船载无人机与遥感监测传感器的集成系统,传感器的建议范围(可根据推荐方案进行优化):CCD,红外热像仪,激光,紫外、可见光高光谱成像仪,机载 AIS 中继通信,形成全天候监控能力;实现海上船载无人机遥感系统的机—船—岸信息系统的无缝连接。

表 13-2　考核指标及完成情况

考核指标	完成情况
①完成技术报告,包括提出无人机机型选配、动力源和基本性能要求等配置方案以及相关环境试验操作数据结论。 所选无人机基本参数应优于以下指标:有效载荷 20 kg,续航能力 3 h,可控半径 50 km,巡航速度 70 km/h,飞行高程 2 000 m,抗风能力 6 级,具有较高的自主飞行能力	• 完成了技术报告(即本报告)。提出了几款推荐无人机机型如"彩虹 3(CH-3)"固定翼无人机、旋翼式无人机(TC-1235)等均可满足对无人机平台的技术指标要求; • 对共轴双旋翼式无人机(TC-1235)(图 13-12)的动力与适应性进行了改进并取得突破性进展,拥有了自主知识产权,启动了产业化进程,特别是开发了舰载着舰软件,改造了发动机燃料种类(汽油改柴油),因时间关系还未来得及进行着舰实验; • 在函道式无人机甲板起降及巡航测试时有时发生突然失控抖落现象,昭示了低空海洋气象环境的复杂性; • AIS 设备与试验机的匹配实验,验证船台 AIS 频率与固定翼无人机的操控系统没有相互干扰现象,其天线水平安装方式不妨碍 AIS 信号的传递
②初步建立海上船载无人机与遥感监测传感器的集成系统。通过多种遥感传感器组合(可同时安装三种传感器)实现单架次飞行即可完成多种海事监管任务	• 初步建立了无人机平台如固定翼无人机"龙雁Ⅱ"(图 13-9)与机载 AIS 和 CCD 的集成系统,还实现了共轴双旋翼式无人机"TC-2130"与激光雷达和 CCD 的集成; • 因天津周边不具备大型固定翼无人机起降场地,而用于飞行试验的固定翼无人机的净荷载不能满足几种传感器(如 CCD+AIS+多光谱成像仪)的一并搭载,因此集成工作和信息链路的建设需在下一步工作中进行
③通过该项目的实施,基本形成高科技装备在海事应用领域的工程示范,为今后同类装备的配发、操控、培训和维保等项工作提供基础性的技术规范	• 通过飞行试验,初步形成了可应用于海事应用领域无人机平台和任务载荷的集成系统; • 编写了《低空无人机操控手培训课程大纲》以及《低空无人机机场建设方案》草案; • 翻译了《美国无人系统综合路线图(2011—2036 财年)》,已由军事科学出版社出版

（三）主要成果

自 2011 年 6 月份立项以来，项目组通过多方比对、筛选、查核和验证，重点推荐出相关各类无人机机型，特别是主要的固定翼无人机机型和主要技术功能；验证了无人机机载 AIS 船台的技术性能和适用范围；初步查验了旋翼式无人机和涵道式无人机舰载起降的能力、救生器材的投放能力及适应海洋气象环境的能力；经考察提出了无人机机场建设设计要求和操控手的培训课程大纲；翻译并出版了《美国无人系统综合路线图（2011—2036 财年）》文献；经与当地空防部队协商，初步拟定了未来海事无人机操控手编入解放军预备役的意向，以便无人机在低空空域运行时获得足够的空间和便利。

前期工作的主要成果简述如下：

（1）无人机类型及其优势

将不同类型无人机（固定翼无人机）、旋翼式无人机、涵道式无人机（图 13-13）平台进行类比和试验，显示出各自优势。

具有一定规格的固定翼无人机在大范围巡航中显示优势，有效任务载荷限制小，但多数机型需要在起降场地上投入更多费用。

旋翼式无人机（无人直升机）可在海巡船甲板起降，机动性良好，可适应海区巡航、污染监测、救助信息传递等多种海事应用任务；但需要改变其动力燃料品种，即汽油机改为柴油机。

涵道式无人机在海巡船甲板起降的稳定性好，并可进行超低空飞行，悬停，适用于近距离观测、巡视，并在救助、救生物品投放上突显优势。但操作半径较小则是它的短板。

（2）任务载荷及其功能

针对不同海事应用任务类型，选择不同的无人机平台及其适配任务载荷。如由项目单位自主研发的机载 AIS、CCD+远红外溢油监测系统、多光谱成像仪经实验检测，效果良好，将在相应的海事应用任务中发挥重要作用。如能将大中小无人机平台进行合理配置，其任务载荷亦可进行灵活组合。

（3）无人机运行机制

无人机平台将在海事应用中显示巨大作用，但同时也将面临诸多挑战，如伴随国家低空空域开放政策制定过程中的无人机运行机制的制定、无人机及其任务载荷的技术标准制定、无人机操控人员培养和资质审定以及无人机在投入海事应用过程中的信息集成、链路传递、软硬件适配等技术问题还需要深入研究与反复测试。

（4）无人机技术交流

在本项目的执行过程中，课题组采用了多种方式对我国无人机事业的发展进程给予了多重关注，如连续参加了两届在北京展览馆举办的"尖兵之翼展览会"，参加了贵航集团在贵州安顺举办的民用无人机展览大会和研讨会；参加了中国人民解放军军事科学院举办的第三届军民融合式发展论坛并发表了以"关于加快国家海事信息化建设 支持军民融合式发展的战略思考"为题目的主题演讲；分别考察了北京航空航天大学、西北工业大学、中航工业成都飞行工业（集团）公司、航天部 503 所、中国航天神舟飞行器有限公司、天津现代职业技术学院，并与之交流了有关我国民用无人机发展状况、技术水平、人才培养、空管政策及海事应用的前景，同时还实地考察了中国航天神舟飞行器有限公司设在天津滨海新区的无人机生产基地。

（5）重点推荐机型

根据课题组了解到的情况，经研究分析拟重点推荐固定翼无人机的机型为："彩虹3（CH-3）"（图13-10）。

该款机型的技术特点如下：

翼展：8 m；起飞重量：640 kg；任务载荷：60 kg；

巡航速度：150~220 km/h；巡航高度：3 000~5 000 m；

操作半径：200 km；续航时间：大于等于 12 h；

该款无人机由航天科技集团、保利集团、天津海泰集团及航天十一院共同投资在天津滨海新区组建的飞行器科研基地（即中国航天神舟飞行器有限公司）生产的系列无人机之一。该公司生产的彩虹系列无人机的技术性能已达到国际先进水平并已批量外销。

该款机型的主要优点：

（1）机体尺寸和搭载能力适中，基本满足海事应用传感器的集成和搭载的需要，可广泛用于远程或长滞空时间的空中任务侦察或探测。

（2）对跑道的要求不苛刻，在天津滨海新区的生产基地已建有 40 m×600 m 的机场测试跑道，能满足该种类别无人机对跑道的需求。同时在天津滨海新区还有条件设立备降机场，而且在我国沿海地区布置和利用类似的场地亦较为容易。

（3）该公司生产体系健全，安全维保能力强，操控人员技术娴熟，可以为海事应用提供服务保障，同时还可以承担无人机操控员和指挥员的培训，为海事系统储备人才。

（4）该集团公司具有一定的军方背景，军民融合程度较深，涉及的空管问题易于处理。

图 13-9　固定翼无人机"龙雁Ⅱ"

图 13-10 "彩虹 3(CH-3)"固定翼无人机

图 13-11 直升固定翼无人机"黑豹"

图 13-12　共轴双旋翼式无人机(TC-1235)

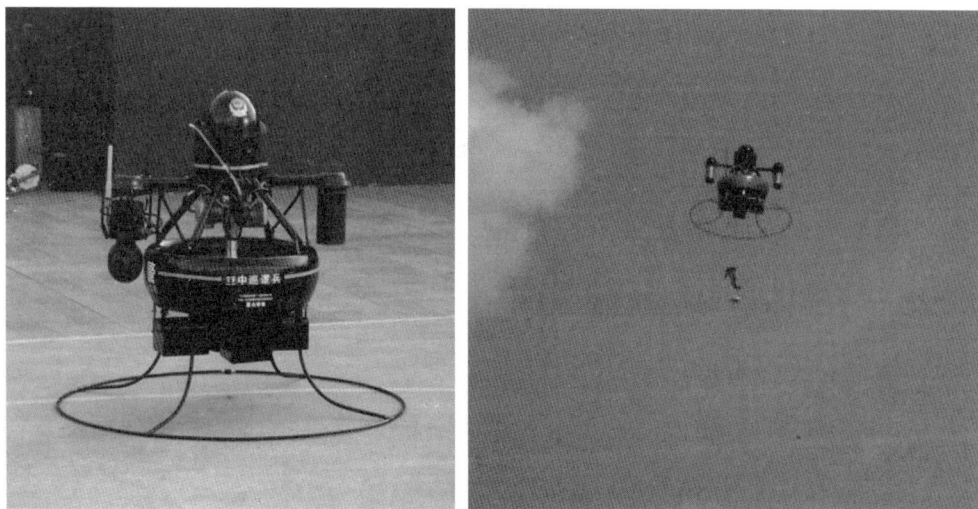

图 13-13　涵道式无人机 TX-2 及救生装备投放

二、研究背景及必要性

(一)民用无人机的国内外应用现状

无人机起源于军事用途。过去 20 年中,小规模、低密度冲突在全球急剧增加,由于多兵种远征到错综交替的区域去参战,因此使用互操作系统,实现信息共享已变得十分重要。无人机在战斗空间信息主宰方面起着关键的作用,并将更多地应用在未来的冲突中。其最大的优点是有在目标上能盘旋 24 h 以上的续航能力,以及能远距离飞行的技术能力,这样能减少部署到前线的部队数量。现代化的无人机比直升机有着更好的视角和发射角度,能更精确地攻击目标、避免直接伤亡。

在欧洲,英国、法国、德国和意大利都将重点投资无人机。法国、德国和意大利已拥有Elbit、IAI、SagemSA、EADS 和 Dassault 航空公司等领先的无人机制造商,它们正在推动下一代无人机的发展。2003—2012 年,欧洲总的军用无人机预算将达到 55 亿欧元。从具体应用角度来看,市场对战术无人机、攻击无人机和高空长航时无人机和无人战斗机更加青睐。

即便如此,目前欧洲制造商还远落后于美国同行,特别是在高空长航时无人机和无人战斗机方面差距最大。美国已有高空长航时无人机——全球鹰,欧洲也在发展类似的无人机——欧洲鹰。就无人战斗机而言,美国正在重点投资这些应用,并预计在 2010 年前后投入作战应用。欧洲也在实施数个计划,但其投资强度没有这么大。

与之相对,欧洲对无人机的商用与民用市场抱有更大的期望值。在民用与商业应用方面,可以肯定无人机将替代有人驾驶飞机,其应用将替代某些地面应用和卫星应用。商业应用是以应用当先,用户对成本有效价值比技术更感兴趣。无人机制造商需要把精力集中在投资周期更短的综合方案方面。在民用市场上,预计大多数部署的无人机应用于情报侦察监视等目的。对制造商来讲,来自军事应用的挑战是如何使无人机更廉价。

随着欧盟的扩大和新的情报侦察监视需求的出现,国土安全是刺激这一市场增长的驱动力。预计,用于海上监视的高空长航时无人机的需求将随着欧洲监视海岸和环境保护的需求而增长。无人机的潜在应用包括火灾的监视、违法捕鱼的监视和石油泄漏的快速发现等。

目前,受无人机飞行高度和荷载等因素的影响,无人机在民用遥感方面,暂时还无法取代传统遥感方式,如卫星遥感图片具有覆盖面积广、图像质量稳定可靠等特点。

但无人机因其具有机动性好、使用方便等特点,在民用方面的最大应用就是应急、救灾、减灾等方面的指挥决策,可以在最短的时间内抵达可能或已经出现险情的现场,在最短的时间内将出险现场的视频实时传送到指挥中心,以便使地面指挥人员迅速根据险情做出判断和应对措施。

未来,无人机的发展会向着高可靠性、多种复杂任务完成能力、多种载荷、人工智能方向发展,会在国内更多民用领域得到应用,除了防汛抗旱、应急救灾等领域外,还会在国土资源勘查、环保、交通、测绘等领域得到广泛应用。由于上述特性,及无人机本身可靠性的提高和性能的改进,打开了应用无人驾驶飞机的大门,它俨然成为地球空间信息应用的大腕,例如地形图测绘(DOM、DEM、DLG)、三维系统底图甚至扩展到农林作业、矿产探测、交通管理、广播广告、应急监测,美国政府更将无人机应用于犯罪高发区监测服务及所谓的热区暴动监测。

近年来,我国无人机的发展也取得了长足的进步,仅就我国航空学会角度来看,从 2006 年开始,连续在北京召开了四届中国无人机大会即"尖兵之翼"展览会。来自军队、军工、测绘、科研、大学等上百家机构的数十架新品无人机在此期间集体亮相。盛会交流内容涉及广泛,从无人机的产品制造、安全性评估、动力提供、功能适应、空中交管、军用民用等方面均有论述。

通过参加会议以及广泛的调研,课题组分别列举了国外和国内可用于民用的主要无人机的基本参数,如表 13-3 和表 13-4 所示。从表中可以看出:国产无人机的任务载荷与其自重之比要远小于国外无人机;在续航能力、控制半径、飞行高度以及巡航速度等方面,国产无人机还是显示出与国外产品的些许差距。

表 13-3　可用于民用的主要国外无人机及其参数

型号	制造商	类型	净载荷 (kg)	续航时间 (h)	控制半径 (km)	最大飞行 高度(ft/m)	巡航速度 (kts/km·h^{-1})
净载荷>100 kg							
GlobalObserver-1	航空环境公司(美国)	固定翼	159	170			115/213
GlobalObservr-2	航空环境公司(美国)	固定翼	454	192			115/213
Molynx	阿莱尼亚飞机公司(意大利)	固定翼	600	30			20/407
Sky-X	阿莱尼亚飞机公司(意大利)	固定翼	200	2			260/482
Sky-Y	阿莱尼亚飞机公司(意大利)	固定翼	150	14			140/259
Excalibur	极光飞行科学公司(美国)	固定翼	544	3			100~460/185~852
Orion	极光飞行科学公司(美国)	固定翼	2 359	100			200/370
Herti-XPA-1B	BAE 系统公司(英国)	固定翼	500	25			90/167
Taranis	BAE 系统公司(英国)	固定翼	6 000	8			亚声速
X-45N	波音公司(美国)	固定翼	2 046	7			530/982
A160T (Hummingbird)	波音公司(美国)	直升机	130~450	24			140/259
MD530F (Unmannedlittle Bird)	波音公司(美国)	直升机	684	8~10			130/241
净载荷 30~100 kg							
EagleEyeTR-918	贝尔直升机达信公司(美国)	直升机	90	>6			<200/<370
CAMCOPTERS100	SCHIEBEL(奥地利)	直升机	34~50	6	80~80	>3 000 m	55~120/102~222
TC-2130	荷兰 GOCOPTER 公司	直升机	30	3	50	2 000 m	40/72
净载荷<30 kg							
Vulture	先进技术和工程公司(南非)	固定翼	25	3~4			26/48
RQ-7B(shadow)200	AAI 公司(美国)	固定翼	27	5~7		15 000/4 572	90/166
Aerosonde-4	AAI 公司(美国)	固定翼	5.3	30			40~60/74~111
Coyote	先进陶瓷研究公司(美国)	固定翼	2.27	1.5	37	20 000/6 096	5/93
Orbiter	航空防务系统公司(以色列)	固定翼	1.5	1.5	15~50	18 000/5 486	25~65/46~120
AquaPuma	航空环境公司(美国)	固定翼	1.13	2.5		10 000/3 048	13~27/24~50
DragonEye	航空环境公司(美国)	固定翼		0.75~1	10	1 000/305	19/35
GoldenEye-80	极光飞行科学公司(美国)	固定翼	7.2	8			120/222
ScanEagleA-15	波音公司(美国)	固定翼	6	14	32 000	16 400/4 999	49/91
CyberBug	塞伯防务系统公司(美国)	固定翼	2.5	3			30/56
PERSEUS-A	NASA(美国)	固定翼		24		65 000/19 812	

表 13-4　可用于民用的主要国内无人机及其参数

型号	制造商	类型	自重（kg）	净载荷（kg）	续航时间（h）	控制半径（km）	最大飞行高度(ft/m)	巡航速度（km/h）
净载荷 30~100 kg								
V750	天翔航空与中航工业联合研制	直升机		80	4	150	3 000	161
Z-5	总参60所	直升机	260	50~80	4~6	>100	3 500	160
鹞鹰Ⅰ型	贵州贵航	固定翼	700	70	12	200	7 000	170
ServoHeli-120	中国科学院沈阳自动化所	直升机	80	40	1.5			51/95
LY-ZY200	南京航天猎鹰飞行器技术有限公司	固定翼	150	50	6	50/100	6 500	130~150
U8	中国直升机设计研究所	直升机	220	30	4	150	3 000	120
H150-L	珠海星宇航空技术有限公司	固定翼		30	4		5 000	120
净载荷<30 kg								
锐眼Ⅰ型 CS/UR1	成都天奥信息科技有限公司	固定翼	90	20	5	100	5 000	150
Z-80	中国人民解放军防空兵指挥学院无人机研究中心	固定翼	80	20	3	100	3 000	180
Z-3	总参60所	直升机	60	20	2	30	1 200	70
W-50	中国人民解放军防空兵指挥学院无人机研究中心	固定翼	100	20	3	100	3 500	200
ASN-218	西北工业大学365所	固定翼	40	15	5	60	2 500	90
祥鹰Ⅱ型	桂林鑫鹰电子科技(中国)	固定翼		4.0	1.5~2.0		328~9 843/100~3 000	32~64/60~120
FH-2	北京航空航天大学	直升机	25	10	1.5		8 202/2 500	38/70
DR-5（无侦-5）	北京航空航天大学	固定翼				3 000	57 415/17 500	432/800
LY-Z45	南京航天猎鹰飞行器技术有限公司	固定翼	40	5	3	50	3 000	130

（二）无人机海事应用研究背景

近年来,随着我国海洋经济和水上交通的高速发展,我国海上和内河船舶交通流量和交通密度急剧增长,船舶大型化、高速化发展趋势明显,30 万 t 级以上的巨型油船、干散货船已逐渐成为海上运输主力,高速船和大型集装箱船的航速已超过 28 kn。这导致水上交通事故频发,群死群伤事件、灾难性海上沉船、溢油事件屡有发生,造成海事监管和救援任务繁重,水上安全运输形势严峻。

当代科学技术发展日新月异,已成为推动经济社会发展的主导力量。加强科技创新是增强国家竞争力的重要途径,是实现中华民族伟大复兴的战略要求。"科技创新是提高社会生产力和综合国力的战略支撑,必须摆在国家发展全局的核心位置。完善知识创新体系,强化基础研究、前沿技术研究、社会公益技术研究,提高科学研究水平和成果转化能力,抢占科技发展战略制高点。促进创新资源高效配置和综合集成,把全社会智慧和力量凝聚到创新发展上来。"因此只有依靠科技进步,培养新的经济增长点,促进经济结构调整,才能实现经济平稳较快发展。所以说,科技创新既是应对当前国际金融危机的重要手段,是加快经济发展方式转变的迫切需要,也是保持经济持久繁荣的不竭动力。

改革开放30多年来,我国水上交通运输快速发展,船舶交通流量和运输量已连续数年居世界第一位,对国民经济的支撑作用日益增强。近年来,无论全球还是中国的吞吐量都呈明显上升趋势。

表 13-5　2011 年全球十大港口货物吞吐量排名(单位:万吨)

2011 年排名	2010 年排名	港口名称	2010 年	2011 年	增长率
1	1	上海	65 197.10	72 032.90	10.48%
2	2	宁波—舟山	62 052.10	67 838.20	9.32%
3	3	新加坡	57 893.10	61 571.62	6.35%
4	4	广州	41 100.00	45 100.00	9.73%
5	6	天津	41 000.00	44 800.00	9.27%
6	5	鹿特丹	43 015.90	43 342.40	0.76%
7	7	青岛	35 000.00	37 500.00	7.14%
8	10	大连	31 135.70	33 800.00	8.56%
9	11	唐山	25 062.00	30 800.00	22.90%
10	8	釜山	26 000.00	29 357.07	12.91%

表 13-6　2011 年中国十大港口货物吞吐量排名(单位:亿吨)

排名	港口	2011 年吞吐量	2010 年吞吐量	增幅
1	上海	7.20	6.53	10.26%
2	宁波—舟山	6.91	6.33	9.16%
3	广州	4.51	4.11	9.73%
4	天津	4.48	4.10	9.27%
5	苏州	3.80	3.29	15.50%
6	青岛	3.75	3.50	7.14%
7	大连	3.37	3.14	7.32%
8	唐山	3.17	2.46	28.86%
9	秦皇岛	2.87	2.57	11.67%
10	营口	2.61	2.26	15.49%

回顾"十二五"期间我国经济社会发展的新特征,对交通运输发展提出新的更高要求。国民经济总量不断扩大,工业化进程进一步加快。市场活力不断增强,人员和物质流动不断加快,能源、原材料需求将大幅度增加。我国在更大范围、更深层次参与国际经济合作与竞争,一些战略性资源、原材料和产品进出口量仍保持比较大的规模,必然使水路客货运输需求保持旺盛的增长势头。扩大内需,为人员和物质流动提供足够的运输供给能力,交通运输必将保持一定的发展速度和规模。全国内河货物和港口旅客吞吐量分别达到38.8亿吨和1.19亿人。

近年来,水上交通运输安全生产态势总体稳定,但形势依然严峻,突出表现在:重大及以上事故时有发生,部分事故引起社会的强烈反响。据统计,全国"十一五"期间水上年均交通安全事故数390件,年均死亡失踪356人,年均经济损失超过5亿元。随着现代交通业的加快推进,交通运输安全生产和应急工作一定会出现更多的新情况、新动向和新问题。由此而预示,今后5到10年是海事发展的重要战略机遇期,能否抓住机遇,迎接挑战,全面提升海事发展的质量与速度,是事关海事事业科学发展的重大问题。

科技创新将给海事发展带来不竭的动力,卫星、电子、通信、信息等高新技术的综合应用,将给海事监管和信息利用带来深刻变化,海事技术装备更新换代也将不断加快。当前,海事发展正向更加注重精细化管理、更加注重发展质量提高、更加注重海事服务水平提升、更加注重深层次和全局性问题解决的方向转变,这些均需要有科技手段为支撑。不断推进海事系统的科技进步,通过卫星监测、航空遥感、VTS、AIS、LRIT、通信及网络技术等,进行区域性或全国性的船舶动态监视和船舶溢油监测,实现船舶动态全过程监管。通过对监管救助装备水平和设施结构的进一步提升和优化,可以形成立体监管救助体系,将会更有效地降低事故风险,全面实现反应快速化,全面提高人命救助能力和环境拯救与恢复能力。

依靠科技进步与创新,强化科技在海事发展中的支撑和引领作用,提高创新意识,优化创新环境,打造创新人才。紧紧围绕海事发展需要,以战略性、基础性、关键性的重大技术研究为切入点,来弥补当前水上交通安全监管系统的不足,争取更快更好地实现建成以"全方位覆盖、全天候运行、全过程监控"为特征的安全监管体系、以"布局立体化、手段智能化、反应快速化"为标志的应急搜救体系,海事系统配置无人机与巡逻船、VTS、AIS、CCTV、VHF等监管系统相互配合的模式进行监管是比较有效的手段。借以促进海事发展向资源节约、环境友好的新模式转变,有效提升海事依法行政和公共服务的能力和水平。

(三)必要性

(1)基于提升海上搜救、污染防治和航海保障能力的迫切需要

交通运输部海事局负责行使《中华人民共和国海上交通安全法》《中华人民共和国海洋环境保护法》等法律赋予的水上交通安全和防止船舶污染的执法权,负责我国管辖水域内水上船舶交通安全、海上应急搜救指挥工作、防止船舶污染、海上航标、水上安全通信管理工作;负责规定区域内的船舶和海上设施检验、港口航道测绘以及海上石油平台及相关船舶的安全管理工作。因此现场监管、应急、污染防治和航海保障能力的提升显得尤为突出和迫切,需要利用特别是研发急需应用的高科技手段,全天候地、高效率地监控管辖水域船舶交通及溢油污染水域的情况,最终达到全面改善管辖水域水上交通安全形势,直接服务于国家经济发展大格局的目的,因此尽早考虑配置适合海事应用的无人机,研发机载遥感监测、通信导航、信息集成等关键技术及产品,实现空地一体与信息畅通势在必行。

（2）基于对有人驾驶飞机的配备和成本问题的综合考虑

先进国家配备于海事管理的有人驾驶飞机数量相对非常充足。如日本海上保安厅配备了各类直升机，无空白覆盖了100海里以内海域。美国海岸警备队则配备了更为大型的固定翼飞机和直升机，以满足海上安全及其海事管理等多方面的需求。但近年来，这些先进国家的财政预算越来越趋于紧缩，对有人驾驶飞机的配备和维修都带来很大影响，进而不得不考虑使用"价廉物美"的无人机。比如，日本海上技术研究所于2007年开始研究无人固定翼飞机及其可搭载遥感传感器（可见光、CCD）在海事管理方面的应用。

我国海事部门所配备的有人驾驶飞机（固定翼飞机、直升机）数量非常有限，而且这些飞机主要用于海上人命的搜救，功能较为单一。况且，有人驾驶飞机的普遍配备将是一个预算投入巨大而且运行成本极高、风险较大的选项。

因此，为了满足目前海事管理的迫切需要，本项目所提出的在前期研究的基础上深入进行海上固定翼无人机的海事应用及其关键技术的研究则是一个恰当的选择。

三、海事应用对无人机平台的技术需求分析

（一）无人机及其适配任务载荷的海事应用分析（表13-7）

天津海事局自2006年开始实施空中定线有人机巡航，每年飞行200架次左右。此外，天津海事局自2012年6月1日开始了无人机巡航，到目前为止已经飞行41架次，累计飞行时间42 h。

自2009年度开始分别实施了天津海事局科技项目《海上船载无人机海事应用关键技术研究》、2010年度天津海事局科技项目《特种飞行器海事应用技术研究》以及部海事局2011年度海事科技项目《海上无人固定翼飞机巡航救助应用技术研究》，对无人机平台和各类任务载荷（遥感、遥测传感器）的技术指标进行了可行性评估，总结了各类海事应用对无人机平台和适配任务载荷的技术要求。

表13-7　无人机平台及其适配任务载荷的海事应用分析

海事应用		功能描述	任务载荷
巡航	监管水域安全巡视	日常巡航任务实施。可与交管中心、AIS中心以及搜救中心进行实时通信（无人机位置、视频及语音），掌握巡航附近海域的通航秩序、船舶动态、船舶污染状况	光电 EO、机载 AIS、机载 VHF
	目标跟踪	可对特定船舶实施目标跟踪并把实时信息（无人机位置及被跟踪目标位置）传输给交管中心、AIS中心以及搜救中心	光电 EO、机载 AIS、GPS
	夜间巡视	不定期夜间巡航可遏制夜间偷排。远红外图像数据所显示的偷排状况可作为证据留存	光电 EO、机载 AIS、机载 CCD +远红外
	冰区巡航	通过大范围飞行掌握冰情范围和航标状态。现场情况可通过自备系统绘制在电子海图上，也可通过传回的坐标信息在指挥中心绘制	光电 EO、机载 AIS

（续表）

海事应用		功能描述	任务载荷
应急	现场信息传递	携带相应任务载荷传输事故现场状况信息（位置、视频、图片）	光电 EO、机载 AIS、机载 VHF
	污染监测	针对事故性污染（溢油、化学品等）泄漏现场进行监测并把实时信息传输到指挥中心以备应急决策使用	光电 EO、机载 AIS、机载 CCD + 远红外
	缆绳传递	利用涵道式无人机较强的稳定起降优势，可携带绳索从搜救船甲板飞往事故船并实施投放	投放装置
搜救	事故地点定位	通过无人机自身定位系统以及机载 AIS 确定事故地点位置坐标并传到指挥中心；也可在无人机上设置标准的海上救助信号和位置识别信号装置	光电 EO、机载 AIS、救助信号装置、位置识别信号装置
	物资投放	向事故地点投放 GPS 浮标、食物、小型救生浮具等	投放装置
	变身浮具	加装自动充气装置、设置标准的海上救助信号和位置识别信号，必要时可从空中坠海变成救生浮具	救助信号装置、位置识别信号装置
港口保安	目标识别	跟踪特定目标，必要时可发出高音频警报	光电 EO、机载 AIS、机载 VHF、警报装置
演练	搜救演练	在进行各种搜救演练时把现场视频及图片传到指挥中心	光电 EO、机载 AIS、机载 VHF

(二)经重点考察的无人机技术指标

针对不同类型海事应用无人机平台及其任务载荷的技术要求，就国内外各类无人机平台技术性能进行了调研(表 13-8)，并利用其中几款机型实施了飞行试验，初步确认了无人机各类海事应用的可行性。

就国内现状而言，迄今为止的无人机应用多集中在防灾领域，而且无人机制造商几乎对海事应用要求一无所知。

表 13-8　经考察的几款无人机性能一览

机型	制造商	基本配置	应用情况
鹞鹰 I（固定翼）	"贵州贵航"	任务载荷:60~100 kg; 巡航速度:160~180 km/h; 巡航高度:500 m~7 000 m; 续航时间:16 h	主要用于消防、救灾、航拍、石油管线、森林防火和土地资源勘测
鹞鹰 II（固定翼）	"贵州贵航"	最大任务载荷:400 kg; 巡航速度:160~180 km/h; 实用升限:7 500 m; 续航时间:30 h; 起飞滑跑距离:<700 m	主要用于消防、救灾、航拍、石油管线、森林防火和土地资源勘测。可在应急情况下,独立完成对特殊目标的处置

（续表）

机型	制造商	基本配置	应用情况
龙雁-Ⅱ（固定翼）	桂林航龙科讯电子技术有限公司	任务载荷：7 kg； 巡航速度：150 km/h； 巡航高度：3 000 m； 续航时间：3.5 h； 最大抗风：6 级	已经开展了初步的海事应用实验
天翼-Ⅰ（固定翼）	中航工业成都飞机工业有限责任公司	任务载荷：20 kg； 巡航速度：120 km/h； 实用升限：3 000 m； 续航时间：3 h；	主要用于航测、航拍、遥感、缉私、反恐、环保、灾害预警和评估
晨鸟Ⅰ型（固定翼）	北京东恒宇技术开发中心	任务载荷（含燃油）：5 kg 巡航速度：95 km/h； 实用升限：5 000 m； 续航时间：20 h； 发射方式：车载发射	广泛用于远程或长滞空时间的空中任务侦察或探测，是气象局指定的气象探测飞机
ASN-106（固定翼）	西安工业大学 365 研究所	任务载荷：20 kg； 巡航速度：500～600 km/h； 实用升限：10 000 m； 续航时间：≥1 h	进行过航测及灾害预警方面的试验飞行
彩虹 3（CH-3）	中国航天神舟飞行器有限公司	任务载荷：60 kg； 巡航速度：150～220 km/h； 实用升限：3 000～5 000 m； 续航时间：≥12 h	广泛用于远程或长滞空时间的空中任务侦察或探测。大载荷显现更大民用功能优势
TC-2130（旋翼）	荷兰 GOCOPTER 公司	任务载荷：30 kg； 巡航速度：72 km/h； 实用升限：2 000 m； 续航时间：3 h	广泛应用于航测、航拍、遥感、缉私、反恐、环保、灾害预警和评估。2011—2012 年度实施多次海上飞行试验
TC-1235（双旋翼）	北京德可达科技有限公司	任务载荷：35 kg； 巡航速度：100 km/h； 实用升限：2 000 m； 续航时间：4.0 h	广泛应用于航测、航拍、遥感、缉私、反恐、环保、灾害预警和评估
TX2 型（函道式）	哈尔滨盛世特种飞行器有限公司	任务载荷：10 kg； 巡航速度：72 km/h； 实用升限：1 000 m； 续航时间：1.5 h	主要应用于反恐、缉私、搜救等领域。2011—2012 年度实施多次海上飞行试验

四、研究的关键问题和具体内容

(一)拟解决的关键问题

(1)固定翼无人机与小型化传感器的集成技术,固定翼无人机多用途任务载荷模块的实现及小型化,固定翼无人机的配置技术参数的选定,固定翼无人机和遥感监测系统集成配置;

(2)机—船—岸信息系统的无缝连接,船基、岸基数据接收与处理技术,空—地数据实时传输与处理技术;

(3)在掌握适用于各类海事应用领域的无人机及其任务载荷技术要求的基础上,结合我国低空空域开放政策动向,制定适用于海事无人机应用的运行机制和技术规范。

(二)实施内容

本项目将在前期研究基础上,重点聚焦于以下几个内容:

1.进一步提高无人飞行器与传感器的集成度

作为海事应用领域的遥感传感器(即任务载荷),无论从种类数量还是尺寸大小都比国土资源调查及灾害应急(任务载荷:CCD)、气象观测(任务载荷:温度压力传感器)、电力巡线(任务载荷:CCD)、城市防灾(任务载荷:CCD)等领域复杂得多。多种任务载荷的组合搭配将对无人机平台的空间、电源、载荷提出更高要求。

2.改进数据传输系统

至今,在载荷和无线数据传输系统的自主研发方面进行了一些有益的尝试,研制了一款可见光视频监视吊舱与无线图传整合的一体化载荷,其在体积、重量、下行数据传输的距离、传输质量和可靠性、设备功耗等方面均有良好表现,经试用,效果比较明显。但是,该载荷现只实现了单一传感器和单路下行数据传输等功能,距离能满足涵道式无人机海事遥感应用项目的需求尚有一定的差距,课题组拟在下一步的工作中对其进行进一步的较全面的完善和提高。此外,空—地数据实时传输与信息处理技术还需要进一步加强研究。

3.无人机运行机制及技术规范研究

作为海事应用平台的无人机通常飞行在 1 000 m 以下空域。该空域被称作低空空域。目前,我国低空空域(真高 1 000 m 以下)还没有开放。"低空开放"则可解释为:解除部分航空器在某些低空空域活动的封锁、禁令、限制等。2007 年颁布的《中华人民共和国飞行基本规则》规定,飞行实际高度从 600 m 开始到 12 500 m,每隔 300 m 设一个高度层。一直以来,通用航空作业和转场飞行,高度大多集中在 1 000 m 以下空域。国务院、中央军委于 2010 年印发了《关于深化我国低空空域管理改革的意见》(以下简称《意见》),对深化我国低空空域管理改革做出部署。《意见》指出,低空空域是通用航空活动的主要区域。适时、有序地推进和深化低空空域管理改革,有利于充分开发利用低空空域资源,促进通用航空事业、航空制造业和综合交通运输体系的发展。因此,需要结合以上大环境的变化,制定适合于海事系统的无人机运行机制和相应的技术规范。

从具体技术内容来讲,实施内容包括以下几个方面:

(1)海上无人机配置和遥感监测系统集成技术

主要内容包括:

①无人机的配置类别及技术参数的选定;

②遥感监测传感器(可见光、近红外、红外、紫外、微波、激光等)技术参数的选定和传感器搭载平台的选配;

③无人机和遥感监测传感器的集成;

④无人机场站与平台的硬件设计方案。

(2)空—地数据实时传输与处理技术

①机载数据及地面数据终端、配套天线等;

②信息实时传输的自组织数据链技术和协议;

③机载传感器获取图像的处理技术。

(3)遥感监测信息的提取与识别技术

①成像方式;

②探测波段设置及其光谱分辨率;

③空间分辨率;

④仪器体重及功耗;

⑤成像仪主控计算机设计,根据无人机要求,采用或设计合适的主控计算机,可实现视频获取、采集、模数转换、存储等复杂功能。

(4)产品集成与验证技术

①项目开发的软硬件系统与无人机集成;

②针对本产品及技术,进行示范验证,实现产品的可靠性和稳定性。

(5)机载 AIS 配备与信息采集播发技术

①机载 AIS 选型与配置;

②机载 AIS 与船载设备的信息交换;

③机载 AIS 与搜救中心的信息融合。

(6)无人机海事应用的运行机制和技术规范

①低空空域无人机海事应用的实施准则和运行机制;

②任务载荷技术规范。

(三)技术路线

按照信息获取、信息传输、信息处理、适应性改造和集成示范进行链条式设计。目标在于实现海上无人机海事应用关键技术的突破,集遥控、遥感、遥测、通信、导航、系统集成和信息传导等一系列高技术于一身,解决海上无人机机型、性能和遥感监测传感器的选配;机载自动识别系统 AIS;空—地数据实时传输与信息处理技术;遥感监测信息的提取与识别技术等关键技术研究,并设立子任务予以对应。图 13-14 所示为总体技术路线图。

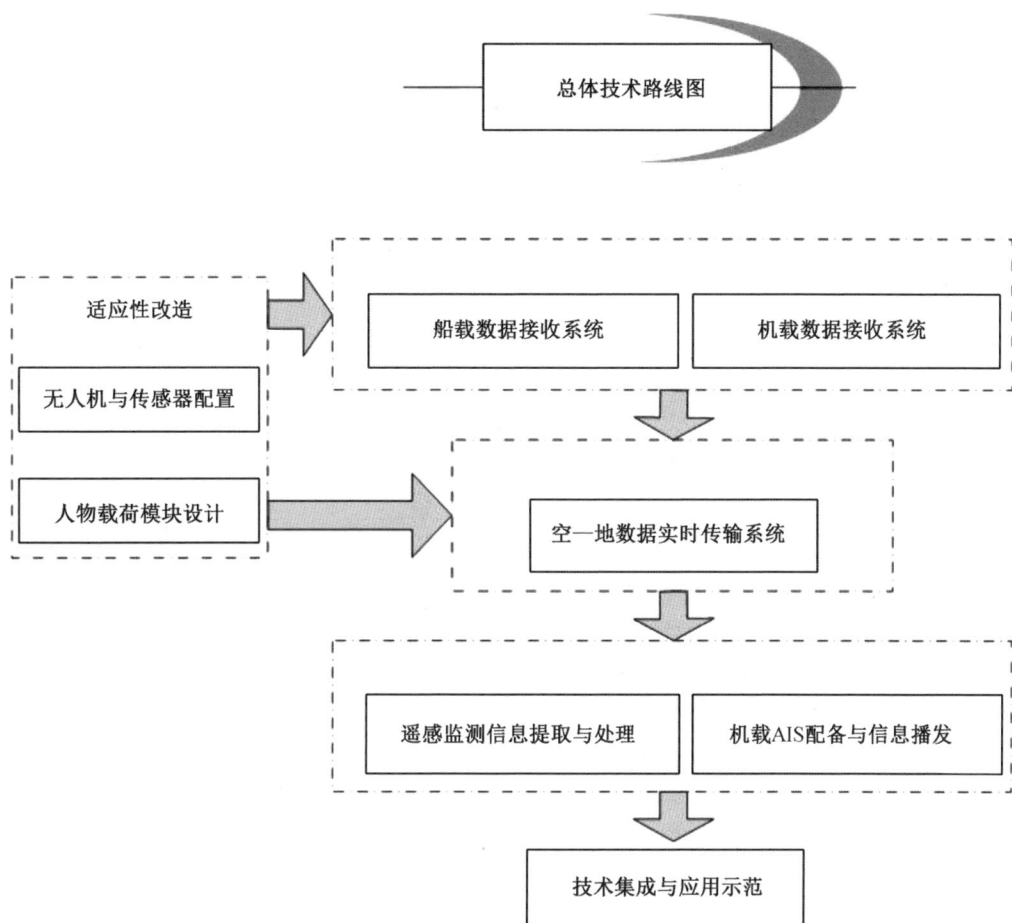

图 13-14　总体技术路线图

五、无人机及其任务载荷的性能测试

(一)固定翼无人机

在净载荷能力、续航时间、巡航速度、控制半径等方面,中航工业贵飞公司的"鹞鹰-Ⅰ"(图 13-15、图 13-16、图 13-17、图 13-19、图 13-20)和"鹞鹰-Ⅱ"型固定翼无人机和航天神舟飞行器有限公司生产的"彩虹 3"固定翼无人机均可以基本满足海事巡航救助应用要求,在满足陆基场地情况下,可以执行巡航、应急、救助等任务。

图 13-15　固定翼无人机"鹞鹰-Ⅰ"型

图 13-16　"鹞鹰-Ⅰ"型的飞行前准备

图 13-17 "鹞鹰-Ⅰ"型所需跑道的情况

图 13-18 "天翼Ⅰ"型无人固定翼飞机

图 13-19 "鹋鹰－Ⅰ"型的飞行情况（1）

图 13-20 "鹋鹰－Ⅰ"型的飞行情况（2）

　　在执行过程中，对作为参与飞行的"龙雁－Ⅱ"型无人机（图13-21—图3-26）进行了初步的海事应用实验研究。该机型主要搭载导航设备、通信设备、光电与侦察设备等（包括 AIS）。飞机与地面站通过机载图像微波、数传电台实现双向数据通信和单向的图像传输，完成机载设备参数、传感器数据、控制指令通信以及照相、摄像设备图像实时画面传送。通过实验验证说明，无人机运用于海上船舶污染航空监视监测可以实现总体要求，结合其他技术手段，可以达到天津海事局海上应急指挥中心对整个辖区的监管和监控。

图 13-21 "龙雁-Ⅱ"型技术人员在汉沽做起飞准备工作

图 13-22 "龙雁-Ⅱ"型拍摄到的挖泥船非法作业和排污(2011-7-27,10:34)

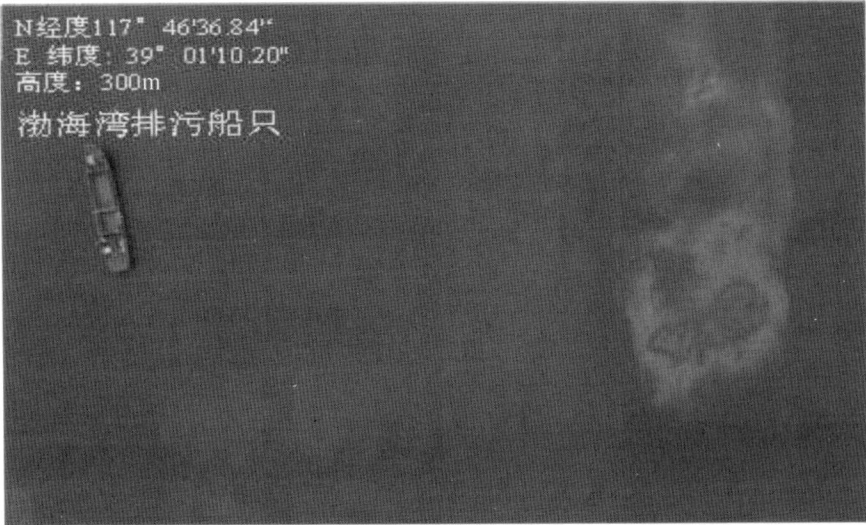

图 13-23 "龙雁-Ⅱ"型拍摄到的非法排污(2011-7-27,10:08)

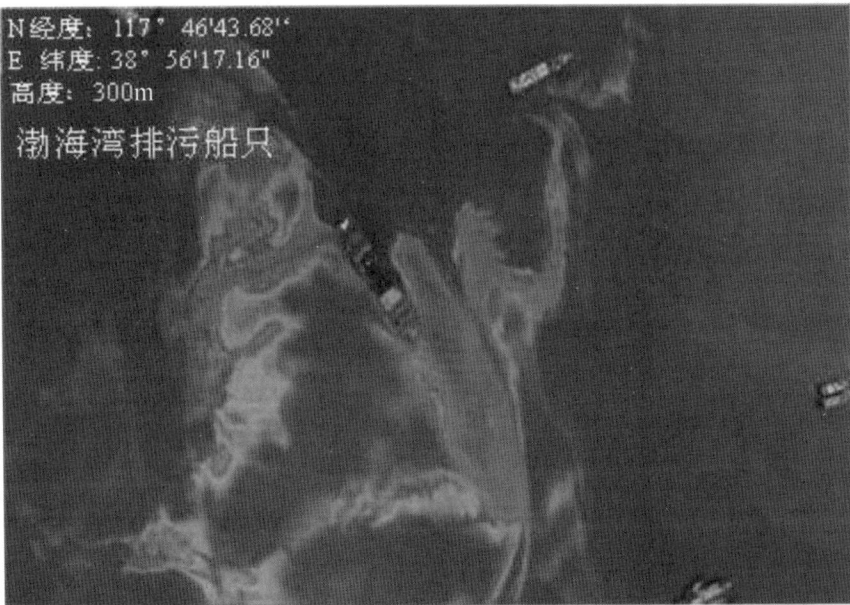

图 13-24 "龙雁-Ⅱ"型拍摄到的非法排污(2011-7-27,11:04)

由于固定翼无人机受制于起降方式和场地,应用受限。如"鹞鹰-Ⅱ"系列起飞要求:陆基场地不少于1 000 m起降跑道,经现场考察,"鹞鹰-Ⅱ"起飞要求的跑道长度与普通的民航机场要求相似。但由于目前在天津港周边不具备所要求的场地条件,而天津机场又处于首都200 km安全圈内,规定不得进行无人机飞行,因此无法考虑采用此类机型。

如"龙雁-Ⅱ"型无人机,将其作为海监空中平台时,则需要一条宽30 m、长250 m简易起降跑道,且跑道须满足纵向两端300 m、横向两侧50 m无高大障碍物条件。

具备弹射或车载助跑等方式起飞,伞降回收功能的无人机,如中航工业成都飞机工业有限责

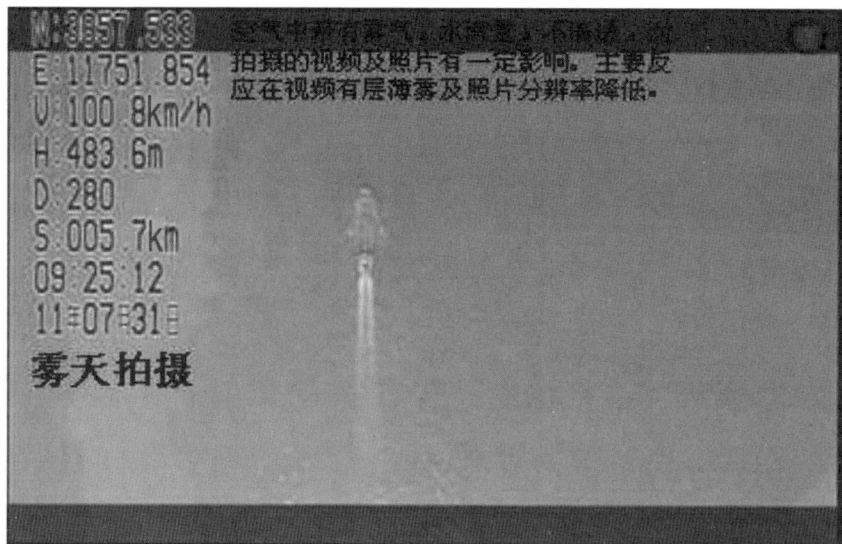

图 13-25 "龙雁-Ⅱ"型 500 m 左右飞行高度时监控视频的效果(东疆海事处起飞)

图 13-26 "龙雁-Ⅱ"型拍摄到的大沽灯塔(2011.7.31,08:54,东疆海事处起飞)

任公司的"天翼-I"型(图 13-18)固定翼无人机、西北工业大学 365 所研制的"ASN-106"型固定翼无人机系列,则需专用的弹射设备,且回收存在一定的问题,在应对突发事件和高频率起降作业时存在掣肘,而其最大缺陷是火箭喷射起飞方式、弹药运输和现场操作的危险等级较高。

经调研,目前天津港周边有两个机场可供无人固定翼无人机起降,另有一个尚未建成:

(1)中信海直驹河机场:长 600 m,宽 18 m,水泥地面,直升机机场;

(2)通用航空开发区机场:长 400 m,宽 20 m,沥青地面,直升机机场;

(3)天津港东疆海事监管基地预留机场:长 200 m,宽 20 m,目前尚未建成。

在调研过程中还了解到,某公司曾因未获空域管制许可而擅自实施了天津和曹妃甸之间的固定翼无人机的试飞,导致该公司负责人被相关部门羁押数日后释放。因此,无人机遥感系统的海事应用,不仅要考虑在实施阶段的空域使用问题,还要关注到今后推广应用时的空域开放政策动向。

经研究调研,通常固定翼无人机的一次性投入高,运行风险亦较高。以"龙雁-Ⅱ"型无人机为例。一次性投入包括:

(1)增加6~8人的人员编制,人员培训费20万/人,需要资金约160万元/首年,培训周期一年。

(2)增加库房设备需要至少300 m² 的库房场地,35 m×120 m 的宽敞起降跑道,征地等建设费用约500万元。

(3)监控专业设备投入费用:飞机和配套的车辆采购费用至少480万元。

(4)每年固定费用:工资:8万/人×8=64万;设备运行维护保养:270万。

(5)三架飞机保险费用:40万/每年。合计费用:一次性投资至少:1 660万元,其中每年再投资费用约:525万元。系统运行风险:特别是飞行事故、损失一架次就要损失费用至少150万元。

基于以上分析可知,目前固定翼无人机应用于海事巡航救助领域,特别是船载固定翼无人机应用尚存在诸多难题,特别是在运行机制的建立、专门人才的培养和大量资金的投入等方面需要进行综合规划,整体布局。

(二)旋翼无人机

(1)单旋翼无人直升机 TC-2130

无人直升机遥感系统适配试验选用的无人机平台是 TC-2130 无人直升机系统,机载传感器是 TD-60 高精度数码相机。

TC-2130 无人直升机的有效载荷可达30 kg,巡航时间长达2.5 h,能在15 min 内上升到2 000 m的高空,并配有双涡轮引擎,当其中一个引擎失效时,仍能保证无人直升机的正常降落,大大提高了其安全性和稳定性。TC-2130 无人机直升机外观和内部构造见图13-27和图13-28。

图13-27　TC-2130无人直升机外观

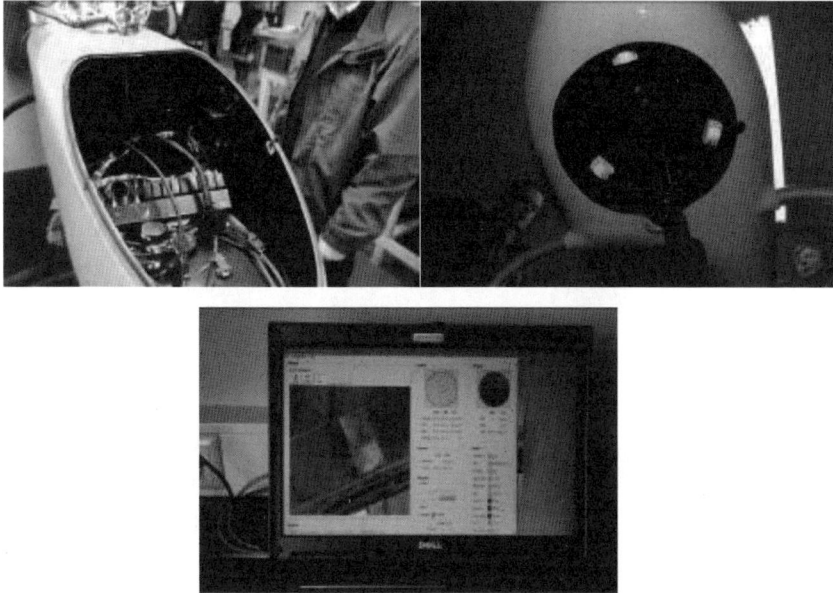

图 13-28　TC-2130 无人直升机内部构造图

TC-2130 无人直升机使用了高比强度、高比模量、耐疲劳、耐腐蚀、耐高温的碳素纤维材料和转子叶片,不仅大大减轻了飞机本身的重量(飞机空重只有 35 km,还使其具有防尘和防溅水性能,外壳防护等级为 IP54)。它配备有世界上最先进的自动导航系统 AERO control,其定位精度可以达到 0.05 m,测角精度可达 0.004°(俯仰角和侧滚角)或 0.008°(偏航角)。TC-2130能在有限的空间内自动进行起飞和降落,能在空中自动稳定航高,能全自动或半自动地进行长达 2.5 h 的巡航。TC-2130 无人直升机主要技术指标见表 13-7。

表 13-7　TC-2130 无人直升机主要技术指标

技术指标	参数
主螺旋桨	330 cm
长度	290 cm
高度	90 cm
空重	35 kg
传感器有效载荷	30 kg
最大飞行高度	2 000 m
巡航速度	72 km/h
巡航时间	2.5 h
推力装置	2 个 8 kW 涡轮引擎
燃料	航空燃油 JET A-1

(2)双旋翼无人直升机 TC-1235

Telicoper TC 系列无人直升机是北京德可达科技有限公司拥有自主产权的国际品牌产品,包括 TC-2130(图 13-29)、TC-1235(图 13-30)、TC-1275 三款高安全性和高稳定性的无人直升机系统,可根据用户需求搭载各种不同的机载传感器和设备,能广泛用于应急响应、环境监

图 13-29　TC-2130 无人直升机在海边做适应性飞行

测、水利管理、电力巡检、精准农业喷灌、三维建模、交通管理、安全保卫、目标追踪等多个领域，特别是为一些强调信息实时性获取的应用领域开辟了新的途径。

北京德可达科技有限公司长期以来和欧洲合作伙伴保持着密切的合作关系。TC 系列无人机系统的研发和生产是德可达公司的核心业务，将国际高端技术消化吸收，引入中国，实现本地化生产和销售，有效降低无人机系统的生产成本。同时，针对各个行业和领域不同的客户的需求，在无人机平台上集成相应的无人机机载传感器，可为客户量身定做地面控制中心，开发配套的遥感数据处理软件，形成全套实用的无人机空间信息获取方案，对于中国高端无人机技术的普及应用、推动地理信息获取向全天候、全天时、实时化迈进具有重要意义。

TC-1235 无人直升机的主要特点包括：

（1）交叉式双旋翼系统。

（2）高效率、长航时。

（3）自动起升降落。

（4）自动飞行导航。

（5）自动返航。

（6）传感器即插即用。

（7）加密通信连接，安全可靠。

（8）操作简便，飞行灵活。

（9）燃油：有可使用柴油机型，更好适应于船舶甲板起降。

据悉，该类飞行器已于日前完成了在中国境内的试飞实验，效果良好。

（三）涵道式无人机

涵道式无人机遥感系统适配试验选用的无人机平台是哈尔滨盛世特种飞行器有限公司生产的"天星"（TX）系列涵道式单旋翼无人飞行器系统，任务载荷研发工作的重点主要集中在

图 13-30 双旋翼无人机 TC-1235

机载光电巡航子系统、数据传输子系统。

根据无人机巡航救助需求,针对现有的"天星"系列飞行平台进行了相应的适配改进工作,并用三个批次完成全部任务,具体情况如下:

(1)在原有的 TX2 型飞行平台(图 13-31)基础上,根据任务载荷的重量和其使用功能的要求,进行了载荷搭载方式、搭载位置的确定和优化选择,进行了相关可行性试验,并对由此引起的飞行平台总体布局的变化进行了纠正设计和验证试验。目前已基本掌握了任务载荷的搭载规律和飞行平台总体布局适应载荷搭载的补偿办法,并通过多次原理样机试验进行了验证。

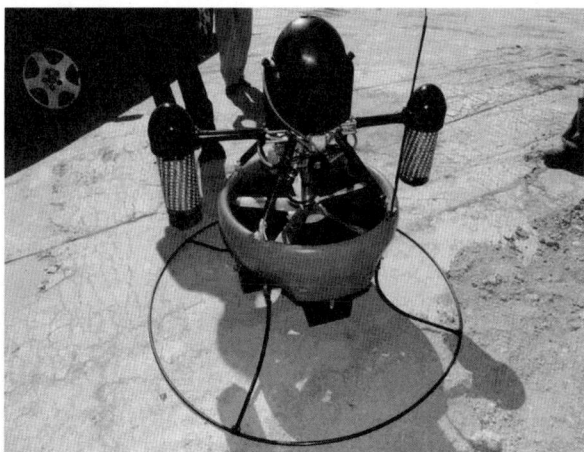

图 13-31 TX2 型飞行平台

(2)在原有的 TX2 型飞行平台基础上,尝试通过提高动力总成的功率来提高飞行平台的载荷能力以达到多任务载荷同时搭载的目的。目前该项工作已取得了良好进展,新飞行平台型号暂定为 TX3 型(图 13-32),通过原理样机的试验,其载荷能力明显提高,已具备了多任务载荷同时搭载的前提条件。

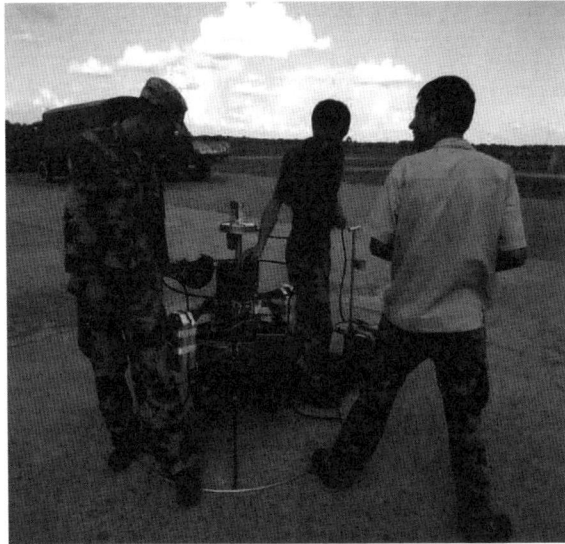

图 13-32　TX3 型飞行平台

　　(3)在原有"天星"系列涵道式单旋翼无人飞行器自动驾驶仪的基础上,进行了适应飞行平台总体布局变化的控制参数优化调整和进一步提高自主能力的研究和优化设计。该项工作亦取得了良好进展,目前的飞行器自动驾驶仪基本已可适应因飞行平台搭载不同载荷而引起的总体布局变化的控制要求,同时其自主能力也有了进一步的提高,已基本实现自主飞行、自主返航或"一键返航"的任务要求。同时,与该自动驾驶仪配套的小型地面控制系统的研发工作也已完成并进行了试验验证,其软件系统正在随着自动驾驶仪优化的推进而不断丰富和完善,硬件系统的一体化计算机和操作摇杆等关键部件均已集成到位。图 13-33 所示为飞行平台自主飞行试验。

图 13-33　飞行平台自主飞行试验

　　(4)对原有"天星"系列涵道式单旋翼无人飞行器的生产工艺进行了优化设计以提高产品

的环境适应能力。该项工作包括：重新设计制造了飞行器的涵道、主副油箱、上载荷舱等的加工模具以提高其制造质量；重新设计制造了飞行器涵道组装工艺过程中的工装和卡具以提高其组装精度；加强所有零部件表面的防护处理以拓展产品的应用环境；更换整机全部的电线、电连接器和开关等以增强产品的可靠性；对整机的航电设备安装和布线工艺等进行电磁兼容性验证等。图 13-34 所示为 TX2 型飞行平台利用"海巡 053"进行海上飞行试验。

图 13-34　TX2 型飞行平台利用"海巡 053"进行海上飞行试验

(四)任务载荷

1.光电载荷

无人机的光电载荷通常也称为光电吊舱。光电吊舱的种类繁多，在实验中，课题组应用了洛阳 613 所提供的机载光电吊舱(见图 13-35、图 13-36)。

图 13-35　洛阳 613 所提供的机载光电吊舱

如需要进一步追求高分辨率的图像时可采用高分辨数码相机。高分辨数码相机用于拍摄高空间分辨率的全彩色遥感图像，可以为海事巡航救助提供更加快速、清晰、直观的无人机航空遥感数据。因此，TD-60 高分辨率数据相机(图 13-37)曾作为 TC-2130 无人机的有效荷载进行相关集成和飞行试验。TD-60 高分辨率数据相机可获取 RGB 真彩色或彩红外影像，分辨率达 6 000 万像素，配备 50 mm 标准镜头。

图 13-36　洛阳 613 所的光电吊舱地面控制设备和航拍视频截图

图 13-37　TD-60 高分辨率数码相机结构框图

TD-60 高分辨率数码相机的主要技术参数见表 13-8。

表 13-8　TD-60 高分辨率数码相机的主要技术参数

参数	技术指标
面阵大小	39M 像元,8 964×6 716 像元 40.30 mm × 53.78 mm
像元大小	0.006 mm
影像记录	RGB 真彩色 16 比特
滤色镜	真彩色(VIS)或 彩红外(CIR)
镜头	可选:28 mm、35 mm、50 mm、80 mm、100 mm、150 mm、300 mm
曝光控制	手动,光圈优先
快门	电子叶片快门
快门速度	1/125 ~ 1/800 s
影像获取速率	小于 1.6/幅
检校	完整的检校报告
模块可更换性	快门集成在镜头内,易更换数字后背可更换

2.机载 AIS 设备

（1）目前,AIS 技术已经在海事管理方面得到了广泛应用,我国已经建成了相对完善的岸基 AIS 网络,包括已经覆盖沿海全区域的沿海岸基 AIS 系统和覆盖内陆高等级航道的内河岸基 AIS 网络,并且建立了国家 AIS 中心和北京 AIS 备份中心,将全国沿海的 AIS 信息和内河的 AIS 信息融合到一起。与此同时,海事局与北京绅宝网脉公司合作研发了一套完整的 AIS 应用软件系统,并已经在全国范围内推广使用,在日常工作管理中发挥了很大的作用,不仅起到了监控的功能,也起到了辅助决策的效能。

（2）无人机 AIS 综合船台（图 13-38）的改进:根据无人机 AIS 系统的特殊性,课题组特别制作了无人机 AIS 综合船台,在原有 AIS 船台的基础上进行了一系列的改进以适合在无人机上使用。改进主要是天线问题、数据收集及保存问题:

1）天线问题

AIS 设备需要安装 GPS 天线和 VHF 天线才能发挥定位和信息收发的功能。其中 VHF 天线有一米多长,安装在船上并没有任何问题,但是要安装到无人机上就显得过长,对无人机的飞行也可能造成不利影响,其天线的方向对极化方式是否存在影响亦有疑惑。为了能够满足安装在无人机上的要求,在保证 VHF 天线能够正常收发信号的前提下,将其长度尽可能缩短,目前已经做成长 67 cm 的机载 AIS 设备专用的 VHF 天线。经过多次的测试表明,该 VHF 天线能够正常收发信息。

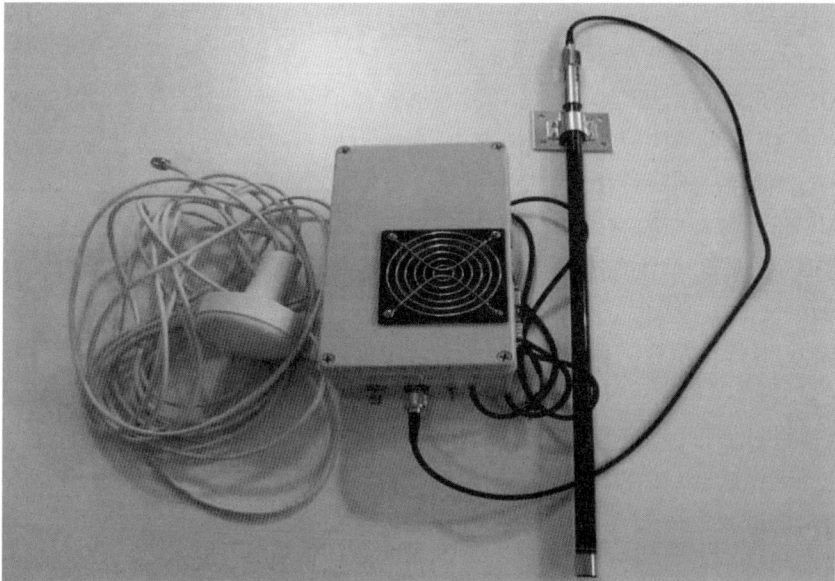

图 13-38　改造后的 AIS 综合船台

表 13-9　机载 AIS 设备改装前后技术参数对比

对比项	AIS Class B 普通船台	改装后的 AIS 综合船台
型号	Saab R4	BJOSNT
船台尺寸	144 mm×85 mm×226 mm	280 mm×170 mm×120 mm
船台重量	2.3 kg	2.1 kg
额定电压	24 V DC	12 V DC
额定功率	15 W(50 W 瞬间)	24 W
VHF 天线长度	1.3 m	0.67 m
VHF 馈线长度	2 m	1 m
VHF 工作频率	156~163 MHz	156~163 MHz
GPS 天线	标准 GPS 天线	标准 GPS 天线
主要功能	AIS 信息收发	AIS 信息收发 AIS 信息存储 AIS 信息转发

2)数据收集及保存问题

船载 AIS 设备虽然可以与其附近的其他 AIS 设备之间通信,但是本身并没有存储转发的功能。为了满足对于机载 AIS 设备需要存储、转发其接收到的 AIS 信息的要求,我们研制了综合 AIS 船台。该船台在普通船台定位、通信等基本功能的基础上,加入了新的应用功能:

①AIS 实时信息的存储功能

综合 AIS 船台具有信息存储功能,在没有链路传输通道的情况下,就可以记录下其自身及接收到的其他 AIS 设备的相关信息就地存储,当无人机返回后就可以取出来做后续分析处理。

②AIS 实时信息的对外输出接口

综合 AIS 船台具有新的对外通信端口,可以将其自身及接收到的其他 AIS 设备的相关信息通过该接口对外提供。在有链路传输通道的条件下,通过该综合 AIS 设备与 AIS 系统的配合,就可以做到实时监控盲区的情况。

AIS 数据实时传输示意图如 13-39 所示:

3)测试试验

按照整体进度安排,我们也对无人机 AIS 综合船台进行了一系列的测试试验,包括在公司内部环境的测试试验,以及在天津塘沽的现场测试试验。

①公司内部试验

公司内部测试,主要是对改进以后的无人机 AIS 船台进行一些初步的测试,了解 AIS 船台的 VHF 天线缩短以后对系统整体性能是否存在影响。这部分试验是通过一个无人机 AIS 综合船台和一个普通 AIS 船台进行互相的信号收发,已达到验证是否可以正常接收信号的目的。根据试验时两个船台之间的距离,课题组将试验分为近距离试验和稍远距离试验。

a.近距离试验

近距离试验是指在室内进行的试验。在办公室内部,将一个普通 AIS 船台、一个无人机 AIS 综合船台放置于屋内两端(相距有 20 m,中间没有障碍物)。开启两个船台后,可以通过船台管理软件看到本船台接收卫星数、对外发送消息次数、接收到消息次数等各种参数,同时

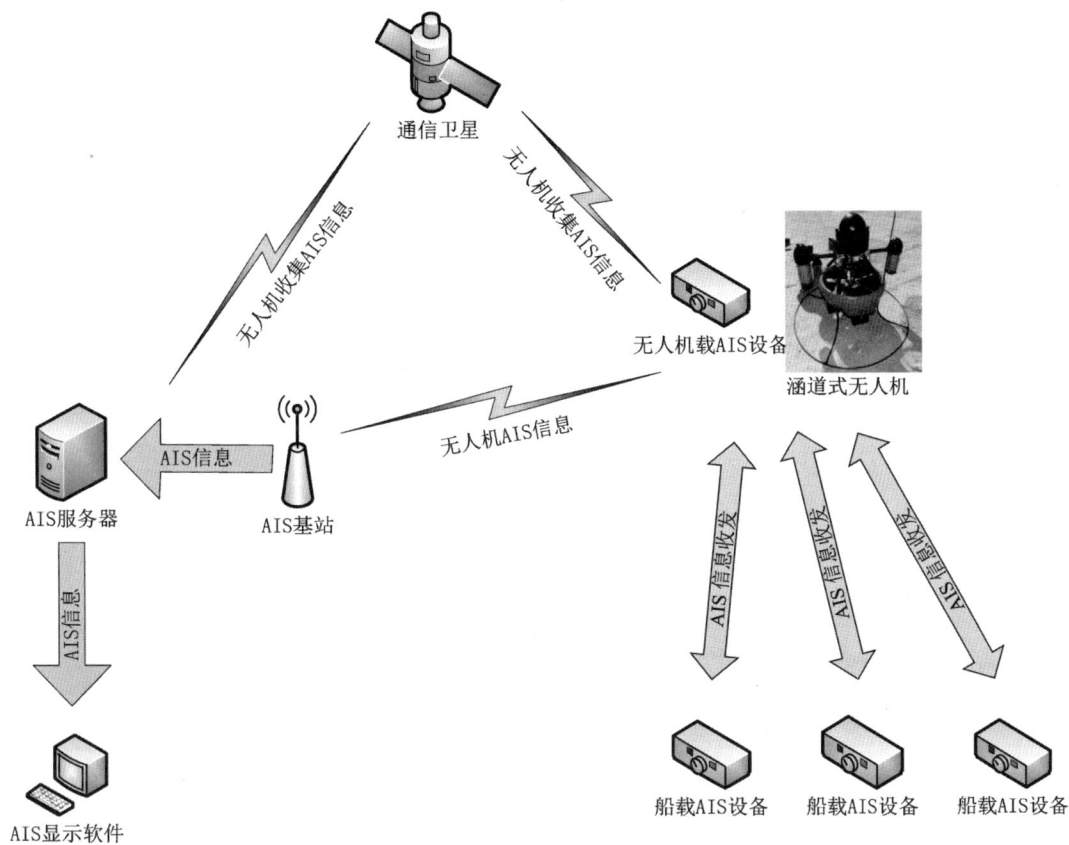

图 13-39　AIS 数据实时传输示意图

可以看到对方船台发送过来的 AIS 动态、静态消息。这类试验的结果表明在近距离条件下,该无人机 AIS 综合船台的性能没有问题。

b.稍远距离试验

稍远距离试验是在室外进行的试验,将无人机 AIS 综合船台放在室内中,将一个普通 AIS 船台放到室外开阔地,两者直线距离在 300 m 左右。开启两个船台后,两者之间同样能够接收到对方的消息。该试验结果表明在稍远的距离情况下,无人机 AIS 综合船台的性能也没有问题。

②现场试验

在进行了若干次的上述两种公司内部试验后,试验结果表明该无人机 AIS 综合船台的性能表现良好。在此基础上,课题组将其带到天津塘沽进行实地现场试验,以测试无人机 AIS 船台在海事现场的性能表现。按照试验所处地域的不同,将现场试验分为如下三种:

a.港区外陆地试验

在天津塘沽的一家宾馆(该宾馆距离天津航标处大约 300 m),将无人机 AIS 综合船台放在该宾馆的楼顶并接通电源。通过海事局内的 AIS 显示应用系统,可以查看到该无人机 AIS 船台所代表的目标信息。该试验表明该无人机 AIS 综合船台可以正常对外发送 AIS 信息,通过 AIS 岸台的接收、转发,可以将其信息上传到 AIS 岸基系统中。该试验表明在港区外的陆地,该无人机 AIS 综合船台的性能没有问题。

b.港区内陆地试验

在天津港内北疆作业码头(距离天津 VTS 中心 1 000 m 左右),我们将无人机 AIS 综合船台放置于码头上的空地上并接通电源。通过海事局内的 AIS 显示应用系统,这次并没有看到该无人机 AIS 综合船台所代表的目标信息。怀疑可能是 AIS VHF 天线的问题,再将无人机 AIS 综合船台使用的已经缩短的 AIS VHF 天线换成普通 AIS 船台所使用的正常长度的 AIS 天线,但是在 AIS 现实应用系统中同样没有看到该 AIS 综合船台所代表的目标信息。

c.搭载于无人固定翼飞机的飞行试验

2012 年 9 月 10 日,使用龙雁号固定翼无人机搭载 AIS 设备在天津汉沽进行了飞行试验。初步飞行试验表明,机载 AIS 设备对无人机巡航参数的要求如下:

巡航速度:≤120 km/h;

飞行高度:≥160 m(受飞行区域周边环境影响)。

机载 AIS 飞行试验轨迹回放截图如图 13-40 所示。该试验表明,无人机搭载机载 AIS 后,在天津海事局 AIS 数据中心及搜救中心值班室可以实时确认无人机的位置和动向。

图 13-40　机载 AIS 飞行试验轨迹回放

本次测试证明,经改进的无人机 AIS 综合系统不仅能够实现船载 AIS 的基本功能,而且经过改造还可以实现新功能——获取 AIS 基站覆盖范围外更多的船舶 AIS 信息。为此课题组还需不断地完善整个系统的可靠性和稳定性,使其能在以后的业务化海事应用中发挥更大的作用。

(1) CCD+远红外溢油监测设备

通过自主研发的无人机载 CCD+远红外溢油监测设备,可以昼夜进行溢油污染监测并判断油膜的相对厚度,如 13-41 所示。

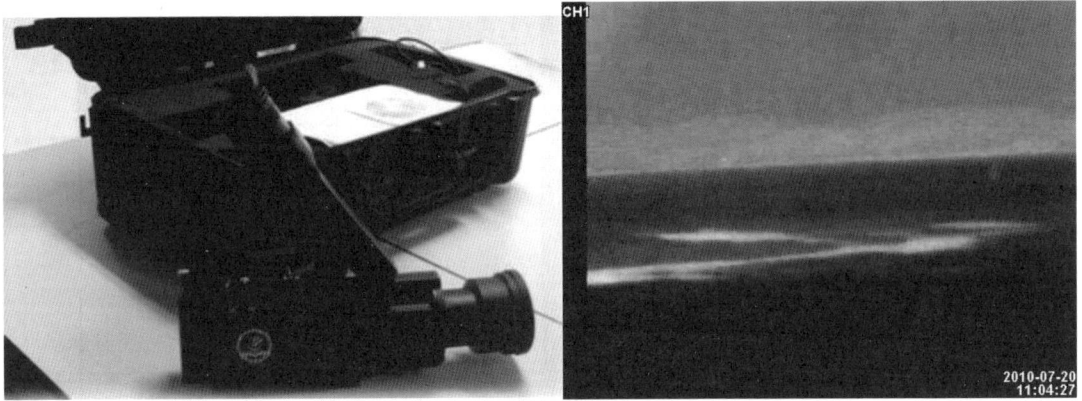

图 13-41　自主研发的无人机载 CCD+远红外溢油监测设备

(2) 机载多光谱成像仪

自主研发的小型多光谱成像仪具备多波段配置,因而可更为精确地进行海上溢油监测,还具备还原航迹进行目标跟踪等功能。如图 13-42、表达式 3-10、图 13-43 所示。

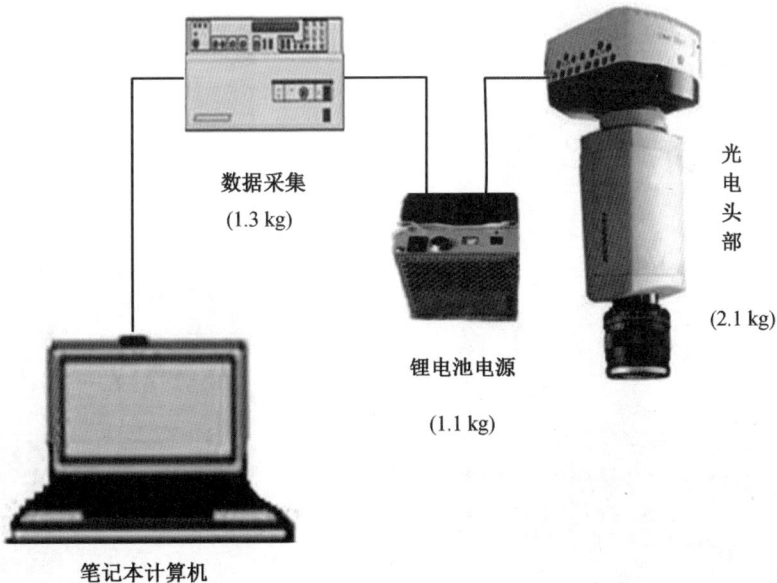

数据采集
(1.3 kg)

光电头部

(2.1 kg)

锂电池电源

(1.1 kg)

笔记本计算机

图 13-42　自主研发的小型多光谱成像仪

表 13-10 机载多光谱成像仪波段配置及用途

波段	带宽(μm)	用途
紫外	0.20~0.37	溢油,油污,COD
可见光 近红外	0.40~0.42	黄色物质,COD
	0.433~0.453	叶绿素浓度,富营养化监视,带色污染
	0.48~0.50	水衰弱系数,叶绿素浓度,黄色物质
	0.51~0.53	水衰弱系数,富营养化,带色污染
	0.555~0.575	悬浮泥沙,叶绿素浓度,黄色物质,荧光基线
	0.66~0.68	悬浮泥沙,荧光,COD
	0.73~0.77	悬浮泥沙,大气校正,荧光基线
	0.845~0.885	海面气溶胶,大气校正
红外	3.0~5.5	岸带
	5.5~12.5	海温,油污,热污染

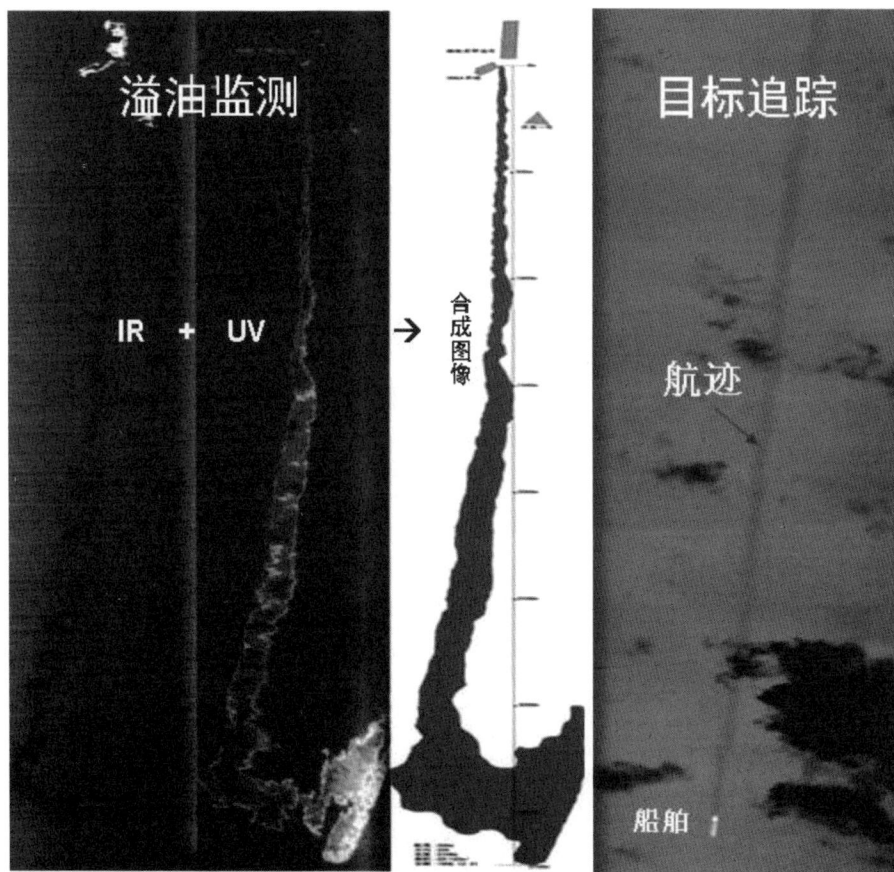

图 13-43 利用多光谱成像仪进行溢油监测和目标追踪

（3）机载激光雷达 BL50

轻质小型化的激光雷达系统 BL50（图 13-44）是一款挂载于无人直升机或其他低空飞行器上，实现自动获取航测数据，用于工程设计、三维建模和资产维护等的智能设备。BL50 通过机载计算机控制激光扫描仪、数码相机、惯性测量装置和 GPS 定位系统自动获取高精度激光和影像数据，能够快速生成航测范围的 DOM、DEM、DSM、DTM，以及建造三维模型，为各行各业服务。BL50 可广泛应用于电力、水利、石油、交通和小面积测图等行业，特别适合于各种走廊式测绘项目和高精度小范围测绘项目，例如航标的精确测量。表 13-11 所示为机载激光雷达 BL50 技术指标。

图 13-44　机载激光雷达 BL50

表 13-11　机载激光雷达 BL50 技术指标

项目	指标
激光等级	一级，人眼安全
激光波长	近红外
激光束分歧角	2.79 mrad
测距	5 cm~100 m
扫描辐射角	±50°
脉冲频率	700 kHz
点云密度	可超过 200 point/m²
扫描方式	旋转透镜
俯仰精度/滚转精度	0.015 deg
方位精度	0.03 deg
照片存储介质	Win 7 系统电脑
存储容量	128 GB
单次扫描条带宽度	85 m
图像传感器类型	CMOS 图像传感器，36 mm×24 mm

（续表）

项目	指标
照片尺寸	5 616×3 744
有效操作测距	输电线：50 m/其他目标：100 m
工作电压	11～13.5 V
功耗	50 W
尺寸（长×宽×高）	340 mm×260 mm×170 mm
重量	10 kg
工作温度	0～40 ℃
存储温度	−10～50 ℃
持续工作时间（内部电源）	约 3 h

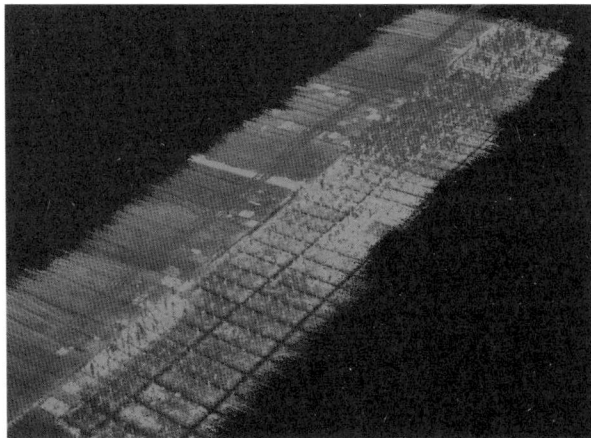

图 13-45　机载激光雷达 BL50 的飞行实景（上）和扫描数据（下）

（4）机载 VHF

中继台的工作原理是，一台高灵敏度的接收机在一个频点（频率）上负责接收各个电台的信号，同时再由一个大功率的发射机用另外一个频率发射出去，即收发异频工作的差转方式，从而达到增大通信联络距离的作用（如图 13-46 所示）。

VHF 的通信方式有单工方式（即双方交替进行发射），CCIR 建议，水上船舶间通信只能使用同频单工方式。VHF 的另一种通信方式是双工方式，即双方同时进行收发操作，而双工方式必须使用差频进行。

天津 VTS 的 VHF 语音通信采用单工方式，收发同频点，使用 CH9。

因为 VHF 中继的工作原理就是通过在两个频点上进行收发工作实现中继转发的功能，海事 VTS 的通信模式要求是同频单工通信，因此在目前的通信模式下，无法通过无人机载 VHF 中继台的方式扩大海事 VHF 通信范围。

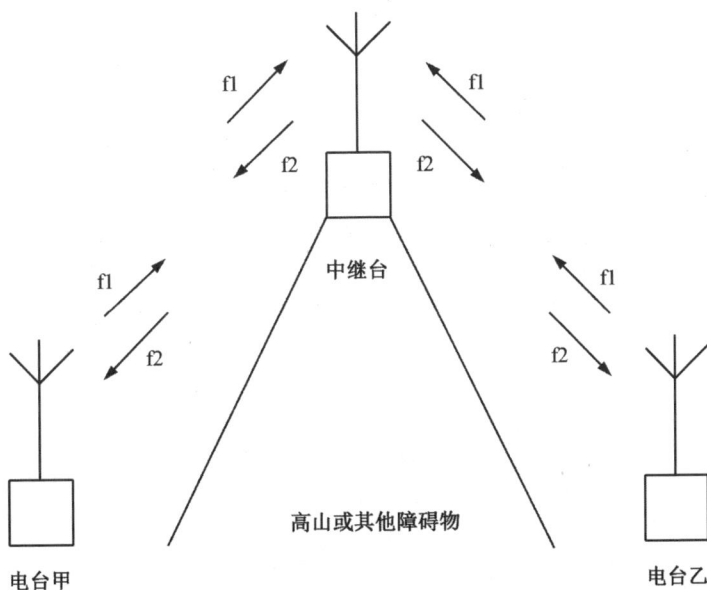

图 13-46　VHF 中继原理示意图

六、主要飞行试验

（一）"龙雁-Ⅱ"型天津海事局辖区内巡航飞行

1.试验环境

试验目的：巡航功能、无人机平台飞行姿态及空—地通信链路确认

试验时间：2011 年 7 月 27 日，09：00～15：00

起降地点：中心渔港

环境条件：晴，有薄雾；东南风 3～4 级

飞行路径：中心渔港—曹妃甸—中心渔港

飞行高度：200～500 m

巡航速度：70～130 km/h

图 13-47　滑行起飞前准备

N 经度117° 49'23.52"
E 纬39° 01'41.76"N
高度：300 m

排污挖泥船只

图 13-48　视频截图:挖泥船及其排污情况

N经度：117°58'41.1"
E 纬度：38°56'20.1"
高度：487.5 m

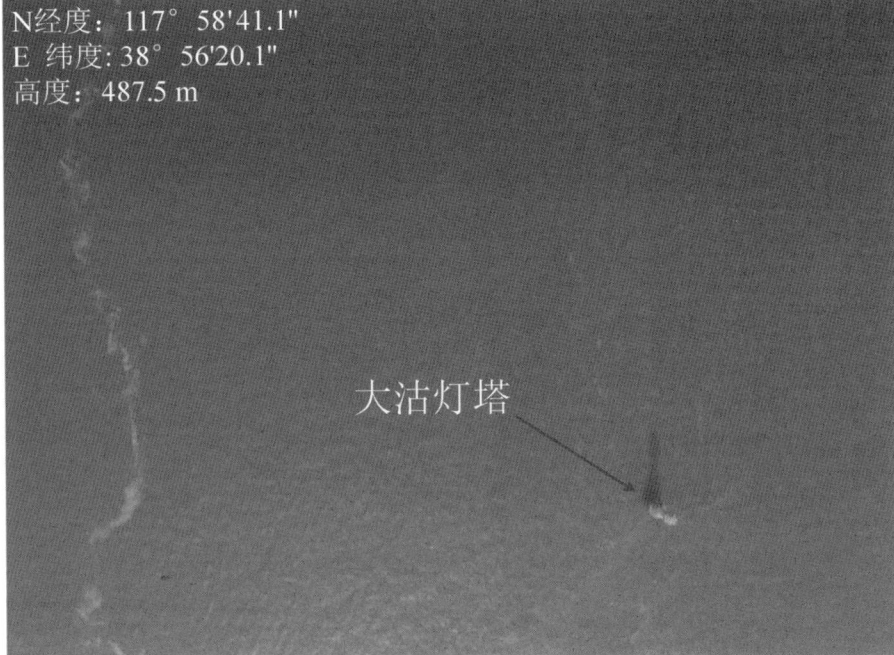

图 13-49　视频截图：飞越大沽灯塔上空

2.试飞结果

（1）完成巡航功能。飞行姿态较稳定。水面目标可清晰辨认。

（2）实时视频传输较为顺畅，但也出现了黑屏间断，其原因可能受环境较强电磁场干扰所致。

（二）龙雁Ⅱ搭载机载 AIS 飞行试验

表 13-12　机载 AIS 设备信息

机载 AIS 综合船台船名		BJOSNT NO1
VHF 天线频率		130~220 MHz
机载 AIS 综合船台 MMSI		999100000
机载 AIS 综合船台 IP		192.168.1.250
设备信息	船台	尺寸:28 * 17 * 12;重量:2.1 kg;数量:1
	AIS 天线	尺寸:长 67 cm,最大直径 2 cm,线长 1 m;重量:0.47 kg
	GPS 天线	尺寸:长 12 cm,最大直径 10 cm,线长 10 m;重量:0.55 kg

表 13-13　试验环境

时间	2012-09-10 09:30—2012-09-10 12:19
天气	天气晴朗,西风转南风 2~3 级
地点	汉沽中心渔港附近
距最近的基站	30 km 左右
具体经纬度	39°12′20.91″N 117°52′05.44″E

3.试验步骤

（1）上午 9 时 30 分,航龙龙雁Ⅱ无人机飞行小组将飞机组装测试完毕,AIS 设备按照生产单位的要求安装完毕。后将 AIS 设备电源开关打开(注:原设备开/关定义反向),使 AIS 设备工作,同时航龙无人机小组使用无人机地面控制站对无人机进行飞行工程和飞行航线的上传以测试 AIS 设备与无人机飞控设备是否存在互相干扰。

（2）地面测试 AIS 设备是否正常

图 13-50　安装机载 AIS 设备

表 13-14　试验环境

时间	2012-09-10 10:30—2012-09-10 11:45
地点	汉沽中心渔港附近
环境	天气晴朗,西风转南风 2~3 级
设备	AIS 综合船台:数量 1 GPS 天线:数量 1 VHF 天线:数量 1
步骤	AIS 综合船台+ GPS 天线+ VHF 天线,打开电源
结论	1.无人机各项参数正常 2.未在 AIS 应用专业软件中找到船台的信息
原因	距离基站 30 km,估计是中间有障碍物遮挡

（3）飞行测试 AIS 设备是否正常

表 13-15　飞行环境

时间	2012-09-10 11：46—2012-09-10 12：19
地点	汉沽中心渔港附近
环境	天气晴朗，西风转南风 2~3 级
设备	AIS 综合船台：数量 1 GPS 天线：数量 1 VHF 天线：数量 1 无人机：数量 1
步骤	AIS 综合船台+ GPS 天线+ VHF 天线，打开电源 3 min 后，各项指示灯正常工作。将 AIS 综合船台、GPS 天线、VHF 天线装载到无人机 无人机爬升到260 m 处，开始在 AIS 专业应用软件中检测到 AIS 综合船台的信号 测试在当时实验条件下，100 km/h 的无人机飞行速度下，不同高度对实验的影响 固定 200 m 高度，测试不同速度下，AIS 综合船台能否正常工作 测试在 AIS 综合船台能正常工作的高度范围内，不同速度下，AIS 综合船台能否正常工作
结论	在当时实验条件下，无人机飞行高度为 160 m 以上时，可以从 AIS 网络中接收到该综合船台信息； AIS 设备能够正常工作的无人机速度范围在 70~120 km/h（最小速度限制于无人机的最小飞行速度）

4.实验结果

（1）AIS 设备能够正常工作的无人机速度范围在 70~120 km/h。

（2）在实验环境下，无人机需要飞行到 160 m 的高空才能采集到 AIS 信息（跟具体实验环境有关）。

（3）因为接收到的 AIS 信息数据量比较少，对于实时定位无人机的经纬度坐标、速度有一定的误差。

5.飞行轨迹图

载有机载 AIS 设备的龙雁Ⅱ的飞行轨迹如图 13-51 所示。

6.AIS 综合船台的 AIS 历史信息

图 13-52 是无人机飞行时，机载船台 AIS 设备对外播发的 AIS 信息数据。

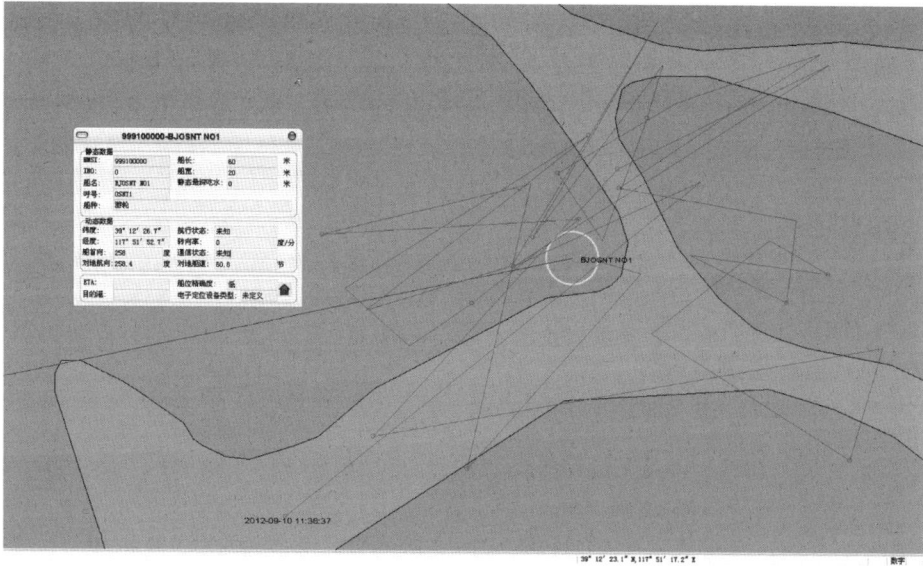

图 13-51　载有机载 AIS 设备的龙雁 Ⅱ 的飞行轨迹

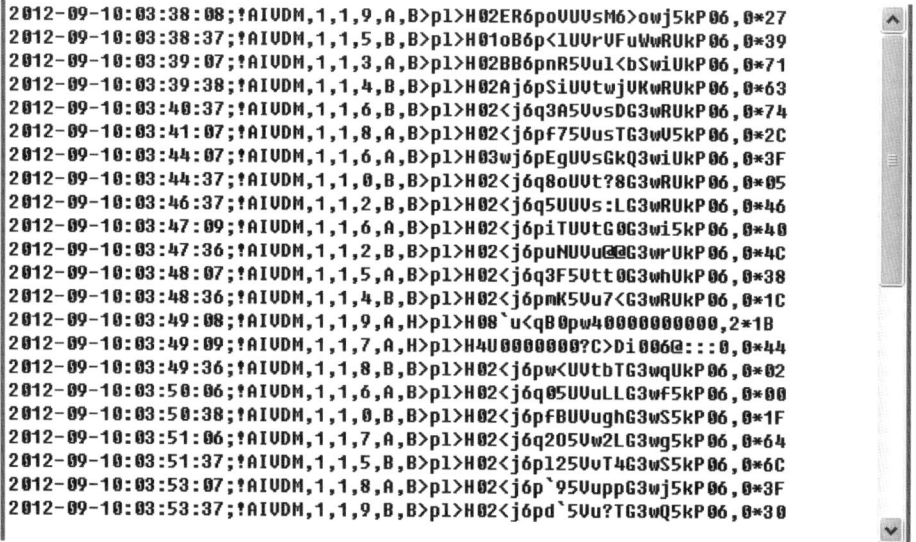

图 13-52　机载 AIS 设备对外播发的 AIS 信息数据

(三) TC-2130 飞行试验

1. 试验目的

在 TC-2130 无人直升机平台搭载小型激光扫描仪,验证 TC-2130 平台的可靠性及对其搭载激光扫描仪进行可行性分析。

TC-2130 无人直升机平台系统采用双涡轮轴引擎系统,在一个引擎发生故障不工作时,另一个引擎仍能保障无人机的正常运转,使无人机能安全降落,具有很高的安全性和稳定性。TC-2130 使用的配件均是航空航天工业领域的最新产品:一体式轻型复合材料机身、采用特别设计减少阻力并提高燃料性能的轻型复合材料发动机叶片、功能强大的飞行控制器、高性能的传动系统和双涡轮引擎系统。TC-2130 的最大起飞重量为 90 kg,螺旋桨长 3.3 m;可荷载 30 kg;巡航时间达 2.5 h;能自动起飞降落,执行预定飞行任务,在数据通信中断时,直升机能自动返回基地;在各种天气条件下根据用户需求搭载不同的传感器和设备。TC-2130 为实现应急响应、火苗检测、三维建模、交通流量管理、水利管理、环境监测、安全保卫、目标追踪等任务提供了一个稳定的机载平台。

图 13-53　激光雷达系统 BL50

　　轻质小型化的激光雷达系统 BL50 在无人直升机平台系统 TC-2130 的搭载(如图 13-54 所示)。

图 13-54　TC-2130 系统搭载 BL50 设备

2.试验时间与准备工作

试验在 2012 年 11 月 27 日 10:30—12:30 间进行,在此之前完成了激光雷达系统 BL50 与无人直升机平台系统 TC-2130 的室内搭载,并进行飞行设计、运输及场地准备工作,在起飞前对系统进行调试和检查。

3.试验地点、作业范围及飞行情况

试验地点位于扬州市京杭会议中心北侧广场(广陵区京杭中路扬州运河中心)附近,作业范围(周边情况如图 13-54 所示)长度约 400 m,宽度约 300 m。飞行速度约为 5 m/s,高度约为 50 m(其中电力线区域约 40 m),由 1 个架次完成(持续飞行约 15 min)。

4.试验结果

获取的三维激光点云结果以及试验区的数字表面模型(DSM)如图 13-55、图 13-56、图 13-57 所示。

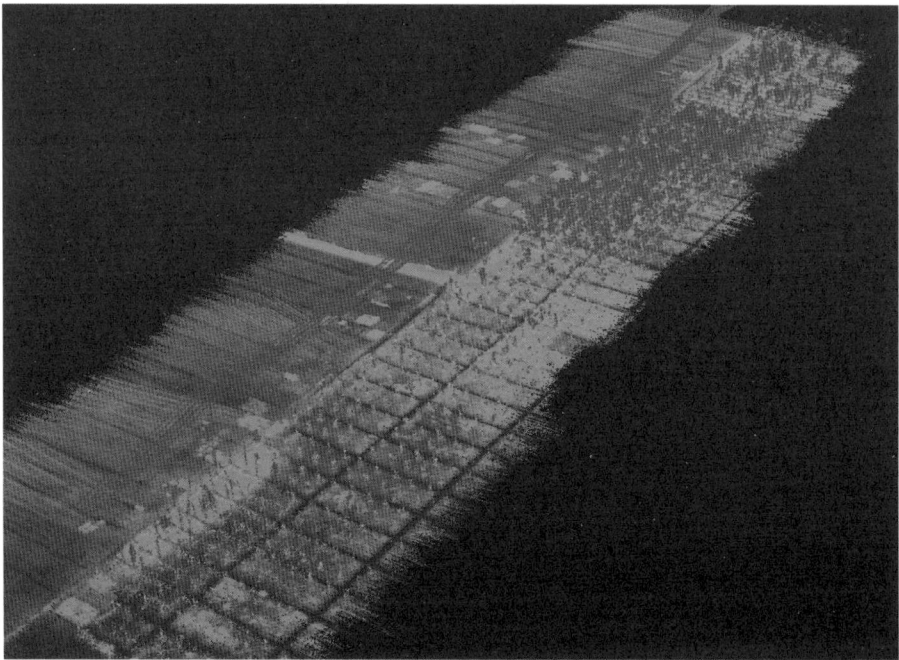

图 13-55 电力线点云结果 1

其中,地面的点云密度为每平方米 500 个点左右,电力线区域的点云密度为每平方米 550 个左右。

影像的地面分辨率约为 2 cm,地物和人体非常清晰易辨。

由此可见,激光雷达传感器搭载于无人机可实现海上目标跟踪以及精确的航标位置测量等海事应用。

(四)TC-1235 飞行试验

在 TC-1235 无人直升机平台搭载用于植物保护的液体与喷洒设备,验证 TC-1235 平台搭载 30 kg 载荷的可靠性及其与喷洒设备的集成进行实际作业的可行性。

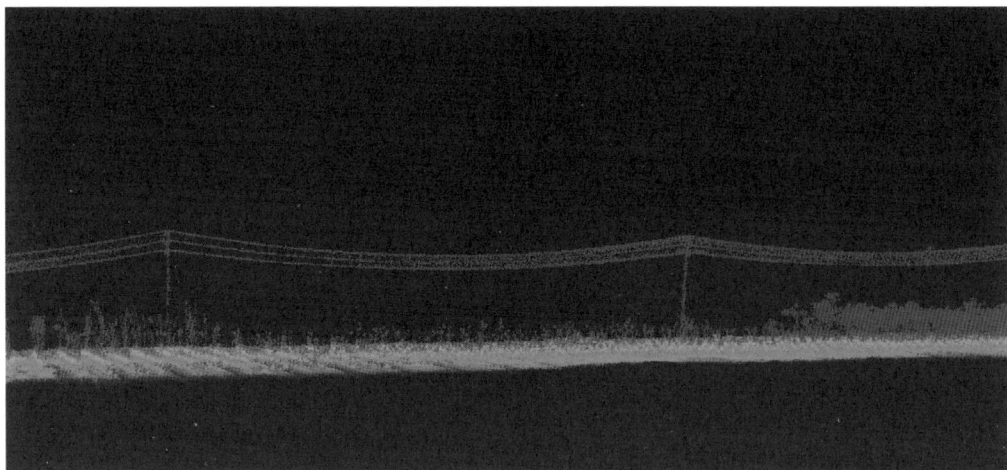

图 13-56 电力线点云结果 2

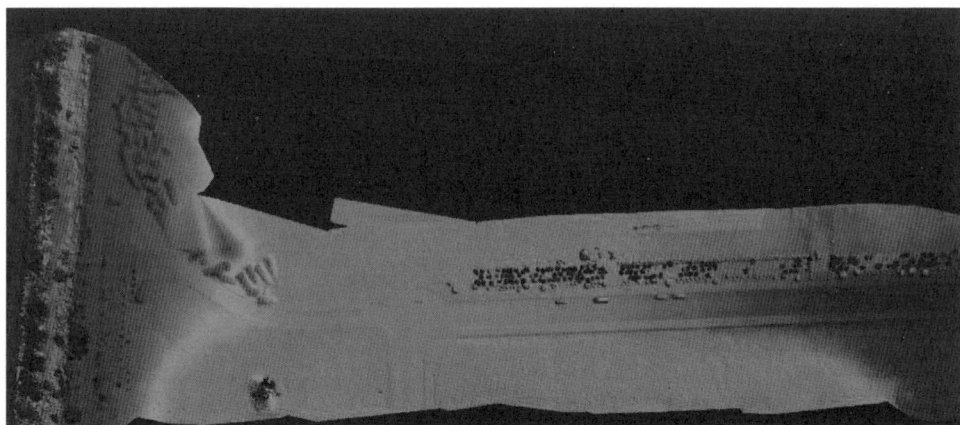

图 13-57 试验区数字表面模型(DSM)结果

TC-1235 型无人直升机(如图 13-58 所示)是一款具有高安全性和高稳定性的可搭载多种传感器的遥感监测平台,由交叉式双旋翼构成,用途广泛,为精准农业喷灌、灾情监测、环境监测和海事管理等强调信息实时性的应用领域开辟了新的途径。

图 13-58　TC-1235 无人直升机平台及其搭载载荷(30 kg)

试验设备可由 2 名人员搬运完成,使用起来非常方便(如图 13-59 所示)。

图 13-59　试验设备的搬运

试验场地选在开阔区域,如图 13-60 所示。

实际飞行与作业效果如图 13-61 所示,具备操作方便、飞行灵活、升空强劲而平稳、飞行航路准确等特点。

图 13-60　试验区域情况

图 13-61　实际飞行与作业效果

（五）天星-2 在"海巡 053"甲板起降飞行试验（如图 13-62、图 13-63、图 13-64、图 13-65 所示）

试验目的：测试海上低空飞行稳定性；甲板起降位置精度。

试验时间：2011 年 10 月 28 日,09:30—12:00。

起降地点："海巡 053"甲板。

环境条件：晴,西偏北风 4~5 级。

飞行高度:20~500 m。

巡航速度:40~70 km/h。

飞行操控:手动。

图 13-62 天星-2 在"海巡 053"甲板上起飞前准备

图 13-63 天星-2 在"海巡 053"甲板上起飞瞬间

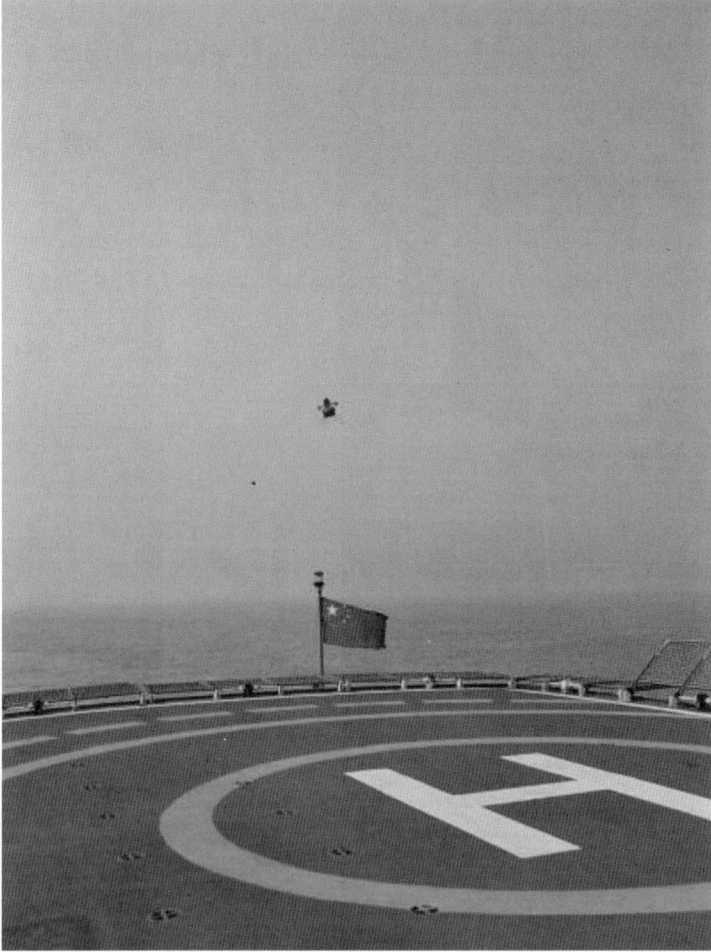

图 13-64　天星-2 返回"海巡 053"甲板

图 13-65　天星-2 搭载的光电吊舱实时视频截图

试验结果表明：

（1）海上低空飞行稳定,但有较大乱气流存在时出现飞行器"抖落"现象,这表明在海洋低空复杂气象条件下,需要加强飞行器的稳定性能。

（2）甲板起降稳定,通过多次起降飞行试验,其降落点的位置精度在 1 m 以内。

（六）天星-2 救助物资投放飞行试验

（1）试验目的:确认救助物资(救生圈)投放装置及投放位置精度。

（2）试验时间:2012 年 8 月 14 日,09:00—16:00。

（3）起降地点:塘沽国际游艇码头附近海岸。

（4）环境条件:气温 28 ℃,晴,东南风 3~4 级。

（5）飞行高度:20~100 m。

（6）巡航速度:70~100 km/h。

（7）测试步骤:

第一步,在海岸上起飞高空进入海平面,进行巡航式飞行,属环境适应性飞行;

第二步,进行海上搜救任务演练,飞行器从高空进入海平面,进行高空观察,发现可疑目标后降低高度,进行低空目标确认,经确认后低空靠近目标物,投放救生圈进行模拟营救(机载救生圈投放到水里后会充气膨胀);

第三步,进行海面高空观测,拍摄附近海面所有船只的活动状况,进行视频实时回传。本次测试共进行了 6 次起降,单次滞空时间 43 min,物资投放 3 次。海上救助物资(救生圈)投放初步成功。

（8）救助物资(救生圈)投放:

飞行试验投放用救生圈选用了北京利盟救援装备公司生产的 HS 系列气胀式救生衣(见图 5-66)。该款救生衣业已通过中国船级社型式认可,满足《SOLAS 公约》《LSA 规则》,符合国际海事组织《救生设备试验》MSC.81(70)要求,广泛适用于客货轮、游艇、军用、海事、水警、水上施工作业、海上钻井平台、抗洪救灾、水文、水利等场所救生。

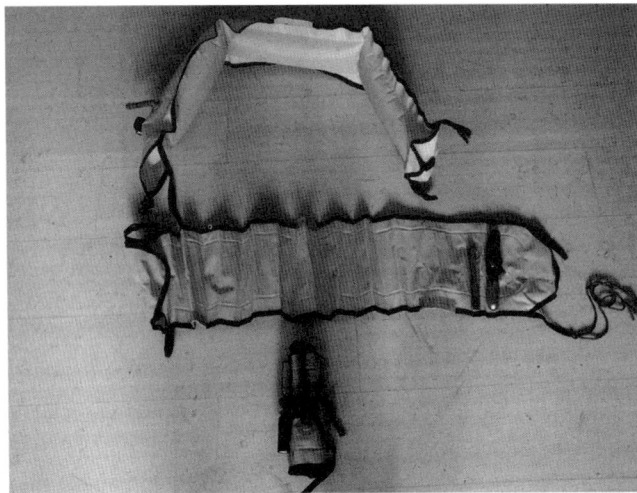

图 13-66　飞行试验投放用救生衣

①抛投式气胀救生圈主要技术性能指标

外形尺寸:长1 380 mm,宽240 mm;

气囊尺寸:长1 180 mm,宽155 mm;

产品重量:420 g;

二氧化碳气瓶:18 g;

浮力:≥10 kg;

充气时间:手动≤2 s 开阀拉力≤15 kg。自动≤5 s;

双音求救哨;

反光标识:"SOLAS"高强级专用反光膜;

气囊材料:210D(TPU尼龙复合布);

颜色:荧光黄;

吹嘴:单向阀式;

工作环境:-30 ℃~50 ℃,湿度≤90%。

②工作原理

抛投式气胀救生圈具备手动充气和自动充气两种功能。本试验采用自动充气方式:落水后救生衣浸入水中使自动装置内水敏感元件软化,弹簧失去阻挡,推动刺针刺破气瓶膜片,CO_2气体充入气囊而产生浮力。

(9)测试结果:

"天星-2"系列飞行器,具有低空、低速、稳定悬停、定点起降、使用安全等特点。在测试过程中其性能稳定并可以满足海上搜救任务的需求。

投放装置:通过底面遥控控制,动作正常。三次投放动作均获成功(见图13-67)。

图13-67　救生圈投放瞬间(视频截图)

投放位置精度：三次投放位置误差不大于 3 m（见图 13-68）。

图 13-68　投放于水面的救生圈

（七）主要研究结论

1.无人机选型标准及推荐机型

针对海上无人机的海事应用技术要求，比较各类海事应用对无人机平台和任务载荷的技术指标，需要遴选出可靠性高、技术成熟的无人机平台。无人机的选型标准包括以下几个方面：

（1）适应环境条件（抗风能力）；

（2）生产无人机平台的业绩（应用领域、市场销售量）；

（3）基础设施（场地）需求；

（4）材质（符合海上飞行要求）；

（5）技术参数（必须是有效工作指标）；

（6）发动机规格及参数（定型发动机，燃油种类）；

（7）机损率（用于可靠性验证）。

通过资料收集或飞行试验，确认了几款无人机及其与任务载荷的关键技术集成问题，重点推荐如表 13-16 所示的几款无人机。

表 13-16　重点推荐无人机机型

分类	机型/制造商	技术参数	海事应用优势
固定翼无人机	彩虹 3(CH-3)（航天神舟飞行器）	 • 尺寸:7.9 m×5.4 m×2.3 m • 空重:404 kg • 最大起飞重量:632 kg • 有效载荷:60 kg • 续航时间:≥12 h • 最大巡航速度:150~220 km/h • 最大飞行高度:3 000~5 000 m • 动力:85 kW-Rotax914UL 四缸四冲程涡轮增压活塞式引擎 • 燃料:汽油	• 抗风能力:≥6 级 • 中长航程(100~200 km)自主巡航 • 同时可搭载多种任务载荷以实现巡航、应急和搜救等多种功能
	龙雁 Ⅱ（桂林航飞）	 • 尺寸:31.6 cm×21.5 cm×50 cm • 空重:20 kg • 最大起飞重量:26.5 kg • 有效载荷:7 kg • 续航时间:3.5 h • 最大巡航速度:150 km/h • 最大飞行高度:3 000 m • 动力:3.6 kW-OKI 双冲程对置汽缸引擎 • 燃料:97#汽油	• 抗风能力:6 级 • 短航程(<100 km)自主巡航 • 对起降场地要求不高,道路等小场地即可起降
旋翼式无人机	TC-1235（北京德可达）	 • 尺寸:280 cm×150 cm×82 cm • 空重:40 kg • 最大起飞重量:75 kg • 有效载荷:35 kg • 续航时间:4 h • 最大巡航速度:100 km/h • 最大飞行高度:2 000 m • 动力:双冲程对置气缸引擎 • 燃料:汽油/柴油	• 抗风能力:7 级 • 短航程(<100 km)自主巡航和搜救 • 尺寸小但净载荷大,可甲板起降 • 同时可搭载多种任务载荷以实现巡航、应急和搜救等多种功能
涵道式无人机	TX-2（哈尔滨盛世）	 • 尺寸:120 cm×100 cm • 空重:11 kg • 最大起飞重量:20 kg • 有效载荷:3.5 kg • 续航时间:1 h • 最大巡航速度:60 km/h • 最大飞行高度:1 000 m • 动力:11.2 hp 活塞式二冲程水平对置双缸引擎 • 燃料:93#汽油+全合成机油	• 抗风能力:5 级 • 短航程(<50 km)自主巡航和搜救 • 可甲板起降,悬停姿态稳定,有物资投放、缆绳传递等救助功能

表 13-16 所推荐的各类无人机机型是通过业绩或前期试验飞行对其综合性能指标确认后而列举的。各自的海事应用优势和劣势还需通过今后进一步的试飞进行确认。

主推的固定翼无人机为航天神舟飞行器有限公司生产的主打产品彩虹 CH-3。

航天神舟飞行器有限公司是由航天科技集团、保利集团、天津海泰集团及航天十一院等四家股东共同投资在天津组建的国有控股单位。该公司拥有雄厚的科研生产技术力量和先进的生产设备,是我国飞行器科研生产基地和航空工业骨干企业之一。

该公司是集研发、测试和批量生产为一体的国内一流无人机产业基地,可以达到年产 40 架套 1 000 kg 量级的生产能力。该公司生产的彩虹系列无人机的技术性能已达到国际先进水平,现已投入批量生产外销。该公司产业基地总建筑面积为 45 000 m²,包括厂房、综合研发楼、40 m×600 m 测试跑道及配套设施(见图 13-69)。

图 13-69 航天神舟飞行器产业基地无人机生产车间

(八)存在问题和建议

1.存在问题

(1)无人机操控人才培养问题

无人机平台及其任务载荷的海事应用前景广阔,但无人机操控技术人才短缺也是不争的事实。为了满足实施一定规模富有成效的海事应用无人机及其任务载荷的配备要求,无人机操控技术人才的培养尤为重要。无人机操控技术人才不仅关系到无人机等国家财产安全,更关系到人身安全保障。

操控技术人才的培养可以考虑试点建设无人机操控手培训基地,配备和建立模拟操控实验室,利用社会教育资源开展海事系统的专职培训,积蓄高端的技能型人才力量。

（2）海事信息化中无人机系统的融入问题

从长远规划考量,海事系统配备无人机势在必行,因此必须从现阶段开始就在海事信息化顶层设计中融入其基本概念,留出充分余地和接口,以备不时之需。同时还应多批次、多种类,反复试制相关的传感器设备以至产品定型,以期达到机、船、岸信息互通互联的技术要求。

（3）无人飞行器与传感器的集成度问题

作为海事应用领域的遥感传感器(即任务载荷),无论从种类数量还是尺寸大小都比国土资源调查及灾害应急(任务载荷:CCD)、气象观测(任务载荷:温度压力传感器)、电力巡线(任务载荷:CCD)、城市防灾(任务载荷:CCD)等领域复杂得多。多种任务载荷的组合搭配将对无人机平台的空间、电源、载荷提出更高要求。

以 AIS 天线为例。为了节约成本,项目组对原本为船舶设计的 AIS 设备(即 AIS 船台)进行改进,天线长度从原来的 1.53 m 缩短到 0.67 m。该天线如何安装在无人机平台上则需要考虑多项技术问题。既要考虑不影响无人机的飞行安全,还要考虑天线的伸展方向,因为 AIS 天线电磁波强度的分布并非对称(见图 13-70)。

图 13-70　AIS 天线电磁波分布

此外,有可能应用于无人机平台的 AIS 天线存在不同形状(见图 13-71)。

因此,尽管初步确认了遥感传感器的应用效果,但还需要进一步加强其与无人机平台的集成。要提高集成技术的成熟度,须通过多次的试飞以便完成选定产品的中间试验和技术配置的定型验证。

（4）无人机与船岸间的数据传输问题

无人机海事遥感应用涉及的无线电数据通信包含无人机平台测控、遥感任务载荷的控制及遥感数据传输和海陆之间的任务数据传输三部分。

关于无人机平台测控数据的无线电通信部分,因其数据量较小,数据的传输速率要求不高,故其工作重点是在保证足够的可靠性和很少增加重量的前提下如何提高其有效通信距离方面,解决该问题的方法很多也很成熟,可在满足该设备搭载要求的前提下采用系统集成的办法加以解决。

关于遥感载荷控制及遥感数据传输的无线电通信部分,亦有上行控制和下行遥感数据传输两部分。上行控制数据传输的需求情况与无人机平台的相类似,可按无人机平台的方法单

图 13-71　不同形状的 AIS 天线

独解决,也可与遥感数据传输系统一起解决,但略有难度。下行遥感数据传输是该部分的难点和重点。由于涵道式无人机平台载荷能力的限制,对该部分设备的体积和重量要求较严格,使设备集成难度加大,同时目前能集成到的设备也存在传输速率偏低、带宽不足、有效传输距离有限等问题,不太适合机载遥感设备的多传感器、多路数据传输等大数据量的高速数据传输需求,故此,该部分设备极有可能要采用自主研发的方式加以解决。

目前,我们在载荷和无线数据传输系统的自主研发方面进行了一些有益的尝试,研制了一型可见光视频监视吊舱与无线图传整合的一体化载荷,其在体积、重量、下行数据传输的距离、传输质量和可靠性、设备功耗等方面均有良好表现,经试用,效果比较明显。但是,该载荷现只实现了单一传感器和单路下行数据传输等功能,距离能满足涵道式无人机海事遥感应用项目的需求尚有一定的差距,我们拟在下一步的工作中对其进行进一步的较全面的完善和提高。

关于海陆之间的任务数据如何传输的问题,由于后续进度安排尚未开展,但在前期论证工作中对此有一些设想,即在近岸区域(距岸基基地 15 km 范围内),考虑由飞行平台对岸直接传输,陆陆之间采用互联网或专用网络对海事指挥中心传输;在远岸区域(距岸基基地 30~50 km范围内),考虑采用空对船、船对岸传输或空对船、船对空、空对岸传输或空对空、空对岸传输,其中以船为中继基站对岸传输可采用定向微波系统,以空中无人机为中继基站对岸传输可采用与无人机对船传输的相同系统,但要考虑其重量和体积能满足无人机的搭载要求;更远区域(距岸基基地 50 km 以上范围内),就只能考虑采用卫星通信或借助海上的固定无线通信基站来实现。

(5)空域使用权问题

国务院、中央军委于 2010 年印发了《关于深化我国低空空域管理改革的意见》(以下简称《意见》),对深化我国低空空域管理改革做出部署。《意见》指出,低空空域是通用航空活动的主要区域。适时、有序地推进和深化低空空域管理改革,有利于充分开发利用低空空域资源,促进通用航空事业、航空制造业和综合交通运输体系的发展。《意见》指出,2012 年之前为试点阶段,2012 年至 2015 年为推广阶段,将试点区域取得的低空开放经验在全国更大范围内推广,由此可见积极争取和推动国家主管部门开放低空空域管理改革是所有问题的关键。

2.建议

（1）以此研究成果方案为基础,在天津滨海新区设立试点进行重点无人机平台和海事应用传感器的集成和实验飞行,用以积累经验并摸索建立相应的管理操作机制。

（2）充分利用天津现代职业技术学院的技术力量,完成固定翼无人机样机（拟命名为"海鹰1号"）的组装、测试（见图13-72）并将试飞,对拟配置的多种传感器进行多次的飞行检验,以便取得宝贵的测试数据,为正式上机组合集成做好技术准备。同时还可以使用本架飞机进行操控人员的基础培训。

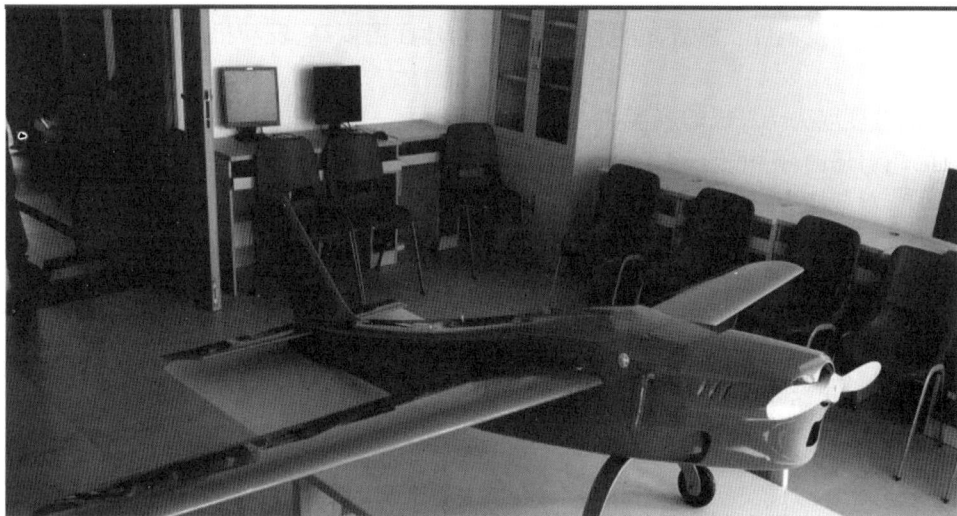

图 13-72 拟命名为"海鹰1号"的固定翼无人机样机

（技术参数：最大航时7 h,最大油箱容量7.5 L,翼展2.6 m,机长2.2 m,标准5D相机测绘,55-110发动机,最大飞行高度4 000 m）

（3）关于空域使用权的问题,建议采用建立军地联合机制和在海事局组建预备役士官方式,只有把操控手作为部队认可的一个组成部分,以后对空域的使用才会便利许多,此项工作已做过前期研究,具有可行性。

附录一

低空无人机机场建设方案

一、跑道部分

1A 级跑道:飞行场地长度小于 800 m,翼展小于 15 m,轮距小于 4.5 m。对于低空无人机机场的建议,飞行场地长度大于 200 m,场地宽度大于 20 m。

方向:主跑道的方向一般和当地的主风向一致。

基本尺寸:指跑道的长度、宽度和坡度。跑道的长度取决于所能允许使用的最大飞机的起降距离、海拔高度及温度。海拔高度高,空气稀薄,地面温度高,发动机功率下降,因而都需要加长跑道。

跑道的宽度取决于飞机的翼展和主起落架的轮距,一般为 20 m。

道面:跑道道面分为刚性和非刚性道面。刚性道面由混凝土筑成,能把飞机的载荷承担在较大面积上,承载能力强。跑道道面要求有一定的摩擦力。非刚性道面有草坪、碎石、沥青等各类道面,这类道面只能抗压不能抗弯,因而承载能力小,相对适应低空无人机起降的机场。水泥混凝土道面设计年限宜采用 30 年,沥青混凝土道面设计年限宜采用 15 年。

跑道附属区域:

跑道道肩:是在跑道纵向侧边和相接的土地之间有一段隔离的地段,这样可以在飞机因侧风偏离跑道中心线时,不致引起损害。跑道道肩一般每侧宽度为 0.5 m,道肩的路面要有足够强度,以备在出现事故时,使飞机不致遭受结构性损坏。

跑道安全带:跑道安全带的作用是在跑道的四周划出一定的区域来保障飞机在意外情况下冲出跑道时的安全,分为侧安全带和道端安全带。

侧安全地带:是由跑道中心线向外延伸一定距离的区域,对于无人机机场这个距离应不小于 5 m,在这个区域内要求地面平坦,不允许有任何障碍物。在紧急情况下,可允许起落架无法放下的飞机在此地带实施硬着陆。

道端安全地带:是由跑道端至少向外延伸 60 m 的区域,建立道端安全地带的目的是减少由于起飞和降落时冲出跑道的危险。

二、目视助航设施

目视助航设施包括信号、标志、标记牌、助航灯光及助航灯光监控系统。

(1)机场空中交通管制设施包括用于机场本场管制的通信、导航、监视、气象和航行情报设施。

机场空中交通管制设施配置应符合下列要求:

机场应设置管制塔台,塔台高度应符合机场净空保护面的要求,对于低空无人机,建议设计高度为 10 m;

(2)机场航空通信包括航空移动通信和航空固定通信。

机场导航、监视设施的配置应根据管制方式、管制范围和航线布局、净空条件、气象条件、飞行程序等空中交通管制业务需求及条件确定。

(3)机务维修区及设施

飞行器维护一般在站坪或停机坪上进行,维护用房包括外场工作间、资料室、设备工具间、充电间、航材库等。

维修机坪是维修飞机的专用设施,包括地面设施和地下设施。维修机坪应配备照明、机务用电、供水、消防等必要设施,试车坪可根据需要设置防吹墙(屏)、消音设施。

三、整体配套设施

对于有条件的机场可以根据需要设置飞行器操控手及机务人员休息室。

(1)针对低空无人机任务执行周期,一般不需要长期驻场,则可根据使用频率,建造、养护成本等因素,配置机务人员食堂、休息室或宿舍。

(2)根据实际需要配置停车坪,设计要求方便人员和设备进出。

附录二

低空无人机操控手培训课程大纲

《低空无人机操控技术》专业教学进程表

课程类别	课程代码	课程名称(★考试课)	总学时	实训学时	学分	第一学年 1 18周	第一学年 2 18周	第二学年 3 18周	第二学年 4 18周	第三学年 5 18周	第三学年 6 18周
职业基础学习领域	5802029994	思想道德修养与法律基础	48		3	3					
	5802029995	毛泽东思想和中国特色社会主义理论体系概论	52		3		4				
	5802029997	形势与政策	26		2	0.5	0.5	0.5	0.5		
	5802029986	高职生心理健康教育	18		1		1				
	5802029991	★英语	160		11	4	4	2	2		
	5802029990	体育	80		5	2	2	1	1		
	5802029998	★计算机应用基础	75	38	5	5					
	5802029992	职业道德与就业指导	18		1				1		
	5802029996	高等数学	86		6	4	2				
		小计	563	38	37	18.5	13.5	3.5	4.5		
职业技术学习领域	5802021240	工程制图	45	14	3	3					
	5802021211	★电气技术基础	138	44	8	4	6				
	5802021212	★无人机飞行技术	45	10	3	3					
	5802021223	★发动机技术	55	20	4			5			
	5802021214	★C语言程序设计	65	24	4			5			
	5802021245	无人机系统及应用技术	52	15	4			4			
	5802021227	★无线电操控技术	55	15	4			5			
	5802021258	飞行导航与控制	39	20	3				3		
	5802021229	★机载设备的使用与维护	55	16	4			5			
	5802021220	★无人机组装与测试	130	90	9				10		
	5802021222	★遥感与遥测技术	44	10	3			4			
	5802021223	★单片机技术应用	55	20	3			5			
	5802021254	军事地形分析技术	52	10	2				4		
	5802021265	现代管理	27		1					3	
	5802021256	专业英语	39		2				3		
		小计	896	308	57	10	15	24	20	3	
职业技能学习领域	5802029999	入学教育	25	0	1	1周					
	5802029987	军事理论与训练	50	50	2			2周			
	5802021310	★电工电子基本技能实训	120	120	8	1周	3周				
	5802021311	★无人机核模拟器操控技能实训	120	120	8		2周	2周			
	5802021322	★无人直升机模拟器实训	52	52	4				4		
	5802021323	★无人机操控及应用技能实训	150	150	9			3周	5周		
	5802020000	毕业综合实践	675	675	28					9周	18周
		小计	1192	1167	60	2周	5周	7周	5周	9周	18周
		合计	2651	1513	154	28.5	28.5	27.5	24.5	3	

第四节

无人机海事应用策划案①

一、无人机海事应用策划案编制背景

自 2009 年天津海事局开展无人机海事应用战略研究以来，相继完成了局内科技项目《海上船载无人机海事应用关键技术研究》和《特种飞行器海事应用技术研究》以及部海事局 2011 年度海事科技项目《海上无人固定翼飞机巡航救助应用技术研究》。在此期间，我局对无人机平台和各类任务载荷(遥感、遥测传感器)的技术指标进行了可行性评估，就不同类型海事应用无人机平台及其任务载荷的技术要求、技术性能进行了调研，并利用其中几款机型实施了飞行试验，同时还测试了基于 AIS 船台改造的机载 AIS 设备、远程红外 CCD 溢油监测设备和小型多光谱成像仪，在海事应用无人机平台和适配任务载荷的技术要求方面积累了一定的理论和实践经验，确认了无人机在海上巡航救助和监测船舶污染的可行性，显示出良好的应用前景。

几年来，交通运输部海事局对此课题十分重视，不仅拨出了一定的科研资金支持相关的技术研发，而且还在高层次的跨部门、跨行业领域进行了多方面的政策、技术和资金投入研究。据悉，今年伊始，部规划院陪同部局计划处、航测处领导分别拜会了解放军原总参谋部和原总装备部的有关部门领导，就"南海维权监管信息平台"建设、无人机的海事应用与军民融合等议题进行了磋商，取得了积极的效果。另外，近日来部局领导还专门调取了彩虹-3 无人固定翼飞机(即课题研究推荐机型)的技术资料又进行了深入探讨和多机型比较。

针对上述工作所打下的基础，需在无人机海事应用研究方面继续深化，理顺下一步发展思路，为争取重大设施建设与装备建设落户天津做好相应的准备是十分必要的。

二、天津局无人机海事应用的基础条件

天津海事局自 2006 年开始利用中海油天津分公司的直升机实施空中定线有人机巡航，每年飞行 200 架次左右，取得了一定的空中监测船舶交通流和海洋污染的飞行经验。此外，天津海事局自 2012 年 6 月 1 日开始了无人机海上污染监测巡航，这也是海事系统第一家应用无人机进行海事管理业务的尝试，到目前为止已经飞行 50 余架次，累计飞行时间超过 50 h。虽然该类无人机应用的方法以租用为主，主家没有掌控权，但至少我们进入了该领域并探索了将来无人机海事应用、技术管理和空管协调的基本路线，获得了宝贵的经验。特别是通过部海事局 2011—2012 年科技项目《海上无人固定翼飞机巡航救助应用技术研究》课题的实施，更加确立了天津海事局在该领域发展的领先地位，具体情况表述如下：

(1) 彩虹系列无人机制造基地与推荐应用机型

坐落在天津滨海新区的航天神舟飞行器有限公司是由航天科技集团、保利集团、天津海泰集团及航天十一院等四家股东共同投资组建的国有控股单位。公司拥有雄厚的科研生产技术

---

① 本节内容时间节点为 2013 年。

力量和先进的生产设备,可以达到年产40架套1 000 kg量级的生产能力,是我国飞行器科研生产基地和航空工业骨干企业之一,该公司生产的彩虹系列无人机的技术性能已达到国际先进水平。

该公司产业基地总建筑面积为45 000 m²,包括厂房、综合研发楼、40 m×600 m测试跑道及配套设施。如果从产品制造、维修、测试、技术保障到机场建设等方面要素考虑,对我局而言占有绝对的天时地利之优势。

最大起飞重量:632 kg;有效载荷:60 kg;续航时间:≥12 h;翼展:7.9 m;

抗风能力:≥6级;最大巡航速度:150~220 km/h;最大飞行高度:3 000~5 000 m。

(2)低空无人机机场建设具有众多选项

天津滨海新区建设特别是港口建设开发了大片土地,在临港经济区、南港工业区、汉沽中心渔港或其他开阔场地选择适合"彩虹-3"机型(图13-75)的起降机场应该不是困难之事,建设方式可视情选择单独建设或合作改扩建现有机场。但选择其他如贵航的"鹞鹰Ⅰ"或成飞的"翼龙"等长航程体积较大机型则有些难度,主要是跑道的长度问题。

(3)拥有专职无人机操控手培训资源和试飞样机

设立在天津津南区的"天津现代职业技术学院"是目前我国教育部认证的唯一一家具有培养无人机操控手资质的单位,师资力量较强,教学正规。现已完成固定翼无人机样机的组装(利用课题经费)并将进行测试和试飞,一旦做好技术准备就可以使用本架飞机进行操控人员的基础培训。见图13-73。

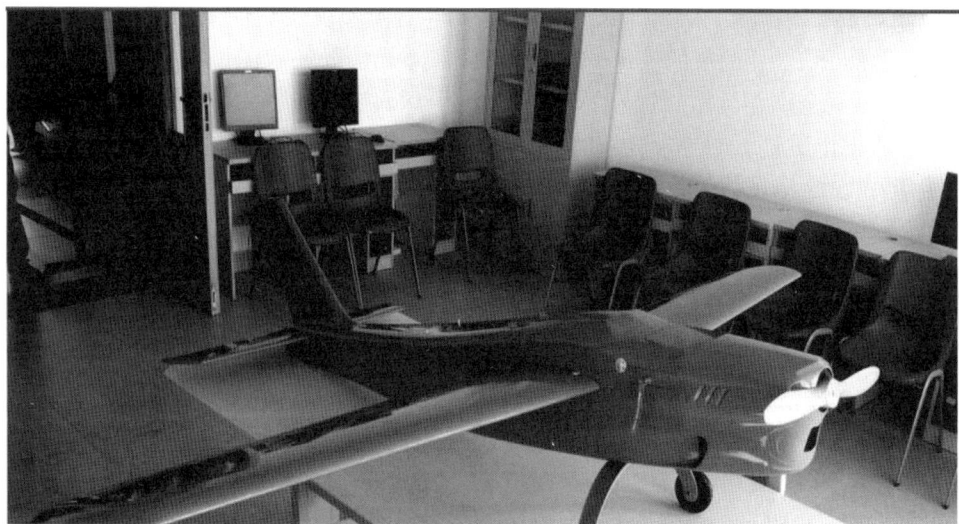

图13-73 拟命名为"海鹰Ⅰ"的固定翼无人机样机

(4)部局下一步相关科技项目的有利安排

部局下达的2013年科技项目计划中"无人固定翼飞机海事应用研究"项目再次授权我局来继续完成,此举为天津海事局进一步展开此项工作提供了一定的资金条件,但考虑到该项课题拟采取再次招投标方式选择项目承担单位,其结果或许存在着较大的变数,因此期望能够基本保证相关技术路线的稳定和技术产品开发、研制、测试、检验的连续性。

（5）达成"南海维权监管平台"建设合作意向

年初根据部局"南海水上交通安全监管和应急系统工程"项目建设要求，经协商已和部规划院达成了共同建设其中的"南海维权监管信息平台"意向。据了解该项目已由工信部和交通运输部联合上报财政部，预算 5~6 个亿，一旦获得批准，天津海事局无人机项目的实施与AIS 数据挖掘成果将为之提供项目实施的基础条件和数据。

（6）拥有与本地空管部门的良好业务往来关系

多年来，天津海事局搜救中心办公室在多项海上救难、演习、抢险过程中与本地空管部门建立了良好的合作关系，得到他们的大力支持，特别是关于将来海事应用无人机的空域使用权的问题，对方提出了采用建立军地联合机制和在海事局组建预备役士官方式建议，如果把操控手作为部队认可的一个组成部分，以后对空域的使用将会便利许多。另外还可以由航天神舟公司去协调军方空管，以军训方式实施例行飞航。

（7）无人机海事应用的理论探讨取得新的突破

日前，天津海事局主持编译的《美国无人系统综合路线图（2011—2036 财年）》翻译稿件已获得军事科学院出版社审查通过，并授予了军内统一书号：580237 * 844，即将出版印刷。另外，2012 年天津局代表在第三届"军民融合式发展论坛"上发表的文稿，被评为优秀论文并由解放军出版社出版发行（如图 13-74 所示），同时还入编了由全国思想政治工作科学专业委员会编撰的大型文献《科学发展 筑就辉煌——学习贯彻党的十八大精神全书》。该书即将由中央党校出版社出版，面向全国党政机关发行。

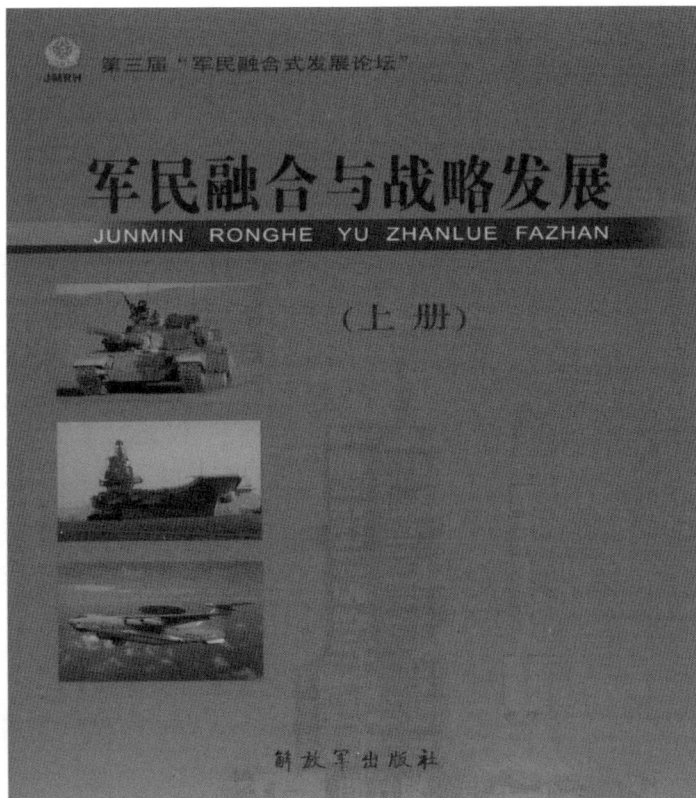

图 13-74　军民融合与战略发展封面

（8）知名央企的支持使项目的展开更具活力

日前,中航通用飞机公司领导专程来我局了解无人机海事应用、VTS/AIS 的海事信息化工作情况。通过业务交流,对方表达了今后加强合作的强烈愿望,并对我局即将进行的低空无人机机场建设的研究课题给予了积极的支持,希望共同努力在战略层面推进该项事业的总体规划研究和实施。目前该项工作正在酝酿进行中。

三、无人机海事应用方案与顶层设计思路

1.建议成立局级重大专项领导小组

鉴于该项目的实施将在未来海事管理业务中起到示范和引领作用,具有涉及面广、科技含量高、政策性强等特点,其重要意义不言而喻,因此建议成立以主要局领导为组长,局内相关业务和综合部门领导参加的领导小组,以便统领和协调局内重大科技项目、基础设施建设、重要装备配置的工作。

2.机场与地面设施配置的初步设计要求

（1）低空无人机机场建设需考虑的要素

跑道长度、宽度、坡度、方向、道面、跑道安全带和附属区域；

空中交通管制设施、目视助航设施、机务维修区及其他配套设施等。为机场配套的航管楼、航行气象、通信导航、供电供油、机务保障、消防保安等各类设备和车辆等。

（2）机场跑道建设基本要求和土地征用

如选择推荐机型"彩虹-3",场地征用条件须满足 1 000～1 200 m 跑道的条件,如选择其他大于推荐机型则需满足 1 200～1 500 m 跑道的要求,其拟建的机场位置还需满足军方空管的设置要求。如采用合建方式,也应考虑原有机场周边土地征用的可行性。

3.无人机、船、岸通信链路设计思路

（1）通信链路建设的设计

全频道船载 VHF 配备、船载卫星通信接收站配备、卫星通信陆岸接收站配备以及测控通信地面控制站配备。最终应与我局现有的信息系统接轨,实现传感器的配置集成、信息的传输、处理与显示,达成空、海、岸信息共享之目标。卫星数据链实时传递图像和数据示意图如图13-75 所示:

4.无人机海事应用传感器归类设计

无人机海事应用的主要传感器包括:

（1）CCD+远红外摄录机；

（2）船载 AIS(Class A)；

（3）船用 VHF 中继站；

（4）多光谱成像仪；

（5）激光测距雷达；

（6）MINI SAR 雷达；

（7）搜索 EPIRB 信号用定向仪(DF)；

（8）海上溢油监测系统(SRSS)。

原则上应根据不同任务搭配不同的载荷,进行合理的组合。

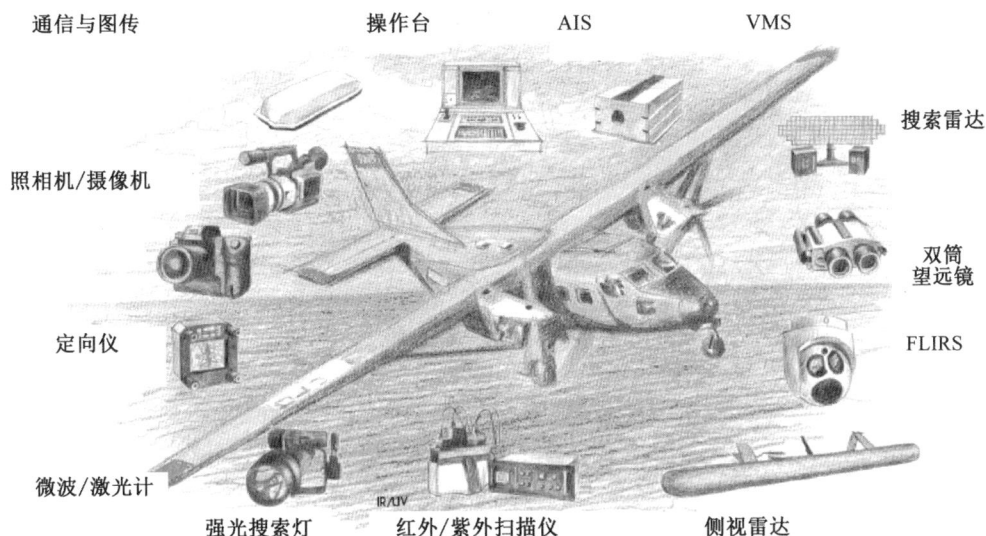

图 13-75　卫星数据链实时传递图像和数据示意图

5.无人机操控员专业技能培训课程设计

(1)拟定低空无人机操控手培训课程大纲,主要内容应包括:

基础理论:计算机应用、高等数学、电工基础等;

技术理论:无人机飞行、发动机、无线电遥控、飞行导航与控制等理论的学习;

技能训练:无人机模拟器操作、无人机操控技能实操训练等。

6.做好备选机型的试飞准备

(1)固定翼样机测试与试飞;

(2)AIS A 类台站设备设计与装配;

(3)VHF 中继站选型、采购并测试;

(4)筹划"彩虹-3"搭载传感器试飞事宜;

(5)条件允许的话,着手进行旋翼无人机海上着舰测试。

7.海事应用传感器标配集成与通信链路设计

(1)需提出无人飞行器与传感器的信息集成方法;

(2)根据传感器功能与任务需求做出搭配;

(3)按照预测的航飞路线确定和改进数据传输方式;

(4)提供船、岸设备种类需求总成方案。

四、制约无人机海事应用发展的因素值得关注

无人机海事应用将面临四大要素的制约:

1.低空空域开放与空管问题

根据部局的总体安排思路,将来无人机的配备与应用是要跨区域执行任务的,虽然我局和

当地空管部门协调顺畅,配合密切,一旦实施跨区域飞行空管问题必然显现。根据现行的规定,在我国空域飞行的航空器只分为国家航空器(军队、警察、海关)和民用航空器(民航、通用航空)两种,还有另外一种是经总参特批的以国家勤务执法航空器身份出现的如国家海洋局、上海海事局有人驾驶的海上巡航飞机。按照国务院、中央军委颁发的《关于深化我国低空空域管理改革的意见》:"适时、有序地推进和深化低空空域管理改革,有利于充分开发利用低空空域资源,促进通用航空事业、航空制造业和综合交通运输体系的发展。《意见》提出 2012 年之前为试点阶段,2012 年至 2015 年为推广阶段,将试点区域取得的低空开放经验在全国更大范围内推广。"由此可见积极争取和推动国家主管部门开放低空空域管理改革是解决所有(特别是无人机飞行)问题的关键。

2.无人机的机场建设问题

无论我们在无人机海事应用的理论研究方面走出多远,技术研发力度有多大,而无人机平台的建设始终会萦绕在我们身边,尤其是无人固定翼飞机的机场建设不可或缺。由于我国的现行做法是将全国空域划分为若干飞行情报区和飞行管制区,要求飞机沿规定的路线在规定的区域内飞行,并对一些区域划定了禁航区、限制区和危险区。因此机场建设将会受到全国的空域规划和空管布局的限制,不可随意确定点位,需要提前做好调研和评估。

3.海事应用无人机运行与管理机制问题

如果上述问题解决后,大环境也发生了变化,我国海事系统真正引进和采用了某种类型的无人机加入海事业务管理,接踵而来的问题将是无人机的运行与管理机制的建立,如何适应、掌控和介入全新的技术和领域,如何制定适应海事管理应用的运行规范是摆在我们面前的又一难题。目前大家的观点比较趋于一致的是:在一片空白的前提下,最佳的管理方式和途径为"托管—监管—接管"。不过此种做法的运营周期将要延续较长,成本较高,投入和产出比是否合理有效,是否会产生水土不服现象则见仁见智。

但无论如何在"求新、求变、求快、求好"的前提下需要有组织、有序列地投入必备资源,理顺建设思路并假以时日、持之以恒,才能像建设 VTS、AIS 系统一样取得成效。

4.相关专业的人才培养问题

无人机平台及其任务载荷的海事应用前景广阔,但无人机操控技术人才短缺也是不争的事实。为了满足实施一定规模且富有成效的海事应用无人机及其任务载荷的配备要求,无人机操控技术人才(其中包括指挥员、操控员、设备维护员)的培养尤为重要。理论上无人机操控技术人才必须具备飞行员驾驶资历,就像 VTS 操作员应具有船长或大副资历一样,但两者相权,前者要比后者更难,因此抓紧试点建设无人机操控手培训基地,配备和建立模拟操控实验室,利用社会教育资源开展专职培训,努力积蓄高端的技能型人才力量才是唯一的出路,也是当务之急。

5.部局拟采取的应对举措

由于考虑到海事应用无人机存在着上述多种不确定性因素,如何发展亦存在不同的观点和争议,特别是我海事系统在其发展中无法掌控事态的全部进程,外部制约因素较多。为此,除继续投入科技项目发展资金之外,部局拟在近期召集专题会议,讨论无人机海事应用的相关问题,以求取得共识,形成合力,获得突破。毕竟发展才是硬道理!

第十四章 互联网＋科技创新助推海事信息化

第一节

海上搜救电子演练系统设计思路①

一、概述

交通部根据国家有关法律法规和国际公约要求,编制了"国家海上搜救应急预案""客船应急反应预案(海上)""客船应急反应预案(内河)""航空器海上应急反应预案""船舶载运危险品应急反应预案"四个支持性分预案。预案为建立和规范国家海上搜救应急反应机制,迅速、有序、高效地组织海上突发事件的应急反应行动,救助遇险人员,控制海上突发事件扩展,最大限度地减少海上突发事件造成的人员伤亡和财产损失,奠定了坚实的法律基础。

为实现预案中规定的工作原则、检验应急组织指挥体系运行预警和预防机制状况、提高海上突发事件的应急响应和处置及后勤保障工作水平,预案规定中国海上搜救中心"每两年举行一次综合演习""每年举行一次海上搜救项目的单项演习,并将海上医疗咨询和医疗救援纳入演习内容""每半年举行一次由各成员单位和各级海上搜救机构参加的应急通信演习"。各省级海上搜救中心和分支机构编制的本海区的搜救预案对此也做出了相应的规定。上述演习的目的是锻炼队伍、提高应急反应能力,并向社会展示和承诺政府的应急保障水平。

二、历史沿革

1.演习的模式

(1)桌面演习。其主要目的是明确相互协作和职责划分问题,锻炼演习人员解决问题的能力;发现和解决预案和程序中的问题,取得一些有建设性的讨论结果;为功能性演习和全面演习打下基础。其形式是通常在会议室举行,由应急组织的代表或关键岗位人员参加;按照应

---

① 本节内容时间节点为 2006 年。

急预案和标准行动程序,讨论所应急采取的应急行动;讨论问题不受时间限制;采取口头评论形式,并形成书面总结和改进建议。其特点是在没有时间压力的情况下,是头脑和口头上"过一遍,走一遍"应急响应的场景,成本低,效果难以评估。

(2)功能演习。其是指针对某项应急响应功能或其中某些应急响应行动举行的演练活动,可分为单项演习和组合演习。

单项演习:通信联络、通知、报告程序;资源调配,人员、装备及物资器材(装车)到位;现场警戒;医疗救护;公共信息传播等。

组合演习:可将具有较紧密联系的多个应急功能或任务组合在一起进行演习,以加强各应急救援组织之间的配合和协调性。

上述演习一般都需要调用有限的资源开展现场演习,并形成书面报告。其目的是熟练和检验某些基本操作或完成某些特定任务所需的技术和实战能力。

2.获得的效果

各种形式和规模的演习,使搜救协调单位、通信信息系统、专业救助力量以及有关单位熟悉了预案的规定要求;明确了参与单位的职责;了解了预案使用的程序;发现了预案在实施过程中存在的问题;锻炼了救助队伍;提高了处置海上险情水平;树立了良好的国际形象;赢得了良好的社会声誉。

3.存在的问题

(1)演习、演练形式以传统的现场实景、手工推算、实物消耗、物模展示为背景条件,准备时间长,环境影响大。

(2)人员调动和救助设备部署频繁。

(3)训练科目单一,没有可塑性,演练程序和救助方式选择性差。

(4)无法实现最佳搜救方案的及时验证和更新。

(5)巨大的人力、资源和资金的消耗。据初步统计,每举行一次综合演习,将至少花费数十个工作日,经济投入近千万元;即使是进行单项或专业演习,每次的经济投入也在几百万元以上。

(6)演习对海上正常交通秩序的妨碍,间接经济损失无法估量。

(7)海面险情对参与者形成的潜在威胁,容易造成现场伤害。

针对上述存在的问题,天津海上搜救中心为落实规定要求,改进传统的演习模式,提高演练效果,节省演练经费,经过现场调研,组织召开专家讨论研究并参阅国外和其他行业有关资料,提出"海上搜救电子演练"设计思路。

三、必要性论述

(1)我国的海上应急系统建设起步较晚,应急预案的组织和实施还不成熟;所采用的演练手段单一,科学性差。组织指挥体系和贯穿预案的规定程序和规范动作,亟待通过多次的演练加以丰富和改正,才能真正使国家海上搜救预案成为指导海上搜救事件处置的规范性文件。但是,由于受财力的限制和海上演习前期技术研究不足的限制,我国海上演习出现的大场景、长时间、高消耗、低频次的演习手段和现代化社会、节约型社会的建设要求越来越不适应,也必将退居次要舞台。

(2)除国家海上搜救预案外,各海区海上搜救中心针对海上各种险情都制定了不同的应急预案,这些预案基本上都是经验的总结,并涉及与应急处理相关的多个部门。在处置各种预案中,各部门的有效协调是应急的关键。然而在实际中,经常性地应用此预案是不可能的。因此,研究海上各种应急预案模拟训练系统是十分必要的。其必要性主要包括:

(3)应用现代计算机技术模拟训练各种预案,可以检验预案的正确性,通过模拟训练进一步完善预案,使其更具有针对性;

(4)利用模拟训练可以多次反复训练,协调相关各部门的关系及配合,并且训练一大批各部门的应急人员;

(5)由于海上各种险情出现的概率相对较少,而模拟训练可以反复,并且让训练人员通过训练掌握应急中最基本的东西。

四、科研及工作基础回顾

根据掌握的有关文献,电子演练主要应用于作战模拟和军事演习中。

1.作战模拟

1954年,美国首先成功地设计出计算机作战模拟模型,这是传统作战模拟向现代作战模拟转折的标志。由于计算机的应用,有可能把整个战斗过程中双方兵力兵器构成、战场环境因素和作战指挥决策等因素用各种模型加以表述,并推演整个战斗过程的发生、发展和结局。计算机还可以把较长时间的战斗进程在短时间内模拟出来,并可以进行几乎无限制的重复运算。目前,仅美国军方研制的计算机作战模拟模型多达300余个,小如班排的进攻战斗,大至国家国防战略、集团军作战,都可在计算机上高效、准确地进行模拟。

2.军事演习

随着计算机技术的发展成熟,电脑模拟军事演习在各国联合军事演习中多有应用。演习全部在电子计算机上进行,没有设置野外实战演练场所,无须投入实际兵力和作战装备。在演习中,士兵们不仅进行了战术演练,还进行了战术和战略方面的指挥与控制演练。

3.实现手段

(1)电子模拟主要依靠的理论是数量统计法、排队论、收缩论、蒙特卡洛方法等。

(2)电子模拟主要使用计算机技术,依靠交互式虚拟现实技术的应用,产生"景物真实、动作真实、感觉真实"的效果。

(3)通过使用电子演练手段、使用模型和仿真器材,可以节约90%的实战演习费用。

4.技术说明

使用的技术包括电子海图技术、数据库技术、卫星导航、通信技术、海洋环境模拟技术、海上漂浮物(目标)漂移和搜索技术、计算机模拟技术和计算机网络技术等。

研究单位拥有的VTMIS开发应用技术、船舶操纵模拟器、轮机模拟器、GMDSS系统模拟技术等。

5.软件应用

在海运业发达的国家(如美国、加拿大、日本以及欧盟等国),作为海上搜救演习支持系统的海上搜救信息系统已经得到了较为成熟的应用,如加拿大的CANSARP、美国的HACSALV,

以及英国的 SARIS 系统。此外,海上溢油、海冰漂移预测模型也得到了较为成熟的应用,如比较著名的有法国的 MATHY 模型、ACTIMARM 系统、美国的 CATS(Current Analysis for Trajectory Simulations)系统、TAP(Trajectory Analysis Planner)系统、美国 ASA 公司开发的 OIL-MAP(Oil Spill Prediction Modelling System)和 SARMAP(Search & Rescue Model System)。

6.软件特点

(1)可以较为简便地进行数据建立和管理。

(2)向导式的遇险推测和天气参数建模。

(3)快速反应,迅速确定基准点、基准线并支持搜救轨迹回滚。

(4)内建蛇形线搜寻、平行线搜寻、扩展方形搜寻和扇形搜寻模式。

(5)自动平衡海况与风况(也可人为设定)。

(6)支持逆向漂移预测,能根据油污轨迹追踪源头。

(7)支持天气状态的导入。该系统使用了一种叫作 GADS 的 Web 网络服务,可以随时调用最后更新事发海区内的天气和海况数据,从而尽可能精确地获得数据。

(8)存储有不同的漂移物的漂移特性和漂移误差。该模型可以每 5 min 刷新一次搜救区域,并计算出漂移目标的位置误差。

(9)同时对同一地点失踪、泄漏的 8 个目标进行轨迹追踪,模型可以运行在实时状态,对搜救力量可以进行方便的重新配置,并可以对搜寻方式、发现概率、覆盖因数进行人工设定。系统能对潮汐和流场进行自动计算,并能快速重新对遇险环境推测,支持漂移目标偏离轨迹的显示。

五、实施内容与技术框架

1.设计内容应包括

(1)海上搜救电子演练的系统结构;

(2)海上搜救电子演练系统各结构的功能;

(3)海上环境和外置环境设计和可视化;

(4)海上险情处置方案多样化和组合化;

(5)演练效果评价。

2.技术框架设计

(1)以电子海图为桌面,以模拟后的海上水文、气象条件为背景,以模拟后的海上险情为目标,以现有装备为救助工具,以预案规定程序为路径,以预案设置的处置方案和现有咨询系统、决策系统、支持系统提供的方案为指令,推演整个搜救事件的发生、启动、处置和结局。

(2)利用计算机辅助预仿真技术,直观显示演练各环节,调控演习种类和演习难度。

(3)演习过程具有可逆性和可重复性,便于识别演习效果和选择最佳处置方式。

3.技术路线设计

(1)针对每种应急预案,确定相关的各部门,及其联系反馈渠道;

(2)研究命令下达的路线及最有效果的途径;

(3)研究每种预案出现问题时的协调方案及最佳方案;

(4)研究各种信息反馈及修订指挥方案;

（5）计算机实现模拟预案。

4.其他支撑条件

（1）建立统一的船舶数据库。用船名、海上移动业务识别码、呼号等多种索引手段查找船舶详细资料（包括外籍船舶）。

（2）建立包括各相关专业专家详细情况的"水上救援专家库"。

（3）建立可随时调阅的海洋气象信息查询系统，可以查询任意位置的实时海洋气象、水文情况以及未来天气情况。

（4）研究开发搜救基点漂移模型软件，用于随时确定任何时间遇险人员可能漂移到的位置，有利于后期赶到的搜救力量有效地搜寻。

（5）按照最新的《国际危规》所收录的海运危险品名录，危险性质、包装隔离要求以及医疗救助措施开发和完善计算机应用软件，建立危险品应急反应预案和应急物资数据库。

（6）开发险情事故统计分析软件，用以量化分析险情事故的发生规律。

（7）将现有的 CCTV、AIS、VTS 的视频图像及资料传送至搜救中心办公室，用以提取并模拟搜救现场的信息。

六、预期的经济与社会效益

基于以上考虑，研究建立以计算机模拟仿真技术为核心的海上电子演练系统，使其具有训练手段简单直观，演习险情和场景的多重选择，演习难度和强度可调、可控，演习过程具有的可逆性和可重复性，投入的经济性和安全性等优点，无论从理论上还是在实践中，都具有重大的现实意义和经济价值。

通过建立这样一套系统，不仅可以大幅提高演练效果，节省演练经费，加快培养合格的搜救指挥人员，更重要的是能够在实际搜救过程中有效提高人命和财产的救助效率，增进社会和环境和谐，提高国家海事部门的影响力。

第二节

北方海区海上船舶交通管理监控系统①

党的十六届五中全会通过的《中共中央关于制定国民经济和社会发展第十一个五年规划的建议》明确指出："继续发挥经济特区、上海浦东新区的作用，推进天津滨海新区等条件较好地区的开发开放，带动区域经济发展。"把天津滨海新区纳入国家总体发展战略布局，是党中央审时度势，深思熟虑，从全局和战略的高度做出的一项重大决策，充分体现了对天津滨海新区建设的高度重视。国务院总理温家宝同志带领国务院十五个部委领导在天津考察时指出："加快天津滨海新区开发开放是环渤海区域及全国发展战略布局中重要的一步棋，走好这步棋，不仅对天津的长远发展具有重大意义，而且对于促进区域经济发展、实施全国总体发展战略部署、实现全面建成小康社会和现代化宏伟目标，都具有重大意义。"天津滨海新区要建设

---

① 本节内容时间节点为 2006 年。

成依托京津冀,服务环渤海,辐射"三北",面向东北亚的现代化新区。

中央把加快推进滨海新区开发开放纳入国家总体发展战略,为天津发展提供了难得的历史性机遇。天津也进入了全面落实科学发展观和构建社会主义和谐社会的关键时期,加快推进滨海新区开发开放的关键时期,完成天津市委、市政府提出的"三步走"战略、基本实现现代化的关键时期。由此天津滨海新区"十一五"大跨步发展拉开了序幕。

天津港在滨海新区的发展建设中占据着十分重要的战略地位,根据天津港"十一五"发展规划,天津港计划投资 367 亿元加快港口建设,2010 年吞吐量将突破 3 亿 t 集装箱 1 000 万标准箱,港口等级达到 30 万 t 级,在新一轮发展中,天津港港区面积将从 30 km² 逐步扩大到 100 km²,建设集装箱物流区和散货物流区,将加快建设 25 万 t 级深水航道、大型集装箱泊位和 30 万 t 级石油码头,届时天津港将建设成为世界一流大港和北方国际航运中心。

处在滨海新区第一线上的天津海事局在国家大战略的布局下如何发挥自身的优势,为天津滨海新区建设添砖加瓦、保驾护航,将是一道需要集中全部力量攻坚克难,而且必须要突破并跨越的门槛。

第三节
中国海事局海上事故预控与鉴证中心建设[①]

一、项目概述

我国拥有 1.8 万千米大陆海岸线和 1.4 万千米岛屿海岸线。近年来,随着经济的快速增长,我国的海运业发展迅速,航运企业不断壮大,国际竞争力增强。据估算,到 2010 年和 2020 年,沿海港口货物吞吐量将达到 40 亿~64 亿 t。处于工业化进程中的中国,在未来较长时期内以石油、煤炭、矿石为主要货种的重点物资运输也必将大幅攀升。

随着船舶交通量的不断增大,海上交通事故频繁发生,水上安全生产形势比较严峻,2006 年 9 月至 2007 年 8 月,全国水上运输船舶共发生事故 425 起,死亡 357 人,沉船 250 艘。石油水上运输量的增加,船舶油污事故频发,也给海洋环境及海洋经济带来了灾难性后果,船舶溢油事故已成为重大的环境问题和社会问题。国际上多起溢油量超过数万吨的重大船舶溢油事故对海岸与海洋环境造成极为严重的污染损失,累计经济损失数百亿美元。我国近 30 年来平均每 5 天发生一起溢油事故,每年平均发生两起 50 t 以上重大溢油事故,总溢油量已达数万吨,造成严重的水域污染及财产和人体健康损害。我国海域石油蕴藏量十分丰富,目前多数开发者集中在近海海域勘探开发。随着海洋石油勘探开发的飞速发展,有的钻井船和采油平台,人为地将大量的废弃物和含油污水不断地排入海洋,因此,海洋石油开发也是目前造成海洋污染的原因之一。我国是国际海事组织《1990 年国际油污防备、反应和合作公约》的缔约国,负有制订和实施各类油污应急计划、建立国家溢油应急系统、开展相关科学研究和区域合作的履约责任。由国务院批准实施的《国家海上搜救应急预案》包括了国家船舶溢油事故应急计划,

---

① 本节内容时间节点为 2007 年。

明确提出建立国家和区域溢油应急快速反应体系的要求。我国海事系统计划在"十一五"期间建设多个水上溢油应急反应系统,急需得到关键技术的支持。

2004年2月的压载水管理外交大会上通过了作为独立公约的《国际船舶压载水及沉积物控制和管理公约》,并将在2009年开始实施强制性标准。该公约生效后,如何在短时间内(避免船舶滞港时间过长或影响其装载作业)采集并检测船舶压载水的性质是现在迫切需要解决的问题。海事局作为国家指定的防止船舶污染的主管机关,急需一种全新的管理机制和模式,有效提升我国国家级防止船舶压载水转移外来生物和病原体防控的整体技术和管理水平,加强履约能力,维护国家形象。

世界发达国家都在加快海事发展步伐,海事队伍已成为发达国家保障经济安全、水域清洁、人命安全,反水上恐怖,以及维护国家海洋领土主权的重要力量。建立我国安全、便捷、可靠、经济、智能、可持续水路运输支持保障系统,是实现我国经济发展战略目标的重要保证。海事机构在支持国家安全计划需求,保障运输通道高效、畅通,保障水运重要资源安全,防止船舶发生重大溢油事故等方面负有重要责任。进一步提高海事执法监控能力和执行能力,逐步实现从港口和通航密集水域监管走向对我国管辖水域全面监管的转变。加大海事执法基础设施建设和执法装备投入,建设满足全方位覆盖、全天候运行、能快速反应的海事立体监管体系。建立健全水上交通安全应急救援体系,提高水上遇险和船舶污染事故的预控能力和应急处理能力。认真履行国际公约,把中国海事做大、做强!

中国海事工作发展纲要(2005—2020年)要求中国海事要适应水运事业的发展和海洋环境保护需要,提高海区海事管理的预控、监控能力;交通部海事局"十一五"发展规划强调加强水上安全和救助系统建设。为了应对高速发展的形势;解决沿海各港口应对较大规模的溢油(化学品)污染事故应急能力的不足,及时处理海域出现的重大海上交通、污染事故;尽快消除由于海上交通、污染事故所造成的不良后果,为紧急情况提供应急物资和装备;能够快速鉴别事故性质,受损程度,快速提供检验、检测结果,为当事人提供损害赔偿依据和证明;满足海事调查官的专业需要,为司法鉴定提供专业性的鉴证结论,必须采取一系列新的管理措施,尽快建立"中国海事局海上事故预控与鉴证中心",实施国家级海上事故预防控制并能进行综合理化分析检测和技术鉴证。

"中国海事局海上事故预控与鉴证中心"将以开展我国沿海水域监控、环境监测、事故证据鉴证、船舶污染物与危险货物检测检验和相关科研工作为主要特色,重在对事故的预防、预控和预警,通过这些技术性工作为海事管理机构的依法行政提供必要的技术支持,为海事管理机构全面履行国际公约和国内法律赋予的权利和义务提供技术保障以及为能够快速鉴别事故性质,受损程度,快速提供检验、检测结果,为当事人提供具有法律效力的损害赔偿依据和证明。"中国海事局海上事故预控与鉴证中心"的建立将承担着对在中国沿海航行船舶实施远程监控的责任,对海上可能出现的重大事故提供相关信息和指导性意见;在应对突发的海上公共危机事件时能够为政府决策部门提供技术支撑和应急处理方法;对引发事故的物证、痕迹能够进行检测检验以及对检验结果能够出具带有法律效力的技术鉴定证明。其使命是通过对我国沿海水域事故的预防和控制,创造稳定、清洁的海上交通环境,维护国家的海洋权益,促进海上运输的安全和效率;其宗旨是以现代信息技术、检测检验技术为依托,以预防海上事故为中心,以公正、公平鉴证为原则,在交通部海事局领导下,充分发挥其技术管理及技术服务职能,围绕中国海事发展纲要的重点任务,做好对国际公约有关防止海上事故发生的方针策略与技术措施的研究,在防灾减灾、搜救应急、公共信息能力的建设等方面发挥应有的作用。实现船舶交通与污染事故预防与处理、船舶交通与污染事故应急响应、事故相关证据鉴证和辅助民事损害赔偿等,船舶交通与污染事故的局部现场应急指挥、人命救助和碍航物、污染物清除处理、行动辅助决策和管辖水域通航环境监控与监测、船舶事故证据检验和危险货物检测与鉴定。

二、国内外建设回顾

1.海上事故预控的国内外建设回顾

(1)波罗的海海上交通安全监控系统

2001 年 3 月 29 日,在德国和丹麦边界海域发生了近年来最严重的溢油污染事故。一艘双层底油轮"Baltic Carrier"号和散货船"Tern"号发生碰撞,造成 2 700 t 重质燃料油泄漏,给丹麦海岸造成了严重污染。在随后于哥本哈根召开的赫尔辛基成员国特别部长会议上发布了"哥本哈根宣言",决定建立一个基于 AIS 信号的海上交通安全监控系统,且于 2005 年 7 月 1 日投入运行。

该系统通过 AIS 和 VHF 无线电信号收集在波罗的海航行 300 总吨以上船舶的船名、位置、航向、航速、吃水、装运货物等信息,并在该航行区域的海图上显示这些数据。系统覆盖了整个波罗的海和挪威海域。

波罗的海海上交通安全监控系统被命名为赫尔辛基服务器,由波罗的海沿岸国家的许多陆基站组成。当船舶通过该陆基站时,陆基站收集船舶信息,服务器综合所有数据信息,为赫尔辛基成员国主管机关提供波罗的海综合船舶交通状况实时画面,服务器中的船舶数据信息每 6 min 更新一次。赫尔辛基服务器除了实现船舶向陆基站提供信息外,船舶间也可以通过该系统实现信息共享。

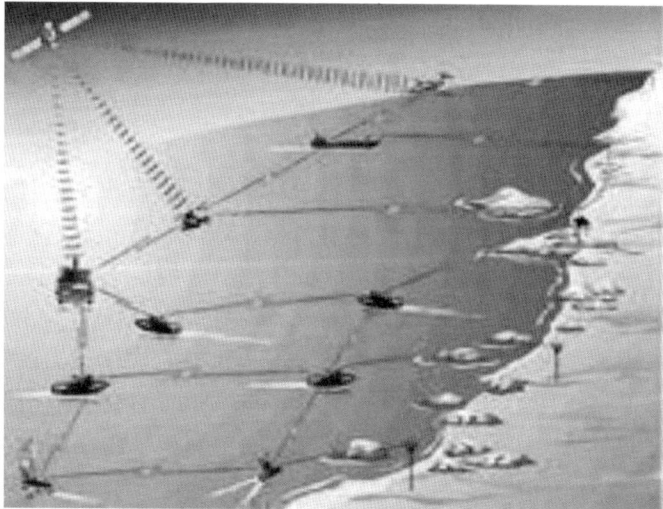

图 14-1　AIS 信息传播示意图

赫尔辛基服务器的陆基 AIS 网络主要任务为各成员国主管机关监视装置提供监控、交通数据、险情分析及预测、搜集、港口国监督、安全及其他相关资料,以确保波罗的海水域的航行安全。此外,该系统同时肩负着收集并分析波罗的海航行水域的自然环境、气象、船舶运输货物种类、数量等资料,为将来险情评估及制定相应的预防措施提供依据。

（2）环境监测报警应急处理系统

ENVISYS(Environmental Monitoring, Warning and Emergency Management System),是环境监测报警应急处理系统的简称。该系统是由欧盟资助,希腊、挪威和西班牙三国共同合作开发的环境监测报警应急处理系统。该系统自1996年2月开始进行设计,在西班牙和希腊沿海以及地中海沿岸分别设置了监测试点。

ENVISYS 总体上是一个针对环境紧急事故,包括海上溢油、森林火灾、洪水、地震、火山爆发等完整统一的管理系统。该系统利用现有的卫星遥感监测,通信和软件技术和公共网络的基础设备,对环境紧急事故进行检测、核实、监测和评估,提供足够的信息,为相关的环保部门提供决策支持。

ENVISYS 系统包括两个部分:一个核心系统和一系列辅助模块。核心系统适用于各种基于遥感监测的环境紧急事故,其余的辅助模块则是根据具体的环境紧急事故加以应用。核心系统包括四个子系统,分别是监测系统、评估系统、信息系统和支持系统(如图 14-2 所示)。

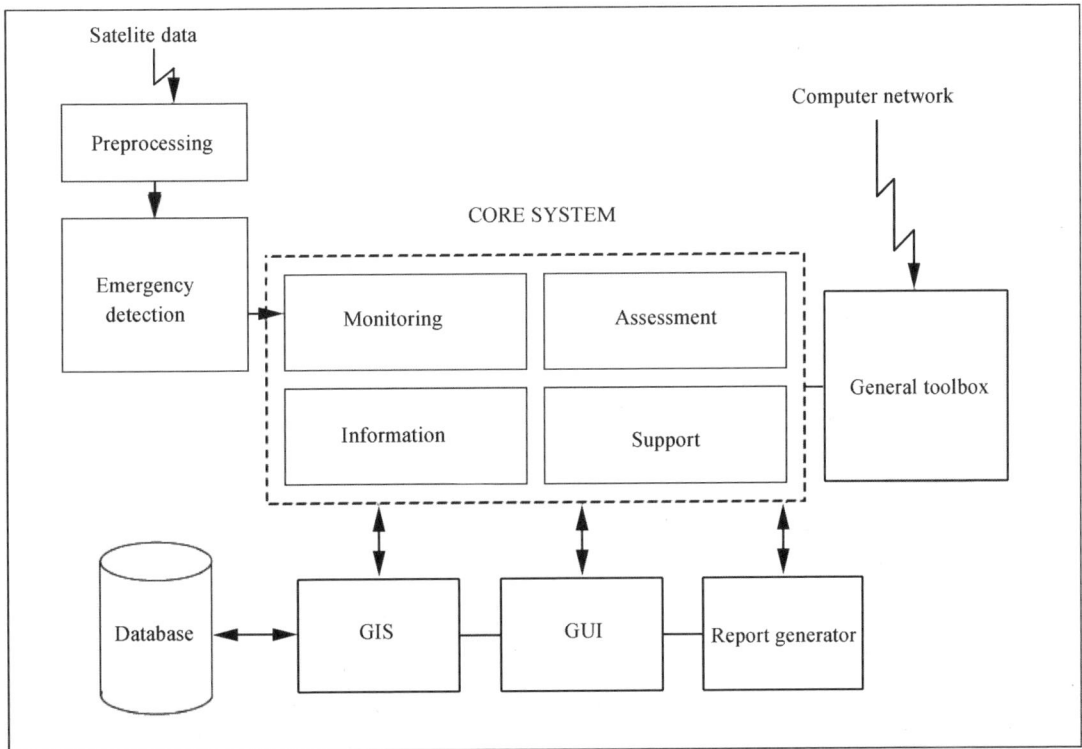

图 14-2　ENVISYS 的总体设计模型

一个海洋监视原型系统,包含利用雷达卫星图像对溢油进行完全自动检测功能,已经开发并在试点开始应用。该系统主要是应用地上观测站接收到的卫星遥感数据。该系统的概念模型如图 14-3 所示。

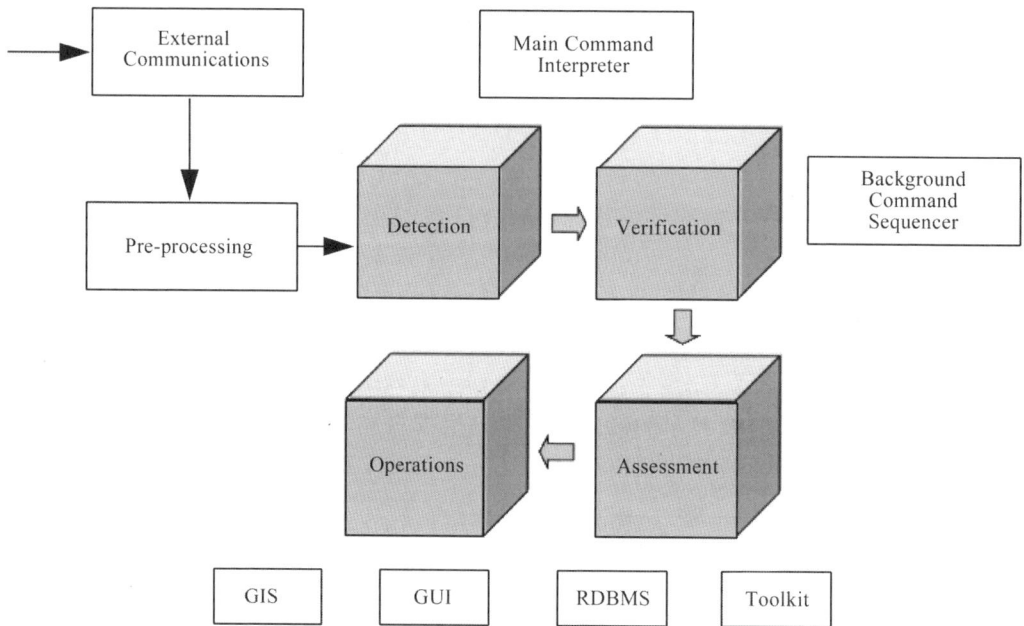

图 14-3　针对海上溢油事故的 ENVISYS 概念模型

该系统的主要功能包括：

①自动监测海上溢油；

②自动获取遥感数据和气象数据；

③自动检测浮油并进行报警；

④为人工进行核查提供方法和工具；

⑤模拟浮油的演变过程；

⑥为清理工作的计划和开展提供资源管理方面的协助（通过数据库）；

⑦GIS（地理信息系统）的接口。

该系统的优势：

①海上溢油污染事故监测系统是全球唯一一个完整的能够实现自动监视的海上溢油应急系统，而且该系统独一无二地针对使用者的需求进行定位，能够为使用者提供一系列综合的工具对海上溢油来进行检测、测量和清洁。该系统的总体设计具有通用性，在今后的发展阶段能够应用于其他种类的环境事故。

②海上溢油污染事故监测系统的主要优点在于其自动溢油监测功能。该功能通过三个步骤来实现：第一，检测黑点，即在卫星图像上将所有可能是浮油的黑点进行定位；第二，提取特性，即从质地、几何特征等角度提取各个黑点的特征；第三，对黑点进行分类。在第二步的基础上，将黑点分为浮油和可能是浮油两类。如果某个黑点被认定为浮油，则系统会自动报警，工作人员将进行人工检测。

（3）美国海事交通控制系统

20 世纪 70 年代早期，美国在蚂蚁湾建立了一个综合性的船舶交通控制系统。该系统利用在航道中定点设置的监测塔上的雷达和闭路电视来监控航道,然后将雷达和电视图像传送至控制中心的控制台,通过系统的分析处理,控制中心的工作人员便可掌握 28 千米长的航道中所有船舶的动态和风速、气温、水温等自然和水文条件。

船舶交通控制系统功能包括:

①掌握航道中所有船舶的动态和风速、气温、水温等自然和水文条件;

②船舶运动和通信数据可以被记录下来以供回放;

③利用多信道海上无线电广播,控制人员可以与航道内在航的船舶进行直接对话;

④允许海上交通监控人员有效管理拥挤航道,并实现对主要操作性活动的重点监控。

(4)美国奥林匹克国家海洋避难所

1994 年,美国在胡安德富卡海峡入口处设立了一座奥林匹克国家海洋避难所。它通过对海峡航道内船舶交通行为进行追踪和监测,实现对水域环境的防治和监控。

这种监控主要是通过计算机程序的数据处理来实现的。奥林匹克国家海洋避难所联系 Genwest 系统研究所为其开发了监控程序。该程序可将收集到的船舶航迹数据转换成为数据库文件并输入 ArcView GIS 平台,从而实现了数据的显示并允许操作者对数据进行进一步的分析处理。船舶航迹数据来源于加拿大海岸警卫队从哥伦比亚船舶交通中心收集而来的资料。船舶交通中心通过覆盖监控水域北部的雷达基站,每隔 1 h(1997 年后为每隔 5 min)收集一次船舶数据,并对船名、等级、经纬度等信息进行标注,然后通过加拿大海岸警卫队将数据传到美国奥林匹克国家海洋避难所。通过计算机的分析处理,海洋避难所里的工作人员就可以方便地获得船舶的航迹报告。

该机构的功能包括:

①实现对避难所及其附近水域船舶航行情况的监控,从而确保每一船舶都了解并遵守 IMO 关于该水域内"避航区"的规定。

②将获得的数据用于查询水域内符合监控等级的总的船舶数量、奥林匹克国家海洋避难所水域内符合监控等级的船舶数量以及"避航区"内符合监控等级的船舶数量。

此外,也可用于追踪其他等级的船舶(即那些不必遵守"避航区"规定的船舶)对"避航区"的使用情况,并对船舶交通形式的变化进行实时监控。

(5)基于信息技术的新一代海事交通管理系统

IMO MSC.73 会议通过 AIS 强制性安装议案。按照《SOLAS 公约》第五章新规则要求,所有在 2002 年 7 月 1 日或以后建造的大于等于 300 总吨从事国际航运的船舶,大于等于 500 总吨不从事国际航运的货船和所有客船均须装配 AIS 设备。要求所有于 2002 年 7 月 1 日前建造的从事国际航运的各类船舶必须在 2003 年 7 月 1 日到 2008 年 7 月 1 日前装配 AIS 设备。鉴于以上内容,日本于 2000 年提出以 AIS 为平台建立下一代海事交通管理系统,预防诸如船舶碰撞、搁浅等事故的发生,提高海上运输效率,减少海洋环境压力,实现陆地与海洋运输。

系统组成包括以下四个部分(如图 14-4 所示):

①建立一个可以防止碰撞和搁浅发生,以及提供关于碰撞、天气、最佳航路选择的信息的小型系统单元。

②建立先进的岸基系统, 功能包括:为船舶在码头及港口的安全操作提供信息支持。

③构建网络信息系统:包括海-岸运输系统、港口管理系统。

④船员的信息技术培训功能。

系统功能包括：

①交通管理中心可获取来自 AIS、卫星、电子海图、岸基设备等信息系统在内的，关于船舶避碰、港内安全操作、引航信息在内的信息。

②当船舶在航路汇集区域航行时，系统可根据来自 AIS 的信息，允许交通管理中心获取船舶信息进行判断，并对船舶交通进行模拟演示。

③当船舶在港口内进行靠泊等操作时，系统可根据周围交通状况、海况等信息帮助船舶实现更加安全高效的操作。

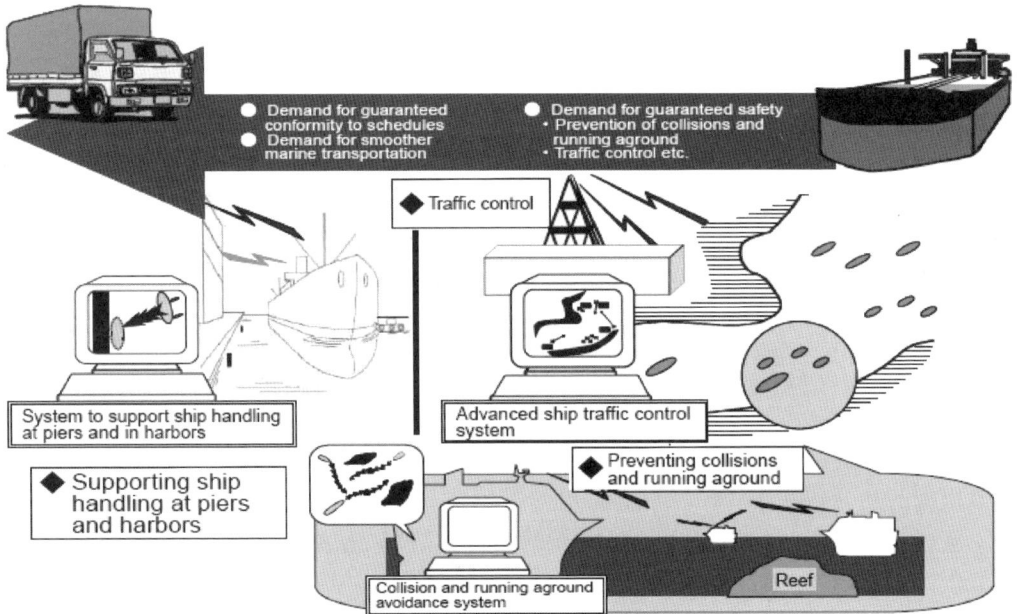

图 14-4　基于 AIS 的新的海事交通管理系统

（6）海事信息综合系统

InterOcean 公司是美国一家生产海洋环境传感器等先进海洋设备的公司，除此之外，该公司还提供完整的海事信息综合系统。该系统以保护港口及沿岸海事环境为目的，为海事当局、船舶以及公众提供实时的监控和技术支持信息，以此协助预防海上事故的发生，提供实时应急反应信息。

系统功能模块包括：

①公共信息服务

* 新闻（基于网络）；
* 海事案件；
* Facilities Information 服务信息；
* Public Relations/Awareness 信息公布。

②港口信息

* 溢油/事故报告；
* 分支机构连接；
* 应急反应信息；

- 港口使费及规则。

③海事安全

- 在线电子海图；
- 航道信息；
- 港口实时视频；
- 船舶交通信息。

④用户帮助

- 港口工作者；
- 港口引航员/船长；
- 海事局官员；
- 公共用户。

该系统由最新的工具和信息技术构成,包括电子海图系统、环境传感器、视频监视摄像机、雷达输入、通信系统、在任何地点通过数字传输系统或安全的网络登录并可以与本系统的数据连接。另外,该系统提供了一个中心数据库,支持在线登录,监控船舶交通,协助导航,保护海洋环境,为船上人员提供应急反应支持。上述信息任何人通过无线网络和 Internet 连接都可获取。

该系统的主要功能是通过下述工具和技术提供的实时信息,为港口当局、船舶引航员等在溢油、污染反应和事故预防上做出行动决策提供支持。

①无线传输信息的实时水文气象传感器；

②实时数字摄像机,监控范围由用户通过 Internet 控制；

③商船时间表及船舶信息数据库；

④先进的电子海图系统；

⑤区域反应策略,应急联系信息,溢油和事故报告系统,港口安全计划及其操作规程和要求；

⑥由引航员或紧急情况区域使用的便携式电脑,用以实现与上述系统功能的无线或有线连接。

(7)智能化的防油污船舶交通监管手段

挪威海岸总署运用该手段建立 Vardø VTS 中心,该中心运用了一种油船监测溢油风险决策模型。模型的功能是:在 VTS 中心运用该模型对监管的油船进行溢油危险分析,易于检测到危险度高的船舶,减少繁杂的监管工作量。其分析结果可得出哪艘船舶可能出现溢油事故,其溢油量为多少。

该模型的基本构成包括:

①在 AIS 信息支持之上,通过从 AIS 返回的船舶信息(船长、船龄、船舶种类、船宽、单双层底等相关信息)作为评价船舶溢油危险度的指标。

②能够获得 LRIT (Long Range Identification and Tracking) 长距离范围内的识别和跟踪技术支持。

③该系统能够用于油船以外的其他船舶。

④公式:$R_i = F_i \cdot P_i \cdot C_i$,$F_i$:事故发生频率,$P_i$:溢油概率,$C_i$:溢油量(体积),$R_i$:每年船舶溢油吨数。

上述公式主要用来评价 4 种类型事故:在航搁浅($i=1$)、火灾或爆炸($i=2$)、漂移搁浅($i=3$)、碰撞($i=4$);或者 4 种事故的综合情况。

F_i:将船舶状况、船旗国等对事故发生频率潜在的因素也考虑进去。

P_i:根据油船溢油事故统计(1998—2004 年)。

C_i:影响因素有单双层底、模型溢油概率、历史记录(事故类型、船舶大小等)。

重点监管船舶程序:VTS 中心操作人员根据公式 $R_i=F_i \cdot P_i \cdot C_i$ 来决策航行在 VTS 监管范围内的油船溢油危险度优先顺序。

运用公式 $R_i=F_i \cdot P_i \cdot C_i$ 估计船舶危险水平。

船舶事故水平在深灰区域的船舶成为重点监控对象。

当终端操作员采取决策时,系统会自动汇报重点监控船舶。

实施预防措施,包括更改现有的航线、派拖船护航、重点监测拥挤水域等。

(8)海上交通管制系统

加拿大建立的海上通信及交通服务系统(MCTS),它是隶属于加拿大海岸警备队,MCTS 事务科设有五个中心,控制了沿加拿大西海岸 32 个远程无线电站和 8 个雷达站,是加拿大海岸警卫队 7 个海上工程之一,其首要任务是拯救生命,给过往船只提供准确的船只航行安全信息。

加拿大政府的一些政策要求 MCTS 接受加拿大海岸外 1 000 m 船舶的信息,于是 MCTS 补充了一些船舶监测方法:岸基雷达、船舶自动识别系统等。为了监测已报告要进港的船舶,MCTS 使用了一些监测方法,用 C 站卫星来发送和接收船舶报告,岸基雷达来接收离岸 50 m 的船舶雷达信号,跟踪船舶的位置、航线及船速。船舶自动识别系统已开始测试,在下一个 5 年中使用。到 2003 年,所有的游船和油轮必须配备 AIS 系统。

跟踪所有船舶交通的系统是 MCTS 的船舶检测的一个叫船舶交通操作支持系统(VTOSS),一个类似于空中交通管制系统的计算机系统。VTOSS 扫描、跟踪加拿大领土 800 m 以内的所有船舶。每次船舶的船位、航向、船速报告进来时,一种明显的颜色图标显示在 VTOSS 的屏幕上,颜色显示着信息的来源(雷达、卫星、船舶自动识别系统等)。点击任何图标,将船舶的专有属性,如船名、航向、船速等,图标在屏幕上移动由于 VTOSS 继续跟踪该船(如图 14-5 所示)。

雷达中船舶报被直接输入 VTOSS 中,所有船只的位置、航向自动显示在 VTOSS 的屏幕上,红色图标暗示着这些信息来源于雷达。VTOSS 扫描和不断跟踪着加拿大领土 400 千米以内的所有报告的船舶,MCTS 人员便可以利用这些信息来核实和监察船只的活动,以促进高效流动的海上交通。

2.海上事故鉴证的国内外建设回顾

(1)美国海岸研究发展中心

美国海岸研究发展中心从 20 世纪 70 年代开始从事海洋污染研究,主要研究方向为污染防治研究包括溢油研究(包括溢油的检测、溢油分散剂的研发、浮冰块中溢油的研究)和危险化学品的研究;外来生物入侵的研究(主要指压载水携带的外来生物入侵);平台及传感器性能测试和评价,主要提供在本领域被美国海岸防卫中心使用的平台和传感器正在进行的性能信息,用于衡量是否某些平台或传感器在足够高效率和效力下进行;搜寻和救援;武器的销毁等。

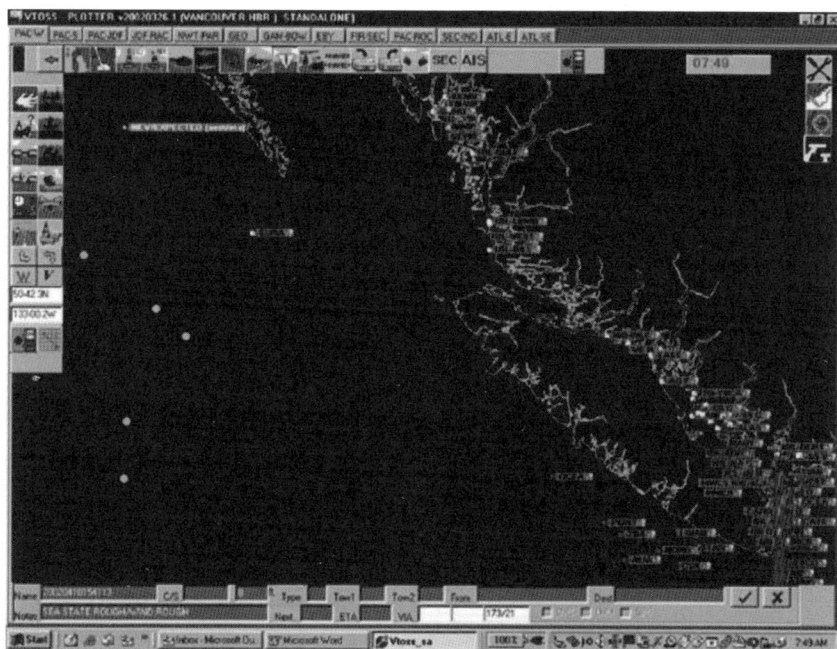

图 14-5　VTOSS 系统功能界面

（2）英国海事海岸警卫部

英国拥有 5 000 千米的海岸线，这在欧洲是最长的海岸线。英国的经济大约 95% 主要依赖船舶运输，因此，英国也面临着前所未有的风险，在世界上最大的 20 场溢油事故上，英国曾遭受过 3 场，这些事故对当地的人民、财产和环境产生严重的影响。溢油是来自船舶的主要污染源，但是危险化学品的运输也具有潜在的危险，另外船舶日常操作产生的废物如果不被废物接收措施处理也是一种重要的污染源。英国海事海岸警卫部主要从事上述等方面的研究工作。

（3）澳大利亚海事局

澳大利亚海事局隶属于澳大利亚交通与地区服务部，它于 1990 开始组建，1991 年 1 月 1日正式运转，是负责海上安全、海洋环境保护和海上搜寻救助的联邦安全监督机构。主要负责管理国家计划抵御油类和其他有毒有害物质造成的海上污染，与政府、港口公司和主管机关、运输、石油、勘探和化学行业、应急部门共同提供油类和化学品污染准备和应急服务，以及为环绕澳大利亚指定的作为搜寻和救助单位的航行操作员提供培训和专门的搜寻和救助设备。

（4）澳大利亚环境和水资源部

澳大利亚环境和水资源部在海岸与海洋污染方面的工作主要涉及三个方面：海洋污染、陆源污染和倾倒废物。海洋污染主要包括压载水和外来有害生物入侵，有毒的防污材料（如涂于船底的防污油漆），外来有害生物，由航运操作和船舶残骸导致的污染；陆源污染：1995 年的澳大利亚海上环境报告发现来源于陆地的污染已经达到所有海上污染的 80%，并且对近海岸的海上系统的长远健康造成了严重的威胁。它影响了生态学进程、公共健康及社会和商业对海上资源的利用。以下是澳大利亚政府参与的与海上污染有关的项目。

澳大利亚政府当前的活动有：

- 澳大利亚的全国总动员：防止陆地活动对海上环境的污染。

- 海上取水方案(Coastal Catchments Initiative)。
- 海岸(礁石)水质保护计划。
- 沿海湿地保护项目(Great Barrier Reef Coastal Wetlands Protection Programme)。
- 昆士兰州和自然遗产保护基金(Natural Heritage Trust)湿地项目。

这个项目是关于沿海区域和沿海城市污水和暴风雨的项目。这个项目控制了近海污染通过鼓励废水的再利用和促进生态的可持续发展。城市内的暴风雨也有效地促进了城市的地下管道建设。三个项目完成后将不再进行投资。

- 清洁海洋工程。
- 清洁城市地下排水系统工程。
- 城市暴风雨应急工程陆源污染。

倾倒废物:基于1986年修正的1981年环境保护条约中沿海倾倒的条款,澳大利亚当前正在规范沿海装载、倾倒和垃圾焚烧的操作。澳大利亚沿海线附近的水域正受到垃圾倾倒带来的越来越严重的威胁。为了减少这种威胁,澳大利亚政府制定了法律来控制沿海倾倒。

(5)新西兰海事局

新西兰海事局主要从事油污染、化学品和其他有毒液体物质,海上油气开采污染等。

油污染:在MARPOL 73/78公约的附录Ⅰ里,新西兰是缔约国之一:规则要求预防油污染。在新西兰的领海或唯一的经济区(EEZ)内不得有任何的油类和石油产品的泄漏。没有经过新西兰海事组织的预先批准,油类分散剂是不能用于新西兰领海或EEZ内的任何海域的。含油废物如舱底水和机器废物只有在溶解的碳氢化合物的量少于每升水15 mg的油时才能够被排放,并且是在航行途中,而且油也不是作为货物来运载的。含油的抹布或其他含油的固体废物不能在新西兰的领海或EEZ内的任何地方废弃。

化学品污染:化学制品和其他有害液体物质对于海洋环境是很危险的。这些物质包括食品如植物油,副产品如动物脂和合成的化学给料制品。

海上油气开采造成的污染:新西兰海床周围具有重要的油、气资源,这些资源的开发难免会产生钻屑、废水、化学物质和有机烃等的排放。

另外,还有城市生活污水、垃圾以及海洋倾倒废物污染。

(6)以色列海洋与海岸环境部

以色列有两条海岸线(地中海和红海),这是以色列最具价值的天然财富,以色列海洋与海岸环境部主要研究各种类型的海洋污染,包括船舶的油和化学品的溢出引起的海洋事故和应急处理;各种工业和陆源污染物的排放;废物的海洋倾倒;海洋环境中的大气污染;海洋或海岸上的垃圾等。

(7)美国海事安全有限公司

美国海事安全有限公司是1988年成立于纽约的一家非营利、免税的海事商贸协会,主要从事毒品和乙醇等化学品的检测。

(8)大连危险货物运输研究中心

大连危险货物运输研究中心主要负责在危险货物安全运输方面为交通系统提供技术支持,为海事系统提供技术保障,为港航企业和危险货物生产、运输企业及船舶和货运代理人提供技术服务。以研究中心为核心,联合海事系统内部和外部的力量开展试验鉴定、课题研究和咨询服务。据研究中心的功能定位,在危险货物安全运输方面,研究中心可以确立以下四个研究方向:危险货物鉴定技术研究;危险货物安全运输技术研究;危险货物事故应急技术研究;危险货物装卸安全技术研究。

(9)烟台溢油应急技术研究中心

烟台溢油应急技术研究中心围绕溢油应急技术研究、培训、化验鉴定和应急行动等方面积极开展了工作,在全国船舶污染防治工作中发挥了重要作用。目前的研究方向主要有:船舶压载水油含量化验;船舶油水分离器鉴定;船舶压载水有害水生物化验;船舶溢油源鉴定。

3.建设内容与建设方案

(1)研究室和实验室建设

①船舶交通与污染事故预防技术综合研究室

a. 海上事故预警技术研究(技术装备系统)

- 交通信息采集和预处理系统;
- 多信息融合处理系统研究平台;
- 事故预警专家系统研究平台;
- VTS(或海上事故预控)信息网。

b. 海上事故预警技术研究(管理软件系统)

- 人、船、环境与船舶事故关系研究平台;
- VTS 管理规程研究平台。

c. 水上交通分析与规划

- 水上交通分析与规划研究平台;
- 水上交通设计与效果仿真研究平台。

②船舶交通与污染事故应急技术研究室

- 对船舶污染应急的相关技术进行研究;
- 设置水域环境污染恢复研究系统、污染物生物处理研究系统等专门模拟装置;
- 对海上船舶溢油事故实施监测,掌握事故信息(如面积、漂移方向等),为应急提供技术支持;
- 对港区溢油进行监测和报警,并提供气象和水文信息,为应急提供技术支持。

③船舶交通与污染事故证据综合鉴证实验室

a.物理实验室

- 船用导航、通信、航行等设备数据分析鉴定(雷达、应急示位标、VHF、AIS、VDR、GMDSS 等);
- 船舶与水上水下设施、设备损害分析鉴定(船体、货物、码头、吊车、船闸、海上平台等);
- 对船舶交通事故的相关证据如漆片、木屑、尼龙绳等碰撞残留物进行鉴证。

b. 化学实验室

- 对船舶污染事故的相关证据如油样等进行油指纹鉴定,并设有指纹数据库;
- 对散装液体化学品的重要指标进行检验;
- 对硅铁等危险化学品的危险性进行检验。

c. 生物实验室

- 建立对船舶压载水等中的外来生物和病原体进行快速、准确的检测和鉴定的方法体系;
- 外来有害生物的风险模拟、风险评估、入侵预测预报及风险分级理论和定量分析模型等。

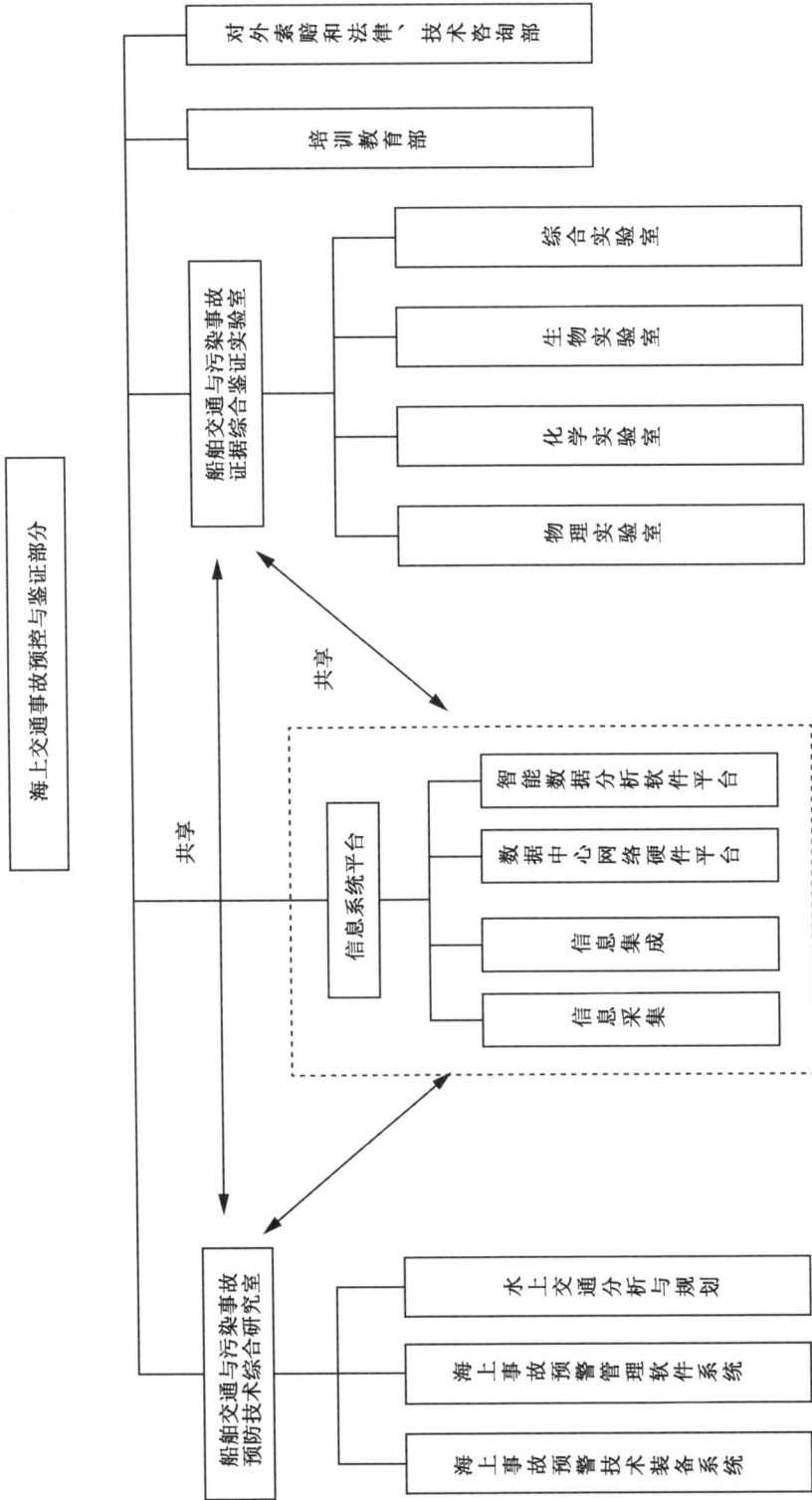

图14-6 海上交通事故预控与鉴证系统建设方案

d. 综合实验室

- 对船舶的各种污染物进行检验,包括船舶污油水、船舶燃油、船舶生活污水等。
- 对船舶尾气排放中的氮氧化物(NO_x)、二氧化硫等污染物进行检测。

三、信息系统平台建设

1.信息采集硬件建设

（1）建立环渤海 AIS 基站

①在环渤海和海中岛屿或钻井平台建立 AIS 基站,使基站覆盖整个渤海水域,无死角。

②在基站之间建立网络,实现基站之间信息的无缝隙传输。

（2）租用或发射专用卫星以及购买遥感信息采集设备

①租用或发射专用卫星,对渤海水域开展遥感监测,及时发现溢油污染。

②利用卫星通信实现远距离通信、图像传输。

③利用卫星、飞机（无人机）、航海雷达开展海上船舶溢油遥感监测。

④建立港口溢油监测报警系统。

（3）建立中心服务器

建立总服务器和分服务器。分服务器对某一类信息进行处理,分别对传到中心的 VTS、AIS、GIS、VHF、CCTV、卫星信息、遥感信息进行处理,并将处理结果传到总服务器;总服务器对各分服务器传来的信息汇总,显示在同一张总电子海图上,总服务器再将最终结果传到各个终端。

服务器系统总的来说可以分成四个子系统,分别是监测（信息收集）系统、分析和评估系统、信息系统和支持系统。

2.信息处理平台建设

建立信息处理平台,对当前及历史信息进行处理,能对水域通航安全状况、污染状况、水域气象、水文条件做出分析和评估。

海上交通事故预控与鉴证中心涉及信息种类繁多、来源复杂、层次多,其信息系统建设对历经 20 余年构建的传统海上交通信息系统提出了严峻挑战,迫切需要构建新一代高度智能化、高可信的信息系统平台。具体说来:

- 信息类型:船舶、船员、通航、海况天气、事故调查处理、应急救援人员设施等等;另外,处理数据不仅包括数值、文本,还包括监控、取证等图像、视频、声音等多种媒体数据。
- 信息来源:固定和移动 CCTV 系统、卫星遥感和航空遥感及雷达监测、现场水体污染监测、VDR、船用 AIS、电子海图、水文气象、海事局相关部门等。
- 信息层次:国家海事局、地方海事局,业务部门,现场等多个层次;以及海况天气预报、航道测量、海上设施（如钻井、海上油气田等各种海上设施等）等主管部门。

海上交通事故预控与鉴证中心信息系统建设内容包括信息采集、信息集成、专业数据库、数据中心网络硬件平台,以及智能数据分析软件平台建设等。

（1）信息系统总体框架（如图 14-7 所示）

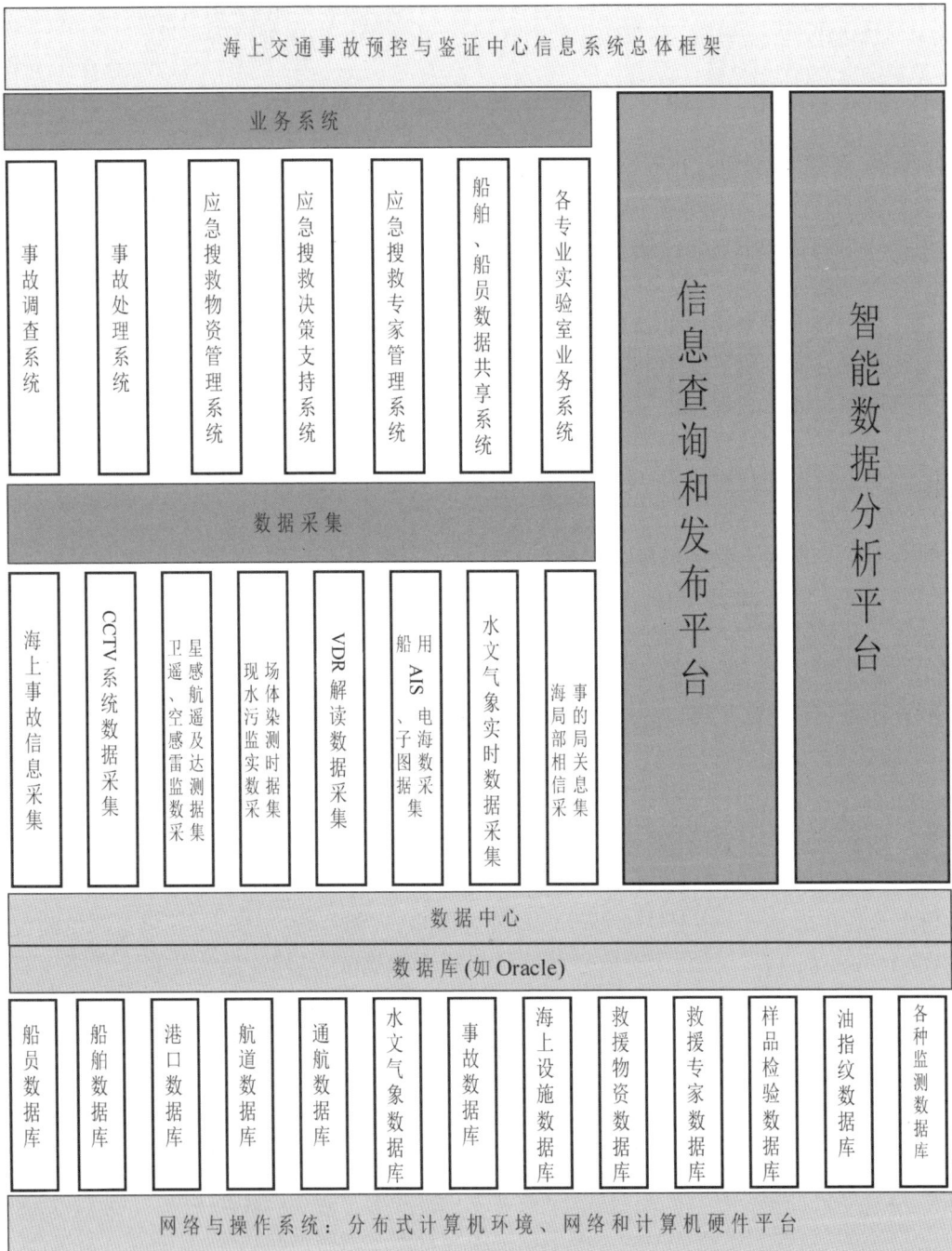

图 14-7　信息系统总体框架

（2）信息系统总体规划

由于海上交通事故预控与鉴证中心面向全国海事部门,涉及信息种类繁多、来源复杂、层次多,必须对该信息系统进行总体规划,首先要对目前海上交通事故预防、事故调查、证据收集处理以及应急救援处理等业务进行全面分析,并按照新的海上交通事故预控与鉴证中心重新设计、优化业务流程,重构新的高效的业务模型,在此基础上,构建未来信息系统总体架构,包括网络硬件结构、软件系统结构、功能模型和数据模型,为后续信息系统开发建设打下良好的基础。

（3）数据库建设

建立大型数据库。对各传感器传来的信息进行保存,为以后决策和事故调查提供数据支持。

在信息系统总体规划的基础上,采用大型数据库管理系统,构建物理数据库。数据库存储的内容不仅仅包括文本、图形、视频、声音等多媒体信息,为事故处理和鉴证提供丰富的证据和资料。并进行数据加载、转换、集成、清洗等数据处理工作,制定数据管理标准和相应的管理制度,包括数据交换标准和流程。

数据库是信息系统的核心基础,数据质量的好坏与否、及时与否、全面与否,直接影响信息系统建设的成败。

经初步分析,海上交通事故预控与鉴证中心应该建设的数据库包括:

①船员数据库;

②船舶数据库;

③港口数据库;

④航道数据库;

⑤通航数据库;

⑥水文气象数据库;

⑦事故处理数据库;

⑧国际事故监测数据库(为事故预防、培训和调查处理借鉴而用);

⑨海上设施数据库(如海上钻井、油气田等位置信息、设施特性等);

⑩救援物资数据库;

⑪救援专家数据库;

⑫样品检验数据库;

⑬油指纹数据库;

⑭各种监测数据库。

系统还包括固定和移动CCTV系统,卫星遥感、航空遥感及雷达监测,现场水体污染监测,VDR,船用AIS、电子海图等相应监测数据库建设。

（4）数据采集系统建设及集成

海上交通事故预控与鉴证中心不但要与已有的相关业务系统联网,共享数据(如船舶、船员数据等),还要建立事故预控与鉴证的实时采集数据,包括:

①海上交通、污染事故信息的采集;

②固定和移动CCTV系统数据采集;

③卫星遥感、航空遥感及雷达监测数据采集;

④现场水体污染监测实时数据采集；

⑤VDR 解读数据采集；

⑥船用 AIS 数据采集；

⑦电子海图解读数据采集；

⑧水文气象实时数据采集；

⑨海事局的部局相关信息采集。

这些数据的采集,不仅是已发生事故处理控制的基础,长期累积的数据也是预防事故发生的数据基础。

（5）数据中心软硬件平台建设

海上交通事故预控与鉴证中心面向全国海事部门,涉及的信息来源多、部门多,要建立多级网络信息传输处理平台,网络管理监控平台、海上交通事故预控与鉴证中心由于数据的重要性,为保护数据安全,需要建立数据安全备份和安全管理平台。

（6）业务系统建设

业务系统初步功能设想如下:

①事故调查系统；

②事故处理系统；

③应急搜救物资管理系统；

④应急搜救决策支持系统；

⑤应急搜救专家管理系统；

⑥船员、船舶等数据共享系统；

⑦各专业实验室业务系统。

（7）信息查询和发布平台建设

海上交通事故预控与鉴证中心不仅面向全国的海事机构,还将面向全社会,海上交通事故预控措施、事故警报、事故通报、处理情况还应该及时通过 Web 发布给全社会,并接受社会舆论的监督,同时提供基于 Web 和面向公众用户的信息查询服务。

（8）智能数据分析软件平台建设

随着海上交通事故预控和鉴证中心的建立和运作,必将收集和积累大量的数据资源,在此基础上进行数据的智能分析,可以分析海上交通事故发生的内在原因、趋势和特点等规律性的知识,为事故的预防、报警提供科学依据。

智能数据分析软件平台,可以综合运用新一代的智能信息处理技术,如本体、语义 Web、Web 服务、语义检索、基于本体的推理、数据挖掘等各方面技术。海上交通事故预控与鉴证中心智能化数据分析平台体系结构如图 14-8 所示。

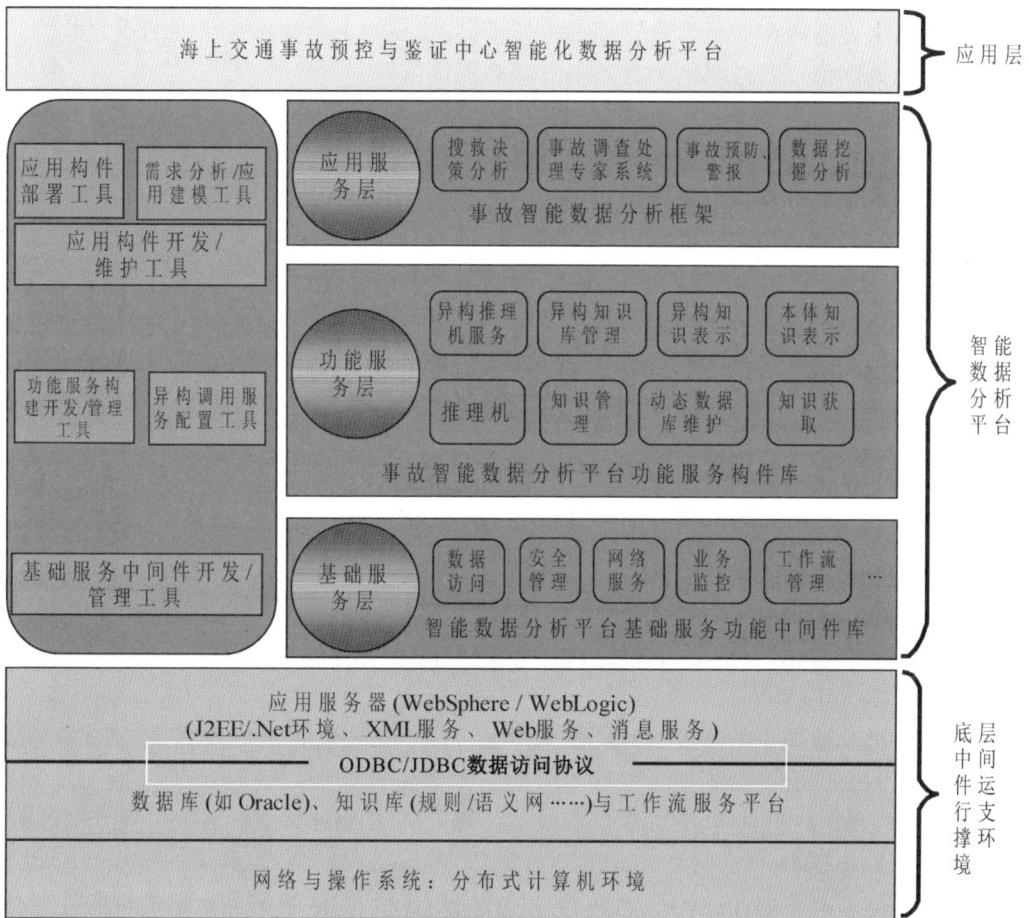

图 14-8　海上交通事故预控与鉴证中心智能化数据分析平台体系结构

3.培训与教育部

中心建立专门机构,负责对海事人员、应急人员、船舶污染物接收人员等相关人员进行培训和教育,以提高整体应急水平。

4.对外索赔和法律、技术咨询部

中心建立专门队伍(专职和兼职)履行海事管理机构代表国家进行污染索赔,对海事管理机构和行政相对人提供相关法律和技术咨询。

5.实现功能

(1)实现实时显示

①实现渤海水域水上交通状况实时显示,船舶数据实时更新,能对海上交通进行实时监控。

②利用多信道海上无线电广播,控制人员可以与在航的船舶进行直接对话。

(2)船舶交通显示

①能够计算某一海域交通量、交通流密度。

②能够根据交通数据绘制大致交通流示意图。

③允许海上交通监控人员有效管理拥挤航道,并实现对主要操作性活动的重点监控。

④保存画面图像,能够回放,为交通事故调查提供依据。

（3）溢油监测

①利用遥感技术对海域进行实时监测,确保有污染事故及时发现;

②自动获取遥感数据和气象数据,并对是否发生溢油事故及其溢油量进行分析、评估;

③可对港口溢油进行实时监测,提供应急支持;

④发现有污染事故后,能够以视觉符号、听觉信号及时报警;

⑤为人工进行核查提供方法和工具;

⑥模拟浮油的演变过程,能够根据当时的气象、水文条件,预测油污染的严重程度,漂移扩散方向。

⑦能够为清污提供决策支持。

（4）水文气象信息

①自动获取水文、气象信息;

②及时发布恶劣天气航行警告;

③能为过往船舶提供实时气象信息;

④储存气象资料,为分析某海域的气候、气象规律提供支持。

（5）交通安全实时评估

能够根据海上交通流的密度、船型、装运货物、气象水文、航行水域等资料,通过信息处理平台,对某一海域的安全状况进行实时评估。主管机关可以根据评估结果采取一定的监控措施。

（6）港口水域 CCTV

港口水域要实现实时闭路监控。采用实时数字摄像机,对港口某一水域进行监控,监控范围由用户根据需求通过 Internet 控制,便于工作人员观察海上真实场景,为决策提供第一手资料。

（7）事故鉴证

①能够实现对船舶交通事故证据综合鉴证;

②能够实现对船舶污染事故证据综合鉴证;

③能够实现对危险货物综合检验;

④能够实现外来入侵生物综合检验;

（8）船舶污染应急技术

建立优势互补、信息共享、统一指挥、快速联动的应急反应协作机制,完善我国船舶污染应急反应体系,防范和降低渤海海域重特大船舶污染突发事件的发生。

6.中心的定位

中国海事局海上事故预控与鉴证中心是由交通部海事局在天津滨海新区设立的实施国家级海上事故预防控制并能进行综合分析、检测检验和技术鉴证的事业单位。

其使命是通过对我国沿海水域事故的预防和控制,创造稳定、清洁的海上交通环境,维护国家的海洋权益,促进海上运输的安全和效率;其宗旨是以现代信息技术、检测检验技术为依托,以预防海上事故为中心,以公正、公平鉴证为原则,在交通部海事局领导下,充分发挥其技术管理及技术服务职能;其重点任务是围绕中国海事发展纲要的要求,做好对国际公约有关防止海上事故发生的方针策略与技术措施的研究,在防灾减灾、搜救应急、公共信息能力的建设等方面发挥应有的作用。

7.中心的基本职能

(1)负责跟踪研究国际海事组织相关的技术性政策法规的趋势和动向,如"VTS/AIS/VT-MIS""全球压载水管理""全球综合航运数据库"等,为我国制定相应政策提供咨询意见。

(2)根据对我国发生的重大、特大事故的分析和研究,为中国海事局出席国际海事组织会议提出相应的具有国际通用的政策性、法律性和/或技术性建议。

(3)负责国家LRIT数据中心即"船舶远程识别与跟踪数据中心"的基础数据处理基站的日常工作。

(4)利用我国沿海网络AIS和卫星遥感技术对全国沿海水域交通和环境情况进行监控,必要时利用天津海事局覆盖西北太平洋通信网络与船舶进行沟通和联络。

(5)为重大、特大事故的控制和处理提供技术方案,诸如"船舶破舱稳性计算""溢油量计算"等咨询意见以及提供"西北太平洋海域水文气象数据"和"相关船舶规范数据"等信息服务。

(6)具有代表国家海事局对发生事故的相关证据进行采集、检测、化验和出具具有法律效力的技术鉴定证明的权力。

8.中心的运营模式

中心以"政府投资、侧重公益、市场运作、有偿服务"为其运营原则。中心为由政府投资建立,并承担部分运行费用的公益性事业单位,其用人原则为事业编制的正式人员与多种方式的社会用工相结合。

(1)政府投资、侧重公益

中心的建立需要政府的直接投资,其日常运行的费用也需要政府给予一定的补贴。中心的日常运行费用除按照市场方式运作的服务收入和应急行动中的索赔外,其余部分需要政府的补贴,这些补贴可来源于交通部、天津市人民政府和拟建中的中国船舶溢油赔偿基金相应拨款。

中心的建设投资和部分日常运行费用来源于政府投资,决定了中心必然是一个公益性的事业单位,其日常工作的重点应侧重在公益性事业上。这些公益性事业包括应急行动的指挥和协调、对不明来源污染物的清除和处理、对海事执法的技术支持、管理和维护政府设备库、水域监控和环境监测、对外索赔等方面。

(2)市场运作、有偿服务

在船舶交通事故与污染应急行动中,中心应严格按照市场化、商业化运行模式,按照"谁受益、谁赔偿"和"谁污染、谁赔偿"的原则,依据国际上通行的索赔原则和索赔方式,向交通和污染事故责任人就中心在应急行动中的投入进行索赔。同时,中心可利用其技术上和人员上的优势,依据海事管理机构的委托代表国家向交通和污染责任人进行国家索赔。

中心的船舶污染物检测、危险化学品检测、对外培训与教育、对外法律及技术咨询与服务应实行有偿服务原则,适当收取一定的咨询和服务费用、实验和检测费用等。

这些赔偿和服务费用可成为中心日常运行费用的重要补充,以维持中心的正常运作。

（3）中心布置，贴近现场

以实现快速响应为原则。中心拟设于天津临港工业港区内，并在东疆保税港区和海河港区适时派驻相应机构。

9.相关的名词定义

海上事故系指：

（1）船舶交通事故，如在海上以船舶为行为主体所发生的碰撞、失火、搁浅、沉没等造成人命和财产损失的事故；

（2）由船舶交通事故引发的海洋环境污染事故；

（3）由人为因素引发的船舶污染海洋环境的事故；

（4）船舶保安事件。

预控与鉴证系指：

（1）中心以开展我国沿海水域监控、环境监测、事故证据鉴证、船舶污染物与危险货物检测检验和相关科研工作为主要特色，重在对事故的预防、预控和预警，通过这些技术性工作为海事管理机构的依法行政提供必要的技术支持，为海事管理机构全面履行国际公约和国内法律赋予的权利和义务提供技术保障以及为能够快速鉴别事故性质、受损程度，快速提供检验、检测结果，为当事人提供具有法律效力的损害赔偿依据和证明。

（2）中心具备对 VTS、AIS、航标及航测整体设备的国家级质量与计量认证功能和权利；该中心将依照国家规定，定期对相关产品的技术性能进行专项鉴定并代表海事主管机关出具法定证明文件。

第四节

海上搜救应急指挥辅助决策系统建设的设计方略[①]

建设"海上搜救应急指挥辅助决策系统"，增强海事系统履约能力和海上搜救指挥能力，尽快使我国"数字海事"与国际先进水平接轨是我国几代海事人的夙愿。特别是近几年来，随着现代科技手段的快速发展，我国海事系统的技术装备、基础设施的不断更新、进步和增强以及信息化工作的开展，其夙愿得以实现的可能性大大增加。

但如何建设既适用于我国海事体制又适合于海事技术发展现状的"海上搜救应急指挥辅助决策系统"呢？该系统的基本构成和内容该如何把握？各种海事信息化技术手段的集成、各类相关信息源的合成又该怎样体现其高新化、智能化特点？作者通过多年的探讨和研究，相继获得一些感想和体会，在此尝试着分析解开这一横亘在我们面前的难题。

一、建设"海上搜救应急指挥辅助决策系统"的目的

海上搜救工作担负着海上人命救助、海洋环境保护的重任，是海事部门的一项重要职责。其核心内容是"服务国民经济和社会发展全局，服务社会主义新农村建设，服务人民群众安全

[①] 本节内容时间节点为 2008 年。

便捷出行",这也是海事部门对社会庄严的承诺。海上搜救工作作为保障海上人命、海洋环境安全的最后一道防线,直接表达了"三个服务"的核心内涵。但是随着社会经济的快速发展、海洋环境的变幻莫测、海上险情不断涌现出新情况和新特点,还有社会各界对突发事件应急处置工作的高度关切,况且从 2007 年 11 月 1 日起我国又正式施行了《突发事件应对法》,交通运输部依法颁布了海上突发公共事件应急反应程序,规范交通运输部内各有关厅、司、局及部属各单位、部门,各省、自治区、直辖市海上搜救中心在预防、处置海上突发公共事件中的行动职责,要求形成统一指挥、反应灵敏、信息畅通、协调有序、运转高效的应急管理机制,迅速、有序、高效地组织海上突发公共事件的预防、应急反应行动,最大限度地避免或减少海上突发公共事件造成的人员伤亡、财产损失和水域污染。由此可见,能否成功指挥实施海上搜救工作将面临更多的挑战和更高的要求。

面对如此多样复杂的局面,笔者认为,加快"海上搜救应急指挥辅助决策系统"建设不失为一个优先的选项,实际上,该课题业已成为摆在我们面前的一个相当困难而紧迫的任务。它不仅关系到海事系统能否顺利地走出港区迈向海洋,而且还涉及我国海事系统能否有效地履约维权做大做强,获得与国际海事组织多年 A 类理事国相适应的地位。

二、我国海上搜救机制、技术装备与设施的发展

1.我国海上搜救机制沿革

我国海上搜救体系建设起步于 20 世纪 70 年代,以"全国海上安全指挥部"的名义来履行职责;而后随着我国加入国际搜救公约又更名为"中国海上搜救中心";2005 年 5 月又建立了以交通部委牵头单位,其他相关部委、武警和军队共 15 个部门组成的"国家海上搜救部级联席会议制度";同时在全国沿海、内陆、长江和黑龙江干线相继设立了 15 个直属海事局,在各地方政府的领导下具体从事海上搜救指挥协调工作,从组织结构上达到了国际普遍认同的标准,使我国海上搜救指挥能力和危机处理能力有了大幅提高。

2.海上搜救技术装备和设施建设

交通运输部海事局在全国共建有 29 个船舶交通管理中心(VTS)和 83 个雷达站,89 个船舶自动识别岸基台站(AIS)并采用三级管理中心即国家级(1 个在建)、地区级(3 个)和辖区级(28 个),基本覆盖了中国沿海主要港口和水域。此外还拥有各类海事工作船艇 805 艘,18 个数字选呼岸台(DSC),在全国 38 个主要城市开通了水上搜救专用报警电话"12395"。

交通运输部通信中心还在北京建立了海事卫星地面站、国际搜救卫星北京任务控制中心等船舶遇险报警和通信设施。

另外,交通运输部救捞局在沿海还设有 3 个专业救助局、3 个专业打捞局和 4 个救助飞行队,下设 21 个救助基地、77 个动态待命点和 7 个救助飞行基地,共布置了 59 艘专业救助船舶和 11 架救助飞机。通过若干年对硬件环境不断地改善,我国已基本储备了较雄厚的建设"海上搜救应急指挥辅助决策系统"的物质基础。

三、"海上搜救应急指挥辅助决策系统"建设方略

1.总体思路

突破海上搜救力量信息获取和搜寻救助决策制定的核心技术,综合考虑遇险船舶类型、遇

险性质、各种搜救力量信息以及海上气象、海流、海浪等环境信息,进行智能分析,科学制定合理的船舶及人员搜救方案。实现海事接处警管理、海上搜救信息支持、海上搜寻救助决策、海上搜救过程监视、海上搜救信息统计与分析以及善后处置风险评估等项工作的现代化管理方式。

2.系统应具备的功能框架与信息数据

功能框架:

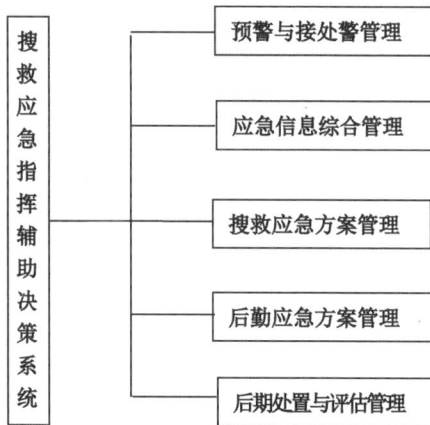

图 14-9　功能框架图

信息数据:

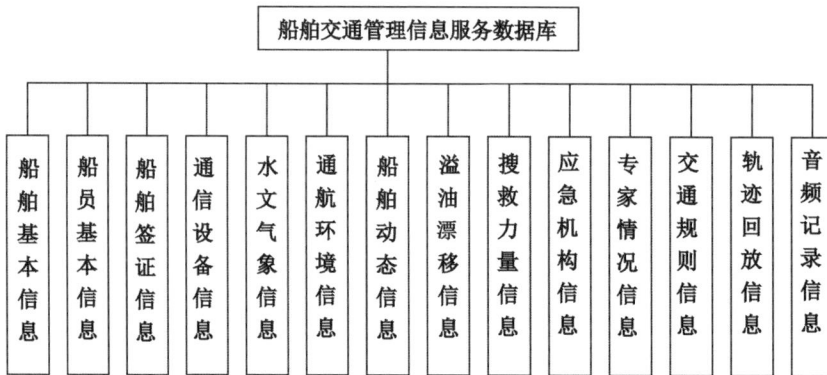

图 14-10　信息服务数据库图

3.主要硬件设备配置

①岸基雷达子系统。

②有、无线电通信子系统。

③水文气象子系统。

④船舶自动识别子系统。

⑤工业电视监控子系统。

⑥船舶数字选呼子系统。

⑦网络传输子系统。

⑧终端显示子系统。

4.自主开发的软件配置

①雷达数据处理软件。

②船舶数据处理应用软件。

③电子海图操控软件。

④船舶自动识别系统操控软件。

⑤系统设备集成软件。

⑥数据资源合成处理平台软件。

从一般意义上来说,如满足上述功能、数据和软硬件环境的配置,就可以基本构成"海上搜救应急指挥辅助决策系统"的建设设计内容。从上述的设计构思中我们也不难看出,足够信息源的设置和大量数据的有效处理是支撑系统建设的必备条件,尤其是应用软件的开发研究实乃重中之重。

四、高质量的系统建设还应具备的条件

从实践中得知,理论上的优化组合和设想并不能完全适应用户的现实需求和系统智能化的要求,而且容易陷入简单的设备堆砌、数据罗列、人机对话繁杂的误区,必须进一步开发研制高端的应用技术,才能称其为真正意义上的具有国际先进水平的"海上搜救应急指挥辅助决策系统"。这样的系统应该考虑完成:

1. VTS与岸基网络AIS的数据融合。这样的融合处理即可加强港口VTS的监控能力,还可以超越VTS监控区域不足的限制,完成各局管辖监控水域的连续覆盖,进一步形成区域性乃至全国性海岸监控系统,同时也可为国家远程识别跟踪(LRIT)中心建设铺路架桥。

2. 发挥网络AIS的优势,开发AIS功能应用软件。其软件应用范围可包括:船舶交通流统计分析、船舶轨迹回放分析、海事调查处理分析、搜救船艇组织指挥咨询、船舶遇险报警服务、安全信息发布、现场动态监控、虚拟航标设立、工作船航行状态记录等多方面的海事管理业务内容。

3.研发电子搜救演练系统应用软件。充分利用计算机仿真技术,依靠交互式虚拟现实技术的应用,产生"景物真实、动作真实、感觉真实"的效果。特别是将其叠加在标准的电子海图上,不但可以节省日常训练的大量经费,而且还应该能够顺畅地由仿真到归真,由平时到战时的现实场景转换,通过多方面的实际数据和典型案例的分析比对,提出最佳搜救方案供领导决策。

4. 建立虚拟海岸电台。在不具备设立海岸电台条件的区域,通过采用电子计算机和网络技术,将就近海岸电台所拥有的通信卫星、HF、MF、VHF、有线电话、传真等各种通信手段组成虚拟海岸电台,并具备与真实海岸电台相同的功能,可为遇险接听、搜救应急指挥等提供数据和话音服务,使通信资源得以充分利用。

5.研发电子搜救值班模板系统软件。该软件的研发被视为整个系统的操控中心,通过本套软件的运行应该能够把搜救值班指挥人员所掌控的各类信息整合到操作坐席上的显示终端,成为应急指挥人员日常值班、接处警、制定方案以及领导会商、组织搜救等工作的操作工具,通过建立有机的数据关联关系,进而实现对各种搜救力量和遇险船舶的快速、高效联动指挥。系统的两大核心技术即动态信息的集成和静态信息的合成,均由该软件所操控,由此可以

实现：

(1)遇险信息的专业化管理；

(2)动态数据与应急信息综合处理；

(3)搜救应急方案择优选择；

(4)基本数据的自动录入、统计并形成报表；

(5)搜救协调员工作质量评估和搜救行动效能评估。

五、"海上搜救应急指挥辅助决策系统"建设面临的问题

综上所述，"海上搜救应急指挥辅助决策系统"的建设是一项非同寻常的工程，科技含量之高而不能轻而易举地实现，但问题不在于某些关键技术问题尚未取得突破，更重要的是海事系统信息化发展进程的不均衡，其表现形式为：缺乏深入的理论探讨，缺乏反复迭代实践检验的过程，缺乏信息技术标准化的基础性研究，更缺乏大框架下部门间的组织协调。于是各自为政、重复投资，最终形成大大小小的一批批信息孤岛，造成了结构性问题积重难返。

客观地分析：

(1)系统建设有先有后，中间环节不好串联；

(2)研发公司有你有我，前后衔接障碍阻断；

(3)技术方案有好有差，无从辨识不能示范；

(4)集成能力有高有低，既成事实取舍难办。

看来一项技术从开发成熟到应用，一项工程从科研阶段转化到工程设计实施，未知的和不确定因素比比皆是，的确难以把握，尤其是类似于"海上搜救应急指挥辅助决策系统"这样的综合性强、智能化程度高的项目更是如此。

六、结论和希望

1.有思路代表着有出路

问题的展现昭示着解决问题曙光的显现，新思路的提出意味着可选道路的悟出，就目前而言，某些领域已有所斩获，但可否由此而真正找到出路还需要进一步讨论和验证。不过只要采用适当的方略，沿着正确的思路行进，突破难关指日可待。

2.创新难，不会难于上青天

创新需要勇气，需要精通业务的底气，同样也需要持之以恒、日积月累，我们只要秉承科学求实、积极进取的精神，集腋成裘亦并非是天方夜谭。相反，任何急于求成或蜻蜓点水都将于事无补。

3.海上搜救工作作为政府社会管理和公共服务的一项重要职能，在建设海洋强国的道路中将扮演着越来越重要的角色，海事部门在履约创业中将大有可为、大有作为。国家和社会都希望我们能够通过不懈的努力，采取有针对性的措施，更好地履行海上搜救指挥职责，全面提升处置海上突发事件的能力。

4.最后的归纳

"数据＝知识；编程＝方法；集成＝智慧。"

第五节

AIS 数据挖掘技术的开发与应用①

一、概念的提出与探讨

"十一五"期间,天津海事局以科学发展观为统领,始终围绕海事中心工作,准确把握现代科技发展脉搏,深入实施"科技兴局"和"人才强局"战略,加快推进科技信息化建设,产生了一批具有较高科技水准和实用价值的科研成果,培养了一批具有较强创新能力的科技人才,推动科技信息化工作走上了健康有序的发展道路。

"十二五"时期是海事攻坚、转型、发展、提升的关键期和战略机遇期,是加快科技创新、建设"四型海事"的全面提速期。增强科技创新能力,推动科技信息化工作向更高层次、更广领域发展,是天津海事发展新形势下的重大工作。

在海事信息化建设方面,天津海事局目前已拥有亚太 AIS 数据中心这一重要数据平台。自该数据中心成立并投入运行以来,已经对 AIS 船舶的密度分布、航迹分布、船速分布、类别分布以及交通流量、领域容量、会遇概率等方面的数据进行了多方面的应用,特别是为多起海事调查提供了证据,取得了很好的效果。但随着时间的推移和海洋经济的快速发展,AIS 信息的数据量正在不断增加,已远远超出当初的想象。如何从形式多样的海量数据中发现有价值的信息,进而为海事与航运决策服务已成为一项极具挑战性的任务,如超大型船舶的远程监控、重大战略资源的运量和航线分析等。这也意味着随着 AIS 技术的持续发展及国内相关用户对 AIS 应用需求的日益凸显,给亚太 AIS 数据中心提供了更大的发展和应用空间。充分挖掘和利用这些数据进行信息化应用技术研究是信息化建设的需求,是全面提升海事安全监管水平的有力手段,也是促进海事服务"北方国际航运中心和国际物流中心"建设的重要内容。

数据挖掘是从大量的、不完全的、有噪声的和随机的数据中提取隐含在其中的、事先未知的但又是潜在有用的信息和知识的过程。通过对亚太 AIS 数据中心海量船舶动态数据的分析和挖掘,可以更深入地揭示航运业内在要素的发展趋势以及各关键要素之间的相互关系,从而可为航运主管机关、港口、航运研究机构、海运公司、航运金融企业、船舶代理企业、海运货运代理企业、船舶服务企业等提供更为新颖和有价值的信息。这种数据挖掘的研究与应用除了可以帮助提高船舶安全运输的生产水平和效率,降低其航行与经营风险外,还可为航运业宏观与微观经济形势分析提供信息,并可为海事和港口管理机构的宏观与微观决策提供有效的依据。

因此,开展"AIS 数据挖掘技术的开发与应用"研究可以进一步拓展该中心的职能与作用,对天津海事局提升海事服务"北方国际航运中心和国际物流中心"建设工作的水平具有重要的意义。

二、研究的目标与内容

本项研究将依托亚太 AIS 数据中心的数据库,开展服务于海事管理和航运管理的各种现

---

① 本节内容时间节点为 2012 年。

有海运要素及其未来发展趋势的分析与应用研究工作。通过全面进行船—船、船—港、船舶—航道、大宗货物—运力等相互关系方面数据的挖掘和分析,进一步展开对危险和重点船只航行安全监管和重大战略资源的运量和航线分析数据的前瞻性技术研究,拓展 AIS 数据中心的职能,提升海事服务"北方国际航运中心和国际物流中心"建设的水平。该研究项目的主要内容包括:

1.数据预处理及数据融合技术研究

主要研究船舶 AIS 数据、船舶资料、示例港口地理数据等基础数据的补差、修正、去噪、规范化和关联融合技术。

2.AIS 综合数据挖掘技术在海事管理中的应用研究

针对 AIS 综合数据海事管理应用领域,研究专门的数据挖掘技术,进行交通拥挤航段在线识别及对特定航道进行交通秩序时空量化分析等。

3.AIS 综合数据在危险和重点船舶远程监管方面的运用

危险和重点船舶系指载运原油、LNG 和超大型散货船舶等,从这些船舶在国外的起始港开始进行跟踪,持续性实时分析与预警它们在沿岸与港内船舶航行安全。特别是这些船舶在进入渤海湾区域附近航行和驶入与驶出天津港水域的航行安全等。

4.AIS 综合数据挖掘技术在航运管理中的应用研究

针对 AIS 综合数据航运管理应用领域,研究专门的数据挖掘技术,分析海运要素现状和发展趋势、船—船、船—港、大宗货物—运力之间的相互关系等,并以示例报表和指数等形式对重大战略资源的运量和航线分析数据进行展示。

三、实施任务和计划

1. 首先展开数据预处理及数据融合技术研究并完成船舶航行特征提取技术研究。

2. 其次完成海运要素现状和发展趋势研究并完成船—船、船—港、大宗货物—运力等之间的相互关系和战略性关键数据的研究。

3. 再次完成交通拥挤航段在线识别技术研究并完成对特定航道进行交通秩序时空演化分析以及危险与重点船舶航行安全监管研究。

4. 最后完成研究结果与实际状况之间的比对分析并建立危险和重点船舶远程监管、重大战略资源的运量和航线分析数据研究成果演示系统。

第六节

以现代信息技术助推海事人才培养①

一、项目设计研究的背景和目标

1.背景

(1)近五年,是天津滨海新区的高速发展期,天津的港口建设突飞猛进,随之带来天津海事监管辖区日益扩大,海事业务量不断增多,机构设置逐渐增多,干部职工队伍日益壮大,天津海事在地方经济建设中的地位和作用越来越明显。

(2)这一切都为天津海事提供了广阔的发展空间,为天津海事带来前所未有的机遇和挑战,地区环境的变化和海事业务的扩大都对天津海事局队伍建设提出更高的要求。

2.存在问题

(1)人力资源利用效率不高,缺乏长效培养机制,尤其是对青年职业生涯缺乏长期规划,而且培训缺乏系统性,培训力度不足。近几年天津海事局引进了大批高学历人员(472名),求知欲望强烈,而我们的培训策略明显不足,难以应对(80课时/人/年)。

(2)人才管理理念和人才工作机制不适应人才培养工作需要,人员考核评价机制和人才队伍素质不适应海事新发展的需求。

(3)人才培养缺乏长效机制,人才培养缺乏针对性、连贯性、系统性,缺乏科学地分析、预算、跟踪、反馈;人才评价体系不完善,人才考核评价标准缺乏科学性和合理性。

3.项目建设目标

(1)形成机构设置科学合理,建立规模适当、结构优化、布局合理、素质优良的具有海事特色的新型人员队伍,为实现海事管理现代化奠定坚实基础。

(2)具体举措

a.加快建立"目标型模块化培训体系"。

b.盘活现有的"十、百、千"资源,为体系建设做好铺垫。

c.建设具有可持续发展的"开放式网络教学培训平台"。

d.努力实现海事领域内部培训模式的改革。

具体详见表14-1:

---

① 本节内容时间节点为2012年。

表 14-1 天津海事局开放式网络教育平台

序号	一级模块	二级模块	培训内容的组织
1	单位内部培训	海事文化	新进员工培训
		党政培训	
		规章制度培训	
		名师讲堂	
		拓展资源库	
		职业生涯规划	泽软教育提供网络课程
2	技能培训 （具体见图例）	航政管理	VTS 人员培训
			船舶安全检查员培训
			危险品监管培训
			……
		航保技术	……
3	学历培训	专接本	与大连海事大学等院校的合作
		在职学位研究生	航海、物流、MPA 等方向硕士
4	综合素质培养	档案管理	根据调研与泽软教育合作开发网络资源
		船员技能	
		企业管理	泽软教育提供网络课程
		营销技巧	泽软教育提供网络课程
		经济法	泽软教育提供网络课程
		公共关系	泽软教育提供网络课程
		社交礼仪	泽软教育提供网络课程
5	人力资源管理	人事基础数据	民族、学历、学位、职务
			政治面貌、婚姻状况、薪资状况
		岗位/角色维护	角色维护、权限维护
			角色权限管理
			岗位维护、岗位人员培训
			岗位/角色分配
		部门基础数据	
		员工基本信息	
		部门管理人员	

（续表）

序号	一级模块	二级模块	培训内容的组织
6	考试系统	网络题库管理系统	适用主管部门的教师
		网络考试系统	适用职工
7	资源库管理平台	资源库	视频、演示文稿、网络课程、试题资料
8	在线调查		
9	海事交流		
10	系统管理		

4.技能培训示意图（如图 14-11 所示）

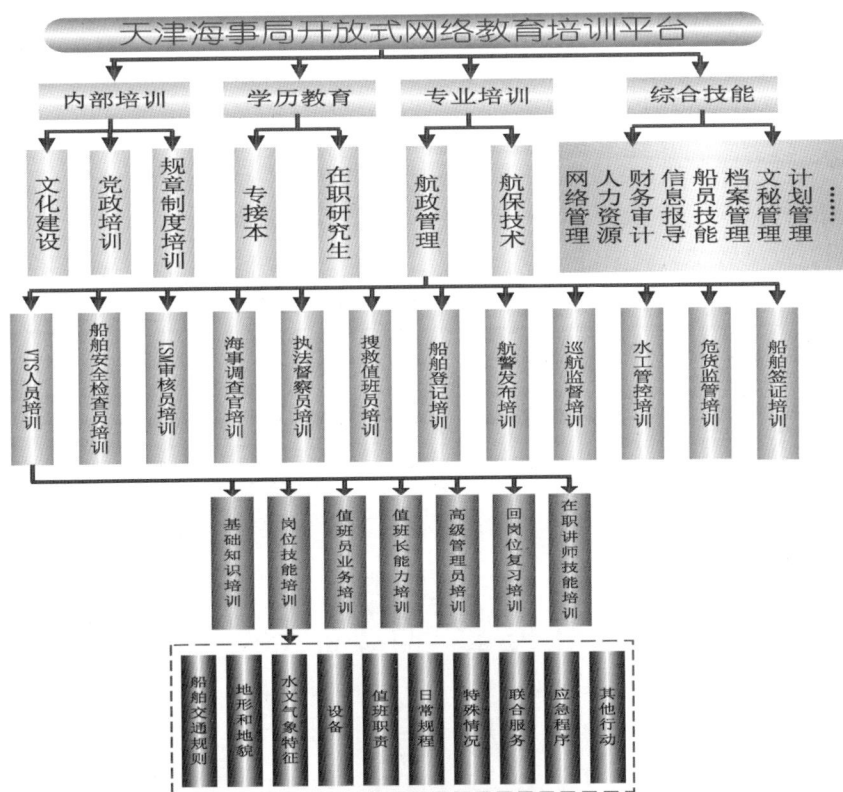

图 14-11　技能培训示意图

5.项目分阶段实施目标

为提高平台的建设效率,保证工程建设成效和运行效果,该工程建设将采用统一规划,分步实施,突出重点,以点带面的建设原则,拟分为两期进行建设:

（1）一期目标是:构建平台总体框架,夯实基础。

在一期工程中,以"开放式网络教学平台"建设为核心,完成总体技术系统框架和平台系统的开发工作。实现数据传输、数据存储处理及录播设备软硬件到位,使平台顺利运行。

（2）二期目标是：完成资源开发、形成完整的培训课件体系。

在二期工程中，以编创数字化教材即网络课程库、海事视频库、演示文稿库、海事图表库、试题库建设为核心，打造从技能培训到学历培训、从基层培训向高层培训过渡并形成成效显著的培训体系。

6.结论

（1）针对"十二五"期间海事系统将着力提升人员整体素质，推进以用为本、多元发展的海事人才队伍建设，着力创建学习型、责任型、服务型、创新型海事团队的基本目标。

（2）为着力打造执法、技能、管理、科研四支队伍，保证人才数量充足、结构合理、布局均衡、具有开拓创新能力，队伍整体素质和结构满足履行职责和适应海事发展的需要。

（3）意识到必须建立一种有效的、基于信息化方式的职工教育培训体系。

（4）有利于推动海事业务培训机制改革创新。

（5）有利于加强海事系统人力资源能力建设。

（6）有利于建立海事各类专业人才的资源库。

二、项目顶层框架设计主要思路

利用现代教育技术手段，实现集"在岗学习、选项培训、在线考试、统计分析"四大功能于一体的开放式网络教学培训平台。平台的顶层设计的思路主要集中在：

研发开放式网络教学培训平台。

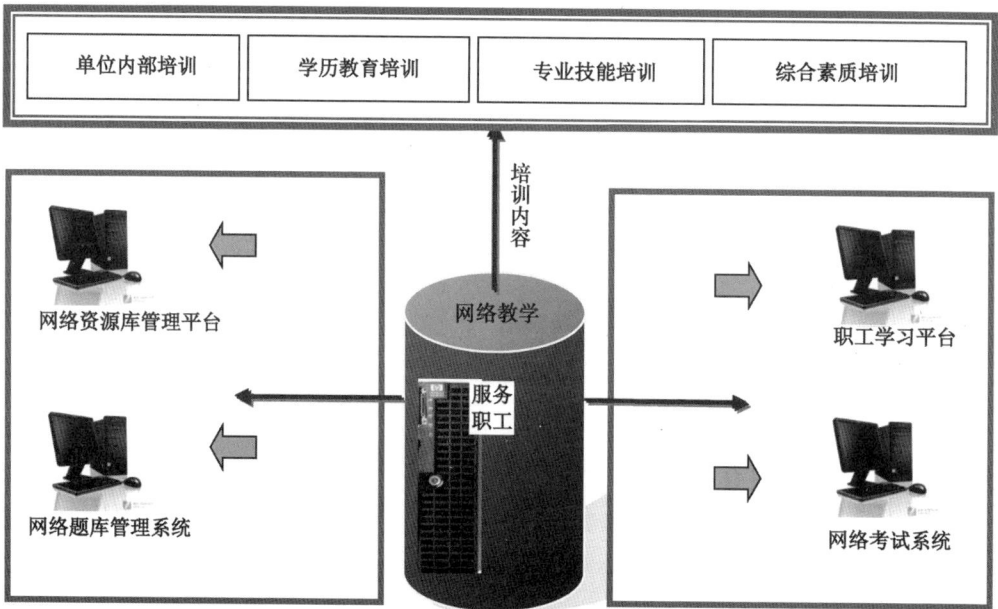

图 14-12　开放式网络教学培训平台

主要服务员工和培训部门，集中实现单位员工网络学习、考试；培训部门对网络培训资源库的管理和统计分析的管理。

建立海事专业网络培训资源库。

主要展开的是单位内部培训、学历教育培训、专业技能培训和综合素质教育培训。通过系统设计、边建边用、持续更新的原则,实现优质网络教育培训资源的建设。

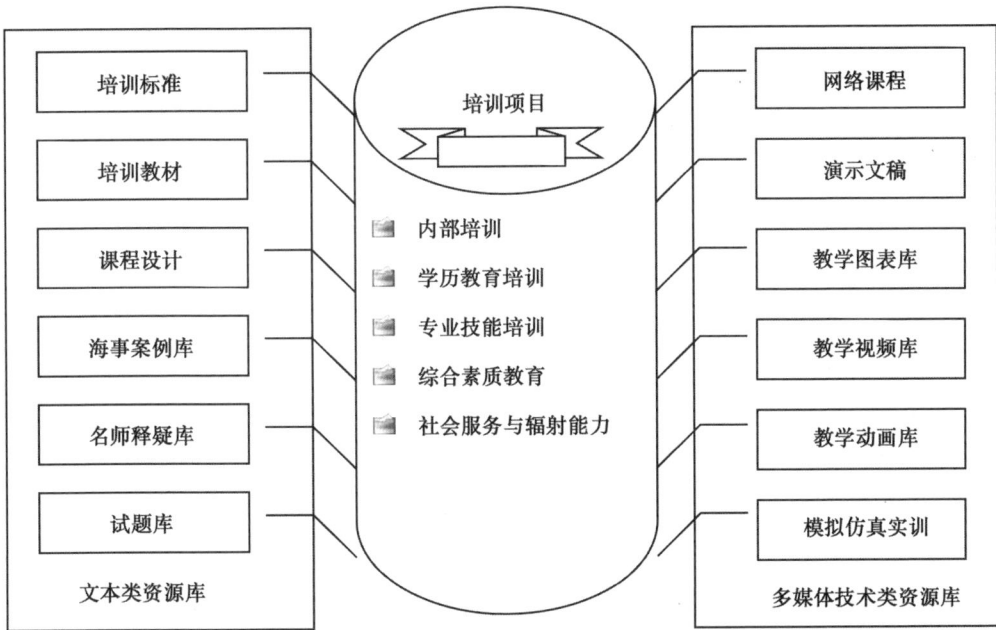

图 14-13　培训项目资源库整体设计(培训项目与网络资源库的对应关系)

　　一般流程有确定培训项目、策划数字化教材、设计资源数据表、脚本编写、资源库开发、审定修改、上传资源库平台、更新升级。

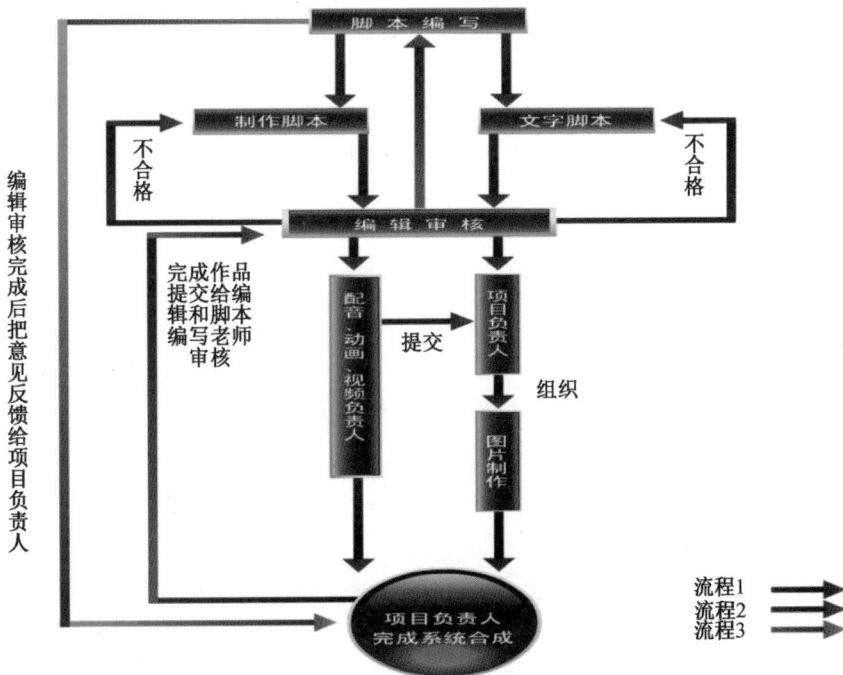

图 14-14　资源制作开发流程

三、目标、路线规划与效益分析

1.目标与路线规划

关于加快教育信息化进程的战略部署,我国教育部职业教育与成人教育司日前以《国家中长期教育改革和发展规划纲要(2010—2020)》[2012]3号函公布了国家示范性职业学校数字化资源共建共享计划,同时还公布了86家全国职业教育数字化资源共建共享联盟专业协作组名单。

2."海事教育网"课题将主要承担的任务

(1)"海事教育网"公共平台的建设并提供研究报告,因该项目是教育部职业教育与成人教育司立项的纵向课题,可获得远程培训资格,对海事领域开展正规远程培训提供保障。

(2)该课题研究成果可以为现有培训体系提供参考和依据,同样也可以作为下一步网络培训体系的技术支持参考。

(3)可共享教育部立项课题"交通运输教育网"中其他子课题的研究成果。

3.效益分析:网络学习方式在当今世界发达国家已取得良好回报

近年美国企业实施成效的调查结果如表14-2所示。

表14-2　美国企业实施成效的调查结果

序号	事项	增减情况	百分比
1	培训总时间	缩减↓	70%
2	差旅的费用	下降↓	50%
3	培训的完成率	增加↑	2倍
4	员工培训总数	增加↑	25%

使用远程教育和学习系统与课堂教学的综合对比结果如表14-3所示。

表14-3　综合对比结果表

序号	事项	增减情况	百分比
1	学习曲线	加快↑	60%
2	内容保持力	提高↑	25%~60%
3	学习收获	增加↑	56%
	连贯性	增强↑	50%~60%
	培训过程	压缩↓	70%或更高
4	传递中的偏差	教学中偏差↓	30%

4.些许感悟

(1)当今所有的人都认识到,人才是一个部门、一个单位发展的核心竞争力。海事事业要科学发展、跨越发展,就必须大力营造人才发展的良好环境,就当前天津海事事业的发展而言,充分发挥网络教育的作用无疑是一条有效的途径。

（2）只有充分认识到人才培养的重要性和紧迫性，找到合适的方法，才能培养出与之相适应的、符合知识与技能综合化发展趋势的复合型人才。

第十五章

海事信息化与军民融合发展战略

关于加快国家海事信息化建设 支持军民融合式发展的战略思考①

在我国海事信息化的快速发展过程中,认真贯彻胡锦涛总书记提出的"走出一条中国特色军民融合式发展路子"的重要战略思想,充分发挥国家海事信息系统的军事功能,对于支撑我国海洋战略,提高我军海上控制力和战斗力具有十分重大的战略意义。我国海事系统所拥有的高技术装备、高精尖人才、高水平设施,特别是高质量的信息化优质资源,可以为军民融合式发展战略的实施提供一个良好的操作平台,能够贯彻国家《"十二五"规划纲要》中关于"大力推进军地资源开放共享和军民两用技术相互转移"的指导精神,切实推进军民两用高新技术融合互补,促进多领域技术交流与合作。

一、国家海事局与国家海事信息系统建设的基本情况

1.国家海事系统的基本情况

行政隶属于交通运输部的国家海事局,根据国家法律和法规及我国加入的国际公约,依照法律法规授权,代表国家履行水上交通安全监督管理,防止船舶污染,进行船舶和海上设施检验及航海保障、安全通信等行政执法职能。国家海事局共统辖十四个直属局,主要分布在我国沿海和长江、黑龙江的干流水域。

从军民融合的角度来看,在具体的海事业务中可以协助部队核查船舶危险军品的运输、进行敏感水域的海上测绘、船舶通信信号的监听、水上水下施工作业的审核、军船与商船的交通疏导、海域巡航搜救与纠正违章、设置禁航区与实施交通管制、发布航行警告与通告,尤其是对船舶动态的广域监控与相关信息的传递等,合作范围十分广泛。

---

① 本节内容时间节点为 2012 年。

2.我国海事信息系统建设

经过多年的发展,我国海事系统已相继投入近 20 亿元,相继建立了船舶交管系统(VTS)、船舶自动识别系统(AIS)、差分 GPS 系统和 CCTV 监控系统等,已基本具备了覆盖我国沿海、内河主要通航水域的强大海事信息管理能力。据悉,按照国家海事局"十二五"发展规划,仅对信息系统的投资将达到 15.5 亿元,拟构建以"全方位覆盖、全天候运行、全过程监控"为特征的水上交通安全监管体系。

与世界海运发达国家相比,虽然我国海事信息化的进展较快,但是由于多年来海事信息化建设过程中亦存在着各自为政、各行其是的孤岛和技术壁垒现象,跨行业跨部门难、条块分割明显,更造成了信息集成度和社会共享率较低。同类型的信息系统在海运发达国家首要的用户往往是军队和警察,然后才是国家的其他行政主管部门和企业,其军民两用的性质十分明显。

而随着技术的发展,数个国家共用一个平台、一个系统和基础数据库早已成为现实,如波罗的海沿岸国建立的海岸监控系统(Coast Watch)(图 15-1、图 15-2):

世界已进入空基 AIS 时代,欧美部分国家正在利用低轨道卫星初步实现对全球海上船舶的实时监控。

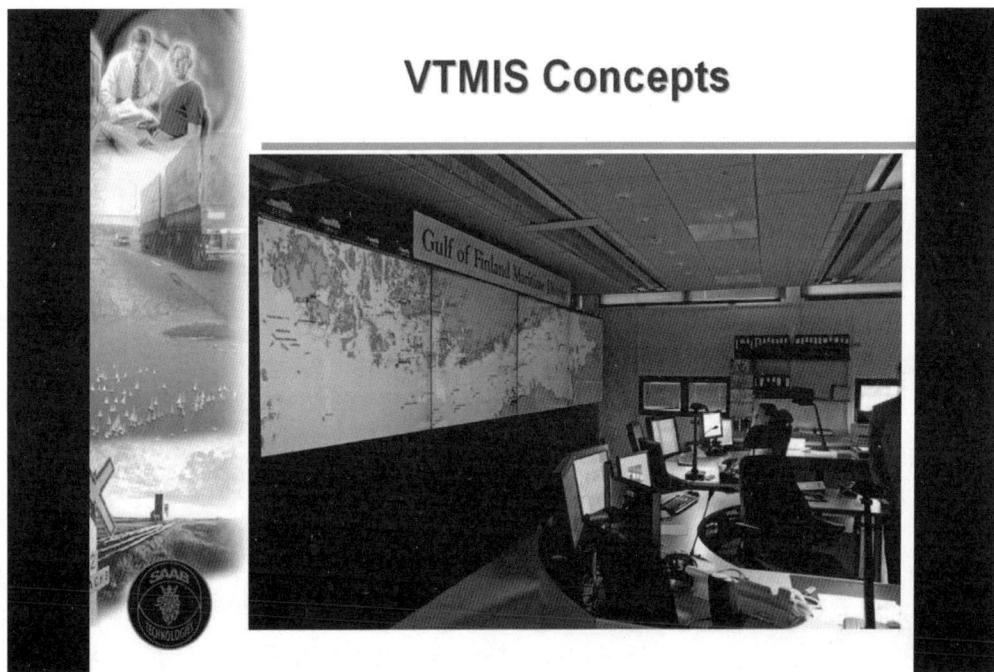

图 15-1　海岸监控系统——VTMIS Concepts

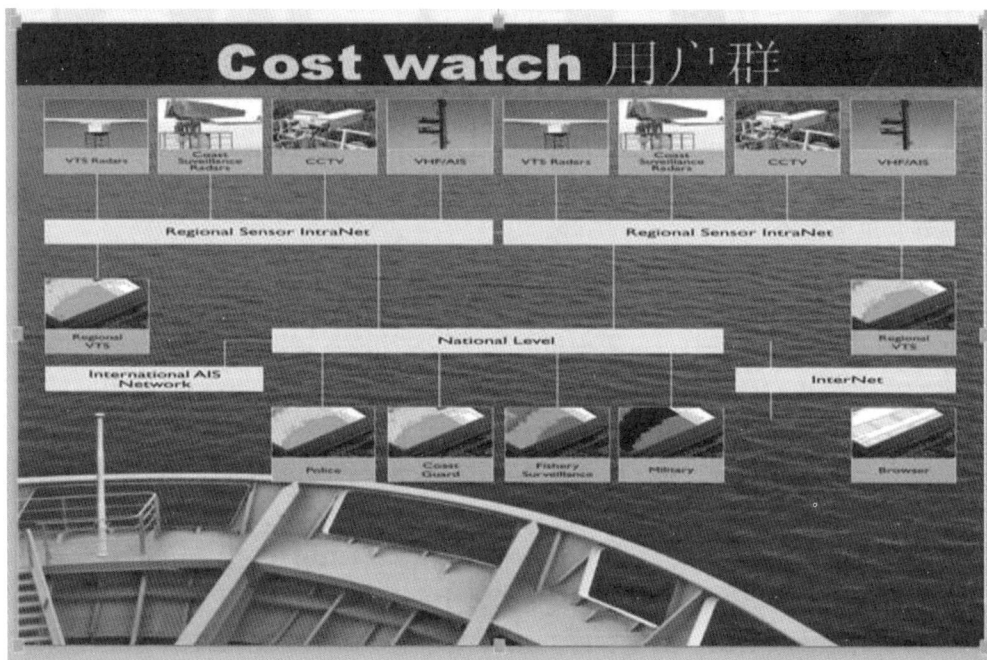

图 15-2　海岸监控系统——用户群

二、国家海事信息系统的重大军事应用价值

虽然国家海事局在信息化发展过程中还存在着这样或那样的不足,但是无论从规模结构还是到技术性能,都已经跨入世界先进行列,初步具备了感知船舶的能力。如果从打破军民分隔、自成一体的局面出发,将海事信息与部队信息进行有效融合,即可实现信息共享,军事应用的效果倍增。

1.通过海事信息军地共享,可形成军民兼容的海上船舶态势感知能力,为海军安全发展和转变战斗力生成模式提供重要信息保障,同时也可避免以下悲剧的发生。

2006 年 6 月 22 日,我国海军南海舰队辖下的"廉江"号导弹护卫艇(542 t),与我国香港地区注册货轮"太平洋冒险家"号(18 000 t)在珠江口水域相撞。护卫艇船头和舰桥被撞毁,艇上十三名官兵堕海失踪,另有多名战士受伤,十三名堕海失踪官兵经搜救后被证实全部牺牲。发生这一惨痛事故的一个重大原因就在于"廉江"号没有及时获取周边船舶的航行动向,没有安装必备的船舶自动识别系统,海军的岸基监控设施也没有发出任何警示,教训极为深刻。

国际上通行的做法是军用船舶也按照商船要求安装 AIS 台站,在正常航行时开启,以保障各自的安全。如有重大军事活动,则予以关闭。

加快推进海事信息军地共享,不仅可以考虑对现有资源的综合利用,还可以依托拟在渤海海域石油平台上建设的"船舶交通管理与信息服务系统"工程来掌控渤海海峡和主要通道的船舶交通流的状态。

依托东海和南海的海上石油平台或岛礁,建立 AIS 基站和航标灯站,经整合后可为海军舰队提供各类民船的航行信息,并提供有效的避碰预警服务,从而有效避免类似"廉江"号事故的再次发生。该举措既能为海军的安全快速发展提供重要的信息支撑,又可以起到宣示主权的作用,在维护我国海洋权益斗争中获取主动权。

2.使用海事信息系统,可形成对周边国家海域多层次、全方位的动态监控。例如,可以依托技术日臻成熟的船载民用无人直升机,在完成正常的海上巡航、搜救、环境监测任务的同时还可以兼顾防范敌方潜艇或水下机器人对我国敏感水域的渗透。尤其是加载了空基 AIS 的无人直升机,其监控范围广且机动灵活、信息获取量大且传递及时,通过多渠道信息集成的船舶自动识别系统,可基本掌握我国沿海和周边国家军事舰船的日常活动规律。

3.AIS 系统功能的强大不仅局限于此,下一步对 AIS 数据挖掘技术的开发与应用研究,能全面对船—船、船—港、货类—运力等相互关系方面的数据进行分析,可深入揭示航运业内在要素的发展趋势以及各关键要素之间的相互关系。通过进一步展开对超大型船舶的远程监控,对危险和重点船只航行安全监管和重大战略资源的运量、航线等数据的分析,不仅可为海运主管机关、港口、航运研究机构、海运公司、航运金融、船代、货代等部门提供更为新颖和有价值的信息,更重要的是可对相关国家海上船舶的异动进行战略情报分析,能够对其异动的背景与含义做出判断。如通过对海上战略通道和重要港口过往船舶、货物、航线等不同技术数据的挖掘,即可对相关国家战略物资的进出口情况和储备状况进行深入研判,虽其民用目的较为明显,但其军事应用价值不言而喻。

三、开展军民融合机制建设的思考和研究

作为国家的军队,当前最现实、最重要的是要大力加强在打赢信息化条件下,以局部战争为核心的多样化军事任务能力建设,因为只有具备了此种能力,完成其他任务才有保证。换言之,信息化程度的高低将决定未来战争的成败,在和平时期则能够为军民的生命财产提供安全保障。由此作者进行了如下的思考和探讨:

1.坚持"民建军用",充分利用国家海事信息化建设现有成果,加快转变海军战斗力生成模式

(1)加快海军接收海事信息数据链路的建设步伐。从规划到设计,从局部到全局,应与海事部门和交通运输部共同协商,做出统筹安排。

(2)敦请交通运输部主管部门尽快批准已纳入规划的有关海事信息化基础设施的建设项目上马,此举既有利于弥补现有系统的空白和不足,也有利于国防建设从经济建设中获得物质支撑和发展后劲。

(3)通过军民融合式发展的具体合作事例,探索建立常态化的军民融合机制,尽量避免一事一议,要将"民建军用"的基本理念贯彻始终。

2.充分发挥制度优势,确立"以民掩军"型的国家海事信息化建设基本思路

(1)要在海事系统大力宣传和增强"以民掩军"的基本意识,形成信息化建设与国防建设的良性互动。

(2)要确定"以民掩军"的操作方式和基本内容,通过高层级的协商,构建如何实施"以民掩军"项目的框架。

(3)要建立并通过特定渠道,不断加强军民联络,提早了解相互需求,以期提升"以民掩军"工程的效能。

3.加强"军民融合",强化国家海事与部队信息化建设的全方位军民合作

（1）要开展军民融合机制构建研究,该项研究需着眼于全方位的军民合作,而不应仅局限在单一军兵种的合作,海事的信息化装备除了与海军有密切关联之外,将来海事无人机的配备、管理和使用必然还要和空军及其他相关军兵种联手操作,因此需要进行跨行业、跨部门、跨领域的统一规划并纳入其中。

（2）要具体介入海事系统的信息化建设课题和项目,切入点可从无人机的海事应用研究中着手。根据"十二五"建设规划,海事系统将试点配置一定数量的无人机,用于海域巡航、搜救和违章取证等。去年由天津海事局承担的无人机海事应用技术研究项目虽已取得了初步的成果,但距真正应用还有很长的路要走,因为无论从无人机的建造、检验、试飞、认证、运营还是到管理,国家主管部门并没有建立相应的技术规范、行业标准、管理程序和操作指南。况且无人机平台和任务载荷之间的集成度、空地之间的数据通信能力、无人机操控手的培养以及低空空域使用权等方面还存在着若干障碍和困难,所以需要军民合作、加大投入、联合攻关,从根本上解决问题。

四、建立军民结合、寓军于民科研体系的建议

如何提高自主创新能力,促进科技与经济社会发展紧密结合,将科技创新成果尽快形成生产力和战斗力? 答案是:建立军民结合、寓军于民的科研体系将是一条必经之路,对实现和增强国家海事信息系统的军事功能大有裨益,为此特提出如下几点建议:

1.在海事信息化顶层设计上预留出军民合作的空间和接口,如在拟建的云计算中心增加主服务器容量、留足网络带宽或单设加密网络、开发适用的应用软件、设计特种加密接口和动静态数据库接口等,以备未来机、船、岸信息的互通互联及军地信息共享之需求。

2.加强在力量建设上的军民合作,例如依托拟在天津海事局建设的"海上事故预控与鉴证中心"工程,经扩充后即能解决军地信息共享的监控设备、通信链路及应用软件配置的投资,同时还可以借此建立无人机操控手培训基地、试飞训练场和模拟操控实验室,以培养军地两用的高技能人才。图15-3为"海上事故预控与鉴证中心"基本设计架构。

3.深化在科研项目上的军民合作,例如建议由中国人民解放军军事科学院军民融合中心与天津海事局建立起战略合作伙伴关系,尝试在津建立军民融合分中心,根据实际需要设立一些平战结合、技术可行、经济有效、运用合适的信息化科目,进行科研项目军民对接的多种实践,用以积累经验并推动军民融合式发展的速度。

五、结论

我国已进入全面建成小康社会的关键时期和深化改革开放、加快转变经济发展方式的攻坚时期。建设国家创新体系,探索军民融合的切入点与新模式是当今时代赋予我们海事人的重要任务。在国家的经济建设和国防建设的良性互动中,在构建一个军民融合的战略平台中,在开发军民两用技术的过程中,快速发展的海事信息化建设及其成果将会起到不可或缺的作用。

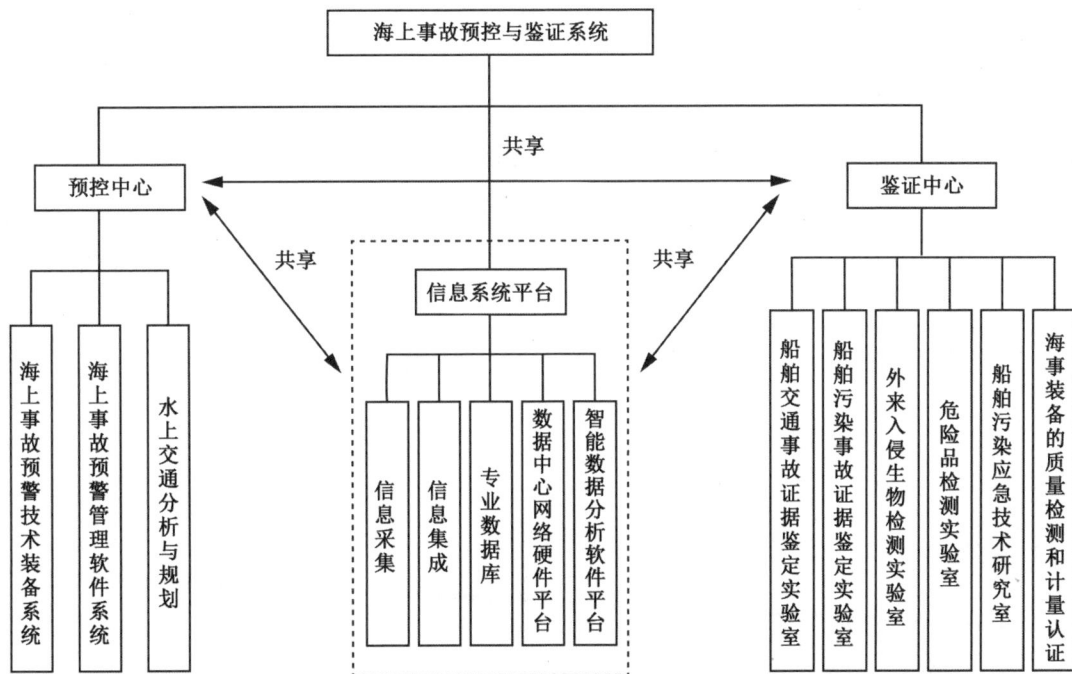

图 15-3 "海上事故预控与鉴证中心"基本设计架构

第二节

天津海事局水上大交管建设思路与相关技术设计方案探讨

为深入贯彻落实中共中央、国务院关于加快建设交通强国的决策部署,进一步落实《国家综合立体交通网规划纲要》任务要求,统筹构建全要素集成的水上"大交管"管理模式,2019 年9 月6 日,交通运输部海事局下发了《全要素水上"大交管"建设工作方案》的通知,提出了若干指导性意见,为海事机构今后在推进布控"多维感知、高效协同、智能处置、优质服务"的现代化、智能化水上交通动态管控新格局中明确了具体目标和工作任务。2021 年,交通运输部海事局进一步提出:"研究跨直属海事局辖区的区域大交管布局方案,要求在上海、江苏海事局开展跨区域一体化水上交通管控试点,在渤海湾水域试点开展区域交通一体化组织,实现交通资源共享共用,监管信息互联互通。"为区域一体化管控提供了顶层设计,指明了建设方向,提出了相关要求。

据此,本作者站在直属海事局层面上,初步勾勒出天津海事局水上大交管建设基本思路与相关技术设计配布方案 ,以求能够首先在渤海湾水域实现"全方位多维感知、全要素动态管控、全区域业务协同、全行业服务保障"的愿景并希望尽快在北方海区实现"陆海空天"全方位一体化为大交管目标打下坚实的基础。

一、天津海事局水上大交管建设基本思路

1.天津海事局辖区及周边水域概况

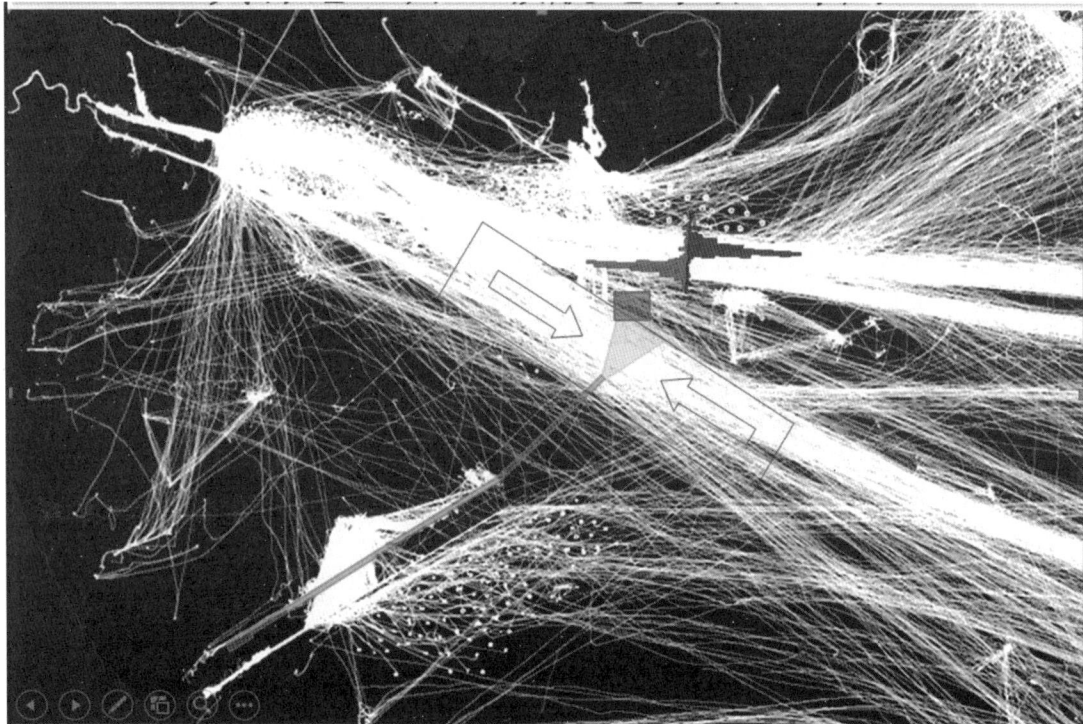

图 15-4　渤海湾水域主要船舶交通流 AIS 轨迹交汇图

2.天津海事局水上大交管建设的主要抓手

正如图 15-4 所示,不难看出必要的基础设施建设是天津海事局实现全方位一体化大交管任务的关键要素。有鉴于此,"陆海空天"多功能监控平台建设则成为天津海事局水上大交管建设的主要抓手。因为只有在适当的点位进行这样的一项基础设施工程建设,才能做到对整个渤海湾水域的有效覆盖,才能实现对水上目标全时空无缝连接监控,以达到"看得见、听得到、传得回"的终极目标。

图 15-5　海上"陆海空天"多功能监控平台轮廓

3.工程建设的必要性与可行性分析

（1）必要性

①可填补周边港口 VTS 的监控空白并形成视听通信链；

②有利于船舶交通流科学调度，提升附近港口营运效率；

③可为大吃水船舶通过渤海湾口浅水区保驾护航；

④有利于"陆海空天"各类数据的收集整合运用与分享；

⑤可提升覆盖水域海上交通安全及环境的保护力度；

⑥有利于海上船舶交通事故的高效应对和处理。

主攻方向：实时监测渤海湾大部分水域，间断观测环渤海区域。如条件成熟，可在下一阶段实现环渤海海域实时全覆盖。

（2）可行性

①能够实施该项基础设施工程的建设主要基于现有成熟的海上多腿导管架的建造技术，渤海石油公司在海上经营多年，具有丰富的建设经验。多腿导管架结构不但能够抵御海冰和强风侵袭，而且投入成本低，建造技术成熟度高。多腿导管架结构如图 15-6 所示。

②本地区具备承接此项工程的能力，特别是天津港本身就具有承接组织建造此类导管架的基础设施和具备拖航、安装能力的工厂企业。

③施工水域距天津港较近，有利于各类设备和物资的运输传送和相关设施装备的维护保养。

图 15-6　多腿导管架结构

二、相关技术设计与实施方案

1.智能化监控系统的应用(如图 15-7 所示)

图 15-7　智能化监控系统的应用

(1)智能(SMART)VTS 建设要点

①可采用 X 波段固态体制快扫雷达并可兼顾具有海面溢油监测功能的航海雷达(需双机配备并可自动切换),起到东联西接、南探北望的中枢接点作用。

②利用微波技术分别连接天津 VTS 中心和 CFD18-1 石油平台,顺势克服天津港口 VTS探测距离不足、识别精度不够的弊端。

③在条件允许的情况下,与相邻 VTS 联网,实现现场动、静态数据资源跨部门、跨区域共享或采用区块链技术分享。

(2)雷达设备的基本组合

①航海雷达:雷达天线、收发机、专用显示器、专用线缆及安装辅材;

②雷达图像采集及数据处理机:处理器、槽位扩展卡、显示器;

③溢油监测操作计算机:Win10 及以上操作系统、雷达图像采集系统软件、溢油监测分析软件、电子海图显示功能模块、溢油分布回放功能模块。

2.VHF、VHF-DF 基站与 VDES 陆基信道的构建应用

作为船岸间最有效的联络与定位手段,VHF 和 VHF-DF 设备需要借助"陆海空天"多功能监控平台的设立大幅度扩展其有效覆盖范围,提高 VTS 通信效率,因此该基站的配备必不可少。

而甚高频数据交换系统(VHF Data Exchange System, VDES)则是国际上针对水上移动业务领域中 AIS 的加强和升级版系统。

国际电信联盟 2015 年决定在水上移动业务领域引入甚高频数据交换系统(VDES),拟于近年内完成 VDE 陆基、天基+ASM 信道构建,实现 VDES 的全面操作能力。

2017 年,我国新一代海事卫星(VDES)系统首颗试验验证星"凯盾一号"立方体星发射成功,为全球海事 VDES 通信卫星首次上天试验。

2018 年 3 月,北方海区 VDES 示范工程项目建设通过系统验收,研制了我国具有自主知识产权的 VDES 产品样机,搭建了 VDES 演示验证平台。在上述前提之下,我们可以超前部署并设定天津局应用新技术的方案。

我局已接入 LRIT 以及全国岸基 AIS 数据和全球卫星 AIS 数据,初步实现对全国沿海船舶的实时跟踪以及中国籍船舶的全球范围动态识别、跟踪。同时北方海区 VHF 联网工作也在逐步推进,完成后即可实现区域甚高频通信成链成网,而本平台的建设将成为其中补齐短板的重要一环。

3.实时海洋分析与预报系统(PORTS)配备应用

为了满足港口生产调度优化、保证大吃水船舶航行安全、紧急处置溢油环境污染、海上搜救和风暴潮预警等智慧港口航道运行的需求,高精度且可靠的全水域海洋水文和气象的实时信息和预报信息服务系统应运而生,统称 PORTS(Physical Oceanographic Real Time System)系统。

PORTS 系统是一个在港口水域全天候运行的海洋水文和气象传感器集成系统,可提供水位、海流、波浪、盐度、水温、风、能见度、气压和气温等观测和预报信息服务。决策者可以利用这一智能系统做出更为安全和经济的决策。PORTS 系统如图 15-8 所示。

图 15-8　PORTS 系统

PORTS 系统的专业特点:在测点密度布置三个以上其潮位测量的精准度据称可达±0.1 m。其具体位置可以考虑在曹妃甸 18-1 油田平台+多功能监控平台+天津港东突堤布置。

系统布局妥当后即可应用到:

(1)抵靠天津港南疆 26 号 40 万 t 级泊位、东疆集装箱 C 段泊位、南疆南和大港 LNG 码头超大型船舶满载乘潮进港;

(2)抵靠河北曹妃甸矿石码头 40 万 t 级船舶和黄骅港 20 万 t 级航道大吃水船舶满载乘潮进港;

(3)抵靠山东荆州港 LPG 码头需乘潮进港的船舶;另外该系统还具有风暴潮预警、海上溢油溯源和辅助海事救助等功能。

目前,天津海事局已接通北海水文气象信息服务系统,在全域自然条件感知等方面实现了数据共享。由此可见,如该综合系统能够与其实现有机组合定能产生更大的作用。

另外该系统还具有风暴潮预警、海上溢油溯源和辅助海事救助等功能。

同时,我们还可以运用天津水运工程科学研究所新近开发成功的智能化环球海洋潮位计算软件,来进一步加强渤海海域潮汐涨落数值的精准计算分析,如果通过此类辅助手段的加持和验证,40 万 t 级船舶满载乘潮安全进入天津港将指日可待。

4.舰载无人机配备与蓝绿激光设备应用

无人机作为一种有效的海上监管手段应用日益广泛,相关产品的技术日趋成熟。特别是舰载无人机的问世将在海上抢险救灾、海洋环境监管、遥感测绘、气象探测等多个领域发挥重要作用,并且由于其高效化、定制化和智慧化趋势在不断增强,在本项目的应用中可以发挥重要作用。譬如利用舰载无人机搭载蓝绿激光设备即可完成预定水域的水深测量工作,如图15-9 所示。

其作用主要体现在可定期对渤海湾口浅区的水深按照港口航道标准要求进行随机的测量并与 PORTS 系统协作,共同保障大吃水船舶的航行安全,如能帮助超大型船舶满载顺利通过浅水区,其功劳不可小觑。

机载蓝绿激光器（探测深度可达160 m）

图 15-9　蓝绿激光设备测量水深

5.遥感与海事卫星、AIS 与北斗信息及鸿雁卫星的应用

遥感卫星监测主要利用两大类传感器：光学传感器、雷达传感器，其中以雷达传感器为主。其图像的接收和处理的主要不足之处是每天路经监控水域的次数较少，虽然"吉林一号"卫星可对全球任意地点实现每天 10~12 次重访，但也达不到实时覆盖的效果。如随着时间的推移和未来的需求，可以适当考虑接转。

海事卫星是集全球海上常规通信、遇险与安全通信、特殊与战备通信于一体的实用性高科技产物。到目前为止，海事卫星系统和设备在我国已经广泛地应用于诸多领域，通用性较强，可以考虑接驳。

根据我局已接入的全国岸基 AIS 数据和全球卫星 AIS 数据的实际效果做出判定，是否需要在多功能监控平台新建一座 AIS 基站，以增进渤海湾 AIS 信号覆盖强度，填补空白。

北斗卫星数据的运用可根据实际需求接入。

面向未来的鸿雁全球卫星星座通信系统应用。

届时由我国开发的具有自主知识产权的鸿雁系统将会由 300 颗低轨道的小卫星以及全球数据业务处理中心构成，具备全天候、全时段以及在复杂地形条件下的双向通信能力，可以为全球用户提供实时数据通信和综合信息服务，特别是该系统搭载了船舶自动识别系统，可以在全球范围内接收船舶发送的信息，进而使用户得以掌控船舶的航行状态，包括位置航向等信息都可以被系统检测到。如该系统运行发展成熟后可考虑转接。

6.智能化激光辅助靠泊系统应用(见另篇详述)

通常大型船舶在靠泊的时候，驾引人员通过设立在码头上的激光辅助靠泊系统获取当地的实时数据，譬如风向、风力、潮流、能见度、船岸角度、法向速度、现场温度等因素，以利于船舶的安全操纵，顺利靠泊(见图 15-10)。

图 15-10　激光辅助靠泊系统

　　但是并非所有码头都具有如此有利的条件安装相关设备,特别是在从事集装箱装卸的专业码头,由于车辆和门机的运行,往往难以满足需要。由此,一种便携式智能化激光辅助靠泊装置应运而生,其主要功能如下:

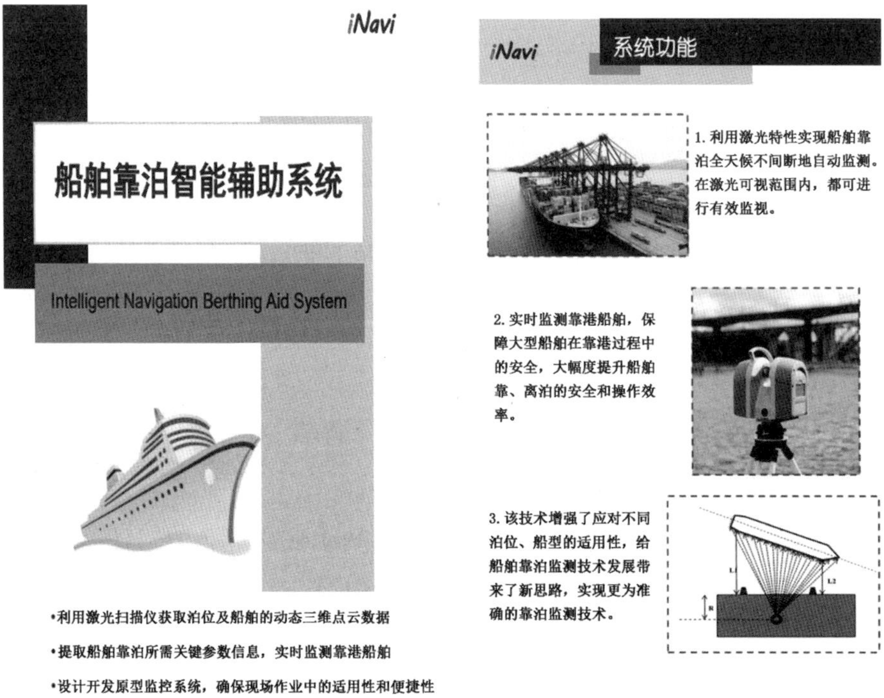

图 15-11　船舶靠泊智能辅助系统功能

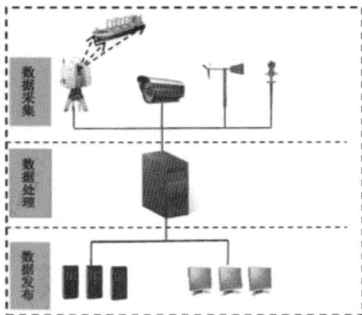

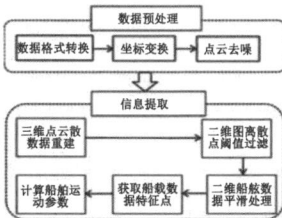

船舶动态信息提取为船舶信息提取提供统一的数据，设置距离阈值将异常离散噪声点过滤，根据船舷截线信息即可获得船舷上特征点，计算船舶靠泊角度信息和距离信息。

应用于在大连旅顺港靠泊的"海洋岛"号客滚船，进行靠泊智能辅助系统测试。

图 15-12　船舶靠泊智能辅助系统结构及实船测试

该套系统能够将现场船舶靠泊的场景实时传递给 VTS 中心、搜救中心、引航中心和港口调度中心，可以填补集装箱码头无法设置辅助靠泊系统的空白，便携式的装置可以应用到任意需要的地方，为安全靠泊提供助力。另还可与 PORTS 系统融合相互助力，为港口的安全营运提供更加可靠的服务。

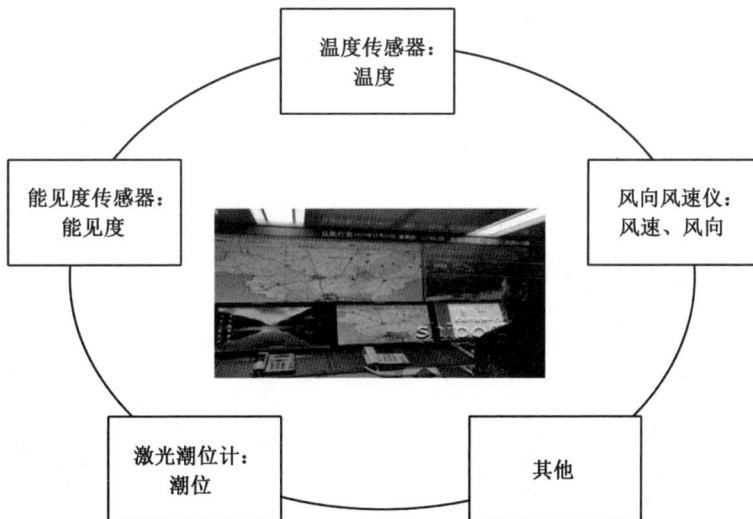

图 15-13　船舶靠泊智能辅助系统场景实时传递

据了解,该类产品在国内外均有出现,技术特点各有千秋,但总体来说国内产品略占上风(见表15-1):

表 15-1 船舶靠泊辅助系统设备市场情况简介

产品名称	生产商	技术概要	技术特点
Berthing Aid System (BAS)	丹麦 Marimateck 公司	该公司的靠泊辅助系统利用目前测量精度较高的激光测距技术,但属于两点式测距,使用激光测距仪,仅能提供船舶两个点的数据	与本项目研发产品所使用的激光扫描 3D 点云数据相比,精度差
ADX XR Portable Pilot Unit	挪威 Ad Avigation 公司	该产品是船基靠泊辅助系统,利用 GPS/GLONASS 导航系统的 RTK 技术,也是便携式设备	属于不同原理的测距技术,精度和对使用环境的适应性远劣于激光测距
Harbour Pilot Lightweight	新西兰 Navicome Dynamics 公司	该产品是船基靠泊辅助系统,包括 GPS 电子组件及天线,原理为 GPS 定位测距,传感器与无线设备连接,数据也可传输至便携设备	属于不同原理的测距技术,精度和对使用环境的适应性远劣于激光测距
iNavi	中国 大连环信科技有限公司	采用激光扫描仪获取码头及船舶的三维(3D)点云数据,进而抽取关键参数,发布三维可视化信息	直观的三维可视化数据发布可大幅度提高靠泊效率和安全性,竞争优势显著

三、涉海业务全数据的集成与共享方式

1.需要集成的动态监控数据主要包括:

(1)雷达数据信息;

(2)水文气象信息(PORTS);

(3)甚高频数据交换系统(VDES)信息;

(4)卫星图像信息;

(5)内外安保监控系统图像信息(包括远红外感应报警)。

2.船舶与港口设施等静态数据库建模应用

(1)首先需要考虑建立中国船级社和劳埃德船级社的专用船舶数据库,其次还需要考虑将国内船舶登记数据纳入其中。

(2)需要对港口基础设施、通航水域环境、水文气象、应急资源信息等最终实现现场动静态数据资源的收集、分析与处理,实现跨部门、跨行业、跨区域共享。该数据库的建立可以在现有的 VTS 中心船舶数据处理系统的基础上做进一步研发设立。

(3)需要按照部局总体部署要求,达到在直属海事局层面建立区域水上"大交管"中心,提升空基、天基感知、通信以及信息化监控能力的目标,实现港口"大交管"之间的信息交换和指

挥协同,为海上重大执法、搜救行动提供协助。

四、经济效益分析

1.从提高各相关港口船舶交通流量的角度

毋庸置疑,大交管的建立将有效地提升各相关港口的航道利用率,保持安全顺畅的船舶交通流将会是一个常态化的结局,特别是综合考虑到河北曹妃甸港40万t级矿石码头、黄骅20万t级航道、山东荆州港5万t级航道乘潮的实际需求,准确的水深数据的提供必不可少。船舶流量的增加必然会带来经济效益的提升,如按照"全国港口VTS效益评估暨危险度评估"的研究公式还可以直接将其换算成货币价值。

据相关资料显示:中远海运散运公司曾在2021年7月到9月分别组织了三艘40万t级VLOC西行渤海直靠曹妃甸港。当时"远神海"轮的最大吃水为22.5m,装载A类铁矿石380 767 t。现场测得龙骨下最小富余水深4.4 m。由此我们得出的结论是:"大吃水矿石船乘潮西进渤海湾的条件正在逐渐成熟,进入常态化运营指日可待。"

2.从保障天津港超大型重载船舶安全进港的角度

此举对天津港而言更是获益匪浅,天津港第二集装箱码头已建成,能够容纳超大型集装箱船的进出。此外,南疆南有两个、大港有三个码头,它们都能停靠最大27万m^3的LNG船舶,南疆26段40万t级码头升级改造也在设计当中。特别是在调节天津港各条外航道交叉运行船舶的交通动态过程中,能够起到不可替代的安全保障作用。

天津港第二集装箱码头如图15-14所示:

图15-14 天津港第二集装箱码头

图 15-15　天津港南疆南中海油 LNG 码头

图 15-16　天津港大港港区中石化 LNG 码头

图 15-17　天津港大港港区北京燃气 LNG 码头

3.从开辟全天候 LNG 船舶进出港条件的角度

天津港 LNG 船舶进出港具有同一个特点:进出港航道比较长,该类船舶航行所占用航道的时间同样较多。由于该类船舶的性质使然,按规定进出港均需要单向行驶,具有绝对的使用权,而且还要在白天时段进行,如此一来,它们对航道的占用必然要影响到其他类型船舶的使用,长此以往将对港口的整体营运带来巨大的掣肘和制约(特别是在大港港区)。如果在大交管的协助之下能够实现 LNG 船舶全天候运转,既理顺了各港区的交通流秩序,又节省了大港港区拟另辟航道的大笔费用。

五、其他相关事宜的阐述

1.“多功能监控平台”的电源供给建议采用能够自动趋光的“太阳能光伏发电”系统(包括风电系统)和“无能源智能发电机”系统,配置两套,用一备一并可自动切换,同时备齐一定数量的作为应急电源的储电电池。

2. 为节省微波信号传输带宽资源,遥感和海事卫星接收天线可以考虑安装在东突堤交管塔(或办公楼)顶楼,其影像图形连同多功能监控平台数据一并纳入交管中心数据库。

3. 在多功能监控平台上是否要修建导助航设施需做专题研究,譬如与大沽灯塔一起形成双塔模式或替而代之。

4. 如此方案可以推进实施的话,监控平台建设的用海申请需做准备(半径 1 n mile 禁锚)。原来的称谓为“海域使用权登记”现名为“非营业性公共设施建设用海申请”。

5. 拟将无线移动通信(4G+5G)基站建设并入其中(移动、电信、联通可选其一设置)。

6. 通信链路优先选择微波,路由方案自海向陆,再由陆域分馈。

7. 智能化机器人的配置可根据监控平台的实际需求。譬如从设备状态与安保监控报警、清洁环境卫生等加以考虑(其中包括水下机器人)。

8. 可以考虑在适当位置配置智能恒温恒湿空调和节能空气循环风扇。

9. 如何建立以水上"大交管"中心为中枢的运行管理机制与项目建设预算和投融资方式可在工程立项前的工程可行性研究阶段确定。同时还应构思相应的对外管理规定与内部运行程序的制定。譬如:如何按照《中华人民共和国道路交通安全法》第八条:"国家鼓励和支持先进科学技术在海上交通安全工作中的应用,促进海上交通安全现代化建设,提高海上交通安全科学技术水平"的要求进行专业评估运用。

结语

本项目的构思探讨方案基于作者多年的工作实践和相关技术的积累,并着眼于现代高科技的发展能力,虽说系作者粗略的一些想法,纯属一孔之见,但该方案所具备的可操作性和技术含量确实能为促进天津海事局高质量发展水平提供些许参考和助力。在此,特借用如下格言激励一下我们正奋进在途中的笃行不怠的旅行者们:"创新发展,敢为人先,莫愁前路,砥砺前行,人无我有,人有我优,抓住机遇,开创先河,若举成功,后劲有余!"最后,让我们共同期盼天津海事局的智慧海事事业发展蒸蒸日上并早日达成如下心愿,成为迈进我国海事数字时代的领航员。